敬 止 录

（点校本）

[明]高宇泰 / 著　沈建国 / 点校

宁波出版社
NINGBO PUBLISHING HOUSE

图书在版编目(CIP)数据

敬止录:点校本/(明)高宇泰著;沈建国点校.—宁波:宁波出版社,2019.12
ISBN 978-7-5526-3773-1

Ⅰ.①敬… Ⅱ.①高… ②沈… Ⅲ.①鄞州区—地方志—清代 Ⅳ.① K295.54

中国版本图书馆 CIP 数据核字(2019)第 278802 号

敬止录(点校本)

[明] 高宇泰著　沈建国点校

出版发行	宁波出版社
	(宁波市甬江大道1号宁波书城8号楼6-7楼　邮编　315040)
责任编辑	陈金霞
责任校对	金芳萍　王　苏
装帧设计	金字斋
印　　刷	宁波白云印刷有限公司
开　　本	787mm×1092mm　1/16
印　　张	47
字　　数	800千
版　　次	2019年12月第1版
印　　次	2019年12月第1次印刷
标准书号	ISBN 978-7-5526-3773-1
定　　价	238.00元

前　言

宁波历史上素多壮怀激烈之士，尤以明末清初为盛。仁人志士舍生取义，空前惨烈，而高宇泰是其中最为执着的一位。高宇泰（1614—1678），初字元发，改字虞尊，别字隐学，晚年自署宫山，又署檗庵，鄞县（今属浙江省宁波市）人。虽然清史不录，但他恰是那段"天崩地解"历史的亲历者、见证者、记录者。他投身反清复明，几度入狱，仍坚守遗民志节，毫不妥协，晚年一心为死难者立传，为乡邦修志。全祖望曾说："吾乡志士如云，然千磨百折，涉历万死，未有如先生之困者……盖其倔强至死不变，其可谓之大丈夫矣。"[1] 他"肘柳"（臂疾），有"周昌之疾"（口吃），晚年又几耳聋目盲，一生苦难频仍却始终豁达乐观，贫困潦倒而依然义利分明。高宇泰著述丰富，可惜完整留存的较少，除《续甬上耆旧诗》所辑二百四十八首诗，有《雪交亭正气录》十二卷，系明亡诸忠烈小传，以及《敬止录》四十卷，称甬上文献掌故所萃。

一、高宇泰家世与生平

高宇泰先祖为北宋开国将领、武烈王高琼。与宁波众多的世家大族一样，高琼后人随宋室南迁，扈驾而来。高琼之五世孙、修职郎世塥徙鄞，始为鄞人。世塥之子名元之，字端叔，号谦齐，世人称"万竹先生"，著有《荼甘集》[2]，曾寓月湖竹屿。楼钥志其墓，称"吾乡及旁郡之为《春秋》者，多出君之门，或其门人之弟子也"[3]。万竹之四世孙明善，洪武初以隐德称"安敬先生"。安敬之四世孙士，博学工文，不事科举业，尝摘注《灵枢》，称"志斋先生"，赠刑部山东司郎中。

---

[1] ［清］全祖望辑选，沈善洪审定，方祖猷、魏得良等点校《续甬上耆旧诗》卷四十二，杭州出版社2003年版，第257页。
[2] 《荼甘集》，高宇泰称抄入《敬止录》之《艺文考》，惜今所存《敬止录》各抄本均未见有《艺文考》。
[3] ［宋］楼钥撰，《攻媿集》卷一〇三，清乾隆四十五年（1780）刻本。

士之子萃,万历甲戌进士,知广东肇庆府,赠右副都御史,以名德为里中楷模。高萃之子高翶为光禄寺署丞,致仕封右副都御史,有五子。长子斗枢是崇祯戊辰(1628)进士、陕西巡抚兼制川北副都御史,即高宇泰之父。斗枢之二弟斗权字辰四,号废翁,少为诸生,有盛名,为人风度淡荡,著有《寒碧亭集》。三弟斗魁字旦中,号鼓峰,明亡后,屏举业,随余姚黄梨洲讲学;与吕留良相契,结为亲家;擅医术,著有《桐斋》《冬青阁》《语溪》等。高氏一门堪称官宦世家。高宇泰有四个儿子,各承家学,皆能诗。长子弈宣,是黄宗羲在甬上最早的学生。

高宇泰出生年月未见直接的记载。清康熙十年(1671)创南湖九子社,诗社成员按年岁长幼为序。高曾自称"宇泰亦甲寅",即生于明万历四十二年(1614)。诗社成员钱光绣有《明山九子歌》《高隐学兵部六十》两诗,自注"隐学与予皆甲寅生","隐学有臂疾,自号肘柳,诞于夏五晦日"。夏五,农历五月;晦日,农历每月的最后一天。甲寅夏五晦日,即农历甲寅年五月三十日,公历1614年7月6日。《四明谈助》载:"高中丞第在县治南新桥(今府城隍庙附近),其旧宅在广济桥,并章耆巷李学博之居亦其旧第。"[1]《敬止录》中,高宇泰自称其旧居在曾家汇,即章耆巷桥之南,南通广济桥。"章耆""广济"两地名存续至今,这大概便是高宇泰出生、成长的地方。

高宇泰少负才名,性尤忠醇。少年随父宦游,曾于甬江遇险,大难不死。以文章著声浙闽的张廷宾为鄞县教谕,于诸生中最赏识高宇泰、李邺嗣两人。明人好结社,时里中诸名士大会于南湖,二十七八岁的高宇泰已"共主社盟"。可以说,这位青年才俊本是华腴坐享,前程似锦,无奈造化弄人。

崇祯十七年甲申(1644),高宇泰三十岁。是年三月,李自成攻陷北京,崇祯皇帝自缢于煤山。五月,清兵入京。南都弘光朝曾以高宇泰父亲高斗枢守郧之功,准荫一子,然未及授职。次年五月,清军轻得南京,弘光政权仅存一年便终结。于是唐王即位福州,鲁王监国绍兴。也就在这一年闰六月,钱肃乐于鄞县起兵。时高斗枢尚在为大明守郧阳,高宇泰请命于祖父,尽输家资以助军。鲁王手谕奖之,以为不愧"江东乔木",乃以前荫并叙赞义功,超授尚书武部员外郎,参东江军事。顺治三年丙戌(1646)三月,唐王于汀州殉国。六月,清军渡过钱塘江,鲁王军溃,浙东几为清军所占。是年冬,退守海上的鲁王政权发来

---

[1] [清]徐兆昺著,桂心仪等点注《四明谈助》,宁波出版社2003年版,第762页。

文书,被清军截获,高宇泰第一次被捕入狱,后通过行贿出狱。

顺治四年丁亥(1647)冬,"五君子"王家勤、华夏、董德钦、屠献宸、杨文琦等人,联系舟山海师及各路抗清力量,密谋光复宁波。众人推举刚自郧返甬的高斗枢主持军务,高宇泰也参与其事。这一翻城之役因谢三宾告发而失败,清兵大肆搜捕。有一顾姓降者供述,涉及高氏父子。顺治五年戊子(1648)正月初七,被逮者有高斗枢、高宇泰父子和李枫、李邺嗣父子及同郡士绅多人,正月初八即押往杭州。万泰等千方百计营救,二月十七日,李枫出狱后死于杭州。五月,"五君子"诸人遇害。高氏父子虽得解脱,而家道尽落。

此后,甬上遗民大都消沉避世,或逃禅,或放废湖山,或闭门谢客,唯高宇泰潜心为明季死难诸烈三百七十一人作传,采其诗文并当时哀挽之作,编辑《雪交亭正气录》十二卷。他在卷十二写道:"瞬息之间,八年于兹。虽键户屏绝世事,期不负此初盟;而腼然偷息,以视亡友,能无少愧乎!……今含泪为诸公纪事,盖不禁心之欲裂也。甲午秋日,灯下书此,藏之秘箧。"[1]

康熙元年壬寅(1662),高宇泰又因沟通海上反清力量致罪,入杭州监狱。这是高宇泰第三次入狱。全祖望在《续甬上耆旧诗·高武部宇泰》传中说:"更十年为壬寅,岛上降卒入浙东,渐以中土义士姓名告,所连逮数十家,而先生为之魁。已而诗祸又起,先生复豫焉,于是长系二年。"[2]"为之魁",说明高宇泰是遗民中沟通山寨、海槎音尘的主脑人物。"诗祸"一说,仅见于全祖望上述引文,无法认定外界有影响到高宇泰的诗案。或许是高宇泰在狱中题诗惹祸,这事在全祖望《明故兵部员外郎檗庵高公墓石表》有述及:"壬寅之在囚也,终日鼓琴。有仁和令者,亦解人也,以虑囚入,闻琴声而异之,及见其壁上所题诗,皆危言,叹曰:'先生休矣!'"[3]

康熙二年(1663)腊月,高宇泰获释。出狱后的高宇泰并没有回宁波,而是冒雪直奔石门语溪(时属崇德,今属桐乡)吕留良家,这由其《卯腊得暂出狱,次年春人日辄往语水晤吕及甫和其所赠诗四律》可知。吕留良赋《喜高虞尊事解过话》诗四首,其一录:"两载羁囚出土扉,一朝执手泪沾衣。直疑魂向天边

---

[1] [清]高宇泰撰《雪交亭正气录》,[民国]张寿镛辑《四明丛书》第2集,广陵书社2006年版。
[2] [清]全祖望辑选,沈善洪审定,方祖猷、魏得良等点校《续甬上耆旧诗》卷四十二,杭州出版社2003年版,第256页。
[3] [清]全祖望撰,朱铸禹汇校集注《全祖望集汇校集注》,上海古籍出版社2000年版,第268页。

返,岂止身从塞外归。著作益工心血在,形骸不改鬓毛非。野田罗网何须密,黄雀今知敛翼飞。"正月初八,又一场大雪。吕留良送高宇泰到杭州,却在杭州得知黄宗羲、黄宗炎与高斗魁等将赴语溪,于是大家又折回。从吕留良《二十六日大雪,吴孟举、自牧携酒酌高虞尊于力行堂》一诗看,高宇泰还在吕家。至二月,黄宗羲一行才到崇德。然而到三月,宇泰再次入狱。全祖望记曰:"甫出,甲辰又逮入狱,并锢都御史于私室,而先生子奕宣亦从入狱受系。时辰四为都御史亲橐饘,而且中所以救先生者甚力,然不得脱。"[1]从高宇泰诗题中"卯腊得暂出狱"猜测,其获释或许是吕留良通过打点狱官促成的。本来出狱便出狱,哪有叫"暂出狱"的?且其父高斗枢在这一时段诗作中多次提及儿子被"长系三年",有诗《宇泰为苍水张公系武林,三年未释,而公已被絷,慨赋》可证。

康熙三年甲辰(1664)七月,张苍水被捕,九月于杭州就义。苍水死后,海上抗清武装力量破灭,高宇泰狱事也稍以缓解。十月初,高斗魁与黄宗羲、黄宗炎等前往杭州打探,又到崇德与吕留良商量,最终买通监狱管事。十二月初八,宇泰出狱回宁波。高宇泰有《甲辰腊八日脱难归,和大人韵》:"三年劳望东归舫,好似难乘天汉槎。忽省却知身傍父,等闲犹若梦还家。"[2]次年腊八日,夫人钱氏卒。高宇泰《哭钱宜人》:"我本华腴坐享人,汝来时已值初屯。数番几作倾巢卵,廿载空存破家身。"[3]后有人劝纳妾,皆不许。

高宇泰出狱后,即与高斗魁等有余姚化安山之行。他在《姚江黄太冲贻诗鼓峰叔,约共讲学,予出狱得见之,因次原韵》诗中表达了"素愿山中共著书"的愿望。黄宗羲《南雷诗历》中有《闻太宰筇杖高元发所赠》一诗:"石塘太宰筇州杖,到我流传百廿年。犹带华堂脂粉气,还须一洗化安泉。"[4]《续甬上耆旧诗》又有高宇泰《寄怀黄太冲》诗,没注明所写时间,诗中表示欲追随黄宗羲做学

---

[1] [清]全祖望辑选,沈善洪审定,方祖猷、魏得良等点校《续甬上耆旧诗》卷四十二,杭州出版社2003年版,第256页。

[2] [清]全祖望辑选,沈善洪审定,方祖猷、魏得良等点校《续甬上耆旧诗》卷四十二,杭州出版社2003年版,第283页。

[3] [清]全祖望辑选,沈善洪审定,方祖猷、魏得良等点校《续甬上耆旧诗》卷四十二,杭州出版社2003年版,第284页。

[4] [清]黄宗羲著,沈善洪主编《黄宗羲全集》第11册《南雷诗文集》下,浙江古籍出版社1993年版,第295页。

问："平生有志叹成虚，愿以残年侍隐居。"[1] 这与黄宗羲的心意十分契合。"丙戌而后，先生兄弟流离患难，实赖吾甬上诸公之力以免。其继陆、万诸公称死友者，为高废翁、鼓峰、隐学、李杲堂。故先生自言生平师友，皆在甬上。……尝曰：'甬上多才，皆光明俊伟之士，足为吾薪火之寄。'"[2] 从《高元发三稿类存序》来看，黄宗羲对高宇泰的影响极大："吾尝与万悔庵极论作者之指，是时不以为非者有高子元发，即取有明十数家手选而抄之，大意多本于余，遇余有所论著，亦必手抄之。"[3] 高宇泰一生最重要的两部书，一是《雪交亭正气录》，成于壬寅（1662）入狱前，是出于使命，为死难同志写的。一是《敬止录》，是在黄宗羲的影响下编撰的。遗民既不愿参与政府修志，又担心史实被歪曲。他们拒绝参与官修的同时，以不惜古井自藏的勇气开始了私修。黄宗羲辑录《姚江逸诗》，李邺嗣编辑《甬上耆旧诗》，遗民以诗存人，以诗存史。高宇泰也于此时开始编撰鄞县史上第一部县志——《敬止录》。

高宇泰自康熙五年丙午（1666）后三年寓闽，苦无资料可觅。《续甬上耆旧诗》录高宇泰作于康熙六年（1667）的《丁未初度》一诗："今年生日又堪悲，北楣南篱半岁移。袁墓方看梅蕊发，冶城已值荔枝时。"[4] 袁崇焕墓在北京，冶城又是南京。看来说是"三年寓闽"，人也不尽在闽。康熙八年己酉（1669），高宇泰回甬，有诗《己酉元旦》："近来元日鲜家居，今喜春风接敝庐。"[5]

康熙十年辛亥（1671）二月，高宇泰倡耆旧社。鉴于"向之同社，半已出山，攘攘如也，咸淳面目，守之亦希，不可悼哉"[6]，高宇泰对与社遗民要求甚高，不与虚与委蛇者结交。入社者依齿为徐振奇、王玉书、丘子章、林时跃、钱光绣、徐凤垣、高宇泰、高斗权及李邺嗣九人，每月燕集倡和。

---

[1] ［清］全祖望辑选，沈善洪审定，方祖猷、魏得良等点校《续甬上耆旧诗》卷四十二，杭州出版社2003年版，第288页。

[2] ［清］全祖望辑选，沈善洪审定，方祖猷、魏得良等点校《续甬上耆旧诗》卷三十八，杭州出版社2003年版，第139页。

[3] ［清］黄宗羲著，沈善洪主编《黄宗羲全集》第10册《南雷诗文集》上，浙江古籍出版社1993年版，第1页。

[4] ［清］全祖望辑选，沈善洪审定，方祖猷、魏得良等点校《续甬上耆旧诗》卷四十二，杭州出版社2003年版，第287页。

[5] ［清］全祖望辑选，沈善洪审定，方祖猷、魏得良等点校《续甬上耆旧诗》卷四十二，杭州出版社2003年版，第288页。

[6] ［清］全祖望撰，朱铸禹汇校集注《全祖望集汇校集注》，上海古籍出版社2000年版，第267页。

自此，高宇泰埋头著述，如其《壬子元旦依韵》所云："……平生著述志，自信非退懦。人生天壤间，火传薪尽炭。死后留文章，僦钱就舍馆。此外一切事，灰心久不煖。百炼金渐熟，春米早成粲。"[7] 遗民闻性道拒修宁波府志，高宇泰对此十分赞赏，并有《螭泉却修郡志，有诗乞和，以予力劝其不赴也。步韵复之》："闭门垂著述，已及鬓如霜。珍重还堪慰，辛勤讵得忘！名山未必副，古井自应藏。期子高峰影，千寻岂易量！"[8] 辞修官志，正好推动了私修。《敬止录》大致于康熙十一年（1672）始修，约至十三年成稿。这一时期宁波的学术活动也比较活跃。黄宗羲于康熙七年（1668）创甬上证人书院，与甬上诸子大会于广济桥高氏家祠内，后又移城南延庆寺，影响渐大，遗民子弟纷纷中举。黄宗羲登宁波范氏天一阁，万斯选、万斯同、赵时赟三人修《宁波府志》，李邺嗣辑《甬上耆旧诗》均在这一时期。

丙辰（1676）除夕，高宇泰有诗谓"又尽余生六十三"，诗中自注"今秋，《明山正气录》告成"[9]。该书名仅见于此诗，或系《甬上正气录》之别称。

次年，又有《丁巳除夕》诗："先子推余命，难免在今年。……尧言寿多辱，不如沟壑填。讵意未即殄，依然此灯前。来岁更若何？生死一任天。万事吾何有？洗足上床眠。"[10] 一生豁达至此。

康熙十七年（1678），高宇泰于家无疾而逝。南湖诗友倪元楷《挽隐学》诗云："孟冬哉生魄，忽游白云乡。"孟冬，为农历十月。哉生魄，谓阴历每月十六日。戊午"孟冬哉生魄"，即农历戊午年十月十六日，公历1678年11月29日。此时，京师正上演一出诏举博学鸿词科的大戏，四方应征人员汇集京城，诗酒唱和，风流文采，辉映一时。前代遗民，多膺征辟，"隐逸之士，亦争趋辇毂，惟恐不与"[11]。"一队夷齐下首阳"的新景象，距《雪交亭正气录》中那些志士、烈妇从

---

[7] ［清］全祖望辑选，沈善洪审定，方祖猷、魏得良等点校《续甬上耆旧诗》卷四十二，杭州出版社2003年版，第292页。

[8] ［清］全祖望辑选，沈善洪审定，方祖猷、魏得良等点校《续甬上耆旧诗》卷四十二，杭州出版社2003年版，第294页。

[9] ［清］全祖望辑选，沈善洪审定，方祖猷、魏得良等点校《续甬上耆旧诗》卷四十二，杭州出版社2003年版，第299页。

[10] ［清］全祖望辑选，沈善洪审定，方祖猷、魏得良等点校《续甬上耆旧诗》卷四十二，杭州出版社2003年版，第300页。

[11] ［清］王应奎撰，王彬、严英俊点校《柳南随笔 续笔》，中华书局1983年版，第68页。

容殉节的历史绝唱过去仅仅三十年而已。难怪有人哀叹："然自有心者观之，士风之卑，惟今日为甚。"[1]

二、《敬止录》流传抄本

《敬止录》一书之命运堪称坎坷、悲壮，它从未被刻印，始终以传抄的方式流传，三四百年来，时隐时现，诸家抄本无一完帙。目前所能搜集到的《敬止录》抄本，主要有以下九种：

1. 中国国家图书馆藏清道光十九年（1839）徐时栋校抄本，40卷。也称"烟屿楼校本"，被收入书目文献出版社1988年版《北京图书馆古籍珍本丛刊》第28册。下称"国图本"。

2. 浙江图书馆藏原伏跗室藏民国十九年（1930）冯贞群校抄本，16册，不分卷。1983年12月由杭州古旧书店影印出版，重新装订为12册。下称"浙图本"。

3. 天一阁博物馆藏原朱鄷卿别宥斋捐赠之小隐山庄抄本，8册，存5册，不分卷。下称"天一阁朱本"。

4. 天一阁博物馆藏原孙翔熊蜗寄庐捐赠之清抄本，15册，不分卷。下称"天一阁孙本"。

5. 台北"中央研究院"傅斯年图书馆藏清抄本，10册。下称"傅图本"。

6. 天一阁博物馆藏原伏跗室抄本，仅存1册，3卷。文字、格式完全同国图本前三卷。

7. 天津图书馆藏清抄本，2函9册，不分卷。笔者几度与馆方联系，被告知古籍被打包，无缘一见。

8. 上海图书馆藏清道光十九年（1839）抄本，10册，40卷。笔者两次去沪访查，均被告知书未归架。

9 中国科学院图书馆藏清抄本。因该馆"抄本、稿本不提供阅览服务"，无缘一见。

下面试就所见抄本做一比对，梳理存佚卷帙，考证成书时间，以求揭示《敬止录》完本之面貌。

---

[1] ［清］王弘撰《山志》二集卷五《外大吏》，中华书局1999年版，第280页。

1. 国图本

高宇泰《敬止录》成稿后未经刊刻，虽有"弟子从抄"，但囿于时局及其遗民身份，私撰志书流传不广，也在情理之中。以致七八十年后，全祖望竟遍寻无着，感叹"惜无抄而传之者，遂尽饱蠹鱼"[1]。时至清道光十六年（1836），徐时栋得之家藏，旧稿计8册，40卷。因原稿未编目次，徐时栋自当年十二月"除日立春"开始整理，至己亥（1839）三月二十日结束。经过徐氏整理、重新编次者，称"烟屿楼校本"。在道光二十五年（1845）刻印的《宋元四明六志校勘记》中，徐时栋感叹说："《敬止录》一书，网罗宋、元、明三代旧志，征文征献，绝后空前。吾家所藏尚其稿本，虽非全书，已成巨帙。剞劂不易，安得有心桑梓者共谋之耶！"

然《敬止录》原稿本因徐氏复得，亦因徐氏失之。同治二年（1863）十一月二十九日，徐时栋的城西草堂罹劫火，数万卷藏书付之一炬。"今吾家《敬止》稿本已为灰烬"[2]，《敬止录》有了新校本，却没了原稿本。

烟屿楼校本后入藏宁波籍藏书家倪倬如之椿墅精舍。椿墅精舍藏书后来又流入上海汉口路书店，其中《敬止录》最终入藏中国国家图书馆，并被编入《北京图书馆古籍珍本丛刊》，是谓国图本[3]。

2. 浙图本

浙江图书馆所藏《敬止录》，曾由杭州古旧书店于1983年影印出版，流传略广。其来历在影印本《出版说明》中述之甚详：此为四明冯孟颛（贞群）先生手校本。1960年，冯先生让此书与杭州古旧书店，后归藏浙图。此抄本经冯氏详加考订，"并以徐氏编次之原稿等书手校多次"，唯"冯氏于卷册均未排定，现粗加顺次，聊便翻阅。每册中缝之册次页次，为我店复印时所添，非原本所编定者也"。

浙图本有冯先生题签云："原来藏倪倬如传基家，辛酉春日向其假录此册，以事未由假写其全。孙翔熊家涟处上藏有一种，不分卷次，有夏佩香校语，予曾寓目。冯贞群记。"在第15册末有"民国十有九年十月二十日冯贞群初斠一过"；第16册末有"庚午重阳前一日校毕"；又在第1册（即《历志考》，原系末卷，杭

---

[1] ［清］全祖望辑选，沈善洪审定，方祖猷、魏得良等点校《续甬上耆旧诗》卷四十二，杭州出版社2003年版，第261页。

[2] ［清］徐时栋著，宁波市海曙区文物管理所整理《烟屿楼诗集》，宁波出版社2014年版，第101页。

[3] 国图本流传始末，参见陈鑫、钱茂伟《清初宁波的外志——高宇泰〈敬止录〉》，杨明祥主编《宁波市方志研讨会论文集》，宁波出版社2011年版，第6页。

州古旧书店影印时移作首卷)末曰:"十九年十月三十一日夙兴斠毕,中多错简讹字,须与倪氏藏烟屿楼编次本重校后方可付刊。冯贞群。"可知,浙图本系照国图本抄录,只是未全。

就篇幅而言,浙图本仅国图本的三分之一。杭州古旧书店的影印本《出版说明》恐不尽准确,如果冯先生当初以"徐氏编次之原稿""手校多次",断不会是如今的面目。从冯氏的大量批语也能看出,冯先生校得十分辛苦,显然没有过硬的校本可参考,几乎是通过读校或比对宋元志书来判断差错的。所以最后,冯又强调"须与倪氏藏烟屿楼编次本重校"。

3. 天一阁孙本与朱本

民国二十五年(1936)九月,浙江文献展览会举办。在《鄞县文献展览会出品目录》之《宁波所属各县方志目录》中,冯贞群所列书目有:"《敬止录》四十卷,明高宇泰纂。清徐时栋得其残本改编之。《康熙志》采此书。倪俌如藏抄本。孙翔熊、朱鄮卿均有藏本,未经徐氏编次。"孙翔熊、朱鄮卿为甬上著名藏书家。

天一阁孙本,原系镇海夏佩香启芬家藏本,书稿中有大量夏的批语。后归藏孙翔熊蜗寄庐。天一阁朱本,版心有"小隐山庄"字样。鄞人汤铖所写,书后有其跋文。慈溪小隐山庄叶元墀、叶元增兄弟好聚书,与同郡厉志、姚燮、汤铖辈友善。叶氏藏书后散,多为萧山朱氏别宥斋所得。后孙、朱两家藏书均归藏天一阁。

4. 傅图本

台北"中央研究院"傅斯年图书馆藏《敬止录》,上有收藏印:"鄞徐时栋柳泉甲子以来所见书画藏在城西草堂水北阁中。"其抄写用纸为24行乘25字的红方格稿,版心有"鄞县志"字样,每面录有抄写字数、抄写时间和抄写者名,显然是鄞志馆抄录稿。时鄞志馆设在徐时栋家,此稿当为徐时栋修光绪《鄞县志》时抄录,然与1839年的徐氏编次本显然不同。

傅图本第四册封面有题签:"《敬止录》一、二、三,有山川门,应留阅,如需用,可写出。某某门,亲取也。第四起至六,第八起至十,共六本,今奉上,新发鄞志馆……第七籍留局中。阅志坛厝一本,同可翁早已□取去。扉页有范琴记。"今核《续四库提要》所载《敬止录》未定卷(旧校抄本)云:"是录搜辑宏富,考据辩正,亦会极精详,不止于黄公各条,诚足为四明文献之府第。此本纲目未备。如《桥梁考》见河湖诸目之下,当是未加整辑之稿。又第四册前粘条有'留阅''留局'等语，煊为修《光绪志》时志局取备采录之本。每册上皆有鄞徐时栋柳泉氏印，应是城西草堂中物。时栋即修《光绪志》者，学者称'柳泉先生'，所居曰'烟屿楼'，藏书六万卷，尝刻四明宋元六志。同治七年开鄞志局，即设其家，发藏书及借阅同里卢氏、杭州丁氏书，搜采繁富。此抄本即其家藏秘笈，益可珍也。"

无疑，傅图本即鄞志馆之抄本，辗转千里，命途多舛。此抄本虽也称出自烟屿楼，却与徐时栋1839年编次之"烟屿楼校本"相隔20年，从其内容、次序看，与国图本也有差异。比对各抄本，傅图本所录《国课考》为他本所无，其齐全程度略胜诸本。唯此书虽有电子版供阅读，却不允全本复制。笔者赴台时间有限，匆匆一阅，不及细校。

《敬止录》各抄本虽不尽完整，然各考所存内容均一致无异。无非在徐时栋编次而调整结构后产生两个版本形式：经编次的，从烟屿楼校本到倪倬如藏本，即国图本，以及借抄倪倬如藏本的浙图本；未经编次的（依照烟屿楼校本前所存"未经编次"的旧目），有天一阁朱本、孙本，以及鄞志馆的抄本即傅图本。值得注意的是，鄞志馆所抄的不是徐时栋编次的烟屿楼校本，不仅"未经编次"，而且内容多出《国课》三考，而徐编次前旧目恰好有《国课考》三卷。是否晚年主持志局的徐时栋对自己26岁时所做的"编次"工作不甚满意呢？朱本、孙本，比对《旧本次第》，次序基本吻合。冯贞群所言不虚，朱本、孙本均未经编次。如《山水考七》之《井》一节异位，也与傅图本如出一辙。国图本与浙图本均经徐编次，但国图本是否即倪倬如旧藏，尚有不少疑问。冯贞群明言浙图本借抄于倪倬如，然比对国图本与浙图本的《历志考》，国图本脱字留白之处，浙图本却清晰完整，一字不缺。

三、《敬止录》成书辨疑

诸家《敬止录》抄本均非完本，由此产生一个问题：此书当时是否已撰写完成？全书究竟有多少卷？如全祖望《续甬上耆旧诗》所言"先生作《敬止录》，未成而卒"[1]，李邺嗣《祭高员外文》也说"凡此二书（指《甬上耆旧诗》与《敬止

---

[1]［清］全祖望辑选，沈善洪审定，方祖猷、魏得良等点校《续甬上耆旧诗》卷四十二，杭州出版社2003年版，第261页。

录》),都未卒业"。[1]而且关于《敬止录》的总卷数也说法不一,高宇泰自称百卷,光绪《鄞县志》之《艺文二》也称百卷,而全祖望所撰宇泰墓表称"别辑《敬止录》四十卷"。徐氏编次前后之《敬止录》均为四十卷,而《敬止录》内文中多次提及的《国课考》,编次前后均未见正文,可谓疑窦丛生,这就有必要做一番考证了。

1. 编撰时间

因《敬止录》未经刊刻,也没有自序、他序,而作者原就打算"名山未必副,古井自应藏",故其成书也无明文记载,但可以通过考证推断其大致编撰时间。

明亡之际,高宇泰才30岁,风华正茂之年适逢天崩地解之变。乙酉(1645),高氏偕钱肃乐起兵于鄞。自1646年到1665年,曾多次入狱。黄宗羲《高元发三稿类存序》曰:"元发自次其壬寅以后三年在狱中者为《蓼圃稿》,乙巳出狱者为《知生阁稿》,丙午后三年寓闽者为《屏山集》,合之为《三稿类存》,求余序之。"[2]从时间上看,高宇泰恐怕没有一大段的空余再来写一部上百万字的著作。黄宗羲在序中回顾了自两人相识以来高宇泰的大致著述过程,并未提及《敬止录》一书。康熙十年(1671)二月二日,高宇泰集耆旧诸公李邺嗣等九人于南湖为耆社,也称"南湖九子社",时政治环境相对宽松。《敬止录》始修于此时最有可能。依据如下:

其一,康熙十年(1671),政府开始大规模修志。李廷机在康熙二十二年《宁波府志序》曰:"壬子岁,天子谕辅臣请,敕直省郡邑各纂修一方之志,勒成百代之书。"这是当时所处的一个修志大环境。

其二,康熙十一年,黄宗羲、闻性道拒绝参与官修郡志,但私下从事地方史料整理工作。遗民既不愿参与政府修志,又担心史实被歪曲。他们拒绝参与官修,未必不能私修,或许正是官修推动了私修。黄宗羲辑录《姚江逸诗》,李邺嗣编辑《甬上耆旧诗》,遗民以诗存人、以诗存史的举措,对高宇泰的影响十分明显。

其三,万斯同发私修倡议。康熙十一年,万斯同《与李杲堂先生书》中称:"……先生诚任笔削之权,愚亦敢与讨论之列,其他若吾师霜皋先生,废翁、隐

---

[1] [清]李邺嗣著,张道勤校点《杲堂诗文集》,浙江古籍出版社1988年版,第554页。
[2] [清]黄宗羲著,沈善洪主编《黄宗羲全集》第10册《南雷诗文集》上,浙江古籍出版社1993年版,第2页。

学二公,暨家兄充宗、允诚,从子贞一皆可同与斯事,不一年而即可告成矣。"万斯同邀李邺嗣整理乡邦文献,且提及高宇泰等可"同与斯事"。

其四,高宇泰与李邺嗣"期各撰书,辑所未备"。李杲堂《祭高员外文》也有明确的说法:"复念一邦,文献将坠。期各撰书,辑所未备。我传先贤,并录其诗。君仿郡乘,发凡不遗。我访故家,残箱敝箧。有见即书,一篇一什。君行故里,曲巷闲坊。……我作叙传,五年而成。上告先贤,桂酒一盛。君录益多,未具首尾。子弟从抄,日堆静几。复取里中,忠孝巨作。文山叠山,吐气岳岳。汇为一编,斗芒夜正。中间出入,亦有未定。凡此二书,都未卒业。君奚径然,长寝事讫?乌乎痛哉!"[1]此文将"期各撰书"一事说得十分明了。然李邺嗣所言"期各撰书"发生在什么时候呢?如从《甬上耆旧诗》刻成的1676年,上推五年,约在1671年。

其五,高宇泰为华夏《过宜言》作序,明确提及《敬止录》的编撰。"予著《敬止录》百卷,记鄞一邑事。自宋迄我明,七百余年间,名臣伟士不胜书。……甲寅霜降,隐学高宇泰撰。"文章有明确落款日期"甲寅霜降",即1674年10月23日或24日。

综上所述,最可能的情形是《敬止录》始修于1672年前后,完稿于1674年10月前。但这个结论还是不能完全落定。《敬止录》卷之十三《乡饮酒礼》下,收录《学礼质疑》一文。书云:"此万充宗斯大所著。充宗为履安先生之子,少年辄究心经学,于礼尤邃。书成,首以寄予,因摘附之。"万斯大《学礼质疑》成于康熙十六年(1677),黄宗羲为此书作序。那么是否可以说《敬止录》到1677年还没完稿呢?想也未必,既然书稿尚在案头,偶做增补,也属寻常。

2. 完稿与否

《敬止录》各抄本虽次序不一,甚至个别卷目名称各异,但从所存各"考"内容看,几乎完全一致。除了未做编次,各"考"内容是已定型了的。从这一点看,书稿基本上已完成,或者准确地说——初稿已完成,否则"子弟从抄"岂能整齐划一?只是以当时遗民的社会政治环境与高宇泰的财力,刻书是不可能的事。

高宇泰于《敬止录》全书末置《历志考》一卷,曰:"悯畴昔之经营,慰今日

---

[1] [清]李邺嗣著,张道勤校点《杲堂诗文集》,浙江古籍出版社1988年版,第553—554页。

之卒业,后之览者尚或鉴之。庄子以《天下》一篇殿于末,予亦仿其意而为之。"《庄子·天下》是一篇总结性的论述。高"仿其意而为之",理当在全书"卒业"之时。《续甬上耆旧诗》卷六十七录有纪公子历祚《高丈宫山〈敬止录〉奉题卷后》一诗,赞"宿老余生在,遗文定不磨"。这是高宇泰同时期人唯一一位提到《敬止录》之名的。纪公子历祚,推官五伦子,字永吉,诸生。全祖望称:"是时吾鄞文献之传,其一为先生,其一为杨祁收,其一为万征君季野。先生资格与祁收伯仲,皆居季野之前,而季野以在梨洲之门,一时声华不胫而走。"纪公子好善若渴,疾恶若仇。"高武部隐学辑《敬止录》,每就之共访佚事焉。"[1]他与高宇泰同为遗民,交情不浅。此"奉题卷后",多少也有书稿已完成的意思。

再读李邺嗣的《祭高员外文》,所言"都未卒业",或是指未刻成,因前已有"我作叙传,五年而成",书稿已成,未刻,故称"未卒业"。考《甬上耆旧诗》,康熙十四年乙卯(1675)编定付刻,国图著录"清康熙十五年胡氏敬业堂刻本",即于1676年已完成刻印。那么李为什么说两书都未卒业?阅胡德迈《附述》,方知"时所录诗四十卷,先君遂取前三十卷先授梓,其后十卷及……即续成"。以此看来,此"卒业"当非指成稿矣。

《敬止录》天一阁朱本,有抄写者鄞后学汤钺识曰:"高隐学先生《敬止录》为例十有六,为卷今厘为三十四。是书博采群志,搜罗遗编,详备精核,洵四明之法书也。或疑卷数未定、卷首无序、非先生全书,谨按条例,书已全,第卷帙尚未厘定耳。"此言诚可信也。虽汤钺之言甚是,然《人物考》《艺文考》等,均不见于现所存各抄本,仅《国课考》见之傅图本。那么,所缺之"考"是否成稿呢?《过宜言》序中,高宇泰明言:"《敬止录》中,予集鄞文之足光吾邑者,为三十卷。"此序写于甲寅(1674)霜降。

康熙丁巳(1677)上巳日(农历三月三日),高宇泰为谢三宾《一笑堂诗集》作序,从"昔张中丞楷"说起,说到"余著里中名臣传,为之低回,想见其人"。那么"余著里中名臣传",多少可说明他做过人物考之类,因《正气录》中人物,不限于"里中名臣"。高宇泰曾称:"生平读史册,见忠孝仁人事,辄敬之慕之,以不得亲其人为恨。"[2]他那么重视人物,没做《人物考》似乎是不可能的。

---

[1] [清]全祖望辑选,沈善洪审定,方祖猷、魏得良等点校《续甬上耆旧诗》卷六十七,杭州出版社2003年版,第983—984页。
[2] [清]高宇泰著《雪交亭正气录》,张寿镛辑《四明丛书》第2集,广陵书社2006年版。

此外，《敬止录》书稿中有诸如"教授：宋，楼郁，详《人物考》""详见《治官考·钱惟治下》""尝为公撰《任城厅壁记》，文见《艺文考》""《守鄮录》《平寇序》，俱载《艺文考》"等。若无其文，岂非信口开河？

至于《酒务考》《户口考》，徐时栋《宋元四明六志校勘记》卷一中说到鄞县（天禧年）主、客人口时，有"《敬止录·户口考》引宋《乾道图经》"，而在记述"酒课岁额五万贯以上明州五务"时，则有"《敬止录·酒务考》引《乾道志》"，说到鄞县秋税，又有"《敬止录·国课考二》引宋《乾道》"等等，可见徐时栋所见《敬止录》有上述内容，只是《校勘记》提及的《国课考》，在其亲自编次的国图本中竟不见踪影。

3. 完稿卷数

既已完稿，又称全帙，那么书稿究竟分几卷呢？先有全祖望称："《敬止录》四十卷，记甬上旧闻。"又如前述，高宇泰在《过宜言序》称："予著《敬止录》百卷，记鄞一邑事。"后人所得《敬止录》，自徐时栋厘作四十卷，之后的抄本均残缺不齐。

汤钺写本原作八册，今存五册，缺其一、三、四，好在第八册存有全书目录：卷一为《沿革考》《疆域考》《城池考》，卷二至九为《山川考》，卷十为《谷土考》，附《灾异考》《岁时记》《常平仓考》，卷十一至十八为《学校考》，卷十九至二十五为《寺观考》，卷二十六为《坛庙考》，卷二十七为《方言考》，卷二十八、二十九为《荟蕞考》，卷三十、三十一为《海防考》，卷三十三为《武卫考》，卷三十四为《历志考》。《鄞县通志·文献志》也存《敬止录》子目：沿革、疆域、城池、山川（附慈奉江碶）、坊里、街巷、乡隅、都图、村田号及井、古迹、岁时、谷土、学校、国课、酒务（附商税盐课丝染）、均徭（附驿传民兵义役）、户口、仓、坛庙、方言、海防、贡布、外藩、寇盗、军营、历志、寺庵。此目得之于张恕《南兰文集》。

可见，历来诸说于分卷向无定论。

《续四库提要》称："高宇泰纂是编，据《鄞县志》卷五十三《艺文二》谓为百卷，而全祖望所撰宇泰墓表作四十卷。今按此抄本无目录。其书则沿革、疆域、城池考各一卷，山川考六卷，学校考九卷，坛庙考一卷，国课考三卷，海防、寺观、方言、岁时、谷土、常平仓、灾异考各一卷，荟蕞考二卷，历志考一卷，凡可分者三十二卷，其海防、寺院等类，尚可分作数卷，与四十卷之数，似可相合。然缺人物、列女诸传，经籍、艺文、金石诸考，选举、秩官诸表，证以宇泰序华夏《过宜言》曰'余著《敬止录》百卷,记鄞邑事,自宋迄我明七百余年间,名臣伟士不胜书'云云。是高之此作,尤详人物,百卷之说,应为可信,此殆非全书也。"

综合诸说,以《续四库提要》所称最为合理。《人物考》《艺文考》之失,或与当时社会环境相关。明清易代,不同于以往的改朝换代,虽山河已定,但异族文化统治依然严酷,遗民后代更如惊弓之鸟。全祖望为寻找高宇泰的文集,曾大出怨言:"先生之集,予求之二十年,百计经营,卒不能得其足本。其子孙墨守忌讳之说,不肯尽出,深为恨之。"[1] 全祖望与高宇泰相去七八十年,尚有"忌讳之说",可以想见其不容于当世。

四、《敬止录》著述特色

高宇泰编撰《敬止录》一书,记鄞邑事,自宋迄明七百余年。这是至今留存下来最早的鄞县志。甬上乡贤、学人对此书推崇备至。全祖望称:"有《敬止录》,则甬上旧闻也,考证最博……其后闻性道所改正者,皆本之。"徐时栋谓:"国初遗老中谙习枌榆掌故者,无过武部。"徐兆昺的《四明谈助》引述《敬止录》达三百处。黄定文于《四明谈助》跋文中说:"吾乡前辈,多采集乡邑前闻、古迹及琐屑逸事,以资掌故,而莫尚于高隐学之《敬止录》。"《敬止录》著述特色十分鲜明。

1. 恪守明志体例

《敬止录》是现存最早的鄞县志。不以志名,也是当时私修志书的惯例,或不宜且不屑与官修相同吧。敬止,谓敬重到无以复加的程度。《诗经·小弁》有"维桑与梓,必恭敬止",指看到了桑树、梓树,顿生恭敬爱心,言人之不可忘本。

明永乐十年(1412)颁布《修志凡例》17 则,规定志书内容应包括建置沿革、分野、疆域、城池、里至、山川、坊廓、乡镇、土产、贡赋、风俗、形势、户口、学校、军卫、廨舍、寺观、祠庙、桥梁、宦绩、人物、仙释、杂志、诗文 24 门,还规定了各类目编写原则。后各地以此为蓝本,制定了更为具体的修志凡例。将《敬止录》比对清康熙二十四年(1685)《鄞县志》,后者分为总识、经制、形胜、利济、治化、敬仰、选举、品行、修辞、特艺、方外、杂记,类目体例明显不同。这既是高

---

[1] [清]全祖望辑选,沈善洪审定,方祖猷、魏得良等点校《续甬上耆旧诗》卷四十二,杭州出版社 2003 年版,第 303 页。

宇泰忠于宋明政统、道统、学统的体现，也是易代后不仕新朝之士、不与新朝合作之遗民顽强的心理固守。

2. 保存文献丰富

有明一代在宁波设府，府治置鄞县，府城即县城，所以《敬止录》是集中反映今宁波城区明代社会面貌的重要历史文献，也是学者引用最为频繁的地方史料之一。

《敬止录·历志考》中，高宇泰自言："盖予幸而于《乾道图经》得见抄本之未全者，而《宝庆》《延祐》《至正》《正续》，迨我明《永乐》《成化》《简要》诸书俱得见之，故敢为之言，以补杨氏《历代志书辨》之缺。"《敬止录》存录许多已佚志书的序跋，均属绝无仅有，如元《三茅山志》的王献元、任埙、陈耆卿三序，元重刻《宝庆志》赡思序，《四明续志》王元恭序，明天启年间《城南志》范洪文自序，嘉靖间《四明志征》戴鲸自序。此外段天祐、程徐、黄润玉、屠浦、沈一贯、余寅、杨德周、苏垲、黄溍等人的学宫、寺庙、水利设施专记，为他书所未见者，则不胜枚举。

《敬止录》还从今已亡佚的永乐《宁波府志》中辑录了《元世祖蠲儒役御书碑》全文和永乐年间市舶贸易类目清单，均弥足珍贵。《敬止录》对学宫教职人员的记载也比前志全面。《武卫考》下《世袭卫官》一节称："以下世袭勋弁，《嘉靖志》不录。国变以后，旧籍尽毁，询之本卫老掾，亦无复存。后于一处得崇祯间承袭故册，前后湮烂，失其数家。三百年故实存此一线，予因备录如左，又细访数家之失者，得一二家。开先刘兴，其一也。因彼系指挥使，录于首叶，易毁没耳。"徐时栋刻《宋元四明六志》，文中多见"诸本俱脱，据《敬止录》补"之类按语。

《四明谈助》跋一："吾乡前辈，多采集乡邑前闻、古迹，及琐屑逸事，以资掌故，而莫尚于高隐学之《敬止录》。中间所载月湖四至丈尺，尤足以考见前宋以来湮没遗址。"[1] 高宇泰《敬止录》稿本收入《庆元府城内大小贰湖丈尺图》，图中有名款："朝请大夫、直徽猷阁、知庆元军府、兼管内劝农事、兼主管沿海制置司公事俞建。"宝庆《四明志》载，俞建嘉定十三年（1220）四月初五日到任，十四年九月十八日被旨赴行在奏事。此地图应绘制于嘉定十三、十四年间。虽原图

---

[1] ［清］徐兆昺著，桂心仪等点校《四明谈助》，宁波出版社2003年版，第1645页。

毁于徐时栋城西草堂火灾,幸有慈溪叶氏小隐山庄抄本存录,此系留存至今最早的宁波古旧地图信息,比宝庆《四明志》(始修于1226年)地图还要早。

3. 考辨精详

高宇泰史识过人,尤其注重考证。书中多次纠正嘉靖《宁波府志》的错讹。徐时栋认为康、乾鄞县志,"其考据皆不逮隐学"。如唐武德四年(621)设鄞州,四年后又废之,这在宁波历史上是首次设州,其兴废原因何在?《敬止录》云:"唐初,窃据归附者概升其县为州,以羁縻之。削平后,复其故。考武德四年,浙江尚属李口,初附,故改为州,后仍复为县。八年,废鄞州,仍名鄞县,隶于越州。"[1] 真是一针见血,道前人所未道。查核当时周边县的情况,兴废如出一辙。

高宇泰还就诸多宁波历史上的重要节点提出疑问:"予《沿革考》颇悉,止有未详者一:在武德八年废鄞州仍名鄞县之时,还治贸山乎?抑仍勾章故治乎?在大历六年徙鄞县三江口之时,自贸山徙乎?自小溪徙乎?此难臆定矣。"这一问题尤为关键,即便今日有大量考古成果佐证,仍不易得到准确的结论。

又:"《宝庆志》虽注赤堇于奉化之鄞城山,而鄞志境图中仍列赤堇于贸山、育王、宝幢之间,岂疑而两存耶?予谓《越语》'勾践之地,东至于鄞',是鄞者,合今郡地而言之,非秦汉所名之鄞县,而仅为今之奉化也。《会稽记》'欧冶造剑赤堇之山,破而出锡',是赤堇山在越时鄞地之中,而非秦汉所置鄞县之地之中也。《宝庆志》唯拘古鄞县而不知古鄞地,遂以鄞城山作赤堇山,讵知鄞城山者,正缘建鄞城于此,而后人以之名其山,何尝此山先有鄞之名也。《简要志》云:'赤堇山东有甬江,盖即鄞之锡山,以其破而出锡,故称锡山。'列志言在贸山及奉化之鄞城山者,均误。"[2] 是言透彻精辟。

宁波城辟为六门,南设水门,傍长春之右。嘉靖《宁波府志》称南门"新设重门",《敬止录》则予以纠正:"水门非重门,旧有,非新设也。"旧志称"开庆二年"建望京等三门,高宇泰指出:吴潜以宝祐六年(1259)十月入为左丞相,九月去任矣。次年为开庆元年。开庆无二年,次年为景定元年,五月以前守为余晦,六月以后为姚希得,是必有误。徐时栋对高宇泰的考据也不乏赞叹。《敬止录》载魏岘署衔称新吉州,而家居不赴任。徐时栋初尝疑之,及阅《袁絜斋集》

---

[1] [明]高宇泰著《敬止录》卷一《沿革考 疆域考 城池考》。
[2] [明]高宇泰著《敬止录》卷五《山水考二》。

称"曾大父被命守泗,待次于家",始知宋时虽除某州,而原官固未去任,被新命者在家待之也。

五、结语

明清易代,天崩地解,社稷倾覆,让众多恪守忠君、爱国理念的士大夫方寸大失。浙东先哲大儒如朱舜水、黄宗羲等都一度指望借兵日本,其认知水准几不及常人。在"异族"新政权高压与笼络两手并施的策略面前,他们节节败退。作为忠诚的前朝臣民,眼看山河已定,已无法对旧朝廷继续效忠;作为不仕新朝的遗民,"逃禅""放废湖山",也难以做到"不食周粟"。颠沛流离、贫病交迫,加上剃发易服的精神屈辱,这一切都迫使遗民群体做出各自的选择……

从门第、学识或是志向来说,高宇泰堪称浙东遗民中的佼佼者。其一生所交往的均为一时翘楚。在坚持多年的抗清斗争失败后,他着力整理乡邦文献,书写先辈历史,保藏文化种子。他晚年放下一切恩怨,却不改遗民本色。国可亡,而史不可灭。修故国之史报故国,成一代之史报先朝。浙东史学开一代风气之先,高宇泰的名字不可或缺。今《敬止录》一书,从古纸残编,经汇校集注、标点排印,旧貌换新颜,以甬人方言喻之,"灰烬堆里拨出金蛋",必将大放异彩。吾甬人览乡邦文献之精华,发桑梓思古之幽情,庶有赖矣。

沈建国
2019 年 10 月

点校说明

本书的点校以国图本为底本。此本虽有不少誊抄差错,却是目前所见较为完整的抄本。傅图本比国图本多出《国课考》三卷,或许更完整些,但复制不易,只得放弃。浙图本经冯贞群整理,讹误少些,但篇幅仅国图本三分之一,宜作校本。天一阁朱本、孙本虽不如国图本完整,但两书存佚情况恰可互补,且抄录认真,可正国图本之誊录错讹。

本书整理采取汉语现行标点符号用法,对全书作标点,也包括分段换行。古书引文多不合现代汉语规范,所以书中凡不按照原文引用的,均不加引号。整篇、大段选入的诗文以仿宋体表示。异体字、通假字、古今字按照古籍整理的规范处理。

本书点校凡有对底本作校改或存异的,均出注,并标明文献来源。一是《敬止录》现存各种版本的互校,吸收各种版本原有的按语、批注;二是参校相关志书,即《敬止录》所引的宋元《四明志》,明嘉靖《宁波府志》、成化《四明郡志》,以及《四明谈助》、光绪《鄞县志》、民国《鄞县通志》所引的《敬止录》原文,比对核定,并结合相关专门志,如《山水考》核以《四明山志》《东钱湖志》等,《寺观考》核以《天童寺志》《阿育王寺志》等;三是利用天一阁博物馆所藏已出版的碑拓资料,查对《敬止录》所引碑记;四是尽可能从已刊刻的个人文集中找到《敬止录》所引的相关文章,进行互校。上述诸异同是非,力求脱者补之,衍者删之,误者正之,乱者理之。各抄本中的原有批注,一般也在脚注中存录。脚注中涉及的文献一般只括注其简要版本出处,详细的版本信息均在书末参考文献中注明。

《敬止录》引述前志,多用简称,如乾道《四明图经》作《乾道志》或《图经》,宝庆《四明志》作《宝庆志》,嘉靖《宁波府志》作《嘉靖志》,成化《四明郡志》作《成化志》,等等。正文中均循其旧,但校注中改用今名。

本书采用简体横排方式设置标题及字体字号,同时严格遵循原书的大小字排印方式,使古籍原貌能有所保留。

目　录

前　言 ……………………………………………………… 001
点校说明 …………………………………………………… 019

卷一　沿革考　疆域考　城池考 ………………………… 001
卷二　乡里考 ……………………………………………… 016
卷三　坊表考 ……………………………………………… 033
卷四　山川考一 …………………………………………… 047
卷五　山川考二 …………………………………………… 067
卷六　山川考三 …………………………………………… 093
卷七　山川考四 …………………………………………… 119
卷八　山川考五 …………………………………………… 135
卷九　山川考六 …………………………………………… 155
卷十　山川考七 …………………………………………… 176
卷十一　学校考一 ………………………………………… 198
卷十二　学校考二 ………………………………………… 222
卷十三　学校考三 ………………………………………… 237
卷十四　学校考四 ………………………………………… 252
卷十五　学校考五 ………………………………………… 279
卷十六　学校考六 ………………………………………… 296
卷十七　学校考七 ………………………………………… 314
卷十八　仓储考　附库 …………………………………… 336
卷十九　海防考 …………………………………………… 339
卷二十　贡市考上 ………………………………………… 347

卷二十一	贡市考下	362
卷二十二	武卫考上	380
卷二十三	武卫考下	399
卷二十四	遗事考	418
卷二十五	坛庙考	430
卷二十六	寺观考一	450
卷二十七	寺观考二	498
卷二十八	寺观考三	518
卷二十九	寺观考四	543
卷三十	寺观考五	566
卷三十一	寺观考六	589
卷三十二	胜迹考　附碑刻墨迹	613
卷三十三	谷土考	636
卷三十四	岁时考	641
卷三十五	灾异考	645
卷三十六	方言考　附杂谣	648
卷三十七	荟蕞考上	654
卷三十八	荟蕞考中	673
卷三十九	荟蕞考下	691
卷四十	历志考	705

参考文献 　723

后　记 　727

敬止录卷之一

沿革考

自禹会诸侯会稽以来，正统僭窃几经废兴，城郭人民几经迁变。我生不辰，适会斯际，又何俟辽鹤来乎？载笔之始，三叹久之。

鄞地在夏为堇子国，后少康封庶子无余于越国，奉禹祀。鄞为越东南境。《国语》云：吴更封越，东至于鄞。鄞之名始见。后因为鄞名，实为今之奉化。王深宁《辨证》云："《越语》：'句践之地，东至于鄞。'韦昭注：'今鄞县是也。'《后汉书》注：'鄞故城在鄮县东南。'《图经》曰：'白杜里，有鄞城山。'《汉志》：鄮，有鲒埼亭，今在奉化；有天门山，今象山之东门山。则奉、象二县，汉之鄮也。鄞城山，其古鄞城欤？"按《越语》所云，鄞概今郡地。统言之，今之鄞，古鄮县，旧治在贸山，去今县治东三十里。以海人持货贸易于此，故名贸，因加邑为鄮。在阿育王山之西，有古鄮城。盖始于秦郡县天下，属会稽郡。陆士龙云：始皇南巡，留鄮县三十余日。按：始皇二十五年，王翦取荆，遂定江南，降越君，置会稽郡。汉高帝六年，封从父弟贾为荆王，郡地属焉。十一年，王为黥布所杀，乃以会稽封刘濞，为吴王，名吴国。景帝四年，濞反，国除，复为会稽郡，治于吴。其领县载之《汉书》者二十六，勾章、鄞、鄮，其三焉。

新莽易鄞为堇，鄮曰海治。汉光武正之。顺帝永建四年，刘府君上书，以浙江北为吴郡，以浙东山阴、余姚、上虞、剡、诸暨、余暨、勾章、鄮、鄞、太末、乌伤、章安、东侯官，凡十三县为会稽郡，治山阴。勾章在姚江东。即今慈溪。今县南十五里，勾余山之东，有城山，即勾章县治。

鄞在甬江东，即今奉化。今鄞县东有鄞塘乡，接奉化，即古鄞境；西有勾章乡，自此及慈溪，皆勾章境。鄮即贸山以立治，以迄六朝，靡有更者。吴孙亮尝分会稽东部为临海郡，孙休尝分会稽为建安郡，孙皓又分为东阳郡，而勾章、鄞、鄮属会稽如故。

隋开皇九年，合勾章、鄞、鄮三邑并余姚而为一县，名勾章，隶会稽郡，立治小溪。今高尚宅。而贸山之鄮县废矣。时改会稽郡为吴州。大业初，改吴州为越州；三年，复为会稽郡。

唐高祖武德四年，析余姚地为姚州，改勾章为鄞州。唐初，窃据归附者概升其县为州，以羁縻之。削平后，复其故。考武德四年，浙江尚属李□[1]，初附，故改为州，后仍复为县。八年，废鄞州，仍名鄮县，隶于越州。县名虽仍鄮而地兼三邑，治小溪如故。或言废鄞州仍名鄮县，时还治贸山故治。若仍在小溪，何不因旧名勾章，何所取于鄮而改名鄮乎？且后既置明州，而袁晁之乱，县若在小溪为附郭，则何不徙州治？岂附郭之县被乱而州不被乱乎？则此时鄮县仍反治贸山之下明矣。此一说也。《乾道图经》云："于县置明州。"《至正续志》："开元中，为明州，而鄮为附郭，皆主治小溪。"《嘉靖志》则云："自贸山下迁今治。"开元二十六年七月十三日，采访使齐澣奏置明州，分鄮地为四县，首鄮，次奉化，次慈溪，次翁山。郡名奉化。天宝元年，又改为余姚郡。自此，鄮不隶越州矣。宋建隆中，鄮令金翊[2]《纂异记》谓唐开元改鄮为明，郡名奉化。盖唐初虽改郡为州，又各有郡名，以备封爵。睦州本遂安郡，天宝元年更名新定。奉化之更余姚，正类此。《延祐志》云："虽郡号余姚，而余姚县仍隶越州。"《地理志》止曰"明州余姚郡"，纪载未详。余姚实系越州，故其后不称余姚而称奉化也。王深宁《辨证》云："唐武德元年，改郡为州，太守为刺史。……天宝元年，以州为郡，刺史为太守。至德二载，复以郡为州，太守复为刺史。今按：开元始置明州，则曰明州刺史；天宝以州为郡，则曰余姚郡太守。《志》云'置州之时名郡曰奉化，以备封爵'，一州岂曰两郡名哉？《图经》谓'开元郡名奉化，天宝元年改为余姚郡'，未详所据。《元丰九域志》始曰奉化郡，未知何时改。"肃宗乾元二年七月，复为明州，立浙东观察使。代宗大历六年，海寇袁晁乱翁山及鄮，遂废翁山不治，而徙鄮于三江之口，即今府城也。予《沿革考》颇悉，止有未详者一：在武德八年废鄞州仍名鄮县之时，还治贸山乎？抑仍勾章故治乎？在大历六年徙鄮县三江口之时，自贸山徙乎？自小溪徙乎？此难臆定矣。

穆宗长庆七年，刺史韩察欲移州城，以白浙东观察使薛戎，上言"明州北临鄞江，地形卑隘，请移治于鄮县"，从之。于是郡治始定，鄮永为附郭矣。《唐会要》及《移城记》云："以州旧城近南高处置县。"《乾道图经》云："请移郡于鄮县置，其元郡城近南高处却安县。从之。"岂将于州故治别立县，后不果耶？后梁开平三年，改鄮为鄞。据旧

---

[1] "李□"，当指李子通，隋末农民起义领袖，《旧唐书》《新唐书》均有传。

[2] "金翊"，国图本作"金翎"，据宝庆《四明志》与宋刘昌诗《芦浦笔记》改。

志云,或云朱温讳其祖名茂故也。《舆地广记》云:"五代时,改鄮为鄞。"《通鉴》:"天禧元年,诏放慈溪、鄞县陂湖课额。"此其证也。《寰宇记》成于宋太宗时,尚称鄮县,则鄮之改鄞当在太宗后。《会要》纪州郡升降废置,独不及此,岂《寰宇记》误乎?考《吴越备史》,钱氏时已称鄞县,则《舆地志》非谬,若《图经》云开元二十六年改鄮为鄞,则非也。自此,鄞之名迄今因之,唐元和中定为上县,至宋大观元年升为望县。

海外翁洲地,初属鄮。开元建明州,为翁山县。大历六年废,置望海镇。薛戎奏:"镇与新罗、日本接界,去明州七百余里,请不隶明州。"元和间,敕诸道所管支郡,别置镇遏、守捉、兵马者,并属刺史。其边[1]徼溪峒接连蛮夷之处,特建城镇者,不在此限。《嘉靖志》言:"元和中,置望海镇于甬江之海口,不隶于州。"注:"今定海县治。"误,既为甬江海口,为定海县治,何不隶明州也?后仍以其地属鄞。宋端拱二年,置盐场。熙宁六年,置尉。已而王安石宰鄞,以其剧请,割鄞安期、富都、蓬莱三乡立县,赐名昌国,即治翁山故址,今舟山也。元至正间,升为州。皇明初,平方国珍,复为县。洪武二十年,以悬隔海外,徙其民内地,惟存在城五百余户,废其县,属定海。定海亦古鄮县地,乃鄞之东北境。至唐,浙东观察使钱镠初有吴越,以明州为节镇,置望海军于此,后更为静海镇,寻置望海县,后改定海。宋宣和间,海溢崩塌,民曰朝廷置铁牌,自招宝山顶投之入海,泛溢遂定,因名定海。见昼锦楼氏世载。《至正续志》既云"钱镠置望海军",又云"梁时又置定海县",殊误。昌国、定海,皆鄞地分置,予故详之。宋熙宁十年,割鄞海晏、灵岩、大丘三乡隶之。穿山、乌石岙、瑞岩皆是。按:王安石宰鄞时,《鄞县经游记》灵岩尚属鄞。时庆历七年也。

宋太祖升州为奉国军。欧阳文忠《职方论》曰:"自唐有方镇,而史官不录于地理之书,以谓方镇兵戎之事,非职方所掌故也。然而后世因袭,以军名地,而没其州名。又今置州者,徒以虚名升建为州府之重,此不可以不书也。"《嘉靖志》言"太平兴国初,改镇国军",误甚。镇国军有二:一陕州,一华州,明州何尝改也?详见《治官考·钱惟治》下。

淳熙时,宁宗在藩邸,遥领明州观察使,后即改元庆元,以明州为潜邸,龙飞之地,改州为府,即以年号名之曰"庆元府",而守曰"知军府事"。胡元僭位,改府为路。岁丁未,皇明太祖平方国珍,改为明州府。洪武十四年,鄞人单仲友奏"明州同国号"。上以郡有定海县,"海定则波宁",亲改今名。

---

[1] "其边",国图本、浙图本均脱"边"字,据宝庆《四明志》补。

正误

《乾道图经》："望。鄞县，古越地之东境。《国语》曰：吴更封越，东至于鄞。秦平百越[1]，以其地置鄞县，属会稽郡。《吴越春秋》谓越有赤堇山，故加邑为鄞。汉武帝元鼎五年，会稽东部都尉治鄞，其后徙章安。成帝阳朔元年，又徙治鄞。王莽改曰谨。后汉改为鄮县，居鄮山之阴，既而复为鄞县。隋平陈，县废，并其地入勾章县，属吴门总管。唐武德四年，复分置，更名鄮县，属鄞州。八年，州废，还属越州。开元二十六年，又为鄮县，于县置明州。元和中，定为上县。皇朝为望县。"

此《乾道图经》首叙鄞县之文也。按：秦置郡县，有鄞，有鄮。秦之鄞县，乃今之奉化，兹竟以秦之鄞县，为即今之鄞县，乃曰后汉改为鄮县，居贸山之阴，既而复为鄞县，则秦时所置有勾章、鄞、鄮三县，其鄮县将安属耶？东部都尉数语，见《三国志·吴书·虞翻传》注。所谓鄞者，皆奉化也。予又按其序奉化县云："望。奉化县，会稽郡鄞县之地。《西汉志》谓鄞有镇亭、鲒埼亭，皆在焉。今县东五十里有鄞城，盖古鄞县之治所也。"此必出二人之手，故于奉则是，于鄞则愦愦也。

《宝庆志·沿革论》："古鄮县在阿育王山之西，贸山之东。自鄞州废为鄮县，乃在今州治，非古鄮治矣。"注云：《唐书·地理志》"鄮县"注曰："小江湖在南二里，广德湖在西十三里[2]，仲夏堰在西南四十里。所谓小江湖，即今日湖，又曰细湖，其地实为小江里。盖自析勾章为鄞州时，已治此，后乃废州为鄮县。旧志谓，大历六年，州此"州"字疑是"县"字。始移治于此，未之考也。"其叙鄞县，注云："县南有鲍郎庙，《记》云：'唐圣历二年，县令柳惠古徙祠于县。'是知初置鄞州，已治此，继废州为鄮县，不复在贸山之东也。"

予按：此则武德鄞州之置。及废鄞州，置鄮县，皆已在今府治，而抹去大历六年因袁晁乱始迁鄮于三江口之事，以旧志为未之考，信乎？否也。《延祐志》亦脱袁晁乱事，一如《宝庆志》，止载王深宁辨小江湖为它山堰，非城中日湖。详《河渠考》。予谓《鲍郎庙记》言迁庙于县，是《记》者，就其现在而言。后胡深文言徙庙于甬水村，则无病矣。何竟谓置鄞、置鄮，俱已治此也？《乾道图经·明州总叙》则云："海寇袁晁作乱于翁山，而鄮久弗能复，乃移治鄞。鄞东取鄮城

---

[1]"百越"，乾道《四明图经》作"百粤"。
[2]"十三里"，宝庆《四明志》作"十二里"。

财三十里。"所谓鄞者,亦必指武德所置鄞州而言,亦以为在今府治而因乱始迁县,即《宝庆志》所云:"旧志未之考也。"《成化志》:"海寇袁晁反,据翁山、鄮二县,久不克复[1],遂移治鄞。"注云:"即武德四年所置鄞州,今宁波府是也。"盖本之《图经》云。

疆域考

宇内之县,最广者必小,最狭者必大。吾鄞可谓至狭矣。《周书》曰:"申画郊圻,慎固封守。"为是考者,非仅以计道里也。

东距西　六十五里。

南距北　六十五里。疆域与宋宜无异,而宋旧志五十七里,皇明则多八里,何也?

东南距西北　一百二十五里。

西南距东北　二百一十五里。

东至　阳堂乡育王山东河头铺,即缨络河定海界三十五里,自界首至定海县三十五里。

西至　桃源乡潘岙岭孤儿冈慈溪界三十里,自界首至慈溪县三十里。

南至　鄞塘乡傅霸桥奉化界五十一里,自界首至奉化县三十五里。

北至　老界乡陈渡铺桥定海界十五里,自界首至定海县五十里。

东北至　老界乡褚铺堰定海界四十一里,自界首至定海县三十五里。

东南至　丰乐乡金峨山岭奉化界九十里,自界首至奉化县六十里。

西南至　通远乡梅山岭绍兴府余姚界一百七十四里,自界首至余姚县一百二十里。

西北至　清道乡西渡江心慈溪界二十五里,自界首至慈溪县十五里。

附

西至　象山县界八十里,以海中东殊山为界。

南至　象山界十五里,以屿山为界。

---

[1] "克复",国图本脱"复"字,据明杨寔《四明郡志》补。

西南至　象山界四十里,以鄞港中流翁山为界。

城池考

言乎始基,筑斯城也,凿斯池也。言乎末弊,城非不高也,池非不深也。鄞自有城以来,一屠于女真,一𣣋于蒙古。今获免于斯者,为最幸矣。

县城即府城也,周围二千五百二十七丈,延袤一十八里,址广二丈五尺,面一丈五尺,高二丈二尺。奉化江自西南来限其东,慈溪江自西来限其北,北会汇于城东北为三江口。江之内,它山之水自西南环之,入其南水门;大雷、桃源之水自西南入其西水门。城辟为六门:东曰东渡、灵桥,南曰长春,旧名甬水。西曰望京,旧名朝京,又名迎恩。北曰永丰,旧名郑堰。东北曰和义。一名盐仓,旧名下卸。西设水门,傍望京之南。南设水门,傍长春之右。《嘉靖志》云"新设重门"。水门非重门,旧有,非新设也。外设钓桥,门各有楼,罗以月城。城上敌楼四十六,警铺六十五,雉堞三千五百六十四。下为濠,自灵桥门外南首,至长春门,会南塘河,经望京门,接西塘河,抵永丰门外,约十二里,上有二钓桥;一自灵桥门外北首,经东渡门,至和义门至[1],约三里。其和义门西,至永丰门,通三百四十三丈,滨大江,无濠。

唐长庆元年,刺史韩察移州治于鄞县治,撤旧城而新之。唐末刺史黄晟增筑。晟墓碑云:"此郡先无罗郭,民若野居。晟筑金汤,壮其海峤,绝外寇窥觊之患,保一州生聚之安是也。"按:初州治未移之前,县先有城,周围四百二十丈,环以水,所谓子城也。今宁波卫右一带河,即古子城濠也。

《宝庆志》云:按《通鉴》,大中十三年,贼仇甫[2]攻陷象山,明州城门昼闭。咸通元年,甫分兵掠明州。州民相与谋曰:"贼若入城,妻子皆为菹醢,况货财能保之乎?"乃相率出财,募壮士,治器械,树栅、浚沟、断桥,为固守之计。然则虽有子城而无罗郭,备御所以难也。旧经云即《图经》:闽越无诸所筑,夏侯曾先谓刘牢之筑,以塞三江之口。西城外有城基,基生竹筱,俗曰筱墙,即故基也。

---

[1] "至"字,疑衍。
[2] "仇甫",宋司马光《资治通鉴》、宝庆《四明志》等多作"裘甫"。

晋末，海寇孙恩犯会稽，则由上虞以入，不由乎明州者，亦以此城据三江之险云。

按：汉鄞、鄮属会稽郡，不属闽粤国，安得为"无诸所筑"？筱墙为刘牢之所筑故基，则非今罗城也。孙恩乃自海岛舟行破上虞，宁畏此城之险？袁晁能陷明州，岂孙恩不能破乎？况晋末此亦未有县治也，故不敢以旧经为据。以上皆《宝庆志》语。

《延祐志》辨证云：罗城，黄晟所筑。子城，长庆所移。黄晟没于梁开平间，距唐大中相去五十余载，所云"城门昼闭"，岂有城未筑先有门之理？若指子城而言，周环四百余丈，岂足以闭门自保耶？则长庆所移之城，即罗城也。黄南山《简要志》云"明州城门昼闭"，盖闭子城门也。民恐贼入城者，谓土罗城，故谋树栅修土罗城门。其云"黄刺史所筑"，世传始用砖石甓砌罗城，故曰筑也。

宋初，奉国军节度使钱亿修治。崔仁冀《钱公碑》云："设险守邦，大峻金墉之制；树碑纪绩，亲刊黄绢之辞。"旧志失载。元丰元年，曾巩受诏完之。曾肇撰《南丰状志》云："元丰初，有诏完城。既程工费，而曾巩知州事始至。初度城周二千五百余丈，为门楼十，故甓可用者收十之四。巩为再计，减七十余丈。门当高丽使客出入者，为楼二，收故甓十之六。募人简弃甓可用者，量酬以钱，又得十之二。凡省工费甚众，而力出于役兵佣夫，不以及民，功德兼至。"又巩《修城祭土神文》云："州有帝命，缮治城墉。得日之良，肃工始事。斯人允赖，惟尔土神。尚其降休，敢不以告。"

《宝庆志》：宝庆二年，守胡榘重修。除望京、灵桥、东渡三门更新外，埤薄增屏，补罅易圮。费万二千五百三缗。城门凡十，为曾巩之旧。西曰望京，有水门通漕运，旧名朝京，庆元守郑兴裔更名。榘重建夹城，立柱栈其上，楼七间，从三丈九尺[1]，四窗玲珑，与四明山相值，匾曰"明山楼"。南曰甬水，有水门通漕运。南东曰鄞江，今闭。东曰灵桥，榘重修，稍拓旧址，易墁壁为窗扉，匾其上，曰"鄞江楼"，人犹谓此楼视望京为丰，而雄壮弗逮，于阴阳家未宜。绍定元年正月，适遭延燎，乃叠城高五尺，重建楼门，制度与望京等。东面天童、太白，俯瞰鄞江，浮梁卧虹于其前。东西二楼对峙，四明之景概可观矣。匾仍旧，曰"来安"。市舶务之左，旧不立名，呼曰"市舶务门"。榘重修，始题匾。盖先是通判蔡范建来安亭，实在门外，故即以亭名名之。惟舶货入则开，曰"东渡"，火于绍定元年，榘

---

[1] "楼七间，从三丈九尺"，宝庆《四明志》作"衡七间，纵三丈九尺"。

重建。东北曰"渔浦",今闭。北曰"盐仓",盐入则开;曰"达信",今闭。北西曰"郑堰"。

宝祐间,大学士制置大使吴潜复拓旧城而增修之,设雉堞,立巡铺,置卒以逻,越三载毕工。又重建望京、郑堰、下卸三门,其甬水、灵桥、东渡则以次缮治。

旧志言开庆二年建望京等三门。予考:潜以宝祐六年十月入为左丞相,九月去任矣。次年为开庆元年。开庆无二年,次年为景定元年。五月以前守为余晦,六月以后为姚希得,是必有误,故删之。潜《阅城壁》诗:"内江外海四周围,正是绸缪牖户时。北瞰登莱山不碍,东渐倭丽汛难期。未须鹡鸰增威势,已觉狉貐受指麾。敢谓虚名弹压得,多应一念老天知。"履斋不工诗,予以其人存之。集中多小词,有绝佳者。

元初,堕天下城池,垂六十余年。民居侵蚀,渐为坦途。至元五年,省命取勘,起科官租。旧子城直南中阙,建明远楼于其上,余并废。虽有州东、西二门之名,实为通衢。至正八年,台州方国珍为寇。十二年,浙中都元帅纳麟哈刺以台密迩庆元,复筑城以备。刘基为之记。时至正十二年,基为浙东元帅府都事,从纳麟哈刺筑城。见钱谦益《太祖实录辨证》。记曰:

上嗣位之二十年,诏浙东道肃政廉访使纳麟哈刺以中奉大夫为浙东都元帅,适海寇再叛之明年。浙东帅府治庆元,庆元与台州邻,寇发台之黄岩,与庆元相密迩。守臣议治城以防不测,众口哓哓弗克定。公至,召属吏庭谕之曰:"重门击柝,以待暴客,制也。我国家以武德一九有,弛城郭勿葺,以示归马放牛之意,至今七十有余年,天下不见金革,可谓安且久矣。吾闻穷则变,变则通,《易》道也。圣人作《易》以前民用,愚者可与乐成,而不可与虑始。平世之人,溺于宴安,鲜不以苟且从事,居恒论是非哓哓,风后、力牧不能尚。一旦变起仓卒,则手足无所措,以至堕身名、离骨肉而不自悟者不少矣。夫以佚道使民,虽劳不怨。吾将佚之,怨何憯焉?无耽逖言,以速咎也。"从应曰:"诺!"

乃命有司序民产高下,以差其役轻重,先豪右大姓、沙门道士,以及于齐民。斥监督吏勿用,先事者有赏,后至则加劝勉无罚。民大敬服,无敢慢。时故城久废,室其址者数百家,公命悉徙处官地,发廪粟以助不给,民忘其徙。凡六月而城成,周十有八里,高丈有八尺,上环列睥睨,机弓弩炮石,建楯戟,罗戈槊,旁开六门。门有楼,周庐百九十有二,简戍卒,昼夜严警不息。西、南二方,旧各有水门,皆甃而新之。东门去江远,则凿其外为隍。北门因江为隍,则筑堤以捍之。

凡所设施，罔不中度。

　　未几，而江东、浙西诸郡皆以无城郭失守，众咸赖公之猷为，莫不乐其佚而遗其劳。于是，郡之士大夫及庶人俱请勒石颂公德，且曰："公之惠，不独于吾身，而施及吾子若孙，世世有所依倚。"乃以状白于刘基，俾为之文。基惟庆元为浙东大府，六郡之干也，干强则枝叶有所附，则斯城之完不独可为鄞人贺，而六郡咸加赖焉。公之功不大矣哉！公蒙古珊竹台氏，字惟仁，自始仕至于今，政绩之在民不可悉数。兹独志其治城之事，故述鄞人之情而系以诗曰：

　　于皇有元，受命于天。武定文守，以洽八埏。八埏荡荡，无此疆彼界。仁池礼垣，式廓无外。阴阳回斡，寒暑往来。随时之义，亦曰大哉。溥彼藩邦，猗于海壖。蛟蛇罔象，雨啸风骞。帝命有赫，元臣是临。用壮我戎，公克协帝心。鄞城未筑，鼍鼋走陆。鄞城孔完，枭化为鸾。大府既雄，侯甸以宁。民曰："呜呼，惟公之成。我有室家，公实全之。我有毒螫，公实蠲之。"树桑萋萋，艺麻溰溰。涛波不恟，宵寐不悚。鄞人拜手，公寿如山。公拜稽首，天子万年。旧志俱云："至正二十年。"按文成文起句"上嗣位之二十年"，盖统顺帝即位，改元元统，尽二年；改至元，尽六年，而共言之也。若至正二十年，王师已平庆元矣，何误至此？

　　后国珍据城，开江浙分省，复加修治。乌斯道有《赠行省理问仲刚君治城序》。序曰：

　　《春秋》之法，书筑者，倡始也，筑郿是也；书城者，完旧也；城中立城，小谷是也。筑之、城之必书者，以劳民为重。苟人君知此，则慎重于用民之力也。太尉丞相方公以斧钺讨暴乱。至正二十七年夏五月，城庆元，曰："吾所以用民，盖所以保民，吾不得已焉耳。"谨选四大官及百执事，皆用命不敢怠。江浙行省理问仲刚君在选，分治北城。虽禀度于大官，而指授区别各有条理，土坚石缜，民忘其劳。未尝以棰楚为威，信足以服众；未尝以壶浆为惠，德足以饱人。越四旬，城成。视他吏凭陵怒气，厉民以炫己功，功反不逮焉。舆人歌之曰："非泾浊，不知渭之清；非彼怒，不知君之恕。君之贤，为吾之二天。"于乎！君之才加于人十百矣。且土厚之木，其为器必良。

　　江浙行省左丞贞惠公为皇朝望臣。君，贞惠公之孙也，夙有所习，知仕宦之道。倅奉化时，村民寇境内，君募义民擒戮之。为省府都事时，监收上虞、余姚官粮，及为余姚浚河筑堰，具有德政。是固祖父培植之久，故上知其能，而下承其泽也。矧城事甚大，而声名犹籍籍显著。以兹测之，而升高之步又岂可量哉！郡人范某等属君抚摩之爱，故请于仆，以扬君之美云。

国朝洪武六年，指挥冯林更新之，崇三之一，浚东、南及西三面之濠。十四年，指挥李芳又增葺之。嘉靖三十五年，守张正和重建瓮门、敌台，大加缮修。郡人吏部尚书闻渊为之记。记曰：

宁波古于越东偏之地，至秦为鄞邑，隶会稽郡。沿两汉、吴晋六朝，或为鄞，为勾章，废置不一。及唐开元中，始定为明州。城随作于长庆之际，复改筑于刺史黄公晟，即今郡城其昉也。更五代，历宋，宁宗时改为庆元府。元改府为路，而有隳城之制，旧筑斯废。至大德间，卒受夷寇之祸。后因黄岩方国珍倡乱，民罔奠居，于是废址复筑，即今郡城其故也。

迨我国朝隆[1]兴，改庆元路为明州府。洪武十四年，又改为宁波府，城益加整[2]，增其式廓，且预为修葺之备，岁征其需而储之府卫，定以分界，各随缺坏而补治之，幸不大圮。然日积月敝，渐非金汤之旧矣。迩来东夷扬波海上，且入内地，破城邑，焚民居，势甚猖獗。民安承平，不能荷戈逐寇于外，惟凭城固守，而城实不免渠丘之恶，难以防守。时郡守丘侯玟甫至，顾兹役[3]不可缓，虑财用不敷，忧形于色，爰集众议，欲劝士民以为助。未及举行，而巡按侍御胡公宗宪行部至郡，阅城而叹曰："陋哉斯城，其何以御寇而安民乎？宜亟修之。"遂命出公帑以资其费，于是丘侯移文诸司，咸得所请。将戒事矣，而以调衢州去，乃用衢守张侯正和来代视。城役方始，惟怀永图，即身任其烦，不悉听断，而日拊循[4]役徒，俾各劝趋，且示以一劳永逸之意。既属贰守侯君国治协董其事，又分督以五邑之令夏君儒、曹君本、萧君万斛、宋君继祖、毛君德京，各翊其下。外县俱有职守，来往不常，惟鄞附郭[5]，而夏君朝夕从事，勤劳居多，张侯则总其成于上。计城之周凡二千七百八十七丈，中所修者千一百八十一丈，所造者斥堠六十有六、敌楼四十有六、马步阶七。巡海宪副孙公宏轼、王公询暨张侯复修筑西、南

---

[1] 国图本"隆"作"龙"，今据碑文改。原碑现存天一阁碑林，参见章国庆《天一阁明州碑林集录》，上海古籍出版社2008年版。

[2] "加整"，国图本等均缺"加"字，据碑文补。

[3] "兹役"，国图本作"芍役"，据碑文改。

[4] "拊循"，国图本作"柑循"，据碑文改。

[5] "附郭"，国图本作"附郡"，据碑文改。

二水门,罗以月城[1]。总所费帑银七千五百五十七两有奇,所役民户之富者四百有奇,经始于乙卯八月廿五日,迄工于丙辰正月二日。盖佚道使民,虽劳无怨,争先效力,如子趋父事,百堵交作,增卑广狭,整欹易蠹,而丕新之。雉堞焕如,楼橹灿然。壮伟嶪峨,罗络苞固。中坚外峭,众目改观。万年保障,于是乎在。佥谓不可无言以记其事,且以诏后之人,于是夏君辈相率来征予言。

予闻之《易》曰"王公设险以守其国",《周礼》掌固氏"掌修城郭、沟池、树渠之固",是知重门待暴客,盛世所不容废也。若城郢之计,子囊所以为忠;于方之往,南仲所以为赫。吾宁素濒于海,旧常待夷使为馆伴地,固狡猾[2]之所熟历而易窥也。在宋为静海之军,控以制置之使。我朝设海道副使备倭都指挥,罗列屯卫,海陆兼制。诸凡廪饩调发,咸居重于郡。而今夷寇首祸,又在近海之地,其为东南之镇,岛夷之冲,实隐然朔方之在猃狁,不特荆与吴敌国相谋之势而已。况夷氛日炽,城瑕者破,邑野者屠,盖剥肤益切矣。恃固陋而不虞,《春秋》讥之;县五丈以为峭,楼季斯阻。顾百八十年之筑,其为积习所敝,风雨所颓,即跛羊能牧其上,而谓郡有城乎?乃今政事之大,莫大于斯。而治道在于安民,则固不能[3]徇其苟且安逸之私,而不虞于其后。故今丘侯始事,实保我民;而张侯又始,终肩其役。振策前规,备极剂量,计日戒工,有苪艾猎不愆于素之风。且其戈盾、矢石、旌旗、鼓柝以为城之捍御者,亦罔不备。所谓除戎器、戒不虞者,兼有之矣。故贼适至西郊,卒不敢窥城而遁,则其壮可知已。

夫睹河洛思禹功,遇艰难怀适愿,斯城斯劳之在人心,盖永永不能忘者。使嗣是者恒能思患预防,时加修饬,毋废前人已成之绩,其遗泽及于宁民也,曷有穷哉!今之效劳者,例得列名于碑阴。予因诸君之请,故述其始末,而系之以辞曰:

维宁奠邦,屹望东溟。始郡于唐,有崇其城。宋军静海,制使是经。古曰巨镇,益重我明。戎卫星列,艎屯蚁行。宪臣内总,将十充盈。宣威布德,海晏波澄。我城中严,我钥我扃。曷敢不王?声教远腾。云何其虯,封豕凭陵。水兵外驰,疆圉内惊。民曰我恃,万雉斯崇。入此城处,乃瑕不巩。始来丘侯,大猷

---

[1] "月城",国图本作"子城",据碑文改。
[2] "狡猾",碑文作"狡猾者"。
[3] "固不能",国图本作"苟不能",据碑文改。

是程。相是凤圮,乃经乃营。张侯继任,日维予共。画一以饬,匪汝予凶[1]。庶民子趋,亟用厥成。崇墉金峙,丰堞云仍。威彼狡夷,拊我苍生。衽席斯即,室家斯宁。入哺以嘻,出渔以耕。惟侯斯功,曷其可名。堉不可镈,筑不可倾。惟侯斯功,与城始终。什伯千祀,永观此铭。嘉靖三十六年丁巳岁记。

万历三十九年知府戴新筑城堤,徐时进为之记。记曰:

城据甬水上,自唐季始基之,括二湖潆涵其中,因天造也。郡东薄大海六十里,海东际即为倭。嘉靖壬子,倭蹂内地,披猖莫之御。当事议筑瓮门,增陴益崇,出帑七千有奇,而公私之佐力不与焉,逮今一周甲矣。时亦饬庀无缺,独西南址隐隐中坠,莫之戒。其上日以欹且坼,饬之者第于其欹且坼补缀之,莫有穷。所因旋缀旋圮,费亦莫为量。

顷之,宵人私禁物与倭通,吴、越、闽踵见告,讹言孔多。郡守戴公储需除械,视如敌至,每曰:"海外事,吾何知?恃吾有备尔已。"尝登陴倚楼橹,视城南堞独卑。履其处,则城址石错出,岸胁如豕牙,腰珊珊如籚篨。凭堞而俯,其外濠极广而内滨湖,址亘一缕之中积受浸,又北风排潅、铲龁之积以薄,所得借以质此重几何?行见溃耳。公喟然谓其参佐:"语称有基无坏,基如此坏于何有[2]!有令一旦溃而寇警适至,即不斩出锯,能邀海神鞭石充吾事乎?"于是召父老咨之,视岸蚀广狭,分寻邧下椿河底,椿之上鏊石与岸埒,顶之砠砾细其里,无所办。公曰:"此成易耳。今滨湖而居者,皆湮湖为己壤。吾欲还之湖久矣。向计之无所置土石,今垦之湖,以室之城,殆两相用乎?"于是众莫不爽然谓:"长虑便计,无加此。"奋锸胼胝,并日戒兴而工以次告竣。时迫觐事,公马首已北,寻犹皇皇而为民计捍备如此。

爰稽前志,宋元祐癸酉,守臣刘公理慨湖以湮窄,设不治而听民之所之,势必无湖。乃疏分其积土位置之,为三岛十洲。一时侈艳其事,歌诗载今。夫刘公特以无所置,哀而为之景物,以与民乐乐耳,其急不急相去视今日大有间,其意则今昔似之[3]。元䁷天下名城,明之城亦在䁷中。海寇起,皇遽复之,嗣为国

---

[1] "匪汝予凶",碑文作"匪予女凶"。
[2] "何有",国图本脱"何"字,据徐时进《啜墨亭集》(沈乃文主编《明别集丛刊》第五辑)补。
[3] "似之",国图本作"视之",据《啜墨亭集》改。

珍所有，又增筑焉，今亦三百年矣。姑[1]无论城之圮与寇会也，圮而议筑，以十之力，六七起陷，三四用之层垒，公私之费视前事不倍不止。我公之为吾甬存力岂少小哉！父老又为予言，郡东北陬，越月不雨，偕走西南汲，以其地邻湖，井得后竭，不则于湖汲。湖窄，则潴有限，安所资于井？宋熙宁间大旱，汲湖，湖亦竭，嗣有概于刘公大为浚。日用食饮，民之质也，则依之矣。阛阓烟波，渟泓豁荡，可不谓孕灵濯濯者乎？古初规城，独抱湖于其中，得无意哉？人情惟己之私，得寸则寸，曾不计群起而尤之。即一日可无湖，于己亦大不便，亦惟近之狃。幸及身之无事，得已则已，畴为异日肩自今，以公而虑，宁独不任德亦不任怨哉？堤长几丈几尺，自湖西吞底至长春门，岸与水际，式郭之增广者一丈有咫，磊高九尺，请于幕府高公、巡海使秦公，出帑瑶匠银若干两，益之锾若干两。董其事者，邑江侯弻公。竣事者，理周公。高公讳某，淄川人。秦公讳某，洛阳人。公讳新，宣州人。周公讳某，同安人。江侯讳某，歙人。丞何某，效有劳绩，例得并书焉。

崇祯十年海道佥事许豸重修，明年告成。陆世科为之记。记曰：

圣天子宵旰，天保、采薇之治，敕内外诸臣浚缮、固圉。令申不啻毖，而诸臣亦交儆于韩滉之坞壁、江默之襟带也，乃第勉奉诏旨，饬窳补绽，而巡海使者许公则先此豫庀锁钥矣。夫未事与已事悬也，大作与小补又悬也，于是乎金汤保障，称公百世功。

公之按部吾郡也，文武之宪亦既六条正而七德修矣。他不具论，如筹边核储诸擘画，胸抒忧国之诚，笔揽平戎之策。即令晁家，令赵营，平借箸筹兵食，瞠然谢不逮，而大猷是经所由，经始干止。佚使心，劳使力，春怀秋，戒遗时，而长云却月之势，戳铁瓮以奠金瓯。

夫吾宁东南大都会也，障百谷之下，流水通陆，抗咽喉，与腹心，称两重。城昉唐刺史黄晟，嗣后置建、沿革，略备张司马新志及闻庄简所撰《郡守张正和修城记》。乃宋元丰初，曾公巩受诏完城，其《祭土神文》，本集可考也。宝祐间，吴制置使潜修城功最大，而记载未详。元至正间，伯温刘公修城记最著，而志删弗载。夫前事后师，毋宁过存而秉笔，巨公阙文或自有微意欤？张侯修城，在嘉靖朝三纪之年，时岛夷内讧，浚缮无须臾缓，而卒以肃靖郊虞，维城无恙。今去此

---

[1] "姑"，国图本作"故"，据《啜墨亭集》改。

近百年矣,承平小康,无罹兵燹,诸司所事,或饬窳补绽之云。然虽万无唐大中、宋建炎与弘正间朱杲元永春之变,乃昔倭迤盗走与鲸鲵争窟,亦怒然烦深虑矣。柳宗元曰:"贤者之兴,愚者之废,废而复之为是,习而循之为非。"则虑始难。杨夔曰:"役或务棘,棘则民瘵。筑或务麋,麋则民疲。"则平役难。《春秋》书城筑数十,《传》谓慎土功[1]、重民力,虽时必书。大役之兴,子来似路,何逾时而竟哉?则经费难。公胡以不怨于素而抚劳恤瘝,式歌且舞,且此最巨役也。城衺二千七百八十七丈,计睥睨三千八百二十处,城堞、窝铺五十九所,城楼大小十二座。公首檄郡丞聂君文麟董厥事,会郡守林侯梦官继至,协心底绩,次若别驾林君玄、蔡君维新与鄞令龚君天池,责成有差而躬亲胝率,分料授餐。若《通典》载,上下内外之度,经旧纬新,胥归机筅,槐榕木樵,百弛并张。他若蘭石渠笞、垂钟权柱,虽至烦屑无阙,略识者谓自刘忠显葺会稽城后,于公再见焉。

古来战守如韦孝宽、臧质、王禀,勇健方略言之,剑飞发指,然使立壁盱眙、太原间,门杜少疏,未免智勇绌矣。而此仅资攻击,何与捍卫事?公中贮韩、范甲兵,固内而以治外,治暇而以应卒,政修事立。其所窒隙销萌者,厉于辒车铩矢而迅于武蠡蹶张,犹且无事。战弥修战具,无事;守弥修守具,绸缪。孔固,民乃得弢弓税介,肆力于畦亩。盖以城为卫,又有卫是城者,而后无尽倚卫于城,则豫道胜哉。而予请借前事征近事,举近事存前事,可乎?吴制置之缮城阙者、葺圮者、修低薄者,崇且斥,今人一其心,士百其勇,无蒸土鼓唱之猛,而有其坚,何啻倍蓰过之?南丰政重惜民,裁省凡十之六。公诜诜绳绳,费金钱不赀,惟多方拮据,取诸官廥之羡者,积者充牢盆而蒉篓毋少修于兴作,又远逊便宜之政矣。文成之记曰:"鄞人拜手,公寿如山。公拜稽首,天子万年。"公名世之才,铭在钟鼎。此举也,遗泽光琬琰,具瞻昭著蔡。俾后守土者勤保障,秉钺者警苞桑,功诏将来,永垂勿谖。于以翊天,保佐采薇,煌煌与文成比烈。所云借近事存前事,举前事征近事,岈乎社稷之镇,凡聿观厥成者,宁不记公百世功耶?役始于丁丑年十月,竣于戊寅年五月。

公讳豸,举辛未进士,以地官尚书郎衔命为巡海使者,侯官人。林侯梦官,甲戌进士,龙溪人。聂君文麟,壬戌进士,金溪人。林君玄,壬戌进士,莆田人。蔡君维新,贡士,丰城人。龚君天池,丁丑进士,晋江人。例得并书而分委效劳。

---

[1] "慎土功",国图本作"填土功",参明费宏《南康府城碑记》等文献改。

公宜有别记,科也文愧王徽、词惭郑吉,辄泚墨续庄简之后。颂曰:

粤惟吾明,江海之介。匝城而流,涛声惊湃。言言崇墉,善建勿坏。岁久渐弛,惰出而懈。于赫凝命,慎防覆盂。爰念设险,以戒不虞。爰简元臣,以奠海隅。绥民露注,战士风驱。乃巩藩垣,卫其刍牧。叠闬重闉,云排峰矗。桔柣无忧,小谷遂肃。庀矣斯图,壮哉旧服。忆唐仁愿,远靖虏尘。维楚艾猎,外捍强邻。永固壁垒,式薙荆榛。伯霸王政,拟或非伦。人所修备,修在有事。公所修备,修在无事。人所贻休,一时之利。公所贻休,万世之利。复隍举废,磐石比牢。由蘖不蘖,于思不号。亦曰南仲,朔方之劳。亦曰山甫,城齐功高。出而赋政,明发有截。入仪百辟,为王喉舌。用佐我后,周宣并辙。声施无穷,咸正罔缺。崇祯十一年岁次戊寅仲夏记。

附旧子城

子城

周围四百二十丈,环以水。《宝庆志》云:"县在府子城之东二百八十步,城周围四百四十步。其实非有城郭,特县治之基周围若此耳。"唐长庆元年,移州城,为刺史韩察所筑。岁久,民居跨濠造浮棚,直抵城址。不惟塞水道,妨舟楫,且难防火灾,无路运水。淳祐癸卯春,守陈垲给钱酒付造棚家,听自除拆,环城遂有路可通。立东子城水衢坊牌一,子城西街坊牌二,重修子城,限隔内外。旧志,凡城中四隅远近,例以子城为准。《延祐志》云:"庶府、有司、仓库、公宇皆在其中。今帅府总府[1]之外,余废为民居。"

子城南门　即奉国军门也,详谯楼。宋明州治大门直其北。
子城东门　奉国门内,常平仓之后。宝庆三年,守胡榘重建。
子城西门　奉国门内,苗米仓之后。
三门皆有桥,以通往来。

---

[1] "帅府总府",延祐《四明志》作"帅府"。

敬止录卷之二

乡里考

乡 隅 都 图 村 田号

按旧志,鄞有十三乡。《宝庆志》云,凡十八乡。淳化元年,分万龄为二乡:曰老界,曰手界。熙宁中,割灵岩、太邱、海晏三乡隶定海,富都、安期、蓬莱隶昌国,今十三乡。凡乡下有里,有村,又分为都、隅。都、隅下,有社、保之名。其城内二乡,统隅四;城外十一乡,统隅七及都五十四。今清道乡下第五十二都及镇都并邻都外,今镇都又仍旧。其里、村与社、保皆不用,悉改为图,每图一百十户为限,共有隅十一、都五十二,通计都、隅六十三,图四百九十一。今止四百四十。

又按:洪武十九年,造鱼鳞图,曾分鄞地为二十四区,每区设粮长三人。武康、东安各分四区,老界、通远各分四区,东南、东北、西南、西北。手界三区,无西南。光同、清道各分二区,东区、西区。丰乐一区,西南。桃源四区。东区、五区、西区、九区。

城中

武康乡　城内东。旧小江里,共隅二。

东南隅　七里,旧十图。元十坊二十八社,自"天"字社起,至"岁"字止。

　　一图　天　　　　　　　　二图　石柱桥。地

　　三图　玄　　　　　　　　四图　黄

　　五图　宇　　　　　　　　六图　宙

　　七图　延庆寺、四府前。洪

东北隅　六里,旧八图。元十坊二十六社,自"何"字社起,至"位"字止。又"在"字、"竹"字、"白"字三社。

一图	荒	二图	大梁街。日
三图	月	四图	盈
五图	昃	六图	忠谏坊。辰

东安乡　城内西。旧白檀里，共隅二。

西南隅　十四里，旧二十图。元十坊三十九社。自"律"字社起，至"咸"字止。又一"续"字社。

一图	宿	二图	列
三图	握兰庙、新桥北、市心桥北。张	四图	采莲桥。寒
五图	来	六图	暑
七图	往	八图	花果园庙，湖东。秋
九图	柴巷、镇明岭。收	十图	广济桥，河泥巷。冬
十一图	藏	十二图	湖西虹桥一带，马衙漕到半街止。闰
十三图	马衙漕城下，菱池头。余	十四图	湖西陆。成

西北隅　十二里，旧十六图。元十坊三十七社，自"逊"即"让"字社起，至"归"字止。

一图	岁	二图	律
三图	吕	四图	调
五图	阳	六图	云
七图	簧河头，道河曾衙弄。腾	八图	致[1]
九图	雨	十图	露
十一图	结	十二图	为

城西隅　隶清道乡八里，旧十一图。元城西、甬东二隅，另在外不隶乡。

一图	潘家岸。霜	二图	柳亭庵、堰头。金
三图	马园，火烧桥。生	四图	大卿桥。丽
五图	水月庵。水	六图	毛家后门、木家漕。玉
七图	石桥头汪衖，前莫家漕、卖鱼桥西。出		
八图	北郭堰头。昆		

甬东隅　隶万龄老界乡九里，旧十三图。

---

[1] "致"，国图本作"诸"。

一图　石灰街。冈　　　　　　　二图　米行桥。剑

三图　王家坟头。号　　　　　　四图　王市洋。巨

五图　后塘街。阙　　　　　　　六图　珠

七图　砖桥铺。以下俱江北岸。称　八图　卖羊桥。夜

九图　三宇庙。光

万龄老界乡　县东,旧赤城里、盛店村、尚书村,隅一(甬东),都四。元除甬东隅,合各都诸图,共九十一社。

一都　四里,每里俱有丙字号田,旧五图。

一图　张斌桥。果　　　　　　　二图　戎家。珍

三图　木莲藤下。李　　　　　　四图　七里店。柰

二都　十里,旧十一图。

一图　周家桥、曾堰头。菜　　　二图　孟家桥、楼界。重

三图　柳家曾界。芥　　　　　　四图　洞桥、王家衕。姜

五图　福明桥。海　　　　　　　六图　王家衕。咸

七图　后新屋、李隘、柳隘。河　　八图　横泾。淡

九图　殷界。鳞　　　　　　　　十图　高唐头、殷隘。潜

三都　六里,旧七图。

一图　前堰头、万岭。羽　　　　二图　高钱上万岭。翔

三图　高钱、沙家店。龙　　　　四图　东雅桥、蓟桥。师

五图　邱隘。火　　　　　　　　六图　万岭盛店、蔡家岸新桥。帝

四都　十里,旧十四图。

一图　七里店、傅家堍。鸟　　　二图　七里店、邵家宅。官

三图　邵家岸、蒋铺庙。人　　　四图　化成庵、俞家、徐家。皇

五图　王大麦、梅墟。始　　　　六图　王大麦、官田洋。制

七图　龙山、后徐村。文　　　　八图　蒋浦庙、徐家坝、王大麦。字

九图　姜家衕、梅墟、金家宅。乃　十图　俞家堍。服

阳堂乡　县东,旧太白里、宝幢村、东吴村,都七。元七十九社。

五都　二里,旧三图。

一图　龙山头。衣　　　　　　二图　龙山后、城隍庙后。裳

六都　五里,旧同。

一图　郧山桥、淀港岸。推　　二图　李家桥。位

三图　五乡碶、夹塘。让　　　四图　大涵山、师姑庄、省呑下庄。国

五图　宝幢、同呑、横呑。有

七都　二里,旧四图。

一图　东吴。虞　　　　　　　二图　小白。陶

八都　四里,旧五图。

一图　天童。唐　　　　　　　二图　凰下溪。吊

三图　大树下、王界。民　　　四图　清水潭、天童街。伐

九都　三里,旧同。

一图　东河头。罪　　　　　　二图　木口岭、大涵山。周

三图　画龙浦、大涵山。发

十都　四里,旧五图。

一图　鹿山、石山衕、梅湖堰。殷　二图　梅湖堰、方桥、青山、大庙、童界。汤

三图　前堰头。坐　　　　　　四图　下水霞屿寺。朝

十一都　三里,旧六图。

一图　大嵩。问　　　　　　　二图　尖旗。道

三图　大嵩城。垂

翔凤乡　县东南,旧沧门里、隐学村,都五。元六十六社。

十二都　二里,旧四图。一图内有丙字号田。

一图　新盐场。拱　　　　　　二图　卢浦、铜坛、火罜。平

十三都　五里,旧六图。

一图　大盐场。章　　　　　　二图　邹溪。爱

三图　方前。育　　　　　　　四图　黎

五图　首

十四都　四里,旧同。

一图　臣　　　　　　　　　　二图　单家山、拜鸦岭。伏

三图　大桥。戎　　　　　　　四图　管江。羌

十五都　四里,旧同。

一图　韩岭。遐　　　　　　　　二图　象碛。迩

三图　韩岭、乌龟山、观音庄。壹　四图　观音庄、前徐。体

十六都　六里,旧同。

一图　木枝堰、前徐、大堰头。率　二图　史家墓、戴家岸。宾

三图　应家湾、莫支堰。归　　　　四图　湖沿、陶公山。王

五图　湖沿、史家湾。鸣　　　　　六图　大字桥、大湖沿。凤

万龄乎界乡　县东南,旧赤城里、张村、邓桥村,都六。元六十四社。

十七都　六里,旧七图。

一图　姜村。在　　　　　　　　二图　下应。树

三图　四港、鹅颈汇、厉家岸。白　四图　马家桥。驹

五图　天王寺、降六。食　　　　六图　鹿村、驼背桥。场

十八都　四里,旧同。

一图　道士堰、钱家桥。化　　　二图　缪家桥、下应。被

三图　般火桥、鹿村。草　　　　四图　四眼碶、半路庵。木

十九都　四里,旧五图。

一图　搬火桥、四港。赖　　　　二图　搬火桥、杨家库桥。及

三图　蔡家。万　　　　　　　　四图　四眼碶、教场底、贺丞庙。方

二十都　四里,旧五图。

一图　缪家桥。盖　　　　　　　二图　庙湾。此

三图　黄师庙、长路下。身　　　四图　萧家碶。发

二十一都　六里,旧五图。

一图　三桥鹿村。四　　　　　　二图　桃江、三桥、萧家碶。大

三图　树桥头。五　　　　　　　四图　姚家浦、定桥寺。常

五图　云龙碶。恭　　　　　　　六图　三桥、姚家浦、定桥寺。惟

二十二都　四里,旧同。

一图　云龙碶、石桥、黄洋屿、山下。鞠　二图　王家湾、楝树碶、颜桥、石桥。养

三图　定桥寺。岂　　　　　　　四图　云龙碶。敢

丰乐乡 县东南,旧石柱里、乾坑村(故乾村),都四。元四十三社。

二十三都　三里,旧同。

一图　栎社。毁　　　　　　　二图　横溪河头。伤

三图　徐东大、王山头。女

二十四都　五里,旧同。一图内有"丙舍傍启"四字号田。

一图　金峨寺。慕　　　　　　二图　贞

三图　洁　　　　　　　　　　四图　男

五图　效

二十五都　四里,旧同。

一图　单家山。才　　　　　　二图　田黄、甲村后。良

三图　甲村。知　　　　　　　四图　过

二十六都　六里,旧同。

一图　横山头。必　　　　　　二图　张家花园。改

三图　鹿山寺。得　　　　　　四图　蔡桥、甲村。能

五图　蔡家衖、甲村前。莫　　六图　柴家堰。忘

鄞塘乡 县南,旧姜村里(宋虞大宁改鄞塘里,元王献元复旧)、姜山村、铜盆浦村,都六。元八十六社。

二十七都　七里,旧六图。

一图　甲村。冈　　　　　　　二图　甲村、厉家岸。谈

三图　任家横。彼　　　　　　四图　王家桥。短

五图　丽山、凌家廗。靡　　　六图　恃

七图　己

二十八都　七里,旧同。

一图　姜山。长　　　　　　　二图　姜山。信

三图　陈步渡。使　　　　　　四图　张王。可

五图　三桥。覆　　　　　　　六图　器

七图　欲

二十九都　八里,旧同。

一图　南林寺。难　　　　　　二图　东林寺。量

三图　胡家坟。墨　　　　　四图　杨家衕。悲

五图　鲍家汇。丝　　　　　六图　染

七图　诗　　　　　　　　　八图　赞

三十都　八里,旧同。

一图　姜山头。羔　　　　　二图　横港庵。羊

三图　楝树禊。景　　　　　四图　王柏桥。行

五图　王燕山、西林。维　　六图　周家畬。贤

七图　铜盆浦。克　　　　　八图　李花桥、练树禊、汇头庄。念

三十一都　七里,旧同。

一图　番石渡。作　　　　　二图　陈家岸西、延庆寺。圣

三图　石观音堂。德　　　　四图　顾邵花园。建

五图　沈风水。名　　　　　六图　五港、沈风水。立

七图　形

三十二都　六里,旧七图。

一图　茅山、乌邱。端　　　二图　走马塘、李河。表

三图　下道塘、徐家花园。正　四图　何家桥、斗门。空

五图　车旗堰。谷　　　　　六图　传[1]

句章乡　县南,旧夕阳里、高桥村、市中村,都三,镇都隶。元除镇都三十六社。

三十三都　八里,旧九图。

一图　宝莳庄、元贞桥。声　二图　潘家畬。虚

三图　罗家漕、下陈。堂　　四图　马湖。习

五图　张家店。听　　　　　六图　周家渡桥、何家店。祸

七图　吴山头、胡家禊。因　八图　李家畬。恶

三十四都　十六里,旧同。

一图　裴家岙、宣家畬。积　二图　裴家岙、宣家畬、鲍山前。福

三图　李君庙、杨家衕。缘　四图　百梁桥。善

五图　闻郎桥。庆　　　　　六图　闻郎桥。尺

---

[1] "六图　传",国图本脱,据天一阁烟屿楼复本补。

七图　高尚宅、悬磁。璧　　　　八图　鲍家磡、上孙峚。非
九图　杉木堰、冒头。宝　　　　十图　下木峰。寸
十一图　上木峰。阴　　　　　　十二图　大洋口。是
十三图　清渊。竞　　　　　　　十四图　清渊、悬磁。资
十五图　缪家衕、金家衕、岩。头　父　十六图　船岩堰。事

通远乡　县西南，旧李洪里、环村（因时为桓村，因犯哲宗讳，改环），都五。元五十八社。

三十五都　五里，旧七图。
一图　中潭。君　　　　　　　　二图　桓村。曰
三图　它山。严　　　　　　　　四图　竹节亭。与
五图　鄞江桥、前王畈、后王畈。敬

三十六都　七里，旧八图。
一图　彰圣寺。孝　　　　　　　二图　南山下、何家桥、灌顶庄。当
三图　薛峚、李峚。竭　　　　　四图　后衕。力
五图　单家庙。忠　　　　　　　六图　天井寺。则
七图　定光寺、溪东。尽

三十七都　六里，旧同。
一图　庄村郑。命　　　　　　　二图　长潭。临
三图　庄村邵、宝积寺、大峚岭。深　四图　庄村街。履
五图　庄村街。薄　　　　　　　六图　庄村街。夙

三十八都　四里，旧同。
一图　梅峚。兴　　　　　　　　二图　大晓。温
三图　小晓、长沙田。清　　　　四图　杜峚、杖锡。似

三十九都　十九里，旧十八图。
一图　郑家、漕前方。兰　　　　二图　虞家畲。斯
三图　虞家畲。馨　　　　　　　四图　闻家岸、石塘、顺蛟街。如
五图　项家畲。松　　　　　　　六图　卢家桥、陈家宅、张家桥。之
七图　林家畲。盛　　　　　　　八图　上张畲、吴家庄。川
九图　庄圣桥。流　　　　　　　十图　蒋山、丁峚岭。不
十一图　学官漕。息　　　　　　十二图　蔡家溪、三圣桥、乌龟潭。渊

十三图　大桥头、童家。澄　　　十四图　排门头。取
十五图　周大宾桥。映　　　　　十六图　宝岩寺。容
十七图　沿溪。止　　　　　　　十八图　建岙。若
十九图　散图。思

光同乡　县西南,旧青林里、北渡村、栎社村,都四。元五十社。

四十都　十四里,旧十三图。
一图　杨官人桥。言　　　　　　二图　杨官人桥。辞
三图　湖后李家、山下。安　　　四图　湖后芝山。定
五图　葛家湾。笃　　　　　　　六图　仲夏。初
七图　吴家斗、沙港口。诚　　　八图　沙港口、吴家斗。美
九图　驿师庙、王家桥。慎　　　十图　仲夏、王家桥、凌家岸。终
十一图　仲春桥、桃浦桥。宜　　十二图　穆家漕、潭头李。令
十三图　仲夏。荣　　　　　　　十四图　仲夏桥。业

四十一都　六里,旧同。
一图　王张桥、下水碶、七乡桥。所　　二图　上王前顾。基
三图　下王、阮家畬、何后岸。籍　　　四图　杨家、里仁塘、柳家横。甚
五图　塝头、姜家畬、王兰畬。无　　　六图　谢家塝。竟

四十二都　五里,旧同。
一图　朱家直。学　　　　　　　二图　里孙、千丈泾、东港漕。优
三图　塔练寺桥、葛家畬。登　　四图　吴龚、下葛、范家庄、洪家岸。仕
五图　东何畬、太平桥、善庆桥。摄

四十三都　七里,旧同。
一图　会稽庙前、新桥。职　　　二图　周学士桥、栎社、宋家塝。从
三图　绕湖桥。政　　　　　　　四图　四脚亭根。存
五图　新桥、下陈。以　　　　　六图　上店、常乐寺前。甘
七图　娜儿渡桥。棠

桃源乡　县西,旧石马里、黄姑林村、林村,都五。元五十六社。

四十四都　十里,旧九图。

一图	戴家宅根、潘家畈桥。去	二图	宋家堠、厉半州、宋家岸。而
三图	陈横头、仓前。益	四图	后仓、冯家湾。咏
五图	蒋鉴桥、板桥、姜苏。乐	六图	朱家畲、王家衕、殷浦庙。殊
七图	朱郎中桥。贵	八图	张家潭。贱
九图	布金寺。礼	十图	张家岸。别

四十五都　十一里，旧同。

一图	姚王畲、后杨漕。尊	二图	俞家宅根。卑
三图	沈其汇、树桥头。上	四图	库桥头、施陶。和
五图	张家荨、庙前。下	六图	庙后。睦
七图	前河、西洋港、白文桥。夫	八图	石家桥、前河。唱
九图	流水花桥、八郎桥。妇	十图	清垫。随
十一图	西戴朱都。外		

四十六都　十里，旧十一图。

一图	车家桥。受	二图	白象桥。傅
三图	长河塘、西王。训	四图	灵公岙。入
五图	蒋山、黄柏庙、鲁岙。奉	六图	林村。母
七图	水家宅。仪	八图	周家漕。诸
九图	水家宅。姑	十图	水家宅、蒋山。伯

四十七都　七里，旧同。内有孔字号官职田。

一图	林村。叔	二图	林村。犹
三图	徐家宅。子	四图	裘家庄。比
五图	眺头、深溪。儿	六图	仇岭、职田。孔
七图	怀		

四十八都　九里，旧同。

一图	大雷、乾坑、窑坑。兄	二图	大雷。弟
三图	章家溪、大岙、芝溪、岙岭。同	四图	藤岭、凰岙市。气
五图	横溪。连	六图	汪家店、凰岙市。枝
七图	西山。交	八图	西洋港。友
九图	乌岩。投		

清道乡　县西,旧横山里、高桥村、沈店村,图三隅一(城西隅)。元除城西隅七十九社。

四十九都　十一里,旧十三图。

一图　袁家埠头。分　　　　　二图　居家畈、石塘硋。切

三图　岐山头。磨　　　　　　四图　石塘、景德寺。箴

五图　小西坝、后堡、思修庵。规　六图　宣家岸、薛将军庙、西坝、高桥里、普度庵。仁

七图　薛仁贵庙、田畈章家。慈　八图　下庄、风洞庙。隐

九图　新桥。恻　　　　　　　十图　梁山伯庙、下庄。造

十一图　梁山伯庙下庄。次

五十都　十九里,旧二十一图。

一图　石将军庙前。弗　　　　二图　百丈漕。离

三图　新桥五港口。节　　　　四图　石将军、朱家。义

五图　西成桥、白塔洋。廉　　六图　白塔洋、杨家水畈。退

七图　黄家湾。颠　　　　　　八图　金鲜庙。沛

九图　新河塘。匪　　　　　　十图　马公桥、范家岸、北郭庙。亏

十一图　湾头。性　　　　　　十二图　湾头。静

十三图　三层楼、下驾桥。情　十四图　火烧桥。逸

十五图　西成桥南。心　　　　十六图　姚家庵。动

十七图　仲家桥、南洋。神　　十八图　新庄、龙舌朱。疲

十九图　新庄。守

五十一都　七里,旧同。

一图　高车头、谢女王前。真　二图　新庄、薛家。志

三图　大包桥、汪漕头。满　　四图　看经寺、官庄。逐

五图　沈店桥西。物　　　　　六图　石灰埠头。意

七图　做年亭、烘篰行。移

镇都　八里,旧同。旧隶句章乡,元末归并邻都,唐名光溪镇。

一图　天王寺。坚　　　　　　二图　洞桥头、天兴庙。持

三图　兰浦堰、周家亶。雅　　四图　洞桥头。操

五图　百梁桥。好　　　　　　六图　唐家堰。爵

七图　沙港口。自　　　　　　八图　元贞桥。縻

《延祐志》有五十二都镇,都隶句章、清道两乡。

广德湖田　元五十八社。

四十四隅　五里,旧四图。四十四都界,南对布金寺一带。

一图　石奶桥、李家衕。都　　　二图　楼太师庙、李家衕。邑

三图　许家庵、杨家港。华　　　四图　陈家。夏

五图　杨家港。东

四十五隅　四里,旧五图。四十五都界,南对青垫、夹塘、俞家宅一带。

一图　何家港。西　　　　　　　二图　前应桥。二

三图　青垫。京　　　　　　　　四图　井亭张、广德庵。背

四十七隅　四里,旧五图。四十七都界,西枕林村、凰㟮市一带。

一图　顾家港。邙　　　　　　　二图　十字港。面

三图　望春山后。洛　　　　　　四图　望春山前。浮

以上桃源乡。

四十九隅　十里,旧十一图。四十九都界,北界高桥、石塘一带。

一图　红莲池。渭　　　　　　　二图　石塘山、监刑汇头。据

三图　俞家漕。泾　　　　　　　四图　童家横、隐家漕、白鹤山。宫

五图　西湖白、郑家漕。殿　　　六图　华湖虞周。盘

七图　垾头杨。郁　　　　　　　八图　新庙。楼

九图　高桥、前方六、打席桥。观　十图　三成庙、王千里。飞

五十隅　九里,旧十一图。五十都界,东界新庄一带。

一图　惊　　　　　　　　　　　二图　包家桥。图

三图　写　　　　　　　　　　　四图　卖面桥。禽

五图　白龙王庙、施家漕。兽　　六图　楼下陈。画

七图　七港口。彩　　　　　　　八图　李家衕。仙

九图　灵　　　　　　　　　　　以上清道乡。

街

大街　谯楼前,西至崇孝坊,东至按察司前。

鉴街　自鉴桥南至贯桥。

大梁街　东至万寿坊,西至千岁坊。

小梁街　东至阜财坊,西至柴家桥。

砌街　东自车桥,西至新排桥。

沙泥街　东自锦乐坊,西至状元坊。

以上《永乐志》。

冷静街　东至捧花直街,西达大庙。

紫薇街　南至镇明岭,北至平桥。

新街　东至开明桥直街,西至市心桥直街,旧名新市后巷。

城外

百丈街　过浮桥直下,昔名时雍街。

后塘街

长春街　接长春桥而下,可二里许。夹街而居者,五百余家。

巷

悉照《嘉靖志》,凡《永乐志》有而《嘉靖志》不载者,每隅录于后,以备古迹恐有今昔异名,故不涸入。

东南隅

波丝巷	车桥南巷
王街巷	东石版巷
莲花棚西巷	车桥北巷
莲花棚东巷	马院巷
应穿藤巷	迎春巷
泥桥巷	天封塔后巷
寿昌寺巷	江井巷
槐花树巷	胡同知巷
吉祥寺巷	王家巷
乌楼巷	纺丝巷
新街巷	沙井巷
杨树巷	井头巷
忠信巷	皂角巷

嘉宾馆前巷　　　　　　　　嘉宾馆后巷
福明桥巷　　　　　　　　　沙泥桥巷
白塔巷

以上《嘉靖志》。

郁家巷　今司巷,古有司户厅,故名司巷。
双井巷　经藏寺后新巷。
洗马桥巷　　　　　　　　　汪家巷
清堂南北巷　　　　　　　　庙巷
高家巷　　　　　　　　　　江心巷
张家巷　行香桥南。　　　　邱家桥巷
戚家巷　　　　　　　　　　织纱巷
秋瓜巷

以上《永乐志》。

东北隅

太保巷　　　　　　　　　　牢食营巷
小梁街巷　　　　　　　　　大梁街巷
廿八营巷　　　　　　　　　马衙巷
积善桥巷　　　　　　　　　琅琊桥巷
东殿庙巷　　　　　　　　　板巷
回途桥巷　　　　　　　　　魏家巷
史府新巷　　　　　　　　　丁家巷
马俪巷　　　　　　　　　　大井巷
乌泥俪巷　　　　　　　　　皇封桥巷
新河俪巷　　　　　　　　　后市巷
西河下巷　　　　　　　　　萧家桥巷
如春棚巷

以上《嘉靖志》。

东寿昌寺巷　　　　　　　　姚家巷
官柴巷　　　　　　　　　　四港桥巷

聚景棚巷 廊头巷
吴家巷 管家巷
渔浦巷 团桥巷

以上《永乐志》。

西南隅

宝奎庙巷 醋务桥巷
石灰埠巷 贯桥西河下巷
东饭行巷 南饭行巷
竹行坊 千岁坊。 醋坊巷
章耆巷 木阑桥巷
新桥南河下巷 周家桥巷
蒋家带巷 县学前巷
王心忠巷 桂芳桥巷
皇亲宫巷 南仓巷
周官人巷 王家墩巷
塌水桥巷 马巷
尚书桥巷 郁家巷
第八营巷 铸冶巷 南社坛庙西。
宝云寺巷 永宁巷 一名碴桥巷。
柴巷 府基巷 旧有史相府。
第九营巷 太平巷
和义巷 广福寺巷
大夫巷 九曲巷
后所营巷 青石巷
史府后新巷 广盈仓巷
福聚庵巷 圣功寺巷
五显灵官巷 大巷
锦里桥西巷

以上《嘉靖志》。

王大医巷　　　　　　　　　　史府营新巷

宣家桥巷　　　　　　　　　　吴家巷　《成化志》亦载。

新桥北河下巷　今湮。　　　　感圣寺南巷

牢家桥巷　原注：俗呼县社坛桥巷。　曾家汇巷

河泊所东巷　　　　　　　　　韩家桥巷　原注：俗呼乌龟桥巷。

惠政桥东西河下巷　《嘉靖志》：西北隅，天宁寺西河下巷即此。

以上《永乐志》。

西北隅

天宁寺　西河下巷。　　　　　西社坛桥巷

应家巷　　　　　　　　　　　影泉巷　宋时有影泉坊。

虹桥巷　　　　　　　　　　　顶花巷

蟛蟢巷　　　　　　　　　　　北饭行巷

竹林巷　　　　　　　　　　　干碶头巷　按：二口系东北隅误入。

线墙巷　　　　　　　　　　　白衣寺巷

石板巷　　　　　　　　　　　水浮桥巷

井泉坊巷　　　　　　　　　　鸡儿巷

马草巷　　　　　　　　　　　朝桂坊巷

方家桥巷　　　　　　　　　　东上桥巷

西尚桥巷　　　　　　　　　　横河头巷

西河营巷　　　　　　　　　　祝都桥巷

火筒寨巷

以上《嘉靖志》

项家巷　河利桥盲巷口。　　　蔡家巷

林鲚鱼桥东巷　　　　　　　　普门庵巷

洗河桥巷　　　　　　　　　　安远驿后新巷

以上《永乐志》。

城外东南

井头巷　　　　　　　　　　　罗家巷

华严巷　相传严氏世居,故名。　　养济院巷

黄枝花巷　　双井巷

童家巷　　林胡巷

铸坊巷　　河头巷

打筇巷　　王家坟头巷

胡家巷　　柳亭巷

漏泽园　由柳亭巷入。

以上《嘉靖志》。

于斯巷　南门外直街,对灵应庙。　　鬼谷巷　长春街东。

以上《永乐志》。

西北

花桥巷　　麦场巷

麻相公巷　　荷花池巷

法王庵巷　　崔家巷

以上《嘉靖志》。

敬止录卷之三

坊表考

坊

按旧志云：古者，州闾乡党，莫不有名，如阙党、东里之类。后世犹有称其乡曰"郑公"，榜其门曰"通德"者。唐制，百户为里，五里为乡，四家为邻，四邻为保。在城邑为坊，田野为村。坊之名，盖始于此。街衢巷陌，官为之制，宜也。此邦生齿既繁，侵冒滋多，甚至梁水而楹，跨衢而宇，往来间阻，舆马尤病。绍定元年正月，东北厢火，救焚者束手无措。既而掘视古沟，率在居民卧室之内。人知广其屋宅，而不知自为不利。守胡榘以闻于省，令下禁塞水衢者，食喉、气喉两碶桥浦，不许立屋。凡街衢巷陌经火者，悉从厘正，而并渠之人，以湫隘为词，犹户捐以数尺之地。元末，坊多颓圮。国朝洪武初，郡守张琦因故维新，森然屹立，间又有定名而增置之者。其广仁一坊，改建官宅而废。及旧志所载，朱、紫两帅二坊废久，而莫考其处。余并备录。予按：自后科第仕官[1]为起坊，随处建立，不复为里党计。古意荡然矣。

东南隅

文宪坊　　弘治十四年，为御史方志立。

三法卿坊　　嘉靖三十年，巡按裴绅为屠侨立。侨历官大理卿、刑部尚书改左都御史。

二卿坊　　正统十一年，知府陆奇为太仆寺少卿郑复言、太常少卿郑雍言立。新排桥东。

解元坊　　为成化戊子科杨文卿立。

绣衣坊　　嘉靖二十年，为封御史李正华立，循义父。

进士坊　　宣德六年，知府郑珞为洪武甲戌进士吴仲贤立。

---

[1] "官"，浙图本冯批："'宦'之误。"

联桂坊　宣德十年,郑珞为永乐戊子科郑阜义、庚子科郑永义、宣德乙卯科郑自强。自强,永义子,志有误。江井巷口。

进士坊　成化二年,知府方逵为天顺甲申进士范润立,广东参政张瓒书。联桂坊西。

青云坊　永乐十八年,知府刘燾为举人杨顿立,学士沈度书。江心巷。

承芳里　正统六年,知府郑珞为举人杨实立。江心桥。

登俊坊　郑珞为举人金湜立。传桂坊西。考东南隅并无传桂坊,《成化志》注"或误"。

儒科世家坊　成化五年,知府方逵为黄润玉、黄隆立。隆,润玉子,景泰甲戌进士。父子俱官宪副。隆孙巽,弘治壬戌进士。

进士坊　知府方逵为成化丙戌进士金泽立。

桂林坊　成化五年,方逵为正统辛酉科杨实、成化戊子解元杨文卿立。文卿子叔通,中弘治乙卯科,前志不列于名,误。

禁庐双直　万历十七年,为锦衣卫百户赵浙、文华殿中书赵济立。

恩纶屡锡世德重光坊　万历四十三年,为赠福建左布政丁闻义、丁仲绣立。巡抚副都御史继嗣祖父。

宋

进贤坊　洗马桥西。

兴廉坊　洗马桥下。

重桂坊　摄守程覃为嘉定甲戌进士孙枝与子起予同第立。新寺巷口,即寿昌寺。

清润坊　新桥南,西南隅交界。

握兰坊　新桥东,西南隅交界。

连桂坊　绍圣丁丑进士蒋璿,崇宁丙戌进士蒋玩,陈瓘扁其堂曰"连桂",因名。施家巷口,塔儿桥西。

锦勋坊　嘉熙二年,赵善湘以资政殿大学士兼沿海制置使典乡郡。四年,制帅赵以夫奉旨立。今城隍庙东。

康乐坊　皂角庙巷口。

吉祥坊　破石桥之南。

积善坊　小江桥南。绍定元年,知府胡榘于火后重立。

迪教坊　车桥南,火后胡榘与积善坊同立。

余庆坊　捧花桥南,西南隅交界。

状元坊　　嘉定二年，知府黄由为嘉泰壬戌状元傅行简立。《成化志》云：国朝天顺间，知府张瓒为金事黄隆改名进士街。天封塔下。

锦乐坊　　沙泥街。淳祐五年，制帅黄壮猷为余天锡典乡郡时建立。

以上十四坊，《宝庆志》。

仁美坊　　新排桥北。

处仁坊　　新排桥南。

通宁坊　　胡同知巷口。

以上三坊，洪武五年，知府张琦重立。

东北隅

爱育坊　　县治前。嘉靖三十二年，知府孙宏轼为礼科给事中杨言改匾"忠谏"坊。四十年，知府曾镒别建忠谏坊于东渡门内，复为"爱育"。万历间，知县周之基改署曰"全浙名邦"，曰"海滨岩邑"。江秉谦易署曰"古堇封"，曰"斯民直道"。

内台总宪　　嘉靖十二年，巡按谢兰为都御史王应鹏。

大司寇坊　　嘉靖二十二年，巡按御史舒汀为屠侨。

亚卿坊　　正德六年，知府张津为工部侍郎李堂。

都宪坊　　正德九年，知府林富为金都御史李堂。

万寿坊　　大梁街东街口。见《永乐志》大梁街注，即宋之广慧坊。

奎文华国 [1]　　为嘉靖戊戌进士袁炜等。

忠谏坊　　见上。

观光坊　　正统六年，知府郑珞为举人王谊立。东渡门里团桥边。

进士坊　　为大理寺副蔡霖立。

宋

千岁坊　　《宝庆志》注：南湖头，西南隅交界。

宣化坊　　魏家巷口。

富荣坊　　魏家巷口。原能仁寺巷口。

开明坊　　旧鄞县治前，今按察司前。正统十年，知府陆奇改名"澄清"。

---

[1] "奎文华国"，国图本作"奎章华国"，原有批注改"章"为"文"，采之。

广慧坊　　大梁街巷口。万寿寺,旧名广慧。

阜财坊　　小梁街巷口。

泰和坊　　天庆观西。冲虚观旧名天庆。《宝庆志》注"县河下"。

拱星坊　　廊头巷口。

安平坊　　天庆观前。

以上九坊,《宝庆志》云,皆绍定元年守胡榘于火后重立。

施仁坊　　今按察分司右。

肃清坊　　今按察分司左。二坊俱洪武五年守张琦重立。

西南隅

龙翔虎跃　　为嘉靖己酉科毛为光等。紫薇街。

紫薇坊[1]　　成化八年,为布政司余淘。

三寿坊　　为封刑部郎中沈熺,九畴父;封吏部侍郎沈仁佶,一贯父;封屯田员外郎沈仁佾,一中父。

泰阶良弼　　武英殿大学士沈一贯。

旌节坊　　为金门章氏。九曲巷口。

经略名臣、经略都宪二坊　　武镇坊北,都御史张楷门前左右。天顺□年,知府陆阜、同知刘文显立,副都御史林聪书。

廷平坊　　嘉靖二十八年,巡按杨九泽为评事何迁。

会经元坊　　正德七年,为弘治癸丑会试第三名李麟。

鸾坡侍从虎观师儒坊　　为嘉靖壬戌一甲第三名余有丁。

登瀛桥聚奎坊　　登瀛两傍,曰元魁进士,曰宫保尚书,为杨守陈以下兄弟父子科甲聚奎。两傍曰"荣沐褒封""恩隆荫叙",为杨氏封公荫子。

龙飞应运　　为万历癸酉科张拱辰等。

学士尚书坊　　为礼部尚书汪镗。

太子宾客宗伯学士坊　　嘉靖二十二年,巡按舒汀为张邦奇。

天衢鹗荐海国龙骧坊　　为万历壬午科谢存果等。

武状元坊　　嘉靖己未科杨斌。

---

[1] "紫薇坊",国图本等均作"紫薇街",雍正《宁波府志》:"紫薇坊,为余淘立。"因改。

瀛洲接武　万历丙午科姚之光等。

天保鹿鸣　万历壬子科高斗枢、陈朝辅、杨德周、张凤墀。

庚戌进士　万历庚戌项良梓。

尚书桥坊　天顺八年,知府张瓒为刑部尚书陆瑜。

东海八龙　万历癸卯科赵昌期等。湖西广盈仓前。

清朝宠命　张时彻建湖心寺址,初曰司马书院。

治朝六杰　嘉靖二十六年,巡按御史裴绅为弘治乙丑进士闻渊等。

进士坊　《成化志》注云"月湖边",宣德八年守郑珞为陆瑜立。

进士坊　月湖边,正统十年守陆奇为进士盛琦立。

承恩坊　成化九年,为尚书陆瑜。

绣衣坊　正德二年,为御史陆偁。

进士坊　为弘治乙丑进士冯应奎。

兄弟进士　嘉靖十七年,巡按张景为弘治己未进士戴鳌、丁丑进士鼇、嘉靖癸未进士鲸、乙未进士鳌立,俱同胞。广济桥东。

进士坊　成化三年,知府方逵为杜峤立。木栏桥东,今尚有一石柱在。

文奎坊　正统三年,知府郑珞为举人杜谟立。木栏桥。

三凤坊　正德十二年,为弘治乙卯举人范槐,正德癸酉举人栻、丁卯举人棣。

柱史坊　嘉靖三十八年,总督胡宗宪为杨美益。

大文宗坊　提学御史杨美益。

昼锦传芳　为楼氏一门科第。

承锦坊　为举人楼启。大庙桥南。

都宪坊　弘治四年,为都御史陈濂。即在其宅门。

兄弟尚书　正德元年,巡按车梁为礼部尚书杨守陈、吏部尚书守阯、工部尚书守随。

凌云坊　永乐二十二年,巡按赖瑛为举人余麟立。县西一里。《成化志》。

世显坊　弘治四年,为提学佥事邵玉子宪副庄。镇明岭南。

尚书坊　南京兵部尚书张时彻。

世美坊　天顺八年,为参政余麟子布政洵。均奢桥北。

世科坊　天顺八年,知府张瓒为壬午科应天举人薛稯立。仓桥东北。

文武承芳　正德十一年,为进士张镇、千户张淮。

世恩坊　嘉靖十一年,知县黄仁山为主事陈知、副使陈淮。

科第传芳　　成化乙未进士李哲子、嘉靖戊子举人纶。

联芳坊[1]　　宣德十年,知府郑珞为永乐乙未进士叶瑜、宣德乙卯举人叶璿。醋务桥。

联奎坊　　为嘉靖戊午科朱应隆[2]等。

元魁萃庆甲第朋芳坊　　为嘉靖辛酉举人张汝源等立。是科解元,鄞卢渐内、余有丁,壬戌及第。

登第坊　　宣德七年,知府郑珞为举人鲍经立。贯桥旌善亭前。

中天际运　　万历戊午科钱靖忠等。

海上六鳌　　隆庆戊辰科进士。

四辅崇阶三台峻秩坊　　为封建极殿大学士余永麟。

武镇坊

宋

纯孝坊　　府桥西。

美禄坊　　四明桥西。

迎凤坊　　四明桥东。医士臧中立愈徽宗后病,诏赐宅南湖。诏后大书一"允"字,势若凤尾,时称凤诏,故名。守王资深立。

问俗坊　　史府前,县西南。

众乐坊　　均奢桥西。

释褐状元坊　　均奢桥南。嘉泰三年,守黄由为宣缯立。

行春坊　　宝云寺西。

灵应坊　　宣府前。

符桂坊　　汪运使桥西。嘉定七年,摄守程覃为汪立中立。

振名坊　　仓桥北。

顺成坊　　仓桥下。

缓带坊　　崇教寺后。

惠政坊

昼锦坊　　楼府东。以王周领乡郡立。

---

[1]"联芳坊",国图本作"联桂坊",有批注作"联芳坊",采之。

[2]"应隆",国图本作"应龙",有批注:"《闻志》作'应隆'。"查《天一阁藏明代科举录选刊·乡试录》(宁波出版社2010年影印版),有"嘉靖三十七年顺天府乡试录第十八名朱应隆",因改。

史君坊　史府前。

以上十五坊,《宝庆志》。

礼顺坊　永济坊南。以下四坊,洪武五年,张琦重立。

竹湖坊　戒香寺西。

锦里坊　锦里桥北。绍兴间,赵彦逾典乡郡[1],居此,故名。

传桂坊　捧花桥南。

西北隅

柱国保傅坊　弘治十三年,为吏部尚书屠滽立。原建祝都桥宅门,后宅归管大勋,移建府治左,参议庙右。

赞枢坊　正德七年,为益府长史屠偕立。

进士坊　正德七年,为辛未进士屠侹[2]立。

三世进士　嘉靖三年立。正统乙丑金亮,成化丁未洪正德、丁丑朴,宁波卫右。

光前、裕后二坊　弘治十四年,为郎中金亮、御史金洪。

绣衣坊　天顺四年,同知刘文显为御史董琳。芳嘉桥下。

儒林世家　正德十年,为景泰甲戌进士董琳、弘治庚戌进士董钥。

亚元坊　宣德四年,守黄永为经魁陈惠立,中书舍人朱孔阳书。水浮桥下。

进士坊　景泰□年,守陆奇为洪常立。芳嘉桥东巷。

世恩坊　嘉靖二十年,为御史柴履。

都宪坊　嘉靖十一年,为都御史柴经。

应宿坊　嘉靖壬午科刘廷华等二十八人。

文英坊　永乐癸卯科范德厚等,守刘煮立。芳嘉桥西。

传桂坊　永乐乙丑进士俞德儒子,天顺丁丑进士泽。守陆奇立。虹桥巷北。

汇征坊　嘉靖十一年,为辛卯科包燿等立。

云龙嘉会　嘉靖十五年为癸未科姚涞等。

宾荐坊　嘉靖丁酉科刘廷仪等,解元鄞陈穆。

---

[1] "绍兴间,赵彦逾典乡郡",国图本原注:"彦逾典郡非绍兴间,当从《闻志》改'嘉泰'。"《宋史》卷二百四十七《列传》第六载:赵彦逾绍兴三十年登第,"嘉泰年间,知明州兼任沿海制置使"。

[2] "屠侹",国图本有批注作"屠俍",查《天一阁藏明代科举录选刊·登科录》(宁波出版社2006年影印版),也作"屠侹"。

五凤鸣和　嘉靖辛丑科张子瑫等。

德聚坊　嘉靖戊子科王金等。

壬子同升　嘉靖壬子杨子华等。

甲午宾兴　嘉靖甲午科张谦等。

彩凤联飞　嘉靖乙酉科赵昊等。

汇荐坊　嘉靖乙卯科柴涞等。

争鸣元运　嘉靖甲子。

熙朝人瑞　百岁郡宾高大纶。

理学大宗经纶名世坊　都御史王应鹏。

一榜三卿同朝八座坊　学士周应宾、江西巡抚副都御史王佐、福建副都御史丁继嗣，俱万历癸未进士。

庚子登贤　万历庚子科孙大中等。

文明嘉会贤科英选坊　万历己卯科。

兰台[1]世掌绣斧重光坊　御史林祖述子栋隆。

九人名世　万历己未科。

元魁鼎甲　万历丁酉科鄞张应完解元，慈杨守勤魁又甲辰[2]会状，象邵景尧戊戌榜眼。

兰台执法　御史林可成。

振海蜚英　隆庆丁卯科。

禄养寿母百岁荣恩坊　尚书张邦奇母沈氏百岁。

大方岳第　布政使张渊。

戊子同升　万历戊子科傅光前等。

清时华选　万历丙子科屠隆等。

殿阁重纶　赠大学士沈宗义元瑞仁佶。

祖孙恩命父子甲科坊　林祖述子栋隆及先世。

钟秀坊　宣德十年，守郑珞为举人邵玉立。府学西。

仁德坊　清澜桥东。

信义坊　清澜桥西。

---

[1] "兰台"，国图本作"兰亭"，有批注改作"兰台"，采之。天一阁烟屿楼复本也作"兰台"。

[2] "甲辰"，国图本作"辛丑"，有批注改作"甲辰"，采之。天一阁烟屿楼复本也作"甲辰"。

传芳坊　正统三年,守郑珞为举人余洵。

承流、宣化二坊　府治前左右。成化四年,守方逵、同知时绎、推官陈浩建。

兄弟解元坊　成化丙戌,守方逵为杨守陈、杨守阯立。广东参政张瓒书。谯楼前。

宋

宜秋坊　应家巷口。

崇孝坊　路分衙侧,守楼异为孝子杨庆割股救父立。

永济坊　奉国楼前。

寿宁坊　虹桥北。

恤仁坊　佛阁下,今贯桥。绍定元年,守胡榘于火后重立。宝祐六年,吴潜改曰"施仁"。

广仁坊　白衣寺巷口。

朝士坊　戴家巷口。

修文坊　孝文巷口。

影泉坊　蔡家巷口。

儒行坊　鉴桥下。

朝桂坊　顶戴桥下。为宝庆丙戌进士刘炳立。

状元坊　鉴桥下。守程覃为嘉定甲戌状元袁甫立。洪武间指挥张理改名"宣威"。

状元坊　府学前。为姚颖立。依《宝庆志》补。

以上十三坊,《宝庆志》。

仁德坊　卫前东。

信义坊　卫前西。

抚安坊　县治左。按:此时县治在迎凤桥西。

德化坊　县治右。

治本坊　贯桥、阜丰桥东。

淳厚坊　阜丰桥西。

镇宁坊　望京门内。

孝文坊　修文坊北。

嘉祐坊　佑圣观北。

阅武坊　旧安远驿后。

以上十坊,洪武五年,张琦重立。

东乡

宫保坊 嘉靖三十七年,为刑部尚书屠侨。灵桥门外。

辛丑进士 天启四年,为万历辛丑科李檠等立。灵桥门外。

贞节坊 为钱勖妻徐氏。成化十年奉旨,嘉靖三十三年立。江东虹桥东北巷内。

紫薇坊 天顺八年,守张瓒为布政钱奂立并书。东津桥外。

扬威坊 洪武四年,指挥冯林立。后塘街之南。见《永乐志》。

折桂坊 永乐十五年,守刘煮为举人丁垲立。县东三里,雷公桥。

进士坊 洪武辛亥进士包莘。

联鹰坊 弘治十五年,为御史包泽、包溥。俱县东三里。

绣衣坊 御史屠潚。桃花渡。

好义一乡善士 万历三十年,输粟宣义郎竺法。滨江庙左。

鹏飞坊 宣德□年,守郑珞为举人戎琛立。张斌桥北。

济美坊 嘉靖间巡盐都御史王绅为知县邱恭、邱金,判官邱绚立。县东二十里。

进士坊 嘉靖十六年,为癸未进士李循义立。坊阴曰:"棣塘,循义父正华所自号。"至今有双棣夹塘。县东三十里。

显秀坊 景泰□年,守陆阜为举人傅礽立。五乡碶东。

名山洞府 东钱湖上,大学士余有丁五柳庄前,神宗御笔。

登庸坊 成化丁酉科应天举人杨浩。

荣锦坊 景泰五年,知府李春为御史钱珷。梅墟。

骢马里 天顺六年,为御史钱珷。原注:县东三十里。

进士坊 成化四年,知府方逵为福建副使钱珷立。《成化志》补。

宋

独善坊 独善先生史弥巩所居。甬东隅华严巷北。

省元坊 陈埙试江东转运及礼部,皆第一。宝幢河头。

东南乡

忠襄坊 兵部尚书金忠。

钟英坊 景泰四年,守陆奇为举人陈淳立。东南三十里。

文锦坊 景泰四年,守陆奇为举人鲍恢立。东南十五里。

尚义坊　弘治间,知府张瓒为输粟宣义郎杨苗。

宋[1]

南乡

绣衣坊　为御史杨守随。甬水桥南。

曲辕坊　布政使沈九畴。栎社里居。

进士坊　弘治甲戌华爱。

内翰坊　中书舍人沈应奇。

旌义坊　正统间,输粟义士李浩。

以上俱二十里。

双义坊　正统七年,输粟义民虞六、虞九。四十里。

都宪坊　弘治□年,为河南都御史陈濂立。鄞塘乡孤秀堡。

宋　以有《茅山志》,故诸坊得备列。

冠盖乡　嘉祐元年,为兵部尚书张合立。

宣徽坊　重和二年,为宣徽使张邦彦建立。

擢秀乡　绍兴二十一年,为御史张伦立。

观光里　□□□年,为右言张郛立。

以上俱鄞塘乡善训堡。

魁文里　嘉定十二年,为司农卿徐愿立。

登云里　绍定二年,为进士徐灼立。

紫薇坊　景定五年,为参政知事徐灼立。

学士里　绍定五年,为学士徐应和立。

联桂里　端平二年,为尚书赵琪夫立。

以上俱鄞塘乡后东堡。

魁德里　靖康元年,为制置使陈秉立。

文林里　绍兴二十三年,为学士陈曦立。

---

[1] 东南乡"宋"标题下,各抄本均无内容。

父子省元乡　宝祐元年,为侍郎陈埙、御史陈符立。

少司马坊　咸淳八年,为侍郎史蒙卿立。

以上俱鄞塘乡孤秀堡。

进士乡　绍兴十二年,为姜涛立。

桂荣里　嘉泰三年,为学士姜光立。

冠盖里　嘉泰□年,为员外姜楫立。

俱鄞塘乡灵茂堡。

尚书里　建中靖国元年,为丰稷立。

鄞塘坊　丰清敏公所置街路。

绣衣坊　□□□年,为御史娄寅亮立。

俱鄞塘乡南林中堡。

紫薇里　端平三年,为中书舍人茅自芳立。

四马乡　景定五年,为知府杨珏立。

俱鄞塘乡茅山西堡。

锦勋里　咸淳二年,为宫讲郑士宏立。

昼锦乡　咸淳三年,为焕章阁待制魏峻立。

俱鄞塘乡苟苴堡。

锦乐乡　咸淳七年,为焕章阁待制娄世仁立。

鄞塘乡银经堡。

元

登云里　至正五年,为进士康元吉立。

崇儒坊　至大元年,为中书员外郎康大成立。

俱泽树村。

西南乡

贞节坊　为张门林氏建。文定公嫂建于文定旧宅。文定以宅授其弟邦礼,后售于张应则,毁之。应则,文定诸孙,崇祯初年岁贡。

进士坊　弘治十六年,为己未进士张时孜。

世卿坊　嘉靖三十二年,巡按赵炳然为赠兵部右侍郎张绪、张忭,尚书时彻。

重光坊　正德七年,巡按王尧封为通判戴钟、知府戴浩、教谕戴櫍、知府戴鳌。

四子登科　嘉靖十九年,巡按王绅为戴氏同胞四子。

集贤乡　成化十三年,为杨守陈等一门。

解元坊　景泰□年,守陆阜为杨守陈立。七乡桥。

江南总宪　为都御史朱瑄。

进士坊　弘治己未朱凯。

登庸坊　天顺己卯举人楼伟。

进士坊　成化乙未楼东。

解元坊　天顺八年,守张瓒为顺天解元郑宏。章村。

进士坊　弘治己未吕和。

鹗荐坊　正德己卯举人陈钦。二坊俱五十里。

宋[1]

西乡

拱辰坊　洪武五年,知府张琦立。大卿桥,见《永乐志》。

奕世崇阶

乙未进士　万历乙未范钫。

进士坊　成化二十二年,为辛丑进士陈振。

乙酉元魁　万历乙酉陈邦训等,解元慈冯铤。

明时奎聚　万历辛卯举人冯若舒等。

明廷硕辅　建极殿大学士余有丁六柱。

盛世九臣　万历丙戌科进士全天叙等。

庚辰进士　万历庚辰余寅等。

元恺坊　万历乙卯举人。

甲辰高第　万历甲辰会状杨守勤、二甲一名范汝梓、二甲六名邬鸣雷、二甲十七名黄景莪。

元魁际会　万历己酉科华颜等,解元慈钱逢春,第二鄞董应圭。

骢马坊　御史王瑶。

---

[1] 西南乡"宋"标题下,各抄本均无内容。

进士坊　　嘉靖丙戌孙裕。二十年立。

天官上卿　　嘉靖二十二年,巡按王绅为两京吏部尚书闻渊。

都谏坊　　刑科给事毛弘。

五马坊　　正德三年,为知府毛箴。

青云坊　　成化元年,守张瓒为给事中毛弘。县西三里水月庵西。见《成化志》。按:既有都谏一坊,不应有重。

进士坊　　景泰辛未章规。守陆奇立。岐山东,县西三十里。

恩荣里　　正统六年,守陆奇为布政章绘。高桥东。

都谏坊　　兵科都给事章镒。

继锦坊　　正统十三年,为丁卯顺天举人章绍。

柱史坊　　嘉靖三十一年,为御史章蘖。

世锦乡　　旧名勾章乡。天顺八年,守张瓒改题,为赵政敏、琬珪一门。高桥东[1]。

五桂坊　　成化辛卯举人赵瓒、景泰壬午珪、宣德乙卯政、正统戊午顺天举人敏、弘治己酉楷。

宋

绣桂坊　　为张即之立。望春桥,见《永乐志》。

元

迎恩坊　　泰定二年,县令阮申之立。见《至正续志》。

西北乡

柳庄坊　　景泰间,知府陆奇为太常少卿袁珙立。

东北乡

进士坊　　成化己丑卢瑀。

---

[1] "高桥东",国图本作"高楼东",有批语:"'楼'疑'桥'字之误。"核天一阁烟屿楼复本,作"高桥东",因改。

敬止录卷之四

山川考一　山

后世称子瞻必以眉山,称温公必以涑水。人以山川重乎?山川以人重乎?今人不能重其山川,猥以陵谷海田之说致慨,只见其不知量也。即予以焉能有无之人,漫为山川记,故实自愧多矣!

龙山

县东三十里,与定海陈山界,状如游龙,故名。四明山发脉,迤逦自南而东北至此,有普光寺。《成化志》云:"世纶陈氏多宅兆。"

鹿山

县东三十里。相传晋鲍盖尝见鹿射之,就视,乃山石也,因名。遗镞尚在,默摇能动,语则不动。上有六峰。

阳堂山

县东四十九里。一名青山,在鹿山南。《舆地志》云:"此山四面悬绝,昔鲍盖所生之处,祠墓在焉,有龙湫。"

沈明臣《过青山》诗:

寂寂青山若有神,月明疑见锦袍人。布衣俱奉华清里,回首于今九百春。

贸山

县东三十里,高二百八十丈。《十道四蕃志》云:"海人持货贸易于此,故名。"初,县在山之阴,乃加邑为鄮,有宋太师史弥忠墓。金翊《纂异记》引顾越碑云："昔西国猎人刘萨诃，南登稽岭，东践鄮山。"即此山也。《图经》云："有佛左足迹，下瞰阿育王寺。"山有陈国冢。

明沈嘉则《过鄮县故墟》诗：

四顾苍茫感慨生，也曾栖借一枝轻。山光水色仍相待，物态风烟几变更。野老口传秦驻日，官奴名寄汉家城。废兴今古寻常事，无奈桃花系此情。

横岙山

即横山，鄮山东二里许。上有袁文清桷墓，疑即今俗呼行宫山。

省窑山

横山东三里许，邑鄮时尝作陶于此，故名。

同谷山

省窑东，以东、西两岙同一谷口，故名。内有三岭：一石城落，通定海深岙；一鱼山，通定海大碶头；一长山，通小浹港。先时，山麓与海相际，海中百货入此贸易，故谷口旧名"后塘街"。宋王应麟墓在焉。

元王厚孙赋云：

大同山人，白发垂耳，肥遁充安。营茧室于同谷，纳宇宙以大观。愧谢公之临浚，慕李愿之居盘。

有西州公子，踵门而言曰："仆甫入东，未遑攀跻[1]。窃闻先生别业东山，可闻其概而启其端乎？"

山人曰："惟鄞岩邑，在汉为鄮。考牒按图，融结渊秀。发轫华顶，绵络蜿蟺。分支四明，拔萃福泉。太白右股，有特其巅。玉几、鹿山，辅翼乎左右；大涵、灵峰，道从于后前。故能奠方舆，通高圆，旁薄聚，莽苍宣。其为山也，朝阳宾日，绝顶矗天。或龙骧远腾，或斗柄旁旋。窈而曲也藏之深，崭而崿也敷之妍。走者气压万骑，飞者翮迅孤骞。其水则穿石溜源，层崖悬瀑。盈科兮潴潭，潜行兮泂洑。会四涧为一漻，历数里而九曲。暴涨疾如奔雷，清激冷然鸣玉。

---

[1]"攀跻"，光绪《鄞县志》作"跻攀"。

其土则鲜原沃壤，错绮布綦。不疆奚场？不积奚基？高植[1]便于疏泄，低受泽于浸滋。迟速验以土则，艺获相其时宜。于是访故老以流憇，悉髦士而耘籽。朝蹑灵运之屐，夕赋渊明之辞。士龙语详而足征，弘景神交而来娱。孰知空同圹埌之不在兹乎？"

公子曰："谷之在鄞，九霄一星。盍亦举其物产而民生之足称者？"

山人曰："逾山北东，溟渤尺只。方物伊错，波鳞凤尾。蚶蚌虾蟹，名殊状诡。连网笠云，集货成市。兽珍玉面之狸，禽美锦翼之雉。豕三岁而为豱，麋群行而如鹿[2]。声闻乐鸡狗之宁，考牧羡牛羊之侈。至若春深雨阑，梅实桃华。丛兰蕙兮深林，茁葚蕨兮阳波[3]。雷笑瑞草，粟粒金芽。蛰龙奋跃，株犀槎枒。牙条柔沃之园，桑麻纵横之亩。来车贻我续食，稼穑浩夫生涯。及其夏暑赫炽，瓜畴累累。翠瓞流水，碧实如坻。秋露欲霜，载收紫姜。食所不撤，药亦具尝。玄律云初，索绹新樗。果蓏丞择，溪毛野蕰。食以玉延，羹以芋渠。拔卜为蔬，斫竹葺箁。伐松杉暨樟楮，构厦屋与舟车。征贾于焉而转物，达吴粤而输京都。梵呗称扬，修岁事也。酒醴饫香，重烝昇也。里闬洽比，敦礼意也。老稚扶携，悦春气也。积劳而暂逸，素贱而忘贵。乡同醇厚之俗，室遂宁谧之志。兹不为生厚而为民利者欤！"

公子曰："地之阜者物必盛，力之至者事必完，势当然也。愿闻闳大奇特之观云尔。"

山人曰："莫高匪山，钟气则灵。莫灵匪人，种德以承。在昔具眼之士，佥言兹地之形，探管郭之邃，按玉髓之精。雄壮神虬之奏海，端严仙人之坐屏。俨正位乎子午，应列曜于天星。蓄久乃泄，遂为王氏之佳城。自浚都而南渡，澹无意于经营。洪钧启闭，富媪效成。天畀人授[4]，列兆泉扃。宣献、忠文叙其志，耻堂、中山文其铭。于是五叶蝉嫣，继继绳绳，或政教嘉师，或智勇本兵。桥梓高第，金玉宏词，固以侈科目之盛；而驾辀五马，笏班八座，未足羡阀阅之荣。按：王氏自浚仪扈跸南渡，定居于鄞。三传扨，嘉定癸未进士，直秘阁，知温州，一乳二子。应麟，即深宁先生，淳祐元年进士，官礼部尚书。应凤，宝祐四年进士。俱中博学宏词科。深宁

---

[1] "高植"，光绪《鄞县志》作"高直"。
[2] "麋群行而如鹿"，国图本作"麋鹿群行而如鹿"。"鹿"字疑衍，参明杨寔《四明郡志》，予删。
[3] "阳波"，光绪《鄞县志》作"阳坡"。
[4] "人授"，杨寔《四明郡志》作"神授"。

子昌世,荫承务郎,入元不仕,二子宁孙、厚孙。其先墓俱在同谷。惟其会一理,根六经,传道学,赞文明,著述广,体用并。龟卜其言,金石其诚。显则白日光洁,隐则孤云杳冥。贯三代汉唐之事,备阐朱张吕真之道行。眷九泉[1]之储孕,专一老于深宁。"

言未既,公子作而言曰:"尝知是邦,衍庆山邱。光禄惟袁,昼锦惟楼。史母氏叶,由源溯流。若王公[2]之懿美,非爵位之可侪。予当奉瓣香,洁寒泉,肃敬墓下,以征文献之传。"

阿育王山

县东五十里,在鄮山之东,支本贸山,高数百仞,以阿育王舍利塔得名。有寺,有极目亭,可望海中,山如丘垤然。山腰有佛足迹,入石寸许。有育王岭,通定海。

陆务观诗:

人间八万四千塔,便合推为第一仙。

明陆钶诗

岩峣石径入云斜,杖屦移来处处家。青镜年华忙里逝,碧山风月望中赊。龙吟溪雨知藏钵,鹤避厨烟为煮茶。捐佩更须方外隐,万松深壑卧丹霞。

张东沙时彻《极目亭》诗:

曲径缘青草,孤亭占碧空。望穷三岛外,身在九霄中。霞起群峰乱,波翻夕照红。翩然振衣袂,直欲驾长风。

张文定公诗:

记得当年黄鹤楼,凭阑时俯汉江流。鄮峰今日层霄里,几点青山海上浮。

成都高第诗:

---

[1] "九泉",明杨寔《四明郡志》作"九源"。
[2] "王公",光绪《鄞县志》作"公子"。

玉几山前列画屏,金沙泉上饭青精。野鸥渡水客愁破,空露湿衣秋思清。漫采瑶花悲落日,闻观贝叶叹浮生。故园岩壑知谁主?是处风烟重我情。

玉几山

阿育王山前横列如几,故名。

宋奉化戴表元帅初诗:

花满车茵酒满船,乱云堆里访枯禅。林深何处无芳草,人静有时闻杜鹃。神屋画飞青礔礰,灵潭阴罩赤蛇蜒。居然悟得松风梦,回首庐山二十年。

谢皋羽《夏日游玉几山中》诗:

曳舟来山中,出郭税吾驾。独慕忻众胜,晨发乃及夜。岂无城中山,爱此足幽野。横陈玉几峰,隐护碧殿瓦。并州古男子,礼塔于此舍。而我饮冰人,犹为内热者。拟携桃枝笙,舒卷得饷暇。明席织海草,因之一枕藉。冷风吹雪空,相与坐其下。

行宫山

玉几山西,相传吴夫差灭越之后建宫于此。即宝幢。

谢皋羽《宝幢寻黄提刑震旧避地处》诗:

甬东寺里逢陈若,双袖龙钟行带索。问知黄公旧避逃,宝幢山下坐丛薄。日惟一食祷先灵,不愿拾得不死药。仰天呼号得正终,一往不复至城郭。公初著书女立旁,公死母亡家漢落。子为户曹取公女,欲叙因由无与语。得来与子行林莽,月落山空识其处。

予曾作《七美》附录:高子昼寝,梦一丈夫,颀然古服,仓然修髯,谒予而言曰:"予宫山之神也。宫山,鄞东之培塿也,不闻于世者千有余年矣。今先生取以名其隐居之室,非兹山之厚幸欤?虽然,不详其所有当于先生者,托先生之文以传。将兹山终无足述于后,抑无以光显?先生所以名室之意也。敢请。"予曰:"唯唯。"遂辞去。予惊寤,异焉。求无负乎诺神者。时因服药,偶有感《七发》之文,聊因其体以为词:

鄞有先生,隐于山中,茸茅以居,课耕而食。日拥琴书,时命杖屦。风雨暑寒，弗出其室。即其所居之地，恒自称于人为"宫山旧逸"。爰作歌曰："吾荷吾锄，吾读吾书。山风山月，恒在吾庐。舍彼宫山，吾将安如？"有好辩居士，闻而慕之。乃戴笠蹑屐，越畛逾樊，至宫山之上，窥无闷之园，敬谒先生曰："切闻先生高义，隐于此山久矣，然四境之内，所称名山者众也，敢问先生独有取乎此而有终焉之志者，则谓之何？"

先生曰："择胜而遯蹈者，高尚之所以明其好也。随遇而不迁者，沉冥之所以安其天也。吾任吾所偶处，又何有于心之所主乎？"

居士曰："虽然古贤人君子居于山水之间者，必有所以系其情也。情有所系，则神不亲；神不亲，则身不适；身不适，则虽慕隐居之名，又乌能嗒然木然？举人世之所好，俱不足以易此中之乐哉？仆虽固陋，亦尝夙游其间，敢揆义度情，举吾臆量，以质之先生。先生必居一于此矣。"

先生曰："敬诺，愚愿闻之。"

居士曰："从来之论山者，众山皆卑，则高者为尊。众山皆大，则小者为贵。今宫山之为胜也，邓峰峙乎其北，太白耸乎其东，就赤堇而如昵，拔玉几其如从，收列岑之殊色，觐四时之景容，固已环一方之秀，毕萃于其中矣。若夫村墟简寂，野俗朴良；皋壤平衍，禾黍芬芳。农家掩映乎疏木，樊圃隐见乎修冈。云烟舒卷乎平畴，川泉回亘乎曲塘。是用尽土宜于耒耜，酌景色于壶觞，洵足优游而乐志，为避世之美乡也，又何羡乎剡曲之戴、鹿门之庞乎？"

先生曰："乐哉言乎！北山川之美，吾未之能领略也。子请更言之。"

居士曰："当夫差之盛也，跨浙逾越，抚有江东。伯图凌铄，意气弥空。远从兹山，结构离宫。带甲百万，爰及妙容。飚起雷动，以茇乎其中。得之自己，失亦乃躬。至于句践，从徒隶之余，快雄心于报施。夷馆娃之宫，平锦帆之陂。积数十年之长算，亦何能千载而在斯？虽成败之有间，总废兴兮递迁。叹青山之如故，讹旧名以相延。遍萧萧兮野荻，拂清风与冷烟。问阅世其何有？祇岩石之苍然。是以高贤旷士、清流达者，见遗迹而神遐，陟高冈而忧舍。悲一映于剑首，等百年于野马，因遗世而独立，弃荣名如飘瓦。况吾子侧身兴革之日，蒿目菀枯之下，或兴废感于兹山，爰冥怀而自假也。"

先生曰："悲哉言乎！此遐达之高风，非予所得而庶几也。子请更言之。"

居士曰："此山之距夫海也，不五十里而近矣。登高以望，可一览而尽也。浩浩淼淼，水天相接，鼓洪涛以万古，感一气之振摄。凛大块之若浮，惊桑田之日啮,招壶蓬之飞仙,瞻扶桑之出日。川归闾泄,侈矣漆园之篇;吹涝噏波,蔚哉木华之笔。若夫盼楼船之往来,识旌旗于汉世。使帆樯如马骤,贯戈殳于鱼丽。寄冠履于长波,存诸夏兮无地。鲸浪挟壮夫之怒,蜃雾结三军之气。此故老遗民,贞夫谊士,每陟巇而神驰,咸鼓舞而欲逝也。先生其亦时假乎此,以寓其枕戈之志乎?"

先生曰:"壮哉言乎!虽区区之怀,又乌能向若而迷哉!子请更言之。"

居士曰:"去山而东,百步之内,厥有精蓝,肇于古代。昔人闻音乐于地中,历稽首而远届,涌浮图而示异,散祥光如车盖。此柱础之所由始,更废兴而累大,齿名山而先及,为甬土之首胜。一人主钟鼓而提唱,群流环津梁而竞进。高朗之侣,可与立览。彻悟之俦,可与深证。且今日者,忠荼幽愤之流,搥胸断颈之胤,逃乾竺以埋光,寄瓶钵以冥性,对伏狮而心降,听啼鹃而泪迸。先生能无意乎其人哉?将与论心岩牖,携手寒林。传佳茗以永日,寄素笺以和音。忘身世于寥廓,或感慨于登临。岂不足以度沉沦之日月,而抒写其幽襟也耶!"

先生曰:"旷哉言乎!然予仲尼之徒,道不相谋。即有畸人于其间,予未之能识也。子请更言其切于吾身者。"

居士曰:"由寺而进也,迤逦十里,蜒蜒蜿蜿,平冈浅岭,层畦复亩,山尽水回,灵蕴秀衍。盖为吾君子先世之邱垅。自祖而上,三世而远矣。代有哲人,令望云仍,衣冠起百世之慕,簪组传奕叶之声。论君家之世德,尤此地为著称。况太夫人之殡在焉,尤切霜露之深情者乎!"

言未毕,先生肃身而俯,其色翼然,既而戚然有间。

居士曰:"自先生少时上冢,岁必经之。迄今四十余年。先生之于此山,不可谓不相习之久矣。小人怀其旧泽,君子式其松楸。在后人之投老,将舍此而奚求?缵家声而追慕,悲鞠我之难酬。瞻冈阜于指顾,宜先生之眷恋而未休也。"

先生曰:"仁人之言哉!予方惧有忝乎其先,敢云身安于此地哉?子请更言之。"

居士曰:"闻兹土之所宜,有后实之嘉谷。羡柔洁之如脂,倍他壤之获粟。咀精华之内腴,抑便适夫齿脱。此养老之先资,已坐致而首获矣。乃郊村之赴适均,山海之衢交集。渔泽之夫,连袂而至;狩原之辈,接趾相属。蟹介错乎山塵,獐鹿轫乎野术。以至枣栗橘柚之良,黍豆芋瓜之给,充水土之珍肥,备潴瀡之时食,彼甘旨之易丰,固古之孝子所深愿,而不可必得者也。于是合鼎俎之节,适盐豉之宜,致洗涊而介酒,奉高堂以解颐。逢岁时以欢笑,抚众稚以含饴。喜农圃之可乐,慰诗书之有诒。洵山居之信美,忘乱世之忧悲。维彼老臣,为天所遗。出九死以百战,全令名于孤危。回首畴昔之鞠瘁,岂不慰吾子一日之所怡哉。"

先生瞿然曰:"大哉言乎!子诏我以事亲之义,予敢不兢兢于斯?虽然窃恐口体之养,未足以悦亲心也。子幸有以教我。"

居士曰:"孟子有言,不失其身,而能事其亲者,吾闻之矣。失其身,而能事其亲者,吾未之闻也。先生其有志于圣贤之学乎?考故宋之旧贤,亦曾隐于此地。隶仕籍于廉朐,遇时难而遁世。守邹鲁之真传,绍伊濂之正谊。著微言于《日抄》,幸《遗书》之未坠。日一炊以自存,安饥饿而无患。惟道德之余辉,荣山川于异代。此谢翱之所为徘徊于月落山空之下,识其处而长喟也。今先生之所托,即前哲之故墟。悲乱世之同逢,继遗轨于隐居。陟崦岫而如觌,愿希踪于大儒。慨风流之既远,惟绝学之在予。先生之志,其在斯与?"

于是先生离席而起曰:"予不揆菲质,固有志夫此。夫子之言,实获我心。虽有他诲,予不以易。此谨谢教矣。"乃供以鸡黍,留之信宿。殷勤送客,返于空谷。独寐寤歌,永矢勿告。

白云山

有二。《嘉靖志》云:"在玉几山之南。宋建宝庆显忠寺以赐赵希言,废址尚存。"按:此明堂岙之白云山也。希言墓亦在山下。岙名"明堂",有"直清""乳泉"二亭,皆理宗御书,赐其子与懽。《宝庆志》载:明觉院,旧名"明堂",亦在此山。又,白云延祥寺,别为一山。延祥寺居钱湖北,介"悟空""辨利"二院之中,与大梅邻,山北有亭溪岭。此延祥寺之白云山也。然历志两山皆不载。

宋楼攻媿《登白云山绝顶》诗:与下杨诗俱延祥寺白云山。

天近罡风吹面寒,绣衣玉立白云间。沧波万顷海南海,翠壁几重山外山。自觉登临无限意,谁思富贵不如闲。前峰若个神仙客,指点烟霞见一斑。

明杨伯翼诗:

入山知山美,入水爱水居。霏微白云路,仿佛仙人间。绿溪掇瑶草,石室窥素书。洞门阴阴苔藓湿,瀑水迸流雪花入。独行不语亦不旋,虎啼谷响松风急。

鸡山

县东三十二里。一名东石山,其石细腻。《宝庆志》作"稽山"。

大涵山

县东四十里。濒水为巨浸,受东吴、小白两水之合,两大桥相并,山光水色,上下相映。《宝庆志》作"大含"。

沈明臣诗:

悠然大涵山,山下云如海。不因濯足来,寻得渔矶在。

圣姑山

大涵之东五里。

西亭山

县东三十里。层峦耸秀,下瞰深渊。人拟赤壁之胜。近山而居者,多高、钱二姓。又名高钱山。按:宋钱埙居东湖读书,尚义,与高友文为邻,相谈经史。人咸贤之,称其里曰"高钱",亦以名山。

青雷山

西亭山南二里。《郡志》脱"雷"字。宋有惠安院,有陆南金、李夷庚祠,有高宪敏公、陈清敏公墓。

白石山

县东四十里,翔凤乡。白石玲珑,峰峦削拔。上有神仙石棋枰,下临东钱湖。一名火石,海舶见以为光怪。

筲箕山

县东五十里,小白岭上。元朝请大夫卢元归,耽太白之胜,结庐居焉。俗呼卢家大山,有元墓庵。

跘跨山

县东五十五里,太白山之南。瀑布悬崖,名水帘洞,上有鬼谷先生祠。按《宝庆志》,跘跨,音"办科",有崇果院。

太白山

县东六十里,视诸山为最高。顶有龙池,水面云气不绝,山木落叶不堕其中。邦人旱暵必祷焉。《宝庆志》云:"每风雨时,雷电多从山顶生。天童山有支径可登此峰。"或曰山以太白星得名。西十里有小白岭,或以岭为"小白",故此为"大白",非"太"也。

宋王荆公诗:

太白岧峣东南驰,众岭环合青纷披。烟云厚薄皆可爱,树石疏密自相宜。阳春已归鸟语乐,溪水不动鱼行迟。生民何由得处所,与兹鱼鸟相谐熙。

天童山

即太白山之东。晋永康中,僧义兴结庐山中。有童子来给薪水,久而辞去曰:"吾太白星,上帝遣侍左右。"言讫不见。太白天童之名昉此。有寺,上有玲珑岩,支径透其绝顶,景象尤胜。东十里有天童大岭,通定海。

宋王荆公诗:

溪水清涟老树苍,行穿溪树踏春阳。溪深树密无人处,惟有幽花渡水香。

明守郑珞和诗:

碧山云尽树苍苍,十里松阴半夕阳。行到石岩清绝处,昙花芝草暖生香。
寺志所载诗甚多,不胜录,姑存此二首。

佛陇山

县东六十里,在天童西南五里。山有佛陇院,下有打酒岭。

盘山

佛陇山东南。有盘山寺,今有佥事黄绶墓。

鸣角楼山

佛陇山西南。

以上二山,《嘉靖志》不载。

穆公山

县东五十里,近鹿野岙,有袁正献公燮墓、杨文元碑文,有穆公岭。此山见《成化志》。

郭童岙山

东五十里,有殿中丞陈之翰墓。

绿野岙山

东五十里,宋八行史诏墓在焉。

墩岙山

东四十里。《嘉靖志》不载。见《永乐志》。

大慈山

县东六十里,东钱湖下水岙。史相弥远葬母于此,故名。后弥远亦葬此山,有寺。有慈云岭接东陶岭,又西北有高论岭,旁有按抚使陈宁孙墓。

明李堂诗:

太师坟冢遍村村,道院禅林断碣存。为问雪川烟雨夜,济王何处寄游魂。

屠隆《史相墓下》诗三绝:

霜落苍藤老树枯,眼看巨石压重湖。墓前只有山僧住,黄叶青灯照野狐。
田夫自说史王孙,满径蓬蒿秋掩门。世上人磨铜雀瓦,玉钗一半古苔痕。
朱门早起乱鸣镳,留得寒江吊暮潮。一片黄沙销白骨,碑阴仿佛记前朝。

阮山

县东五十里,有院。

朱长山
东五十里。

宝龟山
东五十里,有寿圣观。

珠山
俱县东南六十里,有院。

象坎山
县东南五十里,又名范家山。有沈端宪公墓,金忠亦瘗此。有韩岭,过东南接茅岭。去韩岭十里,有张齐岭。

福泉山
县东南六十里,东钱湖东南。上有龙井,水泉甘洌,故名。今湮其巅。东北有洋山岙,福泉之麓有大嵩岭。岭有庵,庵前左海右湖,俱作一泓。

安石岭山
县东南五十五里,有荆公祠,故名。

二灵山
县东南五十里,谓山灵水灵。湖之中一山突然,水四环之,不与陆接。宋熙宁间,左正言陈禾筑室,读书其中,后即葬此山。有寺,有广德张王祠,史忠定浩建。有陈禾及尚书陈曦二墓。

乌春草诗:

东湖阔处二灵山,龙吐双珠落水间。四面乱峰云气白,半天孤塔土花斑。当年驯虎归何处,今日轻鸥只自闲。问讯老僧诗句好,清风谡谡满松关。

霞屿山
县东南四十五里,东钱湖中,四面环水。上有寺,有观音洞,凿山为之,名

"小补陀"。

杨秀诗：

风回沙口度鸣榔，淼淼湖心生晚凉。日色渐从苍霭没，水光遥与碧天长。青林路转开金刹，小洞云深借石床。相国衣冠在何处？平原芳草下牛羊。

月波山

东三十里，东钱湖西北，与霞屿相峙。旧有寺，有二石洞，史相凿以娱母，名"补陀洞天"。

李堂《游补陀洞天》诗：

相公囊括宋山河，凿石穿云见补陀。若见厓山还好景，慈元宫殿碧嵯峨。

王嗣奭《吊五柳庄诗序》：

庄乃故相余文敏公别墅。公风流豪迈，喜游涉，遇有名园佳致，绘图成帙。后请告里居，于东湖上得月波寺废址。地擅湖山之胜，披籍选奇，荟萃众妙，亭轩楼榭，尽拾《归去来词》中语而名以"五柳"。园亭之盛，一时罕俪。营数年未就，方构舒啸楼，而大拜命下矣。刻期督成，招亲朋畅饮数日而别，后殒于京师不复再至。夫综括半生，拮据累岁，营此菀裘，弗获终老。缅怀彭泽，竟属空谈。岁己酉，予再过，而亭榭卉木半已凋谢，怆然兴怀，赋诗吊焉。诗不载。五柳庄有坊，神宗御书"名山洞府"。

梨花山

县东南四十五里。春月梨花盛开，为东湖之胜。上有史丞相读书台。

明卢镇诗：

湖上佳山水，况逢春日来。梨花飞白雪，凫鸟点苍苔。曲径穿云上，芳樽待月开。徘徊问遗事，惟有读书台。

百步尖山

县东南四十五里，为湖山之最峻者。

阚水山

县东南四十五里,有楼迂斋先生墓。

隐学山

县东南四十五里,东钱湖畔,其北为隐学岭。有寺,有徐偃王及刺史黄晟墓。晟墓在寺后。

沈一贯《隐学有怀》诗:

年年期作采真游,隐学山前独系舟。海雾恒天疑作雨,长风吹日忽如秋。剑因未试常号匣,酒为怀人数上楼。一尉南昌堪老矣,男儿何必定封侯。

择阳山

隐学之西南,有寺。

金嘉屿山

县东南六十里,史浩墓在焉。见《成化志》。

陶公山

县东南四十五里,东钱湖中。山下多朱姓居之。世传陶朱公尝隐于此,有钓鱼矶在焉。宋宝庆三年,守胡榘尝建烟波馆、天镜亭。宝文阁学士史弥坚作记,不传。

乌斯道《天镜亭》诗:

亭中危坐月轮孤,何必西游贺监湖。白水摇光千顷阔,青天倒影一尘无。鱼龙不敢生风浪,鸥鹭何须伴钓徒。当日胡公深纳事,此中端不许陶朱。

洪性诗:

伯越平吴此息机,蓑衣终日坐渔矶。一竿风月高名在,千古江山旧事非。春雨荒台苍藓合,夕阳古渡钓船归。探奇欲试登临兴,流水无情白鹭飞。

茂屿山

县东南四十里。明兵部尚书张时彻构庄于其下,建亭于其上。一时文学之士,多有陪侍之章。

沈嘉则诗：

总为春光好,何辞风雨游。花边临巨壑,水上插危楼。沙暖时喧獭,溪清好饭牛。相逢饮醇酒,生不愿封侯。

荒祠何所得,尽日雨中央。野潦流山殿,溪风坏土墙。贫僧乞邻饭,樵径杂渔郎。偶为探奇至,流连累十觞。

吾道在青山,高风邈自攀。穿林分落照,坐石俯潺湲。碧嶂闻猿啸,青天见鹤还。渔樵处处有,何用白云关？

雨雷夜不歇,春蛙今始鸣。焚香当酒罢,烧烛待诗成。竹听楼西近,溪知屋后平。明朝更何事？布袜趁沙晴。

屠长卿诗：

春到名园好,高花窈窕开。草逢樵径断,风杂岭猿哀。远水空亭入,孤烟落日回。山灵似相识,长啸白云来。

登高望寥廓,晓日荡虚无。宛转盘疏树,苍茫浸太湖。平芜照水渌,细路入云孤。独立啸台上,惟闻山鸟呼。

金柜山

县东南三十里。

黄山

县东南四十三里。相传石穴中有书数十卷,秦黄公隐学于此,故名。产菁茅。

五峰山

县东南四十五里,有五峰,岭通奉化,下有寺。

东山

县东南六十二里,横溪之东。相传,晋谢灵运游此。唐郡倅、鄞令谢凤采菁茅憩焉,因以谢安东山事名之。有丁家岭,有寺、郑清之墓。

明杨伯翼有东山别墅,诗甚多,今略载一二:

始从东山游,遂为东山客。缘峰溯涧道,望烟诣岩宅。郁纡行莫展,傲睨情自得。岚彩生阴寒,日气相喷射。濯溪拾紫茸,窥洞讨灵液。仙人逝已久,古迹纷浪籍。溜溜阴风生,霭霭素霞积。鼋鼍宿深渊,鸿鹄游大泽。轩冕良倘来,乐全我所适。

防满不待老,决策往无前。颇忆子平尚,遂同启期言。凌晨望东境,回折溯流泉。寒林递黯黮,密行阻迁延。虚无慕玄境,洒落度危川。岩高石破裂,涧险水潺湲。幽禽静濯濯,秋卉媚娟娟。始觉高深理,莫悟黄白筌。诚无郭内圃,稍却区中缘。逍遥名山去,桂栌可延年。

又律诗:

冥冥杨子宅,悄悄野人堂。鸟下窥山果,云来宿石房。闭门枫叶赤,无事竹苞黄。芋菜从儿种,三年免大荒。

甑箄山

西南三十五里。宋宝庆间,产草、松叶、竹根、梅花,人莫知其名。

郑芳叔诗:

碧雾浓浓湿翠鬟,山禽双语意相关。当时讶却无名草,千古犹称甑箄山。

沈明臣诗:

造物由来妙化工,名山奚必尽仙踪。天然甑箄无尘劫,漫道黄粱熟梦中。

冕山

在茅山左。唐裘甫之乱,郡守张次宗退休于此,百姓从之者得免于难,名为"免山"。后因名为"冕山"。其石斓斑,又名"花石山"。贺知章寓此,又名"贺山"。

徐灼诗:

昔人来隐遁,兹山始得名。岩肩锁积翠,谷水尚流声[1]。花石今何在?菁茅久已生。为言唐贺老,千载有余情[2]。

---

[1] "谷水尚流声",光绪《鄞县志》作"石罅流余清"。
[2] "余情",光绪《鄞县志》作"殊情"。

大梅山

县东南六十五里,梅子真旧隐也。有菩提岭,东通奉化。邹溪源所出,有护圣、保福二寺。

洛阳镏绩孟熙《霏雪录》云:

禹庙梅梁,乃大梅山所产梅树也。山在鄞县东南七十里,盖梅子真隐处,石洞、仙井、丹灶、药炉犹存。山顶大梅树,其上则为会稽禹祠之梁,其下则为它山堰之梁。禹祠之梁,唐张僧繇图龙其上。夜大风雨,尝飞入镜湖与龙斗。人见梁上水淋漓湿,萍藻满焉,始骇异之。乃以铁索锁于柱。它山堰之梁,长三丈许,去岸数尺,岁久不朽,大水不漂。因刀坠误伤之,出血不止。今禹庙以他梅树代之,不斫不削,存故事耳,非旧物也。

别记:又有言其一飞入定海江中,横亘成墟,今梅墟是也。并存之。然则山以梅树而名,非因子真也。

沈蛟门诗:

岩桂孤妍点绿苔,山樊绰约倚云开。一从仙尉乘风去,多少青山也姓梅。小梅山,近顿岙。

中阳山

大梅山旁。其巅见隔海象山之丹山。有菩提岭,景绝胜。

金峨山

县南八十里。高出众山,为府城远案。有寺,传有仙迹。有徐盛岭,南通奉化界。

朱右诗:

金峨山势自天来,雨后冈峦绿似苔。卓锡白公无复在,题诗吕老不重来[1]。青鞋布袜真吾志,野草灵苗尽药材。闻说深山更深处,老僧竹屋傍岩开。

---

[1] "卓锡"两句,有作"隐隐鼓钟空谷里,重重台殿白云隈",见民国吴振藩《金峨寺志》。

灵茂山

县西南三十里。宋重和元年,夜有光如电,故名。立亭其上,张宏记之。

张櫄之诗:

云坞烟岚色不分,一春草木气如薰。世人为道山灵茂,欲雨先占垄上云。

黄燕山

鄞塘乡。宋熙宁中,王氏穆姜见五燕雏失母,日啖以食。燕长,毛羽俱黄,次年衔珠报女。女已殁,葬小阜,五燕呼群,衔土加高女冢,因称"黄燕山"。

杨琛诗:

苍苍终日锁春愁,欲去回翔更少留。传说王家饲燕女,今朝珠报始知由。

叶公山 邹溪。

金文山

县南七十里。旧有院。南有道阵岭,通奉化县。横溪河源所出。

砺山[1]

县南三十五里。以形名。或曰汉魏郡太守义阳侯厉温居此,故名。山顶击之,作咚咚声,以竿探之,□可深入。有院。近有黄牛岭,界奉化。

姜山

县南二十五里。平原崛起,有石洞三:其一最大,曰"后岩",向北,北风不能入,中可坐数十人。洞后又有小洞,上有圆穴如月,仰可窥天,谓之"天镜"。里人像神祠于中,后分其祠于大洞下,号"前岩庙",因天镜在后,故此岩谓之前岩。即唐刺史黄晟欨飞庙。

宋陈曦诗:

春山多少雨,染出碧云堆。岩冷溜常滴,人间洞自开。摘花香入袖,题石笔黏苔。茅屋在何处,桃花流水来。

---

[1] "砺山",康熙《鄞县志》云:"或作丽山。"光绪《鄞县志》作"厉山"。

任三杰诗：

天风吹我登姜山，前岩后岩相对闲。已从积雨得深润，更趁浮云同往还。世外空青覆茅屋，屋外凉风吹紫竹。挂冠何日赋归来，煮石篝灯洞中宿。

茅山

县南三十里，与姜山对峙。上有荓，以竿探之，其深无底，号"茹峰"。宋嘉泰间，知府黄由作亭其上，篆"茹峰"二字悬之。《宝庆志》作"茆山"，非。按：茆，凫葵也。此山名茅者，山出香茅，故名。或曰汉茅盈、茅固、茅衷各乘一鹤至山，故名，此附会句容三茅也。有寺，有灵应武惠庙，有化鹤湾。古记齐僧宗庆于茅山顶诵《法华经》，有白衣老人曰："我东溟之子，谪居此地，限满得还。斯我所居，愿侍奉仁者。"

王荆公诗：

孤峰险岌耸危巅，浑似登梯上九天[1]。俯视烟云来不极，仰攀萝茑去无前。眼中诗兴浑如织，衣上苔光绿欲连[2]。陈迹是非今草莽，纷纷流落尚余仙[3]。

陈埙诗：

三茅高出七山巅，顿隔尘沙道路千。灵籁萧萧风笛弄，奇形奕奕陇牛眠。人间已有嘉平帝，地下谁通句曲仙。幸喜吾庐居在此，时从寄傲任悠然。

塔岭山

县南四十里。四面环列二十三峰，苍翠峭立。西有塔岭，又西有黄官岭。

它山

县南五十里，即唐善政侯王元暐为堰之地，遗庙存焉。详《水利》。水南沿流皆山，至是始有一山在水北，因两山相对，堰得以成。以其无山相接，故谓它山。

---

[1] "孤峰险岌耸危巅，浑似登梯上九天"，宋祝穆《方舆胜览》卷十四作"一峰高出众山巅，疑隔尘沙道里千"。此诗或系王安石登句容大茅山而作。

[2] "眼中诗兴浑如织，衣上苔光绿欲连"，《方舆胜览》作"人间已换嘉平帝，地下谁通句曲天"。

[3] "尚余仙"，《方舆胜览》作"尚师仙"。

屠本畯曰："游它山，从江，以石壁胜；抵云涛，遵陆，以佛迹岩庵胜。"

杨承鲲《中潭》诗：

霜崖万木愁，空谷早生秋。檀刹同丹穴，居人比素侯。林疏云半入，石圻水交流。坐受寒潭洁，频来试小舟。它山上有上、中、下三潭。

万达甫诗：

古殿江村上，长林带晚晖。艇随岩树出，凫趁浦云归。苔净春波绿，山深野寺[1]稀。更看农事好，陇穗拂罗衣。

小山

杨伯翼《小山望月》诗有序：

出城南五十里，舟行水石间，一峰宛宛出林末，为小山；下为小溪，盖杨隋时小溪镇，古勾章城废址在焉。予因山构茅茨为老计。左江右溪，长林修竹，平畴旷野，高台幽轩，无不有也。晏坐之隙，时与山僧、野翁谈经问字，较晴量雨。兴至则策杖游西山诸寺。每有佳晨好夕必会，会必小饮，期不必畅也。

伯翼《小山偶作》七绝四首：

江碧沙清水鸟飞，白云生处有柴扉。山人爱向山中宿，才到山中已忘归。
一间茅屋住千峰，云气峰峰尽作龙。九月霜清潭水落，石窗幽梦绕芙蓉。
日出登山日暮还，山山流水日潺潺。行到山深草堂出，柴门夜夜不曾关。
千仞清江万仞山，双峰对出入云间。借得溪南三石艇，打鱼沽酒不知还。

---

[1] "野寺"，康熙《鄞县志》作"野市"。

敬止录卷之五

山川考二　山

四明山

县西南一百五十里。旧志云"去县六十里"，盖以州治在勾章故也。然亦不止是也。由天台山北面起，向东北一百三十里，涌为二百八十峰，中有三十六峰，周围八百余里。

黄南山《简要志》云："四明山，一名勾余山。"王深宁《七观》云："昔尝窥宛委之简，见神禹之《山经》：东有山曰勾余，实维四明。南余姚，北勾章，二县以为名。"《山海经》：瞿父之山又东四百里，曰勾余之山。郭璞注：山在余姚南、勾章北，二县因以名。然则四明山古谓之勾余，今勾余山属慈，在县之西南四十里，亦当为四明入慈之支陇，后人专取其名以属之耳。

《道藏》中有《丹山图咏》，以明山名胜制为二十四诗，而托之木玄虚撰、贺知章注，与元道士毛永贞 见曾坚《图》序，录在《祠观考》。《石田山房诗》合为一卷，则此咏、此注，亦永贞之流所为也。四明七十峰疆域龈割就理，然亦未免错出。盖复岭争淆，松霞隐暧，势难搜疏也。

四明丹山赤水天，灵踪圣迹自天然。二百八十峰相接，其间窟宅多神仙。山四面各有七十峰，总二百八十峰，相连如屏。

其山东面如惊浪，七十高峰列烟嶂。一条流水入勾章，二仙圣德彰慈养。鲍全有圣德之行，董黯有孝道之功，此乃四明山地仙，俱出后汉时。

秦皇神将有王鄞，驱山塞海溺其身。葬于水底不堪筑，号作"鄞江"今尚存。四明山水下勾章，因鄞江北通大洋。

大雷山前净水洞，谢朓曾居兹读诵。因名"大隐"属慈溪，泉源水脉皆相统。大雷山昔多禽兽，每猎人污触其洞，洞神仙辄作大雷雨阻之，因名。晋汉多贤人，得道之士皆隐此山,内有金鸡洞。

数峰状似莲花叶,势与梨洲洞相接。一派清泉下小溪,数百余家[1]安活业。内有芙蓉峰与梨洲洞相近,晋孙兴公、兄承公同游此山,见道傍梨熟,因食,数颗便觉饱。再来寻,已失其所。后因名之。《延祐志》云:"梨洲洞水,东出勾章,是四明东门。"

傍耸高峰形突兀,顶头石匣盛仙蜜。下有龙潭湛百寻,藏书石室深牢密。蜜岩峰上有石匣,盛仙蜜,曾动星象;下有龙潭,公私祷祀。向下更有一潭,名石质潭,内有石室,贮神仙秘典。禹时,有逸士王真亲曾开看,甚奇异也。

其山西面如奔牛,岩峣次第相连钩。大峰小峰计七十,山足两岐通越州。山脚下便是余姚、上虞两县,属越州,水陆皆通。按:木华时岂有越州名?故知托其名耳。

伏龟山如鸡子状,隐岫嵯峨百般样。山中三朵五朵峰,仙人日日游其上。

汉时曾有张平子,驻前割木呈其技。板木余残三五堆,紫金颜色真神异。平子曾割木于此山,有板木三五堆,作紫金色,尝有云霞覆之。张充曾见此板,得寸五,往见会稽太守,令割作蝴蝶,其木冲天去也。

四角仞雕狮子守,尘劫虽移终不朽。毛竹千丛[2]生涧边,药苗仙果般般有。

翠岩中间有石壁,碍石遮云数千尺。内生果异能饱人,兼有洞泉通海脉。晋时,葛仙翁到此山涧中,有鱼长六七尺,仙翁以杖击之,勿见。山神曰:勿怪,缘涧水通大洋,此鱼尝从海而来也。

魏时有人杨德祖,路傍曾与山仙语。二仙把火觅金刀,像形剡字[3]因兹起。德祖游此山,忽见一老人云:"前行见二仙,把火觅刀,此溪名也。"已,果见之。乃言两火是"炎"字,觅金刀是"剡"字,因名剡溪也。

其山南面如驱羊,七十峰峦形列张。汉时刘阮迷七日,人间六代子孙亡。

中有大池数亩地,穴内仙蛇常吐气。化为云雨作楼台,水应簟溪入数处。山有黄颔蛇,长一二尺,色如黄金,居石缝中。天欲雨,作牛吼声。因水流出仙簟,故老相传,名簟溪。

白岩瀑布如飞练,俱入紫溪流汗漫。中有一山如覆盆,林木交加花卉乱。紫溪即白水道观。《延祐志》云:"山足一涧出,南过一百二十里,水归鄞江,南源也。此[4]南洞一

---

[1] "数百余家",国图本作"数家余家",据黄宗羲《四明山志》改。
[2] "千丛",《四明山志》作"千寻"。
[3] 此处各抄本均有缺字,据《四明山志》补"二仙把火觅金刀,像形剡字"11字。
[4] "此"字,国图本作"北",据延祐《四明志》改。

源,四明山南门也。溪号白溪。宋有捕鱼者,恍不见日光,因号为大晦。"予按:黄太冲曰:"潺湲洞去梁衖数里,今之白水宫是也,天宝间移祠宇观于此。始,刘、樊居潺湲洞侧,师事白君,从其故居也。西岭壁上亦刻'潺湲洞'字,妄矣。"《嘉靖志》于府山内,"西山"下,载戴表元[1]《白水》诗,亦误认,西壁刻"潺湲洞"故也。

两峰各名大小晦,蔽日阴沉轻雾翳。樵夫应则昔时游,石床数丈祥云盖。宋时有应则入山,忽逡巡,景色秀丽,即复来,已不见,但冥晦不敢久住,因名大小晦。

其间仙兽有犀牛,范颜捕得皮为裘。服之对面人不见,隐藏形质无踪骤。梁时,范颜到山,见犀牛数头,捕得一头,裂其皮作裘,服之失形,人睹不见,因号隐形裘。山在四明山南是也。按:山南面是奉化。

其山北面如走蛇,危峦叠嶂无津涯。七十之峰数亦足,八囊罾网相交加。北面有八囊山,其状如层网,有走蛇之势。

又涌二山为两阵,引开长涧分墙仞。抱子山头石室平,泉如甘露灵仙隐。郑宏曾究《山海经》,经中具列此泉名。名为圣水味甘滑,得而服之当长生。有山两阵相向,中央涧水流分四面,今俗呼为大、小皎是也。宋时,郑宏曾寻得此泉水道[2]服之。其石室中见有圣像在焉。黄太冲曰:谢康乐《山居赋》言"远东有三菁、二韭",皆为奇地,今埋没久矣。予考其注("三菁"考不录)云:"韭以菜为名,二韭、四明,皆相连接。"按:韭,一名韱。今之大韱、小韱,即二韭也,以其地产是菜。然易韭为韱,已是难明,而无知之徒又易韱为皎。皎,明也。字义流转,本意益离。

四明山中如伏虎,遍生青石为其祖。凿开七窍出祥云,窍中各可兴云雨[3]。山中有青石及柏梓之木。其山四面各有七峰,各峰各有一穴,皆泊龙神,吐气成云雾。

石库藏书仓贮盐,食之其味多甘甜。一条槎木二百尺,光明夜照群山尖。梅福曾宿此库,见书莫知其数。齐时,樵人何昕者,遇一仓盐,以少许归与母食,其味甘。不数日,白发再黑,韶颜如童。再往取之,已失其所。又见一槎木长二十余丈,横在山腹中,常吐气光明,人皆见之。

东连勾章西舜窟,南嗣天台通地骨。北包翠碣爱其源,地圣天仙时现没。此四明山之四至也。

周回盘广八百里,古来灵瑞难遍纪。梅福为仙居此山,刘纲作宰妻樊氏。

---
[1] "表元"两字,国图本空缺,据嘉靖《宁波府志》补入。
[2] "得此泉水道服之","道"字疑衍。《四明山志》作"得此泉水服之"。
[3] "云雨",《四明山志》作"风雨"。

周景时，义士益昌游此山，先得升仙。后梅福来游，一宿室内，梦一人谓福曰："周时，益昌化于此山，室其骨，秘天井。"及明，果于天井中获其骨，未朽，遂与埋之。后汉刘纲，字伯经，任上虞令，与夫人樊氏云翘居四明山，皆得仙道。一日登大兰阜丘山上顶，攀巨杉升其上。夫人次之，俱仙去，遗履山下，化为卧虎。后人名其山曰"升仙山"，木曰"升仙木"，就其近立祠宇以祀之，名"白水宫"。

陆龟蒙诗序 次首皮和

谢遗尘者，有道之士也，尝隐于四明之南雷。一旦访予来，语不及世务，且曰："吾得于玉泉生，知子性诞逸，乐神仙中书，探海岳遗事，以期方外之交，虽铜墙鬼炊，虎狱剑饵，无不窥也。今为子语吾山之奇者：有峰最高，四穴在峰上，每天宇澄霁，望之如牖户，相传谓之石窗，即四明之目也。山中有云不绝者二十里，民皆家云之南北，每相从，谓之过云。有鹿亭，有樊榭，有潺湲洞。木实有青棯子，味极甘而坚不可卒破。有猿，山家谓之鞠侯。其他在图籍，不足道也。凡此佳处，各为我赋诗。"

余因作九题，题四十字。谢省之曰："玉泉生真不诬矣。"好事者为予传之，因呈袭美。

一曰石窗

石窗何处见，万仞倚晴虚。积霭迷青锁，残霞动绮疏。山应列圆峤，宫便接方诸。只有三吴客，时来核隐书[1]。

皮和：窗间自真宰，四达见苍崖。苔染浑成绮，云漫便当纱。棂中空吐月，扉际不扃霞。未会通何处，应连玉女家。

予按：石窗在大俞，自麓至顶十里，削成剪棘，挽臂皆须假借山氓。石室高五尺，深倍之，广如深而六之。中界三石，分一室而为四。康乐《山居注》云："方石四面开窗，不知其总在一面也。"奉化戴愚斋[2]作《四明辨》云："予行天下[3]，见此甚多，何足云奇？"去杖锡半里许，一峰绝高，见数百里群峰千百，可指而数，东西南北无一遮蔽，又此峰最中，四面山内外环绕如城郭，可称为四明，正以四望通彻如一也。黄太冲曰："天下石室虽不为少，而无所附丽，穴壁以入，则石窗之

---

[1] "只有三吴客，时来核隐书"，《四明山志》作"只有三奔客，时来教隐书"。
[2] "戴愚斋"，国图本作"戴禺斋"，讹。戴愚斋，名洵，字汝诚，浙江奉化人。明嘉靖四十四年进士，官至南京国子监祭酒。有《戴司成集》存世。
[3] "予行天下"，国图本脱"行"字，据《四明山志》补。

奇也。其谓之窗者,俯临无际,自下望之,犹楼之有窗也。大俞、杖锡皆当此山之中,东西南北各有七十峰,其不名者无数,故二地之峰登之四望,面面为城郭者无不皆然,何独杖锡一峰也?将四窗亦不一地也。就令如窗,何取于石?"谢遗尘云:"有峰最高,四穴在峰上。每天地澄霁,望之如户牖。"危素云:"中峰最高,上有四穴,若开户牖以通日月之光。大俞之峰有一不合乎?询又何所致辨也。"康乐《山居注》云:"四明方石窗,四面自然开窗,窗固有四,总在一面。以四面窗为四面,传闻之误也。"洵之以四面附会者,亦由康乐此言启之。

二曰过云

相访一程云,云深路仅分。啸台随日辨,樵斧带风闻。晓着衣全湿,寒冲酒不醺。几回归思静,仿佛见苏君。

皮和:粉洞二十里,当中幽客行。片时迷鹿迹,寸步隔人声。以杖探虚翠,将襟惹薄明。经时未得过[1],恐是入层城。

山中云气不绝者二十里,在西岭,去杖锡数里,摩厓擘窠以识其地(沈明臣疑其径窄且鲜居人,当非云中)。云南、云北,往来经过,故名。僧云:"云时,人到此,腰以上出云上,腰以下没云下。"

三曰云南

云南更有溪,丹砾尽无泥。药有巴賨卖,枝多越鸟啼。夜清先月午,秋近少岚迷。若得山颜住,芝筊手自携。

皮和:云南背一川,无雁值峰前。墟里生红药,人家发白泉。儿童皆似古,婚嫁尽如仙。共作真官户,无由税石田。奉化有云南里,在过云之南。陆诗:"药有巴賨卖,枝多越鸟啼。"岂可借蜀事以点缀乎?

四曰云北

云北是阳川,人家洞壑连。坛当星斗下,楼接[2]翠微边。一半遥峰雨,三条古井烟。金庭如有路,应到左神天。

皮和:云北昼冥冥,空疑背寿星。犬能谙药气,人解写芝形。野遏[3]过松盖,醉书逢石屏。焚香住此地,应得入金庭。

在桃花坑,为过云之北,"雪窦八景"之一,又名画字岩。

五曰鹿亭

鹿亭岩下坐,时领白麚过。草细眠应久,泉香饮自多。认声来月坞,寻迹到

---

[1] "得过",《四明山志》作"遇得"。
[2] "楼接",《四明山志》作"楼拶"。
[3] "野遏",《四明山志》作"野歇"。

烟萝。早晚吞金液,骑将上绛河。

皮和:鹿群多此住,因构[1]白云楣。待侣傍花久,引麇穿竹迟。经时捁玉洞[2],尽日嗅金芝。为在石窗下,成仙自不知。

按:《齐书[3]》云:"孔祐至行通神,隐于四明山。尝见山谷中有数斛钱,视之如瓦石不异。樵采者竞取,入手即成沙砾。"今钱库岭所由名也,鹿亭是其处矣。亭之所由名者,鹿中矢投祐,祐养愈之而去。陆、皮不原故事,泛稽物态,于此何预?牵连石窗,不知其地之相去也。

六曰樊榭

樊榭何年筑,人应白日飞。至今山客说,时驾玉麟归。乳蒂缘松嫩,芝台出石微。凭栏虚目断,不见羽华衣。

皮和:主人成列仙,故榭独依然。石洞哄人笑[4],松声惊鹿眠。井香为大药,鹤语是灵篇[5]。欲买重溪隐[6],云峰不售钱[7]。

在梨洲。策杖曳履,坡石皆响。过者惊其神迹矣。元曾坚云:"刘樊从大兰飞升,建祠其所,祠侧为樊榭。"戴表元云:"梨洲山下有坡,曰响石砰,自孙兴公经始,至今有祠其上。"

七曰潺湲洞

石浅洞门深,潺湲万古音。似吹双羽管,如奏落霞琴。倒穴漂龙沫,穿松溅鹤襟。何人乘月弄,应作上清吟。

皮和:阴宫何处渊,到此洞潺湲[8]。敲碎一轮月,镕销半段天。响高吹谷动,势急喷云旋。料得深秋夜,临流尽古仙。

即白水宫。

八曰青棂子

山实号青棂,环冈次第生。外形坚绿壳,中味敌琼英。堕石樵儿拾,敲林宿鸟惊。亦应仙吏守,时取荐层城。

---

[1] "因构",《四明山志》作"因过"。
[2] "捁玉洞",《四明山志》作"饮玉洞"。
[3] "齐书"有误,核所引文字,应作"南史"。
[4] "哄人笑",《四明山志》作"闻人笑"。
[5] "灵篇",《四明山志》作"虚篇"。
[6] "重溪隐",《四明山志》作"重栖隐"。
[7] "云峰不售钱",《四明山志》作"云封不受钱"。
[8] "阴宫何处渊,到此洞潺湲",《四明山志》作"水流万丈源,尽日泻潺湲"。

皮和：山风熟异果，应是供真仙。味似云腴美，形如玉脑圆。衔来多野鹤，落处半灵泉。必共玄都柰，花开不计年。

今亦无识之者，所云"味极甘，而坚不可卒破者"，按以求之，更无一物相似也，岂草木之种类亦有绝欤？陆诗"环冈次第生"，徒虚语耳。

九曰鞠侯

何事鞠侯名，先封在四明。但为连臂饮，不作断肠声。野蔓垂缨细，寒泉佩玉清。满林游宦子，谁为作君卿？

皮和：堪羡鞠侯国，碧岩千万重。烟萝为印绶，云壑是提封。泉遣狙公护[1]，果教獶子供。尔徒如不死，应得蹑玄踪[2]。

雪窦西十五里[3]，为徐凫，有鞠侯岩，凿字其上，攒峰割日，哀瀑崩云，诚奇地也。鲁望序谓谢遗尘云："有猿，山家谓之鞠侯。"与青桹子皆为山中之物，不言地，则鞠侯岩者，后人以其岩石类猿而名之，而其胜自足传。

施肩吾四诗

《宿四明山》云：

梨洲老人命予宿，杳然高顶浮云平。下视不知几千仞，欲晓不晓天鸡声。

《寄四明山子》云：

高峰只在千峰里，尘世望君那得知。长忆去年风雨夜，向君窗下听猿时。

《同诸隐者夜登四明山》云：

半夜寻幽上四明，手扳松桂触云行。相呼已到无人境，何处玉箫吹一声。

《忆四明山泉》云：

爱彼山中石泉水，幽声夜落虚窗里[4]。至今忆得卧云时，犹自涓涓在人耳。

宋戴剡源十绝

《枫树坑》云：

雁飞不断楚天长，云路霜林级级黄。何处人烟有墟落，北风高陇散牛羊。

---

[1] "泉遣狙公护"，《四明山志》作"众遣狙公渡"。
[2] "玄踪"，《四明山志》作"玄宗"。
[3] "雪窦西十五里"，国图本作"雪窦四十五里"，据《四明山志》改。
[4] "幽声夜落虚窗里"，《四明山志》作"幽深夜夜落空里"。

《茶焙》云：

山深不见焙茶人，霜日清妍树树春。最有风情是岩水，味甘如乳色如银。

《大小横山》云：

小横欲尽大横来，万壑千岩汹涌开。闻道洞天深几许，紫云深处有楼台。

《北溪》云：

乱云穿尽得平芜，一段冰寒碧玉壶。犹是春风未相弃，山前吹长万龙须。

《韩采岩》云：

洞深烟树碧氤氲，只采灵苗不采薪。问着踪由多懒说，相逢莫有姓韩人。

《莽广溪》云：

怪石惊湍吼不休，时时岩客饮寒牛。谁知此水明州去，浸作琉璃万顷秋。

《大兰》云：

七里黄泥红树冈，西风果熟一村香。居人只道山深好，三百年来是战场。

《仙山》云：

仙在人间不易寻，当时已道是山深。可怜华表标题处，夜夜猿啼枫树林。

《羊额岭》云：

两颊稜稜额下分，更无坳处可藏云。西风怕夺行人眼，荞麦满山铺锦雯。

《白水》云：

刘郎一去杳无踪，水白山青只故宫。欲问岩前老松树，人间禁得几秋风。

沈文恭《登箭厂》诗：

胁息登箭厂，仆夫缩如蚓。眼窥大兰山，飞云此中尽。因美王可交，一舟向空陨。天逼白日低，暑薄清风紧。灵气含不流，呢喃亦成蠢。

沈明臣《错愕岭记》：

错愕岭，又名错愕岩。巉岩崒犀，径路如线，穿云雾以上。磴累细石盘绕，趾跖蹬隙，磴滑即堕，倾跌数四，始及巅。而下益峻险，手援竹树，足藉朽株，蚁附而下。山颠石皆林立峭拔：列若屏者，挺若笋者，若兽而奔者，若鸟而翔者，龙而偃蹇若者，虬而盘旋若者；若注者作坎，若柱者作突，若梁者作横，若袖者作舞，若手者作伸，若圭者可执，若刀者可割；人而若僧者，女而若鬟者，壁立而去尺许，复壁立而起，若巨斧劈者，不可枚数。山下巨溪南绕，溪中石亦大小错。

高涧飞泉，蛇行而下，若雷若风，若磬若钟，若竽若籁，若笙若镛，若击若崩，若扣若撞，使人目不及瞬，耳不及审[1]。登一小岭，绕而南出。乃一旷土，宽数十亩者，有沈氏居焉。地曰柿岭，家户业纸，屋后山如屏。

汪礼约诗云：

万峰青青春缥缈，危峦腾骞两崖老。石上人凌树杪霞，六丁蹴死烟飞草。大谷沉沉入南极，蛛丝鸟路风吹直。铁花老干春不归，鬼母号天魍魉泣。怪蛟窥人作人立，迸水冷冷[2]洗双屐。阴风剪雨云片磔，峡天漏日冰花白。巨石开关起仙宅，欲倾不倾迷魂魄。征西将军眼花碧，蚕丛鱼凫空跼踏。

又《版障岭》诗云：

予本山中人，与世亦殊调。迹希河上隐，事访任公钓。每诧云水欢，颇惬赏心要。开春气已和，杖策凌危峤。威夷一溪驶，崩奔两厓陗。竹柏娟幽户，春泉洒丹灶。戛戛晓风起，寂寂千花照。山惊翠涛涌，云挟海波耀。攀萝嵌绝壁，据石发孤啸。高天若可扪，洞壑杳难眺。耽游爽经奇，褰裳竟烟鳌。从此驾轻鸿，永谢世人诮。

王右仲嗣奭《答汪时亿》诗有序

杖锡有"四明山心"摩厓四大字，故今误指之。盖四明山七十二峰，周遭四百里。杖锡亦四明支山也。至四明之得名，则以石窗玲珑，通日月星辰之光，故不见石窗不为真四明，而百锡尊公长文先生历访得之。百锡录其山程以示予，因走笔赋此答之，兼订入山之约。山程云："南门买舟，一日至溪口宿，次日二十里至小晦，又二十里至雉岭，又二十里至茅阳庵，又二十里至唐湖岭，又十里至东林王家，又十五里至四明山麓。从麓至顶约十里，顶上有石屋一间，通日月之光，傍结草庵三间，数道人自耕食。"诗云：

四明山开千叶莲，七十二峰含紫烟。石窗窈窱笼日月，先朝题识犹依然。可惜四明人，却迷四明路。第九洞天何处寻？侧身西望空云雾。今人游杖锡，哆口谈四明。此如珍鼠朴，亦是浑荴楹。岂是桃源隔人境，奇踪永闭空闻名。

---

[1] 此处，《四明山志》另有"乃坐大石，歌沧浪之诗以行" 11 字。
[2] "迸水冷冷"，《四明谈助》作"迸冰泠泠"。

若翁胸中有邱壑，细访樵渔谈凿凿。何殊伏波聚米作山谷，翠瓣纷纷眼中落？君知我同调，为我示其详：郡城一日到溪口，小晦、雄岭遥相望。茅阳直指唐湖岭，逦迤前见东林王。山根相距已无几，陟彼高冈十余里。帝座崇严呼吸通，海峤微茫观止矣。潺湲幽可憩，青桄甘可餐。樊榭临澄潭，影摇松翠寒。云南与云北，来往虚空间。所以餐霞士，一往竟不还。我今便治登山屐，痛饮题诗四窗石。与君先订入山期，莫遣桃花水中碧。

王梴《踌躇岭》诗：
秋日淡平芜，登攀兴不孤。番疑盘谷道，还是辋川图。岚气诸峰合，溪容众壑殊。何人乘款段，四顾为踌躇。

宋耕，蜀州人，性刚介，为宣教郎。一朝弃官去，莫知所之。其孙德之以应举擢庆元二年外省第一。从父廉语之曰："吾昔至临安府。有人言：'蜀有宋宣教者，过浙江而去。'吾适越求之，则入四明矣。"德之渡浙江访求，至雪窦。有蜀僧言："闻诸耆老云，山后烂平山，有二居士焉，其一宋宣教也。"德之跻攀至烂平，见丹灶，置祠其上而归。《宋史·宋德之传》。

王蜀时，许寂少年，栖于山，学《易》于晋征君。一旦，有夫妇诣山，挈一壶酒。寂诘之，云："今日离剡县。"寂曰："道路甚遥，安得一日及此？"颇亦异之。其夕，以壶觞命酌。此丈夫出一拍板，抗声高歌，悉是说剑之意。俄自臂间抽两物，展而喝之，即两剑跃起，在寂头上盘旋交击。寂甚骇。寻，匿之。饮毕就寝。迨晓，乃空榻也。《北梦琐言》。

大兰山

鄞县、余姚分界处。

沈嘉则《游四明山记》云：

小皎村尽，表石界余姚，为龚村，为石坛，为斤岭。而小皎溪一支南入为蒜坑。高下皆南行，高为蒜坑岭。又逾苦竹岭，行二三十里，见所谓大兰山者，若屏障然。而所行二三十里路，皆在冈岭之巅，险巇者半。有四五里腰山而路，高者出云上，四面峰矗起，下而壑者万寻，色赭而童，视之黯黮深闃。中斗绝若锅釜然，行者趾错[1]锅际，心悸目眩，如履九折之阪，不能举足，徐度乃济。回视大山下，有数十家，烟火出林麓。问舆人，曰："此正石坛龚氏居也。"蒜坑东山，高可与南雷敌。山之阳即大皎，鄞属。而所行五六十里间，委蛇如蛇。山岭皆犬牙错，忽鄞属，又忽余属。分界所由分处，有大田同亩，土人略以小塍树封云[2]。

杖锡山

西南一百二十里，前有七峰，有寺。唐僧纪飞锡至此，故名。

沈嘉则记[3]云：

计平原[4]至此，万三千丈。寺门有古松一。东南行，复东折，循山麓半里所，方石圭立道傍，曰"屏风岩"，高丈五六，四面称是，东面镌"四明山心"四隶，每字大二尺许，相传谓出汉人手，诚非后代人所能办也。南面有"庆丰"字，山颠亦有怪石。西行，洞石作桥，寺前田百余亩，潴诸涧水，滢滢出桥下，两山夹而走，岬如也。溪斗绝，率一里许。率二三里许，悬水数十尺，潺潺下，为级者三：最上者为洗药溪，一级镌"三峡"字，二级镌"潺湲洞"字。按：此即前太冲辨其妄者。三级不镌字。镌字在南麓之立石，曰"过云岩"。岩下溪横一巨石如梁，梁上坐可十人。盖"过云"字虽镌此，此径路窄侧[5]，无二十里，又南、北鲜居人，非云中三峡。北山之椒，有片石突起，刻"中峰"字，如斗大，篆；下刻经语，楷，径寸，藓蚀不可读。云下有"再来石"，榛莽盛，不可寻。复攀崖而上，稍西，复有片石突起，石背中穿，仰睇天，见一线划。一石刻"四窗[6]"字，楷，大小如"中峰"。旁有款，仅"开庆"字可识，余亦藓蚀。由三峡西出，南折过一山，若井陉然。至大俞溪，溪东、西皆居人。西俞姓，东即寺庄。按：大俞属余姚。溪阔数寻，步石作渡。西上岭，即四明山也。舆行，殆里者十盘，而陡者数处。渐行渐高，见两崖皆有高涧落翠微中，或见或隐。树杪湿，而四山益高峻。西大山端委而长，山椒石矗

---

[1] "趾错"，国图本作"指错"，据《四明山志》改。
[2] 比对《四明山志》，此段引文多有删改，不一一标注。
[3] 此文比对《四明山志》，多有删改。
[4] "平原"，国图本作"平康"，据《四明山志》改。
[5] "窄侧"，《四明山志》作"窄仄"。
[6] "四窗"，《四明山志》作"石窗"。

矗起,童色苍赤,是谓"白岩头",盖四明山之前山。相隔一巨溪,溪南绕而复北折,为大俞溪,去里二十踔远矣。然望之,山不复也。至是不可舆,砟荆榛取径。南入二三里许,山俯而复昂,崖穹壁立,盖几千仞。下睨潭水黑,临厕不敢窥,窥辄眩。厂稍西南向者亦骨立,水滴滴垂腰穴而岫者四,即石窗也,号称"四明"者。无径路,随道者纵横上下,援竹树匍匐至厂下,石确稍陂陀,凸受手绾,凹内趾跻,横上十步,达岫口。中岫稍深,丈阔如之,中卧一石,隔为两岫。俯首入,躬曲不伸。右岫仅容卧一二人者,左岫容三四人卧。石五色错,仰视若网状。乱石珠缀,大者如鼓,中者如斗,小者如丸,细者如粒。下视溪壑,斗绝淫鹭[1],然石蘩蘩草树[2],以故不甚怖愕。予按:此知石窗去杖锡十里许,而嘉则《记》亦稍明,尽阅此可当卧游。

余寅《跋四明游籍》云:

四明山不难游,难在从大雷入。沈嘉则之与其徒长文者之游四明山也,从大雷入矣。往,王新建游四明,从余姚入。从奉化入稍夷,从上虞入更夷,从余姚与上虞等,而大雷最不夷。莫从大雷,莫睹大兰、错愕诸胜。天以险故胜,人以险故得尽胜,其斯谓[3]耶!嘉则为予言,未至四明四十里[4],从版障望大兰诸胜,四明大观了了矣。顾莫得所谓四窗者,即王新建亦莫克睹也。而嘉则与其徒,披莽抉路,取于必得,快意当前,篇题颇恣,诡陵汛迈,瑰礧厥辞,然止矣观四窗耳。四窗而上,峰颇不相值,而斗绝,岂絷绝颠哉!嘉则迫日暮不得上,他日者扶筇独往,其观益奇,当为嘉则补记。予按:欲观石窗,必须从奉化入,经雪窦,至杖锡,即石窗,所谓"四明山心"也,去大雷远矣。

大皎山

有大皎岭。

---

[1] "淫鹭"两字,国图本脱,据《四明山志》补。
[2] "石蘩蘩草树",《四明山志》作"石蘩蘩□草树"。
[3] "斯谓",《四明山志》作"斯然"。
[4] "四十里",《四明山志》作"五十里"。

小皎山

同见前注。有岭,下岭而稍北折西,一溪凡两渡,百数家,家北山之麓,曰"小皎"。溪上有斋堂庙,庙额为张樗寮书,不知事何鬼,塑像出宋人手。

石楼

县西六十里,《寰宇记》云:"一名石柱山,是四明山缆风处。"

松岩

县西七十里。旧有院,后连天井。

大雷山

明山大雷峰三:一鄞,一奉化,一余姚。在余姚者,为南雷,此正谢遗尘隐处,与鄞之大雷相望。山有干岭,通魏岙,有叶公庙。

杨康简《至大雷赴西席之招》诗云:

南雷洞壑此登临,岭道纡回万木侵。隐见龙宫飞瀑布,参差农舍绕深林。干霄绿竹晴如雨,蔽日苍松昼亦阴。羖室主人真选胜,藏书课读百年心。康简有《贞庵集》,毁于火,仅传诗四首。此其一也。

张文定公《大雷山怀旧》诗:

十年重到大雷山,依旧莺花白昼闲。细草远连春涧绿,落梅时点客衣斑。流尘岁月人空忆,绕径烟霏鹤未还。采遍兰皋犹驻马,夕阳何处水潺潺。

雷峰

西四十五里。旧有雷峰院,宋宣参政绱建。

蜜岩

县西六十里,见上,丹山咏。

杨承鲲诗:

蜜岩冰雪晴,水石入天清。古寺晚钟出,山家春雾生。旧畦乌撒饭,新雨绿苔羹。若共桓溪老,应知不世情。

孔岙山

《宝庆志》云：大雷山之西，曰孔岙，属鄞县。有所谓三十六河而无水，俯而听之，则水声潺潺。人谓四明山之伏流也。

西山

四明支山。山足有西岙岭、莲花岭，其北有潘岙岭。西山多邑中巨室坟茔。志载元进士戴表元"刘郎一去杳无踪"一绝，此表元《四明山中十绝》之一，题曰"白水"者。白水，宫名。刘纲、樊夫人夫妇升仙处，非西山也。《嘉靖志》独采此一诗入之，何也？且表元乃宋咸淳进士，系之以元，一字之误，所失为多。

沈明臣《循西山麓历诸公墓道至石塘即事》诗[1]：

郡西流水石为塘，塘上青山是北邙。阴径有霜松叶滑，阳坡无雨麦苗黄。[2] 溪桥送客秋蒲落，野店留人晚稻香。立马墓前翁仲老，谁来取酒酹斜阳？

峒山

旧有峒山院，有松行岭。下有蝙蝠洞，又有四峒。

鸡笼山

烽火楼

鳖山

县西四十里，以形名。以上俱四明之支脉。

宋袁镛为元兵所执而死，时其家人上冢，舟至此，闻变，尽赴于水，男妇共十七人，则此山之名亦足千古。

锡山

即赤堇山，县西南五十里。脉络或起或伏，隆隆隐隐结于郡治，盘延至桃

---

[1] "沈明臣"，国图本作"沈明名"，《四明谈助》有"沈明臣《循西山麓至石塘即事》诗"，改之。

[2] "阴径有霜松叶滑，阳坡无雨麦苗黄"，国图本脱"滑"字，"阳坡"作"长坡"，据《四明谈助》改。

源,甬东诸胜,一郡龙脉之祖,而郡城中西南镇明岭即其脉也。山有锡山庵,其西有大岙岭,其北有丁岙岭。《嘉靖志》载:"赤堇山、金峨山,东四十里。"且云:"按《宝庆志》载,今奉化县鄞城山下,去县东五十里,古鄞城在其下,故名。"乾道旧志 谓《图经》。载:"堇山在鄞县东四十里。山有草,曰赤堇。鄞县以此为名,而加邑焉。"《会稽记》云:"欧冶造剑于此山,云涸若耶而采铜,破赤堇而取锡。"今考鄞境内无此山,本以山名县,则鄞城山即赤堇山也。而鄞之立县,时在金峨山下,故曰"县东四十里"。旧志误以今鄞为古鄞,故载之于鄞县。至国朝《成化志》,仍其误而犹曰"县东四十里"。盖不知今鄞之东相去四十里之山,正古所谓贸山,而鄮县之名本此,是又安得以名它所之县哉!则赤堇山当从《宝庆志》而入奉化无疑。奉化,固古鄞地也,《嘉靖志》之言如此。予按:《宝庆志》虽注赤堇于奉化之鄞城山,而鄞志境图中仍列赤堇于贸山、育王、宝幢之间,岂疑而两存耶?予谓《越语》"勾践之地,东至于鄞",是鄞者,合今郡地而言之,非秦汉所名之鄞县,而仅为今之奉化也。《会稽记》:"欧冶造剑赤堇之山,破而出锡",是赤堇山在越时鄞地之中,而非秦汉所置鄞县之地之中也。《宝庆志》唯拘古鄞县而不知古鄞地,遂以鄞城山作赤堇山,讵知鄞城山者,正缘建鄞城于此,而后人以之名其山,何尝此山先有鄞之名也。《简要志》云:"赤堇山东有甬江,盖即鄞之锡山,以其破而出锡,故称锡山。"列志言在贸山及奉化之鄞城山者,均误。

建岙山

县西南五十里,矗立一十五峰,状如列戟,郁然深秀。下有宝严寺,南有陈诸岭。

张文定公诗:

林边清荫涧边声,爱剧青山只管行。行到夕阳青未了,淡烟浓树远含情。

又《出建岙回首》诗:

伏龙桥上倚天峰,古寺斜阳兴未慵。况值一番春雨后,留人山色十分浓。

董家山

西南三十五里。

吴山

县西南四十里,地名吴山头。

庙山

县西南四十里。

凤山

其形如凤,旧有凤山院,县西南五十五里。

芝山

县西南五十五里。尝产芝,有杨文懿公墓。

鄞吴秉信,字信叟,右文殿修撰。兄弟四人。长秉仁,次秉彝,皆登进士第;次秉智,以贡补内舍;秉信居幼,与诸兄奉亲居小溪朱山,名其堂曰"温清",又曰"四友"。绍兴初七月望,堂后产玉芝三茎,人谓其孝友所感,因名其堂为"芝堂",山曰"芝山"。参政楼公钥大书题匾,镌石在焉。

芝山诗:失名

乘闻特地抱琴过,堪羡名山胜事多。近望梅林连雪坞,遥观芝岭接云阿。时康只听群民乐,世治那闻四皓歌。此景此山看不厌,愧予衰老奈如何。

石臼山

县西南五十五里。山坡有石,圆而扁,阔可二丈,中有穴似臼,世传葛仙翁炼丹之所。旁有二足迹,世谓有仙踪。山下溪潭深杳不知其底,有鱼如舟,见必作阴雨,或见龙首枕于山麓。其支径可通仙隐山。宋魏文节公杞作碧溪庵于其上。

仙隐山

县西南五十三里。与石臼山相连。《宝庆志》作"仙隐",《成化志》作"隐仙"。有碧溪庵,魏文节公建。

明杨文懿公《宴玉堂洞记》:

成化己丑二月既望,余访旧建岙,还至芝山,宿归德州判闻和致中第。厥明,归德族弟麓国雍招宴,余亟欲游仙隐山,不暇往。国雍乃携具,率子弟以从。

舟李洪港数里，泊山下。问宋魏文节公碧溪庵故址，莫能识。乃登葛仙翁祠，祠敝陋，不可席。遂陟东冈，有巨石，宽二丈许，可席。四望溪山林野之秀，心目廓然。闻其旁有石白山，山坡有石，圆扁而中虚，似臼，世传仙翁炼丹之器。旁有双足迹，俗称仙所遗。予欲往观，问之莳松者，指西北一小山，曰在彼苍翠深处，路颇远，不能往。欲席石上酌，或曰东有洞，尤可席，遂逾洞下翠微以至。仆夫折松枝扫沙砾，席焉。洞宽丈许，宛然一石室，世传文节所凿。其麓左莲花池，鞠为稻畦久矣。右灵鳗潭，祷雨尝应焉。洞中石罅产凤尾草，碧氉氉可爱，外则溪光野色毕效于前。禽嘤花斐，充溢耳鼻，尤可乐。酒数行，隔溪一叟呼渡急，莫之应也。适风吹舟着其岸以渡，众顾而大噱。叟至，捧酒茗果肴以献。归德命仲子弹筝、季子吹洞箫数曲，酣乐甚。国雍曰："兹洞自文节逝，寂寥三百年矣。今公归自玉堂，复此平宴。洞亦有中兴之运乎？请名是洞曰'玉堂之洞'，以辉于遐久。"众欢曰："然。"已而撤席，顾洞前乏嘉荫，乃树之四松以去。嗟乎！洞固有因人以彰者，三游以乐天，寒居以弘中，而余非其人也，姑识之。

木阜山

县西南六十里，环列二十四峰，奇耸如木芙蓉。又名木坑。吕氏世居焉。杨梅此山为最，其南有甘岭。

清秀山

西南六十里，有清秀岭，上有三十六峰，《永乐志》作"清修"。

银山

县西南四十五里，地名小溪。昔尝产银，今废。有宋丰稷、范楷二墓。按《宋史》，乾道间，四明献银矿，将召冶工即禁中锻之。参知政事陈俊卿奏："不务帝王之大，而屑屑有司之细，恐为有识所窥。"

天井山

县西南七十里，神龙所居，有五井。详《龙湫考》。上有楼攻媿墓。
明天顺间太守张瓒诗：
缘萝蹑蹬共跻攀，水色山光远近间。五井龙蟠通海窟，半空猿啸隔尘寰。

石潭云冷人稀到,溪路苔深马倦还。驻节相看秋社散,夕阳箫鼓度前山。

张文定公诗:

侵晨骑马登高冈,冈头亭亭万松立。肃穆如迎好客来,雨花洒道春袍湿。悬崖草长烟色深,碧涧滩高水声急。凭空怅然思帝阍,满山瑶草谁收拾?

许广大诗:

攀萝行鸟道,绝壑见龙湫。岚气千峰雨,溪风六月秋。冷泉移别井,古寺隐深丘。独爱它山下,梅梁积水浮。

薛家岙

李家岙

灌顶山

县西南七十里。其山直上二十里方至顶。有普净禅院,旧岁纳学租,迄今不废。宋有采铁于此者,后禁之。

按《宝庆志》,府学教授方万里札子云:

窃惟鄞、鄮诸山,天造地设,峻秀拱揖,如伏万犀。而四明一山,峰峦峭拔,延袤最广,仙池石窗,尤为胜绝,故孙绰、陆龟蒙诸公叠见赋咏,至今郡以为称,则是一郡之望山,又非其他诸山比也。

国朝自天禧二年拨隶府学养士,其来久矣,系灌顶山普净寺租田,岁入钱三百贯。灌顶,即四明之子山也。嘉定十七年冬,忽有豪民唐执中者,以四明山有铁矿发见,密于主管司冒佃鼓铸,焚毁林木,掘凿坑堑。不惟一方骚动,而破坏风水,关系非轻。亟具公文申主管司,以为此山自隶本学已二百余年,其间岂无铁矿发见之时?然前此未尝掘凿以求鼓铸之利者,必有谓也。昔胡文恭公宿,在庆历间以蓬莱诸山居京师东隅[1],民多取金其中,以致地震,请禁民凿山,以宁地道。况今行都去四明无五百里,而会稽山陵无三百里,千岩万壑,气脉相

---

[1] "蓬莱诸山居京师东隅",宝庆《四明志》作"登莱诸山在京师东隅"。

接，岂容以邻郡望山，纵令豪民焚毁林木，掘凿鼓铸！臣子之义，窃有未安。至于孕灵育秀，钟为一郡人物，则当今名公巨卿、大儒硕望，布满中外。不应规此小利，毁坏风水。况在常平法，诸坑冶兴废[1]而在寺观、祠庙、公宇、民居、坟地及近坟园林者，不许。人告官司亦不得受理。今山既隶府学，普净寺又已管佃，而一郡士大夫坟墓之在其上者，不知其几，岂不违背法意？继蒙主管司即时禁止，方幸平息，书判见在。

今岁正月间，复有丁思忠者，隐下唐执中原断事节，径就坑冶司陈状，行下告示本学，划佃普净寺所管四明山，即欲掘凿鼓铸。盖此山[2]在本学，初无利害，不过岁得钱三百缗，纵为鼓铸，亦不失此。万里蕞尔冷官，窃廪乡校亦不过三载，何敢固执不可，以拒泉司之命？实以丁思忠冒佃此山，岁认铁矿五千，其直不满二百。然在泉司，十路坑冶之权，初不欠此。而一郡望山，轻于毁凿，委有关系。却恐今日黾勉徇从，异时合郡归咎，必曰使豪民凿四明山，自万里始。职守所系，不敢自默。除已力陈利害，具申泉司外，窃恐豪民规图未已，倘蒙轸念衮乡望山所在，乞赐札下庆元府主管司，以凭遵守，不许人冒佃鼓铸。仍将唐执中、丁思忠略加惩治，以为后来豪民违法规利者之戒。伏候指挥，时允其言，永为禁例[3]。

自此，仍拨隶府学养士岁入钱三百缗。延祐七年，山民陈永等增租钞一十五锭，后寺僧分佃一半，遂复通佃，今废。

唐岙山

县西南五十里，旧志误"塘"，有张即之墓。

元袁清容《隐居图赋》其序云：

陈子筑居唐奥之山，复绘《隐居图》，撼其某水某丘之雅名，署于其旁，以寓朝夕不忘之意。每遇佳客，辄指以示，若挽而使之游从于其间也。间谓袁桷曰："夫画以仿境。画之所不能及者，吾虽知之，而不能数与人言之。且境必有趣，趣之精华，非言不传也。子其为我撼名以发其趣。"桷对不敢辞，乃为之赋曰：

陈子倦游江湖，整辕言旋。顾瞻先庐，徜徉里门。四壁寒寂，颓然维藩。询闽阁之遗迹，俨中堂之犹存。吊零落之旧叟，抚彷徨之惊魂。于是悲极而喜，喜

---

[1] "坑冶兴废"，国图本、宝庆《四明志》均作"坑冶兴发"，"发"系"废"之讹，因改。
[2] "此山"，国图本作"在此"，据宝庆《四明志》改。
[3] "时允其言，永为禁例"，此八字，宝庆《四明志》无。

极复悟,悟而言曰:人生一世,惟静者智。盛不可持,玩不可恃。三家之市,其行跂跂;四达之衢,其言姝姝。一以巧为媒,一以酖为居。吾惧其独立,而谁与趋?拂龟以占,兆于唐山之隅。若质而华,若翳而明。缺者如玦,环者如城。相其阴阳,筑室绳绳。被以杉松,潴以芡菱。弃尘世之喧啾,牖乾坤之清明。爰命雅客,展以轻冰之楮,化以五采之颖。织浓如春,曲直若领。吐秀献奇,发朕炯炯。邻辋川之清妍,敌草堂之幽靓。故虽逾江越峤,适市造朝。把此粲者,神凝各消。有不待北山之移、八公之招也。

客有言者曰:拥裘而歌者,意率类于慷慨;登高而赋者,事常失于荒唐。吾敢按夫子之图,而代言其详。东越之区,山水冠世。发挟地灵,前王后谢。维君之居,敞若神界。若乃石塘界其前,雷峰守其要,马岭冠其巅,羊岩负其斋。周以青鲜,横以磊砢。近若迎笑,远若却坐。嵌崷何山,挟辀以殿;浮游阆峰,振弇以见。上有石屋,梁栭参属。纷披寒苔,联络怪木。恍飞仙之遗迹,凿幽窦以守独。前林杏霭,丹光腾天。伯阳一去而不返,玄鹤盘空而将还。饮石室之寒露,问山人之何年。然此特隐居之外美,析而举之,有不可胜言者矣。晴原涨春,千桃烂云。飞英满溪,织流成文。支寒藤之瘦骨,度略彴之微险。解瓢斟泉,一举三咽。蔼桑麻之故交,争聚首而缱绻。前有惠林,浓绿婀娜。投冠解襟,翛然清夏。欣众叶之敷阴,讶楞梅之吐火。秋畦离离,黄菊斓斑。爰泛黍酒,驻兹颓颜。怀千古之处士,酹悠然之南山。岁穷境空,长木号风。寒岑晃曜,肖然中峰。淳膏溢银,喷如飞龙。汇为澄潭,穷发鉴容。烹以碧玉之鼎,瀹以云腴之茗。神清意寒,语爽心冷。盖将忘尘世之事,而深以内省也。相彼双门,囷兹群山。清风常来,客去不关。图书自娱,邻社莫干。有堂宽闲,匾兹嘉名。悼白云之何往,悲先友之日零。琼楼舞空,清晓万变。默坐以观,翕忽诡幻。宾天衢之出日,骇青红之纷眩。鸟冲烟而辞枝,兔惊林而绝坂。岭濛濛而人度,露溥溥而叶颤。念哀鸿之相求,时遗我以好音。缘小墅之横冈,花竹俨其成阴。怅举世之莫从,歌风雨之苦吟。乃歌曰:

岁将晏兮莫留,过故居兮怀忧。山陂陀兮四属,吾拮据兮以屋。惧世德之颠陨兮,习肥遁以芡谷。驾予骖兮屏营,耕石田兮腹果。究出处之何心兮,幸予发之未化。为我语山中之人兮,吾将归老于其下。

潘岙山

应峚山

散人峚
近潘峚。元时,有隐者自号"散人"居此,故名。俗讹为"杀人"。

雪头山
县西南八十里。上有龙湫,名胡家圣井。

松岭山
县西七十里。后连天井。《简要志》作"松岩"。

鲸鱼山
县西七十里。三十八都。

西石山
县西六十里。产石,内有冷水潭。

陆峚山
有宋待制张邵墓。

袁应骧《过张待制墓》诗:

望望春山不尽头,萧萧暮雨暗松楸。仓皇南渡伤心事,感慨东风满目愁。奉使不因强虏屈,还朝翻为佞臣羞。碧天凉月魂何在,千载应同富弼游。

翠岩山
县西五十里。有秦皇石版弓箭洞,葛仙翁以泥封之,遗迹犹存。有江村岭,有翠山寺,有参知政事张孝伯墓。山下有金鸡洞。

宋吴潜《劝农翠山》诗:

小队旌旗上翠岩,松风十里锁禅关。水深水浅高低涧,春淡春浓远近山。乡思猛随苍鸟去,客心暂与白云还。天公已是多情杀,特把淋头雨放悭。

又《沁园春》词：

二十年前，君王东顾，诏牧此州。念昔时豪杰，犹难阃辟，如今老大，却更迟留。四载相望，三春又半，邂逅劝农得纵游。田畴事，是桑条正长，麦含初抽。

悠悠身世何求？算七十迎头合罢休。漫绕堤旌纛，牵连鹢棹，喧天鼓吹，断送龙舟。翠巘层边，白云堆处[1]，一担担来天外愁。如何好？且同斟绿醑，自课清讴。有宋舒亶"请"字韵诗六首，予恶其人，不录。亶山川诗甚多，予概摈之。

蒋山

县西四十五里。有高氏孝慈山墓。

北岙山

新泽岙

有高元之墓。

支溪岙山

俗呼慈溪岙。

武陵山

县西四十里，即林村也。有藤岭，在翠岩山东北。近有稠岭，自慈溪入林村。旧传刘阮采药于此，至今桃花万树，春月盛开如绮锦。上有俞侍郎士吉墓。
戴剡源诗：

出门杨柳碧依依，木笔花开客未归。市远无饧供熟食，村深有纻试生衣。寒沙犬逐游鞍吠，落日鸦含祭肉飞。闻说旧时春赛罢，家家鼓笛醉成围。

明沈嘉则诗：

川容淡漾漾，山貌古苍苍。阅世几千祀，新故理亦常。去者已莫溯，达者斯称良。醉卧竹林下，仰观星宿行。黄冠冒我发，白苎裁我裳。高天但明月，空陂

---

[1]"白云堆处"，开庆《四明续志》作"碧云堆处"。

湛流光。

又四绝：

才入青山自可怜，秋深风日尚娟娟。不知已作重来客，明日还家恐是仙。
青精作饭紫荬羹，饱后微吟水上行。不道空山曾有寺，隔溪风送午钟声。
紫云红雾逐人低，树里泉声竹里鸡。尽日幽寻归不得，万水千山夕阳西。
一宿山中懒出门，数家烟火隔前村。秋深树老无红叶，路在青天不可扪。

下寮山

有泉从地涌出，传僧知回所取。

沈明臣诗：

四明山，武陵水，桃花之源何处是？山翁指点来一观，秋泓照天碧如沚。野花斑斑冒绿池，回波苒苒纷兰芷。古云异僧有仁术，卓锡取泉泉即起。高如趵突泉，细若星宿海。雪花浮动散青天，银箭倒穿日五彩。呜呼此说非荒唐，吾欲持之问蒙庄。蒙庄已化谁可语，仰面忽睹天苍苍。即今十月水势缩，神灊不生秋日暴。且待桃花春水时，拄杖来观洗双目。

圣公山

县西四十里。壁立千仞，石室虚明。相传朱彦诚遇仙于此。

圣女山

《简要志》云："相传管公明葬此。"《永乐志》于"管公山"注云："有管公墓，圣女即圣公之误。"《志征》亦合为一。旧志又有管公山，亦注"县西四十里"，当同一山，故删之。

华家山

前凤山

后凤山

即凤峦，又曰凰峦。

庄家岙山

白鹤山
县西四十里。与望春山对峙,为邑之西小朵。

前岙山
县西四十六里。郡峰起伏,灵秀盘结。袁忠彻葬此。

杨岙山
县西三十五里。峰峦环拱,有袁士元、袁琪二墓。

蔡家山
县西三十五里。三峰与望春相峙,上有张都宪楷墓。

望春山
县西三十里。广德湖未废时与白鹤山峙湖中。上有龙湫,旧蓬莱观。

失名诗:

四明罂脂湖,西南列群峰。兹山乃独立,势欲排苍穹。白鹤殿其西,丹邱屹其东。怪石卧猛虎,灵湫蛰神龙。劚云药圃润,泛水桃源红。我来凌绝顶,到身邱岛中。况当清秋时,气候清且融。穷幽心宇旷,眺望目光穷。缅彼沧海人,偕我蓬莱宫。采芝当永年,还丹有玄功。朗诵招隐篇,飞空鞅埃风。

杨伯翼诗:

春山万木齐,苔磴俯回溪。却望大雷雨,横垂罂脂西。日衔孤嶂出,风压岭云低。白酒真堪醉,吾酣已似泥。

鲁岙山
县西三十里。东连凰岙,西接蒋山,峰峦蔚秀。有周郎中濂墓。

岐山

县西三十里。相传,尝有异鸟集此。又名旗山,以张循王陈兵于上。

董岙山

县西三十二里。有袁忠臣镛墓。

石塘山

县西二十里。有五岭,南通慈溪,有石塘碶。

资寿山

县西三十五里。见《成化志》。

小山

见《乌春草记》,书以补《图志》之缺,故存之。今无可考矣。似在城中,或北门外。记云:

郡阻水而际山,其夷旷衍沃,四履所至可百里。好事者必涉舟楫而后得杖履之胜,亦何怪乎骄佚者之病游也。自城北行一里所,地隆然忽孤起,如伏蔡覆釜。周围渐杀,如弹棋之枰。其幅员仅五十步,高减十尺。过者辄徙倚顾盼,乐之不能去,以其似山而小也,因谓之"小山"而荒莱之。履斋倪公以价得之市氓,即翦剔榴翳[1],植松、柏、梧、楝、槐、桂、枣、梅、筱、筎之属。其麓揉竹为宇,罗石为几。其颠又凿大池一亩,其下出岛屿漪澜,间以相映发。作紫霄游馆十楹,其旁尤亢敞,足壮小山观也。客至,曲折蛇行竹树间,登眺降濯。山非小而池非大,鸟鱼飞跃,方幸免于网弋之累。一俯仰顷,气常飒然,激灵襟而引奇趣,虽崇岩邃谷莫之逾也。其山始颇峻锐。至元初,北来军伍畚土治营垒,市氓白之官,乃克禁,则镵其山已殆半。由是知山之形势故尝大矣。开辟来,古今之变如至元之初者何限,而城甓垣堑所用之公居私第者,不可胜计,是宜山之每削而小也。盖四明、太白、赤堇、灌顶、金峨、骠骑诸山,皆远莫易至,草木埃壒,久而愈积,则其山之完厚耸拔,惟日益而无所损。且阴阳

---

[1] "翦剔榴翳",天一阁朱本作"翦榴剔翳"。

家以山之大小、众寡论宾主。苟大者寡而小者众，则大者为之主；小者寡而大者众，则小者为之主。斯其于诸山则诚主欤？宜乎郡之依以治也。公之季子可与，请书之以补图志之缺。公讳天泽，字济亨，世以著姓居郡之象山，逮公而徙焉。

亶洲山

县无此山。古志载之，附录于此。

按乾道《图经》于《鄞县·山》载云：亶洲山在县东四十五里。考《十道四蕃志》云：亶洲有虞喜冢，宋屡召不至，死葬于此。东方朔《十洲记》云：山有不死之草，赤茎绿叶，人死三日，以草覆之，即活。按《吴志》，黄龙二年春正月，魏遣将军卫温、诸葛直，将甲士万人，浮海求夷洲及亶洲。亶洲在海中，《汉武洞穴记》言：秦始皇遣方士徐福，将童男童女数千人入海，求蓬莱神山及仙药，止此洲不还。世相承有数万家，其上人民，时有至会稽货布。会稽东县人海行，亦有遭风飘至亶洲者。所在绝远，卒不可得至，故卫温等但得夷洲数千人还。今谓"亶洲山去县四十五里"，尚可疑焉。世传今日本国即此洲，然未知是否也。《图经》之言如此，而《宝庆》《延祐》两志亦仍其语，而《宝庆志》于《慈溪志》又云旧志载亶洲山，县东北四十五里有虞喜墓，今县无此山。乃《嘉靖志》直载之于慈，云县东北三十五里似实有此山者，可笑也。且误"亶"为"澶"，"洲"为"州"。或云今慈东三十五里有亶洲庙，张司马直以此当之，是在修慈志者讨论之。

《宝庆志》又云：旧志"载鸡鸣山云：山有石井，上有铜瓶着石，有大石鸡，云从浮梁上飞来，今犹鸣，应扶桑晓。《太平寰宇记》载动石山云：有坚石，高五六丈，下有小石支之。暴风雨则其石自动，山行者闻隆隆之声。又载灵山云：山有石鼓临涧，若鸣，则野雉翔鸣，故曰灵山。今境内皆无之。"《宝庆》《延祐》原文同。

敬止录卷之六

山川考三　河

府东河

北通府后池，按：当与府学前河通，而今已塞矣。南历府东桥、《宝庆志》作"府东门桥"，东达监桥，西抵府西桥。渡母桥、《宝庆志》："报恩观西。"一名纯孝桥，有汉董孝子祠，故名。西抵行用库桥，东抵东渡门。迎凤桥，东达千岁坊，西抵醋务桥。通平桥河。

府西河

即古子城之西濠。子城详《城郭考》。其北行，西入祝都桥，北达顶戴桥，南达大筒营巷。为屠家横河；又自祝都桥侧直北行，西入顶戴桥，北达东上桥，南达祝都桥。为金家横河；又自顶戴桥侧直北行，西上东上桥，《宝庆志》作"东上桥"，俗以桥侧有小桥，名为"东双桥"，西上桥亦然。至西上桥。以上俱西通天宁寺西河。又自东上桥侧直北入忠祐庙门桥，循道衙西入塌水桥，至李衙桥，南通东上桥，西即白衣寺前横街。西折至白衣寺，西断，又北折入白衣寺西小桥，北行绕白衣寺后。其东过李衙桥，入大桥，南折数十丈断。其北折入隐仙桥，大桥侧。迤逦直北，又东折入高远桥，通簧河头河。

其南历府西桥，《宝庆志》作"府西门桥"，东抵府东桥，西抵州西门街。过清澜池口，清澜池详后。历行用库桥，东达渡母桥，西达河利市桥。通西水门里河。

天宁寺西河

其北行，过乌龟潭，西入杨家桥，南达西门大街，北达水浮桥。为横河。经银□桥，北达西河营，南达虹桥巷。入乌黯桥，因董孝子故名，近因避孝子讳改乌舍。南通西门大街，北通西河营。向南断。更南为西祥寺，左右有小渠，昔时应通，今断矣。又自杨家桥外侧北行,入芳嘉桥,《宝庆志》作"方家",西抵河利市桥,东抵州西门直街,今为海道司西街。西入水浮桥,南达杨家桥,北达西上桥。为横河。入永安桥南达都宪桥横街,北达西河营。数丈,南折入都宪桥,西抵西城下,东抵河利市桥巷。与乌黯桥、横河合。又自水浮桥外侧,北入林鲚鱼桥,《宝庆志》:"高侍郎宅前。"东达州西门街,西抵河利市桥巷。洞桥至西上桥,北直忠佑庙直街,南直河利市桥巷。东侧合横河。东则通东上桥,西历观音寺基、西河营,入许家桥,北达北门,南通虹桥巷。北折入魏家桥,东达忠佑庙,西达西城下。近八都铺东折,细流至白衣寺西侧。又自西上桥东侧北入小桥,亦通白衣寺西侧,俗称天字号河棚者,今塞矣。其许家桥东侧南入数丈断,其南行,历河利市桥,《宝庆志》:"项家巷口。"东达行用库桥,西达望京门。通西水门里河。

府学前河

东历监桥[1],《宝庆志》:"状元坊下。"南达贯桥,北达和义门。历乾溪桥,《宝庆志》作石碶桥。抵乾碶头,西至贡院桥,东达监桥,西抵簧河头。北经欱飞庙前,入簧河头为渠,达白衣寺前,南通府东河。

县前河

西历萧家桥、北抵县前街,南达大梁街。贯桥,《宝庆志》作"千岁桥"。注云:"周广顺二年建,一名万岁桥,一名贯桥。"北达监桥,南达市心桥。"饭行桥,旧名"葱行"。通府东河。东历黄封桥,《宝庆志》作"皇",北抵县前街,南达牢城巷,抵小梁街。开明桥,《宝庆志》:"一曰通明,鄞县前。"宋时县治,即按察分司址。北抵按察分司前,南达三角地龙舌头,抵奉化桥。积善、余庆二桥,郑清之宅前照池左右,俗乎"大池头"。积善南达廿九营,余庆南抵巷,俱北抵大街。琅琊桥、孙家桥、盐蛤桥、以上俱北直渡门大街,北直横巷。团桥,北直东门大街,南达车桥。至近东城断,末至团桥数丈,南折入生姜桥,南达大街,北达小巷。入葛家桥,东达东城下,西距东殿庙直街。于桥南东折入四港桥断。又自葛家桥历咸塘汇,南折入鞍鼓桥,东达东渡门南街,西达咸塘汇。又东南合车桥河。又自生姜桥西南,折入滑石桥,即俗所谓清水廿条桥,直渠入东寿昌寺桥,俗呼"钉打桥",即冲虚观前大街左。又南折达破石河头桥。《嘉靖志》作"伴食",南达江井巷,北抵冲虚观前街。

---

[1] "监桥",疑为"鉴桥"之讹。

岳庙西河

北历车桥，东出灵桥门，西抵新牌桥。西入小江桥《宝庆志》："积善坊。"北达咸塘汇，南抵车桥街。为渠，历迎春桥、北抵直街，南通小巷，直出车桥街。泥桥，北达搬柴巷，南达江心巷合破石河。又北通咸塘汇河，南历皂角庙桥、东抵东城，西达白塔庵巷。鄞江桥、东抵东城，西达沙泥街。石桥，四府前。至明州桥，《宝庆志》："南寺前直南。"南抵南城，北抵白龙王庙。入于日湖，为延庆寺前。一支西入狮子桥，《宝庆志》："兴教寺南。"鄞江桥侧，南达塔儿桥，北达车桥街。历兴教桥、北抵沙泥街境清寺巷口，南达直指庵街。戚家桥、北抵沙泥街忠信巷，南达直指庵街。《宝庆志》："南寺后门。"大福桥、北抵沙泥街，南达广积南仓巷。长石桥，北入塔前路，南达军营。西经塔前至王监桥，西即龙舌头，东达广积南仓巷。入日湖。此为天封塔东河也。一支西入□□桥□□□，历袁学士桥、行宫桥，《宝庆志》："袁尚书宅西。"又北折通沙泥街河于大福桥东。

天封塔西河

北历天封桥、西达寿昌寺巷，东达沙泥街。福明桥，《宝庆志》："景福寺东。"今城隍庙东，今俗呼石柱桥。西达县学前，东达皂角巷。洗马桥，《宝庆志》："新寺后门。"东达泥桥巷，西达新街。新牌桥、东达车桥，西抵大街。泰和坊桥、东过冲虚观，西达大梁街。隐仙桥，冲虚观后，东达大池头，西抵大街。通县前河，其南至砖桥，西即龙舌头，东达塔前路。过王监桥，砖桥前。入日湖于龙舌侧。据《宝庆志》：王监桥[1]在戚家桥东，在龙舌头者为史学士桥。

平桥河

平桥，旧名"四明桥"，有亭。宋开庆间，判府吴潜于桥西立石，书"平"字，为水则。《宝庆志》无"平桥"并"四明桥"之名。有永济桥，注云："路分衙前。景德四年，僧惟一建。乾道五年，守张津作亭其上。嘉定十三年火，亭废。"列于西北厢，与《成化志》"平桥"注相合。必平桥旧又名永济也。其河西通月湖东，折南历竹行桥、千岁坊，一名光禄桥。章耆巷桥、一名都宪桥，东抵千岁坊，西达平桥街。永安桥，《宝庆志》注："曾家汇西。"今桥栏刻永安桥者，乃广济桥对北，应云"汇东北"。广济桥、曾家汇东南，即古四柱桥，东抵渔栏桥直街，西达紫薇坊。握兰桥、旧有握兰坊，故名。《宝庆志》作"木栏"，误。西过广福寺前，达湖桥

---

[1] 查宝庆《四明志》，未有"王监桥"，戚家桥东为"黄鉴桥"。

东，抵渔栏直街。《宝庆志》云"廨院前东"。新桥，《宝庆志》："景福寺西"。西过县学达镇明岭直街，东过城隍庙抵福明桥。周家桥、新街对南。普照桥，旧有普照尼寺，东达纺丝巷西，折北又西过宝云寺，达镇明岭直街。东历捧花桥、龙舌头，《宝庆志》亦作"奉化"，南达延庆寺前，北通市心桥直街。入日湖。其支流有四：一东入市心桥，北达千岁坊，南抵渔栏桥。北流为万寿寺西渠，历广慧桥、东过万寿寺，出大梁街巷口，抵开明桥直街，西抵千岁坊直街。柴家庙桥，《宝庆志》："广慧寺后。"东出小梁街巷口，抵开明桥直街，西抵高礅等万寿寺西直街，又西达贯桥头直街。至萧家桥口，通县前河。一自握兰桥北侧，东入渔栏桥，又名"吴栏"，鄞土音读"鱼"为"吴"。北抵市心桥，南达龙舌头。初淤，近为里人戴氏开浚数丈，随复阏，遗址尚存。流为城隍庙后渠。今悉入民家，不可复问矣。一自章耆巷南侧，西入章耆巷南，今淤，在黄金宪甲第中。南出解元桥，今淤，孙解元钥居此，故名，一名孙家桥。东抵广济桥，西抵紫薇街。为县学后河，历均奢桥，北抵平桥，南抵镇明岭。入众乐桥河，桥详下。西出建碑桥，入月湖。一自广济桥南，西入通安桥、曾家汇南。《宝庆志》名廨院桥。孙家桥一支合。

西水门里河

源自大雷林村，入城西水门，历迎恩桥、一名仁安，望京门里，北抵大街，南极楮家湾巷。府社坛桥、望京门内，大德元年重建，改名大德，俗称西社坛桥。北抵大街，南达西河营。虹桥，《宝庆志》："寿宁坊南。"俗呼为"虹"，音"降"，北达虹桥巷，□抵乌黥桥，南达福聚庵营。惠政桥，俗名天宁寺桥，北直寺门，南达醋务桥，东出贯船巷，抵水仙桥、西小巷，直接西城下。崇宁二年建。东至石灰埠南，历醋务桥，《宝庆志》："崇教寺侧。"旧名酒务桥，西小巷达惠政桥、东大街，逾平桥大街，达迎凤桥南侧，达水仙桥。入月湖。一支自府社坛桥，历经阁桥，福聚庵右。通菱池头河。嘉靖间为主事闻源所塞而断之，桥亦废。

水仙桥河

水仙桥，旧名感圣，一名缓带，又名衮绣。按宋刻《月湖图》，感圣桥近有保圣、崇教二寺。其坊曰缓带，通酒务桥，即醋务桥。故桥亦以坊名名之。是时，史弥远相府右锁观音桥，即虹桥。左锁此桥，衮绣之名更于此。《宝庆志》感圣桥注："绍定元年，史府重建。"今小仓前即史府基也，俗传为广盈仓址者，非。《简要志》谓衮绣北达醋务桥，南达虹桥，与宋图合。又考县北保丰碶，老人吴寿甫尝建言废在城衮绣桥石修之，则知衮绣古迹已废。今之水仙桥，盖规故址而小之，无复昔时之杰制也。水仙云者,以侧有水仙庙,俗称水仙庙桥。水仙,详《龙湫考》。《嘉靖志》列此桥,无注。别列衮绣桥于虹桥之后,注云:史相府前,一名缓带,且误以今虹桥为感圣桥,殆未见宋图。而月湖西畔,虹桥左右,将何处安顿此一桥也?其河东通月湖,西历青石桥、东达衮绣桥,西达楮家湾。**锦里桥**,《简要志》云:即三板桥。北抵福聚庵路,南抵永宁仓巷,桥在尚书杨康简公守随宅前。杨以兄弟尚书,故桥以锦里名。为菱池头,本与西水门里河相通,后为主事闻源塞断,水南流入其宅内,设水门闭之为己有,今属嘉靖间兵部侍郎范钦。

南水门里河

即所谓甬水也,源自它山,入南水门,东入清洞桥,旧名甬水门里桥,俗呼兵马司桥。按宋图,旧名锦照,南出甬水门,北达传桂坊大街。东历**洪桥**,南抵南城,北达捧花桥。北历**水月桥**、东过延庆寺,西达余相府前。**采莲桥**,东达塔儿桥路,西即直街。《宝庆志》:"南寺前。"即为日湖。而于清洞桥内,北有藕花漕,俗呼为牛尾巴漕。一支自采莲桥边东入,历**行香桥**、延庆寺后。《宝庆志》:"旧曰焚香,采莲桥东。"**塔儿桥**,旁有石塔,南达明州桥,北达狮子桥。通岳庙西一带河,又自南水门直北,历**桂芳桥**。东抵南门大街,西达长春道院,宋高闶居此,兄弟五人登第,故名。**西经灵应庙前**,即大庙。历**昼锦桥**,俗呼大庙桥。宋楼氏所居,旧有昼锦坊,故名。东抵庙前街,西入黄家墩。北历**尚书桥**、东抵镇明岭大街,西达黄家墩。宋尚书汪大猷所居。旧有坊,曰"符桂"。皇明尚书张时彻四第在焉,近又属新主矣。**县社坛桥**、《宝庆志》注"铸冶坊巷",一名劳家桥。宋时县社坛在焉,今有社坛庙。俗称南社坛桥,东过大街,达宝云寺巷,西达湖心东桥。**韩家桥**,《宝庆志》云"廨院侧南",俗名碴嘴,又名永宁。东抵镇明岭大街,西达铸冶坊巷,予旧居东,应为曾家汇。永安桥注"汇北[1]",广济桥注"汇南",通安桥注"汇南",又注"即廨院桥",应是今太平巷冲北桥。木栏桥注"廨院前",则广福寺左右,当是廨院矣,今碴嘴桥。又注"廨院侧南",当是西侧。**众乐桥**,按图,宋在憧憧东桥之东,乃今四明驿东之第二桥,俗呼"湖桥头",东直街县学后小巷口。以上俱旁镇明岭右。直北下,又北历**柴巷桥**、**九曲巷桥**、**后所营桥**、**宝奎庙侧桥**,以上四桥俱一直北对,下东抵武镇坊,至平街、直街二丈许。至平桥水则左,入月湖。又一自桂芳桥直进入仓桥,东抵大街,西达镇明岭。《宝庆志》:"振名坊。"历**褚家桥**,《简要志》"殳家庙桥"注:"北抵蒋家带巷,南达捧花桥。"疑即此"褚""殳"音相近之讹。

---

[1] "汇北",宝庆《四明志》作"汇西"。

又今之聚福庙桥，亦疑是。通普照桥一带河，见平桥河。又自褚家桥侧北入，为前所□□□□河，今北入之。迹已湮，尚有一线沟渠故迹。直进，内有一池，今名腰带河头是也，今有陈御史宅。

《宝庆志》所载桥附

锦照桥　　大庙前。按旧《图经》，于"清洞桥[1]"注云："旧名锦照。"乃《宝庆志》又另列"清洞桥"。又：月湖竹洲西，有锦照桥。《宝庆志》："大庙前。"

文博桥　　铸冶坊巷。

汪运使桥　　大庙前。

宣家桥　　千岁坊。

周家桥　　铸冶坊巷。

以上西南。

塔下桥　　连桂坊东。

古石桥　　二十九营前。

丘家桥　　迪教坊。

贺都监桥　　新门头。

南寺后桥　　戚家桥南。

黄家桥　　东河际。

石桥　　赵府前。

王府桥　　连桂坊南。

陆家石桥　　连桂坊西。

史府桥　　景德寺侧。

石桥　　汪家巷口。

林家桥　　全捷营前。

马家庄桥　　新门头。

王家桥　　袁尚书宅前。

袁尚书桥　　宅前当即袁学士桥。

孙家石桥　　戚家桥南。

---

[1] 查乾道《四明图经》，未见"清洞桥"。"旧《图经》"，或系已佚之大观《明州图经》。

马家石桥　东河际。

马家庄石桥　黄家桥南。

吴家桥　沙泥巷口。

新门里石桥　冯计院宅前。

汪家木桥　景清寺。

史学士桥　龙舌头。自塔下桥以下,想只在沙泥街四府前,左右前后。

以上俱东南厢。

阮家桥　一名斜阳桥,府东北。

盐仓桥　盐仓前。

府后桥　桃源洞后。

以上俱西北厢。

琅琊桥　大池头左右,县东。

四港桥　市舶司后。

市舶司后桥　咸塘东。

葛家桥　姚家巷口。

洗麸桥　东寿昌寺北。

以上俱东北。

三喉

宋时已沦塞,不可考。《至正续志》:"水喉闸在东渡门墙下,都税务前,以板为闸,潮长则与板平。市河之水充溢,则启闸以泄于江。食喉闸视气喉闸稍小,在市舶务之南墙下,止用泄水,不通潮。气喉闸在狮子桥东,旧鄞江庙侧。"旧图同,皆穴城出水者。

蜃池

《延祐志》云:或曰即蛟池,在郡治之西北隅。故老云:"尝有蛟自江来,窟于此。人患之,故其旁立伏飞庙以镇之。"辨在《伏飞庙考》下。按《宝庆志》载:"城中既有日、月二湖,又凿此池,潴水以备旱。时已称民居所侵,堙塞无几。距今又一百余年,民乃建僧庵于池上,缭以廊庑,内设石栏,甃砌以汲,只成一小沼而已。"

清澜池

在谯楼前,东通府东河于渡母桥北,西通府西河于行用库桥北。钱恭惠王在镇日,浚以备火灾。李夷庚复浚之,以其土培镇明岭。相传池与府学泮池蛙声聒耳,夷庚以法禁之,遂永绝。有桥,北直谯桥,名府桥。元至治间,帅府同知德哥、副使沙的重浚,筑短垣闸护[1],留水门以便民汲。东匾题曰"清澜",西匾题曰"碧漪"。天启甲子,知县张伯鲸大浚城渠,里人御史陆世科记之。记曰:

鄞侯张公浚复城渠,洎宏[2]四乡水利。役竣,邑父老子弟欢然手额曰:"今而后,吾侪之长子孙而康粒食,皆侯赐也。敢世世忘侯之劳勚?"咸乞予言,纪诸石,以告来者,俾守成绪如一日。

余惟一署而备六曹之事者,无如令诸河渠嘉肺、钱谷农桑、簿书营缮之属,靡一不关职掌,然亦视邑所最棘者,宣勚于夙夜。概今燕云关陕被边之邑,棘在城堡,在屯牧;徐邳芒砀之邑薄漕河,棘在畚锸,在牵挽;巴蜀滇黔薄夷之邑,棘在馈运,在干胏,在安集流徙;而若吾鄞,则所棘无如河渠。何者?鄞负海枕江,民稠而地卤薄,即遇有年,岁之入不足供岁之食。郊以外倘困天吴妨稼犹十之二三,困蜮蠛且损敛十之八九。若城中十日不雨,不第舟胶于渠,民又病汲矣。

顾大江自蛟川蜿蜒东来,至桃花渡口,一折而北流,一折而南流,划然中分吾壤,而支流则纷纶莽互,随处与河渠相距,所恃惟咫尺之堤圩为坊,碶闸为之封泄。在东偏,则东钱一湖居上流司潴,东冈一碶居下流司封泄。在西偏,则它山一堰司泄司潴,西津一坝,风棚、长春诸堤坊泄。穴城引水,注为日、月两湖,疏湖之脉如缕,修渠映带环万家之烟火,而又堤封泄之衡于平桥水则,前人之法备矣。顾比来新者圮,故者湮,疏者梗,支东诎西之叹,为令者无日不仰屋焉。

岁壬戌,侯以归安移繁吾邑,视城中东北陬地亢甚,且乏一线之流,稍旱井竭,辄走数里,西南汲于湖。无论负戴惟艰,郁攸莫御,且脉络阏而不贯,故东北之登隽较西南远逊焉。侯议浚复故渠,为士民百世利,犹念日湖源它山,月湖源桃源,借令泉竭漏卮,即两湖且告涸,安所疏众流哉?于是因弘水利以营版筑,又因课农桑,勘争业,以核水利。岁无虚月,月亦无虚旬。概邑之关键,为坝四,为闸五,为塘十,为碶二十八,为堰七十有七,靡不劼毖至,最为一邑吃紧者。

---

[1] "闸护",天一阁朱本作"护闸"。
[2] "洎宏"字,国图本缺"宏"字,据清周道遵《甬上水利志》补。

江以西南，则阅治它堰，筑风棚塘，回诸山之水于渠；西则重筑西津坝，俾无漏诸山之水于江。江以东，治东冈，虞封泄太过，增东钱诸硬版，使万顷一陂所潴恒足三渠有半。侯曰："夫今可议疏城渠矣。"犹念非常之役，民不可与虑始，以请于巡海使者洪公。公即下其事，手为宪谕千言以喻晓民。侯遂于癸亥冬十月经始。晨起坐堂皇犀照，游刃了一切公事，即巡行委巷，以劳来其民。命傍渠之家分寻尺取土，从事者如子来。阅月，疏导殆尽。嗣天雨，随处以竿测水。诸不中程者，更浚之。入春，大雨，复乘舟核深浅。偶遇中梗，又再浚之。遇水涨可深八九尺，即水落亦深五六尺。犹念淤土无归，浚犹不浚也。稔得长春一塘界于江渠间，如马鬣，不护堤址，堤必坏。遂复募夫百，捐俸雇民舟四十，载砠砾护堤。由是城渠故道无弗尽刷。永丰、和义、东渡、灵桥四城隅，百余年不见舟舫者，今荡桨之声尽日。识者谓浚渠有八利，展然哉！犹念四郊硬堰道里辽远，待旱潦而议封泄晚矣，复浚水则于平桥淤土中，视"平"字出没，准启闭。而西郊之新河泄王气不斟，并徙积土筑垫濒潴中，冀后来之甲第云起。

是役也，浚内渠因固外圩，潴外渠遂盈内渠，斥卤之乡因成沃壤，即风云嘉会、城南北行，并鼎盛矣。昔史起凿漳、郑国导泾、倪宽穿六辅渠，皆贻后人美利，至今颂之不衰。迹侯所行，水通舆情于成法中，以创为因，镂心呕肝，拮据婉挚，又超昔贤而上之矣。虽然，史、郑诸君子所声施后世，第凿漳、导泾止耳！若侯酌水之操，矢天矢日，苻鄞再期，所为育誉，髡髵乡约，法周保甲，俗革侈靡，揭覆盆而擒剧盗，救饥岁而仁铺行，奸蠹有厘，粮饷充也。水旱有祷，感格神也。江梁有缮，利济宏也。给旗必躬，渔困苏也。樗蒱必绳，本业归也。由票必易，争讦杜也。刁诬必坐，终讼息也。勾符不及乡，舆隶无所售其龁龂也。起视四境，无处不浃恩膏，又微独河渠一事当详哉？其言之矣。侯兹以觐行圣明，懋简循吏，旦晚当在日月际。天虽高，倘许我寇借乎？吾甬幸甚。

侯讳伯鲸，字瀚伯，号绳海，籍直隶扬州府之江都，成万历丙辰进士。

日湖

四明山水，一自它山入南门，潴为日湖；一自大雷经旧广德湖入西门，潴为月湖。两湖环通于南门里河。日湖，郡治东南，一名细湖，一名竞渡湖。昔有黄、钟二公竞渡于此。纵一百二十丈，衡二十丈，周回二百五十丈有奇，今仅存湖之名而已。乾道《图经》以为小江湖，非。详见后。

月湖 凡十洲，亭楼等俱详《胜迹考》，此系河渠，不浑入。

郡治西南。一名西湖，纵三百五十丈，衡四十丈，周回七百三十丈有奇，其中汀洲岛屿凡十：曰柳汀，曰雪汀，曰芳草洲，曰芙蓉洲，曰菊花洲，曰月岛，曰松岛，曰花屿，曰烟屿，曰竹屿。亭阁台楼，上下相映，游赏之迹，盛于古昔。今则四旁民居，日侵削为地，广长减十之六七，而所云胜处不复可识矣。详《胜迹考》。

西湖记：

湖在州城之西南隅，南隅废久矣，独西隅存焉，今西湖是也。其纵南北三百五十丈，其横东西四十丈，其周回总七百三十丈有奇。其中有桥二，绝湖而过，曰"憧憧"，天禧间直馆李侯夷庚之所建也。然僻在一隅，初无游观，人迹往往不至。

嘉祐中，钱侯君倚始作而新之，抵桥三十丈。桥之东西有廊，总二十丈。廊之中有亭，曰"众乐"，其深广几十丈。其前后有庑，其左右有室，而又环亭以为岛屿，植花木，于是遂为州人胜赏之地。方春夏时，士女相属，鼓歌无虚日。亭之南小洲，前此有屋才数椽，乃僧定安守桥之所，后浸广，今遂以为僧院"寿圣"是也。其西又有佛祠四，并其东，皆乡士大夫之所居。其北有红莲阁，大中祥符中，章郇公尝倅是州，实始创之，有记在焉。阁之北即郡酒务，故时使人即湖以汲水，劳费甚，乃堤湖之中，蓄清流，作楼于其上，以辘轳引而注之，至今以为便。

然是湖本末，《图志》所不载，其经始之人与其岁月，皆莫得而考。盖尝闻之父老，明为州，濒江而带海，其水善泄而易旱，稍不雨，居民至饮江水。是湖之作，所以南引它山之水，蓄以备旱岁。始未之信也，熙宁中，岁大旱，阖境取汲于其中，湖为之竭。既又穴为井，置庐以守之。鄞令虞君大宁尝记其事，刻石于寿圣院。乃知父老之传不诬也。钱侯去，距今几三纪矣，而湖辄浸废不治。其亭南既堤以为放生池，濒湖之民又缘堤以植菱芡之类，至占以为田，淀淤芜没，几不可容舟。

元祐癸酉，刘侯纯父来守是邦。适岁小旱，乃一切禁止而疏浚之，增卑培薄，环植松柳，复因其积土广为十洲，而敞寿圣之阁，以其名名之。盖四时之景物具焉，湖遂大治。然其意初不在游观也。古人于事，盖不苟作，惟其利害伏于久远难知之中，所以后世贵因循者，或莫之省；而好功之士，至乐为之纷纷也。明有数湖危于废者，不特是湖也。若刘侯可谓有志于民矣，故具论之，以冠诸图,庶来者有考焉。元祐甲戌三月。

此慈人舒亶之文。凡亶所著,污山水间者,予悉黜之,恶其人也。此以存故实,姑存之。

升平桥 四明驿东,今名馆驿桥。宋天禧五年,僧蕴臻建,运使陈尧佐题名为"憧憧东桥"。嘉祐间,守钱君倚修。乾道五年,守张津重建。有亭,侍御王伯庠记。下尚书桥同。二桥,《宝庆志》云"旧名东湖桥、西湖桥"。

尚书桥 贺秘监祠西,宋时名"憧憧西桥",有亭,与东亭俱废,后改名"澄清桥"。皇明天顺八年,守张瓒为刑部尚书陆瑜立坊,改今名。

湖心东桥 宋元丰七年建。

湖心西桥 元丰七年建,《宝庆志》载湖心石桥,注"大小二桥,元丰七年建",盖即此也。

锦照桥 观基西,因宋有锦照堂名。

锦里桥 月湖西畔。《成化志》云:"竹洲西,旧名五马桥。"

虹桥 月湖西畔。宋时名"观音寺桥"。《成化志》误作"感圣"。绍定九年重建。

水仙庙桥 月湖西畔。宋为史相府前,与虹桥分左右,又名缓带桥。详上水仙桥河下。

建碑桥 升平桥东南侧。月湖东畔,北达府基巷,南达铸冶坊巷。

问字桥 嘉靖三十二年,尚书张时彻既废湖心寺为己书院,乃建此桥,在湖心东桥之北。

王伯庠《西湖重修湖桥记》:

明州值治所之西南有湖焉,众水所汇,泓澄深洁,风漪月浦,极目无尘,而近在城闉之里,盖亦天下之所稀也。有亭屹乎中央,梁其东西以通来往。异时吏习苟且,姑以趣办为名,屡成而坏。乾道戊子冬十有二月,秘阁张公守是邦也,几再岁矣,除敝起仆[1],百度具举。顾瞻此亭,非但邦人娱游之处,使客经过亦授馆焉,而圮陋如许,乃出府库之余,委僧宗选、如相董修治之役。凡竹、石、瓦、木,与夫取庸传力,官吏初无所预。明年二月,桥成而屋之,翼以石栏,檐楹飞舞,与波上下,壮丽坚致,可支百世,诚一郡之伟观,前此所未有也。

初,公之来也,以郡当海道之冲,界乎北洋,风帆倏忽,即列卒焦屿三姑。司候非常,纤悉必知。奸盗无所囊橐,沿海之民恃以乐业。然后修大成殿,又修仓庾,又以坊市之名表而揭之,凡境内有功德于民,如青山之鲍君,小溪之善政侯,

---

[1] "除敝起仆",国图本作"除敝起作",据乾道《四明图经》改。

或请于朝，新其庙貌，若神若人，罔不咸格。又以其余力修平桥及湖上，皆指挥于谈笑之余，初若不经意者。斤斧既作，所须毕给，而民不知焉。非其才识过人，讵能尔耶？

公少游太学有声，以其所学施之政事，事无烦剧，迎刃辄解，既以课最闻矣。去是而羽仪天朝，必有丰功巨绩，震耀一时。其所设施于一郡之间，特绪余而已，在公未足多也。五年三月　日，左朝散大夫、新擢知闰州军州主管学事[1]王伯庠记。

城外河

濠河　详《城郭考》。

东乡河

东乡河有三塘，曰北塘，曰中塘，曰南塘，而俱以补陀寺东直河为之经。其河北自张斌桥，南至嘉庆桥，合受三塘之水。而其西有大石桥碶、江东碶闸、林家道头，以泄水。三闸俱备，详后碶闸。其林家道闸久废，其内为大河桥河，俗呼王家坟头河。直出张斌桥，为直河。其江东碶闸内为补陀寺前河，直出高汇桥，一名卖食桥。为直河，其大石桥碶，碶即为直河西岸，内为镇安桥新河，演武场南。皇明嘉靖九年，父老应文澄、严迆等请于知县黄仁山，引横溪河之水由大石头入演武场西辕门止。因建此桥，东接大石桥碶，西通江口闸，为今要害之冲。又通道士堰内谢婆港河，而东出白鹡桥为直河。

东郹桥　正德间，里人从仕郎包桢建。

王家桥

大河桥　东达官塘路，西达后塘街。

张斌桥　宋元丰五年建。

以上林家道头废闸内。

浦东桥　一名斗门，又名余家，南抵大街，北抵河泊所街。

澄波桥　一名夹家桥，与浦东俱为宋守陈垲增高二尺改今名，见"碶闸"。

米行桥　南抵大街，北达小巷。

胡家店桥

---

[1] "学事"，国图本作"学士"，据乾道《四明图经》改。

董孝子庙桥　一名征君庙桥。

会安桥　东达廨院桥,西达浮桥,与廨院桥俱横河水分合。

崇寿桥　俗名七塔寺桥,北直寺门南达华严巷。

拗水桥

廨院桥　西达会安桥,东达买席桥。

高家汇桥　一名买饭桥,南达大石桥,北达雷公桥。

以上江东碶闸内。

镇安桥　演武场南。

彩戏桥　宋史弥巩故宅西。弥巩乞祠归,为娱亲行乐之所,故名。

大石桥　俗名四眼碶桥。

李家桥　元至正间,李茂乐[1]建,卒葬此。其七世孙循讷建森森亭。

白鹕桥　宋绍圣二年建。东达大石碶桥,西达十九都。

以上俱大石碶桥及道士堰内。

虹桥　东南达王家衖等处,东北达钱龙漕,西抵补陀寺东直街。

买席桥　一名和安桥,西达廨院桥,东达二都等。

嘉庆桥　俱跨补陀寺东直河。

雷公桥　北达张斌桥,南达高汇桥,为直河水西入为渠。

北塘河

源出育王、天童、东吴。东吴水西出东吴桥,天童水西出小白桥,合流于大涵山之下,西至汇纤桥,合育王之水,直西至张斌桥。因林家道头闸废,亦至补陀寺前河,泄于江东碶闸。

张斌桥　元丰五年建。

七里店桥　南二都,北一都。绍圣元年建。

福明桥　南北同上。

盛店桥　宋元符元年建,南三都,北四都。

盛店港口桥　与七里店桥同,宋元符元年建。

新桥　马晟建,南北同盛店。

---

[1] "李茂乐",嘉靖《宁波府志》作"李茂禄"。《四明谈助》引《敬止录》文,也作"李茂禄"。

郧山桥　　南十都，北六都。

汇纤桥　　北达龙山，南达大涵山。宋绍圣三年建。

以上三源合流以下者。以上行舟分二路：东向北，往育王；东向南，往东吴、小白。

回江碶闸桥　　宋熙宁元年建，见碶闸。

皎碶桥　　《嘉靖志》作"皎"，无此字。皎，音"北"，附也。

丰门桥

郧溪桥　　上有史氏郧溪书院故址。

姜皇后桥　　石上刻龙凤文。

下庄镇桥　　同岙口。

葛家桥

以上育王水所经，行舟自宝幢河头。

李家洋桥　　一名皎敬桥。

郑家桥

九星桥　　纤路因河凹入，故建此。

以上天童、东吴水合流以下者。

东吴桥　　在大涵山足。《嘉靖志》有大涵山桥，乃重列也，须删。南达瓶窑，北达小白桥。

秋波桥　　一名大桥，南达东吴市，北达官路。

府前桥　　有史嵩之旧府基，南抵官路，北达小白路。

三溪桥　　南达大嵩官路，北达小白路，为三溪等溪所出。

以上东吴水之所出。

小白桥　　与东吴桥同岸并列，相去十丈许。此天童水所出，进五里为小白河头，行舟始此。

中塘河

栗树塘、木楮、前堰、高湫诸堰下等水支绾脉，合高钱之北，高塘头丘界、殷界，横泾王家衖诸处之前河，西出盛家桥里许，至港口，直对大石桥碶。又自嘉庆桥而为鹅颈汇、四港桥等河，则可抵栗树，又为高钱之前河。其北下则出盛店新桥之南侧，上则绕鹿山而出汇纤桥与北塘河通。

宋昭桥　　西达十八都，东抵官塘路。

朱家桥　　隶手界乡。

横石桥　　东抵官塘路，西达横溪路。

蔡家桥

搬火桥　东达三都,西达十六都。

四港桥　东达三都,西达十五都。

报恩桥

杨木桥　东达三都,西达十七都。

沙家店桥

八字桥　东达十都,西达十八都。

以上自嘉庆桥至栗树路。

盛家桥

莳桥

方桥

南塘河

有二:一为乾坑源,至横溪,自南来,至大象桥入横石桥,合于宋照桥前后水;一为白杜源,自西南来,至赵泥桥东,入太平桥,合横溪水,同至补陀东直河大石硬桥入江。内茅山左右诸河连络其间,另列于后。

大象桥

周卖鱼桥

武陵桥　俗名缪家桥,东抵官塘路,西抵十八都。

三桥　东西同上。

钱家桥　东抵官路,西达十八都。

张村石桥　元祐元年建。

胡墅桥　东达十六都,西达二十二都。

邓桥　宋天禧二年建。

云龙硬桥

虹桥

翻石桥　熙宁元年建。

颜桥　绍圣元年建。

郑湾桥

太平桥　东抵官塘路,西达薛石桥。

黄山头桥　东抵官路,西达故干里等处。

滕公桥

择阳桥

陆广桥

此上自横石桥抵横溪一路。

赵泥桥

张义桥

坊桥

王家桥

都宪桥　嘉靖七年,里人封御史,王洪建。

迎恩桥　嘉靖十三年,封淑人,金氏建。

惠卿桥

同方桥

朱家碶桥

上游桥　县东南四十八里,接奉化界。

以上自太平桥抵白杜一路。

茅山诸河

奉先桥港,南通大荻港,北通栎社、长汀,西南通坊桥。

大荻港

东通石观音堂,南通斗门桥,北通坊桥。

小何家桥港

东通五港,南通斗门桥,北通坊桥。

唐家港

东通南林堰,南通五港,西通小何家桥,北通斜桥、里河桥。

以上茅山北水。

蒋家店桥　茅山北一里。至大二年,蒋子渊建。

娑婆桥　山北四里。景德三年建,以树似娑婆故名。

豫章桥　山北四里。咸淳间建。

塔浮桥　山北五里。旁有石塔存。

邵恩桥　山北五里。

里河桥　山北八里。

张和尚桥　山北八里。淳熙十六年建,万历初陈观峰建井学亭。

茑苈桥　山北九里。景德二年,宫讲郑士洪修。

三石桥　山北九里。宋承恩亭石柱尚存。

奉先桥　山北十里。李氏建屋奉祖。

躬稼桥　山北十里。

慈云寺桥　楝树碶东。

斜桥河

东通姜山,南通东林寺,西通车旗堰,北通楝树碶。

姜山河

东通定桥,南通蔡桥,西通斜桥,北通铜盆浦。

鲍家汇

南通南林堰,西通唐家港,北通斜桥。

五港

曰保丰,曰通江,曰济民,曰濯缨,曰洗马,东通南林堰,南通蔡桥,西通茅山后河,北通小何家桥。

以上茅山东水。

高塘桥　山东北十五里,宋尚书高衡建。

后庄桥　姜山后。

斜桥　姜山。

燕山桥　山东北九里。宝祐二年建。

石浮桥　山东北七里。相传翻石江中之沉石,扛此作桥。

王伯桥　　山东北八里。

东林桥　　山东北七里。嘉祐三年建。

西林桥　　山东北六里。宝祐四年建。

丰乐桥　　山东北七里。祥符四年修。

顾家横桥　　山东北五里。万历间修。

五港桥　　山东五里。绍熙间建。

凉桥　　山东□里，绍熙四年建，凉亭为名。

新塘桥　　山东十里。

蔡郎桥　　山东十二里。

皋家桥　　山东一里。

宝庆桥　　山东南七里。宝庆元年建。

衮绣桥　　山东南九里。熙宁七年，丰稷建。

清河桥　　山东南七里。景德三年建。

昼锦桥　　山东南六里。嘉靖间，同知李纶建。

陇公桥　　山东南三里。

荪桥　　山东南五里。建炎二年重建，下产荪草，香同石菖蒲，其叶无脊。讹称"孙家桥"。

以上凡单注山者，俱系茅山。

又按《茅山志》，有走马塘港。宋嘉定间，陈埙置庄种竹，称君子河，荷芰禽鱼，出没隐映。东通五港，南通王大悲港，西通刘家港，北通茅山后河。在茅山南。

南乡河

自它山堰西南四十里入长春门，即所谓甬水也，故长春门亦号甬水门。上源历回沙闸出洞桥，则合仲夏桥之水以来，左有乌金、积渎、行春三碶，又南出眺江桥为北渡；右自宝祐桥分入里港桥，为千丈镜。源出自建岙等溪，自宝祐桥分入象鉴桥为冯家湾、张家潭以至黄姑林、戴家宅跟；自夏家桥分入新塘桥为崇法寺前河，即祖关也。其上源至河港入西，则经仲夏桥至石塘林村。

长春桥　　长春门外，直接长春街。

向阳桥　　横跨甬水门南。沈明臣诗："南塘路上百花娇，满面[1]春风处处饶。今日踏青无

---

[1] "满面"，国图本脱，据明沈明臣《丰对楼诗选》（明万历二十四年刻本）补。

不可,劝君莫过向阳桥。"

  夏家桥 宋元符三年建,一名甬水桥,俗称"下驾"。东抵接官亭大街,西抵祖关崇法寺。桥侧有土地龛,相传延庆寺伽蓝迁此。桥于永乐间改造。崇祯间,耆老张天成等修旧基在归津庵后,水衢相对。

  新塘桥 桥右有小桃源,俗呼为周家岸桥。国初太守郑珞建。

  迎龙桥 迎龙桥西北临水处有新铺基,相传锡山龙脉结此,有佳穴,旧名崇法寺桥,久废。万历间,侍郎全元立复建,改今名。桥在祖关之西,迎锡山龙脉也。桥西北有全侍郎元立、李侍郎堂、董侍郎□墓,为一时墓地之最胜者。

  沈店桥 一名启文桥,宋元符三年建。东抵官路,西达承天寺。

  通津桥 尚书张时彻建。

  雅儿渡桥 舒氏九春女舍庵具建。南抵官路,北达冯家湾。

  新丰桥

  新石桥 《宝庆志》:"南门外,宝庆三年,胡榘建。"

  赵家桥 县南二里。元符元年建。二桥不知在何处[1]。

  崇福桥

  颜桥 宋绍兴元年建,南抵官路,北抵施家岸。

  宝祐桥 南抵官路,北抵千丈镜,俗名栎社桥。

  眺江桥 东达栎社,西达洞桥。

  北渡桥 熙宁元年建,支流入眺江桥半里而近。

  王将桥 一名洞仙桥,南达官路,北达千丈镜。杨文懿公"王将桥诗"见《胜迹[2]考》。

小江湖

  王应麟曰:《唐志》:"鄞县南二里有小江湖,溉田八百顷,开元中令王元暐置,民立祠祀之。"按《九域志》,即它山堰也。今有善政侯王长官祠。郡志予按:此"郡志",指《宝庆志》言。乃谓城中之小湖,误矣。《图经》云:"小江湖在鄞县南二十里。唐贞观十年,县令王君照修。"与《唐志》不同。《唐志》又云:"东二十五里有西湖,溉田五百顷。天宝二年令陆南金开广之。"盖今之钱湖也。

---

[1] "二桥不知在何处",系国图本原文,不知所指。
[2] "胜迹"两字,国图本缺,现据本书卷之三十二《胜迹考》补。

南丰记云："鄞东乡之田，钱湖溉之；西乡之田，广德湖注之。"《唐志》："鄮县东有西湖，西有广德湖。"可以见西湖为钱湖矣！郡志以西湖为今城中之西湖，亦误。若广德湖，则南丰谓兴于齐梁之际。今考陆云书"鄮西有大湖，广纵千顷"，晋已有湖矣，旧名罂脰湖。《元和郡县志》所载里数，在州城未迁之前，《唐志》因之。长庆始徙今城，郡志乃以今城之远近牵合《唐志》之里数，宜其差谬也。

袁桷曰：旧志：小江湖在县南，溉田八百余顷，盖即县令王元晖所浚。《九域志》言，它山堰是元晖建，今有祠在堰侧。今惠光院，旧号"小江塔院"，正在西南，则小江湖其地相近，旁有千丈镜，支港尤多，以是得名。而城中小江，盖由灵桥之小江里，非小江湖也。

杨文懿《小江湖十咏》：

小江三十里，一碧湛青空。源出丹山表，波浮绿野中。七乡均引溉，双碶并疏通。乌金、积渎二碶。忽变桑田后，谁知王令功？

湖废亦已久，遗踪人未忘。青林连北岸，北有青林里。甬水漫南塘。栎社烟云秀，芝山雨露香。在东。此中当旧日，万顷绿茫洋。

光溪一雨过，新水漫湖波。远逗行春碶，深通仲夏河。暖香涵蕙茝，晴绿艳菱荷。家在中洲上，时闻鼓枻歌。

历览鄮中地，无如此景嘉。镜川涵日月，即千丈镜。玉屿发烟霞。风伯庙名"浮玉"。钟梵虚三寺，松浦、小江、塔院三寺，今俱废。弦歌近万家。东风昨夜雨，开遍十洲花。

碧溪丞相里，魏参知杞家，仲夏名其地为碧溪。镜水解元乡。礼俗家家美，文风处处扬。小江遗寺废，平楚旧亭荒。栎社止水墩,旧有平楚亭。独此弦歌地，时闻翰墨香。

花坞危桥北，吾家旧有园，在明行桥北，今王氏居之。枫棚古道南。即枫棚碶。两泓金鲫沼，余家旧有二石池，养金鲫，今存其一。万丈玉龙潭。风伯庙西，旧有白龙潭。草木含春雨，烟霞混晚岚。纷纷来往客，于此驻征骖。

川源四望同，舟楫万方通。野色西山雨，江声北渡风。玉泉秋月白，洞仙桥南岸，一井名玉泉，上有玉泉堂。锦屿暮花红，予家旧有坻，杂树花竹，名锦屿。最是农家乐，禾麻岁岁丰。

通远乡偏近，勾章治不遥。千年积渎碶，百尺眺江桥。晓市鱼盐贱，秋园橘柚饶。白蘋南浦上，鸥鹭静随潮。

港口碶桥

七乡桥　通它山之水，溉七乡之田，故名。古有浮梁，为风涛所圮，皇明永乐三年重建石桥。北达四十一等都，南达元贞桥诸路。

浮石桥

王家桥　南抵官路，北抵四十等都。

继先桥

洞桥　元符元年建。南达百梁桥路，北拒它山路，上源至此会惠明桥之流以经此桥，复合仲夏桥之水。

马湖桥　元祐三年建。

惠明桥　东抵洞桥街，西抵它山路，俗呼为"鱼贯桥"。其流通石臼诸山下。

庆孙桥

定山桥　宋魏行己有记。

许家桥　南达鄞江桥。

高桥　西南五十里。元符元年建，见《宝庆志》。非西路高桥也，《宝庆志》两列之。宋赵伯杲记。

里港桥

太平桥

善庆桥

千丈镜桥　南达王将军桥，北达湖田，一名镜川。

明行桥　俗讹为杨家桥，又讹为"张"，为"姜"，在杨家埭上头。

顾家汇桥

新桥

虹桥

桃浦桥　相传浦有桃树，大二十围，阴盖里许。有塔有井，俱以桃浦名。

虞家虹桥

沈家虹桥

继义桥　里人虞冲、虞沐建。

邵蛳螺桥

上张桥

彰圣桥

杨官人桥　咸平间,里人毗陵知县杨道济建。

三僧桥

夕阳桥

建峁桥

陆家桥　或云"伏龙桥"。

周大鼻桥

土桥

以上自宝祐入里港桥,至千丈镜,以抵建峁,一路切近诸河。

像鉴桥

绕湖桥

文秀桥

藕缆桥

孝庵桥　傍有张氏庵,嘉靖间尚书张时彻建。

荐桥

宋家桥　《戴氏家谱》作"送嘉"。

王家桥

洗马桥

白鹤桥

下伞桥

张尚书桥　张时彻建。

傅学官桥

周家大桥

周学士桥　有宋周锷墓,南达栎社,北达湖田。

六和桥　一名"胡家桥"。

五马桥　太守戴鳌造。

资善桥　一名"五港桥",天顺八年,太守戴浩造。嘉靖十五年,浩孙太守鳌重修,鳌自为记。

以上自宝祐桥分入张家潭至戴家宅跟。

乌黮桥

仲夏桥　在芝山下。魏丞相名之曰"碧溪",古有大桥径趋小溪。宣和中,断之以防寇,往来者病之。绍兴八年,通判舒国佐重建,镇官游彦忠成之。庄汉英、张允明、庄椿输财。长十六丈,阔一丈二尺。始于十四年八月,成于次年仲夏,故名。吴秉彝有《仲夏桥记》,今无存。

仲春桥

祝家庄桥

尚书桥

石塘桥

何家大桥

流花桥　　又名"抑洪桥"。乾道六年,监务范淮建。开封姜模为记,今无存。

潘家大桥

天象桥

以上自沙港入西一路。

西乡河

源出大雷、林村等溪,历白鹤山下,出高桥南畔小桥二十里,直冲入西水门。直进二里许,历惠政桥至石灰埠,始南折。形家以正金方冲入为忌,而不能有所更也。自高桥北入五里许,则为西津,俗名"西坝",此仕宦行旅之孔道。其自望京桥侧北入庆丰桥,为城下大濠。至保丰碶,自大卿桥西北入新河桥,乃宋宝祐四年,吴潜凿新河,建此桥。引西塘河水北入,环海会寺而东出新塘桥,合西濠之流北至保丰碶而注之江,灌田数千顷。其自大卿桥西南入,则为鄞山书院桥、管江岸、谢女王庙前后、寿安桥诸河;自望春桥南入□□桥,则为龙舌、新庄、布金寺前等河;自望春桥南入,西折入包家桥,则为十字港河。另见后。

望京桥

大卿桥　　工部尚书陈恭宅其地,故名。

西城桥　　里人王迪建。

望春桥　　北抵官路,南达新庄湖田。宋元符元年建,绍兴中重修,又名庆宝。

新桥　　北抵官路,南达湖田。

高桥　　东达西门,西达石塘。绍兴中重建。昔有李商记,无存[1]。

西津桥　　东抵官路至西坝,西达景德寺。

此上自西门至西坝一路。

---

[1] 国图本此处有徐时栋眉批:"作记者袁商,乃正献公之子,非李商。其记见《开庆志》,今云'无存',误。"

庆丰桥　望京桥北侧,旧名"望云",绍兴四年建,乾道四年守张津重建。

新河桥

新塘桥　南达西门大街,北达忠祐庙。

卖鱼桥　西南达西门大路,东北达柳庄坊内木家漕。

金版桥

马功桥　东达保丰碶,西达梁山伯庙。《简要志》作"马公"。

以上庆丰桥内,并新河桥内环合诸桥。

十字港

广德湖址自望春桥西南悉是,今湖田之渠不能备载,而十字港乃一大关会也。其东自东港口抵望春桥,西自西港口抵林村,南自南港口抵清店、蒋山湖后。其北则自北港口出,至高桥之南,即"九里十条桥"一路,盖自望春桥南折,又西折,历包家桥一带,亦林村、大雷之水所由入城也。四港口皆有桥。

包家桥

白龙王庙桥

颜桥

买面桥

屠家桥

楼太师庙桥

袁打车桥

十字港桥　即东港口之桥,元延祐四年置。

以上十字港之东。

杨官人桥　望春山前。

圣仙桥　俗名"庙桥"。

关山桥

磻溪桥

武陵桥　俗名"板桥"。

万安桥　俗名"洞桥"。

流花桥　已见上。旧桥圮于水。乾道六年,监务范淮率乡人叠石为之。开封姜洪记,名以"抑洪"。

张洗马桥

翠山寺桥

凤吞市桥

以上俱十字港之西。

林村市盘桥 熙宁初建。乾道六年,监务范淮率乡人易木以石。

洞桥 在林村。

江北河

颜公渠,《宝庆志》云:"自桃花渡而东,迄定海西市,绵亘六十里。原港久湮,田畴失溉,舟楫不通,民旅病之。前此帅守,非不兴念,率以役艰费伙而辍。淳祐六年秋九月,制帅集撰龙溪颜公颐仲因农隙鸠工,榜示通衢[1],民听惟睦。才越三旬,而六十里故河尽复,广五丈,深丈二尺,役工二十三万九千有奇,总费五十五万七千缗有奇。置碶闸三,跨桥六。鄞令赵希蕫[2]、定海令刘仲襄、慈溪令季镛各因渠之所隶而董其役,倅郡张公琥总之。铢粒皆仰于官,纤毫无扰于民。又虞岁深泥淤,思为久利计,再拨缗钱二万贯,创修河局,正将一员主之,而勾稽则责之鄞与定海二丞。公之为民虑周矣。民便其利而颂其德,因刻石曰'颜公渠'。"榜示云:

照得民以食为命,食以农为本,农以水利为急。本郡田亩,全藉水利,如东管则赖有东湖之水,西管则赖有它山之水。独自桃花渡至定海县一带,东西南北周回六十里,旧有河港,久不浚治,日侵月占,皆为湮塞。水无所潴[3],惟仰天雨。晴未十日,即已旱干,农家无计可施,坐待其槁。昔号膏腴,今为硗瘠,食且不给,何以为生?居此方者,委可怜念。其次则里河既已断港,未免冒险涉江,民旅往来,军兵打请,又有风潮不测之患。数十年来,太守屡尝有意开浚,只事体重大,费用浩繁,莫敢轻举。当职冒应千里宅生之寄,常轸视民由己之心,苟可兴利,岂敢吝费?亟欲趁今农隙,支拨钱米,雇募夫工,自桃花渡直至定海县西市,依旧来河道,尽行开浚。一则可潴水泽以溉田亩,二则可通舟楫以便军民,诚为一方无穷之利。其间近河居民,或有侵占旧来河道为田起屋者,自当悔

---

[1] "榜示通衢",国图本作"榜市通衢",据宝庆《四明志》改。

[2] "赵希蕫",宝庆《四明志》作"赵希荁"。

[3] "所潴",宝庆《四明志》作"可潴"。

悟日前冒占官河之非，体承州郡为民兴利之意，各谋改徙，无复执迷。断不可以一二人之私计，而妨六十里之水利。本府亦当斟酌地段，支钱给助。应是开河之费，尽从本府出备，更无一毫扰及民户。所合先行给榜晓示者。

  孟阳桥 尚书屠滽建。
  敬思桥 俗名马郎桥，在孟阳桥西，为卢氏墓道，卢份建。
  引仙桥 去孟阳桥二十余步，南接吴学士里，北联屠司寇宅，故名。
  砖桥 有砖桥铺，通定海界。

敬止录卷之七

山川考四　湖

旧广德湖

县西十二里。旧名"莺脰湖"。唐大历八年,县令储仙舟修治之,而易以今名。自后历代频为开浚,然亦屡有请废为田者。至宋政和间,楼异守乡郡,竟废之,为田七百顷有奇。详下王廷秀《水利辩》。《乾道图经》云:"湖中有若楼台状者,不常隐现也。"

曾巩记云:

鄞县张侯图其县之广德湖,而以书并古刻石之人文遗予,曰:"愿有记。"盖湖之大五十里,而在鄞之西四十二里。其源出于四明山,而引其北为漕渠,泄其东北入江。凡鄞之乡十有四,其东七乡之田,钱湖溉之;其西七乡之田,水注之者,则此湖也。舟之通越者皆由此湖,而湖之产,有凫雁鱼鳖、茭蒲荇荻、葵莼莲芡之饶。其旧名曰"莺脰湖",而今名,大历八年令储仙舟之所更也。贞元元年,刺史任侗又治而大之。大中元年,民或上书请废湖为田,任事者左右之,为出御史李后素验视。后素不为挠民以得罪,而湖卒不废。刺史李敬方与后素皆赋诗刻石以见其事,其说以为当是时湖成三百年矣,则湖之兴,其在梁、齐之际欤!

宋兴,淳化二年,民始与州县强吏盗湖为田,久不能正。至道二年,知州事丘崇元躬按视之,而湖始复。转运使言其事,诏禁民敢田者,至其后,遂著之于一州敕。咸平中,赐官吏职田,取湖之西山足之地百顷为之,既而务益取湖以自广。天禧二年,知州事李夷庚始正湖界,起堤十有八里以限之。湖之滨,有地曰"林末"[1],曰"高桥腊台",而其中有山曰"白鹤",曰"望春"。自太平兴国以来,

---

[1] "林末",曾巩《南丰先生元丰类稿》(四部丛刊本)卷第十九作"林村砂末"。

民冒取之。夷庚又命禁绝,而湖始复。天圣、景祐之间,民复相率请湖为田,州从事张大有按行止之,而知州事李照又言其事,报如[1]至道诏书,照以刻之石,自此请湖为田者始息。而康定某年,县主簿曾公望又益治湖。

至张侯之为鄞,则湖久不治,西七乡之农以旱告。张侯为出营度,民田湖旁者皆喜,愿致其力。张侯计工赋材,择民之为人信服有智计者,使督役而自主之,一不以属吏,人以不扰而咸劝趋。于是筑环湖之堤,凡九千一百三十四丈,其广一丈八尺,而其高八尺。广倍于旧,而高倍于旧[2]三之二。鄞人累土[3]埋水,阙其间而扃以木,视水之小大而闭纵之,谓之碶。于是又为之益旧,总为碶九,为埭二十。堤之上植榆、柳,益旧总为三万一百丈。又因其余材为二亭于堤上以休,而与望春、白鹤山相直,因以其山名。山之上为庙,一以祠神之主此湖者,一以祠吏之有功于此湖者。以熙宁元年十一月始役,而以明年二月卒事。其用民之力八万二千七百九十有二工[4],而其材出于工之余。既成,而其田不病旱,舟不病涸,鱼雁茭苇、果蔬水产之良皆复其旧,而其余及于比县旁州。张侯于是可谓有劳矣。

是年,予通判越州事。越之南湖,久废不治,盖出于吏之因循,而至于不知所以为力,予方患之。观广德之兴,以数百年危于废者数矣,由屡有人,故益以治[5]。盖大历之间溉田四百顷,大中八百顷,而今二千顷矣。则人之存亡,政之废举,为民之幸不幸,岂其细也欤?故为之书,尚俾来者知毋废前人之功,以永为此邦之利,而又将与越之人图其废也。

张侯名峋,字子坚,以材闻。去而为提举两浙路常平广惠仓,兼管勾农田差役水利事,方且用于时云。

予按《乾道图经》云:建隆间,钱康宪亿为守之初,"奏乞于诸县农隙,集乡夫万人,为十队,以官吏分董开凿之役。当时尝给米九千石,钱五十万亿,复出金千缗,以相其费。周回凡万有二千八百七十一丈"。又大中祥符年,苏耆为

---

[1] "报如",《南丰先生元丰类稿》作"报知"。
[2] "而高倍于旧"五字,国图本脱,据《南丰先生元丰类稿》补。
[3] "累土",《南丰先生元丰类稿》作"累石"。
[4] "工"字,国图本脱,据《南丰先生元丰类稿》补。
[5] "故益以治",国图本脱"益"字,据《南丰先生元丰类稿》补。

守,以湖坏漏不补复而浚之。此二事,南丰文所未载。

《乾道图经》载许俞作《李夷庚开河记》一段云:"广德湖者,旧为官职田之所废,穿百三十穴,盗泄四注,中不涵潴,耨之为畎亩之地,蹂之为刍牧之场。公于是[1]官占民侵之所及、刍牧之所践者,尽命撤废,禁不得入。亘之以巨防,环之以长堤,筑捍坚固,导泄有方,均之以高下,周之以远近。自郭之内,家映修渠,人酌清泚,湜湜之流,周环四来,润下不竭,澄源有归。又引之于州北隅,凿两池以淳之。虽炎曦下烁,河流交绝,而兹池不可涸[2]也。"

舒亶《水利记》曰:

是湖千顷,有四利焉。当春夏秋,四明诸山积水东注,浩荡泛滥有如海潮,居民庐舍往往淹没,不一二日辄下,以是湖纳之,一利也。方其旱岁,七乡之田引以灌溉,而漕河北取以济公私往来之舟,二利也。菰蒲凫鱼,四时不绝,凡村落、城市之民无田以耕、无钱以商者,莫不仰食于此,三利也。歉岁穷民以菂根为圣米,盖自别邑它州争取而食者不可胜数,四利也。呜呼!其利溥矣。有心于民者,缮其堤防,谨其经界,时其启闭,禁其畜牧可也。而或者徒见其沙沫浅淀,乃欲议以为田。独不知沙沫为田,则湖遂废矣。古人戒始作俑者,意顾不在此与?越之镜湖、白马湖可见矣。沙沫地才四十顷,参天下顾少四十顷田哉?今夫导一渠,浚一井,犹苦其劳费,积日月而不之成。奈何欲规四十顷难必之利,而遂废千顷已见无穷之利哉?诚有心于民者,姑思之毋忽焉[3]。

又曰:

或谓是湖堤塘善颓,每一浚筑,则取材调工于并湖之民,亦劳费矣。今诚能即其膏沃,少损为田,岁积谷以为缮修之备,亦因利之利也。是不然。自庆历丁亥,距今元祐癸酉,凡四十七年矣,而湖堤之修,前荆公,中张侯峋,最后段君藻,盖未始数也。夫利害未尝不相随,顾大小何如耳。今置大利而顾小害,未可谓知务也。堤所以善颓,无他由,启闭不时而畜牧凌践故。此县令之事也。尝得之[4]父老,谓段君治是湖颇力,增卑培薄,植榆柳于其上,凡一百二十丈,置之列亭,刻石载其数目、姓名,使分守之,而一切禁止,诚能持久能如此,湖后何患哉!

---

[1] 此处,乾道《四明图经》有"口"字,或为脱字符"□"。
[2] "不可涸",国图本脱"涸"字,据乾道《四明图经》补。
[3] "毋忽焉",国图本脱"焉"字,据乾道《四明图经》补。
[4] "尝得之",乾道《四明图经》作"尝得闻"。

王廷秀《水利记》曰：

鄞县东西凡十三乡。东乡之田取足于东湖，今俗所谓钱湖是也。西南诸乡之田所恃者，广德一湖。湖环百里，周以堤塘，植榆柳以为固，四面为斗门、磩闸。方春山之水泛涨时，皆聚于此，溢则泄之江。夏秋之交，民或以旱告，则令佐躬亲相视，开斗门而注之。湖高田下，势如建瓴，阅日可浃。虽甚旱亢，决不过一二，而稻已成熟矣。唐贞元中，民有请湖为田者，诣阙投匦以闻。朝廷重其事，为出御史按利否。御史李后素衔命，询咨本末利害之实，锢献利者，置之法。湖得不废。后素与刺史及其僚一二公唱和长篇，纪其事而刻之石。诗语记湖之始兴，于时已三百年，当在晋魏也。

国初，民或因浅淀盗耕，有司正其经界，禁其侵占。太平兴国中，桀黠之民窥其利而欲私之，复进状请废湖。朝下其事于州，州遣从事郎张大有验视，力言其不可废，且摘唐御史之诗，叙致详致，记于石刻。熙宁二年，知县事张峋令民浚湖筑堤，工役甚备。曾子固为作记，历道湖之为民利本末曲折，以戒后人不轻于改废也。元祐中，议者复倡废湖之说，直龙图阁舒亶信道闲居乡里，痛诘折之，纪其事于林村资寿院绿云亭壁间，谓其利有四，不可废。今舒公集中载焉，于是妄者无敢鼓动。久之，有俞巙复陈废湖之议，守叶棣深罪巙。巙不得骋，遂走都省，献其策。蔡京见而恶之，拘送本贯。巙惧，道逸。政宣间，淫侈之用日广，茶盐之课不能给，宦官用事，务兴利以中主欲。一时佻躁趋竞者争献议，括天下遗利以资经费，率皆以无为有。县官刮民膏血以应租数，大概每一事必有一大阉领之。时楼异试可丁忧，服除到阙。蔡京不喜楼，而郑居中喜之。始至，除知兴仁府，已奏可，而蔡为改知辽州。月余，改随州，不满意也。异时高丽入贡，绝洋泊四明，易舟至京师。将迎，馆劳之费不赀。崇宁加礼与辽使等，置来远局于明，中人邓忠仁领之。忠仁实在京师，事皆关决。楼欲舍随而得明，会辞行上殿，于是献言：明之广德湖可为田，以其岁入，储以待丽人往来之用有余，且欲造画舫百柁，专备丽使，作涉海二巨航，如元丰所造，以须朝廷遣使。皆忠仁之谋也。既对，上悦，即改知明州。下车，兴工造舟，而经理湖为田八百顷，募民佃租，岁入米近二万石，佃户所得数倍。于是，西七乡之田无岁不旱。异时膏腴，今为下地，废湖之害也。

靖康初，颇有意于复民利。予时为御史属，尝以唐诸公诗与曾子固、张大有记文示同列，欲上章，未果，而虏骑围城。自是国家多故，日寻干戈，用度不给，岂暇捐二万石米以利一州之民？则湖之复兴殆未可期。建炎甲戌，虏陷明州，尽焚州治。自唐至今石刻，皆毁折剥落，无遗迹。予恐后人有欲兴复是湖，无所考据，故详录之，以俟求讨。

王正己《废湖辩》曰：

广德兴废利害，南丰之记备矣。东南粳稻以水为命，陂泽所以浸灌，无陂泽是无粳稻，而曰废之，非愚则陋。此古今之所甚重，是宜南丰之所特书。虽然，未可以一概论也。《易》曰："变而通之以尽利。"夫变则易，通则难，知变而不能通，何利之有？今谓湖无所利，则兴筑之功岂为徒劳？历代以来，七乡所仰，不可诬也。谓湖为有所利，则废置[1]之后未尝病旱。数十年内，万目所视，不尝诬也。盖鄞之西南，其镇四明，重山复岭，旁连会稽，深阻数百里，万壑之流，来为大溪而中贯之，下连鄞江，倾入巨海，沛然莫之能御。故民田不蒙其利，而并海斥卤，五日不雨则病，此湖之所以与七乡粳稻以为命者也。

自唐太和中，县令王元暐为它山石堰，横截大江，抑朝宗奔猛之势，溪江遂分上下之流，悬绝数丈，水始回环汇于七乡，以及于城郭。江它[2]海浦，昔时潮汐之所往来，皆澄泓清甘。分支别派，觞冈阜则止，然后民田厌于水矣。故自大中以后，始有废湖之议，知其有以易之也。不然，一方之人岂其轻举如是？历代建请不可悉数，至政和卒成之。迨今逾五十年，亢阳大旱不为少矣，公私无粒米之耗，常与东乡承湖之田同为丰凶，相等贵贱，非若它所，岁以旱诉，蠲租减赋，与夫民田所耗得不偿失者等也。其故何耶？是则石堤之利，有以易之，此变而通之之利，其理明甚，人第勿察耳。不然，虽时月不可支，安能及数十年无所害耶？夫利害至于数十年不变，天理人事既已大定，议者犹欲追咎，过矣。

湖之为田七百顷有奇，岁益谷无虑数十万斛，输于官者什二三，斗大之州，所利如此，讵可轻议哉？士大夫不揣其本而齐其末，且未尝身历亲见，徒习饭荁羹芋之谣，与夫南丰之文，焜耀辩论，震荡心目，其亦不思甚矣。故予作《废湖辩》。正己异婿，故著此辩。

罗浚谨按："二者各有说。维是今岁夏初，秧插未毕，愆阳再旬，东乡惟恃

---

[1] "废置"，宝庆《四明志》作"废罢"。
[2] "江它"，宝庆《四明志》作"江沱"。

钱湖以不恐，西乡渠流已竭，舟胶不行，人情皇皇，不可一朝居。幸而祷雨随应，钱湖之闸未开而泽已浃。设更数日不雨，钱湖犹可资灌溉，而它山堰水决无可救旱之理。惟湖已变为田，田必不可复为湖。已事不必论，若它山、仲夏堰之水，岁浚渠而深蓄之，其庶几乎？"

附李光奏：

宝文阁待制新知湖州李光言：明、越之境，地濒江海，水易泄而多旱，故自汉、唐以来，皆有陂湖灌溉之利。大抵湖高于田，田又高于江，每旱则放湖水溉田，涝则决田水入海，故无水旱之灾、凶荒之岁也。本朝庆历、嘉祐间，民始有盗湖为田者，三司使禁之甚严[1]，图经、石刻备载其事。宣和以来，倡为应奉，始废湖为田，自是[2]岁被水旱之患。

臣自壬子岁入朝，首论兹害，蒙朝旨先取会余姚、上虞两邑废置利害，县司供具。自废湖以来，所得租课，每县不过数千斛，而所失民田常赋，动以万计，遂蒙独罢两邑湖田。其会稽之鉴湖、鄞之广德湖、萧山之湘湖等处，其类尚多。州县官往往利为圭田，顽猾之民因而献计，侵耕盗种，上下相蒙，未肯尽行废罢。臣谓[3]二浙每岁秋谷，大数不下百五十万斛，苏、湖、明、越，其数大半。朝廷经费之源，实本于此。伏望圣慈专委漕臣，乘此闲豫之时，遍行郡邑，延问父老，考究汉、唐之遗制，检举祖宗之成法，应明、越湖田尽行废罢。内有积生茭茑浅淀去处，许于农隙量差食利户旋行开撩。稍假岁月，尽复为湖。非徒实利有以及民，亦以仰副陛下勤恤劝戒之意。

东钱湖

县东三十五里。一名万金湖，以其为利重也。在唐曰西湖，盖鄞县未徙时，湖在县治之西也。《乾道图经》云："夏侯曾先《地志》云其湖承钱埭水，故号钱湖。"受七十二溪之流，今独上水、下水二派最阔，周回八十里，湖面阔约十万亩，灌田百万余顷，有堰七，见下堰碑。历代修治，备见于后。

淳熙四年魏王恺奏：

---

[1] "三司使禁之甚严"，宋李心传《建炎以来系年要录》（中华书局1988年版）作"三司使切责漕臣，其禁甚严"。

[2] "自是"之后，《建炎以来系年要录》有"两州之民"。

[3] "臣谓"，国图本作"臣请"，据《建炎以来系年要录》改。

二月七日，敕中书、门下省：尚书省送到皇子、雄武保宁军节度使、开府仪同三司、判明州军州事、提举学事兼沿海制置使魏王奏[1]：

臣淳熙三年十一月十七日准尚书省[2]札子，为臣奏，照对四明被山带海，山高于田，田高于海，水有所泄，每岁不苦水而苦旱。前古因山形有不合处，筑为长短塘，受涧谷之水七十有二，号东钱湖，亦号万金湖。唐天宝中，鄞县宰陆南金益浚而广之，其长八十里，灌田一百万余顷。至本朝天禧中，守臣李夷庚因旧废址，增筑坚固。自此，七乡之民虽甚旱而无凶年忧。庆历八年，县令王安石重浚湖界。嘉祐中，始置碶闸。至治平元年，复修六堤，立陆南金、李夷庚之祠于堤旁。岁久废坏，至绍兴十六年，邑民怀思旧德，复修祠宇，塑神像，皆有遗迹，又碑刻可考。惟是自治平元年至今，百有余年，湖寖湮废，茭草生之至二万余亩，潴水不多。旧年于湖内取水，灌注田亩，一岁凡三次，今止放得一次，不能遍及，郡人病之。乾道五年，守臣张津具奏，乞开茭草，得旨依奏。赵伯圭踵其后，遣知县事杨布量步亩，计徒佣，当用钱一十六万五千八百八十八贯，米二万七千六百四十八石。工役至大，费用不赀，以故中辍，皆有案牍可考。

自臣到任，恭承前后所降诏书指挥，兴修水利。今年四月，据知鄞县事姚枱乞开东湖，委长史莫济、司马陈延年相视基址，询访湖边父老以及士大夫，皆以为当开。遂委官量步亩实数，具奏以闻。在法，农田水利并以食利众户，共力修治，合是民间出财。陛下圣慈，爱念黎庶，为之出内帑会子五万贯、义仓米一万石。臣仰体圣意，凡用竹木、支犒赏、搬运茭草，并用本州钱以佐其费。缘其地界阔远，分作四隅，差官董役，复选择土人有心力者相与办集，令莫济、陈延年往来监视。计开草二万一千二百一十三亩三角一十六步。至十月三十日，已遂毕事。但搬运已开茭草，增广塘岸，或积在山坳，更须月余方得净尽。民间见百余年积弊一日扫除，无不引手加额，称颂圣德。臣亦忻快抃蹈，良自庆幸。

臣本州官吏除长史莫济、司马陈延年已蒙圣恩除职外，其余提督官以下，委有劳效，欲乞睿旨，许臣开具保奏推赏，庶几为民兴利之官，有所激劝。奏闻事。十二月十三日，三省同奉圣旨依奏。臣今开具下项，保明是实，伏候敕旨。二月七日，三省同奉圣旨：姚枱，减三年磨勘；陈公亮、潘渭卿、钱蟊、林泌、司公望、

---

[1] "奏"，宝庆《四明志》作"状奏"。
[2] "尚书省"，国图本作"省书省"，据宝庆《四明志》改。

顾仁升、顾仁俊，并减一年磨勘；许常和、顾仁智、顾仁兴、陈观礼，令明州于今年各人户下合纳官物内，量与减免；张允迪、周徽、许贤，于本州钱内犒设一次。予于诸推赏亦备载者，以见宋时君臣留心民利如此。

嘉定七年摄守提刑程覃札子：

窃见庆元为郡，濒海近江，并无陂塘，全仗东钱湖及广德湖、它山水灌溉田亩。广德湖久已成田，饷水军，不敢复议。它山之水涨则搬堰入江，余悉分入枝港，通舟荫田，每岁四季须当淘沙开淤，始能无碍。所用和雇人夫，一岁当一百贯文。本府见行用钱一千二百余贯，置田四十亩，委乡官收掌，县丞、提督递年充雇夫之用，更不扰民。

惟有东钱湖为民利甚溥，湖面阔约十万亩，灌田一百万余顷，尔后茭苴湮塞。向者郡守控告朝廷，陈乞钱一十六万有余贯，米二万七千有余石，雇役民夫开浚茭苴，未蒙允可。魏王判庆元日，复行申奏，蒙圣旨出内帑五万缗，义仓米一万石，本府均官民户有田之家，出人夫、器具，又差拨水军，同共搬苴积于湖中，候有水方行搬载。暨有水之时，欺罔官司，将苴复行平滩在湖，徒费钱米，无补纤毫。其时茭苴尚少，今乃不然，民间因茭苴之涨塞，并皆计[1]嘱请佃，或恃强侵占为己业，种荷裹田。今则湖中之水，通舟如线，夏初阙雨，尽开湖闸，灌田无多。幸而朝廷祈祷即应，遂得一熟。士庶陈述利害，覃同通判亲往相视，委实湮塞。若欲科率民户、有田之家亩头出钱，则搔扰尤甚。复差水军，非惟[2]无补水利，且妨教阅。覃区区管见，不可求速效，当磨以岁月，合置田一千亩，每亩常熟价值三十二贯官会，计钱三万二千贯，每岁得谷二千四百余石。如义仓例，轮委近乡户物力最高者掌管，分在近湖寺院安顿。每岁农隙之时，许民间剖取淤苴，计船之小大，论取苴遥近[3]里数、苴之多寡，立为定则，酬以谷子。一年会计，可以运二万余船。若能去二万余船苴，则可潴二万余船水。年年开浚，水利日广。十数年之后，必可复见旧湖基址。诸乡之田，虽旱无忧。若或坐视，不早为之计，他时庆元之田，既无水利可恃，则与仰天山田等耳。利害晓然，不敢繁述。

---

[1] "皆计"，宝庆《四明志》作"皆托"。

[2] "非惟"，宝庆《四明志》作"非徒"。

[3] "遥近"，国图本脱"近"字，据宝庆《四明志》补。

覃备员摄郡，撙节浮用，径备上项三万二千缗，责付等户，一面置田，条画规式，置立版榜，但其间除月波寺、隐学寺、嘉泽庙、钱堰[1]四处旧有荷池许留栽种，见委县丞、县尉置桩钉立界至存留外，余外盗种强占，或有已裹成田，并合开掘。如仍前盗种强占，不以官民户，定行追治监赏[2]。覃窃虑所立规模，今年置田，来年收谷，农隙兴工，后年田家方得其利，如是则来年缺雨，农家岂不利害？覃今再备钱三千余缗，籴谷二千余石，一面收买淤葑，庶几向后可以仿此施行。事大体重，若非朝廷力赐主盟，他日必有复萌侵占者妄行陈乞更改，伏望特赐敷奏，行下本府，常切遵守，不许妄将上件谷子别有移用。如违，许民越诉，照常平条法施行。伏候指挥。

九月十九日，奉圣旨，依所申事理施行。其月波寺、隐学寺、嘉泽庙、钱堰四处荷池，亦仰一体尽行开掘。仍出榜禁戢，今后不许复有侵占。如或违戾，仰本府追人根勘，具[3]情犯申尚书省内，命官取旨镌责。其官民户，定重作施行。

宝庆二年守尚书胡榘札子：

窃见本府，负郭膏腴，连亘阡陌，劝农之政，莫急水利。鄞县七乡，岁不告旱，所资以为灌溉之利者，惟东钱湖。湖面阔十万亩，周回八百里，受七十二溪之水所归。水盛可潴，旱干则放。凡湖下之田，受灌溉者百万余顷。年来茭葑障塞，官司失于开淘，以致水面日狭，积水浸少。今年春夏之交，偶阙雨泽，委鄞县丞从事前去开闸，放水下田。据称，所放一二版，而湖水所存已无几。若因循度日，不行经理，深虑浸致湮淤，坐失水利，委涉未便。契勘昨来提刑程覃来摄府事，尝创立开湖一局，拨府钱三万二千缗，欲买田一千亩，岁收租谷二千四百余石，募民岁取茭葑二万船，可添潴水二万船，迟以十数年，东湖之葑可以尽去。然自置局之后，有司坐视，不曾举行。已买之田，岁收租谷，未免将作应副修路之用。未买之钱，见桩留于库，不曾买田。今湖面[4]茭葑日生月长，无有穷已。根株滋蔓，日吞水地。

昨因士民有请，榘即躬亲前往相视，继委通判蔡奉议重行检踏。据蔡奉议

---

[1] "钱堰"，国图本作"前堰"，据宝庆《四明志》改。
[2] "监赏"，宝庆《四明志》作"监责"。
[3] "具"，国图本作"其"，据宝庆《四明志》改。
[4] "湖面"，国图本作"湖田"，据宝庆《四明志》改。

申，五月二十六日，躬亲前去。是日，自钱堰拏舟，先登二灵山一览，尽见积葑充塞，殆十之八九，惟上水、下水与梅湖三节，粗存水面。既以得其大略，乃亟易舟前迈，令舟人以竿刺水，步步考验。根株之下，虚实相半，最深渺处不过数尺。惟是葑积岁久，势虽浮上，根实附下，其间又杂茭苇，彼此丽属，重以荷茘茈蒲之类，生生无穷，异类同党。其近山岸处，积湮更甚，亦有因而为塍，渐成畎亩者。及询问父老，审订事宜，皆云东湖自魏王临镇之时，申请浚治一次，今逾四十年，有司未尝过而问焉。失今不治，加以数年，茭葑根盘，水不可入，虽重施人力，亦终无补。会稽之鉴湖，盖可鉴也。倘蒙有司申请开浚，则湖下两县田业，可以岁享灌溉之泽；湖上四望渔户，可以日获锱铢之利。号令一出，其谁不然？且魏王开湖之始，役兼资于兵民，功具举于表里，故事立就。其后有司非不念此，而或废于卤莽，或牵于事力，或坐视不治，或粗举无益，因循积累，至于今极矣。至于所用日时，必须于农事之隙，八九月之交，水势稍退，兴工并手，则民有余力，官无峻期，或伸或缩，惟吾所命，实为至便。今条具到用功次第下项：

一、今开浚东湖以兴水利，势须先去茭葑并其根株，然后放干湖水，以去淤泥。庶几开浚既深，可潴水泽，但功役颇大，未易轻举，今当以序而为之。然役水军，则用生券；或资民夫，则用雇值。契勘昨来魏王开湖，因钱米不给，颇有扰民。今要当斟酌，使公私俱便，乃为至计。拟于八九月之间，先用水军人船，以去茭葑，然后于十月内募湖下有田之家，出工夫人力，以助有司，庶事可以办集。

一、契勘昨来魏王开湖，规画未遂尽善，颇有遗恨。所开茭葑，积于湖旁，候有水用船运去。洎至水生，用人船搬运，乃多为欺罔，将茭葑平摊湖中，复至湮塞水面，徒费钱米，无补纤毫。今者用工不可又蹈前辙，然湖际四山，少有可积葑去处，若即用船搬运，尤为重费。众议今当聚茭葑、淤泥[1]筑为一堤，可以尽除茭葑之根株，可以便民旅之往来。但昨者众议，欲自月波寺筑至二灵山，横绝渡湖，延袤八百余丈，工役尤大，不可轻为。今者之议，欲自邵家山头筑至杨家山头，才三四百丈，工役减半，可以举行。

一、东湖植荷，民侥微利，所至皆是，未免妨水。或者乃持荷可养水之说，而不受淤泥。曾不知水浅则荷盛，水深则荷衰，理之必然，所易晓者。昨程提刑

---

[1] "淤泥"，国图本作"于泥"，据宝庆《四明志》改。

尝申请不许民户种荷,已蒙朝廷行下,尽令屏除。今未十年,荷荡已占三之一,茭葑因占三之二。今若浚湖,势须尽行屏去,自后不许种植荷莲。仍乞朝廷检会已降指挥施行,如或违犯,许人陈首,追人根勘,具[1]情犯申尚书省内,命官取旨,重作施行。

一、今浚湖,必当放水。先须修整诸处碶闸,放运河之水以入于江,然后放东湖之水以入于河,河水潴蓄稍多,庶几湖田之民来春不失灌溉之利。

右件开湖事,条列在前,本府除已置开湖局,委通判蔡奉议范充提督官外,望朝廷给降度牒一百道,支拨常平义仓米二万石,下本府添贴开浚东湖支费。东湖画图内已贴说筑堤之路,与前此不同,并于风水无妨。谨具申尚书省,伏候指挥。

九月二十一日,奉圣旨并依所申,令浙东提举司于常平义仓米内支拨一万五千石,及令封桩库支拨度牒一百道付本府。每道作八百贯文变卖,并充开湖使用。务要如法开浚,经久流通,毋致积泥,再行湮塞。仍仰本府常切觉察,严立赏榜。今后如有官民户、寺观,复行侵占,并种植荷莲,违戾之人,许人陈首[2],即仰将犯人送狱根勘,具情节申尚书省,命官取指挥重行镌黜,余人定行决配。仍具已开掘次第及用工役钱米帐状申,并下提领封桩库所、浙东提举司,各证应施行。

次年十月七日告成,提督官、通判蔡范特与升擢差遣一次,总管韩宗元特令再任,路分吕纯仁特减三年磨勘[3]准备,将孙茂、王戬各特转一资,白身王茂特与补守阙进勇副尉。绍定元年正月十八日省札。

《宝庆志》:絜又奏以赢钱二万八千三百四十七缗有奇,增置田亩,合旧谷石[4],俾赢三千,令翔凤乡长顾泳之主之。分渔户五百人为四隅,人岁给谷六石,随茭葑之生,则绝其种。立管隅一人,管队二十人以辖之。府县丞以时督察。有旨悉如请。仍命提举常平司董其事,即陶公山[5]立烟波馆、天镜亭。郡人宝文阁学士史弥坚记。自此不薙葑者十六年,几无湖矣。淳祐壬寅冬,制守

---

[1] "具",国图本作"是",据宝庆《四明志》改。
[2] "陈首",有作"陈告",见马蓉等点校《永乐大典方志辑佚》(第2册)。
[3] 宝庆《四明志》此处有"鄞县丞常揬特循两资,水军正将王选、倪珍各特减二年磨勘"。
[4] "谷石",宝庆《四明志》作"谷食",《永乐大典方志辑佚》(第2册)作"谷硕"。
[5] "陶公山",国图本脱"公"字,据宝庆《四明志》补。

陈垲因岁稔农隙,命制干林元晋、金判石孝广行买葑之策,不差兵,不调夫,随舟大小、葑多寡,听其求售,交葑给钱,各有司存。初至数百人,已而棹舟裹粮至者日千余,可见远近乐趋[1]向也。淘湖所收,率以佐郡家支遣,至此方全为淘湖之用。

《至正续志》:元大德间,势家有以湖为浅淀,请以捺[2]田若干亩入官租者,时都水营田分司追断,复为湖。延祐新志所谓欲塞钱湖,此其渐也。后因乡民告有司举行淘湖故事,拘七乡有田食利之家,分亩步高下,量拨湖葑,随田多寡阔狭,俾浚之,积葑于塘岸。然以宿葑[3]春泛冬沉,次年复生,则有司所行为具文耳。近来重修嘉泽庙,有濯灵之异,茭葑[4]不泛,荷芡、菰芦生之者鲜,然未足恃也。但大旱之年,放水湖下,一举而涸,知其积淤年久,蓄水至浅。东乡河道又皆浅涩,旧称一湖之水可满三河半,今仅及一河而竭,是可忧也。又况职守者不谨闭启碶闸,傍湖人民[5]通同渔户,每于水溢之时,乘时射利,私自开闸网鱼,泄水无度。沿江堰坝,又失修理,日夜倾注于江,防旱之策,果安在哉?

《至正续志》云,原置买葑田亩,自元收以入官。大明因之。洪武二十四年,本县耆民陈进建言水利,差官来董其事,于农隙之时,令七乡食利之家出力淘浚,虽少除葑草而根在复生,况湖上溪涧沙土随雨而下,久不治则淤塞如旧矣[6]。

《嘉靖志》:"宣德间,下水王士华,时以参政家居,因田其中。七乡之民陈之监司,遂得中止。嘉靖九年,宁波卫屯军,又请为屯田。鄞县知县黄仁山用父老严池之言,勘覆不行。"

《嘉靖志》载生员丘绪议曰:

东钱湖一名万金湖,故会合七十二溪之流,停蓄甚泓,而注溉三县七乡之田,其利赖甚溥也。自昔尽七乡之河,足资三次放泻之益,虽亢旸赤地而苗不患稿,称为沃野。至于今则淤葑不治,而侵塞填壅者相寻,兼之漏泄无禁,遇旱开

---

[1] "可见远近乐趋"六字,国图本脱,据宝庆《四明志》补。
[2] "捺",《农政全书·卷十六·水利·浙江水利》作"撩"。
[3] "宿葑",国图本作"宿俸",据至正《四明志》改。
[4] 至正《四明续志》"茭葑"后有"向春"两字。
[5] "人民",至正《四明续志》作"土霸"。
[6] 读《农政全书》中《东钱湖浚议》一文,此段文字与上段相连,但未见于至正《四明续志》。

放不盈半河,洼者不支十日,而亢者一不沾溉。欲民之无饥,不可得已。是故浚湖之议,在今日当亟讲而力行之者也。浚治之目有八:

一曰固湖防。夫防以止水,所以广潴蓄而捍溃决也。今湖之为塘者八,其尤长者则高秋塘、方家塘、梅湖塘也。夫塘短,则两山夹隘脉,或横亘于下,其势常固;塘长,则两山不接,皆客土所成,其势善崩,非至坚厚[1]不固。曩年方家塘决,二十里之外皆为鱼鳖,其已事可征已。今欲浚湖使深,土无所归,宜以所浚之土即加塘上,倍阔二丈,增高五尺,则虽侵湖二丈之水,而所浚之土既得所归,堤防之筑又日以益固,可永免溃决之虞矣。

二曰明水则。夫湖水淼漫,莫知多寡,必置水则以准之。然后蓄泄以时,而湖水可常盈也。自沿湖居民或侵填以为居室,或樊植以为园林,土薄势卑,湖水一盈辄掩其则,至有窃减以就低者。御史张景虽尝改正,然亦未能悉当[2]旧则也。今必于固堤之后准定水则,使一湖之潴恒足三湖之用[3],即没入居室园林皆所不恤,则所害者少而所利者众矣。况其地本侵湖,不治其皋亦已幸矣,而况可复加顾虑乎?

三曰严侵塞之禁。侵湖之家以水为病,春夏水盈辄偷启诸碶而纵泄之,欲湖之无涸不可得已。故既立水则之后,凡水所不及之地白僭为业者,必严加丈量,永从重则起科,而籍之以排花流水,使尺寸不得隐。则重科之害,庶足以抵其白僭之利,而民或者其有警心矣。盖已成之业不忍遽坏,姑以是抑之,嗣是而犹有仍前侵塞,必重为之罪,且并坐其塘长[4]及里邻。凡并湖之民皆许举首,则厉禁之严,庶几民知重犯法矣。

四曰重漏泄之罚。东钱之碶有四:曰钱堰,曰梅湖,曰平水,曰高湫,皆湖之所由以为盈涸者也。比来塘长、碶夫皆取贫难小户充之,既不能多捐功力,又不肯爱惜湖水。旧闸徒设,不用板筑,但取薪茅杂沙土壅之。恐其决也,则减从低下,不与水则相平,水一逾则,荡无限止,尽皆溢泻。且以捕鱼为利,时常偷放,平时无半湖之蓄,又何望其为旱干之备哉!今必取近湖富户差点碶夫,而塘长亦以士人之家任之,则彼当自顾惜,而盗泄之患可止矣。倘或仍踵前弊,闸门

---

[1]"坚厚",国图本作"坚原",据嘉靖《宁波府志》改。
[2]"悉当",嘉靖《宁波府志》作"适当"。
[3]"足三湖之用",嘉靖《宁波府志》作"足三河之用"。
[4]"塘长",国图本作"堂长",据嘉靖《宁波府志》改。

不固,土筑欠高,或包揽与人,或巡哨不谨,则重加赎罚,不少宽减,能无惧而知谨乎?

五曰去茭葑之害。夫湖之所以淤塞者,以茭葑、茈蒲、菱芡之属滋蔓其中,日久湮积,而茭葑之害实居大半。自昔至今,亦屡尝浚之矣。然或少除葑草而根在复生,或薙之未出湖堤而旋复委置,其在今日则芜没益甚矣。谓宜课七乡食水利之田,始令亩先出银一分,不足则增加之,务以茭葑尽去为止。而所去茭葑,必募船装载出湖,直至江浒交卸,差其船之大小而优给以直,令细民乐于应募而绝其种之复生,则民固不免于出银之费,而要之以佚道使之者也。虽尽七乡之民而户征一人助役,但毋令逾旬,焉有不乐趋者哉!即怨生一时而惠及百年,长民者宜不惮为之矣。

六曰公水草之利。凡湖中水藻之所生,可以粪田。往时沿湖居民随其居址山场所近,各出力采卖,虽其利甚微,然亦足以为小民之一助。乃今豪贵之家依势作威,悉行标管,至粪田之时,重价勒民货卖。近湖之民或有取其藁秸者,辄肆苔华,诬一偿百。夫僭七乡公有之物,夺小民近便之利,此岂人情王法之所宜哉?浚湖薙葑之后,当无此患。但水土之性,自能化生,不久滋蔓,则作俑之后,岂能免专利者之心哉?此在当路者之畏强御,严为禁止,而一以公之于民,则济民者,庶不至于病民矣。

七曰筑堤以通道。茭葑可以舟载,而浚湖淤土不可以舟载。今自高秋、栗木等堰,凡往韩岭及上、下水者,皆舟于湖,屡有不测。欲去淤土而便行人,莫如即其中径直处,取淤土而为之堤。起邵家山,跨杨家山麓,计其长不过四百余丈,阔四丈,高四之一,固之以石[1],植之以木,则土有所归,湖之潴停益富,而行者有陆走之便,甚大利也。或者以买石固堤,费当不赀,不知湖心之土欲以力致他所,其费更何如也。以此贸彼,宁为失计哉?若梅湖与大湖之间,旧有一堤,宜亦增高倍广,以去两涯下之淤,斯可矣。

八曰因土以成山。夫湖之浅污可浚也,而间有不可浚者,何也?溪涧沙土随横潦而出,壅塞浮涨几与堤平。豪贵之家遂僭为田,边湖小民率行佃种,如近年下水湖口之为者。此废湖之渐,甚不可不虑也。盖既耕为田,其势若注,必泄水以便业,水泄则滩涨皆出,效尤而耕之者踵至矣。如此不已,湖欲无废不可得

---

[1] "固之以石",国图本脱"之"字,据嘉靖《宁波府志》补。

已。然涨土积高不可以顷亩筹算，必欲尽出于湖之外，即百千之众谁能毕之？不如因高成丘，随其所在，聚为山阜，傍树榆柳，使不为波涛所啮。如方家湖塘之下，有河一带，非舟楫所通，即以傍近淤土填之，既而成田，官卖以充淘湖之费。又其地近山谷者，即随高低大小聚而埋之，则淤土可以尽去，而蓄水必多。七乡灌溉之利，万世当歌诵之矣。

或曰：子之议则得矣，其如工费巨万，民不能堪，何哉？曰：昔人有言，不一劳者不永逸，不暂费者不久安。西门豹为十二渠，民颇烦苦之。豹曰："民可以乐成，不可与虑始。今父老子弟虽患苦我，然百岁后期令父老子弟思吾言也。"其后渠成，民卒利之，数百岁后犹颂其功不衰，况今民失湖利，数苦旱灾，思欲浚治久矣。因而率作之，是为所欲与聚，将并患苦而无之矣，何不堪之有哉？今观唐之陆南金、宋之李夷庚，凡浚湖有成绩者，皆祠之不忘，盖可知矣，何独至于今而疑之乎？

张时彻《泛湖》诗曰：

春游[1]不知远，到处即蓬莱。谷引仙霞入，舟随返照来。转沙窥碧汉，度岭踏苍苔。明日归城市，应疑泛斗回。

郡守沈恺诗：

兰宫桂殿枕丹溪，野曙晴分万木齐。山色倒流青翡翠，湖光平漾碧琉璃。风流喜有王摩诘，与王侍郎同行，故云。浅薄惭非杜拾遗。却讶乘槎银汉里，乱云荒草使人迷。

郡守魏良贵诗：

春日放船好，渔歌何处来？云横峰欲断，天落镜初开。古寺犹闻磬，深林独举杯。白莲应有约，老衲莫相猜。

郡人王应鹏诗：

湖草青青湖水平，酒航西渡入空明。月波夜静银浮镜，霞屿春深锦漾屏。

---

[1] "春游"，国图本作"春来"，据嘉靖《宁波府志》改。

丞相祠前惟古柏,读书台上但啼莺。年年谢豹花开日,犹见游人作伴行。

张文定公《忆钱湖》诗：

赤堇山外海云飞,我欲东游事久违。百里湖波照霞屿,一双鸥鸟上陶矶。雨余莲子房房实,秋到凋菰粒粒肥。安得沙棠舟千丈,与君同泛月明归。

马湖

南五十里。在小溪,相传贺知章洗马池,今仅如杯浴鼋龟而饮牛羊。

敬止录卷之八

山川考五　江　堰碶闸

鄞江

它山以上源，见后。水落它山堰者，迤逦东来，会大埠头剡源水，同出斗门[1]桥。又会奉化金溪、龙溪水，自方桥出，是名三江口。过郡城南东，至北东接慈溪江，又名三江口。经梅墟、白沙，至定海入海，名大浃港。因列诸堰、碶于后，以备水利。

大皎堰　西南七十六里。

郦童堰　西南六十里。

西高堰　西南六十里。

它山堰　西南五十里。

四明山之水注于江，与海潮相接，咸不可溉田。唐太和间，县令王元暐叠石为堰于两山间，阔四十二丈，级三十有六，冶铁灌之，渠与江截为二。其详见后诸文，而魏岘之论备矣。乃鄞万世之利也，后人因祠之堰旁，名善政侯祠。

宋魏岘《它山水利备览》：

它山水源　它山之水，源自越山，委蛇绵历，几二百里。由上虞县分水岭，一名斤岭，自趾至巅，凡十六里，故名。百余里，然后历大小皎、蜜岩、樟村、桓村、平水，此其大派也。又一派出仗锡山，并合众山之流会于大溪，至于它山。溪通大江，潮汐上下。清甘之流酾泄出海，泻卤之水冲接入溪。来则沟浍皆盈，去则河港俱涸。田不可稼，人渴于饮。唐太和七年，邑令王侯元暐相地之宜，以此为水道

---

[1] "斗门"两字，国图本缺，据光绪《鄞县志》所引《敬止录》文补。

所历喉襟之处，规而作堰，截断咸汐。导大溪之流，自堰之上，北入于溪百余丈，折而东之，经新安，历洞桥，此前港也；自镇都入惠明桥，至仲夏，此后港也。二水[1]至新堰面合流，经北渡、栎社、新桥，入南城甬水门，潴为二湖：曰日，曰月。畅为支渠，脉络城市，以饮以灌。出西城望京门，由望春桥接大雷、林村之水，直抵西渡。其间支分派别，流贯诸港，灌溉七乡田数千顷。天之旱潦有不可必，此水岁可恃以为常，田事仰之，实为霖雨。自唐逮今，四百十有六年，民食之所资，官赋之所出，家饮清泉，舟通物货，公私所赖，为利无穷。先贤堰是，而以此水锡吾邦人，所以为生民立命也。原本"流"作"汧"，"此"作"丐"，后仿此。

　　置堰　侯之经营是堰也，历览山川，相地高下，见大溪之南，沿流皆山[2]，其北则皆平地，至是始有小山，虎踞岸傍。以其无山相接，故谓它山。详见《鄞志》。南岸之山势，亦俯瞰如饮江之虹。二山夹流，钤锁两岸。其南有小屿二，屹然中流，有捍防之势，人目为强堰。其北小山之西，支港入溪，则七乡水道襟喉之地，因遂堰焉。由是溪江中分，咸卤不至，清甘之流，输贯诸港，入城市，绕村落，七乡之田皆赖灌溉。七乡，曰武康、通远、东安、光同、桃源、句章、清道。

　　堰规制作　它山乃众流胥会之地，每岁至秋，万山之间，洪水暴涨，湍激迅疾，极目如山海[3]。侯之为堰也，规其高下之宜，涝则七分水入于江，三分入溪，以泄暴流；旱则七分入溪，三分入江，以供灌溉。堰脊横阔四十有二丈，覆以石版，为片八十有半。左右石级各三十六，岁久沙淤，其东仅见八九，西则皆隐于沙。堰身中空[4]，擎以巨木，形如屋宇。每遇溪涨湍急，则有沙随实其中，俗谓护堤沙。水平沙去，其空如初。土人以杖试之，信然。堰低昂适宜，广狭中度，精致牢密，功侔鬼神，与其他堰埭杂用土石、木竹、砖筏稍久辄坏者不同。常时，大溪之水，从堰入江，下历石级，状如喷雪，声如震雷。耆老相传：立堰之时，深山绝壑极大之木、人所不能致者，皆因水涨，乘流忽至，其神矣乎！原本"神"作"旦"，后仿此。

　　梅梁　梅梁在堰江沙中，《鄞志》谓：梅子真旧隐大梅山，山有大梅木[5]，其

---

[1] "二水"，宋魏岘《四明它山水利备览》（清咸丰烟屿楼徐氏刻本）作"仲夏之水"。
[2] "沿流皆山"，国图本作"沿流皆下"，据《四明它山水利备览》改。
[3] "极目如山海"，《四明它山水利备览》无"山"字。
[4] "中空"，国图本作"中定"，据《四明它山水利备览》改。
[5] "梅子真旧隐大梅山，山有大梅木"，国图本作"梅子真旧隐大梅小梅木"，据《四明它山水利备览》改。

上为会稽禹祠之梁，其下在它山堰，亦谓之梅梁。禹祠之梁，张僧繇图龙于其上，风雨夜或飞入鉴湖与龙斗，人见梁上水淋漓而苹藻满焉，始骇异之，乃以铁索锁于柱。它山堰之梁，其大逾抱，半没沙中，不知其长短，横枕堰址。潮过则见其脊，偃然如龙卧江沙中，数百年不朽，暴流湍激，俨然不动。有草一丛生于上，四时常青[1]。耆老传以为龙物，亦圣物，镇堰者耶。原本"四"作"三"。

三堨　侯既作堰，虑暴流之无所泄，遂为三堨，以启闭蓄泄。涝则酾暴流以出江，旱则取淡潮以入河，平时则为河港之候[2]。耆老谓，侯自堰口浮三瓢，听其所至而立焉。由堰之东十有五里为乌金堨，俗谓上水堨。又东三里为积渎堨，俗谓下水堨。又东二十七里为行春[3]堨。俗谓石堨。此小溪镇入南城甬水门河渠也，皆随地之宜而为之。四明乌金堨久废，嘉定辛巳，岘请于朝重建。详见郡志及《乌金堨志》。

日、月二湖　《鄞志》称城中日、月二湖皆源于四明山，自它山入于南门，潴为二湖，在城西南隅。月湖中有十洲三岛之胜。湖之支渠，缭绕城市，往往家映修渠，人酌清洌。又云四明山之旁，众山萃焉。雨盛则涧壑交会，出为漫流，无以潴之，其涸可立而待。非特民渴于饮，而河内海潮以之灌溉，田皆斥卤，耕稼废矣。唐太和中，侯乃视地高下，伐木斫石，横巨流而约之，浚二湖以受其入，溉田八百余顷。《唐·地理志》载"鄮县"，下注云：南二里有小江湖，太和中，令王元暐置。小江湖，即日湖也。以此考之，人知侯置堰而已，而不知疏南城一带之河，立三堨，浚二湖，皆侯之功也。崇宁间，杨蒙[4]为《重修它山堰记》曰：唐人王元暐令鄞，导它山之水，作堰江涘，约水势，贯城以入，潴为平湖，疏为长河，掬为幽沼。后人德之，爰立庙貌。舒公信道《西湖引水记》：西湖，即月湖也。时有旱而引它山之水入月湖，以济一城之所用。邦人喜，而公为之记也。今城中十万户日用饮食，可不知所自乎？

广德湖、仲夏堰已废，并仰它山水源　《唐·地理志》载"鄮县"，其下注云：

---

[1] 此处，《四明它山水利备览》有"刃或误伤，梁辄流水如血"数字。
[2] "河港之候"，国图本作"河港之侯"，据《四明它山水利备览》改。另有《四库全书》本作"河港之表"，至正《四明续志》作"河港之积"。
[3] "行春"，国图本作"春行"，据《四明它山水利备览》改。
[4] "杨蒙"，国图本作"唐蒙"，据《四明它山水利备览》改。

"西十二里有广德湖,溉田四百顷。"贞元九年,刺史任侗[1]因故迹增修。西南四十里[2]有仲夏堰,溉田四千顷。太和六年,刺史于季友[3]筑。今湖、堰并废。宝庆二年,郡守尚书胡榘再修。《鄞志》既载广德湖兴废之由,复附言于后曰:"今岁夏初,愆阳再旬。东乡惟恃钱湖以不恐,西乡渠流已竭,舟胶不行。幸而祷雨随应,钱湖之闸未开,而泽已浃。设更数日不雨[4],钱湖犹可资灌溉,而它山堰水决无可救旱之理。"此盖未知它山之水源深流长也。岘屡因亢阳,惜水之泄从,权以土石增障堰上,约鄞江之水以入溪。又浚水口淤沙,引水以入田。故水势流贯诸港,滔滔不已。使有人焉,力行障堰排沙之说,则何旱之足虑?谓其无救于旱,则误矣。或曰广德废湖之田,中间川渠及仲夏之港,纵横流贯,岂无大雷、林村、建岙之流,何独它山?夫言水利者,不必言其流衍之时,而当言其旱涸之际。如流衍之时,何往无水?惟亢旱不竭,方足恃也。大雷、林村、建岙之水,山近源浅,常时与它山合流,绝无以别;稍遇旱涸,则流必先竭。至它山之流,独供[5]输灌。以此言之,虽谓悉仰它山之水可也。原本"一"作"弌","宝"作"珤","以"或作"目"。

淘沙 四明水陆之胜[6],万山深秀。昔时巨木高森,沿溪平地,竹木亦皆茂密。虽遇暴水湍急,沙土为木根盘固,流下不多,所淤亦少,开淘良易。近年以来,木植价穹,斧斤相寻,靡山不童。而平地竹木,亦为之一空。大水之时[7],既无林木少抑奔湍之势,又无包缆以固沙土之苗[8],致使浮沙随流而下,淤塞溪流,至高四七丈[9],绵亘二三里。两岸积沙侵占,溪港皆成陆地,其上种木有高二三丈者。由是舟楫不通,田畴失溉。人谓古来四季一浚,今既即年不浚[10],宜其淤塞。嘉定己亥,旱势如焚,田苗将槁,岘随宜为浚流障水之策。一线出

---

[1] "贞元九年,刺史任侗",国图本作"正元十一年,刺史任州",据《四明它山水利备览》改。

[2] "四十里",国图本作"十里",据《四明它山水利备览》改。

[3] "于季友",国图本作"于季夏",据《四明它山水利备览》改。

[4] "钱湖之闸未开,而泽已浃。设更数日不雨"16字,国图本脱,据《四明它山水利备览》补。

[5] "独供",国图本作"独共",据《四明它山水利备览》改。

[6] "水陆之胜",《四明它山水利备览》作"登陆之胜"。

[7] "大水之时",《四明它山水利备览》作"大水之归"。

[8] "又无包缆以固沙土之苗",《四明它山水利备览》作"又无根缆以固沙土之留"。

[9] "高四七丈",《四明它山水利备览》"高四五丈"。

[10] "即年不浚",《四明它山水利备览》作"积年不浚"。

脉[1],滔滔其来,流贯百港,随水所及,俱获霑丐。夫浚之一寸,则田获寸水之利;浚之一尺,则田获尺水之利。浚之愈深,所灌愈远,为利愈博矣。虽然,淘沙当于未旱之先,又当弃之空闲无用之地,何则?旱岁淘沙,此则救一时之急耳。是时,农夫皆自欲车注,以救就槁之苗,其势不可久役,稍或违时,苗已槁矣。宜于未旱之前、农隙之余,多其工役,假以日月,务令深广,庶几可久。天下之事,不劳者不能逸,不暂费者不久安。若惮费畏劳,用工不深,其效亦浅。或略开沙中之港,而不去港中之沙,止可为旱岁急救旱苗之计,经一小雨则沙淤随塞。或去港沙而堆两岸,经一大雨则仍前洗入港中。如能运沙远去,江近则弃于江水之中,江远则堆于空闲之地,庶几可久。然地皆民地,种植所资,安得空闲?宜临时相视,遇窎坎空闲处,不惮稍远则可矣。但戒董役之人,务在公平,不独容私[2],独堆一处,则人心自服。如能浚深一尺或二尺,其利尤博。开浚之时,先宜壅住上流,然后从下流为始,庶得沙干,不先为水所浸,役夫易以用力。

淳祐元年辛丑岁,沙淤尤甚,高出水面至四五尺。自堰港口至新安庙前,凡五百余丈,舟楫不通。岘闻于乡帅[3]余大参天锡,见委提督浚治。役夫人给米二升省,钱四十[4],足和雇通远、光同、勾章三乡人户及轮差柴、船户,各备锄担,先期约日,标识界分,令各甲管认丈尺。晨集暮放,至则记名印臂,以见人数[5];放则点名辨印,以给钱米。钱米才给,臂印随拭。岘亲自监临,务令均平著实。雇直既优,给散以时,视其慵惰[6],量加责罚,人心欢趋,且不敢慢。自十月十日甲子鸠工,至十一月二十六日迄事。是役也,助以侄湾,且令儿辈监视。及放水口,奔湍而入,势如江潮。始焉,堰上之水,其余[7]尺高,移时之间,堰水低平,尽引入港。壬寅七月,以连雨水涨,港沙复淤,乡帅陈大卿垍复委岘开浚。回沙闸成,更欲去沙令深,亦委岘淘沙。

程、赵二公给田收租,岁充淘沙雇夫之用[8]　嘉定七年,权府提刑程公覃捐

---

[1] "一线出脉",《四明它山水利备览》作"一绵之脉"。
[2] "不独容私",《四明它山水利备览》作"不得容私"。
[3] "乡帅",国图本脱"帅"字,据《四明它山水利备览》补。
[4] "钱四十",《四明它山水利备览》作"钱四十文"。
[5] "以见人数",《四明它山水利备览》作"以检人数"。
[6] "慵惰",《四明它山水利备览》作"勤惰"。
[7] "其余",《四明它山水利备览》作"其逾"。
[8] 此标题,国图本原系正文,紧接上文,今按《四明它山水利备览》立为标题。

缗钱千有二百贯,置田四十亩三角二十九步,收租谷一百一十四石一斗五升,系西郭斗斛,岁充它山淘沙之用。嘉熙三年,岘尝以沙淤[1]利便,乞增置田亩。前政都承赵公以夫给到刘泳没官田二十九亩三角二十五步,每年收租米二十一石二斗。二公虑民之意可谓远,而惠民之德可谓厚。

程公所置谷田,始委乡之上户,掌其租入,督以邑丞。上户不欲与闻官事,委之云涛观;观又不欲,遂归丞厅。岁旱之时,民救将槁之苗,如救气绝之命。谷既在官,临时申请,缓不及事。近者连岁旱涸,岘多自出力,雇募开淘,然私家之力终不如官。使谷在丞厅,遇旱即发,济用不浅。缘上下申请,其势未免转折,仓卒粜谷,价钱减而雇直轻。淘沙不过半日,仅如人家开掘沟渎,分开中间一线水路而已。所办仓猝[2],何暇深广?赵公所给米田、契书发下丞厅。租米付与云涛观,观又辞不受。然岘思之,不若府仓自行收桩。遇有旱暵,遣吏开淘。然恐细民畏惧官府,不敢申请,稽涉[3]日久,无及救旱。莫若委小溪监镇,就近兼措置淘沙事,遇旱则行支请,庶免缓不及事之患。夫旱暵之时,官府祈祷偏去[4]名山,靡神不举,靡爱斯牲,犹有不应。如能于不雨之际,用工深浚沙港,并浚南门沿河高仰之处,自然水应,可供车注。关集乡社,各开近地河港,家出一老人,各两日轮雇,处处开掘,以接它山之水,则处处有水矣。祷且未必即应,浚沙其效,可必所贵,官民各勿惮烦。当旱干时,人心欲水,恨无可浚,纵无雇直,人亦乐趋。如谷米宽余,给之固善,所虑诸乡各浚近地,役徒之众,不可遍给故耳。

程公所给谷田,常申朝廷照会,永充它山淘沙之用。赵公所给米田,亦宜如程公谷田,申朝廷照会。

防沙 它山一境,其地皆沙。内水之咽既窄,引水之港复狭,以致流沙易于壅塞。沙之入港,凡有三焉:七八月之间,山水暴涨,极目如海,平地之上,水深丈余,湍急迅疾,西岸之沙径从平地横戛入港,须臾淤满,一也;或遇积涝,虽不没岸,而溪亦湍急,沙随急流,迤逦入港,日引月长,不觉淤塞,二也;自港口至马家营一带,两岸之沙或因霖雨冲洗,或因两岸坍损,或因木植冲击,积久不已,

---

[1] "沙淤",《四明它山水利备览》作"掏沙"。
[2] "所办仓猝",国图本作"所辨仓猝",据《四明它山水利备览》改。
[3] "稽涉",《四明它山水利备览》作"稽留"。
[4] "偏去",《四明它山水利备览》作"遍于"。

亦能填淤,三也。

欲障平地之沙,宜于西岸去港一二里,量买地段,南自港口,北自山下,以属于溪。北去港远,南去港近,带斜筑叠堤,以粗石阔为基址,高七八尺,外植榉、柳之属,令其根盘错据。岁久沙积,林木茂盛,其堤愈固,必成高岸,可以永久。

欲障积潦湍流入港之沙,宜就吴家桥南港狭去处,立为石闸,中顿闸板五六片,略与岸平。水轻在上,沙重在下,水从版上不妨自流,沙遇闸版碍住不行。沙之所淤,不过闸外三四十丈,淘去良易。版之为限,以水为则:水涨则下,水平则去,启闭以时,不病舟楫。

欲障两岸之沙,宜于两岸钉松桩,用粗石砌叠博岸,覆以石版,如城南塘路,庶免水洗岸沙木植、冲击坍损之患。然置闸砌岸,可以防平常积雨、港内之沙。或遇大水,径自西岸拥沙而来,非二者所能御。石堤之护,此策之上者也。姑从三说,以俟来者。原本"松"作"案"。

前后修堰 耆老相传谓:堰先贤灵迹,功与神侔,不可妄加增损。后人有增损者,辄有祸罚。南渡之后,里之富民周四者者,谓堰稍低,惜水之泄,遂于堰上加石版,厚七八寸,比侯原石长减二尺。前叙"规模制作"言为片八十有半者,即周耆石也。堰之原脊,在周耆石下,不可复数。周耆未几家废人亡,遂谓增堰得祸。故视堰如神物,不敢措议修筑。为是说者,果先贤意耶?先贤之意,惟民利是视而已。堰非天造,亦为人耳,宁无成坏?苟有能嗣而葺之,以寿此堰于无穷,宁非先贤所望于来者哉!周耆之前,修筑者亦不一。郡志称国朝建隆间,康宪钱公亿跪请于神,增筑全固。崇宁间,杨蒙重修堰。《志》云:"岁久川淤、堤垫、堰堕,人各自私,岐分派引,旱涸如初。先是监船场宣德郎唐意窒其岐派,培其堰堤……"郡志亦言:以土第第增筑。金幕承议郎张君必强复增卑以高,易土为石,冶铁而固之。肩舆而往,操舟而还,人叹神速。又,魏行己《增修它山堰记》云:"绍兴丙寅,农事举趾。而它山之堰缘风飚忽起、潮汐冲突,川淤堤垫,堰塸堕圮。"太守秦公委督官吏补土石之罅漏,塞梁坍之隙穴,易土以石[1],冶铁而固之。旬日之间,厥功告成。以此考之,周耆之前,堰盖尝屡修矣。谓堰不可修筑者,果神意耶?然唐意以其土第第而筑之,或者从权救旱之策,未必可以经久。盖它山之流,湍激迅疾,非叠石冶铁以障以固,则日久冲洗,安能

---

[1] "以石"两字,国图本脱,据清徐时栋《四明它山水利备览·刊误》补。

久而不坏哉！意之策用于救旱之时明矣。后人之欲议修筑者，幸无泥增土之说。夫山岳岩崖，元气所结，犹有崩裂。物久则坏，此其常理。坏而复修，乃得全固耳。神宁恶之耶？然非果损，则断不可轻动。今但在夫保护之，俾勿坏，则神人之所共愿也。

护堤 浚沙若无与于堰，其实关系于堰者，利害不细。沙港淤塞之时，舟楫不通。竹木薪炭，其价倍贵。贩鬻者装载过堰，竹木排筏越堰而下，猛势冲击，声震溪谷。堰身中空，不胜负重。城门马力，追蠡历年，初虽不觉，久必大损。辛丑岁，因此堰石颇有损动，前后府榜，非不禁约。人取其便，不顾利害，虽禁莫止。此堰若损，溪水酾泄，咸卤冲入，田不可稼，民失粒食，官失租赋。况此堰灵迹圣异，殆有鬼力神功，万一损坏，宁后人所能遽行营设？即使可办，不知当用几工几金，经涉几日，然后可成？公私同一利害，愿共宝护之。

开水口 堰上水口狭甚，溪流入港者鲜，而入江者多。水口有石幢为界，外为官港，内为蒋宅之地，约一二亩，若买此以展水口，庶几纳水稍洪。

古小溪港 许家桥东有地名童家庙，北有古沟，势与港接。今为沙所塞，而污沥尚在。耆老相传：此正小溪也。溪通建岙，旧尝开浚[1]，以通它山之水。今沙淤塞，或可请以再浚。

洪水湾 去堰半里余，沙港之南，地名"古城"。有小港，南属于江，今为沙所壅。耆老相传，谓旧尝于此置堨。近缘屡经洪水，江流冲入，渐与港通。恐日后为江水冲开，溪流顿泄，宜筑堤岸。

北山下古港 它山堰上大溪之北，绵延皆山。山下有古港，西自钟家潭大溪分派而来，延袤二三百丈。未至沙港百余丈，其流中断。水稍长，则越过平地，径入沙港近下石道头。水平则止。水之所道，迤逦低窊，港沥分明。古老相传云：侯之造堰，先作坝，截溪水令干，然后用工。故自钟家潭引大溪之水，循山之东属于沙港。堰成去坝，遂为二派：一派径从堰上入大江，一派则钟家潭之港也。今虽断流，港沥俨然。若能开浚，此港径取大溪之水东入沙港，一则水势径顺，入溪必多，二则洪水汛涨之时，水与湍沙顺流俱东，不被横戛入港。姑存所闻，以俟来者。

---

[1] "溪通建岙，旧尝开浚"，《四明它山水利备览》作"溪溉建岙，田数百顷。每因洪水所经，最易淤塞，觋尝提督开浚"。徐时栋有按语。

水喉　食喉　气喉　岘考郡志所载：引水于州北，凿两池以停之。淫潦泛滥，则城之东北隅有二堨以泄于江，目之曰食喉、气喉。注曰：水则离入，不有二堨以泄之，岁旱则有火灾。绍定元年，守胡榘闻诸朝廷，禁民立屋以塞二堨。且欲浚导必时，堤防必谨。然不明言堨之所在。岘询诸耆老，仅知来历。气喉堨视食喉稍大，经都税务前，在东渡门墙下，以版为闸，潮长则与版平。市之河水充溢，则启闸以泄于江[1]。食喉堨视气喉稍小，在市舶务之南墙下，止用泄水，却不通潮。又有水喉一堨，亦以泄水。若夫二池，人谓蛟池、蜃池是也。郡志止说清澜池及府池，而亦不言蛟、蜃二池在何地。或谓蜃池湮废已久，今为民居。堨与池虽无与于堰，而水源皆出于它山，实关一郡之气脉，故并及之。

积年沙淤处　马家营西至孙家桥，五十三丈六尺。孙家桥至许家桥，七十丈。许家桥西至潘知府官前，一百丈。潘知府官前西至万家道头，九十丈。万家道头南至吴家桥，一百五十四丈八尺。吴家桥南至它山堰口，四十七丈。原本"三"作"弍"。

王侯名爵　侯封庙额　侯姓王，讳元暐，琅琊人也。见苏为《记》。唐太和七年，以朝议郎行鄞县令，上柱国。筑它山堰，浚小江湖。民德之，立祠堰旁，爵曰侯，谥善政，见《鄞志》。而不言何代所封。乾道四年，邑人朱世弥等请赐庙额、增封爵。省牒云："奏内称在唐已封善政侯，历年既久，原封文字不存，难以于侯爵上加封。兼本朝以来，未曾封赐庙额，敕宜赐'遗德庙'。"宝庆三年，邑人复有请。时里人王公塈在朝，实主盟其事，亦以原封文字不存，仍封善政侯，庙额"遗德"。《鄞志·县令题名》云："府学有请立文宣王，册文牒碑具载年月、姓名。"《唐书·地理志》云："开元中，令及以'暐'为'纬'，俱不同。"岂唐史有永承之误耶？

造堰协谋之人　堰之造也，采公阇黎实佐经营，今有祠像在侯之左。今俗称悬慈法师。

宪帅程公初置淘沙谷田设厅石刻节文　它山水灌溉鄞县管下七乡民田。每年沙涨，四季合用淘沙、开淤和雇人夫，一岁当一百千，本府置办。今支一千二百贯文官会，委鄞县丞、同乡官朱中颖将仕等置到田四十亩三角二十九步半，上白粳谷一百一十四石一斗五升，每季系乡官收支掌管。开淤仍委鄞县

---

[1] "泄于江"，国图本作"泄为江"，据《四明它山水利备览》改。

提督，已申奏朝廷，从申札下。

嘉定八年六月日，朝散大夫、直宝谟阁、两浙东路提点刑狱公事兼知庆元府、沿海制置司公事程覃记。

赵都承淘沙米田牒魏都大 照应据白札子条具，它山水利便宜事件数内一项，乞浚河淘沙。奉台判呈刘泳没官田欲就内拨一项，充淘沙使用。据原承勘司理院推级刘楠供[1]到山、田、地坐落、价钞、数目，内水田二十九亩三角二十五步，原契面钱计六百三十一贯七百文九十八陌，每年上租米共二十一石一斗。奉台判水田一项，契书发下县丞厅，租米每年责付云涛观认租。仍牒魏都大知府，照应府司，除已将契书发下鄞县丞厅，仰责付云涛观交收，并给据付云涛观及关常平。按照应施行外，须至公文牒请照应。

嘉熙三年十月十日牒，朝请大夫、集英殿修撰、知庆元军府兼沿海制置副使赵以夫押。

淳祐元年十月余参政委淘沙 本月初十日兴工，至二十六日毕。自马家营至堰上水口，共五百十三丈，为工四千。每工支官会五百文，米二升半省，官会计二千五百贯文十七界，内二百贯文代乡民醵愿。米一百石。监董等人日食在内。本月十三日兴工，至二十日毕，为工一千。每工支官会一贯五百文，不支米钱，计一百二十贯文足。十一月，回沙闸成。陈大卿再委淘沙。本月二十四日兴工，至十一月初八日毕。为工一千九百三十二工。每工支官会一贯五百文，不支米，官会计四千九百五十一贯二百文十七界。原本"陈"作"敕"。

建回沙闸 淳祐二年八月内，陈大卿委提督建造。始九月初八日，至十一月七日毕。同提督制干林元晋正奏名"安刘"。闸三眼，长三丈九尺，高一丈零五寸。中一眼阔一丈二尺八寸，两傍各阔一丈一尺，柱位四尺。东臂石岸八丈，石缒十五层。西臂石岸一十八丈，石锤十五层。石匠工钱每工支官会二贯八百文，米二升二合，计工钱二千九百三贯二百文十七界。杂夫每工支官会一贯五百文，计工钱四千四十九贯五百文十七界。砌粗石每工支官会二贯三百文，计工钱一百二十九贯一百文十七界。买石及松桩、石工、杂夫官会共计二万六百二十贯七十一文十七界。

看守回沙闸人

---

[1] "刘楠供"，《四明它山水利备览》作"刘楠共"。

中一间闸板七片,许廿四、许亚六。

东一间闸板七片,许十二、许十五、许三十七。

西一间闸板七片,许阿一、许阿三、许阿四。

看管闸人每月共支米一石,府历赴仓清领均分。

回沙闸外淘沙 淳祐三年七月初十日、八月二十日,两次大风水湍沙,遇闸即止。但闸外淤沙约五十余丈,并里河王家水沥岸傍之沙坍,洗入港者三十余丈。帅黄大卿壮猷委岘开淘,始于九月初二日,至初八日毕。为工九百八十,钱共计一百三十四贯四百文。杂支在内。

洪水湾筑堤 淳祐三年秋,连经大风水,冲坏江堤,溪流走泄。岘闻于府黄大卿,并委筑治。始于八月二十八日,至九月初七日毕。堤高二丈,阔一丈二尺,长一十二丈,为工三百七十二,为钱共计八十七贯二百九十文足。

请加封善政侯申府列衔状 右岘等居处海滨,涵濡圣泽,属当涝岁,转为丰年。神有显功,理难自嘿。窃见本府鄞县事,以一郡饮食,七乡灌溉,皆仰它山之水,外此则无大源。而咸潮混杂,大为民病。兼水大则涌入于河,水少则多泄于江。建置一堰,民到于今享其利。血食滋久,灵著如初,曰雨曰旸,有祷必应。一郡七乡之民恃为司命。今岁秋初[1],淫雨不止,稼穑几坏于垂成。乡人老稚群祷祠下片云阁,雨霁日开明,屡祷屡孚,其答如应。今岁一饱,厥有由来。缘神在于唐朝已封善政侯,本朝乾道四年,邦人有请准省札仍封善政侯,赐"遗德"庙额。兹者恭睹明堂赦文,应诸路保奏,神祠祷祈应验者,并与加封。今来善政侯有此莫大之功,灵著之迹,所合敷陈。况使府近创回沙一闸,为民兴利,迓续神休。谨录白封告、庙额、陈牒在前,且状申,伏望台判备申朝省,乞与峻加美号,以答神贶。岘等下情不胜真切之祷,谨状。

设醮 绍熙五年,因旱,府帖小溪镇祈雨。乡民咽许师巫乐龙大三牲神愿,小溪监镇蒋修职子泳立疏。隆庆[2]二年,夏旱,师巫尝敛乡民钱物,欲偿前愿,又以人情牵制,竟成迤逦。近年沙淤日甚,或谓神愿未偿所致。辛丑冬,淘沙,因禀乡帅余参政,给楮券五百千,代民偿愿。缘三牲用费不资,兼不欲扰民,又云涛观有三清阁之严净,及有东岳行宫之威灵,亦不敢用牲牢。然未关于神,

---

[1] "今岁秋初",国图本脱"秋"字,据《四明它山水利备览》补。

[2] "隆庆",《四明它山水利备览》明刻本亦作"隆庆",清咸丰刻本作"宝庆"。宋代无"隆庆"年号,然改"宝庆"也不知所据。

不敢轻改众议，殊未有处。岘恐成因循，遂作三阄：其一，命道士改作三界清醮一百二十分，以答龙神，并施斛以享堰神；其二，命师巫作三界清醮；其三，用小牲牢三界。卜于龙王及善政侯，得第一阄。岘即以其事白之陈帅，再得官券三百千，助成醮事。时雨雪连绵，奏词之日，阴云解驳，日光穿漏，自是晴霁。邦民感悦，皆以为精诚所格。

舒亶《西湖引水记》 按州《图经》，鄞县南二里有小湖。唐贞观中，令王君照修也。盖今俗里所谓"细湖头"者，乃其故处焉。湖废久矣，独其西隅尚存，今所谓西湖是也。明为州，濒海枕江，水难蓄而善泄。岁小旱则池井皆竭，而是湖所以南引它山之水，为旱岁备。熙宁乙卯岁，大旱，湖涸。建中靖国改元之夏秋，不雨，湖又涸。民渴甚，至穴窦下滤秽滓以饮。而国家将有事于郊丘，上供之舟，复陁不得进。公私交病，上下狼顾，漫不知所为策者。州于是以其事属监船场宣德郎唐君。君即由南门道河上，凡八十有五里[1]，抵所谓它山堰者，跨躇相视，遂尽得其利病。

盖所谓它山者，四明之众山萃焉。一山作雨，则涧壑交会，出为漫流。方岁小旱，众山未必皆不雨，而溪流未必遂绝也。特河势中窊，循两堤率支渠酾泄以去，以故不得行，盖非特天时之罪也。君既得其所以为利病，审不宜[2]矣，乃属民尽堙诸渠口，而稍浚上源。因以其土室补堰隙，复累石于其上，以遏入江之羡流，于是水稍引以北顾。独距城十数里，河赤地裂深尺余。凡邦之人，莫不皆谓水无可行之理，要非淹旬积雨，莫能济也。君谓审如是，岂人力所能及哉？颇闻善政王侯，实始作堰，以兹水赐其邦人。庙貌固在也，其能漠然乎？即为民致祷焉。一昔而水辄薄城下，不数日，湖流漫然，至清冽可食。而行舟于河，不复留碍。耋稚欢叫，里巷相属，一方遂以无虞。噫，侯一何异哉！虽然，前此湖盖尝涸矣，无有能发其利者。发其利，自宣德君始，诚善其始矣！顾非后以相之，则莫能善其终。盖宣德君身管库之责，而能用意勤民之事。侯生既施劳于人，而殁犹炯炯如此，盖可谓有志于民，而与夫世之任人责而不思忧、视民灾而莫知救者，顾可同日而语哉？

侯讳元晧，史不传，不知何许人也。唐太和中，实令是邑。得之父老，它山

---

[1] "八十有五里"，国图本脱"里"字，据《四明它山水利备览》补。
[2] "不宜"，《四明它山水利备览》作"不疑"。

以北，故昔皆江也。溪流猥斥，并与潮汐上下，水不蓄泄，旱潦易灾。侯为视地高下，伐木斫石，横巨流而约之，率三入江，七衷于河，溉田凡八百余顷，其功利博矣，故民至今祠之。宣德君，名意，字居正，江陵人也。乃祖若父，以风节文章闻天下，而君清直强学，不苟于其职，克似其家世者也。既德侯之赐，不敢妄斥金以致饰其像设矣。又属余以纪其事。余以谓天时之不常久矣，安知岁不旱而湖无涸乎？故具论如此，且以著二君之志，而因以告夫后来者，使有考焉。冬十月令日志。

舒公亶《引水记》云：按《图经》，鄞县南二里有小湖[1]，唐贞观中，令王君照所修也。盖今俗俚所谓"细湖头"，乃其故处也。《唐·地理志》载"鄞县"注云："南二里有小江湖。开元中，令王元暐置小江湖，即日湖也。"杨蒙《引水记》云："唐人王元暐令鄞，始导它山之水，作堰江溪，约水势贯城以入，潴为平湖。"魏行己《增修堰记》云："它山一堰，七乡膏腴[2]，无虑千数百顷，潴为平湖，疏为长河，以待旱干水溢之患。"《唐志》言"小江湖，王侯所置"，二《记》亦言"侯置堰、潴湖"。君照在贞观，而侯在太和，不应贞观尝修，而太和复言始置。岂王君既修之，后湖废而侯复开浚之，故言置耶？盖湖之为湖久矣。它山未堰之前，四明诸山之水多泄于江。水不及湖，虽修易涸，其余可知。它山既堰之后，王侯疏河引水入城，复开是湖，以为潴蓄之地。若是，则虽谓侯置湖，可也。然旧实有湖，不言修而言置，何耶？夫略有沮洳余沥之可因，谓之修，可也。明之为州，东北皆江，而西南皆山，皆一二百里。湖在平阳之地，水无其源，何时不废为平地，明矣，非置而何？魏岘记。小江湖非日湖，王深宁辨之详矣。见上小江湖。岘盖未之悉也。

重修它山堰引水记　杨蒙

四明，泽国也。大湖漫其西南，大江带其东北。然七八月之交，十日不雨，则舟胶于河，民病暍矣。盖湖独用以溉旁湖之田，江又潮汐上下，卤恶而不适用。唐人王元暐令鄞，始导它山之水，作堰江溪，约水势贯城以入，潴为平湖，疏为长河，掬为幽沼。后人德之，爰立庙貌，丐请封爵，侯曰善政，世世祀之。

岁久川淤，堤垫堰堕，人各自私，岐分派引，旱涸如初。先是监船场宣德郎

---

[1] "小湖"，《四明它山水利备览》作"小江湖"。

[2] "七乡膏腴"，国图本脱"乡"字，据《四明它山水利备览》补。

唐意，往室其岐派，培其堰堤，水虽暂至，二年复涸。议者谓不可复修矣。签幕承议郎张君，适莅其事，白于州，率邑大夫宣议郎龚君，询其父老，相其利害，增卑以高，易土以石，冶铁而固之，俾潦不至淫，旱不至涸。肩舆而往，操舟而还。邦人聚观，叹瞻神速。

承议君讳必虽[1]，明人也，盖古所谓不敢欺者；宣议君讳行修，循政勤民，盖古不忍欺者。二君相济，公私不扰。而厥功告成，实徽宗崇宁二年七月二十七日。承议郎钱塘杨蒙为之记。其词曰：

有唐太和，王侯始基。粤岁数百，民食其利。二君嗣功，既固既崇，又将永永而无穷。汤汤其流，泛泛其舟，以溉以灌，以酌以游，于以著二君之休。

魏行己《重修增它山堰记》

汉宣帝尝曰："庶民所以安其田里而无愁恨者，政平讼理也。与我共此者，其惟良二千石乎！"噫，若汉宣帝者，可谓知治之本，所以能中兴汉室，功光祖宗也。今天子挺上圣之资，造中兴之业，凡以得为邦之本，加惠于元元者，至优至渥。方且辍近班之法从，殿方面之侯藩，躬行阜俗之化，专意牧字之仁。千里之民，何其幸也。

绍兴丙寅，农事举趾。而它山之堰，缘风飓忽起，潮汐冲突，川淤堤垫，堰埭籨圮。七乡民田，将就枯涸，海波江卤，骎骎弥漫。太守待制秦公忧见颜色，乃默祷神祠，使息风涛，委督官吏，经营强堰，然后增葺它山，补土石之罅漏，塞梁圯之隙穴，易土以石，冶铁而固之。旬日之间，厥功告成。非独使今秋丰稔，千里足食，且俾斯民永赖其利于无穷。古之良二千石，虽龚、黄不能过也。诚可以仰宽东顾之忧，上副明天子委任之意，猗欤休哉！堰成之日，泛舟者歌咏其德，力农者怀感其恩，咸谓异时入秉钧衡，登庸华要，必能霖雨四海，舟航巨川，盖权舆见于此也。

夫四明泽国，负三江，捍两湖，潮汐上下，冲接山下，其来则沟浍皆盈，其去则田畴并涸。所恃以分甘泉、咸卤者，堤防坚固而已。方其坚全则均被其利，毁决则悉罹其陁。惟它山一堰，所系尤重。七乡之间，膏腴无虑千数百顷，潴为平

---

[1] "必虽"，《四明它山水利备览》作"必强"。

湖，疏为长河，以待旱干、水溢之患，皆它山一堰之利。是以今春偶经垫决，环境之民，惶怖忧恐。所谓九工积累，公帑私财，不扰不费，若有神助，成以不日，皆太守待制秦公至诚之所感也。邦人德之，形于歌颂。行已偶奉府檄，实董其事，不敢默而不书。大宋绍兴十六年余月望日，知明州鄞县丞魏行已谨志。

它山歌诗　　唐僧元亮

它山堰，堰在四明之鄞县。一条水出两明山，昼夜长流如白练。连接大江通海水，咸潮直到深潭里。淡水虽多无计停，半邑人民田种费。太和中有王侯令，清优为官立民政。昨因祈祷入山行，识得水源知利病。棹舟直到溪磊畔，极目江山波涛漫。略呼父老问来由，便设机谋造其堰。叠山横铺两山嘴，截断咸潮积溪水。灌溉民田万顷余，此谓齐天功不毁。民间日用自不知，年年丰稔因阿谁？山边却立佗神庙，不为长官兴一祠。本是长官治此水，却将饮饲祭闲鬼。时人若解感此恩，年年祭拜王元㬚。

前人又诗：

截断寒流叠石基，海潮从此作回期。行人自老青山路，涧急水声无绝时。

魏岘跋：

人知它山之诗，而不知它山之歌。歌以言其诗之未尽，诗以言其歌之所不欲文。不观其诗，无以见亮公之绝唱；不观其歌，无以见王侯之始谋。予方幼时，盖尝耳其歌之大略矣。每以石刻不存为恨，咨询耆老有年，于兹近划得墨刻，读之甚喜。或疑《图志》止载绝句，为唐僧元亮所作。此刻不载岁月名称，恐非亮公之笔。然即其歌以溯其意，如因祈祷入山与夫棹舟深入之语，非亮公距王侯未远，后人其孰能知此耶？予因连岁浚沙之艰，而思创堰之不易，虽大书特书，亦未足以答侯赐。是歌也，讵容不传，敬摹以寿诸石，使歌与诗并行，益以扬侯千万祀无穷之泽云。

攻媿楼钥诗：

它山堰头足奇观，百万雷霆声不断。谁把并州快剪刀，平剪波澜成两段。四明山深水源远，众壑会溪长漫汗。滔天狂潦不可留，泻入长江势奔窜。贤哉唐家王长官,欲图永利输长算。想得惨澹经营时,一一山川应饱看。西偏千岭相属连,惟有它山拥东岸。遂于此地筑横埭,截取众流心自断。斟酌利害不全取,高下参差仅强半[1]。水大七分入于江,徐把三分供溉灌。支流弥漫穿郡城,脉络贯通平且缓。旱时及此水亦足,坐使千年忘旱暵。无穷庙祀报元功,像设森严人敢玩。梅梁夭矫有冥助,大患于今尚能捍。前辈所作多神灵,日月真成赤心贯。后人小知或更易,费尽工夫随破散。河堙尽浚谋不集,堤断河倾流甚捍。富民缩手人受殃,仰望古人重兴叹。老木号风波湛碧,画屏俯仰丹青焕。更须积雨看惊湍,濡足褰裳何足惮。去家不远时一游,短船垂纶流可乱。八月倘有仙槎来,便欲乘之泛天汉。此下尚有弥宁、无名氏、薛叔振三诗,今删。

魏岘诗:

一朝堰此水,千载粒吾民。只仰溪为雨,何劳旱望云。四时人饮碧,六月稻尝新。流出心源泽,年年惠我鄞。

此下除《回沙闸》诗外,尚有应熠、魏洽、应枢、陈埙四诗,又有魏浐《谒善政祠》诗,别见《祠庙》。

回沙闸　见上《水利备览》"淘沙""防沙"二则。

《宝庆志》云:"初创于淳祐二年秋,其地则它山堰之吴家桥也……大、小溪而上,夹岸皆沙,雨则与水俱下。江以堰限,沙不能越,故并聚于小溪。水为不流,井泉斥卤,农田失溉,民甚苦之。岁至三四淘,费缗钱数万,已复壅塞如初。脱遇暴涨,沙自西岸入,其壅尤甚。堰上下级皆三十六,其上沙没尽,下不没者五六。知府、制置、秘撰、少卿陈公垲来访民瘼,知沙为害。一日,率僚属亲往,以求其策,顾谓制幕林君元晋曰:'西岸广袤,虽未易图,由小溪而入者,尚可施人力。与其淘于既积,不若遏于未至。水轻清居上,沙重浊居下,将建闸于小溪之冲,水溢则闭,平则启,沙溢于外,去之差易。'未几,溪上寓公、新庐陵魏守岘书来,述乡氓意,与公合。稽于众,卜于善政侯,又合,议乃决。因属魏侯总其事,新进士安君刘佐之,安刘,汴人,居鄞之小溪。以诗义冠多士。三历秘丞郎官,素为贾相客,以科目自持,不得显用。文移书拟,属之林君,秋毫无扰。庀役六十日,无日不晴,迄役始雨,溪谷之民观者如堵。闸三间,版皆七,中间常留一版,俾上可

---

[1] "强半",国图本作"虽半",据《四明它山水利备览》改。

通舟,水涸则去。东西闸常留两版,余分置看守人许亚一等家,水泛则不拘早夜,集众力急下版。相水高下,随以增减。常令水自上入溪,沙隔于外。水平去版,通舟如故。闸外沙积稍多,即仰措置水利刘湜等申府,切待支钱米,差官吏前去,雇人监淘。旧有淘沙田,岁收六十余石,寄桩常平仓董工使臣刘湜家。小溪素管它山水利,今责以措置,除制司月支十七界官会十五千外,更月给米一斛。许亚一等兄弟子侄八人,居闸旁,应募司启闭,月共给米一斛。如有更替,则改界承替人。已约束守闸人,不许启闭时邀求舟人钱物。除水溢下版外,平时不许多留闸板,故妨船筏往来。安顿闸版之家,不许作践移用损失。再照,它山堰昔为乡民、势家船筏自堰下江,致损堰石最为利害。自秘撰陈公下车,立赏五百千禁戢,无敢犯者。已再申严,有违此令,许诸色人陈告,即先支上项赏钱,仍许执留船筏,就行给付。凡前项合约束之事,并载石碑,植于闸所。闸记林君所撰云。"记云:

庆元表东海地,枕江抱湖。水政举,则多丰年,不则为沴。淳祐改元冬,可斋陈公由少司农秘阁修撰出镇兼制置沿海。二年春,开藩,诹连岁失稔之故。父老曰:"是邦储水而启闭以时者,曰碶。泄而不防则干,积而不洒则溢。岁久多圮,民甚患之。"忧涝[1],公创碶一,曰保丰。复碶二,曰斗门,曰大河桥。修碶号为喉者三,曰食,曰水,曰气。是岁,东西浙[2]俱歉于涝,明独有秋。公曰:"今所导者,流耳,盍治其源?"城内外为湖为港,鄞西七乡以饮以溉,皆源于它山,而邦人知其利未知其害者居半也。它山而上,则又大溪之源。越水所注,夹岸沙弥望,雨则与水俱下。长官堰下上级皆三十六,其上沙没殆尽,下不没者五六,梅梁夭矫之状不可复见。其荡入于溪者数里,溪流几断。于是井皆汲卤,田苦竭泽。岁浚至三四,役工数万计,民亦劳止。间有暴涨,自西岸而下,湮塞尤甚。一日,公顾其属林元晋曰:"岸之防,固未易图,而浚治之繁,其无简要之策?与其浚于既积,不若遏于未至。水轻清居上,沙重浊居下,宜闸以止之。水平则启,通道如故。沙聚于外,则去之易为力。"会吉州魏侯岘以书来,述乡民意,与公合。卜于长官祠,又合。乃度地吴家桥,去大溪五十寻而近,经始营之。侯家溪上,疏它山之泽,夙有功[3]。肯总其事,佐以新进士安君刘,合志坚久。起

---

[1] "忧涝",《四明它山水利备览》作"夏涝"。
[2] "东西浙",国图本脱"浙"字,据《四明它山水利备览》补。
[3] "有功",《四明它山水利备览》作"备"。

秋八月戊寅,迄冬十月丁丑,无一日不晴,已,乃雨。是殆天所助,人情大悦[1]。公命元晋记之。

夫水之利若害,判于反覆手。禹川汉渠,疏浚[2]酾导不遑暇,何古人拳拳加意,而近世率视为故常也?公家古灵先生受业于安定之门[3],渊源所渐远矣。体用之学,公得其传。大抵推所学以达诸政,鲜不自其心始。多事者为民不能专,多欲者及民不能详。公淡然,政尚清简,见明行果,于利民一无所靳。蠲近租六十万,积平籴本百万,惠犹以为小。要未可以施诸是邦者,限量也。唐僧元亮赋堰诗有曰"海潮从此作回期",人谓绝唱。长官距今四百十有六年,始有继其志者。堰之于潮,闸之于沙,古今一辙耳。邦人又将世世为美谈。公名垲,长乐人。余月庚戌,从事郎、时差沿海制置使司干办公事林元晋记。

可斋陈垲诗:

数月两出郊,劝农复观稼。始言麦垄春,今已稻畦夏。女红绤纻余,丁黄耘耔暇。暄凉虽不齐,晴雨倏忽乍。百丰未为多,一歉诚所怕。蠲逋广上恩,平籴裁米价。毫发可及民,岂不念凤夜?昔有王长官,筑堰它山下。惠利久益博,神灵此其舍。泓深或龙蛰,坚屹无蚁罅。定为三七分,酾为数十汊。石梁贯云涛,谁敢著足跨。流沙从何来?疑有物驱驾。人力几淘浚,壅淤仍障坝。神功终此惠,去沙而变化。视古谁比方,郑、白其流亚。

郑清之和小序:

可斋陈大卿政成之暇,搜讨河渠,为乡国长久虑,开万世利,非君侯其谁属?因效一得,以广盛心焉。

四明瀚海堧,大田沃多稼。三江纳行潦,九谷偏畏夏。水治宜讲行,时哉及闲暇。方得暑如惔,孰谓晴可乍?十雨非所忧,一暴良已怕。东有钱湖浸,寒玉渺无价;西有它山源,盈科通昼夜。维此两支邑,厥田俱下下。问之何因尔,水道无所舍。河伯空望洋,旱魃巧乘罅。缅思井田规,畎浍分淑汊。培浚倘高深,怒潮敢雄跨?官但督赋舆,谁肯趋田驾。六辅能即功,百泉岂难坝?愿言均此

---

[1] "人情大悦",《四明它山水利备览》作"人心大怿"。
[2] "疏浚",国图本脱"疏"字,据《四明它山水利备览》补。
[3] "于安定之门",《四明它山水利备览》作"胡安定之门"。

施,利泽侔造化。尽复淮南陂,端可侪杜亚。

魏岘:

一堰限溪江,七乡利耕稼。卤汐回东溟,多水流仲夏。仁哉王长官,一劳遗永暇。长输不尽泽,绝胜晴雨乍。旱魃从肆威,恃此不足怕。滴水一滴金,欲买真无价。年来沙作祟,耄倪忧日夜。役夫锸方举,贤帅车方下。丰资发公储,严祀闸神舍。临流肃旌骑,问瘼穷隩罅。买地开一吭,内水通百汊。山判不可移,石级谁敢跨?董正有赞府,相视皆别驾。仍忧竭尾间,置栅抵立坝。即此是商霖,何必骄阳化。它山不可磨,钱秦特其亚。

水则 在城中平桥西,宋开庆元年三月,判府吴潜建

碶闸之设,必启闭得宜,则涝有所泄,旱有所潴,水常为民之利。其或当启而闭,当闭而启,则害亦如之。四明前此水患,甚至民居沉灶、旱稼生耳者,无他,惜水太过,诸碶不尽放故也。淳祐二年夏,淫雨不止两月余,人人皆忧,无可救疗,一饱坏于垂成矣。郡守陈垲谓旱潦丰歉在天者,固不可必;若人事所当修,岂容不尽其力?遂置平水尺,朝夕度水增减,以为启闭。地形高下不等,水之深浅亦然。大概郡城河滨之水,常以三尺为平,余可类推,过平以上则当泄。中间数夕暴雨,水骤长至四尺有奇。守夜听雨声,日视水则。时当启闸[1],率分遣官吏四出,斟酌尺寸,为放水分数,亦或尽板一决,城中三喉,昼夜使之通流。是年虽积潦,谷粟蔬果一无所伤,岁以稔告。所以然者,常年放水,田氓告之都保,都保告之县,县告之郡,往复行移,动是旬日,水之溢者已壑,稻之浸者已芽。今州郡一闻雨骤水泛,不待都保县道申到,放闸之人已遣行矣。防患未然,所宜书以示后。录《宝庆志》语。

宋吴潜记云:

四明郡阻山控海,海派于江,其势卑;山达于湖[2],其势高。水自高而卑,复纳于海,其田无所乎灌注,于是限以碶闸。水溢则启,涸则闭。是故碶闸者,

---

[1] "时当启闸",国图本作"时当时启闸",衍"时"字,据宝庆《四明志》删。
[2] "山达于湖",国图本脱"山"字,据开庆《四明续志》补。

四明水利之命脉；而时其启闭者，四明碶闸之精神。异时加意于碶闸者，至今犹有遗论，此未暇问也。而考其为启闭之则，曰平水尺，往往以入水三尺为平。夫地形在水之下者，不能皆平；水面在地之上者，未尝不平。执三尺以平水，嗟乎异哉。《嘉靖志》改此句为"水无不平矣"，可笑。予三年积劳于诸碶，至洪水湾一役，大略尽矣。己未，劭农翠山自林村由西门泛舟以归，暇日又自月湖沿竹洲舣城南，遍度水势。其平于田塍下者，刻篝志之。归而验诸平桥下，伐石为准，榜曰"水则"，而大书"平"字于下方。暴雨急涨，水没"平"字，戒吏卒请于郡，亟启钥。若四泽适均，水露"平"字，钥如故。平桥距郡治巷语可达也，都鄙旱涝之宜，求其平于此而已矣。予数丐归老，行且得请，然于此郡之丰歉不能忘，故置水则于平桥下，而以"平"字准之，后之来者，勿替兹哉。

潜既为水则，且空其旁地，使守令过辄见之，以便稽察水候。皇明嘉靖十三年，知府郑威建社学于空所，失初意矣。今社学已圮，须戒后勿令造屋。《成化志》云："岁久为民居湮塞。元大德间，都水庸田司到路疏凿，是以古来河碢，今见水则碑刻。"

敬止录卷之九

山川考六　堰

鄞江　凡堰三十二

兰浦堰　去它山七里,小溪镇洞桥侧。

唐家堰　去小溪二三里。

黄家堰　俱西南四十里,俱勾章乡;去唐家堰一二里。

长堰

石堰　俱西南三十五里。

范家塘堰　西南三十五里,又名榴木,在谢家垾。

朱家堰　西南三十二里,近风伯庙。

北渡堰　南二十五里,为奉化之北,故名。

何家小堰　俱西南三十里。

沈家堰　西南二十五里,近颜家桥。

徐家堰　在栎社南。

翁家堰　俱西南二十三里。

楼家堰

华家堰

黄家藕池堰

祈湖堰　俱西南二十二里,近范家堰。

范家堰　在屠氏桥闸里,近江际。

屠家堰　俱西南二十一里。

邢家堰　俗讹凌家。

桑塘堰

陈五耆堰　俱西南十二里，近娜儿渡。

李家畲堰　又名寺庄。

王师堰　俱西南十七里。

垆头堰　近蒋家堰，过江即铜盆浦。

小冯堰　近炉头堰。

蒋家堰　行春碶南。

大苏堰　俱西南十五里，行春碶下。

以上俱光同乡。

王家堰　西南十五里，近松树浦[1]。

松树浦堰　《至正续志》《永乐志》俱云：县南十里，清道乡。上有强堰，下有小闸，通江，今淤。

段塘堰　西南十里。

张家堰　与余村港[2]相对，去城西南五里。《至正续志》："又有张家小堰，近徐家堰。"

朱濑堰　俱西南五里。段塘。

郑郎堰　南门外三里。《至正续志》作郑十八郎堰。

郑家食利堰　《至正续志》："在南城门外，与郑十八郎堰并列。"《至正续志》言，自兰浦堰以下，载之魏岘《水利备览》。今里中所刻，岘书未有，始知尚未全也。

仲夏堰　古有今废，王元暐别置它山堰，疏而为河。按《乾道图经》云，唐太和元年，刺史于季友于四明山下开凿河渠，引山水流入诸港，置堰蓄之，溉田数千顷。此为王元暐开先也。

鄞江　凡堰二十五

禅岩堰　在杉木堰之上。通清源之水由悬磁入江。

杉木堰　西南五十五里。在百梁桥西南，故有泥堰通小渠。引江潮入河，溉田数十顷。潮涌入则人不可行。国朝弘治初，为石堰，塞其沟，途行虽便而水利不通，民颇病之，谓宜易之以碶，而上跨以桥，然后行者、耕者两得其便。内渠通木坑，近时吕疏泉鸣于官，改为桥，以通水利。堰旁陈氏争之不得，而张□□助之成永利，因改名顺昌桥。

---

[1] "松树浦"，浙图本作"松树岭"。

[2] "余村港"，浙图本作"余村堰"。

戴蒋堰

古塘堰　俱东南四十里,并丰乐乡。

虾堰　即花堰,西南四十里,在茅山。天启三年,里士何尔昌改作石堰。

茑苫堰　西南四十里。

沈明臣《茑苫堰》诗

丹树村边烟火微,碧波深处雁初飞。潇潇风雨茑苫浦,隔水寥寥闻捣衣。

张文定公《茑苫浦》诗 候潮过北渡

茑苫浅浦听潮生,江口微风正晚晴。天净鸟从屏里度,月明人在镜中行。开樽竹叶乘春老,转棹桃花入水轻。贾客趁虚争渡急,不知谁遣野舟横。

钟家堰

施婆堰　俱东南三十一里。

渡头堰　东南三十里。

陆家堰

大花山堰

小花山堰

临江堰　俱东南三十里。

徐师堰

阮家堰　俱东三十里。

梅墟堰　东北三十里。

杨树堰　东二十里。《嘉靖志》云,此与王驻洋堰宜置碶闸以泄东乡之潦,而补回江之废,乃水利之至亟者。

张家堰　一名楮浦,东二十里[1]。

长塘堰　南二十五里。江河夹岸,为塘延袤百余丈,俗呼为百丈堰。当风潮之冲,御河流之洞,累筑累败。役户坐是荡产者十七八。里士黄坐[2]相地势,谓河洞本以溉塘下之田,然不可与水争地[3],乃以田易邓桥广福院田,凿为渠环之,以接旧河之洞,使仍可疏塘下之田。于河洞邻江之地各捐半里许,于其外为二堰,以杀水势,旧塘遂坚壮。民病始苏,至今赖之。

---

[1] "东二十里",浙图本作"东十一里"。
[2] "黄坐",宝庆《四明志》作"黄堂"。
[3] "争地",浙图本作"争利"。

桃枝堰　东南二十里。

铜盆浦堰　东南十五里。今土人名为徐更楼堰,堰内即往姜山河。

倪家堰　东五里。

石家车堰　又名旧军堰,东五里。

王驻洋堰　东五里。《成化志》作"黄墅"。

道士堰　东南五里。旧名林家堰,与鄞江右郑郎堰相对,凡西乡舟过江东者,必经此二堰。

上河堰、下河堰　今废。南三十里。

鄞塘乡姜山之前上、下河之堤也。上河则白杜、横溪山源注之,与东钱湖水通。下河则铜盆浦有堰,常浦进林有碶。碶通奉化江潮,雨涝则江潮接之,二河涨水相迎,故堰善败。行者、居者皆谓二堰各迁八十余丈,则依山之麓,易于堤防,且得白杜、横溪之源,回环旧河中,旧河今为下河,徙堰则为上河矣。可溉田五六百亩,而得常稔,亦无妨它山水利,居人欲徙,未能也。此《宝庆志》原文。今《嘉靖志》于"谓二堰各迁十余丈"以上,加"按《延祐志》"一句,不知何谓?

鄞江　碶闸

乌金碶　又名上水碶,西南三十八里,勾章乡镇都。

四明重建乌金碶记

出城南五十五里,有堰曰它山,唐鄞令王侯讳元暐所建。水自越之上虞,历四明山,万壑争流,演迤砰湃[1],南注于江。自堰之立,约水入河,乘除有数。鄞西七乡为田数千顷,借以灌溉。其流贯于城之日、月湖,阖郡之人饮焉食焉,泳焉游焉。堰之利博矣,然视水之大小而堤闼者,竭之助为多。野老谓侯由堰口浮三瓢,听所止而立,殆神其事。今自堰出东十有五里为乌金碶,又东三里为积渎,又东二十七里为行春,皆相地之宜而为之节。惟乌金首枕上流,岁久堆圮[2]。人情往往拘阂,因仍苟简,日就湮塞,莫有兴其废者。沙淤愈甚,河流易涸,公私交困。

嘉定辛巳,耆老合辞以请,少保大丞相鲁公素知本末,慨然下其事于郡,且俾岘效规画之。愚乃计工赋材,选州县官主之,觊里士为人信服有计知者,督其

---

[1] "砰湃",《四明它山水利备览》作"澎湃"。

[2] "堆圮",《四明它山水利备览》作"摧圮"。

役，出给调度，一不以属吏，民以不扰而咸劝趋。于是从旁南低旧趾二尺许，身东西五丈二尺有奇，南趾七尺，臂东二十七丈，西十三尺。桥五丈五尺，而长高九尺，阔称之。合石为之柜，植石为之棍，规抚宏壮，工力缜密。时少卿余公建、监簿章公良朋相继来牧，皆捐金佐费，始终其成。初，郡并请修行春，筑朱濑堰，浚江东道士堰河，至是悉以次就绪。盖给于朝者钱十万，助于郡者四百万，总为工万有九千，越三月而毕。邦人举手加额曰："愿有纪。"岘世居光溪之滨，与田夫、野叟念此至熟，兹幸赞是役，则叙次事实不当以固陋辞。切惟是堨坊建于有唐太和中，距今数百载，补罅苴漏，宁无其人？而莫有记岁时之详者。独元祐六年二月十六日重修，有石刻在，实吕公大防当轴时也。君明臣良，百废具举。相望余两甲子，今相国复推广公德，志切为民，推此邦无穷之利，视元祐成绩有光矣。或曰相国霖雨四海，泽及[1]万世，一水利之兴，顾何足以颂勋德之盛。岘曰不然。谢文靖晋室贤辅，淝水之功伟矣，绝口不言，而拳拳于召伯之一埭。爱人利物，大臣之用心固如此，是不可不书，余皆载之碑阴。十二月旦，朝奉郎、提举福建路市舶魏岘记并书。

乌金庙后塘改筑石塘记　　徐时进撰

郡南三十里而遥，为乌金碶。唐太和七年，鄞令王侯元暐筑堰它山，而又于其下流设为碶以疏分之者也。郡河渠书云，王侯已堰它山，用三木鹅乘暴流浮之，视鹅所横处筑碶门泄水，今之乌金、积渎、行春是也。自太和至今，七百八十五年无毁。碶左右亘为塘，界江河如带。碶垒石不可泐，一时用民，不能并塘皆为石。岁暑雨，受湍攻，土力不敌，塘中断，水趋之如奔马，迫图障塞而莫有为狂澜挽者矣。雨止辄涸，为障易，而民方嗷嗷争升斗自活，又不暇为公众役矣。其地为勾章之镇都，旧编止七里。事迫告病，簿尉趋董工，谁当襄粮从事功又率率罔旦夕效，不独民病，司事亦交病矣。岁丙辰，雨浃旬，诸洼陷道相望。耆父老鳃鳃愿殚其顶踵，诉于观察蔡公。下郡议，守杨尊、郡司马商尊金曰："更石便何惮此？一劳不以徇民。"于是，商尊行度地方主之，曰："是不可已。"考量工费二百五十两，诸在沾利亩税九毫。无何，河渠使梁君来，终厥役，后先程工则邑曾尉守约也。塘长□百□丈，工始丙辰冬十一月，竣事丁巳四月，

---

[1] "泽及"，国图本仅一"缺"字，据《四明它山水利备览》改。

而里排王大和等请得予记其事,且曰:"幸被[1]阎休识不忘,惟一言之托贞珉不朽耳。"予问:"何以名乌金庙后塘?"曰:"庙在水中央,塘在东,则庙之后也。"庙为何神?即堰它山之王侯。它山已有庙,此为侯行祠也。民之不能忘如此。予谓诸父老:"塘以石愈于土,即碶与塘之有崩不崩可前睹矣。久则虽石不保,无少圮,听之而少者巨矣。"睹今创事以较补罅,其难易奚相倍之蓰,俟后君子何日不有佚道使,揭其有感于斯兴起云。

积渎碶 又名下水碶,西南三十五里,光同乡四十一都。宋嘉定十七年重修。

行春碶 又名南石碶,西南十五里,光同乡四十三都。

三碶皆小溪入南城甬水门河渠也,皆随地之宜而为节。详见上《水利备览》。岁久渗漏,洪武二十七年重修。

风堋碶 一名望碶,西南三十里,光同乡。宋熙宁中,令虞大宁著。

舒亶记曰:

鄞于明为剧县,占乡十有六,而公私之田无虑几万顷。其潴以蓄待灌溉者既无几,而凡所以为捍防酾导之具,吏又忽不时省,颓漏废圮,十或八九。不幸天时稍愆亢,其涸可立待,而民辄病。间无如何,注江流以趋一时之急,且咸卤至,腐败诸苗稼,积不已,往往田遂瘠恶,遂废不足耕,种不可下。

光禄虞大夫为邑于此,始与民图之。即北渡之西曰风堋,积石为碶,以却暴流、纳淡潮。既又自州之西隅,距北津,疏淀淤之旧,增卑培薄,以实故堤。而作闸于其南,拒所谓咸水,以便往来之舟。而东西管数乡之堰碶,随以缮完者,凡六所。盖用工一万一千有奇,而溉田五千五百余顷。假财于赈贷之余而工不费,役民于既病之后而私不劳。于是邑人相与传之,愿有以久大夫之赐于无穷。而舒亶因系之曰:盖古治之盛,其不免于天时之不齐,或与后世同。惟所以应之者,与后世异,故旱不能干,水不能溢,而民不灾。先王之政事散于苟偷之俗久矣,朝廷方慨焉。比岁以来,深诏执事,而农田水利之官遍天下,恩施厚矣。而或者不能推致其意以暴之,民信诞相没,使功实或漫不可考,哤然诋法,至引之于岁。呜呼!由是以考鄞大夫之政,其尽心果如何哉!虽然,天下之事,积在多,成在久,虽古之成顺致利者,亦不能以易此,则虞大夫之志,岂敢以此自必于

---

[1] "幸被",清徐时进《啜墨亭集》(四明丛书本)作"幸佩"。

无穷哉！亦惟来者申之而已。谨记。

徐时进《重修风堋庙塘记》：

郡跨甬水，据其胜地，原隰陵阜错高下，河渠之有碶闸塘堰伺蓄泄，盖因势为用云。郡东界大江，西南二乡之水，自大雷、它山合流以东，源甚远，延流所注各有碶。恒雨湍暴，碶之泄不二三，水乘瑕而溃，攻莫可抵。雨止不及旬，河辄涸。待命于天，稍愆以无年告矣。

风堋去郡三十里，旧有碶，自宋大观更筑为塘。起眺江桥，地渐下；及南望积浍，又渐昂。风堋以塘亘居，中如带，势独下水，或横出上，又址[1]薄江。塘浸受啮，岁有圮陷，以一切弥缝之。今上乙卯秋七月，雨浃旬，塘中断，骈流赴如奔马，守堤吏率农人集诸具为堤防，莫知措。公闻而怵然曰："是以雨病，不雨又病，患所从来矣。"及冬，借得公署邑事，询民急，首此役。下桩渠底与土平，采巨石层累其上，择耆民之朴谨八人，计丈分工。凡再越日，公一诣塘，衡物料，程工拙，无少倦饩。自工兴，尽冬月霁。入春，天雨雪，时工就已六七。旺从雪中遥见旌羽，知公触雪来，皆感泣，畴复忍惰窳负乃公者。役始乙卯十一月十二日，竣于丙辰春王二十二日，计长一百三丈，阔一丈二尺，高九尺，费金五百七十四两，事半功倍，则身董之效也。

诸父老聚间而谋也，风堋自虞公有塘，其庙至今在，五百有四年矣。吾侪不敢废俎豆，顾其筑以土，岁补罅为苟延，何知今日之累石速而坚硁无却。顾如此计，今当与河山不磨，畴则贻之，请以名曰魏公塘，虞公不得专美于前。吾且尸而祝焉。征予文，纪其事，公又选间及陆家堰、铜盆浦堰、大石堰，皆以不日成云。予惟水利系民生最巨，方在事率苦渴，日以赴眉睫急若驱，而事有迫需之。一朝而若为阔远情实者，又公见而公置之，曾不计中河之失舟也。一壶而千金，金非所靳矣，壶焉。从事[2]有如公之预为备而身先事者几？公丰仪整伟，喜怒不见色，为政务持大体，简听词，肃庭宇，无良者自惴惴无敢以缓进。尝受牒簿录诸夙负者，家公争之，强以得无覆。按公为一加餐，其他绝锾羡，厉风猷，平冤抑，恤颠连，其惠用慈明，事事有意，不能以一二详。第为慰诸父老请，为塘事载

---
[1] "址"，《啜墨亭集》作"趾"。
[2] "从事"，国图本作"从市"，据《啜墨亭集》改。

诸道周，只此寻咫之珉，乃盱所慕用，与公异日所被于天下，讵此珉已哉。

公名复琦，别号献五，汝宁之固始人，万历癸丑进士。

屠氏桥闸　西南二十里，光同乡栎社。《至正续志》列诸堰内，云"载之魏岘《水利备览》"。

回风闸　西南三十五里，光同乡谢家塝。元至正末，里人杨阜建。

史家碶　西南四十五里，勾章乡三十三都。《宝庆志》作"鄞塘乡三十三都"，鄞塘无三十三都。

进阁碶　西南四十五里。

《嘉靖志》：先是因浦直达于江，水无潴蓄，遇旱民辄告病。元省、元潘梦桂叠石为碶，以时蓄泄。碶傍梦桂水阁，故名。岁久颓圮。此《嘉靖志》所载，《成化志》无。

周大悲碶　西南三十五里，光同乡。宋庆元五年建，国朝洪武二十七年重建。

余丰碶闸　在社稷坛东南。上流名陆家河，下流即甬江浦，旧名何官人浦，久圮。嘉靖间，复建，开十丈余，复圮。天启间，袁氏又修之。陆家河在接官亭后，水从洪碶桥、北塘路、大河边一线石罅流入，自洪碶桥至接官亭一带，南塘以东，先为河，后为田，仅留陆家河一线泄水，委曲至碶浦泄之，入于甬江。《永乐志》云："去县西二里，清道乡，今废河内。"

鄞江左碶闸

施家碶

朱家碶　俱在小溪杉木堰之东。

大石桥碶　东一里，老界乡，俗呼四眼碶桥。《宝庆志》："县东城外一里。童、育两山之水，本自此入江，岁久湮塞。亦《图志》之所不载。淳祐二年，郡守陈垲新访古迹，得断石沙迹中，此地良是。遂即桥下作平水石堰，而于浦口置闸、立桥，内可以泄水，外可以捍潮。"予按：淳祐后宝庆十六年，乃宝庆作《志》时已载其事，意为后人续入。元末，堰、闸皆废，址入演武场。国朝嘉靖三十九年，尚书张时彻言于郡县，寻故道而修之。

沈文恭公《重修大石碶记》：

鄞邑倚于郡，其境中分于江。江西田仰溉于它山、桃源之泉；泉从四明山来,最远,故多腴。江东田仰溉于横溪、钱湖、小白诸泉;从金峨、福泉、大白山来,源近,故多瘠。入夏,半月不雨,农病矣。雨三日不休,复涝。蓄泄之时,惟借人力哉。三面滨江,酾为水门,以碶名者十余,而最著为云龙,为乌丰,为五乡。云龙南泄,乌丰西泄,皆入江;而五乡东泄,入小港,达海最捷,波流靡不能为涝,故乌丰亦常前废不修。

自定海人别碶东冈于五乡,五十里外,环流渟湝,壅不时下,淫霪适来,簸为巨浸。人享其利,吾不能无蒙其害。至万历甲午亟矣,民乃相率言于郡县,而奋镐扬锸,排乌丰之堤曰"江东大石"者而泄之,土始获平。江东大石者,乌丰之第三、第四碶也。碶有五,此居其要。宋淳熙间,守陈公垲治之,湮。今嘉靖间,守周公希哲、曾公鉴又治之,复湮。江东介民居中,迹宛宛在,顾疼秽沮洳,水不行,疏之行矣。大石在演武场中,地旷力易施,而渠防石陁又止一洞泰,濒江潮易咽。于是守吴公安国与令翁君宪祥采予之言,而爰视爰相,经始其事,白之海宪吴公鸿洙而新之,徙基去江千十余丈,倍其洞为三,密筑以松、巨石,钩连而銎之。梁亘其中空,以防盗舟之决桥,于其旁使人往来浚河,倍宽之为五丈者,百有二十丈,俾潦有游。又虑闭启宜置守,置守宜有以食之。赋诸民非久计,则视演武场多畲地而建庵如干楹,召僧居之。履二十亩不税以给,俾蔬茹于其间,且当两碶楗费。庵以碶设,名曰"永利"。利所沾溉田,起甬东一都至三十都,凡三十七万亩,不欲多征,亩取厘银,以两计者,仅四百。而太守独助俸二十,令君半之,时疏罪人执役,不浮浪一钱,故善而亟。自海宪太守、令君外,为倅马君复淳、判施君朝恩、欧阳君灿,而司理张君似渠尝署邑,劳居多。既张君佐治来代守,下车以来辄问增其所未周,徐君大绅代倅、王君明鳌代判、刘君国缙代理,并禆厥成,董役则尉王秉礼、耆民戴俊、僧能慧。

余惟水者,天下之大利害也。过之与不及之,皆害。向东冈之未碶也,人皆言东冈利;比碶之,又言东冈害,有所以除其害而后其利全。既三倍大石之洞,则乌丰之地湮可无问,其利又全。此虽一役,而计水之平已审。盖时当泰宁,诸贤辏合,以劝农振业为惠,以协心毗德为恭。痌瘝急人,委悉心计,举不再筹,任不歧指,不烦一胥牒,不耸一里旅,功告成。已而,民莫识所由来,可记以为法,尚冀后之人之视也,无废厥初焉。

江东碶闸 东城外半里,老界乡。《永乐志》云"即钱家道头闸",旧志重出。洪武二十七年修。

淳祐二年，秘阁修撰陈垲守郡日，据士民白札子，本府江东米行河旧有硬闸，随时启闭，内通东湖水脉，外障大江潮汛，沿河两岸各有古来石磡。四五十年以来，两岸居民节次跨河造棚，污秽窒塞，如沟渠然。水无所泄，气息熏蒸，过者掩鼻。数内余家桥、夹家桥低塌河面，舟不可通，不惟有妨民旅运载，兼父老流传，谓此河通塞于四明风水最有关系，乞行开浚，复还故迹，仍乞增高两桥，以通舟楫。

本府遂具申沿海制置使司，差委路分权帐前水军统领傅端倜修武，本府司法冯喜、孙迪功，同共相视，告示侵占古河、起造浮棚之家，日下自行除拆，斟酌多寡，关支官钱俵散。寻据所委官申，并已拆除浮棚，取见原来石磡讫。本司遂差拨水军开浚河道，搬去瓦砾，彻障蔽以见天日之清明，荡污秽以通江湖之脉络。邦人无不称快，于是重修浦口、疏水二闸，改造浦东桥、原名余家桥。澄波桥，原名夹家桥。各增高二尺。于浦口桥北创置淘沙闸官舍三小间，差不厘务使臣一员，专一监临启闭，每月添给官会一拾贯文。江东寨拨水军二名役使，每月各添支官会三贯文。又置钩、锄、锹、镢之属，具载版榜。再差官打量自浦口桥河道南北两岸阔狭丈尺，从制置使司置立石碑闸官舍内，久远参照，开具下项。《永乐志》云："迨元，虽革去闸官，罢给官会，石牌官舍遂致隳坠，河道至今疏通。"

浦口桥下　阔一丈一尺，即斗门桥。

浦口闸外　阔一丈一尺。

浦东桥下　原名余家桥。西阔一丈二尺五寸，东阔一丈三尺六寸。

澄波桥下　原名夹家桥。西阔二丈三寸，东阔一丈六尺。

米行桥下　西阔一丈三尺八寸，东阔一丈四尺。

疏水闸里　阔一丈四尺。

胡家桥下　阔一丈五尺五寸。

真君庙桥下　阔二丈六尺七寸。

真君庙桥　东至栖心寺桥一带，并系大河。

以上自浦口桥打量至真君庙桥河道，东西通长二百丈三尺七寸，并系浙尺。以上亦仍《宝庆志》。

《嘉靖志》云：至今殆四百年，于兹河日湮塞，舟胶不行，水无所泄。居民不特起盖浮棚，又皆甃石增岸，古遗丈尺仅存三分之一。嘉靖三十八年，知府周希哲据里人唐宗玉札状,遂径理之。尚书张时彻赞成其议,郡人兵部侍郎屠大山记之。

重修江东浦口碶记　　徐时进

环郡而江,郭东出,渡浮桥,为江东浦口碶者,江东市廛[1]中导河入江,时蓄泄而均浸溉之渠也。郡所抵东极海,为邑,为卫所,棋置盘回数百里而遥,率以江东为绾毂。小民生活其中,容膝则给,故其地湫隘,直上昂,割寸则寸,而涓涓之一线无几存矣,犹未厌。而跨渠为栅,通前后衢为一肆,碶与闸湮淤灌莽中,不可诘。岁暑,雨则水横流,而居之稍洼者以沉灶病,负廛而拓,耕地上腴。涝则经市而赴于江,甚近碶;壅则无途之从,环[2]而东注于二三十里之外,其为道也迂,其泄不以时,而穑事病。河纡萦届阛阓为地肺,清泚疏流。自昔谓东七乡之水,朝宗郡城,脉络此矣。碶夷为平陆,而地灵且以抵滞病极。其势不一大创更正之,民且恶知其非有矣。于是,诸士民偕而白其状于邑江侯。侯曰:"吾责也。"辄往察故址石砌,具如士民状,即为请于郡于观察,撤浮舍若干间,刊涤滞垢,俾水由闸入江,具如故。又设司碶老人一名,兼摄大石碶及米行桥河一带,有触禁不以首,以其罪罪之,且坐贿论。于是,民大悦,相劝,不日竣役。诸文学造予而请记其事,曰:"微独侯之德,不能忘。要为后事师,非托之珉不可也。"

予为考郡志:宋淳祐二年,守陈公垲尝复江东、大石二碶。江东,即今之所谓浦口也。宋以前已有此碶,而不能详其所始。其不能不湮,而有俟于后之治且瀹。昔与今无异,独难如守陈公者踵接得耳。入明嘉靖三十八年,守周公希哲方经始淘米行河,并修诸碶。继为曾公镒,仍肩事而令田公登年钩稽得度,省督有程。渠西下如龙尾,洒洒注于江,如旧志。今之父老犹有及见者,而其湮也已若尔。江东于郡为巨镇,从睥睨眺江东,即一区。讵古所称万家邑,奸伪萌生,所当按治,奚恩贷人情?惟己之图,不遗余力,而以妨于公,则勿恤。曾不思己亦公中之一人,己之蹜此,何日之有?愚夫妇何能以户晓?侯惟曰:"惟有三尺从事已尔。"《志》又称,前事士人以私故,抵谰百方,今虑无不唯唯退舍,抑亦有洞于侯之坦衷,非有作于匹夫斥汰矣。侯彊敏,诚壹百尔。不以传舍视此,独其一云?或又言自筑东冈,废回江。今日浦口之导流,又有棘于曩时,所由阴

---

[1] "市廛",《啜墨亭集》作"廛市"。
[2] "环",《啜墨亭集》作"还"。

受侯贶。讵惟一廛之为赖，王驻洋之周家堰、四都之杨木堰，皆碶之、闸之，以补回江之废，去东钱之泇葑，通米行之内力。议载前志，皆侯所欲次第举者。

侯名秉谦，徽之歙县人，庚戌进士。碶渠深广丈尺备如志，仍以勒碑阴云。

知县江秉谦《东江口文昌阁记》：

始，余为东河疏。碶有碑，又镌旧碑者何？不忘前事，亦以征今事所以因也。碑宜亭，为碑覆耳。又庋而阁者何？地当通津，逼在嚣凌，为廛所蔽，宜阁耳。阁祠文昌者何？阁枕江流，坐巽向乾，城雉出浮屠，插半汉，当阁西右曜，木气受成，海从蛟川，鼓鸿灏入控于此，是最瑰环。故其桥曰灵桥，门曰灵门，以祠文昌，为东北绾巨丽，莫此之宜。诸子衿以是请，予闻而舍然，不谓其不然也，又假而以名吾阁耳。虽然，气消息有时，物成毁有数。凡今之事虑，无不以儵然。遭者何去何从，孰久孰近，皆非吾所得而知也。按《志》，嘉靖己未，疏碶浚河，镌有碑。今去之一周甲耳，碑之词已漫漶不能得之。碑仅一，征之志，今之碑且得无毁否乎？今之河且得无淤否乎？准今质古，惟此心此理为无敝，乃事无不有相知者，不必其懿；亦无不有相知者，不必其不懿。人情之暌理，且恍惚不可为据，其奈之何？奉功令权废兴有其举，莫敢废。姑以为有司存如此焉。敢曰古之人获我心，想以见后之人亦我心。虽百世可知也。是碑其有藉乎？是为记。

林家道头闸 东三里许，老界乡。洪武二十七年重修。

《延祐志》："林家道头、钱家道头，皆有闸，今多湮塞。"其故址犹存。皇明洪武初，信国汤和以林家道头闸其水自宝幢而来，绵亘四十余里，势如利矢，直射郡城，在堪舆家所深忌，于是并其故址而废之。官鬻其地于并闸之民为庐舍。其钱家道头，即今江东碶闸，自浦口桥至栖心寺桥，东西相距不过半里，是则无犯于堪舆家者，固宜通其湮塞，而复其故道云。予按：此系《嘉靖志》所言如此。《嘉靖志》多有所私，或为得地者言之。果有信国之说，则城西之水自白鹤山下直射入西门内里许，亦绵亘四十里，势如利矢，且正系金方。信国何不一更改乎？

开庆碶 旧名鹊巢碶。东十里，手界乡。

《宝庆志》云："已废为田。"《延祐志》载，宋开庆元年，判府吴潜兴水利，遍乎四境，复创为此碶。河流不复渗漏，海潮不复入河。名曰"开庆"，纪更造之年也。《嘉靖志》云："今复废。"

萧皋碶　东南十五里,手界乡二十都。

贝则碶　东南三十里,手界乡二十二都。明天顺五年,知府陆阜同萧皋碶重修。

云龙碶　又名荻埭碶,东南三十里。手界乡二十二都。

宋熙宁间,鄞主簿黄宁创筑,知县曹鹭成之。襟江带河,疏蓄有备,岁久湮仆。元大德十一年,县丞卢廷信修之,有记。皇明天顺五年,知府陆阜修而未成。八年,张瓒完之。

赵孟何记：

鄞之东三十里,凡七碶,襟江带河。荻埭最巨,创自邑簿黄公宁,而宰曹公鹭成之,设僧舍以守。力大势危,惊涛春薄,岁久仆且决,乡民病焉。岁丁未孟春,丞卢公廷信以都水监募乡甲户治旧迹,昼运石、夜搬木[1]以筑。中固旁坚,且置上下梁虞其泄。越四月落成,余财畀僧理守舍。是役也,视前制为壮,民忘其劳,身先之也。丞,真定人,性简毅,莅政清以明。省若台檄下,率曰"委廉能,卢将仕",善政之多,兹复何述？然继黄、曹凡几政,而废埭如昨。此时此役,宁无汇成绩上太史氏者乎？始述乡民之歌曰："截荻江而潴兮,缮[2]云龙之碶兮,可涝可疏。私有蓄兮公有输,丞之德兮曷已,民之思兮瞻以水。"大德十一年五月五日记。

五乡东西碶　东三十五里,杨塘[3]乡六都。此鄞江合慈溪江而流为定海江者,通号为五乡碶。

旧志云：或曰,即回江东、西二碶。近因定海知县宋继祖别碶定海之东冈,而废回江二碶,若连日淫雨,暴水壅至,不能骤泄,东七乡之田往往成巨浸。今宜亟复大石头碶,而又于王驻洋之周家堰、四都之杨木堰,各设碶以补回江之废,则七乡之水不为灾也。

《至正续志》有育王碶,宋宝庆间,育王寺所筑也。岁久不治,农民病之。元皇庆元年,县尹王思义修,完里人楼橓董之。

---

[1]"搬木",国图本作"搬水",清徐时栋《四明六志校勘记》录赵孟何《云龙碶记》,改"水"为"木"。
[2]"缮",康熙《鄞县志》作"练"。
[3]"杨塘",浙图本作"阳塘"。

附　东冈碶　在定海县崇丘四都,缘起详"两记"。旁设□□庵,召僧掌之。僧纲司主其事。记曰:

鄞之有东冈碶,修筑甚艰。盖其地东汇定海,南浃奉化,为鄞东乡咽喉。其原田灌溉惟仰东钱一湖,其关要尤在东冈一碶。其濒江为碶者,如云龙、漳木、萧皋、贝则、大石、五乡,由五乡小浃江达二十余里,而为东冈。缘两涯而堰者,如上、中、下樃二十余所,实障捍之。顾土壤易圮,下流易涸。嘉靖间,令长公夏侯兴东冈之役,而五乡之防可缓。第五乡二碶,洞有十,东冈并而为洞五,水涨不易泄,而民病潦。并石碶三里许,有木碶七洞之设,则鄞助定役为之。万历间,河水溢,又守者失开放之候。鄞民称不便,仍以五乡为防。亡何,以沿涯[1]泥堰多坏,不如保东冈,寻筑寻坏,有言修之便,有言不便。

鄞之五乡,地势洼者利于泄,定邑地斥卤,资上流又利于障,故有言宜碶者,有言宜堰者,是修筑之为艰。我邑侯魏公莅境,辄咨利病,目击斯患,咨嗟久之,曰:"是吾守土事,庸可令东乡旱辄称赤地乎?且原田高者什九,洼者什一。岁时病潦未数,特病旱数[2]。矧云龙、大石等碶,蓄泄以时,即旱潦两不病,且尝所波及旁境,亦时有之,则修筑东冈一碶何疑?"其西碶筑塞,事在定海,本郡暨二县参酌之,而东碶之役遂果。乃更权广标本,先于东钱湖堤筑之增高,碶闸有加,时时亲阅,以稽守者。于东冈则鸠工聚土,名赀价度九百有奇,议于沿江田亩派厥缗,民乐以输。爰备详其事于抚台尹,按台吴,海宪洪,郡侯邹,郡丞黄,通守汤、钱,郡理何,佥曰是。兴东乡世世利实,予为人上事,矧赖有贤侯,其急是图。侯于是力肩厥任,悉心料理,凡尽制而曲防者,靡所不至,以政务旁午,且其地去县五十里而遥,乃分嘱专事。侯则五日七日一巡核,以稽工之勤惰、甃之疏密。树碶之日,亲率工匠,露立野宿,不辞劳苦。碶旧止八洞,今增之五,共十有三。柱壮以大,砌厚以坚,弥窄弥固,令私启放舟者无所觊。下丞上覆,悉用巨石。又虞土疏易陷,用灰仓三道以坚其底,皆侯所亲督筑也。碶较旧低一尺许,以固其址。潦则水从上流,旱则水鲜下漏。经始于万历三十二年十一月四日,落成于万历三十二年十二月五日。民望其规筑而诵侯之功,壮且巨也;望其蓄潴而诵侯之泽,深以泓也。父老相率幼稚而交祝曰:"天赐我侯,侯赐我

---

[1] "沿涯",浙图本作"治源"。
[2] 浙图本冯批:"'岁时病潦未数,特病旱数','特'字疑是'时'字之误。'旱'字下'数'字衍文。"天一阁朱本,"特"也作"时"。

泽,愿侯世世兴隆,与斯泽同久长也。"经费止用缗七百许,以其羡一百许,置庐买田,招僧人守之,以司启闭。而东乡里役、碶夫工饷之费遂免。又其羡,则从东乡沿江、云龙等碶修筑之。其不尽,则以及之西乡石塘等碶。是概邑石碶并获万全,不直东冈一碶云尔。侯之财用廉而施泽广也若是。

昔唐鄞邑侯王公创筑它山石碶,功施甚深且溥。今侯之功讵在它山下哉!侯才赡识精,莅政必核,用心必溥,殚勤夙夜而力克副之,以故利罔弗兴,弊罔弗厘,其障捍则朝廷砥柱,其汪秽则大川舟楫,即宜登跻华津、蜚声公辅,又讵董董泽鄞邑哉!是役也,侯之修筑一效而道,若郡诸公所总核惠施,流溢万世,与公共之,奚可以无纪?于是,邑缙绅、武定郡太守王君,以诸父老意,请予一言,以章精勤、志惠泽,予既嘉尚贤绩,且为吾鄞世世庆,爰记之,以勒诸石。

侯讳成忠,高淳人,登戊戌科进士。筮仕余干,有政声。莅兹任,今升北部云。其专承厥事者:邑二尹冉君,讳艺,彭水邑人。昕夕勤饬,身亲督理,勿弛勿迫,绩用以彰。三尹王君,讳仲烺,漳浦邑人。四尹吴君,讳邦奇,繁昌邑人。并心协谋参赞,厥成有力焉,因并以书。万历乙巳岁仲夏吉旦,赐进士第、光禄大夫、柱国少傅兼太子太傅、吏部尚书、中极殿大学士、知制诰、经筵日侍讲读、正史总裁,郡人沈一贯撰文。

附:定海县东冈碶记　　张时彻文

宁波治邑鄞,与定海错壤。鄞东三十五里,有东钱湖焉。横缩八十余里,合七十二溪之流而潴之,溉田百万余顷。鄞七乡暨定之崇丘,资之播艺,胥受课焉。然崇丘之引湖也,必由斗门下小河以达。河之腹有蛇堰者,细而逼江,易决难筑。其决也,水尽注于江,势若建瓴,故河渠与湖未旱而先涸,三农病焉。定民曰,是堰在鄞,鄞民宜役。鄞民曰,是利在定,定民宜役。其弗谐也。鄞民乃壅上流,定民决之。每相聚斗哄,各挟其令长以讼,曾无已时。于是缙绅父老虞患日棘,深求便宜之策,图而议曰:若北去二十里所而堰,则堰以上江尽为河,潴停并巨,蛇堰可无用,即斗讼可消止也。爰以请于监守诸司。诸司不察,以为难,罔有兴事。其所谓江,即名小浃港也。自大关以南,海支别而北,上通五乡碶,长可五十里。比年夷寇充斥,厉于关禁,以断乡导交通之路,而小浃港则故无关也。不逞之徒乃奸栏出入其间,昼夜络绎,莫可防制。此其为患,又不止于河决赤地而已也。

维是甲寅之岁,成都宋侯来令定海,精察强干,绰有治才,志在振厉颓靡,以沛宣休泽,孳孳问民所疾苦而兴罢之。乃父老欣欣慕向,以其故告。侯矍然曰:"有是哉!令以为民,苟有利也,其何敢不力。"乃从一二徒隶,披草莽、率士庶而景相之,遂尽洞其颠末,与往昔徙堰之议,盖相符也。爰度东冈山之下,江水稍浅,横亘仅二十余丈,曰:"是可以堰。"西去二十余丈即土田,疏之以杀水势。曰:"是可以碶。"堰以蓄水,碶以泄水,度费金五百有奇。遂以父老之请,请于当道,申之曰:"可与乐成而难与虑始,凡民之恒情也。筑室道谋,迄用靡成,浍言之乱聪也。是举也,利于农而不利于商,将肆诪张以挠成功者踵至矣,惟当道财察之。"已而,次第报可,下令惟肃,庶民子来率作兴事,卒靡有梗议者。工肇于乙卯四月,迄于是年十月。乡民以亩率费而尽归所给之官银。自是堰以上为河,其下为江。卤水不得内涌,河渠不得外泄,溉田无虑数万。昔日瘠卤之地,尽变而为沃壤。亩入可数钟,盖不惟崇丘之民永无旱患,而鄞之七乡亦胥被汪秽矣。又外寇内奸凭舟楫出入者,不得诡纵迹以越,屹如关隘之防。阜民御寇,一举兼得。乡之士庶祝天而谢,曰:"惟天祐我偏鄙民,俾康于粒食,保有家室。"惟侯功德世世当不磨,乃庙而碑之。谓东湖黄公,信而可征。相率稽首,乞余论著其事。余乃言曰:甚哉!吏治之衰也,卑琐龌龊者固无足论;世所称高等,亦不过奔走逢迎,急簿书期会,侥幸一切,以免上官之督过云耳。又况海寇陆梁,兵革繁兴,料丁转饷,曾靡虚时,又孰能图议于几席之外,与斯民兴百世之利乎?侯乃力求表树,询民之瘼,不谋而佥同,不费而事集。此岂规规旦夕与侪辈竞于尺寸者哉?于乎!是可碑也已。尝考之郡乘,昔王元晖、龚行修作它山堰,李夷庚、陆南金浚东钱湖,陈秘阁治回沙闸,皆洞悉机宜,惠泽无疆,民到于今思之。侯之绩岂异是哉?或以潦水不得速泄,殆不免于鱼鳖,则去郡二里许,故有江东碶闸,修而复之,启闭以时,将永无害灾,斯百世之利也。

侯名继祖,成都汉州人,癸丑进士。相其事者,县丞徐廷祥,江西东乡人,亦称才能云。其辞曰:

每每原田,亢熯为厉。介于二邑,湖渠是利。厥惟蛇堰,难筑易溃。卷埽不休,斗讼兴戾。父老曰咨,堰是用徙。载相载度,孰肩其事?宋侯莅兹,慨焉兴喟。吁我庶民,咨我庶士。以景以望,剪兹榛薉。爰立之堰,爰作之碶。蓄泄是宜,膏泽不匮。有屹其防,奸宄攸制。匪直我萌,狃于耕艺。伊谁之赐?父母孔迩。何以颂之?振振麟趾。何以永之?昭哉万祀。

附：东冈碶始末 嘉靖四十二年。知县贾申文

窃照鄞东五乡之河，南则横溪、白杜诸水，东则育王、天童、太白诸水，中则八十里东湖所受七十二溪之水，皆汇焉。环绕百里，鄞之阳堂[1]等乡，定之崇丘一乡，百余万顷之膏腴胥资灌溉。有钱、槎诸堰以蓄之，有五乡诸碶以泄之，修筑不废，启闭以时，虽水旱不为灾。唐宋以来，此法莫变。正以有利无害不可变也。五乡碶东西各五洞，槎堰东西九十余丈，鄞、定利害之咽喉，皆系于此。盖五乡碶，浃港入海之门户，而下流则东冈山经焉；槎堰为河水入定之道[2]，而上流则纪家桥经焉。碶一启，水即注于江，鄞可无水患矣。堰一固，水即注于河，定可无旱灾矣。是两县得免于灾者，以浃港无下流之壅，河水无上流之闭耳。

迩年以来，湖畔为田，水之蓄也视旧既少；槎堰时圮，水之漏也视旧复多。定民始以旱为虑矣。案行两县合修槎堰之□。鄞民曰利在定也，定宜修之。定民曰地在鄞也，鄞宜修之。各因利己斗讼纷纷。使两县掌印官虚心顺理，同寅协恭，行修废举坠之政，鄞、定虽百世利可也。何鄞县起议于纪家桥增修一闸，水余则启，不足则闭，置槎堰于不顾？继其后者，执议益坚。定海县不责其修堰之不协，乃责其置闸之不宜，力与之争，而不能胜，惭愧忿激，于东冈山下创议筑堰，移山麓之土以断通海之流。不数月而浃港果无潮汐之至，乃于故道之北创设东冈一碶，仅足以泄定海之水。至是而鄞、定诸堰不复修，旱魃不足虑矣。第下流既壅，五乡两碶无所用之。虽淫雨一日，河与田皆盈，一望无涯，禾草莫辨，累十余日不能泄，收获减五之四。甚者，室家有沉灶之虞，民安得不困且急也？连年大水，鄞民不约而同者三百余艘，二千余众，持弓矢，挟利刃，冒死以决东冈之新堰。是时，非无江东、云龙新旧诸碶也。设若可以泄水，岂鄞民独愚蠢，乐就死乎？缘大江诸碶之不足恃明矣。假使阳堂等乡亦属定海，利一乡而害五乡，东冈肯使堰乎？否耶！盖鄞之官民专利于上，不顾下流之水旱，固失之于始。定之官民[3]专利于下，不顾上流之水，亦失之于终。皆以槎堰不修，起于私而成于激耳。定人乃假防海备寇之说以惑上听，要非至当之论也。盖东冈碶去海口尚二十余里，舟楫出入今犹莫禁，岂真可以备寇也。况自有倭患以来，何寇自小浃港入哉？且甬东巡简司设于海口，亦足以备御。若因其通海而塞之，则河头

---

[1] 诸本"阳堂"均作"杨堂"，而下文又有称"阳堂"，鄞没有"杨堂乡"，因改。
[2] "道"字，国图本、天一阁朱本此处缺两字，浙图本、天一阁孙本仅一"道"字，因补。
[3] "官民"，国图本脱"民"字，据天一阁孙本补。

渡、大浃港诸处可并塞乎？

为今之计，莫若蓄湖水，修槎堰，罢纪家桥闸，去东冈之壅，以复江湖之旧。两利无害，策之上也。其次，东冈去堰而置碶各五洞，与今碶并，庶可以少杀其泛滥，然以曲转迂远，不若故道之顺，鄞民犹不便矣。若惮于工力，碶止五洞，乃曰缘江诸碶在焉，则地势高、水道远，且卤潮日壅，为害反深，策之最下，必不可行者也。卑职亦鄞官也，此议出于鄞官之口，恐亦有自私其民之嫌，惟台下亲临其地，而相度其形，量人民之众寡，酌利害之大小而为之处置，当有大公一视之仁、万世不易之法矣。卑职未敢擅便，理合具禀施行，须至禀者。

万历三十三年本府帖文

宁波府为叩照旧设水利便民杜患事。

万历三十一年八月十五日，奉督府军门尹批，本府通详，东冈碶在鄞之东，定海之西，横截江流，内蓄淡水，外阻咸潮。鄞、定半邑田地全赖蓄泄灌溉，为利甚溥。其碶损坏，而淡水外泄，咸潮内侵。于是，定民始筑高堰以障之。夫碶有启有闭，可蓄可泄，堰则死坝而已。定当下流，坝成，获灌注之利。鄞五乡诸处地势稍洼者，又患尾闾不泄，时有涝虞，遂纷纷争论不已。今该本府督同二县亲诣踏勘，惟修复二碶为长策。在定，民有全利而无害；在鄞，民田地高者十九，洼者十一，亦利多而害少。况鄞碶其东，定碶其西，二碶并修，酌定水则，时启闭之，即地稍洼者亦可无淫涝之忧也。除西碶听定海县议覆另详外，其东碶应鄞修筑者，合用工料价银九百五十四两七钱五分四厘五毫，于沾利田亩派征银两，给办物料，倩匠做造。该县水利官专主其事，掌印官总理督催，勒限完报等缘由。

奉批：东碶既不可不修，据议修碶之法甚备，准如议派征银两，委任责成，务期坚固。余悉查照行，事完册报。缴。

又蒙巡按御史吴详批：修碶之举，既利于民，议于沾利田亩派办，民愿乐输，似不扰矣。准照委官督修，勒限完报。此缴。

又蒙带管海道按察司副使叶详批：据议东冈碶为鄞民蓄泄之利，委应修筑，但费逾千金，事属加派，仰呈抚、按二院定夺。缴。

依蒙备行，鄞县如议派征银两，给办物料，督筑间随。蒙本道按察使洪案验行府，即将估修东冈碶，专委推官何综理，魏知县往来提调，县丞冉艺驻碶稽查，立限兴修完报等因，依蒙备行，遵照督理云[1]。

后据县申称，遵依征银办料，督匠如法修筑，事已告竣。实用银七百八十六两六分七厘，存剩银一百六十八两六钱六分七厘五毫等因，随准本府推官何牒覆到府。又据鄞县申请：碶工已完，当议所以守之者。守碶之法，莫如买田筑室，募僧人而居碶上故事，额编碶夫三名，每名于条鞭银内派工食三两六钱。本县诸碶中，惟此碶地形低而水势涌，役人苦之。万历二十二年，碶夫具词告县，准令沾利人户共出银十两八钱，以分给三碶夫。顾碶深入定海地方，去鄞之境土二十里而遥。民非土著，既不能时水候而伴侣，星散又往往约而失期，故有时当启而不启，有时当闭而不闭。名为碶夫，而旱干水溢实无所赖，不可不深长思也。今欲就定而召募，则分民难于控制；欲就鄞而佥点，则异地难于防守。唯募僧而授之以田宅，令其家于碶上，而额派增给工食银两可尽去也。鄞俗，僧以土田为世守，而力田乃其本业。田作则能任劳，土居则能相时。将风雨不避，暮夜不辞，而启闭之候必不爽矣。一僧之身，有徒有侣，而后可以供启闭之役，计其衣食之需、板闸之费，有田三十亩，又为之宽力役、赋税之征，然后免于饥寒而安其居处。其买田筑室之费，合取诸存剩碶料一百六十八两六钱六分[2]七厘五毫内。所费止于此数，岁可省工食银二十一两六钱，而于水旱启闭之间又可以不失时，孰与往时坐食者徒滋公私之烦费而无益于碶哉！故买田筑室，募僧守碶，计似无便于此者。等因具申到府，随该本府亲诣查验，看得鄞县田地财赋强半在江之东乡，仰溉于钱湖之水，而东冈则其尾闾也。先年就此筑碶，庸以蓄泄湖水而捍御海潮，最而要害。稽之旧卷，屡修屡圮，徒费民财，岂惟匠画之未周，抑亦程督之匪人？今蒙上台特允府县修复之请，庞石鸠工，爰咨爰度，下筑灰仓三道，可无松陷之虞。碶门增为十三洞，每洞横以石梁，启闭既易为力，船只又难往来，匠画亦已周矣。管工县丞冉艺露宿野处[3]，悉心料理，一木一石无不亲自查验，一寸一尺无不亲视凳砌，料价工资一分一文无不悉得实惠，以故人各用命，工料精坚，而且省费一百六十余金。此非管工之伐而谁乎？碶成当议所以守之者。故事募碶夫三名，每名额编工食三两六钱，而私下帮贴倍之。然住址隔远，启闭往往愆候，无济于事。今县

---

[1] "云"，国图本作"去"，据文意改。
[2] "六分"，国图本作"八分"，据上文改。
[3] "露宿野处"，国图本作"露霜野处"，据天一阁孙本改。

议革去碶夫，即以节省余金置田庐于碶旁，募僧住守，计议详妥，相应准从，候完日将用过银数另行造册报缴。是役也成，鄞东半壁之地可免旱涝之忧。居守切近，启闭以时，虽百世存焉，可也。冉县丞勤劳半载，应以优异纪录。耆民丁继城好义效劳，应给冠匾，以示奖劝。自县丞而上，本府不敢为之屑屑侈口也。等缘由已经具详。外又据该县申请，见在造庵相应题名置匾。议僧庆茂、弘纲居住看守，亦应给帖遵照。查碶庵原借定地建造，日久官迁，恐有奸人骚扰，乞严示勒榜，以彰不朽。等情申府，看得置田筑室之议，业已转详该县，一面照行。匾题"永丰庵"三字，庆茂、弘纲准召住守，已经刊榜禁谕外，合给帖遵照。为此仰本僧务要常心看管东冈碶，以时启闭，使蓄泄得宜，如愆期误事，定行重究不恕。如有奸徒生事骚扰，许赍帖赴告重治，俱无违错。须至帖者。

知县马申文　弘光元年

鄞县为简案送厅、专僧看守保全水利事。

据本县六都居民史嘉潮等连名呈，窃有东冈碶前任魏爷垂怜役累，置田建庵，召僧管守，以时启闭，万姓称安。突遭定棍沈赞明噬利占田，幸僧控宪批县追复。案存。讵怀凤念，乘今拘认，碶役看管未满一月，倡首邀棍史椿等妆局诳宪准送水利厅，下情未达，致蒙差提通都，万姓惊惶，叩准简案送厅，专着僧人看守，保全水利，万民有赖。等情到县，据此察得东冈新碶于万历二十九年间，该前任魏知县创筑。此碶以时蓄泄，鄞东之民皆赖兹碶。但碶之所原坐定县地方，鄞民不便管摄，就傍亘建一庵，召僧居住，即着管守已久。今据前情理合，将原案具文一并申详，云云。

弘光元年　水利厅孔□审语

审得东冈碶，乃鄞、定交辖之区也，上蓄淡水，下阻咸潮，而碶分有二。其旧碶属定，而新碶属鄞。鄞民当日议所以建此碶者，要非无所见而处此也，第鄞田势居洼下，湖水萦洄，最虞泛滥者十九，故以此碶界之。继祝令其启闭，鄞民并无间言，或亦本僧可免无罪也。但缘定田傍山，专需灌溉，水则失准，势必充旸。而定以于鄞者，则以不便于定，或以碶料不坚而衔恨于继祝。众姓吁宪似亦迫于秋成之望耳。继祝年已老迈，力已倦衰，着令本徒明心顶补碶役，取其该里互结,严令专心启闭,不得水则致有高下,而使两邑士民各有向隅之泣也。仍取本僧朔望供给,以察其勤怠,则或永无他弊矣。事属公议,免拟责成可也。

敬止录卷之十

山川考七　桥

鄞江桥　西南五十里

百梁桥　西南五十里。

《宝庆志》作小溪江桥。元丰元年建，长二十有八丈，阔二丈四尺。而为屋于其上，计二十二楹。七洞，每洞十四梁，中洞十六梁。绍兴十五年，邑人朱世弥、世则重建。唐昌言为之记。记曰：

唐中宗神龙元年乙巳，韦景骏宰广平郡属邑勾章。邑治之北濒江，连年漂溢，居民苦之。景骏乃相地势以筑堤防，维舟作梁，人不病涉。后数年，迁赵郡即今台州。广平、赵郡，俱当考[1]。长史，道出旧治，人争奉酒肴拜迎于旁，间有儿童欢呼道路。景骏怪，问之："方汝未生，吾已去邑。恩未及汝，顾何以得此？"答曰："父老常言，学庐、桥漳，皆公之所为，人到于今受其赐。我辈正欲识公也。"呜呼！景骏固知所以为政也，桥漳初建，工不役鬼，必在劳民。物非天降，终由地出。愚民难与创始，犹使童叟感激，遗爱靡忘。矧兴废于灰烬之后，不烦众，不敛费，成于一家而垂万世之利，其功更难于景骏远矣。

四明山占鄞之勾章，冈岭重复，崒崔连空，盘纡深险，壤接会稽，泉源所自出也。千岩万壑，昼夜争流，东注湍怒，势击雷霆。唐县令王侯即山之麓，叠石以障水势，号它山堰。其水旱则三分入江，七分入河，潦则反是。自堰距江绵数里，南列市廛，北立官镇，居多衣冠族，人物繁庶，乃邑之一奥区也。山水暴涨，江涛怒浪，舟楫难济。熙宁中，里人朱文伟慨然以为利涉大川必假桥梁，于是捐

---

[1] 广平郡、赵郡均在今河北。韦景骏曾为肥乡令、赵州长史，《新唐书·循吏》有传。

已帑以经营之,垒石固堤,跨以虹梁,覆以华屋,惜工未竟而没焉。龙图俞待制铭其墓,载之详矣,不具述。其子学录公用谥,克绍前功,历数载始成。往来之人,莫不德之。

建炎初,胡马长驱,毁于兵火。越年久,官私睥睨而不敢举,以事重而费不赀也。汴阳高公龙图来宰斯邑,下车之初,勤恤民隐,究诸利病。尝叹是桥实为要津,若废而不葺,其如前人之功利何?重虑劳民,未轻兴举,乃见乡之耆老,必勉为之倡。伟之孙世弥、世则,孝友笃学,怀才抱志,乃相谓曰:"我祖我父,首创此桥,今瞿煨烬,每一见之,辄为痛心。矧重烦邑大夫之激劝,其容已乎?"于是锐然鸠工度材,一新旧制,采山植柱,作砥中流。设以巨板,纵长二百八十尺,横广二十四尺,覆屋二十有二楹,回环柅槛,对峙瓦亭,类皆飞梁劲角,布藻垂文,费约二十余万缗。以绍兴十有五年乙丑仲秋经始,越季冬落成。美哉轮奂,长虹亘空,巨鲸驾浪,规模洵宏远矣。时乃春涛丽日,夏夕清风,月白秋高,雪霁冬朝[1]。岸柳江枫,燕凫鸿鹭,骚客吟诵,高人眺听,不啻滕王高阁也。至乃车马憧憧,商旅坦坦,往来驰骤无舟楫波涛之险。朱氏之世德不綦普哉!嗟夫,父作家室,厥子犹有弗肯堂构者,又况祖父之建立,初非一身一家之利,孰肯继述于既废之后乎?亦可见仁人孝子之用心矣。然非贤邑令恺悌人,安能役民动众,使朱氏兄弟倾囊倒廪以专任其责哉!斯民惟恐高公指日践扬清要,以失此遗爱,爰欲拟像貌公,立祠于亭,朝夕瞻拜,庶使百里之民,歌甘棠如曩日,老稚复见韦君焉。公闻而力拒之,舆情终未已也。

昔子产乘舆济人,孟子讥其惠而不知为政。则是桥之成,非特朱氏不忘祖德,抑亦乐只君子得为政之先务也!镇官赵公榷酤之暇,竭蹶从事,宣力居多,知所赞猷,其宅心亦可尚已。乡之耆彦史、楼诸君属昌言纪其盛绩。余闻而喜其累世之惠于人也,故摭其实而称其相继之休云。

绍兴十六年丙寅季冬,郡士唐昌言记,南昌周勃篆额,太学生朱霈奉命书,成忠郎添差监酒税兼醋务库赵铸之。

右迪功郎县尉主管学事华樗年、成忠郎差监酒税兼烟火公事李公愿、右迪功郎京县主簿管学事赵伯昊、右承议郎知县主管学事魏行己、右朝散大夫知县主管学事劝农公事兼监市舶务主管大嵩盐场赐绯鱼袋高尧明同立。

---

[1] "雪霁冬朝",天一阁孙本作"雪霁冬朗"。

重修镇江百梁桥舍田疏：

志存于已，则述之克有其人；功成于前，则继之爱图于后。是以志者不至于徒善，成者不至于或坠，永永无穷，利济众矣。兹镇江百梁桥乡，以朱文伟肇创于熙宁，男谥继成，逮建炎初毁于兵燹，□□郎世弥、将仕郎世则睹祖父之功利一旦废坠，不胜致感，发愤任劳。其桥之形制、纵横，功之襄赞姓名，立石详之已。世则男修职郎昌时等盖期永而利众也，非时葺而恒修，乌称继述哉！爰割良田六十三亩于局，命圣寿寺僧主之，每秋归租作赡桥之费。吁，朱氏四世历功于桥，实德利济，非家之本固源深，曷能得孝子慈孙嗣徽不替云？时淳熙四年二月既望，乡贡进士林霆谨识。桥修于元至正甲辰四月，明成化壬辰火，重建。隆庆庚午年十一月毁于火，次年重建，万历甲戌十月完工。万历三十八年，桥屋颓，里人马一中、李子高请之知府戴新，佥报良民十四名重修。

元贞桥 西南四十里。元贞元年，里人王子明建。古有盛家渡，元贞时置桥，一名盛家渡桥。

徐家渡桥 西南四十三里。三港口。

东津浮桥 灵桥门外。

《宝庆志》云：唐长庆三年，刺史应彪置。凡十六舟，亘板其上，长五十五丈，阔一丈四尺。初置于东渡门外，江阔水驶，不克成，乃徙今地。方经始时，云中有形如虹，映其上，众咸异之。初名桥曰"灵现"，又曰"灵建"，以此也。太和三年刺史李公文孺、僖昭间刺史黄公晟、皇朝开宝中守钱公亿、乾道中守张公津、庆元中守林公大中、嘉泰元年守陈公杞[1]、嘉定四年守程公准、六年提刑程公覃摄守、十六年守赵公师岩，皆乘其圮而新之。宝庆二年，守胡公榘谓民已病涉，凡负桥之舟、亘舟之板、维舟之缆、系缆之柱，皆一新之。凡修置皆有记，今逸其碑，维曾公从龙、史公弥坚二记在焉。淳祐二年七月，圮于飓风，制守陈公垲又新之。盖自长庆迄于今，凡几建。鸠工辑材，取办属邑。桥成，贯以巨缆，碇于深渊，风涛乘之，脱落无策，听其自坏，新造则经年不可办。公喟然顾僚属曰："以经营之不易，听蛮廉之肆暴可乎？吾昔游淮汉间，有并五六十

---

[1] "陈公杞"，国图本脱"杞"字，据宝庆《四明志》补。

舟而可收于指顾之顷者,盍思其计。往往一岁飓作有时,由六月既望迄九月既望间一见之。闲暇则联络通往来,此时则卷而藏之,取水军脚船四济行者,庶乎可久。"众欢然曰:"令简而易行,桥可寿矣。"命干幕林元晋、路分傅端倘董其概,无事文移,听民就役,厥材孔良。阅四月,事就,揭其约于灵济庵,俾后来有考焉。

《乾道图经》云:开宝中,康宪公钱亿新之。旧有范的所撰碑,后沉于江,而尚书谨温其所作碑亦不存也。

王应麟记:

四明自唐长庆初迁州城于鄮城,东门之外濒江,民病涉。刺史应彪始建浮桥,有虹景见云表,即其地维舟,随潮汐上下,故桥以"灵"名。其长为丈五十有五,广寻有六尺。宋更名,桥曰"东津",屡圮屡修,郡乘备焉。

由长庆癸卯迄今,四百六十有九载,桥之名虽存,舟漏木朽,铁绳断,竹索腐。行人肩摩趋苇航以济,迅飚骇浪,瞬息沦为鱼鳖,莫或省忧。济南陈公祥咨诹民瘼,闻之嗟咸惨怛,若己纳之沟,更旧图新,以身帅之。牧守掾属,协力竞助,士庶风动,不约而从。饬材庀工,治舟易木,鼓铁为緪,揵竹为筏,规制巩壮,民不知劳。昔之畏途,今履康庄。波臣受职,罔敢昏垫。漕舻琛舶,辏集城下,夸夸创见,仁人之利溥哉!公犹为永久之虑,择民户十有六家,蠲徭役科条,隶局任桥事,未敝而修,费约工省,不止一时之谋,而贻无穷之利,仁心远矣。邦人欣欣,谓惠行政举,郑子产有愧焉,百世之泽也。

尝读《易》之《中孚》,曰:"利涉大川,乘木舟虚也。"盖信发于中,诚感于物,上至诚以顺于下,下有孚以从其上。惟悦而巽,可以化邦,可以济险。公之新斯桥也,其得《中孚》之义乎?造舟为梁,岐周肇端。富平成桥,元凯垂绩。曰渭曰河,非有江之险也。江与海接,至险不测,风涛震荡,鲸奔蛟横,是以桥难立而易圮。君子敬保受民命,兴利御患,推恻隐之心,克施有政,作事于始,必将为法于后。使继者皆如始作之心,朝计夕思,日葺月缮,用惠我无疆,遗爱在民,与江不竭,若洛阳桥,大书深刻,孰曰不宜?乃识其事,诒后人俾勿坏。

刘仁本记:

四明郡环郭皆水也。水出自剡源,合七十二溪,会于奉川。又分而错下,其西、南、北流悉导治为河，独东汇鄞江以达于海者，潮汐吐吞，横亘其外郭甬东道，故往来患涉焉。按郡乘，始自唐长庆中，刺史应彪度江广以丈计之五十有五，制十六舟，舟连负板成桥。桥具而虹霓见，众咸异之，因名为"灵桥"。历五代及宋，屡圮屡建。岁月深而缅梁易于败绝。至有宋，七八月间，飓涛作，遂卷而藏之，代济以小航者。率皆区画无法，制度非良，讵可久计也。

当国朝至元间，宪使陈祥又更治之，遴编户蠲徭，俾专缮修。久则并缘奸起，故蠹者利其脱落，终岁营造弗就，轮役之氓困病，行道之咨嗟兴矣。至正二十年，中原乱作，淮氛浸扰，江浙省平章方公肃廷命统舟师，分署镇鄞。时桥政久隳，乡父老有水济川者，若而人献言于邑丞麻公直曰："先是，县官赋米，得三百二十有五石，配徭户受作子本，计造桥直，籍而僦之，岁岁而葺之，若暂宜之，安知其久而不汩之也？矧事未就绪，而民罹供亿日烦重，力不逮矣。今偿米直，愿公为之计。"丞上其言于省。省议题之，谓可以利民者而病民乎？遂檄郎中张启原董治，而俾丞厘正焉。乃官出缗钱九百锭有奇，购材召工，仿台郡中津桥制，每舟以二为偶，肩连枋比，合为一扶，中实以板。凡为舟一十有八，共为扶偶者九。铁绳贯串，纽组岸浒，篾缆相维，杙捷江底。栏楯之丹臒，扃锁之坚固，凫翼蝉联，与波流上下颉颃。仍籍丁夫二十有一人相之。于是憧憧往来者，履坦坦之康衢矣。既而计余镪作二航，以济桃花渡之涉。罄余钱米，买田得一百有五十亩。城之士民率助者，倍其买数。又规桥侧灵济废寺亩一百六十有奇，并其基址，易构为桥局公廨。中建厅事四楹，旁列仓庾八楹，后为佛堂六楹。举其香灯，命僧居之。公为捡籍岁收子粒，慎其橐钥，专理桥务。民勿再劳，官无傍出。经始于其年夏首，竣役于秋八月。

既落成，有众欢然相与来告曰："是桥自长庆迨兹五百四十期，更历世代，作者屡矣，而未有若今日之完美坚密，且为永图也。官之利民，厥功著矣。愿垂不朽，托文剞石。"於戏！刳木为舟，造舟为梁，咏于《诗》，赞于《易》，乘木舟虚，利涉大川，由诚感于物，上下顺从，得"中孚"之利矣。十一月徒杠成，十二月舆梁成，王政系焉。今兹制度之谨，贻谋之远，惟溱与洧，不可以方思矣。然经理有良法，而废兴存乎人。人存则政举，亡则堕。昔文公朱夫子任浙东常平使者，视黄岩县水利，创河闸，买田庄，为经久计，行数百年而民获其惠泽。至正初，黄岩贰官有作利涉桥于澄江，而为募置田租以苏民力者。今田湮没，河闸与之俱废。利涉则重困于民，问租无有也，岂不在人而不在法乎？噫！敢用书以劝于后之来者。著之铭曰：

维鄞海邦，东阻于江。莫予揭厉，潮冲汐撞。舆梁有作，作其艅艎。舣十有八，挟彼两杠。屹然砥直，如鼎力扛。康衢九轨，厥履孔跫。四民来往，欢语笑唬。君子平政，既仁且庞。君子锡民，福禄攸降。祥虹飞亘，华表植双。后有作者，视刻珉玒。

陆瑜记：

宁波府，四明故郡也。鄞为附庸巨邑，雉堞宅厥中，群山拱其外。大江如带环东郭，曲折而北，接舜江，南注剡、奉二川，直郭之东，汇为三江口而达于海，故鄞鲜淹溢之患。漕舻琛舶，辏集城下。界江东壤，民物繁阜。为津计者，江通潮汐，中激底洌，非溱洧可比，惟灵桥之制为便。当夫风日晴霁，桥行一览，恍然如在画图，尤一郡之胜也。

尝考其制，唐长庆初，迁州于此。刺史应彪因民病涉，创舟十六，负板成桥。时有虹景见于云表，即其地维舟，故桥以"灵"名。其长五十五丈，广寻有六尺。宋更名桥曰"东津"，屡修屡圮。郡守陈垲有秋飓卷藏之议。元宪使陈祥更制铁绠，以固其统，择编户十有六，隶局捐徭，专事修葺。方平章据鄞，增舟二十、夫二十一，置库及田，区画甚悉，见于天台刘仁本所撰碑。然经久之图，皆望乎后人。元季库局俱废，田入于官，桥政亦隳。皇朝洪武初，鄞、奉、定三县备材建修，后互缓弛事，用郡人黄功廓之言，佥附民七十二户，俾专修葺。岁久，官不加省，户替不复，桥徒其具。缆索草茸，舟筏泥饰，经行者若蹈春冰。忽值迅飚骇浪，漂泊狼籍，经月弗就。人以小航代济，沦溺踵接，行道咨嗟。

正统九年，浮光陆公初以进士授户部主事，卓著声绩。大司徒荐闻，升知宁波府。下车之初，恤民疾苦，简其征徭。凡学校祀典之修，弗亟弗侈。计桥之费，不可猝就，督户租为其具。于是捐禄入，积锱余，同寅相谋，乃于去年冬，命耆民经治，伐大石垛，桥首各树石柱二，造排筏十有一，遣人于钱塘择木，为舟二十。价廉工省，数月事集。每岸维一筏，扶一舟，余如故制，为九扶偶，肩连栉比。中实巨枋，篾缆相维，碇于深渊。旁加栏楯，夹贯铁绠，纽组石柱，钩圜中绾备开合。蝉联虹跨，随潮汐上下，略无寸罅，规制巩壮，莫备于今。徒驭安行，道坦如砥。落成之日，文武僚吏、荐绅宾士、军民老稚来贺，云集填道，莫不举手相啧啧，颂公之仁如一口。又作石亭三楹，为守夫过客寒暑风雨之庇。重刊仁本遗文于石，树于亭左，用昭前烈。旧废舟筏，解拆养济院季薪，以其价构院房五十七间。举一成二，民不知劳，其惠下之仁溥矣。邦人欣欣来相告曰："邦有兴作，财不公支，必募于民，未若我公，斯桥之作，运之于一心，收功于众也。非公之精诚真节孚于上下，其能然乎？愿著石章，以谂无斁。"

呜呼！创固难其人，继之尤难其人。是桥自长庆癸卯迄今正统己巳，六百二十八年，更守宰不知其几，能以仁民为心者，落落可称，何仁贤之不多得也。彼岂无是心哉？惟知利己，不知恤人，苟生幸死，甘耻无闻。后人迓续斯仁，济民之艰，犹己之艰。桥之永如此江，仁之流如此水。乃系歌曰：郡城翼翼，鄞江潆潆。浮梁虹亘，周道砥平。利涉大川，维仁允济。我公之仁，钦于世世。

黄润玉记：

四明为郡，本古诸侯堇子封国，三垂际海，独西括四明山，联络会稽之余姚二境。山有泉，一出虞之七里滩而为姚江；一出郡之钟村，合奉川而为甬江。两江中环郡境，至所谓三江口会流，东入于海。昔秦郡会稽，邑堇为鄞，因易甬江名鄞江。唐武德初置鄞州，开元间改曰明州，治在鄮山。长庆元年，刺史韩察移城于三江口之西。三年，刺史应彪始造十有六舟，为梁于鄞江东洋。是日，云中虹见津上，表名曰"灵桥"，就额东城门以志异。

唐末，盗起梁坏，刺史黄晟重建。宋元以来，屡坏屡修。嘉定中，摄守程覃尝拨钱五千缗，置库及田，取息备修葺。元季，田归于官。国朝洪武二十七年，增船二只，佥民七十二户，守而葺之。正统间，郡守陆公奇大葺梁具，旁施铁桓。近年，风涛间作，舟梁寖坏。成化改元之明年，朝廷举贤刺郡，大理方公来守吾邦，时和岁丰，百废具举，乃撙节冗费，尽撤浮梁腐材，重以杉木造二十舟，丹涂舟首以压水怪，垩墁舟腹以御水蚩，方之而构以编栈，箱以互栏，乃联之贯铁，绠于东西岸之石橛。复窏两石肘岸旁，并岸之栈，施转轴贯肘，随潮汐纵缩轩轾之。卜吉，将比梁，郡父老合言于鄞县大尹刘侯，愿纪成绩诏后人，期必绳绳修葺俾勿坏，且以著落成岁月也。刘侯受其言，具前绩告予而图之。予谓东津之东，卫司演武场所在，浮梁实据一郡要冲。凡沿海九卫所，守隘十巡司，课盐三十一场，分洎七乡，齐民数万余家。不惟往来人马辐辏梭纬，而邮递声息，上下交檄，昼夜不绝；镇帅所部，演武卒伍，寒暑不停。是诚一日不可废浮梁也。

或者方舟一被潮飓冲激解去,必需扁舟横流渡之,人畜杂遝,常罹覆溺之患。今公斯举,规制宏大,木材坚贞,出于前人计虑之表,俾守津者省烦扰之费,渡津者宽覆溺之忧。此见公以不忍人之心,行不忍人之政也。《春秋》,常事不书。是役也,非天根见、水涸成梁之义,较之惠而不知为政,百宜书之。侯公三载政成,凡惠民之事,固不容以一再书,姑记此,以为之兆。是岁冬仲月三日,挥使刘公鉴与诸司僚属既举酒落成,庸斫石镌文,以告来者。

公名逵,字景由,世家闽之莆田,登甲戌进士第,历官大理评事。若夫郡庠创尊经阁,广游息之居,修鼓角楼,增筑养济院屋舍,各有梓匠落成岁月在。

按:自此,修桥之役每三年金报富民,属以缮修,谓之江桥大户。官或给银仅十之一二,率为中饱。非特一时费出不赀,而三年之内,凡风涛漂坏、燥湿损剥,俱以责之。至督役之吏、守桥之夫,其攒吮无论也。一罹其灾,妻、子俱非已有。百计贿脱,进退倏忽。凡中人以上之产,无不饱奸胥之橐。最后以拙弱者当之,不啻空山之伥、深渊之魖以得代为卸厄之期。百年之间,吾邑厉政莫此为甚。以上碑碣,其可复得耶?予故特书之,以诏后之司牧者。

元初,设桥船一十六只。至元二十九年,差设民户一十六名,各管船一只,与免差徭。为是涨涂东西两岸,增砌石磡,止用桥船一十四只,差令桥夫一百四十名看守。后因船户言告消乏,金补不便,本路拟将排年积下支销不尽挑粮脚价一百七十锭,每两三分起息,分借罜实[1]之家,营运获息,修理浮桥。至元元年二月,内申奉使司帅府备奉省府札付准,拟已将桥户放闲。当差仍令桥夫看守,及将前项钞锭发下鄞县录事司,召主规运递年获到息钱修桥之外,余者转行作本,到今统有本钱中统钞七百余锭营运。如遇桥木、船只损坏,就行支销息钱,买办木物。修造船只用度,不曾动支官钱,公私便益。即自浮桥见行礓船一十四只,分列江面。每船两头用篾缴二条及将系缴捍钉江底,并用挺心算子木铺排船面。两边又用栏干二十四座,铁索二条,大篾缴四条,压定以成桥道。军民客旅来往通行,并无阻滞。

---

[1] "罜实",浙图本作"殷实"。

附：王深宁《甬东辨》

《左传》："越灭吴，请使吴王居甬东。"注："勾章县东，海中洲也。"《吴语》云"甬勾东"，注："今勾章东，海外洲也。"《越语注》云："甬，甬江；勾，勾章也。"晋孙恩寇浃口，入余姚，破上虞。《通典》云：越徙夫差于甬东，韦昭曰"即勾章东，浃口外洲"，明州东北到大海浃口七十里。今按，甬东浃口，即定海之浃港。《舆地广记》言"定海有大浃港"[1]，今以城东为甬东，误矣。"浃口外洲"，即翁州也。郡志谓甬东为昌国，盖本于《元和郡县志》。昌国，乃唐之翁山县，熙宁六年析鄞县置，岂亦勾章地欤？

黄南山云：

鄞江，自昔名甬江，源出四明山之南，支流为江右之渠，曰"甬水"。晋鲍神庙甬水村，今郡城是也。凡甬江之东，即《左传》所载"甬东"，至今名"甬东隅"，实秦、汉鄞县之区，正越勾践置吴夫差之地，世谬指海中翁山洲为甬东也，故不得不辨。

慈溪江

源出余姚太平山，至丈亭岐而为二：一贯邑中，一环邑外。其西北诸山之水，未至县五里，汇于彭山堰，有斗门以泄于江。二江皆东来，至西渡复合，以历郡城北，去城止丈许。至郡城东北会鄞江，为三江口。宋吴潜因于合处堰。其贯邑中者，名小西坝。

瓦窑堰　西三里。

崔家堰　西二里。

于清堰　西五里。

邵家堰　慈溪地，西十五里。原名绕江堰，今讹。又名顾家堰，高家衕对江。

和尚堰　西五里，又名九里堰。

金家堰

西渡堰　俗名西坝。正统间，守郑珞移置浦口，两岸甃石为塘，植柳其上，以便往来，民称郑公柳。

---

[1] 宋欧阳忞《舆地广记》（文渊阁四库全书本）实作"定海有大浃江"。

朱将军堰

以上俱西二十五里,七堰并清道乡。

保丰碶　北城外半里,洪武二十七年重建。

《宝庆志》:

　　西管支港受它山、林村两路之水,满则泄之江,若行春、积渎、乌金、石塘诸碶,皆所以泄西管水也。行春、积渎、乌金相距不过数里,惟石塘碶回环而北,三十里间无一碶可以泄水,每遇霖潦,往往汇于城下,反借城中三喉传送。三喉穴城为水道,仅通一线,所泄能几?此保丰碶之不可不复也。先是,淳祐辛丑,余参政天锡典乡郡,已有意经营,不便者怵以风水之说。明年,郡守陈垲讲究水利,邦人具言保丰兴废关千里[1]丰歉,即拉西倅尤燀、南倅赵体要、路分傅端倜、佥判石孝广、知县谢琳,亲至地所相攸,乃知故基为碶旁居民李、沈二家冒占为屋,为蔬畦。下其事于都厅,索两家契据,原无所凭,但云祖父以来,相承有此,具伏侵冒。于是亲督壕寨,引绳度地,碶所不用者,捐以与之,且厚所犒。然此地本楼店务所有,原非二家之物。询之耆老[2],俗讹为宝峰,意当来藉此碶之利,则丰年可保,第图志不载,不知废在何时,今始正名。已申朝省照会,为闸两间,立石柱三,造板桥于浦口,以便行往。是役也,物听匠石承缆,先给本钱,工以水军,别廪生券,民不知而事已集。标识岁月,见于双柱石圂。

应繇记:

　　"鄞人累土堰水,阙其间而扃以木,视水之小大而闭纵之,谓之碶。"此南丰曾公记广德湖语。按小学书,"碶"字未之见。南丰仕越,越与明壤接,诹方言,知地势,晓水利,故其语弥精。水利废既久,南丰所谓九碶者,存焉盖寡。它山、桃源之水,羡于郊。所钟自南徂西,西有行春、积渎、乌金,相比最奢者,曰石塘。自石塘北抵城下,亘三十里,独无碶。水虽欲注之江,不可得焉。其贯入日、月湖诸渠,往往股引,反借穴城趾为喉者三以出,不能大有所宣通,以故城内外,间岁多沴。淳祐二年春正月,知府事兼制置中大夫秘阁撰陈公实问民病疾苦,躬

---

[1] "千里",宝庆《四明志》作"乡里"。
[2] "耆老",宝庆《四明志》作"父老"。

出入阡陌，水政罔不备举。廉知距城北半里，故有碶，往视则厥基隐然。居民屋其上，或畦以种蔬，索质视，空无有。讯之父老，欢曰："碶果复，兹可以无水患。"公意遂决，乃疆乃理，仍庚直，且割其余畀之，伐石斫木。顾其予价，若私家赋役以帐，兵给生券焉，乐为用，遂成。筑健如，辟之牖如，坚致可支久。并碶为桥，以便行者。碶旧以"宝峰"名，公谓宝峰直北，在旁邑，隔两舍，远取非是，因旧易其字曰"保丰"，且曰："有是，则丰年可保也。"众喜谓宜。

公之先正通奉公于古虞有遗爱，大较以务农、兴水利为治之本。公讲明孔凫为政，必首垂视于此。夏暑，雨连数日夜，水溢出山谷，佥以为忧。公单车察水道，亲督疏治，念不可偏，历出意匠，创平水则，高下浅深各有差测，稍验过其度，遣寮寀、走骑吏，启闭不逾刻。人皆叹其神速。于是水不为沉菑，岁得大熟，已乃以其式登之郡乘，使来有所稽。

公之为民虑深矣，天不能无水旱之灾，而能使水旱不为灾者人也。成周亩浍川浍之制待其人，然后行西都。循吏行视郡中，水泉开通，沟渎起水门，作均水法，刻之石。其施置，犹有古意。公立心无欲，用志不分，所至为人作丰年，视班氏史所书，其殆无愧。知鄞县事谢琳请记保丰之役为诵，所闻公葺碶凡五六，又创回沙闸，以余力除东湖葑，开利无穷者，非一简册屡书。公名垲，字子爽，自号可斋云。

宋开庆元年，判府吴潜得水势径直之地于其石，因广其趾，改创为五柱四门，阔三丈六尺，深四尺余，坚密雄伟，虽湍流涌激，未尝有损。后更名"永丰"，岁久湮塞。老人吴寿甫建言，废在城衮绣桥之石，复加修理。

石塘碶　西二十五里，清道乡。宋宝祐间，吴潜建。
沈文恭公《重修石塘大小二碶碑记》：
方国生民，藉卫于土。厥土用水，说在岐伯氏之养荣也。

吾鄞由甬江而西，沃野二百余里。它山据江之上游，以注于会城。灵源大启，故西南诸乡罔不借荣于它山者。顾泰雨横决，泰旱焦泄；决不甚虞，而泄则助割。于是有保丰诸碶，以司蓄泄。石塘介在西隅，视他碶稍隘，而为利滋巨。折而东有小碶，循碶而下为九里浦，以注于江。高下斗悬，皆鄞土也。小碶之内，支流蜿蜒，有逮于慈者，然而碶非慈有矣。碶固有限，不以石以木，盖创始者酌启闭之宜而定规,与碶终始。夫宁不知石之贞远也,为蓄易而泻难,利于[1]下流,不利于高壤。乃处下流者,邀我之启以为蓄,而踞高壤者,因彼之蓄以防泻,幸得利而漫有害。石之不宜于碶也明甚。

万历乙未,小碶崩圮,司碶之吏,议绳初欤,而慈民以其私臆,谓不利于己,至鸣于上官。前令常熟翁公,诚慨斯事,率诸父老绕碶而揆,追维往迹,曰:"吾为疆吏,我民之勿奠,遑恤其邻!"遂报中丞御史台暨巡海使者,仍用木。于是,鄞民雷然颂德,趋事若子,浃三旬[2]而大、小二碶毕事。既毕事,而鄞之民谓自兹以往,水藏安平。虽有旱潦,无损于秒获,永有石塘之利矣。夫莫非王土,何别于慈?顾为慈亩不过数顷,为鄞不独五隅,遍于七乡。鄞之借以朝夕者大半,夫断指以存颈,仁者不为,况断颈以存指乎?宜公力捍吾圉而以树渊邈之图也。

是役也,大义布昭,众志胥定,皇皇明赐,与碶俱远。盖公为政,敦敏肃给,其为民驱除若疢于厥躬,必释而跻之,康阜乃慊。兹特其一事,事在丙申之秋。明年,奉诏允法[3],从诸父老谋,镌诸碣,以诏后来。征石言于余,时余方待罪纶扉,不果。岁丙午,予告归里。里人相率而前,颂公显伐,遂不辞而为记。诸大夫及乡之慕义率赀来埤者,其氏与名具书如左。

浑水闸　西二里。西门外花园侧,清道乡。《宝庆志》误载"二十里"。

北津堰　又名北清。《永乐志》云:"旧有此堰,蓄水以通城下濠池,今湮。"

旧《图经》云:北津在县西北二里,多历年所,外受江潮之冲,木朽石颓。秋潦至,则卤灌于河,农以为惧。舟楫之往来者亦病之。宋宝祐间,郡兴工修理,因旧增高,内分两傍,各甃砌堰臂七层,造屋四间。据此,则是堰亦为邑之要害,今废不治。堰之东有小径,由郑公渡之江北,可达定海灂浦、里溪、文溪等处。

茅砧碶　附　一名茅洲,属慈溪县西屿乡。前志误为德门,而德门及定海县清泉、灵绪二乡,鄞甬东隅俱沾其利甚溥。

先是,碶西五里外有赵氏,地隔其前,江流不得通。宋宝祐五年,判府吴潜

---

[1] "利于",国图本作"易于",据沈一贯《喙鸣文集》(明刻本)卷五改。
[2] "三旬",《喙鸣文集》作"二旬"。
[3] "奉诏允法",国图本作"允诏奉法",据《喙鸣文集》改。

市其地，浚为管山河。于是西江二百余里之水悉汇于碶之上。碶有闸，闸废更为堰，水利又隔。遂于旧闸基傍为新闸，立四柱，分四眼。后又以处置江面旷阔，有泄无蓄。至正癸未，总管王元恭更置之，掘东、西两头江河六十丈，通流潮水。详具于记。记曰：

慈溪北际大海，东与定海接壤，又东为长江，通潮汐，南抵郡城，折而西，洄曲殆百里。导姚江山溪之泉，迎遏咸流。由丈亭北东，别为内江，入茅洲牖，会众水，以达诸港，灌注二邑之田四十余万亩，又以及于鄞之甬东，涝则亦由是而泄焉。

宋宝祐间，沿海制置使吴潜尝再置牖，地在西屿乡，而郡乘以为德门，则必书者之误也。载基沮洳中，迤至于今，伏流穿漏，停蓄易涸，田失美溉，岁累弗获。至正元年，天子诏郡县农事官知渠堰事，庆元路总管蠡吾王侯元恭，究心水政。明年按行属邑，郡人倪可久等以是牖之病民，列词以请，愿共其费以治之。侯为白于庸田使于浙东大府、于部使者，乃率僚吏，集耆艾，博采群议，相度地宜，属可久等董其役。遂于牖南五十步而近，买民田，垦土辟基，据杙布址，深入土而与基平。衡广十有一尺，置巨石其上，树石为六楹，楹中广八尺，凡为尺四十，上置石若梁然。累石两涯，高十有三尺，浚渠六百尺，以通江河之流，捍木板楹中，视水之盈缩以时其启闭。屋其旁为守者居。撤旧牖，实以土而加筑焉。余田十有三亩，艺以食守者。计工二万三千有二百，木石、蜃灰、佣食及买田之费，缗四万四千有八百，出于可久者六之五有奇，沾利之家衰以助者不及六之一。工作于又明年之二月庚戌，讫于十月己未。材制坚良，规模宏壮，有加于旧。又置詹家牖于其南，以宣节支流。旱涝之虞，庶几有赖矣。

邑之长老桂天麟等请载其绩于石。夫国家择守，今以任生民之寄，降诏申命，以重其职守，所以重本务农，仁恤黎元也。庆元远处海陬，而慈溪、定海至于甬东，又迫于海。树艺于广斥之区，而欲遂其生育者，必借原源之浸溉也。而堤防疏导之工，其可一日而忘之哉？然自宝祐以来数十百年之久，岂无任民社于斯者，则亦孰知是为重哉！侯毅然以是为己任，而无有能阻之者，功底于成，流惠无穷，可谓知所先后而善于其职矣。

古有决漳水以灌邺田，引泾水以注渭中，号称良吏，形诸歌谣，载诸简册。兹侯之绩，诚不可以无纪。至于浚河渠以博通其利，则有望于后之人也。若可久之勤，亦因侯而致之，遂得系名于永久云。志不载名。

奉化江

源于四明之镇亭山,出县之惠政桥下,与诸溪水会而南来,至三港口与鄞江自小溪出者合而亘郡城之东。

欹碶　东南四十里。丰乐乡二十三都。

东周碶　东南四十二里。

古塘碶　东南四十三里。二碶俱丰乐乡二十五都。

樟木碶　南三十五里。鄞塘乡二十八都。知府陆阜修。

练木碶　南三十五里。鄞塘乡三十都。

茅针碶　南四十五里。鄞塘乡。《永乐志》名茅山港口碶。

附　常浦碶　在奉化北三十里,界乎鄞县。两县三乡之所取济,即北渡。

塘

王驻洋塘

走马塘　茅山南。临河直路,云是张兵马骑从往来。诗云:"策马转山隅,芳塘按辔徐。风尘人过靖,泥泞雨余除。柳色缠金勒,波纹曜锦裾。固知风俗旧,不必问图书。"

狗颈塘　即长塘堰,见上。

西塘　浮桥之外有西塘,自甬东至木支堰,系民旅沿塘往来之路。外边河,内傍田,侵削几不盈尺。淳祐六年,守颜颐仲重修。

马港塘　详《胜迹考》。

黄燕山塘　诗云:"马迹经年少,羊肠自古存。迢遥应远寺,屈曲可通村。微雨添春色,柔风拂晓痕。谁家明月夜,樵子候柴门。"详《山》。

鄞塘　详《胜迹考》。

断塘

湾

诸葛湾　东乡大涵山下。

湾头　北门外。

仙水湾　西门外,西成桥西。

洪水湾　见上。

老龙湾　西城外濠河。中有沙横亘,稍旱,舟楫不通。为锡山龙脉入城。详"庆云楼"。

寺湾　即下番滩头，又名寺湾，以古有江下寺也。

包家湾　有龙潭塔。

渡

桃花渡　一名东渡，县东二里半，老界乡。通定海、昌国路。宋宝庆三年，守胡榘造昌国渡，船二只。

北渡　西南三十里。通奉化。言北者，就奉化县言。奉化有南渡，故以为北也。宋有洪子五名管干，令鄞、奉各官设渡舟、渡夫。唐许浑《早发北渡》诗："南北信多岐，人生半别离。地穷山尽处，江泛水空时。露晓蒹葭重，霜晴橘柚垂。无劳促归楫，十里有心期。"[1]

铜盆浦渡　西南十五里。

翻石渡　西南二十五里，俱通鄞塘乡。相传唐王元暐筑它山堰，采石东山。石浮而至，一妇以帚指，石即翻没，故名。宋咸淳中，江涸，见其石如铺。明正统七年，鄞令杨寿重造渡舟，建亭渡南。万历间，知县江秉谦从里民任氏等请，免里长收鲜，造舟雇役。任氏有世泽碑在亭。崇祯间，知县王忠烈公复为申案。古诗："铜浦对江口，蓉江傍海滨。西风白浪起，愁杀渡船人。"沈宇诗："江名翻石久且长，一说二说俱未详。春潮几泛落花去，舟人笑指胭脂香。"

和尚渡　西南三十五里。通勾章乡。

以上四渡，俱光同乡。

徐家渡　西南三十五里。通奉化路。

俞公渡　一名俞家渡，西南三十五里。

李家渡　西南四十里。俱通三十三都。

以上三渡在勾章乡。

舟宿渡　南三里。《宝庆志》作"周苏渡"，西北有倭坟。

郑公渡　西北二里许。北津堰东渡江北，可通定海瀣浦、李溪。

李溪渡　西北十里。通慈溪文溪等处。

青林渡　西南六十里。

西渡　西北三十里。即西坝，通慈溪。《宝庆志》："管堰洪子原管一十八名，每名月支和

---

[1]《全唐诗》（清光绪十三年上海同文书局石印版）作《晓发鄞江北渡寄崔韩二先辈》："南北信多岐，生涯半别离。地穷山尽处，江泛水寒时。露晓蒹葭重，霜晴橘柚垂。无劳促回楫，千里有心期。"

雇钱二贯文。牛蓄原额八头,每头月支草料钱一贯文,索缆月支三贯文。初委鄞县丞于所收役钱内支。丞不任职,所支有名无实,人畜俱亡。宝庆三年,洪子存者一十三名,牛存一头,舟上下甚艰。守胡榘买牛增人,收丞厅役钱入板帐,按月支给。"

半浦渡　西北。

潭

乌龟潭

张家泽

上潭中潭下潭　即它山堰之河。

小张潭

冷水潭　西南五十里。

清水潭　天童街左。一出天童,一出盘山,一出凤下溪,三派合注于此。

悬磁莳潭　西南六十里。旱甚时,河渠皆涸。惟此潭不竭,灌田数十亩。

井

府治前井

县治前井

参议庙井

车桥南巷井　《宝庆志》已载。

按察司街北井　《宝庆志》云:"鄞县前,坐北大街井是也。"

孟婆井　即《宝庆志》"庙巷井"。

雄黄井　嘉宾堂内。相传日本入贡,馆此。尝投雄黄井中以避毒。

纺丝巷双井　里人王高置。

广盈仓井　即《宝庆志》"能仁寺前井"。

涵虚井　四明驿前,驿旧为涵虚馆,故名。

水仙井

按旧志云,在水仙庙前。庙前有普庵浮石池　见《寺观考》。而无井。噩梦堂《崇教寺·杨土地传》有"寺侧水仙庙、水仙井、福聚庵,皆杨氏宅"语,今不可考。或谓在水仙神座下,或谓在隔湖碧沚庵中,因宋赵以夫庙碑称"碧沚水仙渊灵庙",谓即阿育王井金线二鳗。建隆二年旱,明州节度使遣楼深等到山请之,放碧沚井中。是岁丰登，赐额"渊灵"。嘉定十五年旱，史鲁公请于朝，遣检校赵师岩到碧沚，请鳗之杭，随雨，加号"水仙渊灵侯"。此井所由名也，未知是否。

醋务桥义井 里人大理卿徐时进凿以济众，自为记。记曰：

郡醋务桥，据湖之北口，为通津，然遇旱辄涸，无言渡苇，即鲋不足活矣。迫桥之南左微有坎，不盈尺，或扼之，水汩汩不可竭，莫不诧为神，汲者踵至。坎故在河堧，从桥之左胁下，止容一人。坎方广，止受匏一二。又堧沙砾凹陷难垫足，又他井枯计从坎汲，而堧之淤污未干，坎水率率未得泚。当河之弥，则又无所为坎矣，故其济亦有限。

予视坎必当泉眼，不然何以河涸而坎不涸？察源所来，乃在岸东地，从所主买之，近源而井，众莫不大喜。而主故昂其直，滨河屈曲，其地数十寻，酬十三金犹未厌。里父老讼言于邑，邑为躬行，视度已浮恒直，遂得坚决，砌焉。砌之月，为霜初降，当水减之候，用两桔槔，犹不能胜其源所出，以故掘不加浚。今年大旱，郡东北陬半壁皆就汲绠，担道相属，无宁宵昧，几告穷，则又恨前浚之少却矣。方砌时，其里隐多砠，为之纫外，垒诸方碇，佥谓可无他虞矣。次夏，河流绿，井泉亦绿，行道为恻。及秋水落，乃尽撤岸砌，用大板石障之，益以黄土、石灰杜隙，始得无外谮为眚。通计砌费浮于市，地直又二倍，而井上之亭犹有俟焉。丁未八月朔日记。

湖东惠井 欢喜庵侧，名沙井。陆金为记。记曰：

贺监湖东，有井存焉。井非古也，徐翁古心以缙绅世家，心存弘济，患湖流停涸艰取汲也。嘉靖二年七月谷旦，率男澄浩，择水涯洁地凿井一区，捐赀甓砖石。时当新秋，嫩凉始布，众志惟熙，杖锸从事者荷天灵、通地脉，襄资效劳，不日而事竣。井深若干丈，阔若干尺，渊源甘冽，飞泉仰流，环井数千百家荷担取汲。积雨息肩，巷反明闬，或旱熯忧枯，仰汲者舟甓骈集，殆遍城市。涌泉散溢，踔藉泥汀，若宿雨然。众谓干湿反常，虽呼为拗井可也，是非天造也。一家劳之，四境利之，泽益远，利益多，功成于众人之效力，而惠原于徐翁之举义。吾闻作善降之百祥，翁之桥梓，遗泽及人，芳枝秀发，其可量乎？君子乐道人之善，翁善，盖一乡可喜也。因表其凿井岁月而为之记。隆庆五年春三月望日，乡进士从仕郎真定府赵州判官梅墟龙峰陆金撰。

海神井 海神庙前。

宁波卫井 在卫内，相传方国真以雄黄填其中，水甚清冽。

聚福庙前北街井

广福寺前井 寺门左。

府学前井 学门外。

双井 名为双井巷,新街北入巷。

梅山井 甬东隅。王忠烈有《梅山池义井碑记》。记曰:

溯河源者,必追星宿;汇江泽者,必本岷山。盖蒙泉发祥,开百世斟酌之府,泥丸正未可封也。鄞治襟江带海,东渡浮梁,越数里,有梅山池。池上竹木森秀,其径幽而净,其泉甘而冽。熙熙万井,咸取挹焉。予入计,复淹兹土,冬久不雨,皇皇用汲。而包氏诸生,且以为祖泽,观鱼于牣乐郊,不忍一戕其生气也。尔时,赴公堂者,众口嗷嗷,一似文园病渴,濡沫皆恩。俯睇舆情,方知洒甘露、濯金茎,群彼焦灼。俱赴清冷源为快,何忍以灌注微流,致向隅饮泣乎?况包姓睿哲名贤,先后辉映,安知非梅山池一脉所翔洽而起?纵令决此一勺,普及西江,则水"师"之象,君子以容民畜众,谁不额手而颂甘泉耶!将天一化生,涣作龙光百道。"泽之解"即为"潜之飞",同井者食其德,而不忘其源,不尤胜于沾沾涸鲋之为绳武哉?《易》尚"同人",即于"井"之义下一注脚。

江东双井 县东三里。源自大涵山,上石窦二,故名。味甘冽而旱不涸。

化成井 县东十八里。相传一道人见月取水,凿地成井,故名。

尹呑井 县东龙山北。深不满五尺。岁旱,水仅数升,以次汲之不竭;争汲,水辄涸浊。其灵异如此。

法华井 南常乐寺前官路侧。昔人题有"宝祐桥边义井深,土花溅碧荫藤阴"句。宋治平间,僧宗晓凿,作亭其上。

玉泉义井 王将桥南岸,名玉泉。上有玉泉堂。

碧溪亭井 仲夏桥侧。

竹节亭井 丁家岭下。上有亭,石柱琢成竹节,故名。

黄姑林庙前井 有亭。

潮音堂井

陈敬宗记云:

浙东为东南大冲,而宁波甲诸郡。宁波之城右,又甲一郡焉。凡闽、广之商贾,日本、琉球之使臣,莫不往来于是,实为四通五达之途。祁寒溽暑,无乘凉济渴之处、栖风候雷之所,人恒病之,甚为缺事。吾郡陈公郯庵者,仁人也,乃为之恻然。卜地于城右半里许,伐木于林,舁石于山,鸠工凿池,而幕之为井。井上立亭三楹，规制朴素，像设尊严。亭成，延僧惠济，而领之者艰其人。有寿昌上人道乾者与公厚，因以亭属之焉。迮迩之人咸德之。岁久，风梳雨沐，梁栋夷坠，其伯子辰、仲子宗辈，思继先志，于是易木为石，又即亭后建楼三楹，以图先人之泽于不朽，其用心甚勤也。经始于永乐五年冬十二月，讫于今年之夏五月，未有记之者。其季子郡庠生昂遣使赍书币来京师，求予一言以记之，而勒诸贞珉。予与君有斯文之雅，矧以德纵德而泽沾于万世者，盖未艾也，其可尚矣。于是为之记。公讳罕，字明德，邓庵其别号云。

冯湾古井　县西二十五里，清道乡。又名八角井。胡庚题有"银床字勒宋朝手，源注它山涌冽泉"句。

华家井　西三十里。

喻家井　王单步头。稍进有亭。

话婆井　王单步头。过俞家井进去。

金泽义井　北郭湾头。宋嘉定七年，里人金世安建福海寿堂。五代孙金泽就旁舍地穿井，盖亭以憩行者。

宋时义井十

东北厢　鄞县前坐北大街一，拱星坊巷口大街一，泰和坊下一，宣化坊魏家巷一，庙巷一。

东南厢　车桥下南巷一。

西北厢　能仁寺前一，恤仁坊佛阁下一。

西南厢　府院前一，五通堂巷口一。

溪

横溪　东南四十里。源出乾坑，北流至横溪河。

小溪　西五十里。地名童家坂。

光溪　即小溪以上者，俱详它山。

庄家溪　西五十里。源出大雷山，经林村市，入胭罾湖。

邹溪　东八十里。源出菩提岭，北流至大嵩。

大海

东际鄞之嶦崎、湖头、蔡家墩。海潮自定海入鄞江，六十里至府城。东北分为二江，西北通慈溪，东南通奉化，潮汐往来，各有候。其在鄞：

初一、十六日，子末、午末平；
初二、十七日，丑初、未初平；
初三、十八日，丑正、未正平；
初四、十九日，丑末、未末平；
初五、二十日，寅初、申初平；
初六、二十一日，寅正、申正平；
初七、二十二日，卯初、酉初平；
初八、二十三日，卯正、酉正平；
初九、二十四日，卯末、酉末平；
初十、二十五日，辰初、戌初平；
十一、二十六日，辰正、戌正平；
十二、二十七日，辰末、戌末平；
十三、二十八日，巳初、亥初平；
十四、二十九日，巳正、亥正平；
十五、三十日，巳末、亥末平。

定、象以次而早，奉、慈以次而迟，濒海多飓风。《南越志》云："飓风者，具四方之风也。常以五六月发，未至时鸡犬为之不鸣。"《岭表录》云："夏秋间有晕如虹者，谓之飓母，必有飘风。"小坡苏过叔党赋云："断霓饮海而北指，赤云夹日而南翔。"此飓之渐也。发则排户破牖，损瓦擗屋，礧击巨石，揉拔乔木，势翻渤海，响振坤轴。鼓千尺之清澜，翻百仞之陵谷，济之以雨，尤为可畏。禾已花实而值之，则阖境绝穗，俗之所当备也。

燕肃《潮论》曰：

观古今诸家海潮之说，多矣。或谓天河激涌，亦云地机翕张。卢肇以"日激水而潮生"，封演云"月周天而潮应"。挺空入汉，山涌而涛随；析木大梁，月行而水大。源殊而派异，无所适从。索隐探微，宜申确论。

大中祥符九年冬，奉诏按察岭外，尝经合浦郡，沿南溟而东，过海康，历陵水，涉恩平，住南海[1]，迨由龙川抵朝阳，泊出守会稽，移莅勾章。是以上诸郡，

---

[1] "住南海"，宝庆《四明志》作"注南海"。

皆沿海滨。朝夕观望潮汐之候者有日,得以求之刻漏,究之消息。十年用心,颇有准的。

大率元气嘘吸,天随气而涨敛;溟渤往来,潮顺天而进退者也。以日者众阳之母,阴生于阳,故潮附之于日也;月者太阴之精,水者阴类,故潮依之于月也。是故随日而应月,依阴而附阳,盈于朔望,消于朒魄,亏于上下弦,息于朓朒,故潮有大小焉。今起月朔夜半子时,潮平于地之子位四刻一十六分半;月离于日,在地之辰,次日移三刻七十二分。对月到之时,以日临之次,潮必应之;过月望,复东行,潮附日而又西应之。至后朔子时四刻一十六分半,日月潮水亦复会于子位。于是知潮常附日而右旋,以月临子午,潮必平矣;月在卯酉,汐必尽矣,或迟速消息又小异,而进退盈虚终不失于时期矣。

或问曰:四海潮平,来皆有渐,惟浙江涛至,则亘如山岳,奋如雷电,水岸横飞,雪崖傍射,澎腾奔激,吁可畏也。其奋怒之理,可得闻乎?曰:或云夹岸有山,南曰龛,北曰赭,二山相对,谓之海门。岸狭势逼,涌而为涛耳。若言狭逼,则东溟自定海吞余姚、奉化二江,侔之浙江,甚狭逼,潮来不闻涛有声也。今观浙江之口,起自纂风亭,北望嘉兴大山,水阔二百余里。故海商舶船怖于上滩,惟泛余姚小江,易舟而浮运河,达于杭、越。盖以下有沙滩,南北横亘,隔碍洪波,波遏潮势。夫月离震、兑,他潮已生,惟浙江水未泊[1],月经巽、乾,潮来已半,浊浪推滞,后水益来,于是溢于沙滩,猛怒顿涌,声势激射,故起而为涛耳,非江山浅遏使之然也。《嘉靖志》摘去其正论。潮汐往来,止存"或问"以下。论浙江涛者,又何预本郡而独载之,殊可笑也。

黄南山评海潮云:

海潮之论,先儒辨之详矣,然或不能究其底蕴焉。予尝即物理而格之,大海之潮汐必随月之出没,是月之与水皆主乎阴,而气类相感。昼夜之间,阴阳再升再降,早曰潮,晚曰汐。凡物之咸降潮时入瓮,若糟酱之类,遇潮则溢,不爽毫厘。此可见天地间一气升降,虽金石必贯也。然而春秋二仲,潮汐洪大者,盖因卯酉之月,阴阳适平,不寒不热,非如夏阳之酷谓之晒杀,冬阴之冱谓之冻杀。正犹每月初三、十八之潮,皆值卯酉二时而不当子午也。若夫夜潮常大于昼潮,

---

[1] "未泊",宝庆《四明志》作"未涨泊"。

是乃日阳没,海水沸,而助其势,亦瓶水面火则涌之。譬至如钱塘、曹娥二潮一时浪卷者,则因海口山隘而江浅,必待他江潮半而涌入,犹激水之入港汊必骤起而渐杀,所以比他潮候常迟一时焉。

敬止录卷之十一

学校考一　规制

张文定曰:"四明之士,文章、德业蔚乎炳然,如登泰岱,探群峦,争奇萃秀,不可得而穷。"此山川之钟孕皆取之于学校者也。噫,盛矣! 迨后死国事者勃郁而出,而灵气顿熄,不亦可痛哉。郡学隶于鄞而规制加备,故先叙之,次鄞学,而社学、书院附之。

府学

在宁波府治之北,鉴街之西北,盐仓门之西南。《嘉靖府志》云:"中为先师庙,旧名大成殿,凡五间。东西两庑,凡三十间。前为庙门,盖名[1]大成门,按:东西翼以廊,与门并列。门外为泮池,跨以石桥三。又前为泮宫门,门外为甬路三。又前为櫺门。庙后为明伦堂,凡七间。堂后为尊经阁[2],今为敬一亭,原注:"中为御制《敬一箴》,东西列御注《五箴》。"按:《敬一箴》,为世宗肃皇帝御制,勒于碑。《五箴注》亦勒碑,更有"圣谕"碑。凡五间。东西列斋四,凡十二间。按原注:"东曰守中进德,西曰兴贤育才。"西斋后为号舍,凡三十七间。号舍南为祭器库,凡三间。库南为宰牲所,凡三间。又西为射圃亭,凡三间。亭后为会膳堂,凡三间。原注:"今圮。"西斋[3]后为启圣祠,凡三间。祠后为斋宿所,凡三间。按:今冲东有门,曰文明,通东街。泮宫门之西为名宦、乡贤二祠。祠各三间。祠之南为土神祠,中附文昌、魁星,凡三间。按:今泮宫门西为文昌阁,又西为名宦、乡贤二祠。祠南为土神祠、魁星阁。泮宫门之东有门,至咏归亭,相传即文昌门旧址。又东稍前为教授宅,又前为训导宅。西为训导宅,又前亦为训导宅。二所各三间。东直前为学门,面河。按今移在

---

[1] "盖名",嘉靖《宁波府志》作"旧名"。
[2] "尊经阁",国图本、天一阁朱本均作"尊敬阁",讹。
[3] "西斋",嘉靖《宁波府志》作"东斋"。

西，经□□魁星阁，亦直前面河。河旧四周学宫，名腰带河。今西南淤塞。按：东、西有二坊。"

今先师庙、从祀廊及仪门、桥门、棂星诸门、明伦堂、尊经阁，大略皆仍宋制，至廨舍斋宇，则自入国朝迄今亦不无移徙。《成化志》因《永乐志》之旧，分列细详，其沿革一览可尽。予因亦仍其例而增以后此之未备，后人庶便于考云。

按唐贞观间，诏州、县作孔子庙。时鄞尚属越州，则州庙应在绍兴。开元间，谥孔子为文宣王，于是称文宣王庙。二十六年始置明州于小溪，则州庙当随州置矣。按王密撰《裴儆纪德碣》，见《名宦》。言儆承袁晁乱后一年而惊遁。后田畴辟，茨塾兴，是庙毁于兵，而儆为兴茨塾也。又按宋郑耕老《记》云，文在后。庙经寇毁。寇即指晁。贞元四年，刺史琅琊公重建。琅琊公，谓王沐也。《宝庆志》言："守王沐始建夫子庙。"今《嘉靖志》言："守王沐首创大成殿。""大成殿"之名，始于宋崇宁命号，此时未可云也。此皆就小溪州庙而言也。耕老《记》又云：太和四年修庙，时在长庆迁州治之后，庙在今府治地，但所建处不可考。修之者，刺史李文孺也。七年，刺史于季友始请立所封文宣册牒碑。耕老《记》云"太和四年修庙，六年亦记于石"，即言所封册牒也。《宝庆志》云："府学有请立文宣王册牒碑，有县令王元昈题名。"此就未移建今学地而言也。至宋天禧中，守李夷庚始移于子城之东北，即今地也。然庆历四年春始，诏州之士满二百人始得立学，否者，为孔子庙如故。天禧前于庆历二十余年，夷庚所建仍是孔子庙也。旧志言合庙学为一，或预就后制而言。踵事增美，遂成伟观矣。

大成殿五间　在明伦堂之前。旧有鲁国图碑一座，在殿内。宋天禧二年守李夷庚移建今地。崇宁间，诏号大成殿。建炎兵毁，圣殿独存。治平中，所铸铁香炉、殿前后古柏六，皆无恙。绍兴七年守仇悆修，乾道三年守张津修，淳熙元年守赵圭、十三年岳甫，皆修。咸淳六年，岁久渐挠。守洪焘更造，王应麟记。元至元十九年火，后教授潘梦桂、黄裳、吴宗彦、史复伯经始之。至大二年，宪副赵宏伟、路治中吕伯颜帖木儿、教授苏垲合募资重建，任仲高记。泰定三年，总管郭郁修之，袁桷记。后至元四年，总管张荣祖修之，陈旅记。至正九年，总管阿殷图缮治，范棻记。皇明洪武二十三年，知府吴思诚、教授许汝霖重修。永乐十一年，通判廖润、教授郑深道，暨官吏师生协力修缮。十二年，知府魏宗贡饰像貌。天顺八年，知府张瓉营葺之，王来记。成化三年，守方逵修之，黄润玉记。成化十三年，守张瓉以甓砖尽剥，撤新之，杨文懿公记。弘治十年，守伍符修之，严端记。正德七年，守张津修之，杨守阯记。嘉靖庚寅，用辅臣议，撤像立碑位，为至圣先师孔子神位。大成殿为先师殿。嘉靖甲午，守郑威修，王应鹏记。丁巳，守张正和修，张时彻记。万历丙子，海道刘翾修。

从祀廊二十二间 列于先师殿之东、西，始与殿同创，宋建炎兵毁。绍兴七年，守仇悆兴建，元至元十九年毁于兵。后二十八年，廉访使陈祥重建，贲饰貌象。至大二年，宪副赵宏伟、教授苏垲又撤而新之。延祐六年，教授吴廷献重建，久而圮。皇明洪武十九年，知府李仲文重建西廊，未完而去。二十三年，诸生合缗完之，且重塑五十二像。二十四年，东廊几压，乃重修，饰像。永乐十一年，通判廖闻、教授郑深道复为修建，深道记。十二年，知府魏宗彩绘诸像。十四年，西廊六间复为风雨所破。宣德十年，知府郑珞重建。景泰三年，知府李春[1]复修。天顺八年，知府张瓉新之。成化三年，知府方逵上覆以板，置窗一百四扇以庇风雨。成化十三年，守张瓉易甓砖新之。正德间守张津、嘉靖间守郑威，俱修。万历丙子，海道刘翾修，范钦记。

仪门三间 有匾。在先师殿南。宋绍兴七年，守仇悆初立。元至元二十九年，宪副陈祥以库隘重建，列戟森严，门不擅开。夹仪门东西各建幕次五间，为官员奠谒斋宿之所，接从祀廊，环控先圣殿中庭，墁以砖石，为行礼周旋之地。王应麟记。至大二年，宪副赵宏伟重修。泰定三年，总管郭郁修。至正九年，阿殿图俱修。皇明洪武二十一年，同知张耀以次修缮东西幕次及仪门。永乐十一年，通判廖闻复修。正统三年，知府郑珞重建及葺东西幕次，徙旧遗碑石立于西壁，改名东西挟廊。成化元年，知府张瓉悉加营缮。

表揭 宋嘉熙三年，乡帅学士赵善湘属教授黄一震，依式砻石，植[2]三表揭于仪门外。

---

[1]"李春"，国图本等均脱"春"字，据嘉靖《宁波府志》卷二《秩官叙》补。
[2]"植"，国图本作"揭"，据宝庆《四明志》改。

泮池 在仪门前,桥门后。旧志云:"春蛙不鸣。"俗传李夷庚以术禁之,泮水蛙鸣,境内必出抢魁。宋天禧二年,李夷庚初建。长十九丈六尺,阔三丈二尺,周围甃砖。宝庆改元,校官方万里白之摄守齐硕,给公帑修之。倅秦范以舶务之嬴助之。咸淳中,教授孔景行、陈元亮易以石,四旁维栏障以石柱,上跨大桥。皇明洪武三十三年,知府王珽捐俸及搏路引堂食钞,属教授谷仲城置左右二桥,使往来者不得由中桥。

桥门 《延祐志》名"学门",《至正志》名"台门"。**三间** 匾曰"泮宫"。在泮池南。宋绍兴七年,守仇忞立。淳熙十三年,尚书汪大猷、侍郎史弥大新之。咸淳四年,守洪焘修。成化初,守张瓒修。

神道一带 在桥门之外,棂星门内。甃砖,左右垂带用石。正德九年,教授陈鏸及诸生陈璧、戴鲸等十人贸砖加高尺许。

棂星门三座 在神道南。宋淳熙五年,守赵善湘、教授黄一震建。元元祐六年,教授吴廷献修之。至正七年,路同知普立翰护㵎撒新之。郑奕夫记。岁久门坏,仅存石柱。皇明洪武二十一年,造门六扇,筑墙覆瓦,加以丹雘。永乐十一年通判廖闰、宣德十年知府郑珞,两加修饰。天顺八年,知府张瓒重建,加以丹雘。

外门一座 匾曰"采芹"。在棂星门外南首,街边建立。元至元六年,路同知普立翰护礼于教授桂克忠任内初建,后圮于风雨,唯二石柱存焉。

东碑亭一所 在泮宫之外,神道之左。元元贞三年,教授戴友建。内碑刻元加号大成诏。诏文录后。《延祐志》云,有二所,名圣旨碑亭。其西亭,见下。

咏归亭 在台门外东。先是,台门外横路东西有石柱、牌门各一座,东通街,西通织染局前,行人往来不便。元至正元年,总管王元恭除牌门,斫断行路,就用四石柱为亭,翰林待制柳贯书匾。后为风雨摧压,惟存石柱。正统中,郑珞重建,复开旧路,以便生徒出入。

杏坛 在台门外西,石坛内,草庭北。元至正元年,总管王元恭因筑咏归亭于东,乃筑此坛对立于西。今废已久,止存柏树一。后址并为草庭,今作行路,通入射圃。正统间,守陆奇即旧址建文昌阁。

神厨三间 在东夹廊之东。先是,元至正二十八年设小学,教授史复伯率族人以聚拜亭拨入学,创养蒙堂,岁久莫存,此其遗址也。洪武间,教授桂同德建。正统二年,守郑珞徙置雅乐库南,又圮。天顺八年,守张瓒乃重建。

宰牲房一间 在东夹廊之东,神厨之北。亦养蒙故址,教授桂同德与神厨一时同建。

雅乐库三间 在西夹廊之西。皇明洪武十五年,复丁祭,与神厨、宰牲房,皆教授桂同德新建。在仓厫左。

先贤祠 《延祐志》云:"旧有五先生祠,杨、杜、王、楼、王。后增陈忠肃、丰清敏、高宪敏,复增郡守五人李夷庚、仇悆、赵伯圭、岳甫、程覃、赵师岩,教授一人周粹中。淳祐中,颜颐仲复祠张宣公、吕成公、陆文安、舒文靖、沈端宪、杨文元、袁正献。是后,立祠冗杂,今不复著,而九先生祠迄不敢废。王尚书应麟始立传为记。"予按,先贤祠在尊经阁左。至正二十八年,副教授史复伯创。皇庆二年,教授卓玖修之。九先生祠,元元贞二年,廉访完颜贞建。后又益以王深宁、黄东发,为十一先生。其祠在尊经阁右,后圮于风。皇明洪武二十三年,教授许汝霖为祠于稽古堂东夹室以祀。

宋

知郡李夷庚	清敏丰稷	忠介陈瓘
制昱仇悆	八行史诏	殖德林昉
侍郎林保	忠定史浩	宪敏高闶
庄靖汪大猷	宣献楼钥	正肃袁甫
迂斋楼昉	忠定郑清之	

元

文清袁桷

西夹室奉十一先生如旧。次年,知府郝驯建公厨二所,以补稽古堂左右。

正统三年，知府郑珞建祠于咏归亭之西，合先正达官及乡先生，并祀之。成化元年，知府张瓒徙建二祠于文昌宫南。其西祠匾曰"名宦"，以祀乡之达官；东祠匾曰"乡贤"，以祀乡先生。

名宦

文种　黄晟　李夷庚　丰稷　陈瑾　仇悆　郑清之　王班　郑珞　内丰稷、郑清之曾典乡郡。

乡贤

汉　　黄公　任奕

晋　　虞仲宁

梁　　虞荔

唐　　虞世南　贺知章

宋　　九先生　丰稷　林保　汪大猷　高阅　高元之　魏杞　史浩
　　　陈居仁　楼钥　楼昉　袁甫　王应麟　黄震　戴表元　任士林

元　　袁桷　程端礼　陈桱

皇明　钱唐　桂彦章　凡三十五人。

正德十一年，守寇天叙修乡贤祠，又重建祠以祀名宦，李堂为之记，又为增定所祀诸公。

名宦

于成化年间祀内以黄晟，丰稷、郑清之移祀乡贤内，而加唐裴儆、宋曾巩、范成大，明姜昂，共十人。

乡贤

于成化年所祀，加宋陈禾、史弥巩、陈埙，皇明郑真、陈敬宗、黄润玉、杨守陈、毛弘、朱暄、王桓，共四十五人。

名宦祠　《嘉靖志》所载，照仕宦先后为序。

周　　文种

唐　　裴儆　王密　吴谦　任侗　于季友

五代　钱传瓘

宋　　钱亿　李夷庚　燕肃　钱公辅　陈襄　曾巩　韩晋卿

　　　　傅尧俞　陈瓘　仇悆　张津　范成大　程大昌　林大中
　　　　胡榘　陈垲　孙子秀　吴潜　姚希得　叶梦鼎　刘黼
皇明　汤和　王琎　梅应魁　魏宗　郑珞　姜昂　张津
　　　　寇天叙　杨最

予按：名宦诸公千秋定议，允无异议，然有当祀而缺者，如始建明州之齐澣，始迁明治之韩察，则千万年奠厥。攸居于兹土，乌可忘所自耶！至于兴学饬戎，悉水利，辨冤狱，则有宋隆兴、乾道、淳熙三任知军州赵伯圭；蠲征劝学，浚湖固埭，各置田以垂永远，则有嘉定提刑摄府程覃；浚鄞桃花渡北抵定海西市故河六十里，至今渠以颜公名，则有淳祐知军府颜颐仲；庆元降元，毅然不屈，投水而死，则有监庆元市舶、宝祐进士、温州平阳之潘方；监军复明州，战败被获，不屈磔死，则有开庆进士、宗正寺簿、合州赵孟垒之数公者。或惠爱泽民，或忠义砥俗，允宜配列烝尝，奈何挂遗俎豆？然此亦其大略，就予所知者著之耳。国朝吾宁郡自知府上及监司，清正者多，负玷者不一二见。斯民直道，亦必有议续于隆万以后者。而海岸黄公、心水李公、梦章罗公三司季，吏治、臣节两无所愧，尤为炳卓焉。后之览者，为补为续，庶即予意而善推之可也。

乡贤祠祀　　志不列爵谥，谨补。

汉鄞大里黄公

御史中丞任奕

晋处士虞喜　　志误入唐列。

唐秘书监贺知章

左拾遗孙郃　　志误"邰"。

刺史黄晟

宋大隐先生杨适

慈溪先生杜醇

鄞江先生王致

桃源先生王说

城南先生楼郁　　已上"庆历五先生"。

礼部尚书清敏丰稷

左正言文介陈禾

礼部侍郎宪敏高闶

敷文阁待制林保

韶州司户林晔

学士庄靖汪大猷

右仆射同平章枢密文节魏杞

万竹先生高讳元之

学士文懿陈居仁

参知政事宣献楼钥 以下为"淳熙四君子"。

宜州通守文靖舒璘

直华文阁端宪沈焕

宝谟学士文元杨简

龙图学士正献袁燮

赠直龙图阁楼昉

直华文阁史弥巩

兵部尚书正肃袁甫

国子司业陈埙

礼部尚书王应麟

直宝章阁黄震

咸淳进士忠节袁镛

咸淳进士信州教授 戴表元

元侍讲学士文清袁桷　志误宋。

台州教授程端礼

翰林编修程端学

皇明翰林学士陈柽

刑部尚书钱唐

晋府长史 郑真、桂彦良

祭酒赠礼部侍郎文定陈敬宗

秦府教授郑本忠

吉安知府正议大夫陈本深

刑部尚书康僖陆瑜

宪副南山先生黄润玉

副都御史张楷

吏部侍郎赠礼部尚书文懿杨守陈

南京吏部尚书杨守阯

工部尚书康简杨守随

都御史朱暄

吏部尚书襄惠屠滽

刑科都给事中毛弘

提学副使杨文卿

御史谢升

太仆卿陈侃

按察使谢汝仪

宪副陆偁

巩昌知府戴浩

宪副陈槐

都御史王应鹏

通政使余本

都御史柴经

兵部尚书文定张邦奇

刑部尚书简肃屠侨

凡六十二人，祀用羊一、豕一、爵三、帛一，春秋祀孔子毕致祭。

续入：李堂　闻渊　张时彻　全元立　屠大山　黄宗明　杨茂元　傅光前　董樾　陆钶　范钦　赵龙　管大勋　徐待　朱泰　李承嗣　周保　余永麟　赵参鲁　余寅　沈一中　余有丁　沈一贯　董琳　王相　汪镗　全天叙　杨言　张昺　徐应奎　林祖述　范大㵤　王佐　丁继嗣　李维孝　李承宷　李先嘉　李循义　李生威　陆懋龙　邵城　高萃　周应治　周应宾　林可成　陈言　黄景章　李遵　项良梓　李康先　陆世科　林文燮　范钫　董应主　丰建　谢一爵　李德先　陈良谟　谢于宣

应补者附录于此：丰熙　叶应驄　陈振　宗显　钱奂　高斗枢　钱肃乐　陈良谟[1]张煌言　华夏　庄元辰　周齐曾

文昌宫　桥门西。正统九年，知府陆奇建。

土祠　在仪门外东街之东。元大德七年，教授赵孟节建。延祐六年，教授吴廷献修，装绘神像，后圮。皇明永乐十一年十月，教授郑深道重建，置神位牌二：一刻兴文护教之神，一刻司仓列职之神。成化元年，知府张瓒移建文昌宫之西。

石街一带　旧志曰东西街，在仪门南、泮池北，长与泮池等，旧甃以砖。宋咸淳中，教授孔景行、陈元亮易以石。以下三项，原在明伦堂以下诸屋后，予移补于此。

石墙二带　自棂星门内东，西至碑亭侧，计八十丈。宋嘉定六年，宪使程覃建。元元贞元年，教授戴友重建。

石路二带　在棂星门内，桥门外，夹神道之左右。皇明洪武三十三年，知府王玭建，墁石未毕而去。《永乐志》云：于中道之左右置二路，使人不得由中道。永乐二年，知府张嵩毕工。

启圣宫　嘉靖庚寅建。《志征》云：在泮池东西，祀叔梁纥，颜路、曾点、孔鲤、孟子父，配程珦、朱松、蔡元定从祀。因近新设，故补于末。

明伦堂七间　在先师殿后。宋天禧二年，守李夷庚移孔子庙于此。堂之建未知所自起，建炎兵毁。郡人林昕首捐金数十万草创。绍兴七年，守仇念成之。翼以西庑，匾为林桷书，李璜记。乾道三年，守张津修，郑耕老记。淳熙十三年，守岳甫、校官周粹中、尚书汪大猷、侍郎史弥大重新。元至元十九年火。次年，儒士袁力新之。二十七年，史复伯捐赀为屋三十六楹。皇庆二年，教授卓

---
[1]陈良谟，上名单中已列，不应再补。

玠修之。延祐四年，总管张伯延重建，薛期记。后至元四年，总管张荣祖修。至正九年，总管阿殷图凡两修之。皇明洪武二十年，为暴风雨摧压。二十二年，参议董行部以闻，奉勘合建之，次年二月讫工，许汝霖记。正统三年，守郑珞移退旧址七尺，中庭墁以石，复作后堂三间为燕休之所，东西步廊各十，内为斋庐、号房。又作过廊，以掖堂之左右。周玑记。天顺八年，守张瓒又修之。成化三年，守方逵修。正德七年，守张津修之。嘉靖间，守郑威修，守张正和修。万历丙子，海道刘翾修。

斋舍东西各一十二间 在明伦堂左右。宋绍兴七年，守仇忿建六斋，东曰"上达广誉造道"，西曰"登贤成己时升"。三门之外，会于一门以出。淳熙十三年，守岳甫、校官周粹中、尚书汪大猷、侍郎史弥大复新之，增置成德斋于上达斋后，林士衡命名。越二年，士衡又新之，后创冷斋，后改曰"养正斋"以处小学诸生，又改曰"明德斋"。嘉定十六年，守赵师岩捐缗钱七百重修。景定间，居民火，延成德一斋，随即补盖。咸淳七年，守刘黼复明德斋为养正斋。元至元十九年毁，教授潘梦桂、黄裳、吴宗彦、史复伯历载缮葺。二十九年，儒学提举田希亮又增达材、育英二斋，通为十斋。又数年，复为八斋，宪副侍其君佐书，匾东曰"造道广誉上达成德"，西曰"时升登贤成己养正"，列于两廊。皇庆间，设立大小学。东二斋曰"守中""进德"，为大学；西二斋曰"说礼""兴贤"，为小学。前八斋固在，郡同知张伯延、教授吴廷献、总管张荣祖、阿殷图历年缮修。皇明洪武二年改设四斋。东曰"守中""进德"，西曰"育材""兴贤"。二十三年，西斋摧压，知府吴思诚掊路引堂食之费买史氏民居重建。永乐十一年，通判廖闰、教授郑深道官吏师生捐助哀募，重为修葺各斋，后旧有炉亭久而圮，至是仍各建小轩以为休息之所。郑深道与修从祀廊及夹室，同为一记。后西二斋及东西小轩又为风雨所毁。正统三年，守郑珞重修，又于斋后建号房二十间。天顺七年，同知刘文显于东西斋之北，各建为三间，东为藏修，西为膳堂。《志征》："膳堂三间，育材斋北。"成化初，守张瓒增置号房十间。方逵截射圃余地，增号房三十八间，中甃石为池，外环以垣，为诸生藏修之所。成化十三年，守张赈修斋舍及膳堂。弘治间，守伍符以东西四斋不足以备藏修，乃于讲堂东构楼二十一，楹十。其西葺二十间，外增新者五，严端为记。正德嘉靖间，守张津、郑威俱修。万历丙子，海道刘翾修。

养蒙堂　在东夹廊东。元至正二十八年，教授吴宗彦以省命建立小学，副教授史复伯撤其族五乡碶聚拜亭五间立之，匾曰"养蒙"，廉访副使高伯元书。皇庆二年，教授卓玜重修。《延祐志》。

尊经阁五间　在明伦堂后，旧名稽古堂，仅三间。初，宋明伦堂之后，旧有五经阁。郡人楼郁有"五经高阁倚云间"之句。绍兴十九年，守徐琛因旧址建，名稽古堂。琛自篆书。后高宗累颁御书藏之，因名御书阁，高闶记。二十七年，守姜师仲重修，戴觉记。嘉定十六年，守赵师岩复修。见《宝庆志》。元至元十九年毁。二十九年，宪副陈祥即其址重建尊经阁。阁之下仍为堂，教授苏焱董之，里士共助成。延祐七年，教授吴廷献修之，后朽极，且压。后至元四年，总管张荣祖修。皇明洪武二十年，为暴风雨所圮。次年，徙民居之没入官者，仍旧址作稽古堂。宪吏崔嵩、府同知张耀掌其役，哀诸生金支其费，今其堂为师生会膳[1]之所。宣德间，守郑珞复建。成化二年，守方逵重修。嘉靖间，钦颁御制"敬一箴"及视、听、言、动"四箴"，勒碑贮其下，改名敬一亭。

宾序斋五间　左右矮屋三间，在泮池东。先是宋嘉定七年，郡人袁甫及第第一，乃作魁星楼于泮池之东以旌之，久而圮，此其址也。元至正二十七年，教授吴宗彦建。皇庆二年，教授卓玜修，今为训导廨舍及吏舍，久圮。

公廨二所　在明伦堂后，夹稽古堂之东西。国朝洪武二十四年，知府郗驯、教授许汝霖新建。东一所今为廨舍。西一所仍为会馔公厨焉。正统二年，知府郑珞徙建明伦堂西。天顺四年，圮于风。成化二年，知府张瓒建于膳堂后。

教授厅三间　在棂星门内西，石桥内，即教授西厅故址。元至大四年，教授卓玜建。延祐四年，教授薛期匾曰"明德"。延祐七年，教授吴廷献重修。《延祐志》另列厅事一项，赘。

东廨舍三间　在明德堂东。元至元十九年，教授潘梦桂建。至大四年，教

---

[1] "会膳"，国图本作"会脍"，据天一阁朱本改。

授卓玖更造。延祐七年,教授吴廷献、学正李慎重修,今为教授宅。

训导廨舍三间 在棂星门内西,石桥内,即旧志所谓宋教授西厅故址。元至大四年,教授卓玖重建。延祐七年,教授吴廷献重修,久圮。皇明洪武二十七年,教授黄敬重建。宣德十年,知府郑珞易阴阳学址,新创教授、训导廨舍,东西凡五所,在咏归亭南。景泰五年,知府李春重修。天顺六年,知府陆卓于教授厅北又建后堂三间,知府张瓒又于成化元年加葺之。

草庭一所 在桥门外西,石墙内,杏坛之南。元延祐五年,教授薛期建。至正七年,学正董彝重修,刘仲愚记,久圮。

仓廒三间 在泮池之西,东向。元至元十九年,教授潘梦桂建,五间。皇庆二年,教授卓玖重建,久圮。皇明洪武十五年,教授桂同德即旧址建,为三间。

仓轩一间 在仓廒之东北,南向。元泰定间,教授陆晋之建,久废。皇明洪武十五年,教授桂同德重建于旧址。

西碑亭一所 在桥门之外,神道之右,与东碑亭对峙。东碑亭,见上文庙下诸屋后。元元贞二年,教授戴友建。内石碑一座,刻元免差徭旨。儒户史宇之等五百一名刻诸碑阴。岁久,亭废碑存。

学门一间 在棂星门之东,以通学宫出入。大明宣德十年,知府郑珞以庙学相混,易阴阳学址建门三间,中隔以墙。成化元年,张瓒重修。成化十三年,守张赈以学门外教武即民居,乃购民徙居以辟之,树两坊于东西衢,见杨文懿《记》中。《延祐志》亦载东、西牌门各一座。

贡院 皇明无贡院,故附于宋志之末。《宝庆志》云:宋试士旧无贡院,士亦不过数百,率寓试于行衙,又于府学西妙音院,院为之废。建炎元年,移其额于定海。四年,毁于兵。士寓试于谯楼之上,或于开元寺。试者日众。乾道五年,守张津始即妙音院废址建院以容之,糜金钱一千万。东西重廊,凡一百四十楹,立厅事于其北，位考官于其后，执事之舍悉备。侍御王伯庠为之记。其后又不足以容，有司每借府学之冷斋以居。嘉定六年，摄守程覃葺治之，南增屋数十间，作弥封誊录所，又于学地立墙以障之，限隔始严。绍定元年，守胡榘重修。誊录屋圮，重建。皇明考试多于公署，县试儒童或于宁波卫或于小教场，令自搭篷舍。郡县科试生员及季试观风，多于按察分司。提学按临，则察院行台架厂，县有常费。

射圃 宋熙宁中，行三舍法，武学附选有圃以习射。舍法罢，武学废，圃亦废。淳熙元年，孝宗颁射义于天下。魏王判州，三年冬，度地筑圃于学宫之西，凡六亩四十一步三分三厘三毛。有亭曰"观德"。校官虞汝翌记于石。文无考。嘉靖三年，亭之南北建屋二十三间[1]，收僦居之租。宝庆二年，校官方万里恐地久浸，失经界[2]，计其丈尺，埋石以识之。绍定四年，教授陈松龙申府复故址，建墙宇，规模一新。丞相申国郑清之题扁。此《宝庆志》所载也。历年既久，皆废。碑籍遗亡无考。《延祐志》云："今为教授厅。"皇明洪武三年八月十八日奉旨："今后各府州县儒学训诲生徒，每日课读文书罢，于学校设一射圃，教学生习射，朔望要试过。其有司官闲暇时，与学官一体习射。若是不肯用心，要罪过。"乃仍旧址筑圃，作观德亭，以习射焉。后亭为风雨所圮。成化元年，知府张瓒重建。旧志载其地纵长一百十三步，横前阔一十九步，后阔四十二步。弘治十三年，守伍符建一堂于射圃北，为师生会集之所。堂三间，左右庖湢皆备。

历代先圣仪制 唐开元二十七年，谥孔子为文宣王，服衮冕，南面。二京及州县学同。其后门人通服衮。宋崇宁四年，诏太常考正，文宣王冠，服冕十二旒，服九章，仍赐镇圭。建隆二年，诏庙门立戟十六枚，政和元年增为二十四枚。

释奠、释菜，周制，凡始立学，必释奠于先圣先师。汉武帝令郡学亦行释奠礼。北齐制，春秋二仲释奠于先圣先师。隋制，国子寺每岁四仲月上丁，奠先圣

---

[1] "二十三间"，国图本作"二十三年"，据宝庆《四明志》改。
[2] "经界"，宝庆《四明志》作"疆界"。

先师。州郡学亦以春秋二仲月。唐开元二十八年，诏祭春秋二仲上丁，州学则刺史，县学则令。宋及元，春秋二仲月上丁。初献守令，亚献佐贰官，终献学官。皇明洪武二年正月，奉旨孔子春秋释奠，春丁于正月一日，秋丁预先于二十日遣使降香。曲阜庙于仲月上丁致祭。京师免祀，天下不必通祀。礼部侍郎程徐、刑部尚书钱唐力争之，后令天下郡县春秋仲月上丁日通祀。徐，鄞人，端学子。唐，象山人。

四配

十哲[1]

附《困学纪闻》云："了斋云：'颜回配享先圣，其初但为立像。至开元中，始与十哲合为一座。'按《唐志》，开元八年，诏十哲为坐像。"

《集古录》："李阳冰《缙云孔子庙记》云：'换夫子之容貌，增侍立者九人。'盖独颜回配坐，而闵损等九人为立像。阳冰修庙在肃宗上元二年，其不用开元之诏，何也？"

《桯史》云："荆公配享位实居孟子上，与颜子为对……旧制，兖、邹二公东西向，今郡县学[2]二公所以并列于左者，盖因靖康撤荆公像之时，徒撤而不复正耳。"

东庑

澹台灭明、原宪、南宫适、商瞿、漆雕开、樊须、公西赤、梁鳣、冉孺、伯虔、冉季、漆雕哆、漆雕徒父、商泽、任不齐、公良孺、奚容蒧、颜祖、句井疆、秦商、公祖句兹、县成、燕伋、颜之仆、乐欬、邽巽、公孙舆如、公西蒧、陈亢、琴牢、步叔乘。

西庑

宓不齐、公冶长、公晳哀、高柴、司马耕、有若、巫马施、颜辛、曹恤、公孙龙、秦祖、颜高、穰驷赤、石作蜀、公夏首、后处、公肩定、鄡单、罕父黑、荣旂、左人郢、郑国、原亢、廉洁、叔仲会、狄黑、孔忠、施之常、秦非、申枨、颜哙。

---

[1] "四配""十哲"，原书无正文。

[2] "郡县学"，国图本脱"学"字，据《桯史》补。

两庑从祀先儒

左丘明、公羊高、谷梁赤、高堂生、毛苌、伏胜、孔安国、董仲舒、后苍、王通、杜子春、韩愈、胡瑗、周敦颐、程颢、程颐、邵雍、张载、司马光、欧阳修、杨时、罗从彦、李侗、朱熹、吕祖谦、陆九渊、胡安国、张栻、蔡沈、真德秀、许衡、薛瑄、陈宪章、胡居仁、王守仁。

尝考吾夫子自鲁哀公诔词称尼父,汉平帝始谥为褒成侯、宣尼公,后世因谓孔子为宣父,又谓之宣尼。唐明皇开元二十七年追谥为文宣王,释奠用宫悬,弟子为公侯伯,肖像俱被冕服。至元武宗加号"大成"。明洪武四年,国子司业宋濂[1]上《孔子庙堂议》,略曰:

古者,主人西向,几筵在西也。汉章帝幸鲁祠孔子,帝西面[2]再拜。今袭开元二十七年之制,迁神南面,非神道尚右之义矣。古者,木主栖神,天子、诸侯庙皆有主。大夫束帛,士结茅为菆,无像设之事。今抟土为像,失神而明之之义矣。《开元礼》:国学祀先圣孔子,以颜子等七十二贤配。诸州惟配颜子。今以荀况之言性恶,扬雄之事王莽,王弼之宗庄、老,贾逵之忽细行,杜预之建短丧,马融之党附势家,亦厕其中,吾不知何说也。古者,立学专以明伦,子虽齐圣,不先父食久矣。今回、参、伋坐飨堂上,而其父列食于两庑,吾不知何说也。古者,士见师以菜为之贽,故始入学者必释菜,以礼其先师。释奠有乐无尸,释菜无乐,是二释之重轻,以乐之有无也。今袭用魏汉律[3],所制大晟乐,可乎哉?……若乃建安熊氏,欲以伏羲为道统之宗,神农、黄帝、尧、舜、禹、汤、文、武次而列焉。皋陶、伊尹、太公、周公,暨稷、契、夷、益、傅说、箕子皆天子、公卿之师式,宜秩祀。天子之学,若孔子实兼祖述宪章之任,其为通祀,则自天子下达。苟如其言,则道统益尊[4],三皇不汨于医师,太公不辱于武夫矣。

议上,不报。二十八年,从杨砥议,罢扬雄从祀,进祀董仲舒。永乐二年,进宋儒胡安国、蔡沈、真德秀从祀。八年,从辅臣杨士奇议,进元吴澄从祀。弘治元年,学士程敏政言马融、王弼、戴圣、刘向、贾逵、何休、王肃、杜预八人并荀况宜罢从祀,郑众、卢植、郑元、服虔、范宁五人宜祀于其乡。申枨、申党,本一人,

---

[1] "宋濂",国图本作"林濂",据《明史纪事本末》(文渊阁四库全书本)卷五十一改。
[2] "西面",《明史纪事本末》作"西向"。
[3] "汉魏律",国图本缺"律"字,据《明史纪事本末》补。
[4] "苟如其言,则道统益尊",国图本缺"言则"两字,据《明史纪事本末》补。

祀宜从柩。《家语》七十二弟子,不及公伯寮、秦冉、颜何、蘧瑗、林放,宜祀瑗于卫,祀放于鲁。寮及冉、何,宜罢祀。《礼记》传于后苍,与王通、胡瑗皆宜从祀。颜渊、曾子、子思配于庙殿而父坐庭庑,非礼,宜别立祠。祀启圣以无繇、点、鲤、孟孙氏配享,程珦、朱松从祀。下礼官议,不可。

至嘉靖九年,辅臣张璁复以其说上,始改"大成至圣文宣王"为"至圣先师孔子","四配"为复圣颜子、宗圣曾子、述圣子思子、亚圣孟子。及门弟子称先贤,左丘明以下称先儒。去塑像,设木主,罢公侯伯诸封爵。申党、申枨二人,存枨去党。寮、冉、何、况、圣、向、逵、融、休、肃、弼、预、澄十三人罢祀,放、瑗、元、众、植、虔、甯七人祀于其乡。先是,弘治八年,进宋儒杨时从祀。至是,又益以后苍、王通、胡瑗、欧阳修四人,改称大成殿为先师殿庙,大成门为庙门。又别立祠祀启圣公,配与从祀,一如前敏政之议。后万历间,从祀者则复有罗从彦、李侗、薛瑄、王守仁、陈宪章、胡居仁云,盖吾夫子以韦布为万世王者师。明永嘉相厘正祀典超出前代,然其议实发于程学士,而更权舆于宋司业[1]也。谨载述之。

祀仪

先师用帛一、羊一、豕一、爵三、登一、铏一、簠二、簋二、笾八、豆八。

四配共用羊一、豕一,各帛一、爵三、登一、铏一、簠一、簋一、笾六、豆六。

十哲共用帛二、豕二,各爵一、铏一、簠一、簋一、笾四、豆四。

两庑每庑共用帛一、豕一,每坛爵四、簠、簋各一、笾豆各四。

凡祭必大合乐,乐生三十六人,工歌六人,舞生三十六人。

启圣公凡祀先师,则先庙行事,祭品视十哲。

祭服

唐贞观二十一年,诏释奠先圣,献官如社祭,给明衣。宋大观元年,臣寮请颁祭服式于州郡,诏以服颁郡邑自制。

冕,前圆后方,前俯后仰,玄表朱里,广八寸,长一尺二寸。

紞,冠上覆者,以衡维持冠者,施玄纮,垂青纩,以塞耳。

纮,系于笄左右,顺颐而下结,谓之缨;垂而余,谓之緌。

---

[1] "宋司业",国图本作"林司业",据《明史纪事本末》(卷五十一)改。

繅,用朱绿,不敢备五采,每旒各十二玉。

初献,五旒,服三章,画粉米于衣,绣黼黻于裳。亚中献,三旒,服无文,惟裳绣黻而已。

芾,当前珮,设于左右,革带以系之,组绶以负之;大带又从而加其上。珮以玉为之,无玉以铜代。

中衣,朱单连裳加深衣之制,先施诸身,后加祭服。

履,从裳色,纁裳,履黑絇繶纯,纯博寸,所以系履也。

元时祭服,三献拜、观礼、陪祭,官随品从,公服预祭,执事儒士各有其祭服:皮弁、簪、衣、裳、韠、木圭、铜佩、大带、皮带、唐帽、白罗襕衫、角带、皂皮靴。

皇明凡文武官一品至九品,青罗衣、白纱巾单,俱用皂领缘。赤罗裳,皂缘。赤罗蔽膝,方心曲领。其冠带、佩服等第,品同朝服。执事生员,本等巾服。

乐章

迎神

大哉宣圣,道德尊崇。维持王化,斯民是宗。
典祀有常,精纯并隆。神其来格,于昭圣容。

奠帛行初献

自生民来,谁底其盛。维王神明,度越前圣。
粢帛具成,礼容斯称。黍稷非馨,维神之听。
大哉圣王,实天生德。作乐以崇,时祀无斁。
清酤维馨,嘉牲孔硕。羞荐神明,庶几昭格。

亚终献同

百王宗师,生民物轨。瞻瞻洋洋,神其宁止。
酌彼圣罍[1],惟清且旨。登献维三,於戏成礼[2]。

彻馔

牺象在前,豆笾在列。以享以荐,既芬既洁。
礼成乐备,人和神悦。祭则受福,率遵无越。

---

[1] "圣罍",天一阁朱本作"金罍"。
[2] "於戏成礼",天一阁朱本作"於嘻成礼"。

送神望瘗同

有严学宫,四方成崇[1]。恪恭祀事,威仪雍雍。

歆兹维馨,神驭还复。明禋斯毕,咸膺百福。

祝文　见下御书碑。

祭器

爵一百二十个,罍尊一,盆一,壶尊一十二,山尊四,大豆七,象尊六,小豆三,洗盆一,簠二十五,簋二十四,豆一百二十七,酒尊八,牺尊九,坫四十三,奠盆五,簠盖三,香炉四,花瓶六,酒杓六。以上皆铜器,皆前代所制。

酒勺三,簠一十九,簋一十九,爵二十三,酒注六。以上皆锡器。

铁锅五,竹祝箱一,竹筻九十二,竹筐九,桌长短五十八,涤牲桶三,燎盆架八,朱红牲匣六,桂灯四,烛台六十二,柱灯一十五,神厨粗桌一,坫九十七,方盘一百九十三,朱红牲匣案四,朱红垒洗案二,朱红酒尊案一。以上皆木器。

凡锡铁竹木器,皆洪武十五年增置。朱红筐九,知府李春增置。

乐器

铜钟一十三,石磬一十五。二项并前代所置。

皇明洪武二十五年闰十二月钦降乐器:

铜钟一十六,并架一。上铜钩一十六,妆画龙头二,妆画凤头二,妆画龙鸾五,妆画飞凤五,又一。螺蛳二,钟磬槌二,磬架一,凫鹅二,并朱红座二。琴六弦全,并朱红桌六。篪筦三十六。

钟磬架上带色丝流苏四串,每串计木盘五。下带结子。

埙二,瑟二,弦雁柱全,并朱红几四。箫四,笛四,篪二,笙六,搏拊鼓二,并丝绦二。龙头竿三十六,柷一,并红油槌一。敔一,并朱红座一,竹帚一。龙枝四,并龙头四。排箫二架,朱红木杆一,旌节二串,并朱红竿二。抹金龙头钩二,麾幡一,并上下幡板二。抹金龙头一,应鼓一,并鼓柱一座,下带十字螺蛳黄木绵布顶盖,并小带四条。应鼓架上带色丝流苏四串,每串计五盘五,下带结子。鼓槌二。

洪武二十六年八月,降下石磬一十六片。并穿黄结花圆条一十六根。

---

[1] "四方成崇",天一阁朱本作"四方来崇"。

祭仪

羊二，豕六，币帛、幂布各长二尺，大、小花烛、白烛、栗、枣、榛、松香、柏香、末香、菱、芡、酒、鲤鱼、韭、醯醢、猪肉、芹菜、菁菜、黑粟、黄粟、白糯米、稻、盐、笋、柴、兔醢、鹿醢、鹿脯。

以上祭器、乐器，皆《永乐志》所载。

天顺间，知府张瓒重置祭器、乐器

花瓶一十二，香炉七，酒注六，簠、簋十九，爵十九。以上皆锡器。

豆五十六，烛台一百五十六，花瓶七十。以上皆木。

筐九，笾一百八十，祝箱并朱红架一，盛祭器柜五，白瓷壶一，簫笛三十六枚，笙六，龙头竿三十六，并羽翎。琴弦六，柷敔各一。

附：《宝庆志》载，宋嘉定七年，摄守程覃所制祭器、祭服

牺尊、象尊各三，幂、勺、坫同。罍二，幂、勺、坫同。洗二，巾同。笾豆各八十六，中醓各同。簠、簋各八十二，醓同。爵九十一，坫同。俎七十，柷敔坫三，筐四。

冕冠，内三顶金裹棱。青玄衣，白中单，大带绶，内三条，有二银环。朱带，纁裳，腰带，朱履，袜，箱子。以上俱七副。

青玄衣，《宝庆志》作"青宇衣"，"完"字缺一勾，应避讳。

《宝庆志》绍定六年，教授陈松龙遵绍熙颁降朱文公仪式所制祭器

牺尊三，各重铜九斤十两。象尊三，各重铜十斤。龙勺八，各重铜一斤。爵十九，各重铜一斤。罍二，各重铜十二斤。洗二，各重铜八斤八两。笾豆，各五十。簠簋，各十六。俎三十四，筐三，祝坫三，尊坫六，爵坫十九。

《延祐志》祭器

铜器二十一项：旧七项：象尊二，牺尊三，罍洗四，龙勺七，爵二十四，大香炉一，小香炉十。新置十四项：大尊二，壶尊六，山尊二，著尊二，象尊四，牺尊四，豆八十二，簠簋各十五副，龙勺八，中样花瓶一副，大样香炉花瓶一副，坫四十七片，爵一百一十，奠盆五。

钱器：大香炉一。

木器：俎豆各一百三十只，坫三十片。

竹器：筵六十二只，教授吴廷献任内置。筐箱五只，幕布七片，拜席三十领。

《延祐志》乐器

铜编钟十六口，石编磬十六片，琴十，瑟二，笙二，箫二架，埙六，篪二支，柷敔各一座，搏拊二个，钟磬架二座，麾竿一条，琴瑟桌十张，钟磬琴瑟匣十五个。

《至正续志》祭器

见在铜器：大香炉花瓶一副，中样花瓶一对，罍洗四个，大尊二个，壶尊四，山尊二，著尊二，象尊六，牺尊七，豆八十二，簠簋各十五副俱并盖，爵一百只，坫四十五片，龙勺大小八，祭酒盆四。

铁器：顿地香炉一，鸾刀一。

木器：俎五十，觯八十。

漆器：盘豆八十。

竹器：筵五十二，筐箱五。

新置铜器：大香炉四，壶尊九，山尊二，著尊一，爵六十八，小香炉十，豆六十七，内八只无盖。簋二副。

铁器：大庭燎盆六，小庭燎盆四。

以上新置，皆至元六年教授桂克忠任内置。予备录宋元所置祭器、乐器等项，以见前代官、师之能注意学校如此，以为后人之慕效，非琐述也。

学制

宋庆历初，置教授，以三年为一任，主以经术，行谊训导诸生，掌其课试之事，而纠正不如规者。委转运司及长吏于幕职、州县官内荐，或本处举人有德艺者。当时虽置教授，或用兼官，或举士人，委于漕司而未隶于朝廷。熙宁六年，诏诸路学官并委中书门下选差。至是，教授始命于朝廷。元丰初，立法试学官，上等为博士，下等为正、录、斋长、斋谕。学正则举行学规，学录则佐学正纠不如规者。谕佐长训导诸生课业，以"三八"日为则，八试经义，十八日试论，二十八日试策。生员会集，则以鼓节之，昕三暮四讲五集六升七退八赏九罚十，此鼓之节也。元初，置教授一员，正九品，学正、学录，则从行省铨注。至元十五年，学设教官,每月朔望,教授、正、录论讲,长、谕陪讲,诸生签说,又设经师、教谕,则大小学生。延祐三年,行御史台,四明设大学训导四员、小学训导二员,遇朔望,则正官率领僚吏俱诣文庙行香,礼毕诣讲堂讲书,以为常式。

皇明洪武二年,中书省礼部集议条款
一、生员入学定例。凡各处府州县,责任守令于民间俊秀及官员子弟选充,必须躬亲相视,人材俊秀、容貌整齐、年及十五之上、已能读过《论》《孟》《四书》者,方许入学。其年二十之上愿入学者,听在内监察御史、在外按察司巡历到日,逐一相视。生员有不成材者,黜退,另行添补。

一、选官分科教授。礼、律、书,共为一科,训导二员,掌教礼、教律、教写字,于儒士有学行、通晓律令、谙习古今礼典、能书字者。乐、射、数,共为一科,训导二员,掌教乐、教射、教数,于知音律、能射弓、能算法者。上项训导,礼、乐、射、书、数、律,但是能一等或两等者,各处守令考验,各取所长,相兼教训。府教授、州学正、县教谕[1]掌讲明经史,务使生员知孝悌忠信、礼义廉耻,通晓古今、识达时务,及提调各科训导教习,必期成效。上项教官,从各处守令于儒士有才德、有学问、通达时务者选充,官为应付行粮脚力,悉赴中书省考验。

一、生员习学次第。侵晨,讲明经史,学律。饭后,学书,学礼,学乐,学算数。未时,学射弓弩,教使器棒,学演重石。学此之后,果有余暇,愿学诏诰、表笺、疏议、碑铭者,听从其便。

一、守令每月考验生员。观其进退揖拜之节,听其语言应对之宜。皆读经史,讲通大义;问难律条,试其取决;讲礼务通今古[2];写字不拘格式;审音详其所习之乐;观射验其膂力之能中的;稽数明其乘除,口手相应。守令置立文簿,同教授记载诸生所进工课。如一月某生课业不进,记载于簿。至此科二月学不进,罚此科训导月米半月。罚多不过一月。

一、监察御史、按察司巡历去处者,试各府州县教官生员。府生员十二员学不进者,罚守令俸钱半月,教授及某科训导罚俸钱一月。二十员学不进者,守令罚俸钱一月,教授及某科训导黜退。二十员之上学不进者,守令笞四十。州生

---

[1] "县教谕",国图本作"录教谕",据天一阁朱本改。
[2] "务通今古",国图本作"旁通今古",据天一阁朱本改。

员八员、十六员、十六员之上学不进者,县生员六员、十二员、十二员之上学不进者,罚守令、学正、教谕及某科训导,笞守令俱如府。

一、设学之后,弟子习学,各科限三年有成。隶中书省者,贡至中书省考试,中选者就便量材录用。隶各行省者,贡至行省考试,其中选者贡入。

以上皆系皇明国初之制,录之以见当时之制如此。

附《新昌志》载云:"礼部为科举事。洪武十七年九月十三日,本部尚书任昂等官于华盖殿钦奉圣旨:'在京乡试,多有中式的国子监生,为他肯学,所以取中。似这等生员,好生光显他父母,恁部里出榜于原籍去处张挂,着他乡里知道。钦此。'今将中式生员开坐,合行出榜知会须至榜者。浙江布政司绍兴府新昌县第十名蔡用强。"此天下通行。鄞县亦所必有,但未知中式者何人也。

卧碑　洪武十五年,颁禁例于天下学校,镌勒卧碑置于明伦堂之左,永为遵守。

一、今后府州县生员若有大事干于己家者,许父母弟侄具状入官辨诉。若非大事,含情忍性,毋轻至于公门。

一、生员之家,父母贤智者少,愚痴者多。其父母贤智者,子自外入,必有家教之方,子当受而无违,斯孝行矣,何愁不贤者哉?其父母愚痴者,作为多非,子既[1]读书,得圣贤知觉,虽不精通,实愚痴父母之幸,独生是子。若父母欲行非为,子自外入,或就内知,则当再三恳告,虽父母不从,致身将及死地,必欲告之,使不陷父母于危亡,斯孝行矣。

一、军民一切利病,并不许生员建言。果有一切军民利病之事,许当该有司、在野贤人、有志壮士、质朴农夫、商贾技艺皆可言之,诸人毋得阻当,惟生员不许。

一、生员内有学优才赡、深明治体、果治何经精通透彻、年及三十愿出仕者,许敷陈王道,讲论治化,述作文词,呈禀本学教官。考其所作,果通性理,连金其名,具呈提调正官,然后亲赍赴京奏闻,再行面试。如果真才实学,不待选举,即行录用。

一、为学之道,自当尊敬先生。凡有疑问,及听讲说,须诚心听受。若先生

---

[1] "子既",国图本作"子儿",据《明会典》(中华书局1989年版)改。

讲解未明，亦当从容再问。毋恃己长，妄行辨难，或置之不问。有如此者，终世不成。

一、为师长者，当体先贤之道，竭忠教训，以导愚蒙，勤考其课，抚善惩恶，毋致懈惰。

一、提调正官，务在常加考校。其有敦厚勤敏，抚以进学。懈怠不律、愚顽狡诈，以罪斥去。使在学者，皆为良善，斯为称职矣。

一、在野贤人君子，果能练达治本，敷陈王道，有关政治得失、军民利病者，许赴所在有司告给文引，亲赍赴京面奏，如果可采，即便施行，不许坐家实封入递。

敬止录卷之十二

学校考二　御书碑

唐玄宗追谥文宣王诏　按州庙有诏碑,唐太和七年立,即郑耕老记、载立石记所封遗制者是也。又考《宝庆志》云:"府学有请立文宣王册牒碑[1],宋建炎兵毁。"

开元二十七年己卯八月诏曰:"弘我皇化,在乎儒术。发挥此道,启迪含灵。自生民以来,未有如孔子者也。所谓自天攸纵,将圣多能,德配乾坤,功揭日月,故能立天下之大本,成天下之大经,美政教,善风俗。君君臣臣,父父子子,民到于今受其赐,不其伟欤!虽代有褒称,未为崇峻,不副其实,人其谓何?夫子改称先圣,可追谥为文宣王,令三公持节册命其后嗣,褒圣侯改封嗣文宣公。"

宋真宗加圣谥制　按此制后四年,诏州城作孔子庙,次年以"玄"字犯祖讳,改为"至",曾立石于州庙,后毁。

大中祥符元年戊申十一月制曰:"王者,顺考古道,懋建大猷。崇四术以化民,昭宣教本;总百王而致治,丕变人心。方启迪于素风,思丕扬于鸿烈。先圣文宣王,道膺上圣,体自生知,以天纵之多能,实人伦之先觉。玄功侔乎简易,景烁配乎贞明。惟列辟以尊崇,为亿载之师表。肆朕以寡昧钦承命历,曷尝不遵守彝训,保乂中区。属以祗若元符,告成乔岳。观风广鲁之地,饬驾数仞之墙。躬诣远祠,缅怀遐躅。仰明灵之如在,肃奠献以惟寅。是用稽典册之文,昭聪叡之德。聿举追崇之礼,庶申严奉之心。备物典章,垂之不朽。诞告多士,昭示朕章。宜追谥曰玄圣文宣王。"

---

[1] "册牒碑",国图本作"册隶碑"。据天一阁朱本、宝庆《四明志》改。

神宗劝学诏

元丰诏曰:"朕惟先王兴庠序以风四方,所以使学士大夫明其心也。夫心无蔽,故施之于己,则身治而家齐;推之于人,则官修而政举。其流及远,则化民成俗,常必由之。古之所以长人材、厚人伦者,本是而已。朕甚慕之,故设学校,重学官之选,而厚其禄。凡欲以诱诲学者,庶几于古也。而在位者无任职之心,承业者无慕善之志,至于师生相冒,挟贿为奸,嚚讼嚣然,骇于众听,而况欲倡率训导,洽于礼义;磨砻陶冶,积于人心。使方闻修洁之士,充于朝廷;孝悌忠笃之风,行于乡邑。其可得乎?朕甚悯焉。故更制博士,而讲求所以训励之方,定著于令,以为学制。予乐育天下之才,而庶几先王之治者,可谓至矣。自今有敦行谊、谨名节、肃政教、出入无悖、明于经术者,有司其以次升之,使闻于朕,将考择而用之,以劝于尔众士。有偷儒怠惰,不循于教,学不通明者,博士吾所属也。其申之以诱道,使其能有易于志,而卒归于善,固吾之所受也。予既明立学之教,具为科条,其于学者,有奖进退黜之格,以昭劝戒。至于学官,其能明于教率,而详于考察,有得人之称,则得以信赏。若训授无方,而取舍失实,亦将论其罚焉。明以告尔,朕言不欺。尚其懋哉,无贻尔悔。

高宗绍兴颁赐御书高阅有州学御书阁记　见后。

理宗宝庆训敕士风诏　漕司颁降,见《宝庆志》,文缺。

元成宗大德十一年加封圣号诏　碑在今泮宫门右楹。

诏曰:盖闻先孔子而圣者,非孔子无以明;后孔子而圣者,非孔子无以法。所谓祖述尧舜,宪章文武,仪范百王,师表万世者也。朕纂承丕绪,敬仰休风,循治古之良规,举追封之盛典。加号为大成至圣文宣王,遣使阙里,祀以太牢。於戏!父子之亲,君臣之义,永维圣教之尊;天地之大,日月之明,奚罄名言之妙?尚资神化,祚我皇元!

元世祖蠲儒役　碑旧在西碑亭,久失。予于《永乐志》录之。

皇帝圣旨　长生天气力里,大福荫护助里,皇帝圣旨:"据尚书省奏,江淮等处秀才乞免杂泛差役事,准奏。今后在籍秀才,做买卖纳商税,种田纳地税之余[1],一切杂泛差役并役行蠲免,所在官司常加存恤,仍禁约使臣人等,毋得于庙学安下非理骚扰。准此。至元二十五年十一月日。"庆元路儒学儒人史宇之等共五百一名,刻诸碑阴。

元儒学不许亵渎诏　旧在泮宫前西。

上天眷命,皇帝圣旨:谕中外百司官吏人等,孔子之道,垂宪万世,有国家者,所当崇奉。曲阜林、庙,上都、大都,诸路府、州、县邑,应设庙学、书院,照依世祖禁约,诸官员使臣军马毋得于内安下,或聚集理问词讼、亵渎饮宴、工役造作、收贮官物。其赡学地土产业及贡士庄,诸人毋得侵夺,所出钱粮以供春秋二丁朔望祭祀及师生[2]廪膳。贫寒老病之士为众所尊敬者,月支米粮,优恤养赡,庙宇损坏,随即修完。作养后进,严加训诲,讲习道艺,务要成材。若德行、文学超出时辈者,有司保举,肃政廉访司体覆相同,以备选用。本路总管府、提举儒学、肃政廉访司,宣明教化,勉励学校,凡庙学公事,诸人毋得阻挠。据合行儒人事理,照依已降元旨施行。彼或恃此非理妄行,国有常宪,宁不知惧?宜令准此。

皇明太祖高皇帝诏谕　并祭文,礼部颁行。

洪武二年己酉正月,遣前国子祭酒孔克坚祀孔子于曲阜,谕曰:"仲尼之道,广大悠久,与天地相并,故后世有天下者,莫不致敬尽礼,修其祀事。朕今为天下主,期在行教化,以明先圣之道。今既释奠国学,仍遣尔修祀事于阙里,尔其敬之。"

是年十月,命天下郡县皆立学,谕中书省臣曰:"学校之教,至元其弊极矣。使先王衣冠、礼义之教混为夷狄,上下之间波颓风靡,故学校之设,名存实亡。况兵变以来,人习于战斗,惟知干戈,莫识俎豆。朕[3]恒谓治国之要,教化为先;教化之道,学校为本。今京师惟有太学,而天下学校未兴。宜令郡县皆立学,礼延师儒,教授生徒,以讲论圣道;使人日渐月化,以复先王之旧,以革污染之习。此最为急务,当速行之。"

---

[1] "之余",天一阁朱本作"其余"。
[2] "朔望祭祀及师生"七字,国图本、天一阁朱本均脱,据大德《昌国州图志》补。
[3] "朕"字,国图本脱,据《明太祖实录》卷四十六补。

辛卯诏曰："古昔帝王育人材、正风俗，莫先于学校。自元入主中国，夷狄腥膻，污染华夏。学校废弛，人纪荡然。加以兵乱以来，人习战斗，鲜知礼义。今朕统一天下，复我中国先王之治，宜大华风，以兴治道。今虽内设国子监，恐不足以尽延天下之俊，其令天下郡县并建学校，以作养士类。……师生月廪食米人六斗，有司给鱼，学官月俸有差。学者专治一经，以礼、乐、射、御、书、数，设科分教，务求实材，顽不率者黜之。

洪武十五年壬戌夏四月丙戌，诏天下通祀孔子，遂赐学粮，增师生廪膳。谕礼部曰："孔子明帝王之道以教后世，使君君臣臣、父父子子纲常以正，彝伦攸叙，其功参乎天地。今天下郡县庙学并建，而报祀之典止行京师，岂非缺典？卿与儒臣其定释奠礼义，颁之天下学校，令每岁春秋仲月通祀孔子。"颁降《通祀祭文》一通，其文曰："维洪武某年岁次某月某朔越某日，某官某等，敢昭告于大成至圣文宣王：惟王德配天地，道冠古今，删定[1]六经，垂宪万世。惟兹仲春（秋），谨以牲帛、醴斋、粢盛、庶品，式陈明荐，以兖国复圣公、郕国宗圣公、沂国述圣公、邹国亚圣公配。尚飨！"

成祖文皇帝敕 碑树泮宫门之左楹。

永乐四年三月，敕谕礼部曰："朕惟孔子帝王之师，帝王为生民之主。孔子立生民之道、三纲五常之理。治天下之大经大法，皆孔子明之，以教万世。天下不可一日无生民，生民不可一日无孔子之道。朕皇考太祖高皇帝，膺君师亿兆之任，正中夏文明之统，复衣冠礼乐之旧。渡江之初，首建学校，祀孔子，御经筵讲书。守帝王之心法，继圣贤之道学，集其大成，以臻至治。朕承鸿业，惟皇考之成宪是遵。今春时和，躬诣太学，如皇考故事。称朕崇儒重道、治安天下之意，布告群臣，咸使知之。尔礼部择日举行其合行礼仪，礼部详议以闻。故敕。

世宗肃皇帝谕旨并御制箴注

嘉靖九年十一月十三日，礼部尚书李时等具题。十四日，奉圣旨：是这祀典，你部里既会官议拟停当，谥号、乐舞、笾豆、配享、从祀，都准议行。凡神位都

---

[1] "删定"，天一阁朱本作"删述"。

称之位，章服委的起于塑像之渎，有同释氏夷教所行，亟宜屏除，不许奸邪之徒假称不忍，以加正人之罪。依拟，国子监责令祭酒等官，各学校责令提学官，通行改正，以称朕尊师重道之意。碑在泮宫门右楹。按洪武间，宋讷作太学碑，文云："夫子而下，像不土绘，祀以神主。数百年夷习，乃革。然则改像为主，自太祖已然。"

按世庙用大学士张孚敬等议，撤塑像为主，改"大成至圣文宣王"为"至圣先师孔子"，笾豆用十，乐用六佾。立启圣公祠，以"四配"之父配，罢从祀申党[1]、公伯寮、秦冉、颜何、荀况、戴圣、刘向、贾逵、马融、何休、王肃、王弼、杜预、吴澄十三人，改祀林放、蘧瑗、郑玄、郑众、卢植、服虔、范宁七人于其乡，增后苍、王通、欧阳修、胡瑗、陆九渊五人。于是，东庑从祀四十五位，西庑从祀四十四位，革去旧封爵号。其先师木主，高二尺三寸七分，阔四寸，厚七分；座高四寸，长七寸，厚三寸四分；朱地金书。四配为复圣颜子、宗圣曾子、述圣子思子、亚圣孟子。其木主各高一尺五寸，阔三寸二分，厚五分；座高四寸，长六寸，厚二寸八分。十哲以下，凡及门弟子皆正称先贤某子。其木主各高一尺四寸，阔二寸六分，厚五分；座高二寸六分，长四寸，厚二寸。左丘明以下称先儒某子。其木主各高一尺二寸四分，阔二寸三分，厚四分；座高二寸六分，长四寸，厚二寸；俱赤地黑书。改大成殿为先师庙，大成门为庙门。

御制敬一箴　并下《五箴注》，在敬一亭下。

序曰：夫敬者，存其心而不忽之谓也。元后敬，则不失天下；诸侯敬，则不失其国；卿大夫敬，则不失其家；士庶人敬，则不失其身。禹曰："后克艰厥后，臣克艰厥臣。"《五子之歌》有云："予临兆民，如朽索之驭六马，为人上者，奈何不敬？"其推广"敬"之一言可谓明矣。一者，纯乎理而无杂之谓也。伊尹曰："德惟一，动罔不吉；德二三，动罔不凶。"其推广"一"之一言可谓明矣。盖位为元后，受天付托，承天明命，作万方之君，一言一动，一政一令，实理乱安危之所系。若此心忽而不敬，则此德岂能纯而不杂哉？故必兢怀畏慎。于郊禋之时，俨神明之鉴享，发政临民，端庄戒谨，惟恐拂于人情。至于独处之时，思我之咎何如改之不吝，思我之德何如勉而不懈。凡诸事至物来，究夫至理，惟敬

---

[1] 查《续文献通考》（四库全书本），"罢从祀"通常指申党之外，尚有13人。

是持,惟一是协,所以尽为天子之职,庶不忝厥祖厥亲,由是九族亲之,万民[1]怀之,仁泽覃及于四海矣。朕以冲人缵承丕绪,自谅德惟寡昧,勉而行之,欲尽持敬之功,以驯致乎一德。其先务,又在虚心寡欲,驱除邪逸,信任耆德,为之匡辅;敷求善人,布列庶位。斯可行纯王之道,以坐致太平雍熙之至治也。朕因读书而有得焉,乃述此以自勖云。箴曰:

人有此心,万理咸具。体而行之,惟德是据。敬焉一焉,所当先务。匪一弗纯,匪敬弗聚。元后奉天,长此万夫。发政施仁,期保鸿图。敬怠纯驳,应验顿殊。征诸天人,如鼓答桴。朕荷天眷,为民之主。德或不类,以为大惧。惟敬惟一,执之甚固。畏天勤民,不遑宁处。曰敬维何,怠荒必除。郊则恭诚,庙严孝趋。肃于明廷,慎于闲居。省躬察咎,儆戒无虞。曰一维何,纯乎天理。弗参以三,弗贰以二。行顾其言,终如其始。虚静无欲,日新不已。圣贤法言,备见诸经。我其究之,择善必精。左右辅弼,贵于忠贞。我其任之,鉴别必明。斯之谓一,斯之谓敬。君德既修,万邦则正。天亲民怀,永延厥庆。光前垂后,绵衍蕃盛。咨尔诸侯,卿与大夫。以至士庶,一遵斯谟。主敬协一,罔敢或渝。以保禄位,以完其躯。古有盘铭,目接心警。汤敬日跻,一德受命。朕为斯箴,拳拳希圣。庶几汤孙,底于嘉靖。

御注《五箴》

范浚《心箴》

茫茫堪舆,俯仰无垠。人于其间,眇然有身。是身之微,太仓稊米。参为三才,曰惟心耳。往古来今,孰无此心?心为形役,乃兽乃禽。惟口耳目,手足动静。投间抵隙,为厥心病。一心之微,众欲攻之。其与存者,呜呼几希!君子存诚,克念克敬。天君泰然,百体从令。

注曰:堪舆,是指天地;说无垠,是无有界限。宋儒范氏浚作《心箴》,说道茫茫然,天地广大,无有界限,而人居其中,便是太仓中一粒粟米。天地这般大,人身这般小,人与天地参为三才,有非以形体而言,惟其心耳!盖心为一身之主,吾心克敬,则百体四肢莫不听其使令。若心有一毫不正,则被声色所移,物欲所攻,便动与理反,岂不于人道危哉?故范氏之作《箴》,虽是常言,西山真氏

---

[1] "万民",天一阁朱本作"黎民"。

特录于《大学衍义》之中，以献时君。宋君虽未能体察，而为后世告。其致意也深，其用功也至，是予所嘉慕而味念之。《箴》之作本于范氏，非真西山发扬，其孰能之哉？呜呼，念哉！

程颐《视箴》

心兮本虚，应物无迹。操之有要，视为之则。蔽交于前，其中则迁。制之于外，以安其内。克己复礼，久而诚矣。

注曰：视听言动四箴者，乃宋儒程氏颐之所作也。程氏说，人之生也，其性本善。后被物欲交攻，而此性始有不善。视听言动四者，或不能中，此乃受病之处。居中而制万事者，心也。心之所接，必由视听得之；视听之不明不聪，则言动皆违天理，然视居其首焉。程子说，凡人于视，不无被那诸般物色所蔽，唯中心安之，凡视无不明。勿使外物荡其中，常使中制于外可也。《书》曰"视远惟明"，即此意也。要操存之在吾心，无有远迩。视之如一，辨其是非，观其善恶，以吾心之正为校察，然后可免于昏乱之失矣。朕惟人皆以视为明，而人君所视者尤为要焉。果以此为则，深为益也。凡观其邪正，辨其贤否，不为奸巧之所惑，庶几忠与不肖不得并进，用舍不至于倒置矣。呜呼，察之。

《听箴》

人有秉彝，本乎天性。知诱物化，遂亡其正。卓彼先觉，知止有定。闲邪存诚，非礼勿听。

注曰：此程氏言听之要。说道视听，乃为出言之机，一或有差，患必至矣。前言视之之道，此言听之之道。夫人之于视，或能察之，然又恐听之未善也。目见之既善，耳听者须尽其善可也。耳目之间，视听之际，均为要焉。若听之不审，则无以知其是非。故听言之际，当分列其邪正。勿使甘佞之言，从入其心。心既受之，必为诱惑。《书》曰"听德惟聪"，即此意也。盖人生之于天，具耳目口鼻之体。口之与鼻，无所禁者，唯耳目为重，故以视听为戒。朕论之曰：口与鼻之无所禁，乃彼知之自然也。耳目之于视听，乃彼知之不能先觉者也。如口之嗜味，知其甘辛酸苦，尝之自能别也。鼻之嗅物，知其好恶，嗅之自能择也。目之于色，则爱其艳丽；耳之于声，则爱其音律。殊不知，艳丽、音律皆人为之也，所以反受其害。口鼻之觉，故贤之于耳目也。故程氏《箴》云"卓彼先觉，知止有定"，谓既能卓然先觉，则自有定向，而人君之听，尤当审辨之也。《书》曰

"无稽之言勿听",又云"庶顽谗说震惊",朕师此皆听德之要也。人君于听纳之间,当辨其忠谗而已。忠言逆耳,近于违我;谗言可信,近于逊我。不能审择,其患岂浅浅耳?但使吾心泰定,不为谄佞之徒以惑,则所纳者未必不可,所屏者未必不当,惟吾心审断之而已。呜呼,审之。

《言箴》

人心之动,因言以宣。发禁躁妄,内斯静专。矧是枢机,兴戎出好。吉凶荣辱,惟其所召。伤易则诞,伤烦则支。已肆物忤,出悖来违。非法不道,钦哉训词。

注曰:枢机者,譬户之轴、弩之牙也。戎是兵戎,好是喜好。程子之意,说凡人所言,必禁其妄出轻发,如弩之发矢,度而思之,务求其中焉。言易则至于狂诞,言烦不免于支离。非圣贤之法言,不敢道之于口,所以告来世之君子也。朕因而论之曰:凡人所言,必求其合于道论,准诸经传,然后可以为言也,夫言以文身也。《书》曰:"唯口起羞。"《大学》云:"言悖而出者,亦悖而入。"《孝经》云:"非先王之法言,不敢言。"斯之谓也。人之于言,必加谨焉,而人君之言,尤当谨之。先儒云:"王言如丝,其出如纶;王言如纶,其出如綍。"人君之发号施令皆言也,令出之善则四海从焉,一或不善则四海违焉。故凡出一言,发一令,皆当合于天理之公,因诸人情之向背。若或徒用己之聪明,恃其尊大,肆意信口,不论事理之得失、民情之好恶,小则遗当时之患,大则致千百年之祸,可不戒畏之哉?程子之作《箴》,其用心也至矣。呜呼,谨之。

《动箴》

哲人知几,诚之于思。志士励行,守之于为。顺理则裕,从欲维危。造次克念,战兢自持。习与性成,圣贤同归。

注云:哲人是明哲之人,志士是有德行之士。诚是念之实,守是行之笃。理即天理,欲即人欲。程子说,凡人所动作,便不可轻举妄动,当审事机可否之如何,天理人欲之所在,思其事之巨细,为其所当为然后动。与道合,无有失坠狂躁之病。战兢惕厉如此者,惟哲人乃能之。君子可不谨之哉?朕因而论曰:凡人所动为,当求合乎道理,察其当为与所不当为,精别而行之可也。而人君之所动为,尤重焉。盖君者,以一身而宰万事,不可适己之欲,与夫听信谗佞,轻举妄动。或恃中国之强而好征伐[1],或盘游无度而残虐百姓。凡此类者,不可枚

---

[1] "征伐",国图本作"征代",据天一阁朱本改。

举。姑说其大者言之。一举动之间，上违天意，下拂民心，而败亡之祸随之。是非可不畏慎也哉？程子之作《箴》，其用心也至矣。呜呼，畏之。

皇明颁降书籍：

《御制大诰》/续编/三编

《御制减繁行移体式》　　　　《大明律》

《礼仪定式》　　　　　　　　《新官到任须知》

《韵会定式》　　　　　　　　《六部职掌》

《科举程序》　　　　　　　　《朔望行香体式》

《孟子节文》　　　　　　　　《各衙门进奉表笺式》

《仁孝皇后劝善书》　　　　　《性理大全》一部

《五经大全》各一部　　　　　《四书大全》一部

《为善阴骘录》一部　　　　　《孝顺事实》一部

《五伦书》一部

《嘉靖志》：

《五经》各一部　　《四书》一部

《五伦书》一部　　　　　　　《为善阴骘书》一部

《大明仁孝劝善书》一部　　　《彰善罚恶书》一部

《性理大全》一部　　　　　　《孝顺事实》一部 以上钦降。

《十三经注疏》二部　　　　　《二陈礼乐书》二部

《朱子仪礼经传通解》二部　　《三礼注疏》各二十六部

《宋史》一部　　　　　　　　《史记》一部

《唐书》一部　　　　　　　　《陈书》八本

《五代书》一十本　　　　　　《辽史》一十四本

《宋书》三十本　　　　　　　《三国志》二十本

《周书》一十本　　　　　　　《魏书》四十本

《隋书》二十本　　　　　　　《梁书》一十二本

《前汉》二十六本　　　　　　《后汉》二十四本

《南齐》一十四本　　　　　　《北齐》一十本

《南史》二十本　　　　　　《北史》二十六本
《金史》二十本　　　　　　《晋书》三十本
《元史》五十本　已上,本府发下。　《温州志》六本
《儒书编》一册　　　　　　《上虞志》二本
《木钟集》四本　　　　　　《嵊县志》[1]四本
《萧山志》二本　　　　　　《梅溪文集》一十本
《杨文懿公敷奏集》四本　　《南齐集》四本
《兰溪县志》二本　　　　　《金华文统》四本
《杨文懿公文集》四本　　　《刘按察集》二本
《王鲁研玑图》一本　　　　《疑辨录》三本
《逊志斋集》一十本　　　　《仪礼经传》一十本
《类博稿》二本　　　　　　《忠简公文集》一本
《严陵八景诗》一本　　　　《严州府志》一十本
《武康县志》一本　　　　　《埤雅》二本
《苏平仲文集》四本　　　　《唐陆宣公奏议集》四本
《嘉兴府志》九本　　　　　《叶水心文集》六本
《东莱五代史》四十本　　　《大明一统志》四十本
《钓台文集》一本　　　　　《会稽郡志》一十二本
《桯史》二本　　　　　　　《程氏旌编》一本
《六书正讹叙》三本　　　　《处州府志》六本
《诚意伯文集》十本　　　　《吴兴名贤录》二本
《鹿成书院集》一本　　　　《太仓州志》二本
《渭南文集》一十本　　　　《桐乡县志》二本
《慈溪县志》[2]四本　　　　《汉隽》二本
《止斋文集》一部,计六本　《金华府志》四本
《竹斋文集》二本　　　　　《赤城新旧志》一十本
《郑氏麟溪集》四本　　　　《脉诀俗解》一本

---

[1] "嵊县志",国图本、天一阁朱本均脱"嵊"字,据嘉靖《宁波府志》补。
[2] "慈溪县志",国图本、天一阁朱本均脱"志"字,据嘉靖《宁波府志》补。

《朱文公台寓集》二本　　《姚文敏公遗集》三本
《宁海县志》二本　　　　《遂安县志》一本
《东莱博义》二本　　　　《湖州府志》六本
《宁波府古志》一本　　　《孔宗主发文章正宗》一部二十本

宋《宝庆志》：

《中庸篇》一轴　《周官书》一轴 共天字匣。《文宣王赞》一轴
《乐毅论》共地字匣。《孝经》一轴　《羊祜传》一轴 共元字匣，旧作元，应有祈讳。
《周易》三轴 黄字匣。　《尚书》三轴 宇字匣。《毛诗》四轴 宙字匣。
《论语》二轴 洪字匣。《孟子》五轴 荒字匣。《春秋》一十五轴 每五轴一匣，日月盈。
《法帖》十轴 昃字匣。《宣圣七十二贤》三轴　《乐章》一轴
《学记》一轴 共辰字匣。《损斋记》一轴 宿字匣。以上绍兴以来，屡次颁降。
《损斋记》一轴 汉字长匣。《奖谕沈该御笔》一轴 云字长匣。以上守臣沈该藏。
《徽宗御览龙德太乙宫诗》一轴 云字匣。
《神宗赐台臣滕元发手诏》一轴 云字匣。
《戒约士风手诏》一轴 汉字长匣。《赐忠勇李宝》一轴 汉字长匣。
《廷尉手诏》一轴 云字长匣。《禁约苞苴手诏》一轴 汉字长匣。
《损斋记》二轴 云字长匣。《玉堂》一轴 云字长匣。以上守臣赵伯圭恭藏。
《不许折苗手诏》一轴 云字长匣。《幸学手诏》一轴 云字长匣。以上皇子魏王恭藏。
《诏书一轴临帖》五册 以上守臣赵师夔恭藏。
《宝庆训敕士风诏书》一轴　　守臣胡榘恭藏。

经，共一百十五部 计五百八十一册，传解释文在内。

史，共七十九部 计一千三百四十三册，说史者在内。

子，共十五部 计四十五册。

文集，共一百七十一部 计一千二百五十册。

杂书，共九十五部 计七百二十八册。

以上皇子魏王判州藏书，四千九十二册一十五轴，淳熙七年，有旨就赐明州。守臣范成大奉藏于九经堂之西偏，继恐典司弗虔，乃奉藏于御书阁，列为十厨。嘉定十七年，校官臣徐介点检，略有散失，其所存者如此。

《川本石经书籍》一十四部 计一百一册。

《六经正义》、正本《通鉴》、《史记》、《两汉》、《唐书》、《诸史提要》、《八朝言行录》、《大事记》,各七部,分七斋,各一部。以上俱嘉定摄守程覃增置。

元《延祐志》书籍《至正续志》同：

经

《注疏九经》五十七册　　《互注九经》十六册

大字《四书》十一册 不全。

《四书集成》二十九册 不全。

《四书纂疏》二十一册　　《春秋大传》十六册

《南轩语孟说》三册 不全。

《东莱尚书解》四册 不全。

《诗缉》十册　　　　　《公》《谷》传 七册

《论语集注》九册《至正续志》有《四书精要》十四册、《古文孝经》一册。

《周易本传》三册

《晦庵语孟》八册

《大学纂疏》一册《至正续志》有《东莱读书记》三册。

史

《通鉴纲目》二十三册 不全。

《通鉴目录》十三册

《通鉴精义》二十一册 不全。

《九朝通鉴》二十五册《至正续志》有细字《通鉴》三十八册。

《纪事本末》四十二册　　《读史管见》十册

《编年》二十四册　　　　《通鉴》一百三十册

《续通鉴》五十册　　　　《北齐书》十五册

《南齐书》二十册　　　　《南唐书》五册

《宋书》六十册　　　　　《梁书》二十册

《陈书》十册　　　　　　《周书》十五册

《魏书》六十册　　　　　《唐书》六十册

《晋书》五十册　　　　　《南史》四十一册

《北史》五十一册　　　　《五代史》二十五册　《至正续志》有《读史管见》一十册。

诸子文集

张子《西铭》一册　　　　　《道德经》二册

周子《通书》二册　　　　　《南华经》五册

《韩文》十九册　　　　　　周子《太极图》二册

《元次山集》二册　　　　　《濂溪大全集》五册

《山谷集》四十册　　　　　《东坡应诏集》二册

《二苏应诏集》四册　　　　《王文公集》十三册

《柳文》二部共三十五册　　《蒙斋文集》九册 不全。

《范文正集》六册　　　　　《剑南续稿》十九册

《白氏长庆集》三十四册　　《渭南文集》十一册

《东坡大全集》二十七册　　《紫阳文集》六十册

诗

《杜诗》十二册　　　　　　《丽泽诗集》六册

《山谷诗注》五册　　　　　《东坡诗注》十二册

《后山诗注》三册

类书

《大学衍义》六册　　　　　《职官分记》十二册

《论衡》七册　　　　　　　《三朝言行录》五册

《朱子论略》五册　　　　　《四朝言行录》四册

《万花谷》二十册　　　　　《五朝言行录》三册

《续四朝言行录》四册　　　《姓氏辨证》十三册

《西山续书纪》[1]二部共四十四册　《续书记》十五册 不全。

《经济奏议》三十二册　　　《宋文鉴》三十七册

《艺文类聚》二十册　　　　《白孔六帖》十七册

《续文章正宗》八册　　　　《事类合璧》十册

《高学士祠堂记》一轴　　　旧《四明志》十二册

《续四明志》六册

书板 俱《宝庆志》载。

---

[1] "西山续书纪",天一阁朱本作"西山续志记"。

宋《四明尊尧集》一百板　　《了斋先生亲笔》二十板 绍兴四年教授陈松龙置。

《通鉴要览》五百五十板　　《洪范讲义》四十五板

《崔宫教文集》四百三十八板

《分毫韵略》二百四十板 绍定四年制帅尚书郑损置。

文公《大学章句》一十八板　　文公《中庸章句》一十六板

《太极图解》一十七板　　《西诏解》一十一板

《近思录》一百八十板　　《续近思录》一百五十板

《己丑廷对》二十板　　《传习录》四百六十五板

《明学编类文公释奠礼》三十三板　以上八种，俱绍定年教授陈松龙置。

文公《小学书》二百板 以下俱淳祐六年颜颐仲置。

《陈忠肃公言行录》三十板　　《北溪先生字义》一百一十五板

《礼诗》二十八板　　《谕俗编》五十二板

以上五种，俱淳祐年制帅集撰，颜颐仲置。

《四明续志》三百三十幅 大使吴丞相置。

《班马字类》二百五十幅 制使李公置。

《读书法》二百三十板　　《性理字训》三十板

《濂洛论语》六十八板　　《问梅小稿》八十板

《四明续志》四十五板

《济民庄始末》四十五板 自后《濂洛》下四种，俱制帅刘黻置。自《四明续志》以下八种，亦《宝庆志》所载，在后刻本内。

元《九经》板一千一百六片《至正续志》不载，见《延祐志》注。不全。

《困学纪闻》二十卷二百三十一板

《集解践祚篇》七板　　《玉海》二百四卷四千七百七十四板

《诗考》四卷三十一板　　《补注周书王会》二十三板

《诗地里考》六卷七十六板　　《通鉴地理通释》十四卷一百九十六板

《汉艺文志考证》十卷一百一板　《补注急就篇》四卷八十九板

《小学绀珠》十卷二百二十板　　《六经天文编》二卷七十二板

《汉制考》四卷五十四板　　《姓氏急就篇》二卷五十四板

《通鉴答问》五卷九十一板 右十四种。深宁先生所著《困学纪闻》，系泰定二年廉访佥事孙楫命刊。《玉海》等书，先是浙东都事牟应复建议板行。至元五年，宣慰使都元帅也乞里不花资德命刊。

《月令解》十九卷九十板　右侍郎张虙著,至元六年刊。

《四明郡志》二十一卷　计板□□□右宋宝庆间郡守胡榘修,今重刊。

《四明郡志》二十卷　翰林侍讲袁桷修,至治元年刊。

《读书分年月日程》右程端礼用朱文公读书法,为之板九十片,留程氏书塾。自《困学纪闻》以下至正续志同。

右旧志所载书板,朽失无存,止有《玉海》全板,于皇明洪武八年取赴南京国子监。

儒户

元延祐间抄籍儒人一千九百二十七户。今革。

敬止录卷之十三

学校考三　乡饮酒礼

《永乐志》云：国朝洪武十六年六月十七日，颁行乡饮酒礼，昭示图式，屡行申明，岁于正月望、十月朔，凡两行之，置酒五行或七行，其费出于公帑。有官者居于东，而序爵；乡士耆德列于西，而序齿。扬觯以申其教戒，读律以示其劝惩。仪文之盛，视昔有加，以尝获罪于官者，置于中门之外，使自饮以愧之。由是人各自励，咸知礼义廉耻之道。至外，县学及里社，礼亦各有定式。

黄南山《简要志》云："洪武十六年六月十七日，颁行乡饮国式于天下，一依古制。岁以正月望、十月朔举行。大概乡大夫一人为主，设位于堂东楹内，西向。其僚属 予按：既有僚属，则乡大夫指知府言。以爵列席于主人之后，重行西向。北上设大宾位于堂西牖前，南向，请民之高年有德者居之；立介以辅宾，设位于堂西楹内，东向面主，请民高年淳笃者居之。是二者，尊其德也。此外众宾齿最长者三人为三宾，另席于大宾之西，南向东上；余众宾列席于西序内，东向北上，此皆尊以齿也。若有居官而致仕者，请为僎，爵高者特位于堂室户前，南向；余则爵列于僎位之东，南向西上，多则列席于僚属之上，西向北上。此皆尊以爵也。是爵也，德也，齿也，三者天下之达尊也。下至里社，里长为主，悉依前例行之。无致仕官，则虚僎位。凡民得罪经徒决者，位于堂下饮酒而愧之。仪文之盛，视昔有加焉。"

传载，先生年十二，闻郡守王珽举乡饮酒礼，就郡庠观之，默识其仪，归书之于册，师大奇之。时永乐改元之前一年，当即是此仪式也。当是终先生之世不改，故作志时所载如此，再考其后更定年月也。

附:《续文献通考》云:

每岁正月望日、十月朔日,举行于学官,除僎宾外,众宾序齿、僚属序爵列坐。前一日,执事者于明伦堂依图陈设坐次,至日主及僚属、司正,先诣学,遣人速僎宾以下。比至,执事者报宾至,主偕僚属迎于庠门之外以入。主东宾西,三让三揖,而后升堂,东西相向立赞,两拜毕,皆坐。僎至、介至,仪亦同,既齐至,各就位。执事者引司正由西阶升,诣堂中,北面立。执事者唱,僎宾以下皆立,各相揖。执事举酒授司正,司正曰:"恭唯朝廷,率由旧章,敦崇礼教。举行乡饮,非为饮食。凡我长幼,各相劝勉。为臣尽忠,为子尽孝。长幼有序,兄友弟恭。内睦宗族,外和乡里。无或废坠,以忝所生。"读毕,司正遂饮酒,以觯授执事,仍各相揖。司正复位,及僎宾以下皆拱立,行揖礼如扬觯仪。及读诰律,皆肃而听之。有过之人,俱赴正席立听。读毕,执事者举馔案至宾前,次僎,次介,次主,三宾以下次第举之,乃主献宾。执事者斟酒以授主,主受爵诣宾前,置于席,稍退,赞两拜。宾答拜,以次奠爵,仪如之。毕,主复位,宾遂酬主。宾起,僎从之。执事者斟酒授宾,宾受酒诣主前,置于席,稍退,赞两拜。宾僎主皆拜,遂就位立。酒三行,汤三品,遂彻馔,各起离席,僎、主、僚属居东,宾、介、三宾、众宾居西。行两拜礼,遂送宾。分东西行,乃三揖出庠门而退。席序:主对大宾,主位于东南,大宾位于西北;介对僎,介位于西南,僎宾位于东北。是四正也。三僎自大宾以次而东,三宾自僎宾以次而西,司正从主而佐于东南,以教官为之主扬觯,僚属居东,众宾居西。

今郡学每岁举行,坐向不同。大宾坐西北向东南,对知府;介宾坐西南向东北,对同知;知府东南坐,向大宾;同知东北坐,向介宾;为明伦堂之中间。三宾一人坐右偏间,正西东向,以次及两耆民皆东向。通判以下知县诸学官,皆坐左偏间,以次列,皆正东西向。大略知县之席与三宾相对,府学教授主扬觯,坐知府后,亦西北向。宾至,知府及僚属出迎于庠门外,三揖而入,及阶,三揖而升。先布席于两楹前,宾面西,主面东,皆北上以次而南,再拜,各就位。离席,依席向而坐,设案于楹间。教授执觯立于案前,北面揖,宾、主即于所立揖教授,奠觯于案,读戒谕。词见上。读毕,揖如前,教授退就位。赞礼者读诰,就案前北面揖,宾、主皆揖,如扬觯礼。读毕,揖如前,复读律,仪同。宾、主各就坐。酒九行,歌童或六人或八人,立于楹间,北面以歌,次《鹿鸣》,次《南有嘉鱼》,次《南山有台》,各三章,节以钟鼓。毕,彻馔。宾、主方起,宾以次立于东,主以次立于西,如前所立。主先酬宾,次宾酬主。各进,相遇以觯;送退,执觯而揖。毕,宾、主各再拜如前。宾、主各面北阙谢恩,行五拜三叩头礼,送至庠门外,三揖别。礼生唱,宾不顾矣。

诰

乡饮酒礼,朕本不才,不过申明古先哲王教令而已。所以乡饮酒礼,叙长幼,论贤良,别奸顽,异罪人。其坐席间,高年有德者居于上,高年淳笃者并之,其次序齿而列。其有曾违条犯法之人列于外坐,同类者成席,不许干于善良之席。主者若不分辨,致使贵贱混淆,察知或坐中人发觉,主者罪以违制。奸顽不由其主紊乱正席,全家移出化外,的不虚示。呜呼,斯礼始于古先哲王之制,妥良民于宇内,亘古[1]至今。兴者,乡里安,邻间和,长幼序,无穷之乐,有何言哉?吾今特申明之,从者昌,否者亡。

律

凡国家律令,参酌是非轻重,定为律名,永为遵守。其有司官吏,务要熟读、讲解、通晓律意。在内都察院,在外分巡御史、提刑按察使官,年终考较。凡百工技艺诸色人等,有能熟读讲解、通晓律意,若遇过犯,除十恶不赦、谋反叛逆外,初犯准免一次,若挟诈者欺公、妄生异议、擅为更改、乱成法者,斩。

《学礼质疑》云:此万充宗斯大所著。充宗为履安先生之子,少年辄究心经学,于礼尤邃。书成,首以寄予,因摘附之。

古今异宜,先王之礼,存于今者盖寡,独乡饮酒礼,郡邑尚岁行于郡庠,见悬图一轴,书宾主位次,其设席如其图。大宾之席在西北而向东南,二宾之席在西南而向东北。郡守为主人,席于东南而向宾。郡丞而下为僎丞,席东北向二宾。通判、推官席东而西向,三宾之席在堂西。予窃心异之,谓古人有忧者,侧席而坐。乡饮酒,嘉礼也,胡为其侧席也?孔子平居,席不正不坐。乡饮酒礼,席也,胡为其不正也?问之相礼者,则曰:"此见于乡饮酒义,古礼实然。"时予于《礼》

---

[1] "亘古",天一阁朱本作"亘者"。

未深考，虽心疑之，亦姑信之。

年来纂集《礼说》，取乡饮酒义详思之，始晓然。曰前章云：坐宾于西北，而坐介于西南，主人坐于东南，而坐僎于东北者，言其方也。后章云：宾必南向，介必东向，主人坐于东方者，言其乡也。后人行礼，信其前而遗其后，遂定为侧坐相向，垂为令典。郡县诸司以吏治为急，于此无过遵行故事，孰为审察其非？其相礼执事之人，类皆庸碌无知，岂能深究？行之既久，群视为礼之固然，至有忘乎今之失而反致疑于经者。如郝仲舆邃于经学，其于宾必南乡，介必东乡，云此坐位与前异，则亦以前文为侧坐矣。呜呼！不察经文而致今之失，不可也。因今之失而致疑于经，益不可也。

《仪礼》乡饮酒篇云："乃席宾、主人、介。众宾之位，皆不属焉。"不详其方与乡，故乡饮酒义特明之。然《仪礼》"献宾"时云"宾升席自西方"，《记》云，主人"介升席自北方，降自南方"，则其席之正，而宾南乡，介东乡，主人西乡，皆可得而推之矣。郑注《仪礼》云：宾席牖前，南面；主人席阼阶上，西面；介席西阶上，东面；众宾席于宾席之西。是四面之坐，《礼经》固明，注家未失也。又郑云"今郡国十月行此饮酒礼"，则汉时亦非侧坐也。张子云：坐位，宾主不相对。礼不主于敬主，欲以尊贤也。若相对，则主于敬主矣。斯言深得布席之义。自余诸家亦无解。为相乡者，独方氏云"宾面东南，介面东北，主人面西北，僎面西南"，岂其因时俗行礼如此，而为是言乎？考《明会典》，洪武十六年颁行图式，实与经注同。至二十二年，更定则，如方氏说。其非礼不正，举世莫知，盖已久矣。或曰古之时，谋宾介也以齿德，今率贵富[1]人耳。古之时，献酢[2]交错，三揖百拜，今皆略矣。不责其大，而责其席次之末，无乃已疏乎？曰吾亦知此礼之名存而实亡，然吾甚爱其名之犹在也。使其名存实亡，而席次之设，悉更从今俗，如席地之易为几案，笾豆之易为陶器也。吾无责耳矣。乃观其设，则侧乡也。问其由，则曰自古然也。

呜呼！礼随时变，古礼之不行于今何害？吾恶其非古而托于古，且恐儒者惑于今之失，而遂以之释经也，故特为之辨。

附：叶文庄所录余干县志文 朝廷之命，天下皆同。此时，吾鄞岂得不行？故附之。

---

[1] "贵富"，天一阁朱本作"富贵"。
[2] "献酢"，天一阁朱本作"献酬"。

洪武五年正月初四日，朝廷降乡饮酒读律仪式，命有司官会同儒学官，率士大夫之老者行之，使民知礼、知律。每岁孟春正月、孟冬十月，百家为一会，共备酒肴。有粮长者，粮长为主席，无粮长者，里长为主席。如坐以宾之年最长者居中，众则序齿居左右。主席者，居其末。坐定，选一人读律及宣申明戒谕。既毕，行饮酒礼。拜则年长一倍以上者坐受，长十岁者立受，相若者抗。盖参酌唐宋之制也。时本县未之行。八年，又命下，知县毕福行之，每都以大户率士民于申明亭上读律戒谕，饮酒致礼。

按宋志旧俗，以岁旦或至日[1]，郡守率乡之士大夫，释菜于先圣先师，而后会拜于学。仪文度数，率仿古乡饮酒礼。建炎，学毁礼废。绍兴七年，学重建。守仇悆复举故事，益以酒三行。其复任也，置田百有六亩，支其费。郡人林保为比部郎，闻于朝，遂取其式，颁天下行之，寻废。田移以养士。乾道中，守张津复之，拨没官产若干以助。

宋王伯庠《仇待制乡饮酒置田记》云：
西汉之末，礼文散灭。刘昆家居教授，每春秋飨射，以素木瓠叶为俎豆，桑弧蓬矢以射兔首。每行礼，县宰辄率吏属而观之。东汉之兴，伏湛为司徒。湛为人仓卒，造次必于文德，奏行乡饮酒礼，遂施行之。二人所遇之时、所处之地虽曰不同，而皆为汉室名臣。以是观之，人之能举行古礼于后世者，非特可以化民成俗，而天之所以报施是人亦不苟矣。二人智虑所及，当兵火荡析之后，不于钱谷甲兵之事，而区区于讨究礼文之末，急其所缓，异于流俗远矣。所以终于宰辅，贵极人臣者，其识量深远故也。
四明自昔有正岁序拜之礼，至绍兴戊午而学初成，始行乡饮酒礼，盖太守仇公启之也。其后二年，而公再镇是邦，酌今之宜，仿古之制，务从简省，上下益以为便。公躬与诸生拜跪叙饮，思以清白传家，捐自己之田一百有六亩，归于郡庠，以为每岁牢醴之费。盖明之学者，自是岁时得举行盛礼，明长幼，厚人伦，敦庞和辑之化由此兴起，则受公之赐岂有穷也？
开元十八年，裴耀卿为宣州刺史，率州人劝遵行礼，奏乐歌之，至《白华》

---

[1] "至日"，国图本作"其日"，据天一阁朱本改。

《华黍》《由庚》《南陔》之什，言孝子相戒以养之义，而州之百姓或有泣者。耀卿以为人心有感，不可尽诬。于是奏上其事，乃命每州简有性识之民，习雅声于太常，仍付琴瑟之类，以为永式。今公之于四明，兴简学校[1]，搜举旧典，可谓有意于斯矣。其视耀卿为不足多，而上比伏湛、刘昆，可以并驱而争先，岂不懿哉！是不可不书以告后人，因以田之广狭、四至刊之石，而使异日谨守之。郡人欲仆书之，故不敢已。绍兴十一年正月记。

又伯庠《州学序拜田记》云：

乾道五年春王正月己未，太守张公率卿大夫士释菜、序拜于郡庠，礼也。明之为州，士风淳古，凡岁之元日、冬至，必相与谒先圣先师，而后以序拜于堂上，行之久矣。建炎末，学火于胡，自尔礼废不讲。绍兴戊午，郡将徽猷阁待制仇公始一新之。学成，复举故事，益以酒三行之礼。二年，仇公被命复来，乃以田百有六亩支其费。伯庠是时备员学官，盖尝记其事矣。三年，朝廷颁乡饮酒义于天下，行之数年，虽旨格不行，州县犹听其便，以故明州序拜如初，而仇公所拨之田移以养士，酒礼遂辍。乾道三年，秘阁张公来守是邦，政成多暇，问知其所以。越明年，以鄞及昌国两县没官之田二百六十亩，山地二百四十九亩，尽归之学，以复序拜酒行之礼。受藏受用，一切趣办，而有司不与焉。是日也，教授率三老侑坐，献酢[2]于守倅。礼成拜既，风动千里，莫不砥砺澡濯，期毋负贤太守敦教化、厚风俗之美意。呜呼盛矣！天下之事固有若缓而急者，或谓州县之责，簿书期会之为，故而礼非所先，盖亦未之思也。人皆有欲，欲斯有争，视听言动之间而以礼自防，而不流不逸，则乖争陵犯、非僻之心无自而入。公今礼成于一日，而长幼尊卑之分昭然可见，皆率服之，故能不令而行，政平讼理，其视劫劫于米盐细故而日不暇给者，固有间矣。其可不书以告来者？因以田之亩步四至，刻之碑阴。

嘉定七年，摄守程覃礼行尤盛，辍楮券二千缗，附定海水军库，岁责其息侑费。宝庆三年，尚书胡榘守郡，议行礼于人日，括赢钱八百缗，郡出七百缗。贰

---

[1] "兴简学校"，至正《四明续志》作"兴建学校"。
[2] "献酢"，天一阁朱本作"献酬"。

车蔡范助一百缗。郡人厉氏助五十缗,户部尚书郎何炳董之。日会耆俊参订同异,六邑风动,愿列者一千三百人[1],升歌《鹿鸣》,古意顿还。淳祐六年,制帅颜颐仲搜举旧典,亦以人日行礼,至三千余人,资政殿大学士陈卓首宾席,为费五百四千七百七十贯有奇,出于府帑。礼成,颜公赋诗。诗曰:"王春人日喜阴晴,文物衣冠萃四明。礼乐几年今一见,主宾百拜酒三行。人心天理须兴起,士习民风悉变更。太守自惭才德薄,纲维全赖老先生。"大夫士赓和成帙。

景定五年[2],制帅李曾伯以七月望日行之,周旋者或三千人,或多至万人,弥文特盛,故事纠仪二人,乡监、郡守为之。不齿于乡者,不与焉。下至于元岁,以正月二日序拜,置酒三行。至正元年,守王元恭始命讨论。乡老程端礼建议,仍以人日行之。守为之主,乡士耆德者为宾、介,时久弊滋,而伯庠之记久毁于火,其昌国田又为吉祥寺僧隐没。儒士周宜甫、杨奕诗等陈于会府,下于州。州不即报,复闻于大府,檄录事判官杨老原核之。时郡守刘公修德下车,廉慎,不挠法,僧惧,偿以他田二十亩,较所入稍丰于旧,遂听其成。时至正四年九月也。

台州路儒学教授程端礼《乡饮酒复田记》云:

乡饮酒礼,具在《礼经》。《周官》《戴记》,班班可考。迨至汉唐,史不失书。去古寖远,礼文散缺。长民者以迂远而不为,为之者又苟简而不力,岂知有道德齐礼之实哉!

宋绍兴以来,独四明创举坠典,而天下皆知行是礼矣。厥后弊于舍经从传,继之非人。岁首会拜之名虽存,而古礼滋废。至正二年,郡守蠡吾王公元恭以兴学为务,移文咨礼,遂一新耳目,莫不知孝弟、忠敬之道。旧有经费,昌国州田属州之吉祥寺承佃者,计谷二百八十余石,岁折钱二百二十贯。国朝仅纳钞二十五贯,儒士周宜甫以沦没告。盖寺负恃荒远,且富豪蠹学者复向导之然也。公俾吏经理,寻以疾去,遂中沮。

越明年,杨奕诗、郑觉民、王厚孙等议曰:"吾为孔子徒,且使异端者败乃事耶?"捃撝故籍,得其要领。赵垔、张恒、黄傅孙列于会府,会府下州。州慢易不

---

[1] "一千三百人",宝庆《四明志》作"一千五百人"。
[2] "景定五年",国图本等均缺"五"字。查宝庆《四明志》卷一《郡守》:"李曾伯,景定五年四月二十四日奉御笔:依旧观文殿学士、知庆元府、沿海制置使。六月二十二日交割司印,当月二十六日到任,交割府事。""景定"为宋理宗年号,共五年,故补"五"字。

即报，抱案者辄视利为可否。事闻大府，大府督会府，檄录事判官杨孝原总核之。时郡守献陵刘公修德下车，清白廉慎，不挠法，首命士之廉干者十人，岁掌其事。寺僧大观等惧，托同郡闻氏请成于乡士之老者以已，意出田二十亩有奇、岁米一十八石六斗以助供亿，遂罢讼。时至正四年九月也。

众谓予尝讲治斯礼，请文诸石，以贻永久。噫，释氏之盛久矣，非王公作之于前，刘公继之于后，其曷以臻此？今夫量力而行之，服而舍之，岂非礼与？礼以和义，义以劝修，岂徒纷争辨讼之为哉！尚使来者引而勿替，此则爱礼存羊之遗意也。《春秋》书"齐人来归郓、谨、龟阴之田"，释之者曰："志喜也。"予何敢以老病辞？

是役也，翰林编修叶恒与有力焉，刘公所命十人，恒其一也。三人则建议复田者也，六人则严钟孙、王寿朋、仇詠、张恒、胡公升、孙祥也。于是为之记，刻其田段租额于下方，他旧有及续置者并刻焉。

至正五年五月甲申，将仕佐郎台州路儒学教授程端礼记。

又陕西行台侍御史李好文记云：

古之所以一民德、正民俗，其治切、其效速者，唯乡饮酒之谓乎？礼之大者五，若祭祀、燕享、朝聘、师旅、凶礼，皆国之事，而民不与焉。不与而求之以礼，是犹不知耕而使之获，不知途而使之至也。虽欲其德之一，俗之正，其可哉！周礼，乡大夫三年一大比，兴贤者、能者，则帅其吏与众寡，以礼宾之；鄙正国索鬼神而祀，以礼属民饮；州长，春秋习射而饮于序；是皆先王化民成俗之美意也。或曰其礼有四：一则兴贤能，二则乡大夫饮国之贤者，三则习射，四则蜡祭。然乡人凡聚而饮，如孔子所谓"杖者出而斯出"者，则亦行之，非特四事而已。由是言之，则其切于民，俾之以接仁义、和长幼、远斗辨、作敬让而不争者，不亦速乎！后世德日降，俗日薄，由是礼废而民莫之知也。

好文尝与修《宋史》，其记乡饮酒之礼，则有政和所定举酒祭降之节，与夫作乐器用之属，并参用辟雍燕贡士仪，既具，而难作不行。绍兴初，比部郎中林保乞修定仪制，颁下郡国，于是国子祭酒高闶具仪上之。其僎、介之位皆与古制不合，时人莫解其旨。庆元中，文公朱子始依《仪礼》更定，学者皆遵用之，然而郡邑亦未之行也，惟明州独存。予因金宪浙东，遂欲往明一观，于礼既而弗果，每以为恨。至元乙酉，翰林国史编修叶君恒，乃以其仪与其举行先后本末之序见示,且请记诸石。其略言绍兴七年郡守仇忿首举是典,且置田百有六亩以供其费,继而秘阁张津守明,又益以没官之产山田地屋若干,郡人王伯庠为记。

宝庆三年,尚书胡榘始行礼于人日,六邑为之风动。昔者升歌合乐之仪未遑悉举,至是始依《鹿鸣》等诗,被之管弦,古意顿还。淳祐三年,制帅颜颐仲又增置礼器,复以人日行之。景定五年,制帅李曾伯以七月望行之,周旋者或三千人,或多至万人,弥文特盛。是后,礼文渐废,仅于岁首长幼序拜郡庠而已。当时,世家巨室尸其事,犹有可观者。久之蠹兴,昌国之田复为寺僧所据,学胥以赇减其籍,而伯庠之记亦毁于火。然郡乘所载,得不尽泯。郡士周宜甫质其事于郡,檄府史郑某治之。僧以赇诬,郑以赃去,以故束手无敢与抗者。既而,杨奕诗、郑觉民[1]、王厚孙列词论诉,乃得直。然不能复其故物,归我负郭之田廿亩有奇,较其入稍丰于旧,遂听其成而不终讼也。

至正二年,蠡吾王公元恭来守是郡,修举坠典,化民以德,属台州路儒学教授致仕程君端礼与叶君恒、儒士郑觉民等考订肄业,悉依朱子为定,遂于正月七日行于郡庠。观者如堵,莫不兴起焉。明年,礼部侍郎泰不华公守绍兴,以书币延致程君端礼等,仿而行之。四年四月廿有三日,浙东道宣慰使都元帅完者都公深衣大带,正席傧筵,与礼者千有余人,其文缛矣。初,公以万夫长临镇海隅,积劳升大阃,威武素著。其贪饕蠹食者,悉不得逞。总管河间刘公修德下车又为约束,推论十人俾掌其租入,以俟行礼。呜呼,礼之齐民也,为易乎哉?以宋之尚文三百年之久不能大行,为难乎哉?僻然四明之一隅,孰使之而能使之不废也?今观其主宾傧介之位,献酬辞让之节,尊严温厚之气象,充然乎尊俎之间,孰谓三代之法不可行于今乎?虽然,礼之废久矣,人皆不知其可行也。非人不知,上之人亦莫之知也。四明之人岂以上之知不知而为不为也!今知矣,必将取法以风天下,四明其不以胜鲁自居乎?然而人日之举,始于胡榘,古无是说也。乡射、蜡宾,虽曰不行,不有春秋释奠之事乎?今自国学达于郡县,长吏以下与凡学者靡不执事如以祭之,明日又三年大比之日,举而行之以为恒,是亦不失古人之遗意也。诸君子或以为可,请出以示来者。至正五年十有二月记。

至正七年正月,总管刘修德于人日行之。郑觉民记云:

---

[1] "郑觉民",国图本脱"民"字,据下文补。郑觉民,字以道,《甬上耆旧诗》有传。

昔先王之制礼也，既以辨上下定民志矣，而有通畅浃洽之情焉，此乡饮酒之所由起也。然其经久简质，礼意严邃，读每有遗恨。故辰溪杨复本诸紫阳朱子为《仪礼图解》，以惠后学。若乃名位器物之实，升降周折之数，皆可考。故古人因图索象、因象索意之旨立焉。而图学之有益于世，尚矣。四明乡饮酒礼始于宋绍兴，今则有至正《小录》，讲治既精，定于紫阳之说，而手纪之，于《礼》益精矣。旁郡取法，国学崇信，识者以为三代之法果可行于今乎？岁丁亥人日，太守献陵刘侯修德力行之，延礼大府都事、古汴李侯希仁主其事。自元帅下至百执事，衣冠文物蔼然成周之盛矣。既事，会侯以秩满代去。凡执事之人，咸愿列其事于图，以为饯。俾观览者知侯之力居多焉。按古者，天文、地纪、人物，皆有图，于是作《庆元乡饮酒礼图》，而遂得序其事于左。能诗者俱书于下方云。至正七年正月。

至正十年，总管阿殷图以修学成行之。郑觉民记云：

按乡饮酒礼，古天子诸侯所以躬行于上者也，惟见于三礼者。独乡大夫、党正之事，若《周官》所载，为天子之大夫，其节文度数详矣。至其献僎一节，则黄氏用乡射补之。盖献宾所以尊贤，献僎所以贵贵，贵贵尊贤，礼莫盛于此矣。四明乡饮酒礼，其来既久。若夫典则之正、仪文之缛，则有至正《小录》。十年以来，穷乡下邑之士，犹有所未闻见者，此礼之不可废也。浙东大府佥帅董公以《周礼》之学兼文武之才，甲兵钱谷之暇，以礼乐为己任，纲维于上，考订于下。故太守阿殷图以诸侯之职，当古乡大夫之事，在四月二日举之。而佥帅公遂以上公为僎正，宾席之东，易爵之献，重席之词，彬彬乎揖让之盛。凡其占一材一艺者，皆得效执豆笾之列。而远见近观者，咸以三代礼乐复见于今日，无不举手称庆。四明之礼，卒有定著，然则推此而不已焉，孰谓不可施之于上之人也哉！夫上有好者，下必有甚焉者，则率土可封矣。今以一郡县之小唱举礼，而应之者蕞尔闻，乃曰礼无补于治，固非知言矣。然施之于身而推余于人，著之于国而验之于天下，孰不可哉！夫其执政之机而识转移之利者，固有动于中矣。况夫雄于大略、知人情、识国体，如佥帅公者哉！四明之大夫士皆歌诗以颂公之盛德，故予尤有望焉，因以不敏序于卷之后。

从仕郎江浙儒学副提举括苍刘基记云：

至正十年，庆元路总管阿殷图公新修孔子庙成，乃行乡饮酒礼。其年夏四月夏正，赵由铉来言其事于刘基，且请为之记。基唯古礼之废久矣，公能举而行之，其有志于化民成俗者乎？遂为之言曰：

有天地，即有礼，而用舍在乎人。礼由人兴，人以礼立，人之与礼不可须臾而相离也。是故，时之隆替、俗之嫩恶，系乎礼之存亡而已矣。今之称治道者，必哓哓然曰三代，夫三代之所以为三代者，以其礼也。今不行三代之礼，而欲求三代之治，是犹断苗之根，而冀其实也，岂不悖哉！且天下莫大于分，分莫严于素定。制之于其后，不若道之于其先，教之所由设也。饮食，人之所赖以生，而血气之生由之以起，礼之所由始也。然则化民成俗之道，孰有大于乡饮之礼者哉！是礼也，汉晋唐宋亦知举而行矣，而其治不能仿佛乎三代之万一者，何耶？三代之礼，本之于心，礼自我作者也。后世之礼，习之于外，人自人而礼自礼也。高原之土溉之于一朝而曝之于终岁，而以咎其不殖，人皆知其不可也。公能教民以古人之礼矣，其尚察古人制礼之本以格其心，则远近将观感而化，使三代之俗熙熙然复见于今日，顾不伟哉！遂书以记之。

至正十四年，浙东都元帅丑的节公帑置田三十亩益之。本学训导胡世佐记云：

乡饮之礼昉于周。世降风漓，务华弃朴，虽学焉而师者犹罕能深推本原，详究旨意，咸谓仪数末节足以隆文化、宏雅道，矧未尝知学者语之且不达，畴肯作而兴之，举而行之乎？四明旧有乡饮酒田，岁取租入赡其费。久之，以斯礼既不恒举，欲肄业以存其意，故每于岁首集士族会拜郡庠，陈尊罍、设豆笾、置酒醴肴核，虽仪文繁缛不逮乡饮，而辨尊卑、别长幼，以洽州里乡党之情，亦有可观者焉。

至正十四年冬，中奉大夫浙东道宣慰使都元帅丑的公奉旨总兵饶、信，平寇而还，大振厥职。军旅勤于征战者，劳来之；编氓疲于徭赋者，休息之。赈饥具粟，修城具田，劝功懋赏，惩恶懋刑。方倥偬不暇给，虽武功既成，于文教之施尤所加意。闻郡有乡饮仪式，并询之，并及礼费所从出。咸对以宋绍兴间，郡守待制仇公悆置田一百又六亩资其用，后直阁张公津相继为守，复田地山暨涂田之隶官者益焉。时久弊滋，田在昌国者皆为小沙寺僧所侵没。诉于有司，僧偿以他田二十余亩，故所有者终不能复。是以租入浸耗减，礼行不如其旧。公闻，慨然曰："乡饮之设，尚其贤能所谓导民以善者欤，尊其耆寿所谓齐民以礼者欤，敬其显贵所谓示民以分者欤，乌可废坠不时举？三年一大比，宾兴之时，盛举斯典，以礼德行、道艺之士。比年一会拜，首岁之时，略举斯典，以礼年齿、闻望之人，于事甚宜。况帅阃实按治四明，为七郡表的，有善则翕然向风。今以费有不给，失前人遗意，可乎哉？"乃撙节公帑，置田三十亩，归籍于郡庠之典是事者，曰："岁以所入补不足，由今而后，毋怠志，毋废职，毋徇私忘公，毋从流俗变古道。"于是，学官之士相与共议，乡饮文旷废、田租渐亏铄，自革宋命以来近百年，莫之或增。而元帅公乃能崇尚礼意、宠惠士类，而益其田矣。苟不称述以文，敷延德举，岂士论之公[1]？众咸谓然，乃砻石镌词置黉宫，垂示来世。若夫自初迄今，乡饮之制，某也创其始，某也成其终，某也能厘革众弊，某也能兴举积废。尝计其出纳多寡、用度丰约，号为适宜，某也尝考其主宾僎介、升降揖逊而达其像，则或已载郡乘，或已具石刻，或已彰著而不可掩，或已传播而不可磨，故不复枚举，而直取田之益于今者，用显元帅公以礼化民之盛。时则郡监阿殷图公与郡守李公思敬亦皆体承斯意，效赞佐之力加于昔。所谓有倡于上，则兴于下者欤。是则四明多士被淳化、成美俗，以复于古，必自今始，焉可以不识也？于是乎书。至正十五年五月望日记。

至正十八年教授文焕章复作兴之，乃以廪积羡余，增置田三十三亩。户部尚书贡师泰记云：

予比以漕事充使留四明，郡庠诸生相率来言，曰兹郡有乡饮礼，宋乾道间所创置，迄今二百年余，举行之际，有所营办，必得人分任其劳。宾兴之时，有所设施，必得人专典其礼。比岁一会拜，列序以齿，必得人审正其仪。献酬有常数，荐羞有常品，升降拜起有常度，必得人明习启导使中节，是以规约立焉，而复有田者。以用器言，有席、有几、有豆、有俎、有觯、有爵，不可以假于人；以食味言，有牲、有齐、有脯、有醢、有肴、有核，不可以求于人。器所当备，物所当具，他无所出费，故岁藉田租之入以充之。约有常规田，有常租计足经久。

比岁以来，任职掌者浸失初意，费浮礼简。至正壬午，郡守王侯元恭与乡先生程君端礼同议，乃屏剔耗蠹，更新约束，谓斯礼本以宏教，使郡博士总其事，

---

[1]"敷延德举，岂士论之公"，国图本作"敷延德誉之士论之公"，据天一阁朱本改。

预知出纳。曾未十稔,弊滋甚。至正戊戌,保定文君焕章典郡教职,谓乡饮之与序拜,皆所以明长幼、习威仪、睦闾党、洽情意,其俗至厚,其礼至盛。今顾滴之使薄,废之使替,孰忍然哉!乃从儒士之久预其事、习知其礼,能究致弊之由、革既弊之道者共议,书其条贯于籍,每于岁首聚一乡长者、幼者交会庆拜之仪。值宾兴贤能,则盛备礼大合乐以饮酒,又俾众推选士人廉而有行义才干者,间岁以次更掌田租所入,置器用、具馔饮,以礼僎介、傧相,毋亏旧典。事毕,即书所用之数,所余之资,传付继次而掌者,且核其出内忹当否而督察之,使无所容其浮泛之资,累岁廪积,由是颇致余羡,因用以置田,择其必广毋狭、必沃毋确,得田三十三亩,籍以归于所司,又以为有田必有租,租必有廪庾以储谷粟,今必散留他处,非法也,即经度令创建仓库为蓄藏之所。阖郡冠带士咸欢忻鼓舞,以为乡饮之规沦废已久,非文先生之明,无由一旦遂复于旧。乡饮之田湮没既多,非文先生之公,奚由一旦有加于旧。职掌乡饮之人弛纵素甚,非文先生选之有方,程之有道,亦岂能一旦改轨易辙,遽从旧则,可贻永久无疑矣,敢邀巨笔摛文以记之。

予以为创始固难,因已创而克保其成为尤难,如焕章于乡饮之礼,所谓作而新之,能厘其弊而保其成者欤?所以述其颠末,使勒于石,非徒用著焕章之能力于为善,亦以劝来者之思继其为善也。

射仪

洪武三年,定学校射仪。前期戒射,定耦,选职事充司正、副司正、司射、司射器、请射、司爵[1]、收矢、执旗、树鹄,陈矢如图。仪至日,执事者入就位。请射者引主射正官及各官员子弟、士民俊秀者,各就品位。司射器者以弓矢置于各正官及司射前。请射者诣正官前,圆揖毕,引请[2]司射器前,受弓矢毕,引复本位。司正执算入,立于中后,请射者诣司射前,曰:"请诱射。"引司射二人耦进,各以三矢揲于腰带之右,以一矢挟于两指间,推年齿相让,年长者为上射,年幼者为下射。上射先诣射位,向鹄正立,发矢。司正书中,投算置于中。举旗者如

---

[1] "司爵",《大明会典》作"举爵"。
[2] "引请",《大明会典》作"引诣"。

所射应之。射毕，退立于旁，让下射者诣位，发矢，书中举旗如前。射讫，请射者俱引复位。收矢者收矢，复于射者。司正取所中算。请射者次请士民俊秀射，次请官员子弟射，次请品卑至品高者射。其就射位发矢，取算书中，举旗收矢，复位，皆如前仪。既毕，司正、副司正各持算白中于主射正官。司爵者酌酒，授中者饮之。中的者三爵，中采者二爵。饮讫，请射者请属官以下仍捧弓矢纳于司射器，还诣主射正官前，圆揖而退。

二十五年，定射法，遇朔望习射于射圃。树鹄，初三十步加至九十步，余仪如前。

狐鹄一　中以皮为鹄，画红绿二采，周围饰以狐狸皮为身、为舌，六品至九品射之。

布鹄二　有的无采，以皮为鹄，周围饰以布，又以布为身、为舌，文武子弟及士民俊秀射之。狐鹄置中，学官射；布鹄置于东西，生员射。

兕中　以木为之，长一尺二寸。头高七尺，前足跪，凿其背上穿之，可容算，用颜色漆之。下用木座，朱漆。三品至五品用之。

鹿中　《永乐志》原文："六品至九品。学官及官员子弟、士民俊秀，皆形异制同。"

算　以十耦为率，用八十筹，盛以桶二。

容　一名乏。以木为匡，皮冒之，方广七尺，足以蔽身。

旗　以帛为之，每容后各六：赤、采、青、黄、白、黑各一。

弓矢案一、爵案一、爵二。

司正及副司正　每鹄用一人，掌验射者品级尊卑，以定耦。执算于鹄之左右，置某中于某前。每耦进，则执八算于手。伺中，则投于中，其余横委于中西畔。候一耦退，则投所中算收之。别取八算，执之如前法。每算上先书射者姓名，于下或书"的"，或书"采"，投之于中。

司射二人，选能射者充，先以强弓射的诱射，以鼓众气。

司射器二人，验弓力强弱，分为三等，验人力强弱授之。

请射四人，请射者，授弓矢，入射位。

执旗二人，于容后执各色旗。如中的举红旗应之，中采举采旗应之，射偏西举白，偏东举青，过鹄举黄，不及举黑。

司爵二人，射毕，授中者酒，中的三爵，中采二爵。

获者,每鹄用二人掌收矢,还纳于射者。

《嘉靖志》器:

铜爵二十个

锡扬觯六个

铜小钟一口并架

铜小磬一片并架

锡酒海二个并架

锡酒杓二个

竹丝酒埕一个

铁桩四个

旌一件

琴二张

瑟二张

布裓一付

布十二个

蛟龙一件

鹿一件

罚一件

小铁圈一十个

签七十根

案桌一张

屏风一件

笙三攒

鼓一面并架

弓二十张

决二十个

弦一十八根

箭一百八十四枝

敬止录卷之十四

学校考四　师

皇明　教授一员、训导四员、吏典一人。洪武十五年降印置吏。

宋　按元丰元年设诸路府州学官共五十三员，内两浙路杭、越、苏三州各一员。时明州尚未有学官也，延乡之耆儒主教而已，厥后始置教职。建炎兵燹后多无可考，就其著者乃录之。

教授

宋　楼郁　详《人物考》。

汪洙　鄞人。元符三年进士，任明州教授。幼以神童名，九岁能诗。

石延庆　新昌人。

陈元裕

戴觉

王伯庠　鄞人。

郑耕老　乾道时教授宁波，以兴起斯文为己任。日进诸生讲学，文章以欧阳为则。

傅伯成　字景初，少从朱夫子学。隆兴元年进士，调连江尉。试中教官科，授明州教授。年少，嫌以师自居，日与诸生论质往复，后多成材。官终龙图阁学士。语及奸人误国害正，词色俱厉。尝慕尸谏，草疏毕，朝服而逝。端平三年赐谥"忠肃"，年八十四。

黄一震　嘉熙年间任。

叶秀发　嘉定七年，以府学教授记守程覃修学。

李韶　字元善。举进士，调庆元教授。史弥远荐士充学职，不及韶，士林愧之。袁燮求学宫射圃，益其居。韶不与，燮益敬之。

方万里　从政郎，教授。宝庆二年上札子禁采铁灌顶上，以山隶学租也。胡榘守郡，命草创《四明志》。

陈松龙　　绍定间教授。遵绍熙颁降朱文公仪式制祭器。

梅应发　　广德人，补太学，为庆元教授。喜抄书，见袁清容《师友渊源录》。官至太府卿。

魏新之　　桐庐人，咸淳辛未进士。教授庆元，以正学为己任。初，鄞士多宗象山，闻新之之学，翕然从之。学录刘光尝集解《孝经》，自谓无憾。新之为刊正十一条，光不觉下拜。德祐丙子，元兵入临安[1]，游军至鄞，西厅教授王桦惧甚，曰："吾侪生死决于今日矣。"新之从容答曰："非止今日，有生之初已定。"颜色不变。宋景濂为其墓志。

王　桦　　西厅教授。时，学设两教授，名东、西厅。

孔景行

陈元亮

俱咸淳中教授，易泮池砖甃以石。

补：周粹中　　淳熙教授，入先贤祠。　林士衡　　继粹中。

各僚

袁　藻　　学正。

刘叔温　　学录。

汪　辉　　直学。

王　坰　　学谕。

缪遥、蒋渊明　　俱学谕。

伍子献、楼槃　　俱教谕。

以上八人俱编类《宝庆志》。

刘　光　　学录。

袁　昇　　袁韶之父，明州助教，赠太师卫国公。见清容《先大夫行述》。

徐　介　　嘉定十七年。

沈德初

郑信甫

俱咸淳六年在任，见王应麟《修学记》，未著所职。

元　《延祐志》：教授一员，学正、学录各一员。

---

[1] "临安"，国图本作"新安"，讹。

府学教授题名记 本学教授苏垲撰

古者乡遂闾党，莫不有学。其论俊造、登贤能，莫不由学。三代邈矣，天下郡县始有学，学始有官。夫以一郡一邑之士，教且养，须其成以备选使，责亦重矣。惟我皇元，列圣相成，务崇学校。籍以儒，即蠲徭役，不与编氓伍。诏所至，有司存恤，台□则加勉励焉。有志之士上其艺如式，司风宪者加察焉，长一邑之士又加察焉。升而行省，是为正录，又加察焉。闻于上，为命吏，是曰教授。品秩虽卑，而部使者至，进以礼，有所疑质，必与之坐而问焉。据席而讲，环而听者数十百人，少戾焉则笑于列而嘲继之，嘻亦难矣。四明学甲东浙，襄冠多士，绝百寮，文章事业，人材彬彬辈出，诗书之泽，迄今未泯。垲，眉山后人，承乏来此，因循简陋之余，岁且大祲歉然，教养事赖使者贤明，力主张是。礼殿告新，黉舍以次修举，复申明教法，严课讲，期以作成。垲也敢不遵承唯谨？顾职教者未有所纪，今取前任人名氏刻之石，使后之人有考，他指而示之曰：某也某也，孰称焉，孰不称焉。吾惟此惧，故书以自勉之。

下共二十九人，垲既云前任名氏，则自卓玖而下俱系续入。

潘梦桂　郡人，一云鄞人，省元。

黄　裳　字景杜，学行老成，人多重之。工书，有石刻大草在明伦堂[1]右壁，今无存。

吴宗彦　字博文，天台人。

苏　焱　奉化人，至元二十九年任，总义田庄事。

戴　友　字叔望，金华人。

王珏子　字仁玉。

赵孟节　字叔度，天台人。

童应椿　字景春。

黄一龙　永嘉人。

苏　垲　字伯清，眉山人。工书，有"勿欺"二字石刻，德望伟然。

卓　玖　三山人，绩学工文。皇庆间任，大有声誉。

孔文植　字贞卿，永嘉人。延祐二年任。

薛　基　字德载，河东人。延祐三年创建草庭，有《重建义田庄记》。与三山卓玖并称于时。

吴廷献　鄱阳人。

---

[1]"明伦堂"，国图本作"名伦堂"，据浙图本改。

俞希鲁　字用中,镇江人。皇庆间任。见陈昭孙《鄞贡士题名记》。

陆晋之　字后坡,杭州人,泰定间。

花季发　字英伯,无锡人[1]。《延祐志》作"花桂发"。

《延祐志》止此。

张克果

包　枟

陈廷言　字均崧,天台人。

王　弦　金华人。

龚　浩

桂克忠　字良臣,汴梁人。

朱文刚　字明德,天台人。老于文学,名重一时。至正二年任。

《至正续志》止此。

赵　佐　字进思,大名人。

范　洪　字养源,郡人。

马长孺　字幼学,天台人。

李　光　字彦名,上饶人。

文焕章　字章□,保定人。题名完。

林公庆

李光跃

副教授

尹应元

严斗辉

冯福宗

赵嗣铨

王汝济

史复伯

学正

王沂孙

---

[1] "无锡人",国图本作"无为人",据浙图本改。

时　敏

赵　同

施　埙

赵必昌

盛象翁

李梦登

贾哲甫

孔昭孙　字明远，三衢人。孔子十二世孙。时礼部尚书王先生应麟师表后进，门无杂宾。昭孙以通家子执经证讹，有教授某恣睢自负，语侵先生。乃愤然曰："吾不能与之共处。"疏其谬诞十数事，鸣于宪府。人益奇其伉直。皇庆元年，授慈溪主簿，人咸曰："是斥故教授者。"饬躬以廉，民莫敢病，终袁州知事。见袁清容所撰孔君墓志。

杜世学　字孟传，奉化人。西蜀刘仲文子，少侍其父官明州，遂后杜氏。刘文节公光祖从朱子游，官至侍御史，乃其曾祖也。

徐信卿

徐公著

陈云宗

刘　悌

吴　埏

吴景山

郭仁杰

赵　文

卢可继

王　萱

李　桢　以上《延祐志》。

陈文杰

胡　禾

护禄赐不花

戴　桴

虞师道

薛元德

李庚孙

朱元良　金华人。

董　彝　字宗文,至正七年重修草庭。

学录

沈　㠯

徐斗明

陆伯润

杜世学

刘　简

赵必昌

王维贤

姜材之

陈　自

袁　衺

陈荣龙

范庭珪

徐中行

赵懋怀

徐　木

史益伯

汪景星

郭　庚　以上《延祐志》。

陈　岳

毛明德

吴天骥

厉德润

王国祐

曹性之

汪　兴

王寿朋　以上《至正续志》。

严钟孙　与卓玖同时。

吕　合　与孔文植同时。

陈汝楳

舒　泰

训导

郑芳叔　为《谯楼记》，代教授吴廷献作。

王厚孙　厚斋先生孙。元统间任。凡学田在鄞及沙岸在昌国者，皆为豪民侵夺，力陈复之。

王宁孙　字叔远，厚孙弟。

蒋宗简　字敬之。

张用庚　字子西。

以上三人，相继为府学训导。

桂德称　字彦良，以字行。见郑觉民《送彦良任包山书院小序[1]》。

郑觉民　见觉民所作《送直学朱元良考满归婺州序》。

孙元蒙　鄞人。尝为郡庠司训。

补：胡世位　天台人。

皇明

教授

桂同德　慈人。

许汝霖　上海人。

黄　敬　二十七年重建廨舍。

崔　植　鄞人，字斯立。桂彦良有《送崔斯立序》。序云：

环千里者为郡，必有任治与教之责者，则今之知府与教授而已。然知府秩高而禄厚，有吏卒刑禁以威其上，故人畏而敬之。教授秩卑而禄薄，无吏卒威令，徒以礼义化诸生，故人狎而易之。不惟人之视已为然，虽自视亦以为当然。曷知治之与教，职虽异而道则同。朝廷所以责任于我者，何如其重也，乌可以秩之崇卑而有所加损哉？惟不知此道也，故为知府者，恒以位高而矜乎下；为教授者，恒以位卑而谄乎上，是二者胥失之矣，讵不深可慨耶？

---

[1] "小序"，国图本作"山序"，据浙图本改。

吾友崔君斯立,学优而行纯,气和而容肃;居家以孝友称,交友以信义闻,博通经史,尤长于《春秋》,尝分教吾郡庠,学者争师事[1]之,受业而出仕者众矣。由是郡侯以公论举为郡博士。

既上,试于上官。移南宫考之,又在首选。咸欲荐诸朝,留教国子,则谢曰:"吾家贫而母老,愿归郡学以就禄养,足矣。他非我志也。"于是俯就郡博士之职以去。过予而谓曰:"子知我者也,可无一言以赠之我乎?"予义不容默,故书治与教之事为崔君勉。吾闻郡侯贤而下士,崔君有学有德,必能以师道自任,固万无前二者之失。然犹恐习俗之故,势有不能已耳,故复书此以规之,亦朋友责难之道也。

谷仲城 建文元年,承知府王琎命,置泮池左右二桥。旧志列洪武三十二年。《嘉靖志》不列。

郑深道 闽人,举人。

胡　钦 道州人,进士。

黄　桂 以上永乐。

沈　彤 湖广人,举人。

沈　正

周　玑 江西人,举人。以上宣德。

丁　琦 江西人,举人。正统。

陈　瑨 江西人,举人。景泰。

成　矩 苏州人,举人。杨文懿《送成先生序》。序云:

古者闾塾、党庠、术序之制,所谓师者,乃其乡之耆老仕焉而已者也;所谓弟子者,乃其乡之俊秀学焉而未仕者也。师之道德,弟子之性行,交相知之;而其情若家人父子之相亲,故其教易行,士易成,俗易化也。后世始用仕者为学校之师,或中州之人而师于荒服,或生冀方齷土而师于蛮烟蜒雨之乡,奔走万里而至语言不通,习尚殊绝。若不能以一朝居,而其道艺之美,弟子亦未能遽信之也。若是而欲行其教,成其材,善其俗也,不已难乎?若夫九州之人,各师于近境,舆马舟航,朝发而夕至,弟子尝闻其风,未见而已向慕。师之于弟子,亦尝

---

[1] "师事",浙图本作"师与"。

闻其德艺,未课而已知其优劣,则其情自不能以不亲,而教不患于不行矣!岂若彼之师于遐方异域,而艰于成材、善俗者耶?将不殆庶于古也耶?苏郡成先生叔度,今为吾明郡之师。此二郡皆号文献之邦,东西相望,仅隔一浙水耳。且先生幼随尊父宦游,与其领乡书、典教铎皆在浙水之东,而比居[1]在奉化,又明之属邑也。其谦恭乐易,勤于启迪后学,凡明之鸿生茂士,孰不向而仰之?且有被先生之与进者亦多矣。所谓师于越境,与弟子相知,而殆于古者,孰有加焉?夫为师者,恒苦于弟子之难教;而为弟子者,亦恒病夫师之难亲。反是,则古道不难复矣。用是贺吾明之士得师,又以贺先生之得弟子。

矩为奉训,九载考绩。黄南山亦有赠序。

郑　玑　福建举人。

林时润　莆田举人。

陈养德　以上成化。

崔　恭

陈　绅　以上弘治。

陈　镗　福建举人。

边　喻　进士。

叶　宗　无锡举人。以上正德。

崔复秀　桂林举人。

陈良猷　福建举人。

李世浩　南靖贡士。甲午。

陈中立　祁门人。由举人令山东滕县,以质直争疑狱,忤上官。嘉靖戊戌,改教宁波。崇尚忠实,不为虚饰,表里洞见,无几微回互。士有不可,即面折,不为后言。时访贫士周之,甄别课业,人咸推服。

林应祯　福建举人。

陆奎章　字子翰,武进人。詹事简之子。幼隽异,好读古书。贡入太学,为司成崔铣所知,上《感遇》诗三十首。嘉靖戊子举顺天试,除知武康,改泰宁。弗乐簿书,改宁波教授。至则择博学隽异者与朝夕论难,手不释卷。在学有《陆诗别传》十二卷、《道在编》二卷。诸生称文行,

---

[1] "比居",浙图本作"比者"。

必曰陆东坤先生。

赵子伯　武昌举人。

王　玠　巢县贡士。丁巳。

宋　官　定州贡士。

刘继善　怀来贡士。

施显卿　无锡举人。甲子

周绍稷　王世贞《代当事保留儒官疏》：据宁波府学教授周绍稷申称，接到吏部文凭，升襄府纪善，见今纂修某项书籍告乞离任等因。臣切见，本官学问渊源，孝友天植。尝师事故翰林修撰杨慎，值其客死荒戍，万里护丧，倾赀为赗。乡评士论，月旦籍如。及官真阳，颇垂何武之爱。两训明海[1]，不忝阳城之规。束贽不行，皋比无倦。潜心古人，服膺作者。求之侪伍，实为卓越。今以常格去补王官，一行曳裾，遂绝推毂，甘从遁迹，永谢清朝。臣愚不胜拳拳惜才一念。切谓明主之用人，辟如大匠之采材与医师之求药，不以薄栌、残梲而遽遗[2]，不以马勃、牛溲而见略。盖曲成之恩，不忍一物之失所；而器使之哲，诚惧一才之未尽。今据教授周绍稷才行俱优，沦弃可悯，况系先任巡抚都御史赵孔昭荐举优异，即今尚未离任，颇于事例无碍。伏乞敕下吏部，暂将本官铨补本省各府教授，以备异日六馆之选。庶几青衿之士知所向趋，而臣缁衣之诚亦获少遂。缘系保留贤能儒官事理，未敢擅便，为此云云。

王廷冕　己巳。

许成德　庚午。以上隆庆。

杨　栋　甲戌。

黄一桂　丙子。

李逢期　庚辰。

周　冕　癸未。

刘鹿鸣　壬辰。

潘清光　乙未。

高　明

李良果

元宗孔　丙午。

---

[1] "明海"，国图本作"明海"，据浙图本改。
[2] "遽遗"，国图本脱"遗"字，据明王世贞《弇州四部稿》（四库全书本）卷一百九改。

黎民范

夏承尧

冯　贤　壬子。

尹三接　己未。以上万历。

姚　弼

王任功

苏寅宾　进士。以上天启。

孔弘宪　庚午。

钱士龙

刘弘镤　壬午。

训导

胡季弘

赵思盛　鄞人。博学洽闻，尤邃于《春秋》。子世麟为御史，有名。

按：郑千之壬子发解，将计偕，明州府设宴诗，列诸官属，有训导胡先生季弘、赵先生思盛。《嘉靖志》止列思盛于教授，兹改正，而增季弘。

钟　勗　慈人，儒士。

郑　驹　千之之弟。

戴安仲　鄞人。

黄梦麟　洪武十五年，以明经举为宁郡庠训导。

陈　侃　字友直，以明经举为郡庠训导。见《永乐志》。

崔　植　桂彦良赠序云"尝分教郡庠"，详《教授》。以上洪武。

单　逊　高邮人。黄南山有《赠九年考满序》，作车逊。

臧文清　鄞人，儒士。

贾　科

杨　登

苗　昇

毛　昙

龚　敬

张　灿　以上永乐。

补：孙　光

黄学周

杨　茂

娄　诚　以上四人,俱永乐十二年训导,见郑深道《修学记》。

赵　□　常州人。黄南山有《题郡庠赵司训墨竹》,注常州人,而不著其名。

薛　海

毕　诚

彭　俊

黄　琉　以上宣德。

郑　琪　福建举人,正统十年任。《永乐志》误入宣德。

沈　玨

殷　礼

杨昌裔

龚　敏　以上正统。

陈颖昌

萧　政

周　序　鄞人,儒士,即日湖世家周。以上景泰。

刘　渊

陈　定　以上天顺。

林　槐

虞　徵

陈　城　举人。

杨　渤

闻　璧

盛仕明

郭　绩

曾　显

郑　瑾

魏　源

喻　谅

杨　通

韩　琏　以上成化。

胡　璿

刘　琮

吴　城

刘廷杰

王　洋

王　济　桂林人，贡士。

朱于宣

蔡　琏　直隶举人。

吴　魁　北京贡士。

邓　杞　直隶举人。以上弘治。

汪　俊　徽州贡士。

钟　文　直隶贡士。

李　亮

钱　灿　庐州贡士。

赵　绅　扬州贡士。

万　赐　直隶贡士。

胡　缨　祁门贡士。

黄汝衡　江西贡士。

陶　震　昆山举人。

黄　珠　福建举人。

萧仁长　长沙贡士。

齐　灿　江西贡士。以上正德。

张　镒　济南。

苏　兴　福建。

颜　栋　龙溪。

陈　赋　江西。

沈　銮　松江。

王　经　福建。甲午。

潘　佑　邳州。

陈　旦　江西。甲午。

李文获　泉州。以上俱贡士。

王　楷　金坛。

伊伯羔　苏州人，文学优长，志行修洁。

张　翱　绩溪。

陈仲方　韶州。

丁　枝　安庆。

李梦吉　延平。

朱　舜　江西。

刘　蒸　吉水。

刘　义　庐州。　丁巳。

杨楚才　辰州。

石　塘　洛阳。

谢　式　广东。丁巳。

吴君爱　广东。丁巳。

丁　汉　繁昌。丁巳。

余　镗　建阳。

金　銮　沔阳。甲子。

姚庭凤　句容。

刘　岱　涂州[1]。甲子。

舒　茂　江口。甲子。

龚　谦　清江。已上俱贡士。甲子。以上嘉靖。

许成德　庚午己巳。

张　临　己巳。

李启东　己巳。

徐兆祥　庚午。

施宗轲　庚午。以上隆庆。

徐长人

---

[1] "涂州"，国图本作"徐州"，浙图本冯批改"徐"作"涂"，采之。

徐　贵

李如兰

袁伯伟

敖于学　以上四人俱甲戌。

傅于泽　丙子。

蒋文炳　丙午。

郑道申　丙子。

戴时济　丙子。

刘大经　庚辰。

陆时龙

陆观德

陆　正　俱壬午。

汪　葵　癸未。

楼　萼　癸未。

向　察　丙戌。

陈　诗　壬辰。

俞昌言　壬辰。

黄　甲　壬辰。

殷　耀　壬辰。

沈大奎　乙未。

解钦翰　乙未。

刘为渠　乙未。

陈天纲

萧　治

李良果

王如极

陆　垣

熊士弘

傅时俊　丙午。

徐应乾　丙午。

朱　爌　丙午。

邵子揆　丙午。

虞应节　丁未。

陈良玉

李　宾　壬子。

钟器洪　壬子。

宋大德　壬子。

邬士宗　己未。

杜继芳　己未。

印尔受　己未。

姚　弼　己未。以上万历。

陶　钦　壬戌。

俞叔晟　壬戌。

谈嘉兆　壬戌。

郭子睿

令　名

向惟诚　以上天启。

游　杰　戊辰。

范显康　戊辰。

袁善治　戊辰。

卢洪德　庚午。

徐大绥　庚午。

项应宿

阮世济

徐用定

何乔遇　壬午。

孙烨如　癸未。

张胤甲　癸未。

赡学田粮

《老学庵笔记》云："崇宁间,初兴学校。州郡建学,聚学粮,日不暇给。士人入辟雍,皆给券,一日不可缓,缓则谓之害学政,议罚不少贷。"

宋乾道年间

学田三千五百五十九亩有奇,米一千一百三十二石有奇,谷一千四十石八斗八升,租钱七百一十二贯有奇。后益以湖田米一千五百四十九石有奇。日养士一百五十员。

宝庆年间

鄞、慈溪、奉化、定海、昌国州合计。内昌国止有石弄、秀山砂岸,象山无。

共田四千亩二角八十七步。内鄞县二千九百八十亩二十三步。

湖田六百六十六方,计七千四百亩有奇。系鄞县。

地八十九亩三角五十一步。内鄞县八十三亩三十八步有奇。

河涂地二百一十三亩三角一步。系鄞县。

水池一亩四十步。系鄞县。

山一万一千三百四十五亩二角四十步半。内鄞县一万一千七十二亩五十四步半。

岁收白米七百四十七石八斗七升三合八勺。系五县。

湖米、糙米一千六百二石一斗五升九合。鄞县。

谷二千二百一十五石二斗七升九合九勺。

河涂钱二百二十贯九百九十一文。省陌钱会中半。

租地钱一百二十贯五百六十三文。五县。省陌钱会中半。

四明山租钱二百八十贯文。省陌钱三分,官会七分。

东安乡屋钱日掠三十九文。足陌。鄞县。

大嵩、石弄山、秀山、石坛、虾辣、鲎涂诸处砂岸钱岁收三万七百七十九贯四百文,拨赡府学。此项于淳祐六年郡守制帅集撰颜公颐仲申省蠲除,弛利与民。详《治官考》颐仲注。仍截拨府库钱三万七百七十九贯四百文七十界,分作上下半年偿学养士,原额永为定制。有石刻。

《延祐志》

砂岸十九处：石衢山、昌国。直山、昌国。秀山、洋山、昌国。虾㢣、鲎涂、乌沙、昌国。洋务、昌国。大嵩、鄞。大小涂、定。溪口、奉。双㟍、奉。杉木橇、象。新妇㟍、象。石坛山、象。穿山团局、卓家岸、徐公山、沙角。

岁收中统钞三百四十八锭二十九两，米二千十石八斗五合一勺，谷一千四百七十石七升八合七勺五抄，鱼鳌三百斤。内鄞县田一万一千七百三十亩一角五十步二尺，地一百五十九亩二角十步，山一万一千四百六十七亩十七步三尺。

岁收米一千六百九十石六斗二升九合二勺八抄，谷六百八十三石九斗二升九合七勺八抄，地租钞一锭十四两八钱二分。

山租钱

河涂钱三锭七两七钱二分。

砂岸大嵩横山一锭四十两。以上俱中统钞。

录事司地五亩三角二十六步三尺，岁收中统钞二锭十六两五钱。

绍兴路萧山县田六十三亩二角四十二步，岁收米二十七石六斗二升。

续置赡田土 教授薛基任内置。

上岸田六十一亩二角二十一步。内鄞县五十五亩二角四步，余俱定海。

岁收米二十四石六斗四升。俱鄞。

谷八十石六斗九升。内鄞六十七石二斗三升，余定海。

至正年间

田一万三千九百八十一亩三十九步五尺。

米二千一十五石三斗一升二合七勺九抄三撮。

谷一千五百七十一石八斗四升四合五勺一抄，折纳米五百一十二石四斗八升三合八勺八抄一撮，钞一锭二十八两。内鄞县田一万二千三百七十二亩三角二十四步二尺。米一千六百八十二石二斗三升五合八勺二抄九撮。谷七百六十三石一斗八升七合三勺四抄，折米二百五十六石九斗七升六合三勺一抄。外县不计。

山一万二千六百七十五亩五十步，钞一十八锭四十一两九钱五分。内鄞县山一万一千四百四十九亩一角二步三尺数内，灌顶山普净寺一万一千一百八十亩一角三十步，田十六亩五十七步。原额钞二锭四十两，后增至钞十九锭三十五两七钱。

地二百四十四亩二角三十七步四尺，钞一十三锭三十两四钱八分五厘。内鄞县地四十六亩三角十六步四尺，钞七锭四十两八钱。录事司地二十八亩三角三十步，钞三锭三十一两五钱七分五厘。

河涂田二百五十一亩三角四步三尺，钞一十九锭三十两四钱八分五厘。俱鄞县。

海涂田二百五十一亩三角四步三尺，钞一十六锭三十六两六钱。鄞三百一十二亩三角十九步三尺，原额钞一锭二十二两，后增至一十六锭三十二两一钱。详后虞师道记。师道记载三百一十二亩，比路总数反溢，路总数应有误，或二百为三百也。

池塘八亩三角四十步，钞一十九两六钱五分。内鄞四亩二角十步，钞十六两。

砂岸九处，钞三百二十五锭三十九两五钱五分。鄞一处，大嵩、横山等处，钞一锭四十两。外绍兴萧山县田五十八亩四十二步，米二十七石六斗九升，在上田总数内。

已上俱系前代拨入本学，为养士费。皇明洪武初并入官，十五年赐学粮一千石。

元学正杜世学撰《复田记》云：

四明郡学，在昔甲于浙左，田谷充裕，佐以海租，士游其中，恃有所养，得以安心术业，岂小补而已。洋山呑隶昌国州，山七百余亩，地四十九亩三十八步，海滨涨涂不可亩计。

宋咸淳间，有司给以赡学，籍可考也。至元丙子后，蠹蚀滋多，学计废落，豪民乘隙吝据[1]，既又依凭有力者为之主，如是且三十年，后改畀他姓。

皇庆二年，教授卓玖、学正郭仁杰、学录严钟孙上其状于府。延祐二年，教授孔文植、学正赵文、学录吕合申言于宪司，乃属同知总管府事张侯伯延、推官贺侯贞核其事。二侯公正不挠，阅得其实，于是吝者[2]伏辜，改者退业。廉访副使董公璧是其议，官执据凭，仍归于学。越明年春，教授薛基始至，谓世学曰："剑合珠还，昔人以为美谈，勒之坚珉，以传永久。子记之，可乎？"世学谓："齐人来归郓、欢、龟阴田，夫子书之，善齐人之能改过也。今人有故物，仅直一金，久失复得，尚喜称道其事，而况旧业来归！非职于学者，不避仇怨，明有司不惟

---

[1] "吝据"，浙图本作"吞据"。
[2] "吝者"，浙图本作"吞者"。

□未易能也,记奚可少哉?"于是述其废复本末于左。前学正杜世学述。

元学正虞师道撰庆元路儒学涂田记云：

元统三年秋,台庆分司廉访副使静斋李公按部至四明,凡官吏贪残、奸豪悍鸷为民害者,发摘无遗。政令简肃,士论交庆。乃十月朔,谒先圣庙,升论堂,进诸生,问所以为学,历举格言大训,勉谕谆切。闻者悚息佩服,退则欣然有得也。

郡泮旧有涂田三百一十二亩有奇,隶鄞之东鄙,曰大嵩,籍存而佃非,岁为近境育王大慈寺僧所据,以硗易腴,指熟为歉,租入仅为钞七十二贯。数十年间,或纳或否,田几乾没。曩岁,宪部洞悉兹弊,檄帅阃经理考核。僧惧罪,乃始自实于官,听别召居民佃种。由是邻氓郑椿等,视旧增租为缗钱十倍以请。寺僧德昇、介祉遂怀诈谖,依增数仍佃,久假不归,并兼可图也。复与郑交诉于有司,吏甘于货饵,依阿不决。公阅郡牍,灼其欺,曰:"彼皆规利,故尔宜两黜之。"即追毁各执榜券,属郡倅燕山刘侯敬叔厘正其事。侯亦锐意斯文,议募小民承佃,为散户若干,每户田不过十亩,亩为租入若干。诡名冒佃,罚有常宪,其数则勒之坚珉,副以印籍,所司互为键防,垂远弗坠。征僧责负,输校廪,备士供,豪氓黠髡虽极詈狡,奸无所容,噤不复竞。于是诸生相与请于郡守宁夏张侯西源曰:"博哉,李公之用心也,既为学规以教诲我,又为复田以饮食我。公之德其可忘乎?"时张侯方以教养缮修为急务,闻之喜曰:"此吾志也,子盍为之记以示后。"师道方摄教事,义不敢辞。钦惟皇元,统正皇极,富有四海,常赋出纳,悉隶有司,独赡学田土,嘉惠儒流,禁诸侵夺,以充粢盛馔设,觞豆赋艺,恩遇罕伦。宪臣勉励,非不严且明也,然职教或非其人。宫墙传舍,籍固有田,惟利之趋,莫诘佃之谁某。如是者踵相接,藩篱不密,以召外侮。寇攘侵削,为今通患。若斯田者,岂惟豪黠朵颐攘臂,得视为彀中物,抑由吾党士嗜利忘义,推而与之之为可罪耳。今几没而复归,非赖部使者廉断之下,畴克是耶?盖公之学,光明正大,故临事若神,积年奸弊,不崇朝而剖剔,以绝患于未然,诚学校春回之一机也。谨列田亩步角与佃民之数,备刻诸石以成公志。后之职教而义利之不明,庶亦永戒之哉!

公名端,字彦方,保定人。父退斋先生,元贞初为御史,直声闻于天下。及公为御史,论事謇谔,有父风。三入翰林,一为国子师,践扬中外,所至有善政,树碑传诵。迹公言行,宜为缙绅楷则者也。请以是为记。

《嘉靖志》云："《成化志》云'田粮数目,具载旧志',皆宋元拨入学,为养士费。国朝洪武初,并入官。十五年,拨赐学粮一千石,今废。元时,有碑载其实,立于泮宫门外左。嘉靖甲寅年,教授赵子伯毁。爱礼存羊之意泯矣。"

　　按《宝庆志》,宋天禧二年,拨灌顶山隶府学养士,以普净寺僧租佃,岁入钱三百贯。嘉定时,有采掘铁矿鼓铸者,有司禁止。宝庆二年,复有奸民陈状于泉司,欲行开凿。教授方万里具札申禁。详见灌顶山下。后复为僧侵没。明万历十年,诸生以学山侵没陈状于督学及海道,下郡邑核实,上之巡抚,复得归佃征课。范钦作《厘复学山碑记》云:

　　宁波府为东南壮郡,与属邑鄞俱置学。有山起自四明,磅礴东下,纵横万三千七百余亩,上产竹树[1],艺菽、麦诸物。宋天禧间,大给土田赡二学,而此山故在给中。佃以普净寺僧,岁课租三百缗。久之,彰圣寺僧掩为己有,衅构迭兴,卒莫能定,而学因[2]无山也。于是诸生楼灿、朱勋辈,陈状于督学沁水刘公东星、巡海长洲冯公时雨。下诸郡,郡丞丹徒陈侯文方署事,广咨博稽,具得要领[3]。属邑令巴县杨侯芳覆核,以确议上,遂请于都御史成安吴公善言,忻然嘉允。刘、冯二公复饬以归田、征贮、俵支、钩稽诸法,缅缅有绪如来指。会新守获鹿高君自新至,董成之雅,足垂久远矣。於戏,古道之日凌夷也,斯殆庶乎!

　　古者士农不易业,士受田五口,当农夫五人同[4]。里巷迫稷锄藏,新谷入,皆入学。上老坐右塾,为右师;庶老坐左塾,为左师。距冬至四十五日,始出学,傅农事[5]。公卿大夫余子及士庶人子皆然。上之人程其秀异,以次移小学、大学,官于天子。当是时,士皆赡给。修圣人之学,研习世务,其效至于德成名树,翼世绥民,可睹也。然恒产之外,未闻有他籍焉。夫何井牧废而生聚乖[6],乡校隳而弦诵缺?浸淫以及后代,虽间有规措,无能返旧,士欲专精学艺,难矣。宋人倡为赡给法,以相补救,有以哉。

---

[1]"上产竹树",国图本作"止产竹树",据浙图本改。
[2]"学因",浙图本、范钦《天一阁集》(宁波出版社2006年版)均作"学固"。
[3]"具得要领",国图本作"且得要领",据浙图本、《天一阁集》改。
[4]"五人同",疑为"一人同"。《汉书·食货志》:"士、工、商受田五口当农夫一人。"
[5]"傅农事",国图本作"传农事",据《天一阁明州碑林集录》改。
[6]"生聚乖"字,国图本缺"乖"字,据《天一阁集》《天一阁明州碑林集录》补。

圣朝综览今昔,锐精长养,隶学者[1]复其家二人以佐养,所在广列室庐,群弟子其中,日夕会膳。往之土田辄弛以与民征,征税共事,猷图益殷懋矣。而今[2]道化熙洽,髦士云蒸,视曩昔不啻倍蓰。膳有定额,而士人顾多寒畯。一行考课暨婚丧诸助,靡所于藉,达贤盖尝隐之。方今主上,广厉学官,厘正科条,罢撤书院,崇本实,抑烦靡,所为养育者甚殷,因之推广德意,山仍归学,不当如是耶?

夫古今时也,轻重势也,弛张宜也,神而明之人也。兹谛观之,祗承之谓共,抉剔之谓明,惠施之谓宏,黜邪翊正之谓贞,不牵异议之谓勇,风厉世教之谓仁,萃众美而效之,成诸君子之有大造于吾士也。语云"唯食忘忧",又云"耕而不劳,不如作暴",庸竖且然,而况士乎?则夫感激殊遇,争相濯磨,以圣人为榖率,成性成身。处则蔚为儒宗,达则道济天下,以求无负[3],是在诸生而已。乃博士弟子员遂以记来请,因诠次其事如此。山之疆至、佃人租额,并诸条格,具列碑阴。系以诗曰:

于赫皇祖,统天御邦;汛驱[4]腥秽,精曜回光。步穷章亥[5],周览四遐;众建黉校,化覃兔罝。惟我宁城,厎海被山;位应星纪,厥名贤关。青青子衿,有来纷纶;齐鲁岳岳,洙泗齗齗。辨志定方,岂不好修?睠言内顾,谁克与谋?相彼明山[6],萃土之毛;繄昔何为,利济吾曹。禁纲阔弛,旁落缁徒;彼饫而嬉,我瘠而痡。嘉乐君子,聿怀作人;按籍来归,即旧为新。覆露我学,我公我私;饮水知源,何以效思?在昔泮水,思乐鲁公;今有西蜀,教渐文翁。流风泱泱,累代[7]齐贤;大道炳烁,如日中天。爰记乐石,昭垂千秋;庶位绳绳,勖哉作求。万历十年,岁在壬午春正月记。

---

[1] "隶学者",浙图本、《天一阁集》均作"肄学者"。
[2] "而今",浙图本、《天一阁集》均作"乃今"。
[3] "无负",国图本作"无贫",据浙图本、《天一阁集》改。
[4] "汛驱",国图本作"泛驰",据浙图本、《天一阁集》改。
[5] "章亥"两字,国图本缺,据浙图本、《天一阁集》补。
[6] "明山",国图本缺"明"字,据浙图本、《天一阁集》补。
[7] "累代",浙图本、《天一阁集》均作"异代"。

学山土名 崇祯时,邑人御史徐之恒惑于释氏之请,为之丐免于海宪许豸。阖学起而争之,事遂得寝。

白鲦山	蒋公峦山	桶环山 已上上等。
东凤山	寺前西畔山	遮坑燥坑山
南北蒲萄山	黑罗湾山	高亭山
青突山	黄染坑山	寺前东畔山
叫坑山	三冈山	火烧柜山
井坑山	冷饭坑山	筋广陇山
青草湾山	第四屏乌山	峦外豁山
第五屏山	东园山	井坑山[8]
下斜山 已上中等。	里铁山	陈世草湾山
望军岩山	羊白岩山	橘坑山
上下黄泥山	虞田山	上斜山
西湾脑山	青茨山	西湾山
榴树洪山	里石笋山	外铁山
老鼠路山	洗米岩	里豁山
外石笋山 已上下等。		

右东至高亭第四屏、虞田山等一带冈峰为界,西至助石陇、黄泥平等山冈峰为界,南至白鲦山、三冈、犁尾星、望军岩一带冈峰为界,北至井坑山、大树擂头冈峰为界。

万历二十九年巡抚刘元霖令置六学赡田,余寅颂碑[9]云:

古者无学田,盖田皆井授,是故即闾而塾存,即族党而庠序存。所谓乡三物,业业乎盛哉,固不出耒耨间,非群郊野之子弟而别养之也。迨汉兴,而士农判矣,盯者不至联顷陌多盖藏,而士妻不能给朝夕,乃或佣贷,不惮执爨烹役。瓶之罄矣,维罍之耻,抑有司者为之,计未周也。国家造士酌用古哲王之制,员

---

[8] "井坑山",前已列,此系重复。
[9] 此碑文收入《天一阁明州碑林集录》。光绪《鄞县志》也载有此碑文,与本文略有差异。

之有数,饩之有数,不饩即不为数,他日食禄即不数,而今日窭即不可胜数,是以观风者廓然寤叹,大嘉赍于黉宫。于是御史中丞伍丘刘公开府浙上六年矣,思所为策励劝掖,俾之壹志懋力,克底于大成,而辉光皇路,爰斥少府赢羡,令郡及五邑置田有差。

汉人尝诵吾夫子布衣养徒三千。夫箪瓢屡空,决踵露肘,如鹑缕结,自高第弟子,率不免焉,胡云能养也?盖战国游士借之以晃耀王公之前,阴图满意,至邹子舆辄侈然自命曰:"辅世长民,莫谁若也。"从其徒数百人,车数十乘,游行王侯间。子舆有英略,能倾动一世之人。是故齐王使人谓子舆:"吾欲中吾国而授室,养其子弟万钟。"由是言之,养士宜如何云者?汉而后,世主苟不卤莽厥政,率亦有薪槱心,其非恒制,或赐钱万,或钱千,其若不得已而设处,或以牧场,或以浮屠绝产,或以户绝田及条粮[1]。独山堂纂□谓[2]:宋宝元间,诏许明州立学,给田五顷。

汉武帝锐情劝教,诏所在立学,独吾郡至宋始名乡校耶?惟给田若博士弟子,人人有世业,岁岁逢年,迄今山寺独存郡庠粮额,岂遗泽犹未泯耶?故兹典一见于宝元诏出,再见于今开府公下牒。于是郡丞黄君桦、司庾巫君南金、司理何君士晋以为盛烈,不可无颂,属寅纪其事。赤仄以缗计,郡庠缗百,购田如干亩。鄞、慈溪缗一视郡,购田如干亩。奉化、定海、象山缗视郡十之六,购田如干亩,具有籍迪矣。六校之士尚其祗承德意,厚自矜奋,毋惝于匪彝,为芹藻羞。颂曰:

皇帝二十有九载,穆清尚宸,沛自首善,敷德于众兆民。上公承之益殚,乃神覃厥万伦,既恢之以筹略,又纬之使氤氲。顾是美禄土之藏宝,号曰上珍,孰是孳孳而食斯苾芬?浙亦大矣,既膴且繁矣。抑适遭罹,有百其艰,辽左以徼我,楚蜀以敦我。于是时披厥肾肠,无敢不苦辛;绥我海峤,无敢逡巡;秣戈祸纛,辅征不庭,无敢不徇。夫远者具瘝,不及迩于勤,力非不足,而俭于冠绅,何以告忞信之九阍?故曰:谁发瑞光于彼高冈?谁扬氂采于彼璇渊?政实有大经,智者镜机,仁者创功,帝德光天,被我海滨,实唯凭借上公之宠灵。彼泯也,鄞肃拜稽首,邕兹德声!

---

[1] "条粮",《天一阁明州碑林集录》作"余粮"。
[2] "纂□谓",国图本作"纂谓",此缺字符,据《天一阁明州碑林集录》补。

万历辛丑夏四月。

万历三十二年，推官何士晋捐银六十五两五分，置田二十亩六分一厘，岁纳租谷共三千五百十斤，永资学课。每年田上应纳条税，以新垦涨田税银抵纳。其田始字四百七十二号民田二亩八分四毛，四百七十三号民田四亩四厘五毛，坐落鄞县四都六图，土名伊家桥，岁额租谷一千二百七十斤；短字六百七十六号民田三亩四分，六百七十七号民田拆西畔一亩五分六厘，六百八十八号民田三亩五分八厘四毛，七百号民田一亩二分八厘六毛，坐落鄞县二十七都四图，土名低田，岁额租谷一千七百斤；宾字一千七百六十九号民田二亩一分七厘一毛，一千七百八十五号民田一亩七分六厘，坐落鄞县十六都二图，土名落水田，岁额租谷五百十斤；俱委鄞县县丞经管，收谷贮董孝子庙内侧仓。岁听该学三教官各举有行贫生一人给助，余充月课、纸张、茶点之费。次年，另举贫生，俾得均沾。置发循环簿，慎填收放，一存该学，一发委官，按季送刑厅查核倒换[1]。碑存清澜馆生祠。

万历四十年，知府戴新置赡学田：
窃惟四明士于海内称重，不宁是气节、文章两操其胜，乃濒海士多以儒素世其家，即非祲岁也，罄悬瓶竭。每三院按部至，辄[2]投牒乞升斗为膏润媒，余睹之而汗赤然。予即不能令家弦户诵者，人廪而人饩之，奈何蔑此升斗，资其子弟为无求之节，培士气之谓何？予以是预为贫士地，凡有田可资学官者，辄移文院道，置买入学赡士，咸得报可。慈溪则杜、白二湖升科田为亩五百五十有奇，奉化则安岩寺田为亩三百有奇，定海则绝甲官田为亩六百有奇，皆以十之六给本县，而衷四分给府学。象学士故不肯称贫。在鄞则□江令君业渐有增置，本府亦发朱子贵所献何坊等逋银数百，追入学置田。以后每岁终，各县令籍贫士□核无滥，上之府，府通详三院，以田之所入，酌多寡而布焉，不必经由司铎者致有染指，议他日宪节□莅明断，无使纷纷乞赈以伤士雅。其再有屈首陈乞，自甘燔行者，士共摈之，不与齿。合将各学所置田亩、租银数目刊石。若夫拓而充之，

---

[1] "倒换"，浙图本作"例换"。
[2] "辄"，国图本、浙图本均作"每"，据《天一阁明州碑林集录》改。

则俟后之守土者。

一、丈勘慈溪县杜、白二湖傍山田五百一十三亩八分七厘七毛五丝,原未起科,内派赡府学田二百亩二分一厘四毛,该税银三十二两一钱九分四厘;慈溪学田三百一十三亩六分六厘三毛五丝,该税银四十两四钱四分。

一、查奉化县安岩寺僧告争田地三百八亩九分零,除叩田上钱粮外,每租一石,折银二钱三分,内派分府学田一百五十亩,该折租银三十四两五钱;奉化学田一百五十八亩,该折租银三十六两三钱四分。

一、查定海县绝甲官地共六百一十八亩零,除扣田上钱粮外,每租一石,折银二钱三分,内派拨府学田二百六十三亩六分九厘七毛,该折租银四十六两九钱五分五毛七丝;定海学田三百五十四亩六分六毛,该折租银五十七两五钱四分五厘一丝三忽。

一、入鄞县学何坊等田四十二亩零,除条粮外,共银六两六钱零,薛铭山一十八亩五分,松木听该学拚卖。

赐进士第中宪大夫知宁波府事古鄡戴新谨识
通判李文华、林怀永,推官周家椿
知县江秉谦、黎民表、向胤贤、陈维鼎、宋国守。
万历四十年岁次壬子孟冬日立石,吏方大纶书[1]。

推官周家椿俸置田二十亩三分五厘零,为府学诸生膏火费,有碑。
崇祯三年,知府陈之美置赡学田。
宁波府学田记:
余平生迂拙,居官碌碌,无所短长,独是体国爱民,矢公矢慎,昕夕自盟,茹蘖饮冰,惟有负于上下是惧。

筮仕民曹,值神庙末年,东西用武,经费告绌。主者蒿目,借钱谷之筹,时奉鞭弭,拮据计萃有余,佐国且留不尽。遗民诸凡调停撙省,以图两利俱存之术,约己急公,□有斤斤,分挖□厅十阅月,节冗剔蠹,呈报乌豆税银羡余者几三千计。旁有嗤予矫者,予谓:"我用我法,弗沮也。"

迨出守明州,明故泱泱大风,为东南文献渊薮。第帑藏悬磬,大异畴昔。年

---

[1] 此碑存天一阁,"岁次壬子孟冬日立石,吏方大纶书"14字,据《天一阁明州碑林集录》补。

来鲸鲵吹浪,重以天吴降豁[1],百尔废坠,竭蹶补苴。且殿工、陵工、塘工,搜括捐助之令沓至。一切薪俸公锾为曩时交际日用所需者,悉以狗军国、地方之急。每先期输挽为诸属倡业已不遗余力,然窃念六校诸生,彬彬桃李,思教育栽培,为树人计,既集试较艺,差等甲乙,拔其文之尤者付梓。又示以砥节励行,高自期许,不欲其跃冶旁骛、甘取菲薄,复立门簿,非公事不许谒见,一切呈乞干泽弗得进。于是士稍向风,攘臂公门者稍为衰止,教行矣。

已念诸生伏首经史,治生无策,其笔耕砚食而糊口四方,逢年有几养骐骥者,饥之而责其千里亦必不得之。数第议赈议助,惠出有穷,且几幸踵接,不得人人属厌。于是行县置赡学田,尽捐赎锾,佐以俸余,共得五百金,分隶五邑,贸田若干亩,岁收籽粒,分给六校诸生之贫乏者。诸生翕然诵义,谓是举也,实二百余年未有。前此亦有断寺产赡学者,然皆取彼与此,拱手受成,若自捐俸锾以数百计,则今兹仅见耳。祈寿之贞珉,以志不朽。余辗然曰:"是沾沾乌足置颊,六校逢掖如林,升斗之水其无济于涸辙明矣。然区区培植一念,少借称塞,人之好义,谁不如我?将来得无破格覆露,益沛解推之泽,自倍蓰什伯,层累以至千万,而大有造于六校者乎!九仞之崇也,而撮土以为基。是举庶几收壤裨岳之一藉,毋亦作人之嚆矢也哉?"因次其语,勒之石,以为记。

赐进士出身中宪大夫知宁波府事前奉敕督理通州挖运户部,云南清吏司郎中樵川陈之美撰。

崇祯三年岁在庚午孟春月吉旦。碑在府前。

崇祯十四年,海道副使王应华置田十一亩六厘零、地三分二厘赡学。

---

[1] "降豁",浙图本作"降害"。

敬止录卷之十五

学校考五　历代建修碑记

绍兴七年记　李璜

四明据会稽之东,抱负沧海,枕山臂江,重阜崇岭,连亘数千里,其浸不淫于海,而潴以为湖。山川之胜,雄杰茂异,所以人才英拔,视[1]他郡为甲。至于后进缝掖,往往冰玉秀整,廉利好学。盖自祖宗以来,名公硕儒,文词为诸儒倡者,缙绅至今诵之。

郡旧有学,制度甚伟。建炎胡虏之祸,鞠为茂草,而先圣之殿仅存,扶持倾圮[2],不蔽风雨,荒榛断址,使人怅然怀旧而悲焉。今新昌石君延庆光锡,学问渊博,连中三科,四方望风钦瞩,愿得执经席下以丐余论。绍兴五年,实掌[3]是邦之教事。居无黉舍,食无粱肉,水火器皿之用,凡百不备,学者犹且负笈而来,栖于败屋之下,弦诵之声不绝,盖其风俗好学如此。会太守仇公以次对出镇,恭致天子崇儒右文之意,岁时严奉牲币,盛服搢笏,祠于庭下。将事既毕,延见诸生,酌以酒醴,每病饩廪不充,以为公私之患。明年政成,乃斥公帑百六十万,又丐于耆旧乡老,得钱八十万,始益赋入,助其供给。复以估榷废材,瓦木竹竿,凡十万九千六百有奇,益以调度之余四百万钱,以为梓匠丹垩之费。初立重门两序,敞其后以为讲义之堂,东为庖湢之舍。闬闳深丽,翼瓦飞甍。神位像设,笾豆俎篚,焕烂一新。于是泮宫之制,具体克备。既落成,率诸生行舍奠之礼。是日,鼓舞歌咏,莫不称颂仇公之德。又以石君超诣之材,屑于细故,针抽缕积,以至于斯也。

---

[1] "视",乾道《四明图经》作"比"。
[2] "倾圮",乾道《四明图经》作"倾攲"。
[3] "实掌",国图本作"是掌",据乾道《四明图经》改。

窃尝谓古者有国有乡必立学校，盖非苟然而已，以为君子之居而礼义之所从出也。为诸侯者，于此乎受成遣师，以服远人。为士大夫者，于此乎游燕休息，以议政事。执政者，又从而究其言善否，因以改行。下至游士胄子、编户庶民，莫不雍容进退于斯，讲求先王之道，皆得兴于礼义。及其秀杰颖脱，则又论而升之，俾之为天子政事之臣。此所以学校、官府，初无二体，而三代之上，家塾、党庠、遂序、国学，如是之设也。后世先王之道不明，武吏以杀伐暴悍为能，文吏以簿书期会为重，其间深文刻害、便法自营者，则悠悠之谈指为廉正，怙其鸷忍，以投时好，如虫食木中，伤败冲气，卒至穿穴侵漏，与本俱颠而莫之知也。大抵自汉以下，承暴秦之绪，维持固结之道，一切主于法令，劫持天下，使不能去，无复父子君臣之爱。一旦溃败，不可钤梏，诚以平昔用法便文之积也。今承汉唐之后，去古益远，为吏者视斯民如仇雠，居官者指公府如传舍，朝夕从事米盐锥刀之末，为治之道，追胥箕敛耳，非复有文学礼义之说也。至尊忧勤于上，隆师重傅以明先王之道，而六经之旨不行于士大夫之间，处心积虑，官迁留滞而止。士之游于庠序者，裁决经史，取青媲白，以待有司之问，交相[1]告语，惟恐趋赴功名之后。此道之所以不明，而先王之道[2]几于熄也。如是而望风俗之醇厚，亿兆之孝悌忠信，难矣。

郡之有学，始曰礼义，而先王之遗风余训，标准在是。为政者尚指以为不急之务，亦已甚矣。四明环地千里，浮屠、老子之宫无虑数百区，穷极土木，以享侯王之奉。然以州郡之力，学校之事，求数十楹以庇其徒，而艰难勤勋，积岁十数不克有成，良可叹也。今仇公适丁抢攘之际，抚临一方，未及报政而公私便利，风化醇厚，无厨传过客之事，而有恭俭率循之益。为善者有所恃而不惧，奸宄小人知所畏惮而不敢自肆，是以风帆海舶，夷商越贾，利源懋化，纷至遝来。波涛耆伏，山谷休靖，盲风怪雨，不敢辄作。乃能于此之时，以其余力及于学校，养育人材，用为异时兴起太平之资，其所以忠于国家，惠其侪类之意深矣。又能斥其帑藏之积，勉励群僚，上下协同以济兹[3]，其用心可谓知所先后，不忘其本者哉。以下《府志》[4]删。虽然，善始者未必善终，能作者未必能述。今公于此可谓勤矣，

---

[1] "交相"，乾道《四明图经》作"更相"。

[2] "先王之道"，乾道《四明图经》作"先王之迹"。

[3] "以济兹"，乾道《四明图经》作"以济登兹"。

[4] 这里所指"府志"，即嘉靖《宁波府志》，确已删。乾道《四明图经》录有全文。

若夫因卑而高，积微至著，使之日增月益，以至熙盛，则又有待于后之君子赓继存爱之而已。此则仇公之意[1]，亦郡人所望于来者也，并书之以告。绍兴七年季冬闰十月甲申谨记。

绍兴十九年御书阁记　　高闶

今皇帝以英睿之资，偶艰难之运，初御大宝，锐志底平。迨绍兴十有二年，乾坤清夷，世道兴起。是冬，有诏兴太学，以臣闶为国子司业。越明年春，赐对便朝，首被圣训。今日偃武修文，盖不惮卑躬与民休息，且宣谕所以选用之意。臣学术阔疏，大惧不足以当师儒之任，然敢不勉励以扬休命？遂奏：“臣昔为太学诸生，尝获恭览累朝宸翰于御书阁，今创于学，愿陛下亲御翰墨，加惠多士。”上可其请。寻命臣入侍经筵。一日，进讲毕，上从容谓臣曰：“圣贤之言，盖有深意。朕每罢朝，未尝不观经史子传，日书数纸，渐成[2]部秩，将以次降出。”臣拜手稽首曰：“陛下圣学方日日新，岂唯学者有荣耀焉。顾臣不肖，何足以奉天子五学之游，实天下幸甚。”于是师臣请刊石于国子监，颁其本，遍赐泮宫。诏从之。郡国被赐，自兹始矣。

四明距天朝五百里而近。频年所赐，云汉昭回，焜耀海隅，而郡学栋宇未备，稽古旧阁弗存。守臣徐琛惧护持之弗虔，无以称上赐。教官陈元裕请以养士羡余，即旧址[3]为阁，而以御书镇之。议既协，经始于戊辰岁之孟冬，落成于己巳岁之季春。元裕又请书其事，臣琛以属臣。臣归休于里，复睹盛事，不敢固辞。

臣闻治天下犹治一身，其文教与武备，犹饮食与药石也。人不可一日不饮食，或有病，当以药石攻之。疾病既除，则饮食宜复如故。是以帝王之兴，有不得已而用武者。及既平定，则必归于文治。前后圣不约而同，如汉光武既取新室，以兴建武之治，乃抑臧宫之请，专尚柔道，数引近臣讲论经旨，率至夜分，不以为疲。是岂忘前日之武备哉？治道所归，自宜然也。恭唯圣上，天锡勇知，肇开中兴，由元帅以履帝位，而天人助顺，戢九兵以康兆民，而华夷归仁。于是搜举礼文之事，兴太学而恢儒术，复秘阁以贮遗书，任贤勿贰，坐收治功。兹固

---
[1] "意"字，国图本缺，据乾道《四明图经》补。
[2] "渐成"，国图本作"渐来"，据乾道《四明图经》改。
[3] "旧址"，乾道《四明图经》作"旧基"。

不约而与光武同者。至于留神化本，犹以至德要道为未广。首书《孝经[1]》以及《六经》《论语》《孟子》，以至史传，开视群目，兹见宸心不遑暇逸，虽玩意翰墨，必取圣贤格言以勤化天下，是又岂光武之所能及哉？臣愚不佞[2]，获知兴学赐书之本末，敢拜稽首，以不腆之文，托名为不朽荣。绍兴十九年五月戊午日朔，臣谨记。

绍兴二十七年御书阁记　戴觉

中兴天子以柔道理天下，留意稽古礼文之事，肆笔成书，云昭汉俾，刊之翠琰与《六经》并传，宠锡成均，遍颁侯泮，悉创阁以谨其藏。四明御书阁规模雄伟，甲于浙东。肇建于绍兴戊辰岁，务在速成，不暇择木，屹然数柱，上贯层梁。阅时未久，蠹腐弗支。生师所处，日夕惴焉，非所以称臣子遵奉之意。臣觉承乏典教，首请于郡，愿易而新之。守臣姜师仲清心奉公，慨然曰："是岂可因循！"乃即委官，度材之美，募工之巧，役不旬日，轮奂一新。爰率僚属，涓辰奉安，飞荣四霱，江山助妍，琅函宝轴，交相辉映。缙绅韦布，欢欣鼓舞而相庆曰："伟哉！煌煌乎，不朽之盛事，一方之壮观。继自今以往，神物护持，其万亿年无有坏。"先是，阁有记，臣谨拜手稽首，纪重修之岁月云。绍兴二十七年秋七月谨记。

乾道三年记　郑耕老

国朝庆历中，诏天下皆立学。按唐贞观诏州县作孔子庙，四明学区暨建炎火于胡，仅存先圣祠貌，有断碣三。考唐开元封文宣王，太和七年始立石纪所封遗制。庙经寇毁。贞元四年，刺史琅琊公重建刊石，文有"追赞明皇"者。太和四年修庙，六年亦志于石。今《登科记》述天禧中李侯夷庚崇庠序，父老传移学于州治东北，即李也，邈乎罔究经始之日，至改作续修，竟与贞元[3]、庆历相先后。绍兴七年，郡将仇公懘学悯建炎之厄，乃建门结堂，翼以斋馆，荡秽披榛，未遑宏固。更二三纪，新故等敝。耕老辱典教，具闻于府使君赵公阁学，力欲兴之，未及而去。即伯圭也。越明年，直阁张公下车，复疏曲折以请。公嗜学乐儒，

---

[1] "孝经"，国图本作"学经"，据乾道《四明图经》改。
[2] "臣愚不佞"，国图本作"臣愚不幸"，浙图本作"臣愚幸"，今采乾道《四明图经》。
[3] "贞元"，乾道《四明图经》作"贞观"。

随假之资,鸠匠市材惟恐后。蠹者撤,挠者易,支倾墁鏬,盖翻栏植,有俨其新,使人生敬。以乾道三年六月辛巳始事,阅月既望讫工。率诸生释菜奉安睟容。毕礼,历阶升堂,行揖逊,讲《中庸》,申以《泮水》。士民[1]欢喜,芹藻生春。耕老职乃事,不敢不谨书以诏将来云。谨记。

嘉定七年记　　叶秀发

宪使程公兼帅四明,众务毕举,百利坌兴。千里士民无贵贱类能诵言之,奚俟腐儒懦笔区区称述,而后来其治行之优?顾学校被公之惠备至,前乎此未闻,佥曰不可不记而鋟诸石。

方今养士之盛,由太学而下无过是邦。道学著闻,人才间出。自嘉定六年春二月,奉命临兹[2],首入学,延见诸生,访问攸关。自是叙次兴废造新,捐楮帑五千缗,务水军库例岁纳息千二百缗,以助养士。又捐公田赁宇,又间给三百缗或四百缗,又一新祭器,增迭儒服。阁藏石经,斋置书籍,青纯释奠席百有二十。作石墙余八十丈,而增架贡闱屋,以绝厥后隳坏学宇之永害。至若讲堂会坐之修,凡修膳防虞之具,精粗细大整备。夫公于学校加惠之厚至于此,隐而不书则何以使异时诸生睹物思德?矧物品散漫,利权他属,日迁月改,寝有动移之弊,后职掌之士其将何以稽考?秀发于是暨诸生会议公之所创置,详其颠末,器服必有数,经籍必有名,生财必有所,一事一物,必有根柢,条例而刊之,立诸祠堂之石,庶几来者确然有证于斯。呜呼,国家开设学校,岂徒使学子为章句儒,摛词敷藻,取危科而已哉!孟子道"性善",孔子曰"心之精神",是谓圣所教所养,惟欲明是心之本善,于亲自孝,于兄自恭,于长自敬,于夫妇自别,于朋友自信,出而事君自忠。宪帅奉主上本旨,竭情罄力,护养诸生所自有之善性,此先圣明示后学之大道也。公名覃,字会元,前政尚书文简公之子。嘉定七年十月既望,门生从政郎[3]、庆元府府学教授叶秀发记并书。

---

[1] "士民",乾道《四明图经》作"士儒"。
[2] "临兹",国图本作"兹临",今采浙图本。
[3] "从政郎",国图本、浙图本均作"从庆政郎","庆"字衍。

咸淳六年记[1]　　王应麟

天子初郊见之岁，法驾视学，谒款先圣，陪曾子、子思侑飨，建首善，风四方，罔不丕式彝训。

越再岁，吏部尚书洪公以敷文阁学士来牧四明。秋，舍奠于学，顾瞻礼殿，梁栋侈剥，喟然曰："大哉！圣人之道，于穆不已，惠我无疆。矧东渐于海，远溯洙、泗，簪绂之盛拟邹、鲁。职在宣化，弗惟道原是崇，曷克称明诏？"若稽郡乘，旧夫子庙肇自唐贞元四年，至今四百八十余年矣。元气回复，理若有待。明年实咸淳纪号之六年，乃鸠工饬材而鼎新之，属通判府事陈君寀、观察推官汪君大有庀其事。二月庚寅经始，七月庚戌告成。穹栋硕楹，奂奕岩敞[2]，视昔有加焉。己未[3]，虔妥用币，衿佩云集，相与端拜而议曰："吾邦自庆历诸老淑艾后进，乾淳大儒阐绎正学，孝弟修于家而仁逊兴，德齿尚于乡而风俗厚，礼义[4]明于心而贤材盛，善信充于己而事业显。成我者，夫子也。圣天子立教于上，而夫子之道益尊；贤师帅迪教于下，而夫子之道益彰。夫道者，治之本，而功与天地并。世之言治者，谓古道不可以御今，先政刑后教化，道寖微而俗滋薄。独我公[5]眇觌天衷民彝之统纪，急众人之所缓，可谓知本矣。昔鲁僖公能修泮宫，威德所被，至于海邦。夫子列其诗于《颂》，而先儒传《春秋》，则曰'学校为国之先务，虽用民力，不可废也'，故不与新作南门概书之册。今公兹举合《诗》《春秋》之义，盖有鲁侯文武之德，而本之宽俭，用能丰道扶教，作新数百年几坠之绪。盛德至善，百世不忘也。"于是郡博士沈君德初、郑君信甫请书成事于石。

应麟世家于鄞，幸得从先生长者后，升堂而闻金石之音，入宫墙而见宗庙之美。唯游于圣人之门者难为言，曷敢赞一词？窃尝闻之，《论语》始之以君子，终之以君子，学者所以学为君子也。凡我同志，服膺圣训，陟降庭止，昭假不违，上以承天子之休德，下以笃师帅之善教，罔俾克广德心，专美鲁之多士，尚其懋哉！

公名寿，於潜人，端平文忠公之仲子。学问、政事得于文献之传。宅牧期

---

[1]《敬止录》所录此文，略多于延祐《四明志》，而与宋王应麟《四明文献集》吻合。

[2]"岩敞"，延祐《四明志》作"严敞"。

[3]"己未"，延祐《四明志》作"某月日"。

[4]"礼义"，延祐《四明志》作"理义"。

[5]"独我公"，国图本无"独"字，据延祐《四明志》、《四明文献集》补。

年,治理效[1]彬彬可纪,特书其大者以诏无斁。八月朔日[2],朝奉大夫、秘阁修撰、新知徽州王应麟记。

元至元二十八年记　　王应麟

四明自唐为州,始有夫子庙。宋始建学,规模丰敞,栋宇穹崇,庠声序音,冠于浙左。英俊之域,绂冕所兴,文教尽彬彬矣[3]。

至元十有九年春,学毁于融风。教授潘梦桂、黄裳、吴宗彦、史复伯历载缮葺经始,礼殿、门庑、斋舍浸以备具,讲经[4]有席,养蒙有堂,皆草创未就。二十八年冬,肃政廉访副使陈公祥下车,谓博士诸生曰:"化民成俗,劝学为先。尝闻畴昔轮奂之盛,意不止是,盍饬工抡材,以复旧观?"顾仪门庳隘弗称,从祀容服弗严。越明年夏,鼎新高闳,贲饰貌象,六旬而毕,二堂亦告成。

又,惟斯文与天地并立,华榱岑楼,式崇厥藏,因重建尊经阁五楹。里士忻然竞助,教授苏君焱搏约学廪,续其不给。同知府事阮公麟翁提其纲,庶工丕作,民不知劳。幕掾韩君居仁叶画展勤,不愆于素。秋九月,阁成。嵽峨壮伟,衿佩耸瞻,咸曰:"六经如日月,陟降庭止,惠我光明,恢人文以迪化原,维贤使者之德。"且将以旧门及堂更立先贤祠,正录序,缭以垣墉,制度于焉大备。

苏君请识成事于石。某耄不能文,维诸侯之学载于《礼》详矣。在《易》"临"之象曰:"君子以教思无穷。"泽上有地,犹君子之近民也。近民则礼达而教行,建其牧,立其监,有师保之义,凡以存天理、淑人心而已。

矧是邦为诗书之乡,逸民之黄,纯孝之董,文士[5]之任,自汉以来为美谈。庆历诸老模范后进,淳熙大儒阐明正学。惟圣贤是式,惟德性是尊。小而洒扫应对,大而格物致知,目濡耳染,充然有得。每岁孟春,衣冠济济,齿位秩秩,司徒之教伦,党正之礼饮,流风遗俗,犹存未坠[6]。南丰曾公、忠肃陈公继为守贰,表率薰陶,东诸侯莫逮焉。春秋大复,古学之复,道之泰也。夫不农不工,何以

---

[1] "效"字疑衍,王应麟《四明文献集》无"效"字。
[2] "朔日",《四明文献集》作"望日"。
[3] "文教尽彬彬矣",《四明文献集》作"文献盖彬彬矣"。
[4] "讲经",国图本作"讲堂",据《四明文献集》改。
[5] "文士",国图本作"文字",据《四明文献集》改。
[6] "流风遗俗,犹存未坠",《四明文献集》作"流风遗泽,于今未坠"。

谓之士？非老非释，何以谓之儒？行己有耻，尚志仁义，士之实也。为君子儒，夙夜强学以待问，儒之实也。游于斯[1]，肆于斯，盍亦践其实，副其名乎？

郡国有学昉于汉，二千石所察惟曰好文学、敬长上、肃政教、顺乡里，三代考行之意蔼如也。因作新之几而日新其德业。孝悌忠信为根本，明诚敬义为准的。始于离经辨志，成于知类通达，用仰承《菁莪》乐育之仁，不在兹时欤？

昔鲁僖公能修泮宫，教泽浃乎海邦，其俗秉周礼，守经学，一变至道，圣人称之。谁谓鲁远？道无古今。师支渊源，绪接洙、泗。颂其诗，尚论古之人，罔俾克广德心，专美鲁之多士，凡我同志懋敬哉！

欧阳子有言："善教者，以不倦之意，须迟久之功。"礼行俗纯，然后为学之成。乃纪其始成，以诏永久，俾无怠。

是岁冬十月乙亥前进士王某记。

元贞元年九先生记　王应麟

古之乡先生祭于社，近世祠于学。社所以养，学所以教，而教之功尤大。秉彝好学之良心，百世犹旦暮，况其迩者乎。诵其诗[2]，读其书，尚友古之人，非一乡之望也，天下之望也[3]。

四明乡先生有九人焉。宋庆历建学之初，杨、杜、二王、楼公以道德文行师表后进，或授业乡校，或讲道间塾。衣冠文献益盛以大，五先生之功也。淳熙舒、沈、杨、袁诸公，以尊德性、求放心为根本，阐绎经训，躬行实践。学者知操存持养以入圣贤之域，四先生之功也。

郡泮旧有祠，因郁攸之废[4]。至元甲午季冬朔旦，廉访使者狄公桂属郡博士戴君友始复恳祀，观者兴起[5]。元贞丙申月正元日，廉访使者完颜公贞至学宫，谓祠宇狭陋未称，相攸尊经阁之右，规模一新。府牧月列公[6]提其纲，帅属协力

---

[1] "游于斯"，国图本作"浙于斯"，据《四明文献集》改。

[2] "诵其诗"，国图本作"颂其诗"，据浙图本及延祐《四明志》改。

[3] "天下之望也"五字，国图本、浙图本均脱。据延祐《四明志》、《四明文献集》补。

[4] "因郁攸之废"，延祐《四明志》作"因郁攸而废"。

[5] "兴起"，国图本作"兴记"，据浙图本、延祐《四明志》改。

[6] "月列公"，国图本、浙图本均作"月牧公"，据延祐《四明志》改。

庀事，以迄于成。妥侑如礼，多士欣欣，周爰咨诹，章善扶道[1]，以谷我子弟。惟二使者之赐，亦惟承流宣化之贤，立师道以美风俗，皆宜书。凡我同志，盍亦修孝悌忠信，尚礼义廉耻，学必正大，学必笃敬，式时前哲训，用对作新之盛德，可不懋欤！《史征》所载文与此不同，而年月则一。

至大二年记　任仲高

圣天子即位，首崇学校，务作养人材以备选擢，德至渥也。海内士莫不感激思奋，期以奉明诏。惟四明古名郡，夫子庙学甲浙东，壬午既毁，有捐所居堂以为殿，见谓庳隘，复不以时修葺，凛乎其若压。

至大己酉夏六月，廉访副使赵公宏伟虑囚实来，环顾叹息："上方向用儒术，式隆加封之典，而庙祀弗称，非所以昭尊事、宣教化，此固吾职。"与教授苏君垲谋，督租入，撙用费，学官输俸，诸生辍供，儒人之在籍者助有差。龟吉考度[2]，鸠匠庀工，物值相得，而木石川流，地效其良，劳佚惟均而丁夫云集，人尽其心[3]。群材既丰，众作咸秩。初，校人以图上，一如公指授，毋袭前陋，毋侈后观，崇实去浮，于以示教。视前高一寻，前庑之广半之，既礼行而周旋有余地，乐作而县设有定所。匪亟匪徐，有严有翼，闳丽靓深，悉遵礼制。法宫既正，爰及黉宇。藏书有阁，肄业有斋。讲堂数十楹，周垣数百尺。栋屋之挠坏，甃甓之残缺，丹垩之漫漶，或易而新，或因而理，勿为苟完，以植永固。万目耸瞻，于前烈有光焉。

既告成功，我公莅止，祇谒荐诚，用答嘉贶，乃揖长老，招诸生而进之曰："庠序之设，古今攸重，非直为观美也。盍知所以为学乎？学者合内外之道，自谓开物成务，而无本则非治；自谓穷理尽性，而无用则非学。本诸心，体诸身，征诸庶民。尧舜行此道，千载而上所以为唐虞；夫子明此道，千载而下可以为尧舜。布在方策，炳如日星。学者所宜用力于此。有阁杰然，高明广大，尚友古人，毋使简编之富徒资蠹蚀也。有斋廊然，藏修游息，相与濯磨，毋使群居之乐适滋玩愒也。有堂巍然，正席而讲，环坐而听，毋为口说之腾，而耳学之浅也。由是得其门而入，见宗庙之美、百官之富，源深流长，器大用宏，穷而其志足以有

---

[1] "章善扶道"，延祐《四明志》、《四明文献集》作"章善扶教"。
[2] "考度"，国图本作"告度"，据浙图本改。
[3] "人尽其心"，浙图本作"人尽其力"。

守,达而其才可以有为。忠信之行渐被乡间[1],诗书之化陶冶万物。立太平之基,垂无穷之闻。此夫子之道,学者之事,实圣朝加惠学校之至意也。"佥曰谨受教,愿刻之石,以谂来学,且识其颠末云。

公通古今,知所先后,尝有德于湖湘之民,退而以道自娱乐者十年,上谓是足司吾风宪者。问学以明理为宗,政事以敦化为要,盖有本者如是。是役经始至大二年十月庚申,越明年三月丁未乃备。先任营董之责者非一,奉化州判官程时敏实竟其事,以材选教授苏君,承积弛之余,以职业受知,成此骏举,亦克世其家者,皆不可以无纪。

延祐四年记　　薛期[2]

天地间惟道最大。古者学校之所设,所以扶世教、淑人心,至于今犹一日皆此道也,其间必有纲维者矣。传曰:圣人之道待人而后行信。夫皇元受命混一区宇,列圣相承莫不以学校为重。今上崇儒道、行科举法,诏天下郡县,凡肄籍及在学儒生悉蠲其役,恩至渥也。明学为浙左称首,源溯洙、泗,派接濂、洛,代有人焉。迩来前修凋谢,后学荒怠,岂无以纲维之欤?延祐甲寅秋,同知总管府事张公伯延下车,谒先圣庙,唯谨春秋牲币,朔望奠荐不懈,益虔严课讲,勉励后进。每岁租必慎出内,疏剔旧蠹,俾无逋滥,故庖廪充裕,士之有养者无虚月。

濒海赡学砂岸,豪强恃势辄以据,部使者属公理之。公阅其实,业乃复。公尝从容谓诸老曰:"学有堂曰明伦,人道所由立;阁曰尊经,圣道所由寄;生徒有舍,学道之人所由归。"堂与阁久且挠,瓦缺椽腐,惧弗支,于是搏费计料,择掾曹潘诜董其事,役不科民,工僦以直。居无何,挠者隆,缺者完,腐者新。入馆诸生乃相与语曰:"吾党幸生明时,圣天子嘉惠海邦,命公来牧,斯道有所赖。不知自劢,是负上意也。"相率捐月廪,助公费者不待强。故家望族、乡人俊秀升于学,司徒者咸赖预焉。八斋十六序庑亭厅事毕葺,而黝垩丹臒之。坐有席,书有厨,笔、研有几格,朱檐绿幕,晓窗夜檠,何莫非修齐治平之具,是岂领职斋舍者?体承于一时而已,益信圣人之道与天地相为悠久,公纲维之也。

---

[1] "渐被乡间",国图本作"渐彼乡间",据延祐《四明志》改。
[2] "薛期",浙图本作"薛基"。

公,吴人,莅官廉而明,故于学校尤加意。公岂私于明学哉!明学文运之兴有待于公,公不得而辞。期获以文学掾与四明多士蹈咏公之盛德,不可以不记。

附:延祐五年刻夫子像疏文　郑芳叔

伏以仰夫子后天之圣,万世犹生。问诸侯泮水之宫,四明为盛。虽神道之教无在不在,而明德之盛非馨惟馨。昔者翠珉冠剑之容,俨乎黄卷圣贤之对。具祸以尽,不显亦临。荷天相于斯文,幸家藏于善本。青铜尚许万选,贞石便可重磨。衿佩诸生得游圣门,诗书一世诞开文治。岂异端专有事于象设,而燕者不自重于燕居。其即也温,勿听之藐。吾儒宗主,目所击皆道所存;盛德形容,貌之勤即心之敬。毋嫌闲聒,便请大书。

泰定三年记　袁桷

河南郭侯视郡事之初,首定役法。郡民日困嗟事,旬日按核,数尝不登。郭侯知其奸利,乃言曰:"病在私商潜转输其所赢余,卒不入公籍,民病不可药也。"于是罢贾,区分四厢俾总之,鲱醢豉脯,各趋其时,视计口之授略相等,复竦然曰:"吾职司学校,兹曷可少缓?"督大小学谨授业,斥其伪冒,以其余粟大修孔子庙。于是进郡博士陆晋之,学正录胡某、毛某[1]而言曰:"汉文翁立学,历唐、宋几二千年犹完致,君等知其故乎?"少间,曰:"教在不坠,其不废在缮修。"乃曰:"若殿,若仪门,风雨剥圮,在丹雘。先圣崇严,列祀肃雍,在作绘。定章服,在礼象。"又曰:"讲有堂,书有楼,吾亦曷敢后?姑徐徐为之。吾愿俾是邦服习仁义,秀乂林立,遣诣王朝,将自兹始。"桷由禁署归里,凡三年,爱中和乐职之诗,首为诗以咏赞。侯名郁,字文卿,所至官以兴学为本。诗曰:

茫茫海甸,聿仁义邦。圭组积荣[2],失其敦厖。岁亦云徂,夸侈则降。维侯之来,靡瘼不知。曰维泮宫,风化攸基。竦其具瞻,象神之仪。藻井绘栌,绚兮承式。降陟有严,是奉是翼。匪土木之工,职教攸则。瞻彼戟门,有飞戾止。斯翚煌煌,五采属缅。锵喤八音,粲曰在耳。嗟尔后生,无嬆以诞,无逸豫泮涣。遵我侯度,以靖以献。奉璋有峨,伊侯之愿。

---

[1] "胡某、毛某",延祐《四明志》作"胡禾、毛明德"。
[2] "积荣",延祐《四明志》作"绩荣"。

至元五年记[1]　　陈旅

古之教者，家有塾，党有庠，术有序，国有学，谓学所以化民而成俗也。故善为治者，必建学以崇教化，而任风纪、师帅之职[2]者，不敢不以是为己责也。

四明郡学，唐开元中立。贞元中，先圣庙立。宋天禧中，庙与学徙郡东北陬。数语殊失，详见上。建炎中，毁于兵，而殿独存。宋在江左百五十载，鸿生巨臣蔚然出乎句章，其弦诵之舍宜益完且美矣。我世祖皇帝既统一海宇，以孔子之道可以隆化基也，乃兴起学校，登用儒雅，天下翕然向风。至元十九年，庆元庙学灾，当时守臣务亟成，室屋规制简易。二十八年，始大营建。至大二年，更造大成殿，皆部使学者作兴焉。历岁滋久，昔之闳壮而炳绚者皆陁圮而黝暗矣。重记至元之四年冬，廉访副使宁夏顺昌公行部至郡，首展谒庙下，又环视师弟子舍，叹曰："是出风化之地也，而衰敝若此，今不葺，责在我矣。"总管上饶张侯荣祖蹴然曰："是吾责也。"于是廉访公属侯即图之。乃考学田之入，征夙逋[3]，节浮费，以庀材物、工佣之需，属府判蓟丘齐侯谦总程督事。齐侯展布心力，先葺礼殿、新圣容，为坛构神栖而加幪焉。四配十哲暨从祀诸子，皆饬其容观。在殿上者为坛帟，在两庑者施承尘，颛卬[4]圭璋之仪，黼黻文章之盛，来观者若见圣贤于洙泗之上，低徊而不能去也。

先是尊经阁梁楹栋榱皆朽蠹且压，明伦堂亦坠漏不足敌风雨[5]矣，至是悉以贞材代腐木，以密瓦易疏覆，以夷甓除坏阶，若殿门、先贤祠、八斋、大小学、庖庾，莫不缮治。又仍故址为守神之祠，范金以补礼器之未备者。

明年秋，教授王弦、学正薛元德以书来请记。窃惟孔子之道，尧、舜、禹、汤、文、武之所以善天下者。孔子则以之而善万世也。其理具于人心，而著于君臣、父子、兄弟、夫妇、朋友之伦；其教具于六籍，而讲于庠序，行于邦国、庙朝、乡党、家庭之间。人知讲学，则孔子之道明；孔子之道明，则唐虞三代将不在尧、舜、禹、汤、文、武，而在乎今之世矣。为天下者，不能使人人皆从道也，故既设校官教之，又俾为师帅者教而率之，任风纪者宣风化而饬厉之。不以是道善其民，

---

[1] 国图本原题作"至正四年记"，浙图本作"至元四年记"，现按文末所题，改作"至元五年记"。

[2] "师帅之职"，国图本作"师帅之责"，据至正《四明续志》改。

[3] "夙逋"，至正《四明续志》作"宿逋"。

[4] "颛卬"，国图本作"颛邛"，据至正《四明续志》改。

[5] "敌风雨"，至正《四明续志》作"蔽风雨"。

是鄙其民；不以是道善其身，是不爱其身。鄙民非仁，不爱身非孝。廉访公与郡长贰以兴学为己责，为其民者，盍亦知所劝矣。

四明多硕学笃行之士，而故家遗俗犹有存者。父兄尚告子弟，使究其所学者，以有诸己黜浇习养厚德也。鲁人颂僖公能修泮宫，曰"济济多士，克广德心"，则化民成俗之事[1]，亦有望于泮宫之诸贤焉。至元五年己卯七月九日记。

旅，莆田人。元统间尝为江浙儒学副提举，终国子监丞。

至正七年修棂星门记　郑奕夫

惟古乡学有定制，自唐开元间始封孔子王爵，贞元间天下郡国皆立庙以祠之。往往庙学混一[2]，不能区异。桥门之外又设棂星门，其视王宫之路门欤？

四明郡学肇于唐，因其库隘弗称，当宋天禧中迁于此，然未能尽如旧制，仅由东、西二门以入学宫。至淳熙中，始克南向造门，以正其位。距今且历一百六十有余载，因陋就简，未有能充辟整饬以严其庙貌者也。皇元至正七年，会郡同知公提调学事。谒告之日，顾瞻庠门，内外阶城芜秽弗葺，棂星门且逼近廛陌，无以耸观瞻，而俾士庶知所畏敬。乃升堂询诸耆艾，亟谋作新，恢宏旧规，焕然丹艧。门之外甃石以广且平，乃创采芹、儒林坊以为闬闳，大加营缮，俾过者趋者必肃必恭，是亦开正道[3]、迪化原之大端也。至如仪门、泮池，凡其崇严之地，罔不致力而植其功焉。载惟吾邦文献之懿，冠冕之盛，见诸先正记述，其来远矣。然而世习异趋，俗非古昔，宫墙数仞，有不得其门而入者。不有贤守贰阐辟正途，何以使学者日知归圣人阃域？吾党盍亦居仁由义，咸复正化[4]，上无负圣朝崇儒重道之意，下不失邦侯育才进德之心。在泮多士，请识成绩于石，以劝后人，固不可以无述也。

公名普立翰护礼，字大本，合尔禄氏，世居覃怀，故中书平章政事覃国敬敏公之嫡孙也。郡史徐让董其役，而相成之者，前学录王寿朋、主奉孔文颖。

至正八年戊子夏四月甲午记。

---

[1] "之事"，国图本作"之士"，据浙图本、至正《四明续志》改。
[2] "庙学混一"，国图本、浙图本均脱"一"字，据《天一阁明州碑林集录》补。
[3] "开正道"，《天一阁明州碑林集录》作"开正教"。
[4] "咸复正化"，《天一阁明州碑林集录》作"咸服政化"。

至正七年修草庭记　刘仲愚

逾泮池南行数十步乃折而西，有屋数楹，隤然与杏坛对峙。而面乎东者，旧为教授厅事。泮池当其前，短垣缭其外，蓬蒿藜藿之族遂得以私雨露焉。昔人因命名曰"草庭"，意有在也。

至正三年秋，天台朱君明德既视事，厌其隘陋，东迁于明德之堂，始摈为无用之区。于是上者日穿，旁者日圮，坛乎将压，莫之或恤也。越三载，今学正董君宗文实来顾瞻，咨嗟久之。慨然曰："斯吾所宜居也。其能委而弗治哉？"既而，闻风来学者，执经疑问，裾袂相接。乃请诸有司，鸠材庀工，易蠹任贞，补罅起仆，因其旧而新之。复即其南偏，创二小室，为诸生游息之所，辟牖以纳光，设门以限外。凡百塗墍缔，构织悉毕，具坚致完好，视昔倍蓰。一寓目间，石春陵千古独得之好，悠然可以默会于言意之表。将见菁莪之乐育，被道德之光，为邦家之用者，诜诜乎，辈出于此矣。宗文不自以为功也，犹虑嗣居于是者或泯而无闻，俾予书其梗概，以诏夫来者知所自焉。

宗文，名彝，鄱阳人。盖尝再领乡荐云。至正七年春正月，刘仲愚记。

至正九年记　范鏊

永维圣天子建中和之极，皇图肇开，万方侯伯，贤在位而能在职也。国朝制科，十有二举矣。士君子笃信义、慎名节，行修于下，名著于世，皆乡校所由出。而学校之教，诚牧守风化之原，大本、大经，所以经纶天下者也。学有本，则文治兴焉。

四明郡庠甲吴越，渊源讲授，声闻四方，视昔隆而功少乏。至正八年冬十月，大中大夫完者帖木儿公，钦承帝命，任庆元路总管府达鲁花赤。明年春正月，嘉议大夫阿殷图公，亲聆玉音，署庆元路总管府事。始至，大惧儒效阔疏，无以报称上意。同寅德让，谋谟允协，首开季试，负笈升堂，盖六十人。次年就试，且百人。岁大比，导民乡风，行乡饮宾兴之礼，使之渐摩乎威仪、揖逊之容，以养夫岂弟、温良之性。逮决科秋闱，与是列吾邦有二人焉。宁非牧守敬教劝学、陶淑人心之功乎！

在昔至元壬午，城阙廑作，扼除多虞，惟泮水桥门，岿然独存。故老咸曰："斯文将复兴。郡守臣恢宏旧址，大启尔宇，距今六十有八。历千岁之故，可坐而致，日又几新矣。天不变，道亦不变。丕扬乎不刊之典，考征乎不足之文。礼殿仪门,丹碧辉映。六扉宫墙,炳焕一新。讲肄有堂,斋庐有序,皮书有阁。废复举,圮复固。朽拉者悉撤而更端之,不图今太守之克成厥功也。"太守则曰:"若成功则天也。欲如彼何哉?共为臣职而已。然经始之谋则有在也。"吁,身一诚则万物之性无不尽,心一正则天下之治无不平!儒者于道为最高,本人心之良知、良能也。士之学,斯知所本矣。始终条理,习学校之大成,后之作者将于是有考焉。又系之词曰:

建皇王师,立天地人。缊缊道器,巍巍至神。千古庙祀,万邦献臣。显相肃雍,礼乐遍陈。烈烈辟公,克秉国均。大启庭方,光昭继因。执事周爰,既斨既勤。藻绘有度,匪渎匪淳。浩浩渊渊,侃侃訚訚。夙夜宥密,基命再新。式序有功,诵言足信。斯道之行,生化同仁。诸子游倅,旁达孚尹。教思无涯,英华发身。凡此令名,维让乃成。贰公寅亮,终和且平。一廉必将,一善必明。敦义正俗,刑政以清。采采乐思,桓桓于征。跻彼公堂,永刊斯铭。

至正十六年记　黄溍

庆元,在汉时为鄞,属会稽郡。唐改鄞为鄮,后又改为明州。宋升州为府,改号庆元。国朝即其地立宣慰司[1],统制七郡,俨为东南重镇矣。郡有宣圣庙、儒学,至元中毁于火。明年,浙东廉访副使陈祥,始袪荆棘瓦砾,而宫墙丹垩之。至大二年,赵宏伟以旧制弗称,新作大成殿。凡先圣配享及从祀先贤,皆肖像于位,冕服如其制。厥后,随时补葺,无大建置。

至正九年,天子以阿殷图公尝长江阴州有治行,擢守兹郡。始至,会□□□□朝廷遣行省大臣碑刻内。□□□[2]之舟粮、器械,取具临时;供亿征输,日不暇给。公疏滞理棼,颖发机应。稍暇,即坐学宫,延进儒雅士,相与旋辟唯诺。聘明经学古者为师,躬程督奖励。诸生知所矜式,成材颇众。又仿科举法试其艺能,礼致尝司文柄者,考其高下而进退之,优其礼赏而诱掖之,人人益知自劝矣。

岸海沙屿多隶于学,鱼盐所集,富商大舶往往为市,居人获利甚厚,租入甚寡。公计所获,羡其额,募民以时入直,直多者僦与之,岁入为缗二千有奇。涂

---

[1] "宣慰司",国图本作"宣慰使",据浙图本冯批改。
[2] 此句两处缺字符据《天一阁明州碑林集录》补。

田二百亩，没入鬻盐大家。公按旧籍，征其负逋，令首实得已责，遂敛手归所侵地。初，输锱不满一十贯，今得谷几百五十石。哀其奇赢，制其出入，简费节用，使无侵牟，故所蓄每加倍焉。由是奠祀尽礼，耆艾得赒其匮，师弟子得足其养。

又谓庙学弗称，亟议缮完。梓人度材，陶人埏埴。凡攻金、攻石、设色之工，各执其艺以待事。未五月，梁楹栋桷，板槛瓴甓，桡者隆，毁者完，漫漶者饰以鲜。南面之象，侑食之容，冠冕之紞綖，衣裳之山龙火藻，采绘鲜美，咸中仪式，距今六七年而完好。坚饰丹碧，炳焕如始创之日。其就事之敏而成功之固如此。游歌于斯者，咸相与叹嗟，谓数十年来，贤牧守修学，未有逾于公者。于是，学之士子不忘公德，为之立祠，以教授李光、学正林公庆之状来请记。

前一月，越之文学尝请潜记其郡监修学之功矣，今明之文学又请潜述其郡守兴学之事焉。昔诗人颂鲁僖公能修泮宫，而至于淮夷卒获。今两郡之监若守，当军事烦扰时，皆能殚力悉心于俎豆弦诵之区，其有鲁侯之心哉！虽然，治教之明不独在乎室屋之观也。尔多士来游来歌，拾级而登，则知进修之有序；升堂而入，则思致广大而尽精微。一言之差，一坛宇之圮也；一行之失，一栋梁之桡也。因缮完之密，而归诸反身之诚，庶几克广德心，而无负贤守作新之意矣。

公弘吉剌氏，字嗣昌，今以正议大夫升郡监。其先君咬住公，常以孝义旌赏。车驾临幸其门，公以嫡长当嗣世绪，辞爵弗受，弃赀弗取，悉以让其季。则其为政知所先务，固一一有所本云。

至正十六年，岁在丙申三月既望记。

附：宋宴进士题名记　张攀

部使者程公，以嘉定六年被旨兼领府事。至之日，首崇学校，励贤才，多士翕然向风。是岁冬，上春官者阖郡逾百。明年春，廷对二十有四人，而袁君魁天下。古括何君，郡法曹也，亦占前列。其间或父子连镳、昆季接武，或尝仕二千石而掇世科，诚一时创见。九月既望，元帅郡丞张攀、摄郡丞胡纲、郡文学叶秀发集于九经堂。攀晚至，获与斯席[1]，荣矣。因属新进士盍序姓名，纪岁月堂上，以侈相里儒风之盛，以显宪帅作人之德，以起后学汲古之志，固不伟欤！众

---

[1] "斯席"，国图本缺"斯"字，据浙图本冯批补。

曰然。遂请于公刻。此碑今府志不载。

嘉定七年袁甫榜

袁甫鄞人	赵师钱鄞	余元廙	戴杰
丰翔鄞	史弥应鄞	史弥忞鄞	范光鄞
叶英鄞	赵时恪[1]	赵唯夫鄞	赵溎夫
赵汝夫[2]鄞	汪立中鄞	赵时择鄞	孙　枝
赵时益	李森	叶奭鄞	赵希璷鄞
赵与权[3]鄞	赵与昭鄞	孙起予	

---

[1]"赵时恪",国图本等均脱"恪"字,据至正《四明续志》补。
[2]"赵汝夫",至正《四明续志》作"赵纹夫"。
[3]"赵与权",至正《四明续志》作"赵与懽"。

敬止录卷之十六

学校考六　历代建修碑记

皇明洪武二十四年记　许汝霖

洪武二十二年九月二十五日，承奉到内府堂字一百九十五号勘合，准仰本府差拨市夫于杭州等处搬运，先次抽分下木植，从省修造者。若稽郡志，唐开元间，始建州学。宋天禧初，徙置学于郡治东北，建炎兵毁。绍兴七年，郡守仇忿复建学，始作明伦堂。元至元十九年，堂毁。二十年，校官、儒士哀力复作，迄今近百年，为风雨摧压。洪武二十三年二月鸠工，六月告成。众咸谓，兹役重以朝命，宜志堂壁，以谨岁月，垂示将来。

钦惟皇上诞膺天命，即诏天下府州县庙学复丁祀，设师弟子员，岁贡其业之进者于京学，卒业选任。二十余年彬彬人物，默有以裨益治化，斡旋文运，盖有不可名言者矣。惟是庙学，规制由来宏广。历岁滋久，因损漏而就倾覆者为多。宁波府学异时学田甲东州，故其室屋尤壮丽。归附以来，府司提调学校官遇事烦剧，有不暇顾恤。若明伦堂、尊经阁，若斋庑，从祀像设倾倒为瓦砾荒草之基者过半，其礼殿及东斋庑之仅存者，率皆损漏残朽，间有将压而不可支者矣。

洪武二十一年七月初一日，汝霖来领教事，故教授廨舍秽漏不可竟入，从诸生假榻以宿，见诸生五六十辈攒□于东斋，诘思会揖于斋廊下，夜雨徙榻以存。前棂星门迫，通衢门坏，内仪门、桥门破漏无关键，昼夜不闭，人私行。取捷径者前入后出，东入西出。西为射圃，近营，军卒日集其中作小教场，间逾垣入长廊比箭，与生徒交臂而走，倦则偃卧于殿庑庑下，莫可谁何，目击为之怆然。浃旬气平，谒白卫府官，榜示军卒不得如前扰渎；走府司白所务甚急，宜支挠败朽折以救倾压；复闯府门，时其事隙以强聒之。府同知张耀经始其役，知府吴公思诚周爱咨度，先后渐次缮治，颇就绪，惟明伦堂材费殷浩，未有素计。

一日，大府官参议董公仅行部谒庙，谓兹堂师生讲授之地，不可缓，不可擅兴，督所司急治文书转以上闻。重建之命下，适宪府按察副使何公隆偕胄监生任让行部来视学，且为节制其事，程督甚严。堂势素高壮，一旦隆然，有以耸人之观瞻。宫墙内外，旧观聿新。

二十四年夏六月，知府郄公驯来莅府事，三日，展谒升堂，观朱子旧书明伦堂匾，即为跋志其后，悬诸楣间。因谓堂壁之刻，上以昭圣天子崇奉圣贤、乐育人材之美意，及盛世维新之绩，诚不可阙与。凡旁翼营构，故所有未复工亦不可遽辍。若乃藻绘丹雘之饰，所以成厥终者，我其图之。前人已完之所，使得画一著其颠末，疏其名氏，附于堂刻之下方。庶后来有考，知所慕用。汝霖昏耄，莫知所云，并叙梗概以志。洪武二十四年，岁在辛未十月朔旦立。

永乐十一年记　郑深道

学校为养贤之地，风化之原，迄古迄今，有土有民者，莫此为先务也。故识治君子咸崇重而不轻焉。宁波古四明也，在唐为州，有元改为庆元路，沿革靡同，蔚为浙左大郡。枕山臂江，秀气特钟。士出为学而成德达才不可胜纪，人皆邹鲁拟之，他郡罕比也。夫子之庙，肇自唐贞元四年，其制简略。至宋咸淳六年，鼎重修焉，视前制大备。由宋元历今，几二百祀，风雨飘摇，栋摧瓦毁，唯夫子庙讲堂、仪门岿然如故，其他若斋舍、东西庑、仪门之左右掖室，有委地而废者，颠仆欲压者，有坏烂仅可支吾者，识者慨焉。永乐十一年夏五月，郡通判凤翔樊磐、临川廖润[1]、府推太原郄再思等，因行朔旦谒庙礼毕，环顾周视，叹曰："吾夫子道配天地，轨范百王，故宜深宫章衮，昭享明祀，配以名贤。今庙庭学舍一至若是，修复之责有不在吾属乎？"退省自私，廖侯即谋诸同寅曰："吾属能先捐己俸，以倡上下，则彼降衷秉彝皆所同有，未有率而不从者。"樊侯等志协心同，如出一己。明日即其所以告于众，闻者鼓舞，不爱所有，由是郡城官吏捐俸，在泮师生输廪。凡有出在儒门者，悉资以财，乃得钞币、布帛、谷粟，数可巨万，遂市良材，陶瓴甋龟日而兴事焉。廖侯首至学，召工匠谓曰：某当建而新，某当撤而更，某当修而补。木之腐者弃之，中绳墨者用之。截其长补其短，增其新兼其旧，大以成大，小以成小，此尔匠氏之才也。时工师张祥曰："奉命唯

---

[1] "凤翔樊磐、临川廖润"，国图本作"凤翔礬磬、临川廖闰"，今采浙图本冯批。

谨。"于是经之营之，斫之断之，各奋其技。侯又恐始勤终怠，檄委阴阳学正术陈得厚、耆民姜子安董其事。予忝典教职，当鞠躬效力。廖侯又于政事之隙，或日一临或旬两至，不偪以势，唯奖掖慰劳而已，故匠氏自相戒告毋惰厥事，至若力役之者亦皆效勤，不督而劝。阅三月，东西庑撤而更焉。又二月，左掖室建而新焉，右掖室修而治焉。又三月，西之育材、兴贤斋功如东西庑；守中、进德斋功如右掖室。斋之后又各益以小轩，以为休息所。至于棂星门、神厨土祠、栏槛墙垣，丹腰黝垩之制，悉复其旧矣。于是礼行有地，乐悬有所，肄业有斋，俎豆于焉生辉，礼乐于焉贲饰，肆鸣我国家文运之昌，其功为何如耶！是岁腊月晦前二日，厥事告成，礼行释菜。琛道谋于训导孙光、黄学周、杨茂、娄诚等，曰："今此之举，当摭其事之始终，勒之壁石，一以见侯尽心于名教，一以为后来当道者劝。"诸生魏批等咸喜跃，以赞其云尔。

正统四年记[1]　周玑

宁波古明州也。按郡志，开元间始建州学，宋天禧初徙置学于郡治东北，建炎兵毁。绍兴七年，郡守仇悆复建学，始作明伦堂。至元十九年堂毁，校官、儒士哀力复作，后为风雨摧压，莫之或支。大明洪武二十三年，有司奉朝命鸠工落成。迨今年久，为郡者往往以科征供给告疲，玩愒岁月，学校多不举。

三山郑公以秋官主事超拜二千石，奉敕来守是邦，威惠大行，军民乐业。爰谒先圣庙，礼成，坐明伦堂，顾梁柱蠹腐，墁瓦剥落，斋舍圮颓[2]，且堂逼，礼殿升降周旋厄于卑隘。公叹曰："宁波，浙之大郡，素称文献之地，而堂宇弗葺，因陋就简至于倾仆，而役民为之，工用必倍，是养患以遗[3]民戚也。"由是相度面势，恢宏旧规，慨然以兴学为己任。作明伦堂，为间者七。材之坚者仍之，蠹者易之，倾者植之，颇者直之[4]，缺者完之，隘者宽之，卑者垲之。实其基址，比故位退后七寻有奇[5]，崇倍其旧。复作后堂三间，为燕休之所，东西步廊各十，内为

---

[1]　"正统四年记"，国图本作"正统十年记"，《天一阁明州碑林集录》载此碑文，末有"正统四年十月吉日，同知彭镛同立"，因改。

[2]　"圮颓"，浙图本、《天一阁明州碑林集录》作"悉颓圮"。

[3]　"遗"，《天一阁明州碑林集录》作"贻"。

[4]　"颇者直之"四字，国图本脱，据浙图本冯批、《天一阁明州碑林集录》补。

[5]　"有奇"两字，国图本脱，据浙图本、《天一阁明州碑林集录》补。

斋庐、号房，如步廊数。又作过廊以掖堂之左右，鲜其塗墍，峻其栋宇，如翚斯飞，如鸟斯革。明堂甃石以广，且平门衍垣墙以及庖湢、圂溷，靡不备具。通为屋以间计之五十有余，充拓学基广一百六十丈，贸民地[1]也。工用之需不烦于民。工兴，斯民相谓曰[2]："公慈牧我，公惠笃我。抚我育我，恐劳我力[3]。趋事赴工，我之职也。我何弗为，而幸公之惠[4]耶？"踊跃请自效者如归市。肇工于正统九年[5]冬十二月，讫工于明年夏四月。兹学至是，始得大备[6]，藏修息游，各适其所。佩衿来集，弦歌相闻，成[7]一郡之伟观，耸万世[8]之瞻仰也。玑乃谓训导郑琪、沈玒、殷礼曰："政事因人而废兴，制度随时而损益，必人与时会，乃可舍旧而图新。天朝圣圣相承，兴学造士于兹七十年矣。学校之盛，弦歌[9]之声洊洊乎，郁郁乎，洋滥[10]遐迩。贤才辈出，铺张弘化[11]，接武后先，使无良有司奉宣德意以振作之，则亦莫能致如是之盛也。若公者可谓钦承上命，克尽心于名教者矣！"

玑之言安足为公轻重哉？然闻公主秋官事时，尝办疑狱，活人命，名已载国史。此则谨其作新之岁月耳，故不敢以芜陋辞，姑摭其事之始终，并勒诸石，以志公德于不朽，俾后之来者知所劝云。

成化二年记 王来

学校，王道所基。欲行王道，必自学校始，故党庠、遂序、国学之法立于三代，而王道大行矣。三代而降，王道之行漠如也。呜呼，岂言治者不知先学校哉？四明古称文献，郡学之建，昉于唐，更宋历元，圮毁不常。修复者几人？改

---

[1] "贸民地"，浙图本作"易民地"。
[2] "相谓曰"，国图本脱"曰"字，据浙图本、《天一阁明州碑林集录》补。
[3] "恐劳我力"，国图本作"恐劳我也力"，"也"字衍。据浙图本、《天一阁明州碑林集录》删。
[4] "幸公之惠"，国图本作"孤公之熹"，据浙图本改。
[5] "正统元年"，国图本作"正统九年"，据浙图本、《天一阁明州碑林集录》改。
[6] "始得大备"，浙图本作"始克大备"。
[7] "成"，浙图本作"诚"。
[8] "万世"，《天一阁明州碑林集录》作"万姓"。
[9] "弦歌"，《天一阁明州碑林集录》作"诵歌"。
[10] "洋滥"，浙图本作"洋溢"。
[11] "弘化"，浙图本作"鸿化"。

创者几人？非不知以是为先务也。然亦有徒事观美，而于经生学子惟术以樊笼之，不能宏敷仁义之教，敬明礼义廉耻之训，斯其人方之于目学校为传舍者，若少贤矣，而心术未明，视先王谨庠序之意[1]、我国家崇儒重道之心，概乎其莫究也。

天顺甲申冬十一月，孝感张侯奉天子命来守郡。三日，谒先圣庙，退坐讲堂，顾瞻惕然，乃曰："栋宇倾压，祀肆弗恭，何以新士气？"于是劳心劬躬，抡五材，鸠众工，营谋相度，或因，或易，或扶倾，或直颇，或辟而增构，或崇而倍筑，丹碧藻绘，辉煌靓丽。功甫成，而侯进爵大藩，留之不可得。教授成矩、训导杨通暨诸俊造，虑无以彰侯之德，谒予有作。予谓纪事必载其实，颂美当原其心。侯视篆周二祀，强暴息焰，渔蠹敛迹，富贫皆乐生。野谣士论以侯能行王者之化矣[2]，况侯接士类如阳春煦物，而声色不假、启迪惟时，使得以服习乎仁义。身傭户调无所烦，使得以敦尚乎礼义廉耻，则侯今日之举，岂直观美为哉！

予固知侯之心矣。新其门墙，将使防忤步于出入。新其堂宇，将使极高明于仰升俯降，将使左揖右让，而周旋有余地。新观德之亭，将使志专业工，而会文有常所。新肄业之斋，新藏修之室，配享有庙，从祀有廊，景贤有祠，而像设筵帘，乐舞礼器无乎不新，将使挹芳仰止，由希贤至于希圣也夫。然新其学，所以新其士，迹虽烦乎兴作，而教无不寓焉。侯其知行王道，而无负明天子付托之重也耶！由是士风丕变，民俗熙熙，农让耕，旅让路，负戴于道者无斑白，而四明文献允乎自是而增耀也。予老矣，尚能目睹其盛，用书镌之贞珉，俾将来者知人心非不古，知王道非难行也。

侯名瓒，字宗器，登彭时榜进士[3]，历官尚书工部郎，出守太原，改四明，今升广东参政。

成化三年记　　黄润玉

道在天人，历万世犹一日，而王化远迩，则学政之隆替系焉。盖天之道一理气之流行，人之道一性情之当行而已。粤自太极开辟以来，理气在天顷刻不停，性情在人须臾莫离，是天人之道，夫岂有一息之或亡哉？然世运靡常，道或因之

---

[1] "庠序之意"，《天一阁明州碑林集录》作"庠序之教"。
[2] "野谣士论以侯能行王者之化矣"，浙图本作"野谣士论尝谓侯有王者之化矣"。
[3] "进士"，浙图本作"进士第"。

而通塞。若天道变常而灾异，人道变常而乖违，时必有圣人者出，察历象以齐七政，平水土而奠九州，兴庠序以敦五伦，制礼乐以贞百度，凡兹裁成辅相者不一而足。由是晦者明，壅者行，所谓上下同流，物各遂性，而天人之道得矣。当周之衰，圣王不作，斯道寝否，时则有孔子生，禀圣德，究知道之不明不行，由乎知愚贤不肖，互有过不及之差。乃删述六经，明先圣之道，垂后王之法，以昭万世。秦火虽烈，天鉴孔昭，焕乎韦编麟笔，洎孔壁汲冢之所藏者，寻显乎汉。自是治天下者得有所持循，建学立师，以明斯道。仰惟六经之文，日月丽天，虽五胡云扰，群雄彗侵，而斯文未尝为之晦蚀也。

天启皇明，统一海宇，远宗尧舜，治化[1]并隆。两京宏开太学，而郡县之学满天下，沿边军卫复立师增置儒学。法制大备，斯道大明。济济乎贤才之盛，上肩虞周；洋洋乎德化之行，下被蛮貊。诚圣朝万万年鸿图明效也。吾四明为浙东大郡，山川毓秀，文献传芳，有司祗奉明诏，学政修举愈久愈隆。成化二年夏四月，莆阳方公由大理评事来守吾郡，时和岁稔，政举民安，恭谂同寅，撙节冗费[2]而大修郡学。始自礼殿、两庑，次而讲堂、四斋，旁及膳庖、库庚、门垣、廨舍，循循修葺。[3]甫完，适金宪吴公遴[4]巡历诣学，钦睹圣朝[5]御制经书，洎《五经四书》《性理大全》诸集颁赐在学者，宜置高爽以尽尊崇之礼，且以绝尘蠹之虞。二公协议，允惬众情[6]，谨度地讲堂之北，建四阿重屋，修若干寻，广若干寻，崇若干寻，规模宏壮，位置有序，题曰"尊经阁"，上以庋所赐经籍，下以寓诸生藏收。复度射圃之南，甃石为池，环池筑屋百区，白盛莹室，海月明窗，以备诸生游息。肇工于是年秋九月，讫工于今年春三月。受檄程督，则鄞县尹刘侯昪也。是役也，实皆前政所未举，端启邦人之具瞻，固宜明吾道，昭成绩以告来者。抑稽虞、夏、商、周四代之学，皆所以明人伦也。然人之伦不越乎君臣、父子、长幼、夫妇、朋友之五常。人之生均禀夫天之五行，以具五性。性寓于气而发为喜

---

[1]"治化"，浙图本作"治教"。

[2]"撙节冗费"，浙图本作"节费捐俸"。

[3]"始自礼殿、两庑，次而讲堂、四斋，旁及膳庖、库庚、门垣、廨舍，循循修葺"，浙图本作"始自礼殿，公率先揭藻井以承尘，次而两庑，贰守罗琐窗而障曝，由是僚属、庶民咸乐趋事，而讲堂、四斋、膳庖、库庚、门垣、廨舍，循循修葺"。

[4]"吴公遴"，浙图本作"吴公璘"。

[5]"圣朝"，国图本作"圣学朝"，"学"字衍。

[6]"允惬众情"四字，国图本脱，据浙图本存录。

怒哀乐之情。性即天之理，情即天之气，而天下人人所同得者，故曰"大本"、曰"达道"。圣人之教因其所同而品节之，"经礼三百、曲礼三千"，举不出乎民生彝伦之外，人伦明于上，小民亲于下，斯人人亲其亲，长其长，而天下平矣。昔夫子观于乡而知王道之易，易政化之速，夫何求诸远且难乎？吁！天生斯民，立之司牧而寄以三事。然原王道之本，固以庶富居先，论王道之成，当以庠序为重。《记》曰："古之王者，建国君民，教学为先。"是则王化所施，必自学政始。公之斯举，其得政之所先欤？郡教授姑苏成君矩属记勤至，谊不容以耄荒辞。于是乎记，若夫师生教学之规程，业习趋向之邪正，则有先儒之议论在。

公名逵，家世字行，备见甲戌登科录。贰守，临清大族，时姓，名绎，由乡贡登上舍入仕[1]云。

成化三年三月壬午，南山黄润玉记。

附：尊经阁颂　李堂

六经载道，传于圣人。圣人作经，立极敦伦。劝忠明孝，畏天悯民。修道立教，统承大君。皇坟帝典，羲画爰始。王诰霸盟，世降靡止。文武未亡，方册载只。玄圣唯天，删述垂纪。弟子景从，云兴宿列。通艺曰贤，分科曰哲。论孟学庸，启关示辖。瞻仰羲娥，中天昭揭。扼于横议，绝于焚书。九流蠹蚀，百代榛芜。汉传训释，唐守注疏。乃称家学，乃号经师。宋兴奎聚，真儒继作。洙泗分源，关闽濂洛。默契遗经，以传正学。阻厄奸庸，禁防废阁。皇明天启，雪宋扫元。淳风复播，大音再完。书成性理，家诵户传。尊经有楼，庠校焕焉。奉持恭敬，措躬服膺。用思康济，言必躬行。续儗者妄，僭乱者刑。阙疑当慎，邪诐必惩。述颂矢心，爰告同志。尸居陟临，俨然上帝。俗态市谋，痛蠋渣滓。俯仰圣容，庶几不贰。

附：方逵喜尊经阁新成诗

新成邃阁凌云汉，架插青编剩五车。复道绮疏通霁月，回檐丽藻散晴霞。九经文字尊千古，四海车书混一家。尽启八窗穷圣学，江山风物总光华。

---

[1] "贰守,临清大族,时姓,名绎,由乡贡登上舍入仕" 18字，国图本原无，据浙图本补。

成化十三年记　杨守陈

皇上纪成化之十有三年，河南张侯赈守吾郡既六稔矣，心仁政善，民用辑宁，始[1]加意于教化之地。顾庙学皆完，独殿与两庑甓砖尽剥，遂撤而新之，于是执邑奉笾者，皆坦如矣。士寝食之屋或隘而敝[2]，乃为膳堂三楹，寝舍楹二十[3]，于是退食入息者，皆裕如矣。学门外数武即民居，道隘且嚣尘，乃购民徙居以辟道，树两坊表于东西衢，于是弁而游学、舆而谒庙者，皆廓如矣。教授郑君玑肆谒予记。

时有言者请尊孔子以帝号，而加笾豆、舞佾以称其衮冕，一如天子制。有司阻之，乃迁其说，谓不加帝号犹可，而笾豆、舞佾在所必加。朝廷从之，按：成化十二年，祭酒周洪谟奏请加孔子封号。命礼官议尚书邹幹覆止之。九月，洪谟又题请加笾豆、舞佾。从之。加笾豆十二，舞佾八。此固追崇先圣之盛典矣，然犹未臻于极焉。孔子道德教化之盛，贤尧舜而配天地，自生民以至于今，一人而已。后世人君皆师之，则皆其弟子也，称为先师固当矣，若追崇之典必当臻乎极而后已焉。夫礼因人情可以义起，周公制礼追王其父祖，前未有也。师生之义与父子之恩同。子可以追王其父，则生亦可以追王其师，况孔子又万世一人，后王实被罔极之恩者乎？近世人君师孔子而追王之，固礼也，而未为礼之至者[4]。古之帝王[5]皆因时建号，非有等差。自秦始称皇帝，而后世有天下者，无不称帝。其父祖虽编氓伍卒，亦追帝之，而族属功臣则皆封之为王。于是帝为君号，王为臣爵，悬绝矣。君于臣礼，当其为师，则不臣也。况异代之圣师而可臣耶？王孔子而不帝，是犹臣之也，其可乎？必帝之[6]，乃见不臣之礼，而为尊崇之典之极焉。

在宋，真宗已欲帝之矣，其下不能将顺而沮之。谓孔子周之陪臣，周止称王，不当加以帝号。夫谓之周陪臣，则虽公之与鲁公班不可，况王之与周王㧑乎？既王之，则固谓其万世之圣师，而不以周之陪臣视之矣。于周何预，而不

---

[1] "始"，浙图本作"尤"。
[2] "或隘而弊"，浙图本作"犹隘或敝"。
[3] "楹二十"，浙图本作"三十楹"。
[4] 此段文字，浙图本略有不同，备录如下："师生恩义与父子同。子可追王其父，生不可追王其师乎？人君师孔子而追王之，固礼也，而未为礼之至者。"
[5] "帝王"，国图本作"皇帝王"，或衍"皇"字。
[6] "其可乎？必帝之"，浙图本作"其可乎哉？故必帝之"。

当帝耶？故先儒罗从彦谓可加以帝号而褒崇之，诚百世不易之定论[1]也。今言者迁就有司之说，谓孔子周人当用周制，王乃天王之王，非国王之王，故不帝犹可。夫用周制则当称"鲁大司寇"耳，安可王之王之者？自后世尊崇之典，非周制也。在周制则王犹帝耳，在后世则帝之与王犹天泽之不可混，犹冠履之不可毁矣。尚可以周制论哉？尊异代之圣师，而用当代之臣爵，曰"此天王也，彼国王也"，则亦非正名别嫌之礼矣，孰若初说帝号之为确乎？我太祖高皇帝之定祀礼也，凡岳、镇、海、渎，皆革去旧封，止以山水本名称其神，若所谓东岳泰山之神是已。至于忠臣烈士，亦止称当时爵号，而革去后世之封，若所谓吴泰伯之神是已。独以孔子善明先王之道，为天下师，以济后世，非有功于一方一时者，比故不称"鲁大司寇"，而仍旧号"大成至圣文宣王"，其尊崇之意极至而无以[2]加矣。但当时未有援宋真宗、罗从彦告者，故未及帝之耳。今有司沮言者，乃谓旧制而不肯更。夫以太祖尊崇圣师之心，如彼其至苟闻今议，有不幡然更耶？彼有司于异端与他政弗能一一遵旧制也，而此独曰旧制，岂旧制果不敢更耶？又谓孔子之道惟在君臣身体而力行之，谥号、器数皆不足较。夫道在身体力行是已，余亦安可置之？如彼其说，则明王但奉天道、绳祖武足矣，而又尊称上帝、追王先公，制为郊社、禘尝之礼乐，皆必极其至而足为万世式者，何耶？有司之议，过矣。然自汉以至于今，儒之僻隘者，岂独不欲帝吾圣师？虽公之、王之，谥加数字，天子拜之，郡县祀之，冕服、笾豆、舞佾如天子制，皆谓不可甚，而献官以皇帝遣而北面揖，其礼太重，请改东面。此岂特不知礼而已？盖亦无是非之心者也。然人心之天理自著于久，万世之公论卒定于一，故既王之，又累字谥之，天子北面拜之，郡县通祀之，而全用天子之礼乐矣。独帝号未加，尚谓阙典。今若不加，后世亦必有加之者。圣皇良弼，岂容有阙典待后世哉？行将举此至极之盛典，超百王而宪万世也。与因并记以俟。

虽然，孔子之道在君臣独当身体而力行之，况士乎？今士结发诵孔子书，而讲明其道，口之以为说，笔之以成文者，比比然也，求能身体力行者何其鲜耶！盖徒志抡魁而不志圣贤，徒贵高爵而不贵令闻，徒学文祠而不学道德焉耳。苟于此，焉审其轻重先后[3]而志圣贤，而贵令闻，而学道德？始于持敬格物，渐于立

---

[1] "定论"，浙图本作"至论"。

[2] "无以"，浙图本作"莫之"。

[3] "轻重先后"，浙图本作"轻重缓急"。

诚端本，进于克私返礼，而造于"从心所欲不逾矩"，则至极矣。虽或未极而道德一有诸已，则文词自工，抢魁自得，而高爵自至矣。有不得不至者，其命也。彼颠颠于文词者，亦岂能必得？钧之有命，孰若力学道德，而不徒为[1]孔子徒也。尊孔子必加帝号，而后为尊之极，予既有攸望矣。学孔子必备圣德，而后为学之极，予宁无攸劝乎？故附记以告。若吾郡人材之秀杰，风俗之纯懿，与庙学之沿革，则郡人李公璜、王公应麟、金华黄公溍记之备矣，无庸予言。

弘治十三年记 *严端*[2]

皇明混一区宇百有三十年，海内乂安，四夷宾服。揆厥所由，实惟我太祖高皇帝创业垂统，列圣相承，其所以致治而保邦者。惟当务为急，乃注意于贤才攸出之地，为之建学立师，崇儒重道。迹虽稽古，而法制尤加详焉。且学古无庙，历唐、宋、元，附庙于学，为崇德报功之所。我朝因之，增笾豆、舞佾而隆其祀，享于无穷。学古不专准人、牧夫之任，今则专职宪臣，以总督其学政，又以郡县之提调，属之守令，与夫劝惩督课，兴事考成，责有归焉。维时命乡论秀，宾兴贤能，必自兹始。其法制大备，而倦倦急先务之意至矣。

吾四明甲两浙诸郡，庙学之建，肇于宋天禧间，天禧间尚无学，详见前。而宏规杰制尤为诸学之冠，频年固有加意于斯者矣。然而岁久易于湮圮，颓剧艰于缮修，不时缉而屡省之，可乎？明郡守伍侯临莅之初，不遑他务，而意自在焉。每至学谒庙，必退坐讲堂，稽生徒之勤惰而劝惩之。其于工作当兴，而建置之不容已者，固已默定其规画矣。未几，命董事期[3]，计徒庸，虑财用，凡殿庑之敧者正之，敝者新之，摧颓已甚者属役而营葺之。谓东西四斋不足以备藏修，而寝息之舍多为废址，乃于讲堂东构楹二十一间，上栋下宇，架阁为楼。于其西葺旧二十间，外增新者五。通判茹公銮赞之[4]。虑师生无会集之所，遂相度便宜，鼎建一堂于射圃北，为间者三，而左右庖湢之处备焉。其间道路、垣墉，与夫设色、抟

---

[1] "徒为"，浙图本作"虚为"。
[2] "严端"，国图本作"严瑞"，旁有批注："'瑞'恐是'端'字之误。严端，鄞人，景泰五年进士。"天一阁藏此碑石及拓片，作"严端"，见《天一阁明州碑林集录》。
[3] "命董事期"，《天一阁明州碑林集录》作"命属量事期"。
[4] "茹公銮赞之"，浙图本作"茹公赞之"。

埴,工之不可废者,靡不周悉。其功[1]肇于弘治戊午,落成于明年之己未冬。迹其设施措置,不殚民力,不科民财,而亟乘如此,岂徒为一时之观美哉？要使在泮之士,寝于斯,食于斯,朝益暮集[2],讲明圣贤之奥旨,探索义理之渊微。论二帝、三王之治,不可不求其道；求二帝、三王之道,不可不原其心。得其心[3]则治与道在是矣。然孔子虽不得君师之位以行其政教,其所以删述赞修,而继往开来者,莫非帝王之心法治道,实与政教相为表里。多士今日之所藏修,岂外此而他求哉？侯固以学校为为政之首,而知所先务矣。要之责成多士之心,实不出此。此所以取捷秋科者数倍于昔,而登名甲榜尤有复然特出之士,非贤侯兴起斯文之明验欤？予不文,幸目染侯之能官且重职儒。典教者以记请,僭敢述其作兴之岁月。若夫侯之循良政治,令闻昭彰,固有大书而特书之者,兹不备。

侯名符,字朝信,安福世家,登费宏榜进士,选入翰林为庶吉士,转刑部员外郎而至冬官。弘治十三年岁次庚申八月记。

正德七年记　　杨守阯

宋乾道淳熙间,吾郡有四先生以理学名天下,慈湖杨文元公、定川沈端宪公、广平舒文靖公、絜斋袁正献公是也。当是时,朱子在建,张子在潭,吕子在婺,陆子在抚,诸儒之学以孔门所传尊德性、道问学为用力之地。天下倾而仰之,如"水之江汉星之斗"。故四先生能自得师取友,以成德业。时则有若太守张侯,尊贤育材,宾兴劝驾,预有力焉。张侯以乾道三年擢守四明,修起郡学,举行稽古礼文之事。士气聿新,名儒继进。乾道五年,侯一举而得文元、端宪同登进士。八年,再举而得文靖,时赵伯圭作守。继登上第,嗣后淳熙八年,三举[4]而正献复登甲科。嘉定七年,袁甫状元及第,实又正献之子也。是数公者,皆命世之才也。张侯一守四明,得命世之才数人于数科之间,吾郡文献于斯为盛。至今仰诸儒之与计偕而称张公之善劝,驾天运循环无往不复。今太守张侯名与乾道太守适同,其尊贤育才之心又同。今修起庙学作新士气又无不同。经始于正德六年九月,落成于七年六月。栋梁榱桷,厥材孔良。黝垩丹漆,厥绘孔扬。殿庑

---

[1] "其功",浙图本作"其工"。
[2] "暮集",浙图本作"暮习于斯"。
[3] "得其心"三字,国图本、浙图本均脱,据《天一阁明州碑林集录》补。
[4] "三举",国图本、浙图本均作"之举",据浙图本冯批改。

堂斋,悉完以美,烨然辉光。博士诸生陟降、周旋其间,嘉其成绩不鄙,谓予宜书其事。

昔鲁僖修泮宫,《诗》有颂美,而《春秋》以为常事不书,固也。吾郡庙学,宋乾道间张侯修之,屡废屡修,距今三百四十七年,复得太守同名者修之,似非偶然,实异事也。四明文献将复盛之兆乎?四先生之理学将复见于今乎?吾党之士尚思景行先哲,修德凝道,而奋发乎文章,擢伦魁,登枢要,翊赞天子,植无穷之业,不显张侯亦有无穷之闻,是所望也!勒词贞珉,传之来世,尚其考焉。

张侯,广东人,以进士擢御史,以言事去职。今复起为太守,字广汉,名津。乾道太守亦张姓而津名,故予文及之。

正德十一年修建乡贤、名宦二祠记　李堂

凡郡国名宦、乡贤之祀[1],昉于有宋,盛于国朝。至我英宗睿皇帝敕修《大明一统志》,首名宦、次人物,各载祠祀之显著者,以大同四方之郡乘,真万世不刊之盛典也。

吾四明始州于唐,郡于宋,路于元,而今为府。府有学宫,肇自庆历,释奠之余,渐及斯举,亦唯随宜设享而已。近虽别建祠宇,然通祀一堂,议者病其未备焉。乃正德丙子,太原榆次寇侯天叙以名进士历官大理来视郡符,谒庙之初,慨经兴学、饬士[2]为任,适宪节西蜀刘公瑞奉命督学,颁训首及于兹。侯乃不遑他务,聚财集工,先饬乡贤祠之颓废,建筑新祠若干楹,以祀名宦诸神。凡木石墁圬、彩绘髤髹之费,咸官为雇直,不以烦民。落成二祠,并美一新,俾相礼助奠者咸得各伸其敬。且周视宫,凡殿宇、廊庑、斋舍之所,朽腐者易之,庳陋者广之。盖作兴倡导之方,备至周悉,咸以为继先垂后之可纪者。于是儒学师生陶君震华征堂为文[3],以碑之。嗟夫,贤人君子立德建功,虽施惠于一方而祀通于百世,所以及无穷而垂不朽者,岂芜末所易知哉!

考之志史,吾郡名宦始于越大夫文公种,以忠义为冠,至知郡李公夷庚建制兴利、曾公巩正身格物、知州范公成大罢献为民,而摄郡陈忠肃公瓘集著《尊尧》,精神尤烈。至于仇公念再任遗爱、裴公儆政教兼施,以及国朝如忠介昭宣

---

[1] "乡贤之祀",浙图本作"乡贤之祠"。
[2] "饬士",浙图本作"访士"。
[3] "儒学师生陶君震华征堂为文",浙图本作"儒学生师陶君震华征书为文"。

之王公琎[1]、政治著绩之郑公瑢、性行夙成之姜公昂,皆纪册有征。而陆鄞令南金之钱湖兴利,冷鄞尹麟之操为有终,亦附祀焉。是皆本之定论,参以舆情,合天理而当人心者。矧圣朝法古为治,议礼制度咸著训章,而祀典尤正且严苟,公议民彝非翕然其吻合,孰忍赧颜祼献以自贻诒渎哉?

堂闻之,宪臣者治之表,守令者民之帅也。吾郡遭逢,人物权衡,牧民师师,振纪纲,首风化,主盟正学,考论先贤,以植人纪,示激劝于不磨[2],岂非乡邦之幸、吾道之光哉!《书》不云乎"罔俾阿衡,专美有商",盖古者今之鉴,后之师也。君子明道以立教,俟诸百世而不惑也,可知矣,乌可以无铭?铭曰:

维古春秋,治鄞封国。始邑会稽,渐升侯服。名宦继休,光于典录。淳祐兴祠,貌存以肃。皇明建极,制定祀隆。寇侯际运,出治以躬。考仪协律,礼乐是宗。乃新宫宇,僚采协恭。轮奂辉煌,庙西墠右。报祀维何,忠廉为首。曰政曰谟,恭勤仁厚。神兮若存,誉终不朽。衣冠颂美,衿佩仰成。侯承宪学,表率仪型。道符心得,学究遗经。治希邹鲁,志述周程。庆历五贤,淳熙四子。爰及群哲,同归仰止。两祠翼然,灵风飒只。祼献礼旋,咸膺锡祉。

嘉靖十三年记　　王应鹏

物之兴废有时,而事之成败在人。时可矣而人为不副,亦时之未至也。物皆然,而况于斯文之兴丧乎?郡学之制肇于前太守郑公瑢。公国朝名臣,宣德间敕守吾鄞。其所以作新士类而造我宁人者,种种具存,建学特其一事耳。

所谓"物以人兴"者,非耶。夫前人倡之,而后人因之,乃今不能支一植,至使大坏极敝而后已,安望其有所谓教乎?然而人才之盛有光于昔者,其流使然也。今天子崇文右道,简任师儒,其拳拳于"敬一"之训,谈者谓化行有期,而讵谓其责之有司者,如是之,难也。所谓"时可矣而人为不副"者,非耶。夫会文以辅仁者,谓其有相规之益、讲论之资也,故曰:"观感废则怠心生,讲论疏则实理晦。"今士无居肆之地,而欲涣焉收一旦之绩,难矣。乃者,宪佥庄公用宾宪副戴公金、少参姜公仪谋,议佥同状之监察张公子,立令郡县长贰图之。时郡大夫郑公威甫至,即毅然任事。且曰:"吾先人之遗矩也。"盖大夫,前太守再从孙

---

[1] "王公琎",国图本作"王公琏",据浙图本冯批,改"琏"为"琎"。
[2] "以植人纪,示激劝于不磨",浙图本冯批云:"此处字句有误。"

也。绍述之政已较然有光,而又复领兹役,要非偶然。于是邀郡寮乔君迁、张君源、薛君甲、马君中骥、鄞令赵君民顺,度材经费,聚众鸠工,稽弊考绩,各有攸济。是役也,为殿,为堂,为庑,为祠,为庋,为斋舍,为亭,为扉,为泮,为庖厨,为庾库各若干,垣者、圃者、梁者各若干,经始于甲午之夏,讫工于是岁之冬,不废不扰而焕焉永式。佥曰:"大夫之功亦将事之能也。"将事者为谁?提举刘柏、知事张育才、主簿李继祖,盖监察之慎选云。王应鹏曰:"天之未丧斯文也,故协之人谋者如此。"然斯文之兴丧不关于科举之盛衰,而俗学之乖离于"敬一"之旨无与也。盖千古圣贤之学在心,心外无道,道外无学亦无治也。属者督学徐公阶方欲仰承睿意,以覃至教。予何人,敢赞斯言?第辱大夫之请,而庆多士之遭也,不觉僭妄于是。郡博士李世浩、王经、陈旦命徒王钦辈书之贞珉。

嘉靖三十六年记　张时彻

宁波负东海而郡。崇峦复嶂,鸑鷟鹏骞,环数千里而峙;江湖汇泽,浩畠纵横,兴云雨而致百物。盖神灵之府而雄丽之都也。奇淑所钟,实生才哲。上之明先生之道,建康济之勋,其次亦以学业自雄,标艺圃而翔天衢者踵相望也。胜国以前不暇详矣,皇明驭宇,科甲蝉联,阀阅辉映,盖可按牍而数也。其在于今,非无卓伟瑰杰之士,亦稍稍勘寡替矣。

巽峰张公初守衢州,以能治剧改莅吾郡,风裁凛凛,境内大治。雅慕文翁之风,欲兴起教化以复文献之旧,环观学宫,顾瞻庙貌,则惕然伤之曰:"余闻之,土敝则草木不长,泽污则龙蛇不宅。兹固多士成材之所也,而若是陋乎?"乃规度程督,以饬以缮,自门堂、殿阁以及斋舍、庖湢,罔不植其倾圮而新其黝剥,枚枚如也,翼翼如也。既讫工,公乃率师生舍奠于先师,升堂讲诵,进而告之曰:"诸君子知所以修学之意乎?盖亦有风厉之道焉。夫学者所以学为圣人也,圣人之道不在于夫子之宫墙而在于吾之一心,故曰'万物皆备于我',曰'归而求之有余师',此其也。昔子贡,门人之高弟也。其称说夫子则曰'宗庙之美''百官之富',夫岂以门堂庙寝、骏奔登降言之哉?无亦谓吾心之宗庙、百官也。今诸生周旋俎豆、铿钟,而考鼓、弦诵、息游,岂无有感而兴思者乎?是故陟其阶序而知基之不可不丰也,仰其穹窿而知梁栋之不可不壮也,瞻其翚飞而知轮奂之不可不饬也,睹其华泽而知丹臒之不可不鲜也。一不备不足以为美室,学亦犹之。忠信其基乎?道德其栋梁乎?礼乐其轮奂乎?文章其丹臒乎?一不备不足以为成德,故曰'学有缉熙于光明',曰'念始终典于学',修其学之谓也。宫墙之弗饬,有司者治之。身心之弗饬,则多士将谁诱乎?故曰'有风厉之道'焉。诸君子其敬念之哉。"诸生唯唯受命,再拜稽首而退。

诸文学博士惧嘉绩之弗宣,无以诏于永永,相率乞余言,记诸丽牲之石。余乃言曰:"善哉,教也。多士庶几有兴乎?始余童时,见学士先生率朝夕诵肄不辍,其聚而群也,陈简编,援训诂,更相辨难,必求竟其旨归。高者贯穿经传,旁罗子史百家,其次亦专门名家,精其师说。其为文也,必胪列毫分,传于经义,以故射策[1]显名往往率先他郡,荐书未出而已逆知其姓名十九年矣。此非独气数之盛,亦倡导之者得其方也。今也不然,锵锵济济多不见录于有司,视昔彬彬文学之风何如哉!此非独气数之衰,亦倡导之者无其方也。今郡长公加惠庠序,作兴人材,固多士自新之会也,得无有跂前修而崇正学如前,所谓明先王之道,建康济之勋者乎?诗曰'岂弟君子,遐不作人',郡长公之谓也。又曰'高山仰止,景行行止',诸弟子之谓也。请以是诏诸将来。若兹学兴建之故,则前辈盖论之详矣。"

公名正和,世为南昌人,起家丁未进士。赞其事者,同知侯君国治,通判段君在、周君儒,推官查君光述,知县夏君儒,皆有造于多士者也。司教,则教授王玠,训导刘义、谢式、吴君爱、丁汉勖,率多士夙夜不懈,因并书之。

万历四年记　范钦

高皇帝箪驱胡孽[2],嗣天立极,览观古昔[3],思以澣涤腥秽,敷邑大猷,辄于践阼之明年,诏天下郡县所在建学,延师儒以倡道教。吾宁学于是即宋旧而拓新之,士咸感奋濯磨,飚驰云蒸,以应德意,彬彬闻人,雄海内矣。迨岛夷发难,中外勋勩,竞释俎豆,辍弦诵,务捍家室无宁时。所司又廪廪治战守备,觊免谴责为厚幸,奚暇论于绳墨之外哉?故学日就圮。

赖明圣之烈[4]、诸大夫之力,幸而稍驾[5],稍稍从学官讲业如初。会宪副西

---

[1] "射策",国图本作"射荣",据浙图本冯批改。
[2] "胡孽",范钦《天一阁集》作"胡孽"。
[3] "嗣天立极,览观古昔",《天一阁集》作"宪天立极,鉴观古昔"。
[4] "明圣之烈",《天一阁集》作"天子之灵"。
[5] "稍驾",《天一阁集》作"脱驾",浙图本冯批:"'幸而'下,字句有误。"

蜀[1]刘公翩谒庙,因以为言[2]。公周视而叹曰:"夫学,明禋先师而淑养人士者也。若是而莫之省虑,将何以崇祀章教?余叨观风,诚不能以惜费为解。"遂请于巡抚谢公鹏举、巡按吴公从宪,属郡守周侯良宾饬材庀工,物宜程能。自庙庑、门堂、祠亭、斋阁,达于庖湢、墙屏,以次葺治,轮奂丹雘,井井奕奕。泮池又决渠甃石,更易观视。其费取诸斋膳之羡。刘公与参议余公一龙更济以赎锾,周侯则又增构学舍,而同知李侯概、通判刘侯洋、推官叶侯时新、鄞令刘侯惠乔咸相厥事,黄教授一桂实先后经纪之。始于乙亥九月,至明年三月以成事告。诸生谒钦为记,谢以不敏。久之,乃言曰:

相马以舆,相士以居,学之修,诚得矣。诸君子亦知所以修身乎?夫学也者,修诸人者也;身也者,修诸己者也。以[3]品类谓之物,以轨度谓之则,以典彝谓之伦,以感通谓之心,以融贯谓之仁,以生生不息谓之神,循是而至焉之谓道,性生形具,不由外铄。修身者非他也,修诸道也,故能包该万象,鼎参三才,上下古今,异履同揆,岿然天下之望。不为幸已,藉使就其便私,决情洗志,靡所简括,曰:"吾幸矣,得肆。"是何求诸人者亟,而求诸己者缓也?必不然矣。窃观当世之士,其学有二:下焉者借口经术,割裂尺幅而藻饰之,名为词章,以哗世取资,幸而或售,争相诵慕,不啻圣书,其于造化物理之蕴,礼乐古今之赜,所由经纶世故、黼黻声猷者,视如长物,弃而不讲,盖十人而九。夫通天地人曰"儒",乃若是耶?其失也陋。上焉者剖破藩篱,游神幽眇,以穷理为糟粕,以学文为赘疣,窃佛老之绪以济其术。如张子韶所称,"改头易面,即之恢恢,测之眢眢,使人洸洋流宕,失其故吾",自谓尽性知命,而不足以经世宰物。甚者认法乘为同源[4],目超悟为一贯,笔之于书,猖狂肆恣,其失也幻。幻则窥其高明,陋则殉其卑近,其于害道则均也。乃若倡言明道,浮慕昔贤,旁招广引,立门户以为名高,即其炫议阔谈,巨包块圠,纤入毫芒,沾沾自喜,眇视千古,岂不壮也。迹其行事,往往矛盾。世儒以此诟讥,志士且避畏而莫知所当。嗟乎,胡未之思耶?

夫尧舜、孔子,世之所谓圣人,希旷眇绝者也。乃其道则曰孝弟而已矣,忠

---

[1] "宪副西蜀",《天一阁集》作"西蜀海宪"。
[2] "因以为言",《天一阁集》作"因以为请"。
[3] "以"字,国图本、浙图本均脱,据《天一阁集》补。
[4] "同源",《天一阁集》作"同宗"。

恕[1]而已矣，不越日用之常。何也？盖忠恕广大而高明[2]，孝弟恳恻而真确，蕴之为天德，践之为人伦。所谓不学而知，不虑而得，圣人至于涂人一也。欣洽充荡，道不下带，其极至于通神明，光四海，翊天地，囿万物，宁复求诸形骸之外？窈冥昏默，为世所称[3]，彼词华虚恑者不俟论矣。要以笃行好修，不倍所言为本。得时则驾，诸君子亦知所以修身乎？

皇上方光绍鸿烈，作新髦士，屡下功令，务在敦励行艺，迩又举察学官，第其修坠而废置之，意甚勤厚。夫亦期得名世之才、不二心之臣，长养薰育，为社稷隶。语有之"十年树木，百年树人"，故天不择地而垂雨露，圣人不择人而施鼓铸，较然矣。若夫感遘会之盛[4]，思负荷之艰，早夜孳孳，茂树名行，追前闻人，岂惟圣代诸大夫且嘉赖之？亦惟诸君子是赖。由前而言则为自修，由后而言则为上而修，皆道也，固所以修身也。感而知返[5]，迷道不远，愿为诸君子决策之。

咸曰"唯唯，敢不藉手而拜"，遂书诸石。

万历四年岁在丙子冬十月记。

崇祯十三年记　沈延嘉

今天子求贤甚，孝经蓄懿，射圃振虦，实学敦业，作忠扬烈之彦胥，黉乎储之文教渊府，厥惟重哉。宁郡学宫，腕山腹湖。山首明，湖称鉴，故其人士每多高朗焯烁，吸日月之秀以成文，而五邑髦俊景会，遂以象诸五星聚云。

东粤王公经纬之宗工，川岳之特秀也。来视海师，下车锋发。貅虎垒壮，鲸鲵窟清。义存止戈，力维文治。一日，周览郡序，喟然叹曰："都哉，吾闻人能灵地，地亦杰人。望楚升虚，实勤诹度。古人于宫室尺寸、桼棁匡圜，犹必细准之。天地星辰，一无或爽。读明堂诸说，可以灿然毕睹，矧启微咏术之奥区乎？兹役甚良，拱峙特需针拨，可俾名硕华蔚，跻于盛昌。盖其位负艮面坤，而棂星门则依街丁向，学门、魁阁俱列午方，执八极法按之，为六煞祸害。辟诸好容，使其耳在眉端，宁有完姣？几见孔林得容棘枳耶！亟宜徙列庚申之位，于法为生气延

---

[1]"忠恕"，《天一阁集》作"忠信"，下同。
[2]"高明"，《天一阁集》、浙图本均为"光明"。
[3]"为世所称"，《天一阁集》作"如世所称"，浙图本作"而世所称"。
[4]"遘会之盛"，国图本作"遘会之感"，据《天一阁集》改。
[5]"感而知返"，《天一阁集》作"惑而知返"。

年。由门而大魁阁,其向依棂星。由文阁而庙门,其向依圣殿。又于殿东辟巽户,以达[1]文明之气。学门之前,秀水逶迤,特朝而殿,门右楼阁层屼,正应贪狼颃见,灵气消纳有方,回薄护迎,位置天就。"郡之绅士,信之慕之,如入洪冶,淬铸重新。夫其信之慕之,非自今日也。

公总撷道术,燮理阴阳。上心器其才会,有方略,条闻将事筑凿天寿山,后纷于乩乩哄指,特从水部改公春曹,单骑遄驰,上下川麓,折陈夷险利害,来聚犀然,浩役得寝。是则公远识秘筹,动关鸿巨,区区如昔。所咤玉杯金盏,鹤集牛眠,卜张舍而金多,奠廖居而世寿,犹岳视壤耳。兹役伊始,众志如溪,咸矢颙负,奋其登冯,有共饮洛阳酒尽之锐。公辞曰:"无庸苟造而邦,何私予禄?"于是竭俸撙羡,设诚于虑而迅劫从之。郡邑诸大夫莫不集腋鼓皋,殚力谐赞,有闶有赪,填填乐成。当夫甍宇初移,适仝果葛君[2]登首甲报至,里士傅舞,颂公若神,岂无兴葺告虔?间致书腾壁涌,何如巍科兆其丕禧与?今即勤事,非其急上严檄则已之,非其极敝需报则亦已之。俄焉,畇隩南东补倾西北,胡然而然。使稍踟蹰,不瞻圣宫而瞻我室,有朝议夕罢耳。

予尝稽古,精洞理数者莫如周召,惟周定鼎,使太保先周公相宅揆址也。周公至,复达观详制也。黎逆洛从,不辞改宅,慎悬鉴而勇从吉也,故能哲命祈天而菁芇昌治。推公斯意,何啻伯仲乎?泮之诗曰:"矫矫虎臣,在泮献馘。"所以明铎钺共秉,揆奋同猷,道无凿枘。黉之西,即公宪署,新硎贞律,海通骢啄廓清,俎豆卢彤,一时章盛,可谓无厭自哉。则又请赓赋之曰:"济济多士,克广德心;桓桓于征,狄彼东南。"公所以祐士而报天子者,具在斯矣。爰寄石言,以志不朽。

海宪公,名应华,东莞人。郡侯林公,名梦官,龙溪人。别驾薛君,名连滕,襄阳人。朱君,名统铷,新建人。司理李君,名发元,高阳人。鄞侯王君,名燮,黄陂人。以繁调去,林君,名冲霄,霍丘人。

---

[1] "以达",浙图本作"以逢"。
[2] "仝果葛君",浙图本作"仝栗果君",有冯批:"查崇祯十三年葛世振以一甲三名及第,'果'字想系'葛'字之误。"今核《天一阁藏明代科举录选刊·登科录》,载有"葛世振,仝果,《易》",可知国图本无误。

敬止录卷之十七

学校考七　鄞县学

鄞学在城西南隅。中为先师庙,凡三间。东西两庑,各八间。前为庙门,三间。门外为泮池,石甃,跨以石桥。又前为櫺门三座,石为柱楣。循庙门而东,其庑外为名宦、乡贤二祠,各三间。祠南为聚奎亭。亭东北为明伦堂,后为尊经阁,俱五间。后因立御制《敬一箴》及《五箴注》文载郡学。于阁下,改为敬一亭。堂前东西列斋,各四间。东曰"观光",西曰"敬业"。堂外左为启圣祠一间,外右为仓廒三间,今废。又右为训导、教授、训导三宅[1]。以次而西,堂直前为礼门三间,门左为土神祠。礼门直前为学门三间,门左为文昌阁。学门隔衢对以文峰、砚池。衢之东西二坊曰"腾蛟""起凤"。而櫺门内五柏,犹宋时物也,今为虏卒砍尽。本《嘉靖志》,稍增益之。

永乐志
大成殿三间,在明伦堂前。东西庑,各十间。
仪门三间,在大成殿前。东西屋,各三间,夹门左右。
泮池中跨石桥,在仪门前。
棂星门三座,在泮池前。
土祠一间,在东夹廊南首。
明伦堂三间,在大成殿后。元时名"养正"。《永乐志》就其时名之。《延祐志》名"讲堂"。

---

[1] "训导、教授、训导三宅",浙图本作"教谕、训导之宅"。

东四间。内二间膳房。

西三间。

斋舍在明伦堂前,左右六斋,俱各三间,俱毁于至大二年。

教谕厅三间,在明伦堂西。元至顺元年,教谕吴思永任中造。

学门一间,在棂星门东。

射圃在大成殿东夹廊之东。以上俱元至大二年所建。

从祀廊东西各九间。以下俱《延祐志》。

趋廊东西各二间。

舫斋三间。

养蒙堂三间。

旧志:唐元和九年建至圣文宣王庙于县之东。按先是大历六年,鄮县徙今址,其署在开明桥北。《图经》云"庙在县东半里",是指开明之县治而言也。长庆初,州治从小溪移今县治,未建州学之前,则先有此矣。宋庆历四年,虽诏天下州县立学,犹云不满二百人者,为庙如故。七年,王安石知县,明年始因庙为学。安石《请杜醇书》云:安石"得县于此逾年矣,方因孔子庙为学,以教养县弟子。崇宁三年[1],因行"三舍法",移创于县西南半里,万寿寺西。而成于大观之三年,建炎四年毁于兵。嘉定十三年,邑簿吕康年请于史弥远,言县学久废非宜,命守俞建相地择所,以旧址隘,且不利,拨宝云寺西不隶将威果指挥废营更之,不隶将[2],见《武卫》。凡十五亩二角四十五步,即今址也。郡及常平使者喻珏各给楮券千缗,里之士大夫助四千一百缗,俾郡人如皋簿王机董役,于是先圣始有殿。越数年,未竣事。宝庆二年,尚书胡榘守郡,捐缗钱七百八十六有奇,楮券一千八百。二车蔡范辍市舶之赢千缗,里士之助又五百缗,乃克有成。殿后为讲堂,从祀诸贤则分列于殿之前,斋舍、门室,各有攸处。明年仲秋,释奠礼行,匾其堂曰"养正"。东二斋曰"观善",曰"辨志";西二斋曰"习说",曰"敬业"。学租素寡。因建炎学废,废学建官舍三,为司法、监舍、制置司准备差遣厅,余悉为民居,月收钱十缗有奇。《宝庆志》载,制置司属官准备差遣厅事,在万寿寺西,旧县学基。以隶州学。学既建,复归于县。士率喜充郡弟子员,榘谓州既有学,则县宜为小学,故以此意名斋,而选里之未

---

[1] "三年",乾道《四明图经》作"二年"。

[2] "不隶将",国图本缺"隶"字,据乾道《四明图经》补。

成童、父兄贫而不能教者，十三岁以上为一等，十二岁以下为一等，岁养二十员。命州学职二员，各以所业训之，增给月俸。元至元十九年，儒学提举田希亮增置二斋，曰"育英"，曰"进德"。二十六年，郡城灾，兹学独存。二十八年，廉访副使陈祥撤而新之。王应麟记。记云：

  鄞在汉为鄞，属会稽郡。唐属明州，建夫子庙于县东。五代改鄮曰鄞。宋始立学。王文公安石宰县，因庙为学，教养县之子弟，风以《诗》《书》，衣冠鼎盛。后迁县西南，兵毁，久未复。主簿吕康年请于郡，相旧址，言旧址，深宁亦误。创礼殿，设跪像。堂曰"养正"，为斋者四。至元十九年，增二斋。二十六年，郡城灾，兹学岿若鲁灵光。斯文未坠，道其泰乎？

  二十八年，济南陈公祥为肃政廉访副使，分治于明，崇庠序之教。明年，新郡学，顾邑校风摧雨圮，榱楹将压，殿虽更坐像，庳陋予按：前云设跪像，古人之坐也。兹云更坐像，今之人坐也。言跪像，深宁亦误。未合古制，爰命撤旧宇而新是图。夏六月，鸠工经始，规模崇闳，视昔增焕。县尹张君孝安提其纲，丞王君闰捐禄米以助，主簿任君谦亦赞画焉。多士竞劝佐厥费。事巨，用不给，檄县以义役租续之。揭石为门，六扇有伉，抡材为殿，隆栋翚飞，清池泱泱，芹藻春意。自堂及序，以次缮修，实惟礼乐之使，居德善俗，启迪化原，以恢宫墙之壮观。逢掖来游，诵公教泽，永永无斁。始，教谕赵必燮庀役，未克就，严得桂[1]继之，出私橐帅先，吴应西联事协力。既成，请识石章。应麟居是邦，不敢以耄疾辞。

  惟古者百里有师，教以道艺孝弟仁义。斯民也，三代所与共学也。间为左右塾，党以正齿位，时会于州序。去民愈近，施教愈密。自武城弦歌弗闻，急茧丝而缓教化，先政刑而后诗礼，若密令举善而教，新城长延聚生徒，何其寂寥哉！无以表倡之也。我思古人有行部，先即学官见诸生试论；有行县，学官处士执经对讲。谁其嗣之？贤使者新斯学也，岂徒美宫室云尔，将新士以新民也。

  昔鄞有杜先生醇，学行望一乡，县大夫再书然后起。其书谓"斯道我先得之，必推余于人，愿赐临以为之师"，其自重难致如此。师道立，善人多，渊源有自，为师者盍以为法乎？鄞士汉世仅一见，虞仲翔之言可考也。陆士龙称鄞之俗，礼节恭谨，盖素履行愿、修其天爵，是为入德之基、进道之阶。自学校之建，俊彦兴起，乡先生前后九人，其四出于鄞，皆以忠信为本，践履笃实。仰高蹈景，

---

[1] "严得桂"，国图本、浙图本均作"岩得桂"，据延祐《四明志》与《四明文献集》改。

其人若存，为士者不自勉乎？师知所以教，士知所以学，朝而受业，昼而讲贯，夕而复习，思无愧于儒之名。前哲有云，学所以学为人，学为君子，学为忠与孝也。服膺三言，是训是行，化海濒为洙泗，以一邑为天下式，将自吾鄞始。谨书其事，谂[1]夫教学者，式克用劝。三十年秋八月壬寅前进士王应麟记。

至大二年春，郡灾，学毁。是冬，副使赵宏伟命县丞贾思恭营度，尹张继祖，学官孔文隽、董儒金相继构造。皇庆延祐间，同知张伯延、尹梅遇春恢宏底绩。袁桷为之记。记云：

粤昔授受绪绝，空虚固陋之学沦于人心。言理者人人殊师，记问者质而不化。词章篆刻，决裂六艺，糜烂而不可救，师儒有忧之。据道德性命之要，毫分厘析，訾訾乎其不可相紊也，由是士得以一其视听，皇王之道复兴于千数百年之后，可谓盛矣。

世祖皇帝混同区夏，崇学校，定国子学，成宪皆东南儒先。而朱文公所说，咸取以为经史模楷。于是穷徼绝域，中州万里之内外，悉家有其书。然而急近功者剿取其近似，以为口耳之实。天人礼乐，损益消长，切于施为，所宜精思而熟考者，一以为凡近迂缓而不讲。至于修身养心，或相背戾而不相似，则缘饰俨默，望之莫有以窥其涘际。夫明绝学以承先圣之统，可谓难矣。弊生于苟，易守其说而湮其本，将不胜其弊。载籍极博，莫严于五经；教人之法，莫详于三物。扬子云云：“丘陵学山而不至于山，恶夫画也。”今州县悉置庙学，奠谒讲说，循袭[2]条制，而职教之道似若有未修焉者。

鄞旧有学，王文公安石为宰时，延会稽杜先生醇教之，学者辈出。至大二年，郡大火，学毁之。主邑之学者[3]曰孔文隽、董儒金，始建讲堂、礼殿，未及完而去。皇庆二年，三衢姚熙载实来。是岁，天子下科举诏，同知郡事吴郡张侯伯延顾瞻陋芜，首曰："某[4]何以称上意？"乃率郡官而助之。邑令梅君遇春，丞簿庞君滋、范君祐咸曰："吾长于是，兹役曷可遣[5]？"严工庀程，戒肆业者咸输以

---

[1] "谂"，浙图本、《四明文献集》均作"志"。
[2] "循袭"，延祐《四明志》作"犹袭"，浙图本冯批也改作"犹袭"。
[3] "学者"，国图本脱"者"字，据浙图本补。
[4] "某"，浙图本、延祐《四明志》均作"其"。
[5] "可遣"，延祐《四明志》作"可缓"，浙图本冯批也改作"可缓"。

佐。阅二年，夫子像成，侑从有序，门庑、庖庚、涂塈、缭绕之属坚密精粲，学官之制完且具矣。姚君乃曰："鄞号多士，昉杜先生，宜作先贤祠以祀。鄞士之兴，其自今始乎？"尝谓学校官室殿谒，循行风俗之使者，未尝不督厉修缮，独教法未定，虽聪明自任，犹不敢高下以议。今明诏四出，郡侯首创其原，姚君又能推本前人尊师之旨，深有所寓。楒虽官朝廷，因姚君之请，知张侯之美，遂以学校之弊首叙其说，庶几吾里之秀士其强敏自修者，询考耆哲笃行于显微内外之实，文质交资，上承详延，将以复乎昔时衣冠之盛，则姚君之阐微，犹昔贤劝道之意也。庸刻于石，愿有以俟焉。延祐三年四月十六日记[1]。

至治三年刻贡士姓名于石帅府，照磨陈照翁记。记曰：

昔帝舜命契作司徒，敷五教，命夔典乐，教胄子。而周制崇四术，立四教，顺先王《诗》《书》《礼》《乐》以造士，大司徒又以"乡三物"教万民而宾兴之。是宜命乡论秀以序而升，曰选士，曰俊士，曰造士，曰进士，审其材且贤者，然后官之。其法至成周而大备，所举不越乎德行、道义之实，修己治人之功而已。汉制有贤良茂材、明经射策之目，循至唐宋，广设学校以储材，博采文词以取人，而进士、词科二塗始判。虽称得人为盛，殊失学古入官之法。厥后华靡相尚，穿凿相高，架空创奇，背经违道，甚至剽窃绪余，虚言无补，去古益远矣。而人材日趋于卑下，将遂乏贤者、能者出而鼓作士气以振起之乎？唯是选举之优劣，尝关世教之盛衰。

圣元御治，混一区宇，贡士之制，议而未举。皇庆癸丑，主上以天纵之圣，蔚兴文治，躬览累朝未行之旷典，辄颁明诏，更新科举之条，期选硕德励行之士，黜其奔竞特举。穷经明理为宗，削其浮华义利[2]，详正卓绝古今。爰定乡试、会试、御试之限，尤为一代不刊之成式。窃计"三试"之法，行仅于[3]十载，而人材已辈出，固当躐宋跨唐抗汉拟周，骎骎乎三代之盛矣。然各省乡试唯浙江独擅多士之场，而四明又表表为江浙诸郡之雄。三举之间，惜无一人登膴仕，丹山为之屏颜，赤水为之愧色。原夫四明良有进修之士，而任州县儒师之寄者，或选举之未公欤？为郡博士者，或考课之未精欤？职路县守令者，或主领敦劝之未至

---

[1] 落款时间，延祐《四明志》作"延祐元年"，查浙图藏原碑拓片，"延祐三年"当无误。
[2] "义利"，浙图本作"义理"。
[3] "仅于"，浙图本作"仅止"。

欤？何哲匠之寥寥，岩扃而陆沉也。

鄞为四明属邑，素称诗书礼乐之会，而乡荐亦无闻焉。邑教徐君继文甫至，每以作成人材为己任，凡秀民髦士，必以礼下之，率欣慕其高谊，相与讲习，时拔其尤而上之郡学。郡博士京口俞公希鲁才智渊源[1]，用舍适中，手权文柄而未尝枉道诡随，总管济宁蔡侯衍识超人群，明治之体，视今开设堂试，辄能起废而激厉之。景运聿新，奎璧增焕，鄮峰之英光、灵气，顿觉披云汉而横陈，溯闾阎而上征也。岁癸亥八月，史君驯孙、程君端学、薛君观俱获刿秋荐于江浙省闱。祯祥荐臻，遐迩胥庆。适三君环居于鄞之甬东一隅，地各相去无百步远，吁异哉。顾曩昔暗然而不章，今则昌然而鼎来也，岂非选举之？或公考课之？或精敦劝之？或至其效果应欤？

三君之行有日，闽帅覃怀马公铸望重藩屏，化行泮宫，谓宾兴之与计偕者，敦遣不可缓，亟命输赡学钱一千五百缗以饯其行。复令设宴礼于明伦堂上，明伦堂，此时尚为养正堂，二字疑为后人所改。俾司乐择诸执事节奏，列乐登歌《鹿鸣》之章以侑之。帅府僚佐、郡邑长贰、文学掾职，佩仁履信，蝉联毕集。既而宾筵将撤，蔡侯举觞三君前，参命之曰："勖哉！之子庸玉女于成，服勤王事，无忝尔所生。"时阖郡观者如堵墙，咸咨嗟叹息，以归化后数十载，目所未击。学之生徒，什伯其伍，旅进旅退，为之倾动兴起，踊跃鼓舞，恨不得预其列。徐君亦且私喜其职教之粗有成，自谓无忝，因求予识其事，谊不敢辞。故从而赞其说，曰三君自此而升，各抱清庙之器，六瑚八琏，金钟大镛，方为贤主司重价所沽、希音所赏，端能润色于文明之朝，铿锵乎龙飞之廷，衔鹭碱砆、戛击瓮盎者，有不得而专其美矣，肯效平津、安昌侯辈[2]？初以稽古得官，即苟禄固位，忘其所守，外痴内瘖，媚尊凌卑，寂无惊人之鸣，以雷动一世之观听耶！至若鄞之多士，必能追踪接武，继继绳绳，晖映后先无或间断，将使四明古之作者有愧于今之所为耳！徐君乃慨然捐己赀，鸠工砻石而镌其说，复题三贡士姓名于碑阴，树干学，为士林倡。行见屡书续书无穷书不止书，罄一碑阴而已。

徐君，字彦章，越之上虞人，家世儒，雅闻于乡里。其天性粹和，志趣俶傥，虽妙龄未艾，实乐善好义之士也。其祖梦麟，宋咸淳间亦膺辟荐云。至治三年

---

[1] "渊源"，浙图本作"渊深"。
[2] "平津、安昌侯辈"，国图本作"津安吕侯辈"，据浙图本冯批与光绪《鄞县志》改。

十一月望日记。

附：俞希鲁《鹿鸣燕诗序》：

《鹿鸣》，《小雅》第一篇，与《四牡》《皇皇者华》，君臣燕乐之诗，非常布之可闻也。然古人所以作天下之士气，成天下之人材，必于是尽心焉。虽有不可闻，及论秀而爵之，官之，则宾乎燕且敖矣。《学记》曰："《宵雅》肄三，官其始也。"[1] 盖为始学者习之，乃劝之以官也。歌于乡，饮酒间不作。唯士与乡举者，一大比，必一大合乐。故夫解袍褐而取青紫，去萤窗而沐恩凤池者，彬彬焉洪。惟圣朝设明经德行科以兴贤能，越三举，见慈溪有翁传心，未闻《鹿鸣》之有乐。至治癸酉[2]，天诏飞云，省闱列棘，予以文学椽与约考事，充赋而至者，其寸铁不持，非实学不可也。江浙内合三十一路近二千余人，以二千余人之众而有二十八人之限，亦难也已。况以三十一路之广而郡不荐一人，则愧焉，是尤难者也。以斯二难，而明一举凡三人：曰薛观，曰程端礼[3]，曰史駉孙，非老成则英伟[4]也。上下官府与乡士大夫，莫不为四明有人喜，为某得人贺。其亦文献之绪，晦斯明、否斯泰，予何预哉！时大元帅马某建高牙，莅大阃，亦为之动容，乃协同寅、命僚佐，会本路提调官蔡公，置酒于学，歌《鹿鸣》以荣之。古人劝学者以官之意，炳焉焕焉。呜呼，此作成人材之一大机括也，非元帅公敦诗书、说礼乐，相尚以道，孰肯为士类伸眉乎？是不可以不记。朋友间相与作歌诗，颂其实用，锓诸梓，为来者劝。某备员于兹，且躬历于其间，聊为之序，由此而踵芳躅、光前修者，当不一《鹿鸣》之诗，古人不得专其美，非但为四明贺，又当为天下贺。府学训导郑芳叔代作。

泰定二年尹阮申之修，袁桷又为记。

延祐元年，桷记鄞学之兴造矣。甫一纪，职鄞学者括苍林君传以事状来言，昔之经度，逾于旧址，庾入不给，故其结构涂塈，缺焉未周。鄞之尹曰阮君周翰，治县未几，有恪殿谒，首以兴缮为急，割俸以励儒生。于是步履有甓，缭绕有墉，

---

[1] "《学记》曰"一句，国图本将"学记"误作"乐记"，"肄三"误作"肄之"。
[2] "癸酉"，浙图本作"癸亥"。
[3] "程端礼"，浙图本作"程端学"。
[4] "英伟"，浙图本作"英俊"。

砻以密石，华以垩丹，象设有严，讲席斋庐足以称弦诵。而从祀一百有五，悉易以塑，合儒先之宜祀者，为祠以祔。少间，曰："既完矣，盍广教以振士类。"立小学师二人，而增弟子员凡五十人。泰定三年二月朔告成，复命楠记。

维鄞自王文公延杜先生，以君师为端本，故后之[1]继承，经术渊懿，謇謇大节，见于史传者凡数公。衣冠日隆，微见[2]功利，而怀忠抱德，盛于乾道、淳熙之际。遗言正学，传于今犹未泯。周翰之先公，尝分刺是邦，名麟翁，至元间同知。庞眉皓衣[3]，诸老森立，盖尝极尊贤之礼矣。今兹作新，亦将有意于斯道。考问德业，吾犹以为有在也。周翰，名申之，池阳人。林君，字以道，非怠其职以苟度者。于是乎见鲁公之修宫，形于歌颂，系以诗曰：

维鄞之峰，煌煌金精。其江萦纡，挟城以行。磅礴元化，孕兹群英。其英伊何？郁彼瑚琏。不咸施以求，是则是宪。发其精忠，匪石可转。曰尹之来，庭诰是遵。顾瞻庙廷，风堕雨昏。土金丹漆，有炳其文。宫既完矣，失教则缺。循循子佩，自今伊始罔敢越。以道氏林，茸构揭揭。杜先之训，百世服膺。有失其猷，将夸诞是兴。凡升论堂，战兢以承。

至正九年尹许广大重修，翰林国史编修段天祐记

鄞旧有学，至大二年毁于火。皇庆二年，同知庆元路事张伯延始兴复之。泰定三年，县尹阮周翰稍加缀缉，而学事粗备。事具前翰林侍讲学士袁公伯长先后二记。岁月滋久，缮修不继，日就摧坏，栋宇倾压，垣壁穿圮，奠谒讲诵，荒略苟简。

至正九年，天台许尹具瞻以守令选，奉旨实来为尹，顾瞻恻然，曰："是学之废，乃至尔耶？吾忝以推择而来，凡县事所宜致力者，必于是乎先。"明日，计所费，首出家帑以倡，僚佐景从，人士风趋，购材鸠工，土木具举。不再阅月，仆者起，倾者正，桡者、腐者、摧拉者，莫不焕然，坚致完好矣。既又撙余赀，以制祭器、礼服，增置弟子员余百人，延师教之。复劝邑民之好义者，施田如干亩，以给祭祀，若师生膳饮。为文会，第其高下，立赏格，置酒以乡饮礼，以尽激劝之道，

---

[1] "故后之"，浙图本冯批云："'之'，县志系'人'字。"
[2] "微见"，浙图本冯批云："'见'，县志系'近'字。"
[3] "庞眉皓衣"，国图本"眉"字脱，据浙图本补。

由是学事始大备。斯役也，教谕童启，训导袁士元、赵复、崔埴[1]实左右之，遂谋砻石，记其颠末。而天祐适至，因族来请为文。天祐惟学校之设尚矣，先王所以笃天伦、淑人心、厚风俗者，舍是无他道焉。自周官宾兴之法废，而天下后来之为教者[2]，一切从事具文。间有用心其职者，亦不过规规为记诵文词之末耳，所谓"六德""六行""六艺"之□，未见有举而行之者也。世道之降，良有以夫！国家敦崇文治，荒陬僻壤有州县之名者，未尝无学。明诏每下，学校必为首称。设科取士，又专以经明行修为选，宜其可以比隆三代矣！而教化之盛，犹不能无憾焉者，何哉？奉行者非其人焉耳。

许君进士起身，历任州县，所至以诗书礼乐为治。今又膺朝廷重寄以来，其留意学校者，岂止于区区土木丹腹而已哉？表章斯文，作兴多士，必次第有其道矣。三年政成，鄞学人才为浙南冠，他邑闻风而兴，骎骎古道之复，斯天祐所重望也。许君，名广大。九月十有六日记。

附：翰林编修程端学撰《阮文安侯祠记》

赠中大夫、秘书卿、上轻车都尉、封陈留郡、谥文安阮侯，至元二十九年，同知庆元路总管府事，有能声，尤殚力庠校，士民德之。厥后郁攸熛延鄞学，榱桷仅复而瓴甓缺焉。泰定元年，侯之子申之来尹鄞，谒先圣于学，周视，喟然曰："昔先君刺是邦，以兴学为施政首，今庳陋若是，责不在我耶？"计租入廪饩外无赢，乃捐己俸，裁冗费，规货财，僦工役，权力考，宜大修殿堂、斋庑、棂星、仪门，渐次缮完，创校官厅，垒石为垣，涂墍黝垩，灿然峻整。又塑从祀像，铸铜为垒爵。又惧异日葺补莫继，城西一里而近，有沮洳可田，募民耕之，得一百二十有五亩。白同僚，请会府归之于学。学有田，占于豪右，按籍复之。久芜不治，招来辟之。六岁之间，不辞焦劳，底于讫功。教谕永嘉吴思永实承其事。暨鄞之士感而相谓曰："学孰为大，教养为大。来者无居，教不可施。岁入无几，养不可为。今吾尹既广厥居，又厚其入，以惠我士类，昧所报可乎？"将为尹建生祠于学，尹闻而谢曰："职分在焉。又先君之志，敢有其功乎？"请益力，而辞益固。则又相谓曰："尹以先君子之志而不居其功，盍祠文安以旌之哉？"或曰："文安

---

[1] "崔埴"，《天一阁明州碑林集录》作"崔植"。
[2] "后来之为教者"，《天一阁明州碑林集录》作"后世之为政者"。

遗爱在一邦,独邑庠祠之,其若尹之功何?"曰:"古者称人之善,必本其父兄师友,矧吾儒尝均沐文安之泽,而尹以继述为务,揆所元而演其泽于无穷,以明尹之志,谁曰不宜?"于是即堂之东偏为祠以奉焉,尹弗能止也。祠成,属笔于端学,以刻石示后。鄞,予桑梓之邑,虽欲辞,不得而辞。侯讳麟翁,池阳人,以若山自号云。

二十四年尹宋礼重修,江西宪副程徐为记。记云:

鄞尹宋侯作邑之二年,大修县庠孔子庙。既成,邑士欢忻咨嗟,谓侯崇迪教化,嘉惠斯文甚厚,弗刻石,罔宪于后祀。乃奉教谕柴浩氏所状,谒文纪成绩。按鄞学重建,当延祐改元后泰定二年,至正九年凡再修。属时多虞,复废。栋圮梁坏,榱桷觖折,肖像漶剥,无以妥神灵、严祀事,观视慢亵,讲肄弗称。侯以二十三年莅职,首诣学谒庙,顾瞻叹息,曰:"今忝宣化,非吾责耶?"然供亿繁重,举坠未遑。明年政治,民知向慕,会郡监守咸尚儒术,侯遂禀命,捐己奉为倡,好义者相率助赀,代木于山,埏埴于陶,属东昌胥恭诚董役,而侯日至督之。修大成殿、两庑,易朽扶倾,葺饰觖落,改塑先贤像而庙完矣。修明伦堂三间,东西斋各四间,为诸生肄业所。创会文堂于东偏为教谕居,双桧堂于西偏为训导斋。屋皆如堂数,而学官具矣。外复棂星门,傍为别门,缭以周垣,甃以甓石。置庚于会文堂侧,前植松桧卉竹,后列庖湢湢厕。益造祭器,丽正簿籍,悉图永久。礼明师,训生徒,弦诵不辍,课试有程,而教养之方亦略备矣。始事于二十四年六月,讫工于二十六年二月,凡攻木之工若干日,攻埴之工若干日,助力之工若干日。先是徙县治学西,隶[1]学地一亩二十三步为县圊址。侯即别置田四亩五十五步以贸之,岁入米得石有二斗奇,归于学云。呜呼,人生受天地之衷而不能无欲。教也者,节其欲而复乎衷也。欲节,则匿日修,善日生,而衷复矣。然非上之人倡焉而兴起之,耸其观,严其式,导其趋,习作其气志,则教有所不行焉,此庙像学校所由立也。或乃视为虚文,漫不加省,而徒威力是恃,则过矣。

宋侯当绎骚之时,克承上意,惓惓以兴学校为务,不资廪入,不劳民力,而广庙廷黉宇焕然一新,又能备教养之实,以隆风化之本,异时人心丕变,有耻且

---

[1] "隶",国图本作"肄",浙图本冯批云:"'肄',县志系'隶'字。"《天一阁明州碑林集录》也作"隶",因改。

格，贤才辈出，光辅中兴之运，宁不基于此乎？使今之为守令者，皆能如侯事事，风俗其有不古复者乎？匪徒鄞邑之幸而已也。故书以为修学记。侯名礼，字和卿，东平人。是年春二月朔记。

皇明洪武三年，开设县学，损四斋存其二，东为观光，西为敬业，改养正堂为明伦堂。十五年，钦设卧碑，降印置吏，拨赐学田。是年，教谕李能翁建仓廒三间于明伦堂东北。

永乐十三年守魏宗更修，训导楼穆中奉化人为壁记。记云：

鄞邑之附于郡城者，详在图志。鄞学之建于郡治南者，亦有年矣，中更毁敝，修造继焉。

天朝大一统，文明之治、孔圣之道益彰。庙学之制置，随郡邑而立，其鄞学但址旧有而增广之。育材造士，几五十年，雨旸渍曝，朽仆荐加。永乐癸巳，郡守魏侯、判府廖侯等修郡学既完，释菜告成。市舶司提举赵侯九皋、教授郑先生深道劝之曰："鄞学密迩于郡，此修彼弊不可也，尤当致其意焉。"明年春季，因过鄞学[1]，顾诸师友曰："学虽郡邑之殊，官虽上下之等，以孔圣视之则一也，以读书致身观之亦一也。所邑政烦，修恐未遑，吾等若托其邑之当为而弗顾之，则将不时而墟矣。然吾忝总政之冗，幸吾判府而总督之。"是日之继，廖侯铭心运智，多方劝助，凡沾孔圣之膏泽者愿施乃财，凡匠石之艺精者皆傚乃工。材萃而庀充，缺者补，朽者新，仆者起，越月而明伦堂成，再越月而东庑成，又而西庑成，又而大殿成，又而仪门、两斋成。未几，岁终而作已毕。毕日之先，置酒于堂，魏侯、廖侯、推府郗侯、照磨王侯[2]，邑之贰令李侯、判簿陶侯，咸复过临，乃赏乃贺[3]。魏侯执爵让曰："黉宫山立，轮奂昭章。论堂翼然，髹垩灿丽。两庑渠渠，楹柁完整。圣贤尊严[4]，黻冕鲜耀。案几之炉可馨、炬可辉者，乃判府之功也；师生之讲习可席、进退可趋者，亦判府之功也。"廖侯继让曰："命工任能，乃贤守之功也；从事输力，乃众人之功也。何独居于某耶？虽然，修缮之难，功不可

---

[1] "因过鄞学"，国图本脱"学"字，据浙图本与《天一阁明州碑林集录》补。
[2] "照磨王侯"，浙图本及《天一阁明州碑林集录》作"照磨黄侯"。
[3] "乃赏乃贺"，国图本作"乃贺"，据浙图本补。
[4] "尊严"，国图本作"尊丽"，据浙图本及《天一阁明州碑林集录》改。

湮,职于斯者,得不念哉?"予因为之记,曰:

圣化文明,尊大成之道,萃英材之美,程师友之教,为政于天下者,大矣!今郡邑之官出自庠校,是学之新,盖不忘所自也。成来者之材也,仰万世之统,文有常运,学有常师,源源之官荟于是而出于是者,奚有穷乎?修缮之功,登斯壁之永,不独为今日劝也,可知矣。

永乐十有三年正月初吉日记。

正统三年,守郑珞市庙西民居,徙建明伦堂左右列斋。南立中门、学门,重建棂星门;西墁石道,建教谕、训导廨舍于大成殿后之东西,各三间,即旧明伦堂址。殿之东建文昌祠。祠之东北,旧为射圃,甚隘。成化初,守张瓒割宝云寺西隙地一丈六尺,深二十丈,以广射圃。弘治己未,郡志误作"乙未"。提学副使赵宽、守伍符、知县赵经,从僧如璋之请,徙宝云寺于戒香尼寺废址,以其基移建明伦堂,创尊经阁,凡斋廨门庑之属规模具备。时主之者,邑人御史金洪也。后令曾直又复门东侵地饰棂户,历正德改元讫工,详见于屠冢宰滽、杨冢宰守阯、莆田陈侍御琳前后碑记中。

屠记云:

吾鄞先圣庙始于唐,学始于宋,在邑之东,继迁于邑之西南,毁于兵。又迁于今所。比深宁记为详,可据。庙居中面南,节经修建至今,宏壮崇丽,气象如新。学在庙后,我朝正统中迁于西偏,而以旧址建学官廨舍,然学之规模庳狭弗称,且岁久将圮。师生保残守敝,仅庇风雨而已。其地南逼通衢,西北逼军营,东逼宝云讲寺。成化丙戌因射圃隘甚,割其隙地以广之,亦不足以行射礼。有司每欲开拓,计无所施。先是寺僧有如璋者,虽从佛教,亦通儒术,尝曰:"老佛与素王立教不同,然殿宇左右并峙,门径出入参杂,甚非所宜。安得僻净处移易之乎?"此念屡兴而未得其地,乃弘治己未春,如璋出定,与其徒二三人东行至竹湖坊,见废寺基一所,喜曰:"吾辈若得此,可以安处矣。"既而,以其意告于教谕谢君,训导王君、李君,俱嘉韪之。因询诸弟子,弟子乐之。讯之著龟,著龟协吉。适钦命提督学政宪副赵公按节于鄞,谒庙莅学,师生遂达其事于公。公忻然许之,即属之于郡邑。郡守伍公曰:"此予事也。"邑令赵君亦曰:"此予事也。"上下协心,区画有方,梵宇既迁,学官经始,选材鸠工,唯恐或后。乃属训导王君专董其事,而以李君佐之。梓人乃具图以献,圣庙、两庑及学官、廨舍仍旧，改明伦堂于东，易射圃于西。堂之前护以重门，翼以两斋，外树以"明道学""兴贤能"二坊，斋与门之左右各立书室，即俗所谓"号房"者也。至于馔堂土祠、库庾庖湢之类，各有攸处，人以为中式。通判茹公见之曰："御赐典籍具存，天下儒学多有尊经阁，此处独无，可乎？堂北有地，我当补之。"于是，众工交作，庶民子来。是冬，堂与阁及斋门成。明年，岁凶。伍公戒之曰："民方艰食，工勿亟。"又明年，岁复凶，工乃辍。壬戌大稔，工役斯复。前此，同知俞公、通判康公、推官陈公先后抵任，亦各运筹以资不逮。邑佐黄君、程君、教谕林君相继而至，各赞襄之。由是，若馔堂，若土祠，若书室、库庾、庖湢之类俱成，凡辟地若干亩，为屋若干楹，轮奂巍峨，金碧辉映，气象比旧十百矣。癸亥秋，宪副赵公复至，见之，顾谓伍公曰："此足见治才也。"称许不容口，乃进诸生训饬之余，命征予言，以纪其成。予目睹其事焉，敢以荒耄辞？夫道原于天而具于人，尧舜禹汤文武行斯道以平天下，孔子明斯道以淑后世，然道不能自传，必得先知先觉者训迪之，又从而振作之则明，不徒明而复行于天下矣。此学校之设，为治天下者之首务也哉！

太祖高皇帝集天景命，奄有寰宇，谓天下可以马上得，不可以马上治。干戈方戢，学校聿兴，既选儒师训迪之，又令郡邑提撕之，又命宪臣统理而升黜之。其所以养育人材以图治理者，实超越百王也，然能体是心以佐斯政者不多得焉。今宪副赵公以光明正大之学总之，郡守伍公以廉公俊伟之才应之，至于僚属又各称厥职，莫不以朝廷作养人才之心为心，其成此骏功，足以励人才而耸观瞻矣。从游于此者，当何如耶？道不外乎五伦，载道之具不外乎九经。升斯堂也，登斯阁也，不警于心乎？必也。朝夕淬砺，考德广业。未用，则以之修身，以之齐家；既用，则以之事君，以之治民。期此道之必明必行，斯不负诸公作兴之盛意也。若不此之图，而唯事口耳文字之学，以为利禄之谋，则陋矣，尚胥懋之。既为之记，复系以诗曰：

天台发踪，四明峍岉。山丹水赤，灵秀所钟。俊英辈出，养正在蒙。圣主龙兴，四海云从。储才有地，华夏同风。新肇唐宋，或西或东。三迁得此，逼于梵宫。有僧儒行，谓道靡同。彼居迁焉，我居斯宏。谁其尸之，昭代儒宗。伟矣黄堂，是尊是崇。力任其责，贤哉花封。文学后先，成始成终。凡我多士[1]，盍有

---

[1] "多士"，国图本作"名士"，据浙图本冯批改。

厥躬。彝伦之道，先于孝忠。典籍之繁，始于学庸。盈科后进，毋见小而急功。希贤希圣，一理贯通。镌文乐石，以告无穷。

弘治十七年甲子孟春。

陈琳鄞学崇祯碑[1]云：

圣人之道原于天而根于心，正大光明绍百王而宗万世者也。曩在战国，尝为杨墨邪说所坏，孟轲氏起而崇之，盖屹然矣。奈何佛老之徒转为虚无寂灭之教，其言似是，其说愈邪。天下信之，莫有觉其非者。自汉而唐，历宋抵元，十百其郡以诵其书，金碧其居以舍其徒，崇奉之心视吾先圣或失过焉。时则非无明君良臣[2]、贤人君子，生而以崇斯道，然或作或辍，是亦犹杯水而救车薪之火耳。

我太祖高皇帝之兴，扫除夷俗，尊师孔道，虽留二氏以化愚，而必首儒科、尾仙释，其邪正之分已如天壤。自是以来，百数十年，夷风湮没，圣道愈彰。凡闾巷之人稍知自高，莫不羞与之处。而乐为之徒者，不过穷困之民，假其形骸，借其左道，以为衣食之资而已，岂复自知所谓虚无寂灭者哉！吾儒视之，本无足较。但其书未火，犹为愚者诵习；其居未庐[3]，犹与文庙比并。此为道者所以不能不为之忧也。鄞县学之东，旧有宝云讲寺，簪楹对耸，莫或厘正。迨泉州谢君洞来掌鄞教，和州王君世昌、莆田李君纯分理教事，生徒日众，议欲取其地而庐之，时未有处之者。弘治己未，会邑人御史金公洪还自京师，众以公尝知靖江，兴学校，表前哲，毁淫祠，去邪术，知虑绝伦，乃以其意告之。公乃毅然请行，达知提学副使赵公宽，知府伍公符，通判沈公希达、茹公銮，推官[4]陈公钟，知县赵公经，创议以尼寺戒香废址易之，即今明伦堂、尊经阁内外二门、东西斋廊与堂东新号之基也，且属所司备白金镒余赎今门东侵地。惜乎是岁饥甚，工役未兴，遂致所侵之地未能复也。既而，吉水曾公直来知鄞事，加楔户之饰、圬墁之功，然后事渐完焉。呜呼，成立之难，岂不信耶？虽然，昔孔子猎较，孟子谓之为兆。金公是举，殆亦辟邪崇祯之兆欤？

岁月悠悠，星更七易，与事之贤，既多迁转，而李君纯亦将有行，恐金公之绩

---

[1] "崇祯碑"，国图本脱"祯"字，据浙图本冯批补。诸抄本"崇祯"多作"崇正"，径改。
[2] "明君良臣"，国图本作"时君良臣"，据浙图本冯批改。
[3] "其居未庐"，国图本缺"庐"字，据浙图本补。
[4] "推官"，浙图本作"推事"。

久而或泯,故谋诸生具述,来求予文,以寿诸石云。正德元年丙寅正月丁未记。

杨冢宰《尊经阁记》：

弘治十二年夏六月,提学宪副赵公宽行部至鄞。鄞学师生言于[1]宪副曰："尊圣道,斥异端,吾儒事也。今儒学之东有佛寺焉,圣师庙貌,浮屠之居得以尚之；弦诵之声,梵呗之音有以杂之。扬子云有言：'在门墙则麾之[2]。'今异端之教逼迩先圣之门墙,不可以不麾斥之也。"宪副曰："然。"遂移文于郡太守伍侯符,属县令赵君经徙学东之佛寺所谓"宝云"者,置于戒香废寺之址,而以宝云之址归之学。学之师生复言于太守曰："道莫重于五伦,其文载于六经。学道必先明伦,尊道必务尊经。经明则人伦之道明,贤能兴而治化成矣。故学有明伦堂,有尊经阁。今学偏侧于文庙之西,堂宇庳隘,无地以建阁,殊为阙典。宜徙明伦堂于宝云故址,而其后尚有余地可以建尊经阁。"太守曰："然。"遂移文县令,徙置其堂。方议建阁,以述职之行未遂也。贰守俞君纶摄府事,通判茹君銮摄县事,相与经始。而茹君营之甚力,然皆迁免去任。新令曾君直克成厥终。予以致事得请归,鄞学之师生具述其事,请为之记。予惟古今学记多矣,四代之学、三物之教,道统道学之传,国朝建学立师之制,前人屡言之,今固不敢勦说也。惟以古人之事有类于今日者言之,唐之王仲舒为江南道观察使,禁浮屠诳诱,坏其舍以茸公宇。韩文公书其碑称其"志儒之本,达士之经"。宋有李大夫尧俞于宋城县拆佛宇,取其材作夫子庙。石守道为记而善之,曰"撤佛宇[3],弱夷法也","尊圣师,天道也"。今提学监司有王观察之风,郡守县令有李大夫之善,岂无若昌黎、徂徕者为之记乎？予非其人也,尚何言哉！窃尝诵曾子之言曰："尊其所闻,则高明矣；行其所知,则光大矣。"今师生言于监司守令者,欲尊圣道、斥异端,明五伦、尊六经,其所闻所知伟矣,监司守令听从其言,堂宇之庳隘偏侧者,既扩之而高明光大矣。若夫尊所闻,行所知,以造乎高明光大之域,即在师友讲习力行何如耳。学至高明光大而贤能宾兴、俊造登庸,以与圣君贤相共成正大光明之业,以收化民成俗之效,斯无忝乎朝廷建学立师之制与监司守令兴学励士之心也？愿与吾党之士共勉之。

---

[1] "言于",各抄本均无"于"字,未知脱否。光绪《鄞县志》作"言于",为语句通顺,采之。

[2] "麾之",国图本作"麾乏",据浙图本改。

[3] "撤佛宇",国图本脱"佛"字,据浙图本补。

先是文庙圣像坐隅,复有石像一躯,相传以为甬东书院所遗、史文靖公刻于序拜亭者,转徙湮没久矣,因浚泮池得之,以置于此。予子茂深适见之,以为塑像之隅复置石像,不几于侮圣渎神乎?因捐金以请于学官,为之藻饰几座,今奉安于尊经阁中。并记之。按《续文献通考》云:"孔子石像,程端礼、端学讲堂所立,后人掘土得之,乃迁奉之鄞学。"其说不同。

嘉靖庚寅遵制易塑像以木主,石像至今奉安。改大成殿为先师庙、大成门为庙门,建启圣祠于明伦堂东,以尊经阁为敬一亭,今制具备矣。时董其事者,知县黄仁山也,又浚学门外砚池,立以文笔峰。癸巳,知县赵民顺复饰启圣祠、敬一亭。辛丑,守沈恺建聚奎亭于仪门右。恺自为记:

聚奎亭何建乎?曰"以劝士也"。夫学官有殿堂、斋庑之建制也,奎而亭之,制乎?曰"以义起也"。夫士之群于学,美恶因乎地,贤否随乎时,盛衰系乎感。夫有感,斯兴而玩习怠志,岂惟民哉!士亦有之。是故居学以致道者,志学之士也。因感以成化者,鼓士之机也。守令民之师帅所使,总方略[1]、广教化、兴贤才也。太上以身教,其次以言教,其次假物以神其教。余备师帅之任,材之不逮至远也。上之不能立轨植则以率励我多士,次之不能阐明至训、搜剔微言以广我后闻,士曷攸劝,矧堂庑斋舍日就倾圮,而荒榛断址使人怆然有不忍言者。吏兹土者,庸道责乎?余实是惧。于是谋诸学官子弟。诸所敝坏,悉抡材发工。工以次举,又惧无以新耳目耸观视,弗称制作意,乃相厥土宜为亭于宫之南。亭成,名曰"聚奎"。诸生以时弦诵,游息其间,或者其有兴乎!夫"奎",天之宿也,人之精也,是故厚灵者耀彩,钟异者流祥,将必有至人出焉以应之矣。在昔有宋,诸儒辈出,濂洛关闽,辉映后先,故五星毕聚于时,奎见而文昭,道协而治备。明兴百八十余年,崇古右文,敷彝迪典[2],焕乎人文,以化成天下,斯其盛矣。今鄞为人材渊薮,诸士子往往摘华撷藻,掇巍科,服大僚,非不彬彬然盛也。然岂无绍往诏来,以文名世如关洛诸君子者乎?其能是,将群而居、聚而游,斯亭与荣焉,岂唯二三子光?其不能是,将群而居、聚而游,斯亭与辱焉,岂唯二三子之羞?夫学以明道也,非以饰词也;以复性也,非以崇名也。行同情异,夫亦善反

---

[1] "守令民之师帅所使,总方略",浙图本作"守令民之师帅者,使总方略"。
[2] "敷彝迪典",浙图本作"教彝迪典"。

之尔。由我以至诸君子，近也。由诸君子以至孔孟，尤近也。道远乎哉？希之则是。此予名亭意也，亦天兴起斯文意也。

辛亥岁，令曾承芳立名宦、乡贤二祠于礼门左右之隙地。丙辰，守张正和饬新庙学，令夏儒请度殿东废舍之地，殿东号舍左右连络，凡四十余间，积渐毁废，鞠为菜圃。改创名宦、乡贤二祠。郡人周相为之记：

鄞今学再徙而基定，七修而制完。按鄞起秦，并鄧割县后相废改，或为州。唐开元中始定，并为鄞，称县定[1]，徙今治，因建庙治东，祀夫子。宋庆历中，王文公时为宰，奉诏建学，就庙为之。崇宁，西徙稍南。建炎，毁于兵。嘉定十三年，邑簿吕康年临视故址，请于朝，徙展威果废营，拓基十五亩许，工繁费侈，旷历年所，得胡尚书榘守郡，始克成殿及庑。殿后为养正讲堂，旁翼四斋，廨舍、庖湢种具。元增置二斋。入我皇明，定为二斋，左"观光"、右"敬业"。堂用晦庵遗墨，改"养正"为"明伦"。夫是鄞学，起荆国钤斋，尚书展易成之，故称今学，更定代有之，大抵多尚书之遗尚书。宝庆二年成学，逮今三百五十年有奇。中凡六修，并兹役为七。前四修皆葺，尚书之遗。五修移堂斋于殿西，列廨宇于堂所。六修撤学左旧有宝云佛寺并入学，移堂斋佛所崇广之，设重门法阁，藏诸经尊焉在堂北。敬皇帝十五年壬戌也。今皇帝九年庚寅，制设启圣公祠在阁东，立石刻《敬一箴》，设亭空阁，为之迤逦若干年，什九坏矣。南昌张巽峰公来守郡，一饬新之。巽峰迈种德，为天子明刑，秉彌彝教，人谓之今之皋陶。出治三衢，不期年，上理行天官卿，称异等，台臣交荐之，因改符以明，剧累焉，故明非剧，近以俗敝一二，技巧作淫，灭本蠹财，尚口毁，则蛮夷螽群，庶有不然者？不怒贼而傲吏，曳掣难使，则剧之大端而繁不与焉。巽峰公惧其滋蔓也，慨然欲整之，叹曰："故道乡也，而若是然哉！学道爱人，予尝闻教于君子矣，其未[2]既为君子者，忍其无业于此耶？"乃为之表身树的，尊圣扶宗，备物轨制，端习约归，投戈讲艺，以示治先。喻义程材，以崇教本。其诸隆栋于殿，易桷于庑，藻梲于堂，缭垣密覆于斋、于廨、于舍、于祠、于亭、于其庖湢，而丹或垩之，则固区区之迹也。然民之涂塞心目久矣，径牖而转移之，庸无在哉。昔所具构，已罔废坠，

---

[1] "并为鄞，称县定"，浙图本作"并为鄞县，称定"。
[2] "其未"，国图本原批注："'未'字疑衍。"

其未具者为名宦、乡贤二祠。凡学例得祀名宦、乡贤，我学独无。或曰总于府学，乡贤可，名宦不可。令丞簿史奚取于府？宦之祠，矧[1]下邑之贤总祀府学，亦分祀下邑之学，我贤独无，可且不可？今侍御曾龙山承芳昔为令。辛亥秋，释上丁菜，顾无二祠，叹曰："贤圣靡从，风约之，适祠之，不可少也。"急求祀之，故无祠就礼门左右隙室中为之。甲寅秋，代今令夏侯儒周旋二祠，顾方学谕充曰："攸处弗称，亵亦甚矣。"日夕经始是图。适巽峰公肇兹灵役，因用请之，命经历程万里、县丞邱民感商度殿东隙地作二祠，各三楹，竣事完制。君子曰："惟圣作制，惟贤述之。惟究之能，巽峰公其贤哉。"抑予闻之：无旷土、无游民，食节事时，民咸安其居，乐事劝功，尊君亲上，然后兴学，明王之制也。公盖进于此但完[2]哉。完以丁巳农始，始以丙辰农隙，不日成之矣。成役而俗成，成俗而教举，三物六礼、八政九德，藉以修明，俊选造进之士，胥此焉出。彬彬济济，尚三代之英隆，一王之业其在兹乎？一时师弟子，庶几夙夜涵泳公休。公丁未进士，名正和，其寮寀：郡丞岭南侯见洲国治，别驾关西段凤梧在、六诏周草窗儒，节推海虞查龙山光述。既相与落成，顾充迁国博行授简，其代鄢廷亮与学训马诩、陈宣，以日月来告，属予记之。时嘉靖丁巳八月既望。

万历乙酉知县周之基益市民地修之，沈一贯为之记：

古之学多矣，率电起而飚灭，独夫子不废，岂人力哉？黄轩以前，神尝杂揉矣，尧舜起而息。战国以来，杨墨又横行矣，孟子起而息。晋唐而后，佛老滋蔓延矣，有宋诸儒起而息。或挽之，或推之，皆承卫夫子，彼百家靡不相夫子，而卒夫子。仲尼此以名，仲尼大矣！百家独释氏久而单极，不能与儒抗，斯明皇帝表章力哉。庠序遍天下，廪饩诸生，群师儒而教之，郡邑长为之师，董以风纪之臣，三载而宾兴鳞比，而簉天子之廷，非此途者不得为显秩，彬彬盛固宜。虽然，由此而盛，为利禄奔走，非以性起，即班班皆濂洛关闽，吾犹谓之衰，而况句剽字猎，肤见耳入，设难而覆之，口张不能射，尚谓有儒乎？蕲其戴仁抱义，兴先王之行于世，难矣哉！天下无释耳。有释，儒将折而走。何者？师友之教不先，而儒无以为家也。何以明之？今拾释之吐余，犹倾然心动，若耀明月于天衢[3]，舍其

---

[1] "矧"，国图本作"知"，据浙图本改。
[2] "但完"，国图本缺"但"字，据浙图本补。
[3] "若耀明月于天衢"，国图本脱，据浙图本及《天一阁明州碑林集录》补。

家珍而途之求,曷不曰:"归而求之,有余师。"嗟乎,敝矣!犹然戴峨摄博、琅仓曳翁,而游取青紫明庭之上,岂不羞先圣、辱明主哉?世之齿儒者,以宾兴为差,吾鄞之先称多儒,今益少。周侯来,思起其故而新学官。以不佞亦鄞儒也,属之碑学官之旁故佛庐,先民取之释以归儒也。侯犹嗌之,益市民舍如干楹,乃经乃营,亚采庙堂,更作乡贤、名宦祠,复祠文昌,斋庑、列舍咸次有方,士游其中,恢然意广也。不佞愿与诸君子约曰:圣朝之所为贵孔氏者,扶纲常、立人纪也,无为贵诡矣。六经如日,患在口而不躬[1]。诸君其讲肆于斯,而服习于闺闱庭闱、里巷之间,人与父母无间言,乃异儒于百家,而无负圣朝表章储育之意与侯今日之心。

周侯,楚之湘潭人,名之基,癸未进士。赞其役者某某,咸书以规将来[2]。

万历丙申令翁宪祥重修道府捐助有差,余寅为之记:

维鄞负沧海之沃若,奠名山之崔巍。爱晶爱灏,是称阜藩。博硕亮烈,彦豪之畿。胥黉乎储之,煌煌乎泰曦哉!物久则毁,泮宫云圮,櫺殿及阁,无论廨舍,与俱倾靡。彼芹盈其沚,馨香不起。赫赫圣师,惧不歆祀。如林多士,奔走喟语。于是海虞翁令君揆斯事,大有举莫先庀良斥羡,图维厚全,环睨二三僚,曰:"惟江丞足肩。"丞亦若砥,惟令君之使,惟夙夜是矢。庸媚于夫子,鞫既躬只,灵亦庇只,遹奏成事,鸠始于柔兆涒滩,偻于明年之作噩。于是三博士稽首若搏,指石而请曰:"庶以托乎?"寅踢躇谢,不敢闻,曰:"夫子在,何妄之?"云则不可拜,手申其大都。今夫士过夫子之庙门,未有不张拱走趋者也。至于训言周旋之弗如,是弃儒也。夫少者讽、壮者论、老者宪,是无不依于孝弟,本天情以为域,而遵人纲以为卫,是故可以履后土,对上帝,号其人曰"睿",以参海峤,不亦大乎?是诸生所自帜也。是役也,巡海莱芜公吴鸿洙。首许之,凡计铢三千八百。郡将阃间公吴安国。附以什之一,遂以集三博士:徐公轨,自姑蔑;周士荣,自粤;余朝选,自太末。江丞,名辅,广之长宁人,去而宰含山。令君名宪祥,德久弥光,行且在交戟之班,天虽高,倘赐我环乎!于是又明年之上元日,邑人余寅撰记,树之邑之贤关。

---

[1] "六经如日,患在口而不躬",国图本脱,据浙图本及《天一阁明州碑林集录》补。
[2] "赞其役者某某,咸书以规将来",天一阁藏碑原文作:"主其议者,郡伯蔡公,闽之同安人,名贵易。书之以观将来无忘其功。"

崇祯十年知县王章修正殿，十三年知县林冲霄继缮其门庑，为之记系杨德周文。记曰：

邑先辈王伯厚有云："虞仲翔以俊异之生，为海岳之精；陆士龙因吏民之谨，知礼教之明，而泮宫文献旧矣。"泮，言班也，以颁政教也。《周礼·地官》："党正，各掌其党之政令教治。在州者，州长掌其德行道艺，纠其过恶。"然后知儒吏、政教原无分程。惜秦汉以下鲡以民莅郡县，以子弟莅博士官、文学掾，而王道离之而两伤也。麟吐玉书，何人瓮藏七璧？何地阁贮九经？门列十六戟，又何宫墙而黯黯滫朽，俾翟酺、文翁擅美千秋欤？鄞学昉于唐元和，盛于宋庆历，递圮递兴，如嘉靖甲寅记所载："再徙基定，七修制完"，嗣后志不具列。列于碑，次第可考，乃有遗足录者。朱子来鄞，谢史忠定荐知南康，寓学舍，书明伦堂额，海内临拓殆遍。成化间，雨坏姓氏，幸故匾尚存。乃入元，堂名"养正"。至洪武初，仍复"明伦"，是岂别有呵护欤？文庙塑像旁先是复有石像，是甬东书院故物，史文靖所镌，后湮没久，浚泮池得之。或议像不宜隅侍，奉尊经阁。嘉靖间，易像为主，今置坐神位后。徐文贞曰："有一毫似父母者，不得以非父母去之。"蒙俱之容，俨乎犹存，有坚乎石者矣。学旁旧为佛庐，梵呗与弦诵相杂，督学赵公宽始归寺址于学，今明伦堂即其处也。万历间，复市民廛拓之，弥增式廓焉。嘉靖辛酉，故相沈文恭举省闱，余文敏举京闱，然并鄞儒也，科目之盛，一时出两名相。夫非在本朝为龙虎榜，在吾乡为麟凤洲者耶？窃以是补文献之遗，虽千百中什一，莫可废也。今主上立贤无方，用人途广，顾鲜不进自鼓箧地者，彰瘅令严，菁莪化厚，一时精白承休。如巡海使者岭南王公、郡伯清漳林公，鼎新郡学，比于楚丘之望景镐京，辟雍之龟卜地灵、天章[1]于都盛矣。邑侯林公下车，顾瞻兴喟谓："古者，小成大成则无事，而化民易俗于是焉在？献馘献囚则有事，而陈师饮至于是焉在？其敢以民力凋劫稽焉？"爰因前令兰陵王公正殿经始之役，而次第缮之，由舆阩及虎门，由枝撑及平城，易腐苴罅，以渐就绪。爰释莫而诏诸士曰："曲阜殿前之手泽柏叶松身，高五六丈，协气嘉生，关帝王世运。此庙数百年，虬枝铁干，仿佛曲阜遗观焉。孔墓之楷，质得其正，疏而不屈。夫士本良而质美，惟取程于楷之正，则淹蕿呎哺足以昭示上帝焉。"诸士听然[2]，咸

---

[1] "天章"，国图本脱"天"字，据浙图本补。
[2] "诸士听然"，浙图本作"诸士蒋维聪等欣然"。

拜受教，诵侯功在宫墙，而以丽牲之石属某[1]。窃惟唐刘禹锡作《许州新庙碑》，词条华缛而不及他政，盖杜尚书惊司牧是州，居官乏善状，故褒贬寄有微词。有如侯壁惟胡床，庭惟蒲鞭，蔼然乐只之敬，首轸菜色如郑默，广置义仓如苏涓，其他度贞废举，所云班布政教者，周官王道之指，犁然兼备，令禹锡勒琬琰，何许州碑敢望万一哉！弘治间，太宰杨公守阯，以戊戌廷对第二人，纪正德改元修学碑，尝援曾子"尊所闻则高明，行所知则光大"语为训，某[2]后起景行，亦何加于斯言。无已，则臣恭绎高皇帝之幸学，有云："孔子身儒道，行儒行，立儒教。惜当时独一，公父文伯之母知其贤，责其子之不能从，则鲁国君臣可愧矣。"今思皇多士，诵法孔子，仰止行止，岂其服膺圣谟，顾不能明彰儒效，为公父文伯之母羞？则愿交勉其德行道艺，有进于海岳之精、礼教之明[3]焉者，以光美富豪杰，无待犹兴。矧兹灿然轮奂，肃然俎豆，秩然图书，雍然钟鼓，而敢负累朝表章储育之酿泽与侯今日之盛心？语成以质诸侯。侯曰："此奥不必如七曜中阶，五云太甲，要其远稽近述，信而有征，裨振德作新不少矣。"遂书而登诸赑屃。

侯名冲霄，崇祯甲戌进士，南直之霍丘人。[4] 博士则张公廷宾，余姚人。朱公国臣，缙云人。陈公上勋，归安人。郑公之训，括苍人。

欹器说

孔子观于鲁桓公之庙，有欹器焉。问于守庙者曰："此为何器？"对曰："此盖为宥坐之器。"孔子曰："吾闻宥坐之器，虚则欹，中则正，满则覆。明君以为至戒，故常置之于坐侧。"顾谓弟子曰："试注水焉。"乃注之。水中则正，满则覆。夫子喟然叹曰："于乎！夫物恶有满而不覆者哉！"子路进曰："敢问持满有道乎？"子曰："聪明睿智，守之以愚；功被天下，守之以让；勇力振世，守之以怯；富有四海，守之以谦。此所谓损之又损之之道也。"八分书在上截。

甚哉，欹器之制所以明夫道也。道者何？天理之当然中而已矣。苟有人焉，骤而语之以道，而不喻之以器，又恶足使人明。夫至善之理哉！此古人所以制欹器以为戒者。无非使人行其当然之道，而不使有过不及之弊也。是器也，

---

[1] "属某"，浙图本作"属振"。
[2] "某"，浙图本作"振"。
[3] "礼教之明"，国图本脱"明"字，据浙图本补。
[4] 国图本至"霍丘人"结束，"博士"以下据《天一阁明州碑林集录》补。

昔置于鲁桓公之庙。孔子既有其说，以发明其理，而未有论之者。冕穷推其说而论之，曰欹器之作，岂徒然哉？虚其中，备道之体也；圆其外，备道之用也。若夫重其上而轻其下，所以定其中正虚欹满覆之则也。不然则为玩具，其于世教有何补焉？今也以至微之器而存乎至妙之道，是道之妙而寓于是器之中，非知道之君子，曷能制此以为后人之警戒哉！且夫人生于天地间，所禀之性非不善也，所受之理非不正也，又何以待乎欹器之警戒而后归于中道哉？盖人之气质有清浊高下之殊，故人之造道有过于不及之异，是以吾夫子叹曰："道之不行也，我知之矣：知者过之，愚者不及也。道之不明也，我知之矣：贤者过之，不肖者不及也。"由是观之，则古人欹器之制其容已乎？呜呼！欹器之制也，由中道不明而后立中道之喻也，由欹器制成而后明人能明是理。而行之于一身，则孝弟忠信之心生，而刑戮非法之患无有也。行之于家国，则仁义礼知之性立，而放僻邪侈之念不萌也。行之于天下，则天理人伦之道明，而无父无君之恶不著也。孰谓修已治人之道舍是理而他求哉！尧舜执中而致治效之隆美，孔子时中而致教化之远大，成汤警于盘铭故能建中于万国，武王戒于丹书后能立极于九重。若夫夏桀之丧亡、商纣之扑灭，其于持满之道何有焉？杨氏之"为我"，墨氏之"兼爱"，其于中正之道何有焉？论至于是，则中正虚欹满覆之义不言而自明矣。方今圣明在上，治隆唐虞，教明三代，君臣父子各尽其道，夫妇长幼咸守其常，和气均于朝野，礼乐一于华夷。求其所以致此，皆至诚无妄、自然之功用，夫岂有所倚著于物而后能哉？是知唯天下至诚，为能经纶天下之大经，立天下之大本，知天地之化育，夫焉有所倚？永乐九年辛卯秋七月初吉，四明学教谕、七闽光泽上官冕书。楷书在下截。

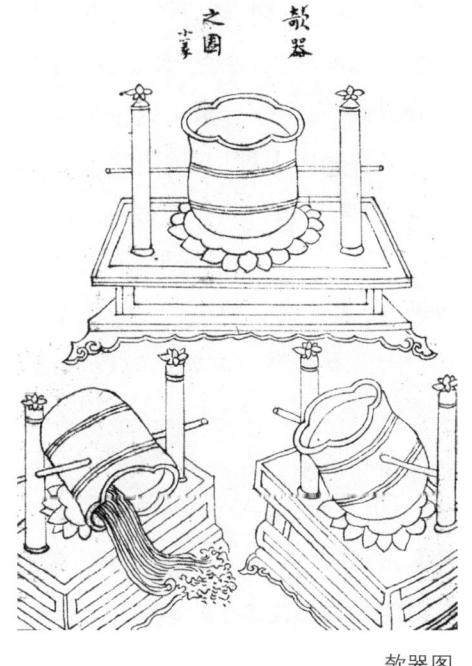

欹器图

敬止录卷之十八

仓储考 附库

常平仓

无处所。元统二年,发下官本中统钞一百二十一锭四十三两三钱三分,每年照时值籴谷,就于广盈仓,收贮无定额。

至正元年,诏立常平仓,谷贱则增价籴,贵则减价粜,随宜济民。今各处没官财产、系官赃罚、缺官子粒,并入粟补官。散济不尽,钞数从宜举行,将元拨籴粜数目、立仓处所,每季登答,呈省点视。鄞县解到一百二十一锭四十三两三钱三分,收贮永丰库。至正二年数也。

元有仓厫土神祠,记附之[1],张用庚撰。

《礼经》有曰:"明有礼乐,幽有鬼神。"此常理也。夫仓庾之莅官以司内出神,聪明正直而一以察公私,忽而贰之,不可也。祭法曰:御灾捍患,则祀之;有功于民,则祀之。严矣!夫明之为郡,依山濒海,厥土平衍,民淳物阜。岁税粮八万七千石有奇。皇元统一四海,置仓设官,给印以正司存,重其事也。仓在城西南隅,神祠立于仓之东,祀典既修,牲肥酒香,陟降洋洋,其应如响。世传神树蓊郁,神明露光,直宿则警惕于心,致梦则吉否以视,非怪也,神也。往者海运仓储,上供京师,漕户凌轹,所司以耗折为名征求无厌。斛米狼戾,人怀惧思,万一亏兑,命且不保,莫不拜手灵祠,虔恭请祷,既而会稽数登,恍若神助,自非嘿相,何以能称物平施哉!此御捍有功之显著者,祀之宜也。

至正癸巳,岁大旱,兵革迭兴。沿海残毁,民物凋瘵。圣天子勤恤民隐,

---

[1] "记附之",国图本作"祀附之",据天一阁朱本改。

德音诞敷,差拨税粮,普免五分。公储少积,官无所守。仓庾失于修为,祠宇漫漶弗治。上雨旁风伯,壁倾圮。神容服脱落,不足以揭虔妥灵,又何以望神明之休祥也哉?戊戌夏五月,江浙分省按临郡县,征需十八年、十九年税粮,及邻壤贡输,充给兵食。平章政事荣禄公武威仁德,知贤任人,乃询僚属,择能吏以监临之,命黄岩州判官周君敏中、温州路录事毛君良瑞,以公其出入。二君同寅协恭,恪尽厥职,廉静不挠,令行禁止,民无掊剋剽窃之忧,官无偏徇弄法之弊,能矣。计储粮十万余石,厚其本也。己亥正月,祗谒祠下,顾瞻久之,叹曰:夫神依人之敬以赫厥灵,我等政平明允大小具宜。伊神之力职是仓者,既不能行其志以供斯役,然则司监临者,其可不作兴以彰神明之德哉!于是仓使何大宁、陆文瑞、周日章、柴本感其言,裒集舆情,鸠工庀材,始于二月戊子,越四月而祠宇克就。辟湫隘为高明,易朽蠹为坚实。观夫栋宇翚飞、门庭轩朗,缭以周垣,道涂直砥。神像威严,侍卫森竦。丹垩绚彩,青碧辉映。内外完好,加于在昔。复以省耕、省敛、劝课之事,图于祠壁,示民知务本也。六月己丑落成,洁牲陈祀,昭答嘉贶。庶几妥神之灵,以祈沧海之永世无虞也。二君之用心亦宏矣,由是而贞白一心将见。擢漕司以给馈饷,长元戎以捍御南服;敷恺悌以安黎庶,明典则以参赞邦家。此则二君之能事,明之士民亦以此望之当事,孔殷遐迩,靡宁而能留情于此,其剸繁治剧,从容整暇,可知矣。

仓司能立石记功以劝来者,其乐于趋事又可知也。是皆不可以不书。至正十九年,岁在己亥六月三十日撰。

元时收敛秋粮之际,先涓吉启仓,于青龙方敖房入粟六石六斗六升六合以应日,各处皆如此,意必取上下四方六合之意。南村《辍耕录》。

义仓
各都隅每社一所。至正元年诏:义仓乃民间自藏之粟,备凶年缺食之用。丰年则验口而收,荒旱则随人而给。今后每社设立义仓一所,提调官设法敦劝。

附库
元平准库在西北隅,纯孝坊、清澜池西,旧为宋节推厅,至元十三年改为平准行,用交钞库,俗呼倒钞库,设立官攒合千人官降钞本,倒换昏钞,按季解省。按朱梁贞明[1]二年置城隍庙于此。洪武初,库尚在。永乐末已废不用。嘉靖二十四年,知府魏良贵建察院,并其址,改为之。

提领一员,大使、副使各一员。

元永丰库在西北隅明远楼里,即奉国楼。平准库之后,旧系宋常平仓基。至元十三年盖库,差设官攒、收纳各名项,断没赃罚钞及诸色课程,每年解省。洪武初三年改名宏济。后正统四年,太守郑珞改入府厅后川堂之东,库基遂废。

监支纳一员,大使、副使各一员,司库二员。

---

[1] "贞明",国图本缺"明"字,查五代朱梁有年号"贞明",因补"明"字。

敬止录卷之十九

海防考

海防非止捍寇以巩圉也。鄞民衣食于海，慎□□守于望洋向若之间，犹之菽粟桑麻之政焉。

国朝祖宗之制，于边海郡县经营控制为备，盖至严也。首[1]潋、乍而逮蒲、壮，吾郡南达台、温，北连淮、渤，并海几六百里。起慈溪县向头巡检司，止象山县石浦巡检司。置卫者四：曰观海，曰定海，曰昌国，而宁波卫则附于郡城。卫之隙，置所者十：曰龙山，曰穿山，曰霩䨇，曰大嵩，曰钱仓，曰爵溪，曰石浦前、后所，舟山则悬峙海中，而中中、中左[2]二所在焉。所之隙，置巡检司一十有九：曰螺峰，曰岑江，曰岱山，曰宝陀，四司环置舟山之四面。曰甬东，曰大嵩，隶鄞。曰松浦，曰向头，隶慈。曰鲒埼，曰塔山，隶奉。曰长山，曰穿山，曰霞屿，曰管界，曰太平，隶定。曰爵溪，曰陈山，曰石浦，曰赵岙。隶象。莫不因山堑谷，崇其垣墉，陈列兵山，以御非常，复于津陆要冲置为关隘：曰东津，曰西渡，曰桃花，隶鄞。国初皆置船防守，后裁革。曰定海关，在南薰门外，最为冲要。旧制额设指挥一员，旗军五十，各盘诘舟航，以防奸细。官哨、战船亦泊于此。曰舟山关，旧制额设官军，盘诘停泊战船。曰丈亭关，曰长溪关，曰杜湖关，曰石浦关，凡九。曰湖头渡寨，今迁塔山巡检司于此。曰竹头寨，曰长山寨，曰小浃港隘，曰青屿隘，曰碶头隘，曰钱家隘，曰梅山隘，曰慈岙隘，曰横山隘，曰螺头隘，曰碇齿隘，曰小沙隘，曰沈家门水寨，曰路口岭隘，曰岱山隘，曰大展隘，曰何家缆寨，曰仁义寨，曰赤坎山寨，曰黄沙寨，曰松岙寨，曰土

---

[1] "首"字，国图本、天一阁朱本均脱，据嘉靖《宁波府志》补。
[2] "中左"，国图本、天一阁朱本均脱"中"字，据嘉靖《宁波府志》补。

湾寨,曰南堡寨,曰游仙寨,凡二十有五,皆屯兵置舰,以为防守。其中若定海关、舟山关、湖头渡寨、沈家门水寨、游仙寨、南堡寨、小浃港隘,最为要害,自昔至今,尤致严焉。定海置烽堠一十三,穿山烽堠十,霩衢烽堠六,大嵩烽堠六,舟山烽堠二十五,观海烽堠六,龙山烽堠六,昌国烽堠三[1],石浦烽堠二,钱仓烽堠五,爵溪烽堠四,咸设旗军以瞭望声息,昼烟夜火,互相接应。若霩衢之三塔山,舟山之朱家尖,蠹峙最高,所望独远,故设总台,多拨旗军,戒严尤至,分方备御,各有攸司。海上诸山,分别三界:黄牛山、在慈溪县北大海中,与海盐县海洋为界。马墓、长涂、册子、金塘、大榭、兰秀、剑山、双屿、双塘、六横、韭山、坛头等山为上界;滩山、浒山、羊山、马迹、两头洞、渔山、三姑[2]、鹤山[3]、徐公、黄泽、大小衢、大佛头等山为中界;花脑、求芝、络华、弹丸、东库、陈钱、壁下等山为下界。率皆潮汐所通,倭夷贡寇必由之道也。

　　沿边卫所置造战船,以定、临、观三卫九属所计之,五百料、止定海港一只。四百料、二百料尖舭等船一百四十有三。昌国卫四属所四百料等船六十有七,量船大小,分给兵杖、火器,调拨旗军驾使,而督领以指挥千百户。每值风汛,把总统领定、临、观战船哨于沈家门。初哨以三月三日,二哨以四月中旬,三哨以五月五日。由东南而哨,历分水礁、石牛港、崎头洋、孝顺洋、乌沙门、横山洋、双塘、六横、双屿、乱礁洋,抵钱仓而止。凡韭山、积固、大佛头、花脑等处,为贼舟之所经行[4]者,可一望而尽。由西北而哨,历长白、马墓、龟鳖洋、小春洋、两头洞、东西霍,抵洋山而止。凡哨所至,取海物为验。凡大小衢滩、浒山、丁兴、马迹、东库、陈钱、壁下等处,为贼舟之所经行者,可一望而尽。即由此南通于瓯越,北涉于江淮,皆以南北两洋为要会。而南北之哨,则以舟山为根柢。昌国战船,南哨则抵于松门,北哨则抵大嵩。分哨之期,有同于三卫,而与松海哨船别统于把总。至六月哨毕,临、观战船则泊于岑港,定海战船则泊于黄崎港,昌国战船则泊于石浦关,海中至六月十二日为彭祖忌,飓风大作,舟必避之。仍用小船巡逻防守,备至密也。贼过霍山洋、五屿、烈港、表登、掘泥、乌山、平石,则薄观海、龙山、慈溪;登丘家洋、官庄、龙头,则犯定海之西北界;过岱山、长涂、兰秀山、剑山、登

---

[1] "昌国烽堠三",国图本、天一阁朱本均脱"三"字,据嘉靖《宁波府志》补。
[2] "三姑",国图本、天一阁朱本均脱"姑"字,据嘉靖《宁波府志》补。
[3] "鹤山",嘉靖《宁波府志》作"霍山"。
[4] "经行",国图本作"经营",据天一阁朱本改。

干礁、大小展，则东北一面可入于舟山；过乌沙门，顺母涂，登沈家门、谢浦，则东南一面可入于舟山；过大小干山、十六门、吞山、盘屿、登关山、螺头，则西南一面可入于舟山；过东西肯、长白礁、马墓港、册子山、登岑江、碇齿，则西北一面可入于舟山。由舟山之南，经大猫洋，入金塘、蛟门，则竟趋于定海城下；过穿鼻港[1]，入黄崎港，则犯穿山；过崎头洋、双屿，入梅山港，则犯霩䃶；过青龙洋，入大嵩港，则犯大嵩；由东西厨入湖头渡，则犯奉化县及象山县之东界；过韭山、海闸门、乱礁洋、登蒲门，则犯钱仓所；过青门关、登白沙湾、游仙寨，则犯爵溪、象山之南界；入石浦关，则逼石浦城与昌国卫。宋时尝于招宝山抵陈钱、壁下置十二水铺，以瞭望声息。在当时已病海气暝蒙，风雨晦冥，难于接应。今浙船南哨至镇下门、南麂、玉环、乌沙门、普陀等山，北哨则交于直海、陈钱，为浙直交界分路之始，复交相会哨。贼或流突中界，则沈家门、马墓兵船迤北截，过长涂、霍山洋、三姑与浙西兵船为犄角，而吾郡之北境可以无虞；迤南截，过普陀、青龙洋、韭山、青门关，与昌国石浦兵船为犄角，而吾郡之南境可以无虞。贼或流突上界，则总兵官自烈港督发舟师，北截于七里屿、观海洋面，参将自临山洋督兵船为之应援，南截于金塘、大猫洋、崎头洋，而石浦、梅山港兵船为之应援，则沿海可以无虞。万一疏虞，而贼得登陆，由掘泥历乌山、鸣鹤场，逾杜湖岭，入慈溪，由平石历沈思桥，逾孔家岭入慈溪，渡丈亭，走车厩、稠岭寨、石塘湾，涉鄞之西乡，可达于郡城，则观海、向头、松浦之守不可以不严，而慈溪新城之建，实所以扼其冲。由丘家洋越雁门岭，由官生[2]越桃花岭，由龙头越凤浦岭，渡青林、李溪可达于郡城，则龙山、管界之备与岭口把截之兵不可以不严，而丘洋、金峩石墙之筑，实所以扼其冲。由定海港可直走宁波，则西渡东津、梅墟、桃花渡之备不可以不严，而招宝山筑城设险，实所以扼其冲。由夏盖山走梁湖、通明坝，入四明梁弄，出樟村、小溪、栎社，可达于郡城，则临山、沥海、庙山之防不可以不严。由四门、石堰渡姚江，入樟村，以达于郡城，则三山之防不可以不严。由小浃港循长山桥、鄞山桥、七里店，走甬东，可达于郡城，则港口置兵船防守与甬东巡司之备不可以不严。由穿山、碶头逾育王岭，历宝幢、盛店，可以走甬东，则穿山、横港水陆之备不可以不严。由尖埼逾韩岭，涉东湖，可以走甬

---

[1] "穿鼻港"，国图本作"穿臭港"，据嘉靖《宁波府志》改。
[2] "官生"，嘉靖《宁波府志》作"官庄"。

东,则霩𧒂、大嵩、霞屿、太平之备不可以不严。由赵岙、白沙湾走象山,渡黄溪,历仇村、道陈岭,入乾坑、横溪、桃江,可以走甬东,则钱仓、爵溪诸滨海之备不可以不严。由昌国、石浦、桃渚、健跳、黄岩、宁海,经铁场、缸窑、黄溪、青岭入奉化,渡蒋家浦,越鄞江桥,达郡城之西南,则缸窑、黄溪口与诸险隘之防不可以不严,近设蒲门、青门、锯门、金井头等隘。凡此皆洋寇所经之故道,为郡城根本之虑也。《嘉靖志》。

宁郡东近岛夷,南通漳寇,虽台、温沿海俱有边镇,而定海、翁山一带尤不可不备也。是以国家既已分置卫所矣,又有守备、把总以统领之。初设把总分而为五,各有分地。金乡、盘石唯一人,松门、海门惟一人,临、观、定惟一人,浙西、海宁一人。若临、观、定三卫指挥三江、沥海、三山、龙山、穿山、大嵩、霩𧒂、舟山,中左、中中九所出海,千百户皆由军政考定风汛时月,驾哨船至舟山六十里外水寨,谓之沈家门。把总住札于此,听其分拨海岛巡哨,使贼船不得出没,以故海道宁谧。且不离定海,时常往来巡视,如此则军职率多警畏,戍卒亦无放休之弊矣。今朱总宪疑是朱纨。改分六总,临、观居后,定独当其冲突,势孤而权轻,何以能御?以致夷寇横骛,如入无人之境。愚谓必复临、观、定之把总,而后可以言备。选练官军,必可战而后可守也。再考旧制三月至九月,以备倭夷;十月至明年二月,以防漳寇。金盘、松海之守,在黄花等寨,所以遏其始。临、观、定之守在沈家门,所以折其冲。既定三卫九所官军,则有以厚集其势而权不分,联属其心而事易集,备而能守,战而可克。古之大臣为国家边防之虑,周且密如此,其尚遵祖宗之成宪,为海徼之长策,以利其宁人哉!《史征》。

宋嘉定三年,旨神前、石衕、三姑、宜山、马迹、关岙、海驴礁及海洋南北中间,昼夜巡徼,三日一报枢密院及尚书省。平江府许浦水军沿海制置司所统。与定海水军,月差将官巡海,互至书历。七年,从摄守程覃之请,三姑、岑江、烈港、海内、白峰五寨土军,亦听水军统制节制。岁自十月朔,巡检指使同将佐领土军二百五十人、水军五十人,于三姑山卓望,三月朔乃止。五寨虽听水军节制,然各有寨官统辖,无舟船可以往来。水军相去遥远,所谓节制者,皆具文。卓望三姑,则有生券之费。

宝庆二年,守胡榘申请,以岑江、白峰两寨僻在山岙,未甚紧切,欲拨还定海、昌国县承受行移巡捕之役。而岱山、管界两寨，皆要害之地，却拨隶水军节制。总三姑、烈港、海内、岱山、管界五寨兵额，元管一千一百一十八人，今见管止八百三十四人，欲分为六队，屯驻五处。三姑都巡检司见管四百三十五人，于内以三百九十五人分为第一、第二队，仍屯三姑寨，每季轮流，一队卓望三姑山，更不须从水军遣人，却就三姑寨中拨四十人凑烈港见管六十人，共一百人为第三队，分屯烈港。其管界寨见管一百二十人，为第四队。岱山寨见管一百四人，为第五队。海内寨见管一百二十五人[1]，为第六队。各屯本处。其五寨官并从省罢，止以水军正副准备将及训练官分领，并以水军第四将系衔。其舟船、器甲悉从水军措置料理。庶几事收归一，教阅有常，可备缓急。事竟不报。

吴潜疏略云：

窃照潜素于四方山川江海水陆险要颇知大略，二年备数瀛阃，尤得其详。凡海道当行事宜，固已一一粗举。今者边遽之急，适当因任之初。潜朝夕思维，几忘寝食，尤不敢以纸上具文塞责。所有烽燧一事，已檄上定海水军统制，指授图册，令其将带拨发壕寨合干人等，亲涉海道相度地势，日举烟旗，夜举火号，审试的实，排比次第，共烽燧二十六铺。各铺见后另列，兹删一段。已一面造办铺屋，分差铺兵，悉用边镇规模措置经理矣。所有分屯一事，已照密札差委，本司添差制干刘锡前往撞点，各于戍所批历为照，专俟三郡台、温、越。团结公定番次舟只，南自乌埼[2]头，北自石衕，中自三姑山，至大七、小七与夫神前、礁岙、马迹、朐山、长涂、岑江、岱山、烈港及近准行下洋山等处，分布摆泊矣。但烽燧虽当置，而列烽燧于海洋之中者，不容不虑。分屯虽当备，而求分屯于海洋之外者，尤所当忧。且长淮烽燧，相隔十里，此举彼应，速于置邮。今前所谓海洋十二铺，如石衕、壁下者，孤立海中，四无畔岸，云气昏塞，风雨晦冥，觌面之间犹无所睹，而何以责其号火之相应？兼海寇切齿水军，今以数人置之孤屿，脱有盗至，直杭上肉。又往来经商之舟，常与贼舟混淆，遇夜停泊，亦是举火。今杂然无别，何以取证？潜已为之区处，遇旗烟号火不可睹望之时，则以举炮为号，是云气昏塞不足以隔我之应号也。至于每午夜[3]举火为号，必以五起五落为准，

---

[1]"一百二十五人"，宝庆《四明志》作"一百一十五人"。
[2]"乌埼"，宝庆《四明志》作"乌崎"。
[3]"每午夜"，国图本脱"午"字，据天一阁朱本补。

待彼相应,方始住火,是商舟举火不足以乱我之应号也。他如孤屿数兵,虑遭贼手,则于海山诸处增其人数,选其膂力,授之兵器,使之可以相卫,是盗贼之患亦可无虑。所谓立烽燧于海洋之中,潜固已悉为之处矣。然置烽立屯,规模措置[1],皆不过在吾境数百里海洋之间而已。乃若巨浸滔天,茫茫无际,目力之所不接,兵力之所不及,固当防之于藩篱之外,如待其入吾腹心而图之,则晚矣。且以贼人至新旧海州入海言之,则其所经由者有三路。所谓三路者,贼欲侵扰淮东,则自旧海发舟,直入赣口羊家寨,迤逦转料至青龙江、扬子江,此里洋也。若欲送死浙江,则自旧海发舟,直出海际,缘赣口之东杜、苗沙、野沙、外沙、姚刘诸沙,以至徘徊头、金山、澉浦,此外洋也。若欲送死四明,则外洋之外,自旧海放舟,由新海界分东陬山之表,望东行,使复转而南,直达昌国县之石衕、关岙,然后经岱山、岑江、三姑,以至定海,此大洋也。凡此三洋,其源头皆自新海东西陬山之表里,所谓防之于藩篱之外者,或其在此上下乎?私复唯念贼若由转料从里洋而窥扬子江,则有许浦水军。由外洋而窥浙江,则有澉浦、金山水军。但转料一说,恐非敌人行军之径路。盖海商乘使巨艘,满载财本,虑有大洋、外洋风涛不测之危。所以缘趁西北大岸,寻觅洪道而行。每于五六月间南风潮长四分行船,至潮长九分即便抛泊,留此一分长潮以便[2]砂浅。此路每日止可行半潮期程,以为保全财货之计。若贼舟窥伺巨测,岂肯旷日持久,迂回缓行,使人知而避之。此转料从里洋入扬子江一路,潜以为决不出此。然则稍减料角一带之备,而趱出三两层增加东西陬上下一带之备,以遏其源头,夫亦可为愚者千虑之一乎?若论二洋形势,则外洋尤紧,此潜所以增置向头一寨与金山、澉浦相接[3],盖已在边遽未急之先矣。向头南抵钱塘止一潮汛,与嘉兴之金山相直,而形势则过之。于此置屯,扼海角往来之要地。

海洋,自招宝山至石衕壁下山,共十二铺。

招宝山至烈港一名猎港。山,一铺。招宝山带东北,取烈港约一潮可到,旁近虽有七里屿、铁杵山,俱是小山,每有风浪,皆冲激而上,不可置烽。

---

[1] "规模措置"之后,开庆《四明续志》有"与近日密札坐下澉浦所置烽燧之处,及许浦所申堤防捍御之处"一段。
[2] "以便",开庆《四明续志》作"以避"。
[3] "澉浦相接"之后,开庆《四明续志》有"实为行朝密布第二重门户"。

烈港山至五屿山，一铺。烈港有人烟，西北取五屿约一潮可到，傍近别无以次山屿。

五屿山至宜山，一铺。五屿无人烟，东北取宜山约一潮可到，旁近无山。

宜山至三姑山，一铺。宜山有人烟，西北取三姑山，约两潮可到，旁近无山。

三姑山至下干山，一铺。三姑山有人烟，东北取下干山，水路约十五里。

下干山至徐公山，一铺。下干山无人烟，东北取徐公山，约一潮可到，旁近无山。

徐公山至鸡鸣山，一铺。徐公山有人烟，带西北取鸡鸣山约四潮可到，旁近无山。

鸡鸣山至北沙山，一铺。鸡鸣有人烟，直东取北沙，隔一港。

北砂山至络华山，一铺。北砂有人烟，直北取络华，约一潮可到，旁近无山。

络华山至石衢山，一铺。络华东北取壁下山，直西取石衢，皆有人烟。风水顺，半潮可到，否则一潮。旁近无山。

石衢山至壁下山，一铺。自石衢东北以至西北，别无山屿，深洋大海，浩浩无垠。

壁下山，一铺。

以上十二铺，唯鸡鸣山至北砂山最近，烟旗号火皆可相应。宜山至三姑山、徐公山至鸡鸣山，皆隔远，不问晴明阴晦，烟火旗号皆难相应。余则天气清明，仅可相应，或遇海气冥蒙，雾露遮蔽，皆难应号。

沿海自招宝山至向头，共九铺。

招宝山二十里至陶家酒店，一铺。

陶家店约十八里至贝千念五家前，一铺。

贝家前约二十余里至澥浦山正觉寺前，一铺。

澥浦山头约十五里至沙角头，一铺。

沙角山头约十余里至伏龙山尾，一铺。

伏龙山尾约十五里至施公山，一铺。

施公山约十八里至周家塘盐场，一铺。

周家塘盐场约二十里至下泽山头，一铺。

下泽山头约十余里至向头山分戍营外，一铺。

向头山分戍营，一铺。

沿江自招宝山至府城，共五铺。

招宝山约十五里至石桥渡前，一铺。

石桥渡约十五里至马阻汇，一铺。

马阻汇约十里至路林，一铺。

路林约十二里至白沙,一铺。

白沙约八里至本府看教亭,一铺。

本府看教亭,一铺。

以上三路,共二十六铺,皆统合于招宝山。铺用兵五名,合干人一名。招宝山一铺,增差合干人一名,往来照管巡辖。每夜发更时,自看教亭赍号火平安牌至帐前,传入押教报覆。盖法当于奉国军楼置立一铺,以内郡耳目易骇,遂从看教亭密传一牌,竟达辕帐,而沿江、沿海号火疾驰,观者悚慑。

宋沿海凡九寨,曰鲒埼、大嵩、管界、海内、白峰、岱山、三姑、岑江、螺头,计土军一千四百八十三人。九寨巡简多系军班部吏任之领之,与定海水军相为犄角,而领军者多不谙海道。宝祐五年七月,吴潜请以九寨隶制司,许自行辟选谙熟海道、惯会船水者充巡简职事,一应功赏与水军一体施行。

宋绍兴间,谍报刘豫在淮阳造舟,议者多欲于明州向头设备。御史中丞沈与求言:"使贼舟至此,则入吾腹心之地。臣闻海舟自京东入浙,必由泰州石港、通州料角崇明镇等处,次至平江今苏州。南北洋,次至秀州金山,次至向头。又闻料角水势渚险[1],必得沙上水手方能转运,宜于石港、料角等处拘收水手,优给钱粮而存养之,以备缓急。"此北来海道,予特备之。

吕颐浩论沿海制置使,言虏舟从海道北来,抛大洋至洋山[2]、三姑、宜山、岱山、猎港、岑江,直至定海,系浙东路。详见《治官考》,宋知府后制置司。

余按:嘉靖志之"防在东夷",宋志之"防在北虏",各以其时,然变故不测,不可偏废,故予备录之。至闽海,由温、台而下,则林门为扼要之处,不可忽也。

---

[1] "渚险",天一阁朱本作"诸险"。《宋史·沈与求传》作"湍险"。
[2] "抛大洋至洋山",国图本作"抛大洋、主洋山"。《宋会要辑稿》载:"吕颐浩言朝廷近置沿海制置使,最为得策。然虏舟从海道北来,抛大洋至洋山、二孤、宜山、岱山、猎港、峰江,直至定海县。"

敬止录卷之二十

贡市考上

安远驿 在宁波卫后,今海道司,为方国珍遗屋。永乐元年设市舶司于此,四年复改为驿。

正厅三间,匾曰宾梯。厅前轩三间,东西小厅六间,过廊六间,左右挟屋一十六间。

中堂七间七披,东廊房一十二间,前过廊三间,左右厢房一十一间二披,西侧屋二间。

后堂七堂二披,东西厢房一十三间一披,前厢房五间一披,东三椽过房三间,后左右侧屋五间。

马房一十一间,外门三间,东西排楼[1]各一座。

铺陈什物三十副。

驿丞一员,吏一名,馆夫二十名。

以驿西方国珍花厅为市舶司

提举一员,副提举五员,司吏二名,典吏二名,祗禁十名,弓兵二十名,工脚一百名,库子二十二名,秤子十名,合干人二名,行人一百名。

提举宅一:在东北隅魏家巷。

副提举宅三:一在东北隅小梁街,一在东北隅盐仓门里,一在东北隅大池头。其屋俱不出四间。自市舶司以下俱《永乐志》。

郑晓《今言》:"洪武初,设太仓、黄渡市舶所司,今称为六国马头。寻以海

---

[1] "排楼",天一阁朱本作"牌楼"。

夷黠，勿令近京，司遂罢之。已复设于宁波、泉州、广州。七年九月，又罢。后乃复设提举一人，副提举二人，属吏目一人，驿丞一人，三提举司皆然。"

东库 灵桥门内，今海仓厅址。

厅三间，后轩三间，左为土祠，右为庖舍，前仪门大门，库房五联，计六十一间，分为十四号。

宋名市舶务，淳化元年初置于定海县，后乃移州治，在行春坊，县学之西。后又徙子城东南，其左倚罗城。嘉定十三年火，通判王梃重建，久而圮。宝庆守胡榘属通判蔡范撤新之，比旧加高大。匾其厅曰"清白堂"。后堂存旧名，曰"双清"。清白堂之前，中唐有屋，以便往来。东西前后列四库，胪分二十八眼，以"寸地尺天皆入贡，奇祥异瑞争来送。不知何国致白环，复道诸山得银瓮"号之。两挟东西各有门，东门与来安门通。出来安门，为城外往来之通衢。衢之南北各设小门，隔衢对来安门。又立大门，门外濒江，有来远亭，乾道间守赵伯圭建。庆元六年，通判赵师嵩修。宝庆二年，蔡范重建，更名"来安"。贾舶至，检核于此。历三门以入务，而闭衢之南北小门。容顿宽敞，防闲镇密，司存之吏，亦免于戾矣。务之前门与灵桥门近，绍定元年正月火，自务之西北延燎于南，务独免，而前门毁。二月重建，自此门之外，先后建置，皆有碑记。宋时别有物料场，寄其东廊。初在子城里，后场废。

元改为库，名市舶库。内有敖房二十八间，以"天开瀛海藏珍府，今日规模复鼎新。货脉流通来万宝，福基绵远庆千春"为号。土库屋并前轩共六间。至元元年创盖外门楼三间，以备关防。方氏改为庆丰仓。皇明洪武初因之，为广盈东仓。永乐三年复为市舶司库，名东库。商舶到，官为抽分其物[1]。皆贮于此。

来安亭 见上。初名"来远"，临江石砌道头一片，中为亭。

元泰定二年，副提举周灿创盖厅屋并轩，共六间。南首挟屋三间，以备监收舶商搬卸之所。

嘉宾堂 在府治东南江心里。

---

[1] "抽分其物"，天一阁朱本作"抽分其税"。

厅三间，周围井屋三十六间，厅后川堂三间，后堂五间。堂左庖舍，堂右土神祠，前大门，门外东西关坊。东曰观国之光，西曰怀远以德。通衢之东又建二驿馆，以便供应。

按址，故为境清禅寺。嘉靖初，倭夷入贡，寓寺中，因争贡大掠，毁寺。六年，知府高第改为馆，凡遇倭夷入贡，处正副使臣于中，处夷众于四旁舍后。为夷贡所毁，事详后。天启间，海道洪承畴改建为西君子营。

按市舶司之名，起于唐。宋因之，置务于浙及闽、广。浙务初置于杭，淳化元年徙于明，逾六年而复故。咸平二年，杭、明并设。后又增置于秀、温二州及江阴军，在浙凡五务。光宗初，禁贾舶至瞰浦，则杭务废。宁宗时，禁秀、温、江阴贾舶，则三郡之务亦废。凡诸番之至中国者，唯庆元得受而遣之。初以知州为使，通判为判官，既而知州领使如劝农之制，通州兼监而罢判官之名。元丰三年，令转运兼提举。大观元年，专置提举官。三年，罢之，领以常平司，而通判管主[1]焉。政和三年，再置提举。建炎元年，又罢，而归之于转运使[2]。二年，复置。乾道三年，乃竟罢之，而委知通、知县、监官同行检视，转运司提督。宝庆三年，尚书胡榘捐赀以属通判蔡范重建市舶务，并置厅事于郡东南之戚家桥，且记之。大略谓凡官府之治，无非理吾地也，而此则以徕远人。凡法度之修，无非齐吾民也，而此则以观四国。惟清其心，如水之澄；公其手，如衡之平；昭其见，如烛之明。而又济之以能勤，行之以近恕，则观感之余，彼当自化，鲸波万里如履坦涂，杂货瑰宝将日陈于斯庭，而帑藏无一之不充矣。先是，尚书尝请于朝，示招诱优恤之意，严收支综核之法。其札子云：

本府僻处海滨，全赖海舶注舶[3]，有司贸[4]回税之利，居民有贸易之饶。契勘舶务旧法，应商舶贩到货物内，细色五分抽一分，粗色物货七分半抽一分。后因舶商不来，申明户部，乞明优润。续准户部行下，不分粗细，优润抽解，高丽、日本船纲首杂事十九分抽一分，余船客十五分抽一分，起发上供。每年遇舶船至，舶务必一申明。蒙户部行下，令证条抽解施行。窃见旧例，抽解之时，各人

---

[1] "管主"，宝庆《四明志》作"主管"。
[2] "转运使"，宝庆《四明志》作"转运司"。
[3] "注舶"，宝庆《四明志》作"住泊"。
[4] "司贸"，宝庆《四明志》作"司资"。

物货分作一十五分,舶务抽一分,起发上供。纲首抽一分,为船脚糜费。本府又抽三分,低价和买。两倅厅各抽一分,低价和买。共已取其七分。至给还客旅之时,正有其八。则几于五分取其二分。故客旅宁冒犯法禁透漏,不肯将出抽解。槃自到此,灼知抽解之害,重困舶商,镂板[1]沿海招诱,明谕以本府断不和买分文,抽解上供之外,即行给还。客旅舶舟方次第而来。其通判蔡奉议,亦能奉承本府招诱优恤之意。舶舟才至,即约守倅同下务,公平抽解,更无留滞,并不强买,即行给还,以故舶货之价顿减,而商舶往来流通。今年抽解最轻,诚为侥幸。惟是舶务一司,自乾道二年,因臣僚奏罢提举市舶专官,且言祖宗旧制有市舶处,知州带提举,市舶通判带主管官,当时已降指挥,委知、通同行检视,漕司提督,今[2]漕司令倅为主管官,专出纳之任,本府不过月一押簿历,而不预其收支之事。其本务抽到物货,如细色,尽行起发,如粗货及板木,则存本五分,充纲脚糜费,未免间有赢余,以起上下观望。前乎此,廉者资以为馈送之资,不廉者则为席卷之计,实为弊事,要当更草。所合具申朝廷,欲乞札下本府,令守倅常切同共检点收支簿书文历,遇有出纳收支,并具禀长官判押,方许施行,庶几稍革弊源,免累倅贰,既塞侵逾之害,稍裕公上之供。其抽解分数,只证递年例,十五分抽一,纲首杂事十九分抽一,以为招诱商舶之计。其海南船及诸番船,自证年例抽解。伏望特赐札下,以凭遵守施行。

宝庆二年,尚书省札付庆元府,从所申事理施行,准此。元姚桐寿《乐郊私语》云:"宋时每番船一至,众皆欢呼曰:'亚治!厢廪家当来矣!'"

宝祐间大使丞相吴潜奏:臣窃见朝廷行下,仍放倭商赴市舶务抽博,深得时措之宜。但有一事,于朝廷岁不过蠲十七界一万余缗之楮,而可以深得远人之心者,不敢不以上闻。照得倭商每岁大项博易,惟是倭板、硫黄颇为国计之助,外此则有倭金,商人携带各不能数两,未免深藏密匿,求售于人。盖其所贩倭板、硫黄之属,多其国主贵臣之物,独此乃倭商自己之物,殊为可念。缘舶司例合抽解,多为此间牙人啜诱,谓官司有厉禁,当为汝密行货卖。远人不察其伪,多以付之奸牙,辄为所匿,且胁以本朝法令之严,倭商竟不敢吐气,常怀憾而

---

[1] "镂板",宝庆《四明志》作"镂榜"。
[2] "今",宝庆《四明志》作"令"。

去。臣叩之舶务,四年博买之利,所收止八千余缗,五年博买之利,所收止一万余缗。朝廷以万余缗十七界之利,而失远人向化之心,必所不肯,特前后司官未有以上达者尔。臣除已关报市舶司,今次倭舶到岸,免抽博金子。如岁额不可缺,则当以最高年分所抽博之数,本司代为偿纳。伏望圣慈即赐睿旨,行下舶务,免将倭商金子抽博施行。所损无毫厘而所益何啻邱山[1],伏候敕旨。

上可其奏。取岁额之酌中者为准,制司岁抱解三万六百五十六贯文,于岁收市舶司回税钱内支拨,就牒付[2]市舶司交管起发。自宝祐六年始,潜又奏乞将倭人之偶为风水飘流者,本司日给白米二升,市舶司日给十七界一贯五百文,候次年归国日住支。潜兼制置司大使。

高句丽国

细色:银子、人参、春州者最良,有生熟二等。生者味全。麝香、红花、茯苓、蜡。

粗色:大布、小布、毛丝布、俗种苎麻,人皆衣布,绝品者谓之绌,洁白如玉,而窘边幅,主[3]与贵人衣之。至府者,其粗也。紬、俗不善蚕桑,其丝线仰给贾人,然善织花绫,有文罗、紧丝、锦罽,染色亦胜。紬乃其粗也。松子松花、松有二种,惟五叶者乃结实。方其始生,谓之松房,状如木瓜,青润致密,得霜乃拆,其实始成,而房作紫色。国俗果肴,羹蔬皆用之。栗、大者如桃。至府者皆粟肉,小而坚,蒸熟可食。枣肉、山茱萸、榛子、椎子、杏仁、细辛、白附子、芜荑、甘草、防风、牛膝、白术、远志、茯苓、姜黄、香油、紫菜、螺头、螺钿、皮角、翎毛、虎皮、青色、漆、出新罗,最宜饰镶器,如金色。铜器、后禁不出。双瞰刀、席、合蕈。

日本　宋时与日本不甚往来,惟贾舶通耳。

细色:金子、砂金、珠子、药珠、水银、鹿茸、茯苓。

粗色:硫黄、螺头、合蕈、松板[4]、文细密,如刷丝而莹洁,最上品也。杉板、罗板[5]。

海南占城西平泉广州船　不分纲首、杂事、梢工、贴客、水手,例以十分抽一,船贩铁船

---

[1] "何啻丘山",开庆《四明续志》作"何翅丘山"。
[2] "付",开庆《四明续志》作"赴"。
[3] "主",宝庆《四明志》作"王"。
[4] "松板"国图本作"板松",据宝庆《四明志》改。
[5] "罗板",国图本、天一阁朱本均脱"罗"字,据宝庆《四明志》补。

二十五分抽一。

细色：麝香、笺香、沉香、丁香、檀香、山西香、龙涎香、降真香、茴香、没药、胡椒、槟榔、荜澄茄、紫矿、画黄、蜡、鳖鱼皮。

粗色：暂香、速香、香脂、生香、粗香、黄然香[1]、鸡骨香、斩刾香、青桂头香、藿香、鞋面香、乌里香、断白香、包袋香、水盘头、红豆、荜拨、良姜、益智子、缩砂、蓬莪术、三赖子、海桐皮、桂皮、大腹子、丁香皮、桂花、姜黄、黄芦、木鳖子、茱萸、香柿、磕藤子、琼莱、相思子、大风油、京皮、石兰皮、兽皮、苎麻、生苎布、木绵布、吉布、吉贝花、驴鞭、钗藤、白藤、赤藤、藤棒、藤蔑、宛木、花梨木、苏木、射木、椰子、水牛皮、牛角、螺壳、蚆螺、条铁、生铁。

外化蕃船　遇到申上司，候指挥抽解。

细色：银子、鬼国珠、珠砂、珊瑚、琥珀、玳瑁、象牙、沉香、笺香、丁香、龙涎香、苏合香、黄龙香[2]、檀香、阿香、乌里香、金颜香、上生香、天竺香、安息香、木香、亚湿香、速香、乳香、降真香、麝香、加路香、茴香、脑子、木札脑、白笃耨、黑笃耨、蔷薇水、白豆蔻、芦荟、没石子、没药、槟榔、胡椒、鹏砂[3]、阿魏、腽肭脐、藤黄、紫矿、葫芦瓢、红花、蜡、犀角。

粗色：生香、修割香、香缠札、粗香、暂香、香头、斩刾香、香脂、杂香、卢甘石、宛木、射木、茶木、苏木、射檀木[4]、椰子、赤荪[5]、白藤、皮角、鳖皮、丝、簟。

《至正志》　《至正续志》抽分舶商货物，细色十分抽二，粗色十五分抽二。再于货内抽税，三十分取一。又一项，本司每遇客商于泉、广等处兴贩，已经抽舶物货三十分取一，周岁额办钞五百三锭四十九两二钱六分四厘。

细色：珊瑚、玉、玛瑙、水晶、犀角、琥珀、马价珠、生珠、熟珠、倭金、倭银、象牙、玳瑁、龟筒、翠毛、南安息、苏合油、槟榔、血竭、人参、鹿茸、芦荟、阿魏、乌

---

[1] "黄然香"，宝庆《四明志》作"黄熟香"。

[2] "黄龙香"，宝庆《四明志》作"黄熟香"。

[3] "鹏砂"，宝庆《四明志》作"硼砂"。

[4] "射檀木"，宝庆《四明志》作"射檀香"。

[5] "赤荪"，宝庆《四明志》作"赤藤"。

犀、腽肭脐、砂仁、木香、细辛、五味子、桂花、阿子[1]、大腹子、茯苓、茯神、黄芪、舶上茴香、松子、榛子、松花、黄熟香、粗熟、黄熟头、速香[2]、沉香、暂香、笺香、虫漏香、没斯宁、蟹壳香、蓬莱香、登楼眉香、旧州香、生香、光香、阿香、委香、嘉路香、吉贝花、吉贝布、木棉、三福布罩、番花棋布、毛驼布、袜布、鞋布、吉贝纱、胡椒、降真香、檀香、糖霜、苓苓香、麝香、脑香、人面乾、紫矿、龙骨、大风油、泽泻、黄蜡、金颜香、八角茴香、朱砂、天竺吴、桔梗、䴢香、到香、鹏砂、新罗漆、笃耨香、乌里香、搭泊香、水盘香、熟豆蔻[3]、水银、乳香、喷哒香、龙涎香、栀子花、红花、龙涎、修割香、硇砂、牛黄、鸡骨香、雌黄、樟脑、赤鱼鳔、雀顶[4]、罗纹香、黄紧香、赖核香、黑脑油[5]、崖布、绿矾、雄黄、软香、脊蛉皮、三泊、马鸦香、万安香、交枝香[6]、土花香、化香、罗解香[7]、荜拨、高丽青器、高丽铜器、沙鱼皮、桂皮、丁香、丁香枝、白豆蔻、毕澄茄、没药。

粗色：红豆、壳砂、荜豆蔻、倭枋板栓、木鳖子、藿香、破故纸、花梨木、射木、窊木、乌木、苏木、赤藤、白藤、螺头、鳑鲏[8]、琼芝菜、倭铁、苎麻、硫黄、没石子、石斛、草果、广漆、史君子、益智、香脂、花梨根、椰子、铅锡、石珠、炉甘石、条铁、红柴、螺壳、相思子、豆蔻花、倭条、倭橹、芦头、椰簟、三赖子、芜荑仁、硫黄泥、五倍子、白术、铜青、甘松、花蕊石、合簟、印香、京皮、牛角、桂头、镬铁、丁铁、铜钱、麂皮、鹿皮、鹿角、山马角、牛皮、牛蹄、香肺、焦布、手布、生布、藤棒、椰子壳、生香粒、石决明、拖明、云白香、真炉、黄丁、断白香、暂脚香、画黄、杏仁、历青、松香、磨珠、细削香、条截香、丁香皮、良香皮、良姜、蓬术、海桐皮、滑石。

皇明《永乐志》

日本国：金子、砂金、银子、白银、杂银、散银、银花瓶、银香炉、银香盒、银龟鹤烛台、银碗、蛤珠、蛤碎米珠、铜镜、水精搭儿、盛坚固子以水晶罐儿、古铜龟鹤

---

[1] "阿子"，至正《四明续志》作"诃子"。

[2] "速香"，至正《四明续志》作"迎香"。

[3] "熟豆蔻"，至正《四明续志》作"肉豆蔻"。

[4] "雀顶"，至正《四明续志》作"鹤顶"。

[5] "黑脑油"，至正《四明续志》作"黑脑油香"。

[6] "交枝香"，至正《四明续志》作"交趾香"。

[7] "罗解香"，至正《四明续志》作"罗斛香"。

[8] "鳑鲏"，至正《四明续志》作"鳑鲏"。

炉台花瓶、铜火箸、生铜香炉瓶台、洒金铜香炉、洒金香炉、镀金铜台盏、锡香盒、荒铁、铁茶锅、锡烛台、铁火箸、铁板锁、铁铫、铜铫、镀金银铜铫、镀金水银铜铫、木铫角盝、洒金木铫、撒金木铫、铠盔并匣、甲盔并匣、长枪、小枪、枪头、铁鞭、金大刀、大刀、大腰刀、腰刀、短小腰刀、长刀、长滚刀、短滚刀、剑样带刀、小带刀、背札刀、小锯刀、小刀、小刀头、切菜刀、剃刀、磨刀石、竹弓、弓弦、马、马皮、熟马皮、生牛皮、熟牛皮、鞔鼓生牛皮、牛皮胶、虎皮、豹皮、海驴皮、水獭皮、黑熊皮、熟花鹿皮、柿花色羊皮、蹬踏皮、花绫、日本花纱、日本土绢、日本生绢、织机花绢、花绢接带[9]、绵子、高丽布、高丽粗布、麻布、白粗麻布、本色麻布、皂麻布、红麻布、香色麻布、日本红麻布、日本白麻布、葛巾、花手巾布、硫黄、玛瑙石、琥珀、紫石英、辰砂、水银、犀角、乳香、沉香、速香、丁香、木香、安息香、降真香、土降香、薰陆香、檀香、紫香、坏香、松香、没药、人参、肉豆蔻、肉豆蔻花、白豆蔻、胡椒、荜拨、荜澄茄、当归、茯苓、苍术、大腹子、石决明、桔梗、瓜蒌、草藓、松子、巴豆、芍药、槟榔、黄连、荆树皮、黄白皮、龙骨、独活、万耕子、鹤虱草、轻粉、葛粉、腻粉、面粉、脂粉、乌木、苏木、砂碌、石碌、石青、二青、心中青、碎黄、生漆、油蜡、洒金砚匣并砚、螺甸砚匣、黑漆描金砚匣、红黑漆砚匣、假玳瑁漆砚匣、金漆砚匣、洒铜间金砚匣、黑漆描铜砚匣、红黑漆花砚匣、垒铜砚匣、撒金砚匣、黄铜螺甸砚匣、花梨木砚匣、白木砚匣、黑漆砚匣、黑漆花砚匣、洒铜砚匣、书匮、花匮、书匣、书箱、笔匣并笔、厨、文台大小、低几卓、手箱并盖替、妆盒、方减妆、镜合、粉盒、香盒、果盒、茶盒、药盒、梳盒并木梳、盘方圆、茶盏、酒盏、酒壶、茶架、托大小、水盆盂、折酒椀、楪、椀匣并椀、角盝、水灌、汤灌、汤瓶、火炉架、面盆、钵盂。以上俱漆器，各色同砚匣。黑漆剃刀匣、四明漆描金书箱、四明漆小烛台、四明漆粉盒、四明漆提桶、金屏风金纸彩画、涂金屏风、贴金银彩画屏风、彩画屏风、白纸屏风、白纸、红纸、花纸、黄纸、青纸、手本纸、白小方纸、薄白纸、彩画人物像、彩画小纸人儿、狗儿、彩画纸方匣、小皮箱、小皮匣、小藤枕并匣、象牙袈娑环、金刚子数珠、金刚砂、蝇拂子、剔红花斗、黑漆灯檠、红花木瓶、黑漆食箩、两面金扇、两面银扇、一面金银扇、抹金扇、贴金彩画扇、贴金银扇、纸扇。

暹罗国：小淡红刻石、小淡红比者达石、小洗纳泥石别有淡红者、小淡青雅呼石、小青米喇石、淡红比隅只石、淡绿撒不喇者石、碎细淡红石、小锦麟翅石、

---

[9]"花绢接带"，天一阁朱本作"花绢腰带"。

白押忽石、孔穆喇石、玛瑙石、紫英石、青硝子、戒指。以上诸石共十四种，金相之。红剪犾五色花单、红丝织人象手巾、画花漆坐墩、小番儿、黑番儿、象牙并器物、犀角、红雀毛、孔雀、红丝鹦鹉、山猫、母象、鹤顶、翠羽[1]、毛犀角、玳瑁壳、龟、蛎壳、花薄海螺、沙鱼皮、海巴。《永乐志》以下脱叶。

北宋市舶务杭、明并设，凡不著明州者不录。天圣四年十二月，明州言日本太宰遣人来贡，验无表文，却之。福建路转运使罗拯言：据泉州人黄真状，尝以商至高丽，高丽舍之礼宾省，见其情意，欣慕圣化。兼云祖祢以来，贡奉朝廷。天圣遣使之后，久违述职，便欲遣人与真同至，恐非仪例，未敢发遣。兼得礼宾省文字具在，乞详酌行。诏拯谕真，许之。高丽欲因真由泉州路入贡，诏就明、润州发来。自是王徽、王运、王熙修[2]职贡尤谨，朝廷遣使亦密，往来率道于明，明州始困供顿。

宋王辟之《渑水燕谈》作黄慎，且云：将由四明登岸，比至，为海水飘至通州。谢太守云："望斗极以乘槎，初离下国；指桃源而迷路，误到仙乡。"使臣御事民官侍郎金第与同行[3]朴寅亮诗尤精，如"门前客棹洪涛急，竹下僧棋白日闲"等句，人俱称之。

宋熙宁间，中书省札子：已降敕旨，奉使高丽船，第一只赐号"凌虚致远安济神舟"，第二只赐号"灵飞顺济神舟"。右奉圣旨。额宜[4]令御书院如法书写，一面疾速入急递至明州交割，及本州制造牌额安排。所有敕牒，今安焘等收掌。《玉照新志》。

元祐二年，高丽僧义天至明州，自言弃王位出家。上疏乞遍历丛林，传法受道。有诏朝奉郎杨杰馆伴，所至吴中诸刹，迎饯如王臣礼。惟金山僧了元床坐，受其大展，谓杨曰："义天亦贵国僧耳，丛林规绳不可易。"朝廷闻之，以了元知大体。苏轼有送杨杰诗云："三韩王子西求法，凿齿弥天两勍敌。过江风急浪

---

[1] "翠羽"，国图本脱"羽"字，参明张燮《东西洋考》（明刻本）补。
[2] "王熙修"，国图本作"之熙修"，据宝庆《四明志》改。
[3] "御事民官侍郎金第与同行"，国图本脱"民""同"两字，据宋王辟之《渑水燕谈录》补入。
[4] "宜"字，宋王明清《玉照新志》作"且"。

如山,寄语舟人好看客。"韩有三种:马韩、辰韩、弁韩,皆高丽也。

元丰三年,高丽遣使柳洪、副朴寅亮朝贡,且献日本国车一乘。洪曰:"诸侯不贡车服,诚知非礼。本国所以上进者,欲中朝见日本工拙耳。"朝廷为留之。

元祐四年十一月三日,高丽僧寿介等来到杭州,致祭亡僧净源,因便带到金塔二所,遂具画一事由闻奏。已准朝旨,许令寿介等致祭亡僧净源毕,差人船送到明州,附因便海舶归国,于十一月三十日起发前[1]去外,访问明州近日,少有因便商客入高丽国,窃恐久滞,远僧在彼不便,窃闻泉州多有海舶入高丽,往来买卖,除已牒明州契勘,如寿介等到来年卒无因便舶船,即一面申奏,乞发往泉州附船归国外,须至奏闻者。
右伏乞[2]朝廷特降指挥,下明州疾速契勘,依此施行。

元祐五年八月初十日,据转运使牒。准明州申报,高丽人使李资义[3]等二百六十九人,相次到州,仍是客人李球于去年六月内,请杭州市舶司公凭往高丽国经纪,因此与高丽国先带实到封文字一角,及寄搭松子四十余布袋。

高丽入贡,绝洋泊四明,易舟至京师,将迎馆劳之费不资。崇宁加礼,与辽使等,置来远局于明,中令邓忠仁领之。忠仁实在京师,事皆关决焉。明州楼异服除赴阙,不喜于蔡京,改知随州,不满意也。辞行,上殿献言:明之广德湖可为田,以其岁入,储以待丽人往来之用有余,且欲造画舫百柂,专备丽使。作涉海二巨航,如元丰所造,以须朝廷遣使。皆忠仁之谋也。既对,上悦。即改知明州。下车,兴工造舟,而广德湖遂废。后请移温之船场于明,以便工役,创高丽使行馆,今宝奎精舍即其地也。

南渡时,高丽进阴阳柏二株,仅二尺许。每岁左花则右实,右花则左实。高

---

[1] "前"字,国图本作"奇",据《苏东坡全集》(北京燕山出版社1998年版)改。
[2] "伏乞",国图本作"乞伏",据《苏东坡全集》改。
[3] "李资义",国图本作"李买义",据《苏东坡全集》改。

宗以赐王绚，绚种之永怀寺殿庭左右，后高与殿齐。

女直既盛，高丽乃禀金正朔。绍兴三十二年，纲首徐德荣至明州，言本国欲遣贺使，有旨令守臣韩仲通许之。殿中侍御史吴芾言："高丽与金人接壤，为其所役。绍兴丙寅，尝使金稚圭入贡，至明州，朝廷惧其为间，亟遣之回。方两国交兵，德荣之情可疑。今若许之，使其果来，则惧有意外之虞。万一不至，则取笑夷狄。"乃诏止之。孝宗朝始复通使。

中国贾人至高丽，风候逆，或二三岁不可返，因室焉。返则禁止其妻若子，不得从。再至，有室如初。明州与其礼宾省以文牒相酬酢，皆贾舶通之。

宝祐六年十一月，水军申石衖山有丽船一只，丽人六名，飘流海岸。制使吴潜命帐前将校取之来，诘之。张小斤三，丽李枢密藏用家奴也。金光正、金安成、金万甫、卢善才，丽万户土军也。金惠和，丽还俗僧也。因往白陵县收买木植，是年十月十三日在海遭风，不知所向，飘流至此。因言自癸巳岁丽主避鞑，徙居海岛之江华县。岛阔三百余里，其去岸陆之程亦三百里，仅存南计、北计十七州。鞑岁一哨，则事之以宝货。间遣使至新都，延之承天馆，馈遗丰甚。自戊申后，鞑使不屑渡海，丽主躬率其属，往承天府礼逆之，祈免侵掠。彼必欲丽主复归旧都，惧给不从。鞑于是连年围海岸，逼新都。境土就荒，米价翔涌，银瓶一斤易粟三苫，_{准中国一石}。民莩死者众。鞑退，丽人始还旧巢，采栗以充饥，取松实以售商贾。有崔令公世积金谷，今年四月八日，令公出礼佛，丽主遣人乘间诛之，尽发所藏赈军民，国初定。又言有向上头目人洪服良，因在边背丽归鞑，今丽有贡，必遣往复良所，因以转致于鞑。自江华至服良所，约七日，自服良所至鞑，远近不知。丽有三窟，曰早窟，曰山水窟，曰袈裟窟，俱为鞑蹂躏，兵弱，昼不敢与鞑战，夜仅能偷劫，势终不支。今兵船在海岸者，号三十九领，领二只。又都兵马大船十二只。大船面阔三丈，长亦如之，状如箕，织席为帆，便于正顺风而已。潜以上闻，且从本司日支六名，米各二升，钱各一贯，及归国，则又给回程钱六百，米一十二石。_{时潜知庆元兼沿海制置司大使，所谓本司也。}

开庆元年四月，纲首范彦华至自高丽，赍其国礼宾省牒，发遣被虏人升甫、马儿、智就三名回国。制司引问，马儿年二十六岁，扬州湾头岸北里解三也。十二岁随父业农，秋时被鞑掠去，至鞑酋蒙哥叔宴耻达大王所，拨隶鹊辣海部下牧马，剃作三搭发，取名马儿。年十五时，又见虏至一人，即今升甫也。升甫，年二十四，本姓冯，名时，临安府人。生七岁，父以庄田在淮安州盐城，往居焉。淳祐九年为[1]鞑所掠，亦隶鹊辣海。智就年三十八，德安府人黄二也。家市缣帛，有庄在城外之西罗村。十四岁，金国投拜人杨太尉仕于德安，阴结李全妻小姐姐，贰于鞑以叛，黄遂为鞑所虏。鞑主第三兄使往沙陀河牧羊凡三年，冀州种田凡十二年，咸平府运粮凡六年。宝祐五年七月，头目人车辣大领二万人出军，冯时、解三俱以牧马从。凡两月，至丽界首东路，屯于和尚城。丽师不出。及十一月，久雨，马多冻死，人且馁，冯、解谋逃回本朝，匿深山中。师退，丽人取以归，置岛上。六年正月，入丽京，拜国主，月给米养之。旬余，黄二亦至，皆在汉语都监所宿食。三月，发入范彦华船。又逾年三月，船始归。制司即备申朝廷，以各人本贯并无亲属，欲收刺厢军，从之。三改名解福，时改名冯德，二改名黄恩，并收刺崇节指挥，充养省马着役。

高丽牒附后，以见当时外国牒体如是。

高丽国礼宾省牒：上大宋国庆元府。当省准贵国人升甫、马儿、智就三人，久被狄人捉拿，越前年正月，分逃闪入来，勤加馆养。今于纲首范彦华、俞昶等合纲船放洋还国，仍给程粮三石付与送还，请照悉具如前事。须牒大宋国庆元府照会施行，谨牒。己未三月囗日谨牒。

注簿文林郎金之用

注簿文林郎李孝弟

丞文林郎金光远

丞文林郎潘吉儒

试少卿入内侍文林郎李轼

卿朝议大夫任柱

判事入内侍通议大夫三司使太子右庶子罗国维

判事正议大夫监门卫摄上将军奉君用。

绍圣间，两浙市舶张苑进笃耨香得除直秘阁，时号"笃耨学士"。

---

[1] "淳祐九年为"5字，国图本、天一阁朱本均缺，今据开庆《四明续志》补。

附：吴莱论倭

臣愚不佞，揆今之世，提封万里，东西止日所出入，南北皆底于海。边徼无烽燧之警，士卒无矢镞之费。外夷重译，乡风效顺，梯山航海，莫不来献方物，汉唐之盛所未有也。然以倭奴海东蕞尔之区，独违朝化三十余年，奉使无礼，恃险弄兵。当剪其鲸鲵，以为诛首可也。而迄今未即诛，意者其有说乎？

臣窃即前事[1]观之，海东之地为国无虑百数。北起拘邪韩，南至耶马台而止，旁又有夷洲、亶屿，人莫非倭种，度皆与会稽临海相望。大者户数万，小者仅一二百。里无城郭以自固，无米粟以为资，徒居山林，捕海错以为活。汉魏之际，已通中国，其人弱而易制。慕容廆曾掠其男女数千，捕鱼以给军食。其后种类繁殖，稍知用兵。唐攻百济，借其兵败于白江口[2]，乃遂巡敛甲而退。今之倭奴非昔之倭奴也。昔虽至弱，犹敢拒中国之兵，况今之恃险且十此者乎？乡自庆元航海而来，艨艟数十，戈矛剑戟莫不毕具，铦锋淬锷天下无利铁。出其重货，公然贸易，即不满所欲，燔炀城郭，抄掠居民。海道之兵，猝无以应，追至大洋，且战且却，戕风鼓涛汹涌，前后失于指顾，相去不啻数十百里，遂无奈何。丧士气，亏国体，莫大于此。然取其地不可以益国，掠其人不可以强兵，徒以中国之大而使见侮于小夷，则四方何所观仰哉？唐太宗擒颉利而靺鞨来朝，太宗曰："靺鞨远来，突厥既服也。"今倭奴不及于突厥远甚，若其内属如靺鞨者又多，臣恐其效尤于后也。

以臣度之，倭奴之国，去高丽、耽罗不远，今戍高丽、耽罗者，当不下数百万。戍庆元海道者，当亦不下数百万。比岁，水较以作士卒之气，大舰数百，薄海上下，然迄未能以兵服之者，地绝以大海险故。以之间往征之，三军之士感激呜咽，誓不再见父母妻子。飓风昼夜[3]，大鱼跋扈，惊触篙枻，劲弩不暇发。龁齿相视，不幸而有覆舰之虞。衣衿结联，溺死枕藉。幸而一存，拔刀砍舷，手指可掬，虽亲戚不相救援。生死尚未能保，何暇较胜负哉？

昔者，隋人统五十二万人伐高丽，高丽终拒守不下，所恃者鸭绿一小江耳！今倭奴之强，固不如高丽，而大海之险甚于鸭绿水者，奚啻几十倍？其人率多轻悍，其兵又多铦利，性习于水若凫雁然，又能以攻击为事。而吾海道之兵，擐甲

---

[1] "前事"，国图本作"奇事"，据天一阁朱本及《元代奏议集录》（浙江古籍出版社1998年版）改。
[2] 《元代奏议集录》多"百济"两字，作"唐攻百济，百济借其兵败于白江口"。
[3] "飓风昼夜"，《元代奏议集录》作"飓风连昼夜"。

而重戍，无日不东面望洋而叹。使其恃强不服，虽尽得而剿之，摧朽拉腐也。而彼乃肆然未尝一惧，非恃险也，何敢若是？

吴尝浮海伐夷洲矣，获其人三千而兵不助强。隋尝浮海伐留仇矣，拔其城数十而国不加益。何也？人非同我嗜欲，不能生也；地非接我疆土，弗能有也。为今之计，果出兵以击小小之倭奴，犹无益也。古之圣王，务修其德，不敢勤兵于远。当其不服，则有告命之词而已。今又往往遣使臣，奉朝旨，飞舶浮海以与外夷互市，是有利于远物也，远人何能格哉？魏文帝谓辛毗曰："昨张掖献径寸大珠，今欲求之，曷若？"辛毗对曰："圣王惟德之务，四夷毕献方物。求而得之，不足贵也。"今不若罢我互市，从彼贸易，中国免徼利之名，外夷知效顺之实，计莫便于此。彼倭奴者，心嗜利甚。我苟不以利邀之，虽不烦兵，犹服也。何以知其然也？汉建安中，鲜卑轲比能稍寇辽东三郡。其后来朝，则诘之，曰："我虽夷狄，亦人也。禽兽犹知择美水草以居，况我人乎哉？前者守臣数徼我以利，使吾不得畜牧，吾故叛去。今反其法，吾故来。"又况倭奴之人稍知文字，岂反不及轲比能耶？而独不知效顺者。此臣所以日夜扼腕切齿为朝廷惜也。

臣年长矣，每思傅介子、班超之所为，慨然叹息。使二子不自奋于绝域，未免为田里之匹夫。功或不成于汉朝，至老死亦无闻于后世。臣自揆不能如二子之智，而欲有二子之功，罪不容于死。幸而朝廷假臣一命，奉其告词，得往谕之，亦一奇也。议者必曰："乡曾数遣使，犹不得要领。近自对马、绝景等岛渡大海，径趋太宰府。高丽、耽罗沮挠百出，留使臣不使遽见。中夜守护，排垣破户，喧哕叫号，兵燧交举。后虽仅得其使介来廷，终至渝平而不服。意者一泛使之遣，未足以服之乎？"自臣观之，今则高丽、耽罗已服。所未服者，倭奴而已，然亦不胜其惧矣。今遣使不可与乡遣使并论也。臣必谓其王曰："海东之地，曾不能当中国一大州，其兵众之多寡，可料而知也。以今中国之盛，不即加诛于海东者，天子之德，不忍烦兵于远，非有爱于海东也。乡者，王之众航海而来，惊我海道之兵，且战且却，王之辎重丧失者大半，而我曾不损一毫。三军之士忿然含怒甚，惟寐忘之。当庆元海道者，莫不被坚甲，跖劲弩，带利剑，飞舰蔽海而东[1]。超足距跃，轻风涛万里之险，决死生以问罪于王。兼之高丽、耽罗之众，其识海道，习水性，与王国同，是王数面受敌也。然迄今未即加兵者，意王犹有人

---

[1] "东"字，国图本、天一阁朱本缺，据《元代奏议集录》与《渊颖吴先生集》（《四部丛刊本》）补。

心,欲以礼义服之,又不忍烦兵以苦王,以故遣使臣来。今朝廷攻王之土地,非如伐夜郎,略朝鲜,可以置城守也。虽得之,越海弗能有也。宝珠金帛,积如丘山,不恃外夷之贡献也。殊方异物来献于廷,又不假王之重货也。罢我之互市,从王之贸易,是吾土地之所产,王反得而用之也。然王之名物,不译于舌人也久。边隙一开,市易且有禁,非王之利也。旦夕大兵且来,王必悔之。王若听使臣,是得效顺之美名,而免受敌之实患也。"此臣喻之之说也。

王克敬,字叔能,除江浙行省左右司都事。延祐四年,往四明监倭人互市。先是,往监者惧外夷叵测,必严兵自卫,如待大敌。克敬至,悉去之,抚以恩意,皆帖然无敢哗。

前至元二十九年六月,日本来互市。初,日本舟至四明求互市,舟中甲仗皆具。是年冬,恐有异图,诏立都元帅府以防海道。

至大二年,岛夷以土物互市郡境,吏卒侵渔之不堪,以忿持所赍硫黄等药火城中,官府故家民居几尽,见虞文靖《玄妙志》记。凡官署寺观所云至大二年火者,皆是也。

至治二年,复置市舶提举司于泉州、庆元、广东三路,听海商贸易,归征其税,特禁子女、金银、丝绵下番,余并无阻。

敬止录卷之二十一

贡市考下

太祖统一寰宇，薄海之外罔不臣仆，唯倭奴未至。洪武二年，遣使臣赵秩招之，泛海至析木崖，入其国。倭王良怀对使者曰："昔蒙古以戎狄莅华，而以小国视我。使赵姓者，诱我以好语，初不知其觇国也。今天子帝华，使亦赵姓，得非蒙古之云仍乎？亦将诱我以好语而袭我耶？"秩曰："今天子圣神文武，明烛八表。生华帝华，非蒙古比。我非蒙古使后。汝若背逆，即杀我，祸不旋踵矣。"王屈服，乃更礼秩，遣夷僧十人，随秩入贡。国初，虽屡贡而入寇不绝，直至成化年犹多倭警。

太祖谓廷臣曰："东夷固非北胡腹心之患，亦犹蚊虻警寤自觉不宁。"与诚意伯刘基等议，其俗尚禅教，宜遣高僧说之归顺。乃选明州天宁寺僧祖阐、南京瓦罐寺僧无逸往使日本宣谕敕旨，随遣夷僧来献马匹、盔铠、枪刀、玛瑙、硫黄、帖金扇诸物。

十二年来贡，验无表文，发云南、川陕安插。明年复来贡，亦无表文，仍发安插。又明年来贡，验有前年来贡人船名籍，檄至京师，锡宴遣归。

十五年，使臣归廷用来贡。备倭指挥林贤、交通枢密使胡惟庸计擒遣还夷使，诬为寇盗，私其货物。中书省举奏其罪，流贤日本。十六年六月，夷船一十八只寇金乡，小濩寨官兵敌却之。十七年，胡惟庸伪差庐州人李旺充宣使以还，林贤率倭兵四百余人与僧如瑶来献巨烛，中藏火药、兵器，图谋乱逆。比至，惟庸被诛，朝廷治其逆党，处贤极刑。夷兵发云南守御，降诏切责倭国君臣。

永乐二年，上命太监郑和统督楼船水军十万，招谕海外诸番。日本首先纳款，擒献犯边倭贼二十余人。倭贼即治以彼国之法，尽蒸杀之。时铜甑犹存，炉灶遗址在庐头堰。降敕褒奖，给勘合百道，定以十年一贡，船止二只，人止二百，违例则以寇论。制限进贡方物：马、铠、硫黄、贴金扇、牛皮、枪盔苏木、涂金装彩屏风、剑、洒金厨子、洒金手箱、洒金木铫角盥、刀、洒金文台、描金粉匣、描金笔匣、水晶数珠、抹金提铜铫、玛瑙。随命俞士吉充都御史，赍金印、锦，诰赐倭王，敕其国镇山为寿安山，御制碑文，勒石其上。

宣宗朝，入贡逾额，复增定格，例船毋过三只，人毋过三百，刀剑毋过三千把。八年，倭王源道义卒，遣使吊祭。十年，嗣王上表谢恩。

成化二年，贼舟伪贡，备倭都指挥张翯帅舟师逐之。

成化十一年，遣使周玮来贡，敕谕倭王自后宜恪遵宣德中事例。

弘治十一年，倭夷来朝，利与中国关市，久留。鄞守臣趣有司牵海舶行，倭操短兵噪呼，出杀牵夫数人。知鄞县朱讷驰骑入其曹，语译者以祸福，约三日出关，乃定。

成化初，倭船忽至宁波，知我有备，矫称进贡。守臣为请于朝，且欲遣之至京。

杨文懿公守陈《贻张主客书》云：

倭奴僻在海岛，其俗狙诈而狼贪。自唐以至近代，已尝为中国之疥癣矣。国初洪武间，尝来贡而不恪，朝廷既正其罪，后绝不与通，著之为训。至永乐初，始复来贡，而后继之。于是往来数数，知我中国之虚实，山川之险易。因肆奸谲，时挈舟载其方物戎器，出没海道而窥伺我，得间则张其戎器而肆侵夷[1]，不得间则陈其方物而称朝贡。侵夷则捲[2]民财，朝贡则沾国赐，间有得不得，而利无不得，其计之狡如是。宣德末，来不得间，乃复称贡。而朝廷不知其狡，诏至京师，燕赏丰渥，捆载而归，则已中其计矣。正统中，来而得间，乃入我桃渚，犯我大嵩，劫仓库，燔室庐，贼杀烝庶，积骸流血如陵谷。缚婴儿于柱，沃之沸汤，视其啼号以为笑乐。捕得孕妇，与众计其孕之男女，剖视之以赌酒，荒淫秽恶，至有不可言者。举民之少壮与其粟帛，席卷而归巢穴。城野萧条，过者陨涕。于是朝廷下备倭之令，命重师恒出要地[3]，增城堡，谨斥堠，大修战舰。合[4]浙东

---

[1] 两处"侵夷"，明严从简《殊域周咨录》作"侵暴"。
[2] "捲"，国图本作"倦"，有批注"'倦'字当是'捲'字之讹"，采之。
[3] "恒出要地"，明张萱《西园闻见录》作"恒守要地"。
[4] "合"，国图本作"命"，据《西园闻见录》改。

诸卫之军,分番防备,而兵威振于海表[1],肆七八年间,边民安堵,而倭奴潜伏罔敢喘焉。兹者天诱其衷,复来窥伺,而我军怀宿昔[2]之愤,幸其自来送死,皆瞋目砺刃,欲食其肉而寝处其皮。彼不得间,乃复称贡,而我帅遂从其请以达于朝,是将复中其计矣。

今朝廷未纳其贡,而吾鄞先罹其害,芟民稼穑为之舍馆,浚民脂膏为之饮食,劳民筋力为之役使,防卫昼号而夕呼,十征而九敛,虽鸡犬不得宁焉。而彼且纵肆无道,强市物货,善谑妇女,貂珰不之制,藩宪不之问,郡县莫敢谁何,民既哗然不宁矣。若复诏至京师,则所过之地民[3]其有不哗然如吾鄞者乎?矧山东郡县当河决岁凶之余,其民已不堪命,尤不可使之哗然也。且其所贡刀扇之属,非时所急,偿不满千,而所为糜国用、弊民生。以通厚之者,一则欲得其向化之心,一则欲弭其侵边之患也。今其狡计如前所陈,则非向化者矣。受其贡亦侵,不受其贡亦侵,无可疑者矣。昔西旅贡獒,召公犹致戒于其君;越裳献白雉,周公犹避让不敢受。汉通康居、罽宾,隋通高昌、伊吾,皆不免乎君子之议,况今倭奴蕞尔仇敌,而于构衅之余,复敢怀其狙诈狼贪之心,而施其奸计以罔我,其罪不胜诛矣,况可与之贡乎?然彼以贡献为名,既入我境而遂诛之,则类于杀降,不武不义。若从而纳其所贡,则中其奸计而益招其玩侮,不可谓智。取一而损十,得虚而费实,不可谓计。弊所恃以事无用,俾其不甲兵而骚,不水旱而窘,不可谓仁。有一于斯,皆非王者之道。窃以为宜降明诏,数其不恭之罪,示以不杀之仁,归其贡献而驱之出境。申命海道帅臣益严守备,俟其复来[4],则草薙而禽狝之,俾无噍类。若是,则奸谋狡计破沮不行,若日之所照,月之所临,物莫能遁,故天下咸知朝廷之明。贡献不纳,货贿不贪,虽有远方珍怪之物,无所用之,故天下咸知朝廷之廉。自江浙以达京畿亘数千里之民,举不识输运之劳,不知征敛之苦,父哺其子,夫煦其妻,而优游以衣食,故天下咸知朝廷之仁。夷裔知吾国有礼义而不敢侮,奸宄知吾国有谋猷而不敢发,桴鼓不鸣,金革不试,故天下咸知朝廷之威。举一事而众善备焉,斯与劳民费国而幸蛮夷者万不侔矣。仆虽斩焉在缞绖之中,然不忍民之罹殃而虑国之纳侮,故敢布之下执事,

---

[1] "海表",国图本作"岭表",据《西园闻见录》改。
[2] "宿昔",《筹海图编》(四库全书本)作"夙昔"。
[3] "民",国图本作"名",据明杨守陈《杨文懿公文集》(明弘治十二年杨茂仁刻本)改。
[4] "俟其复来",国图本作"俟其后来",据《杨文懿公文集》改。

冀采择以闻,庶少补庙谟之万一,唯执事其亮之。[1]

成化丁酉春,忽报倭船数百犯边,时海道副使杨瑄驻省城。寮寀惊问,瑄徐曰:"彼果来犯,吾将尽诛之。"乃出巡至宁波。府卫已戒严,守令集民壮,授甲林立。瑄曰:"海上甲兵自足,内地不须虞,安用民壮,今农事方殷,亟散之。"至定海,乃知为倭两船入贡耳。盖瑄初至时,振饬军政,兵饷墩堠、船舰器械,无一不极其备。奏增通判一员,专掌粮务,故寇至不惊也。杨文懿为立史传。瑄,字廷献,丰城人,景泰甲戌进士。为御史,曾劾曹石,廷杖,临死得赦。

正德己巳年,倭使省佐入贡。时郡守张公津防范甚严,来求尚书碧川先生为之申悃。及门,脱履于户外,入厅事。或以为外国使臣似宜以客礼待之,先生曰:"不可。此外国陪臣耳,中国体面不宜自贬。"处之坐隅。省佐似有不豫色者,乃请纸笔以达,书曰:"本国差使臣入贡,府县迟延简慢。使臣之辱何以当之?"先生答书曰:"天朝与尔国法制不同,尔辈入贡,有司达之巡按,御史奏闻朝廷。朝廷下之礼部,参议可否,然后施行。往返动经数月,何谓迟慢?此我朝之成宪,非有司可得而专也。何辱之有?"省佐又曰:"祖宗以来,频降诏旨,皆有眷顾本国之意。有司不能克承,故为之简慢耳。"先生曰:"予在史馆,得拜睹祖训条章。外国诸夷皆有朝贡之期,惟尔国臣服不常,绝之。宣德间,表奏乞贡,乃复许之。历朝所降诏旨,不过招徕远人之意耳,何眷顾之有?"省佐辞窘面赤,局脊不安。书曰:"老大人久坐恐劳。"先生亦辞而入,留省佐饭。书与陪客曰:"久闻杨公严正,言不妄发。今一见之,人言不诬也。"乃告欲求先生为之方便。先生以语张公,张公信之。诸夷甚感激。

正德庚午,倭使入贡。夷至千人,主市舶者求索无厌,里甲费用不可胜计,四境骚然。太守张公津捕市舶生事者,扑杀之。然后人心稍安,而夷酋亦不敢纵横矣。尚书碧川先生知张公有风力,乃贻以书曰:

主上明圣,四夷来王,固我朝之盛事,万世之国体也。闻之诸夷国俱有朝贡之期,独日本心性狡滑,臣服不常,非信义可结。得间则残害地方,荼毒生灵,卤

---

[1] 此文被收入《杨文懿公文集》《殊域周咨录》《四库全书》等,但多处用词不一。

掠财物，捆载而归。若中国有备，则张旗称贡，海道莫之禁，有司不能阻。纵其入城，所贡方物不过数百金之值，而供亿浩繁，何啻数十百倍？以一郡生灵之膏血，为豺狼之鱼肉，况其贪暴之心无有纪极，为民上者可不为之动心一裁处耶？切惟外夷入贡，本为朝廷，非因有事于宁波而来，岂应独累一郡百姓。浙江十一府，虽非倭奴停泊之所，独非朝廷之臣子乎？何宁波一府独受其祸？抢掳则地方遭杀戮之惨，进贡则百姓受供亿之难。各府晏然，无毫发之累，是岂肘臂相维系之义哉？恭惟执事风裁著于内台，声名溢于外服，忧民之心动见颜色，虽常节制，何补万一？为今之计，莫若请敛各郡帑藏之余，为外国供饷之费，依数类解总司收贮。如倭夷入贡，则取自公家供给，不得偏累一府。庶惠均而泽远，事济而民安。无事之日，则动支官钱修理战舰，雇募骁勇以时训练。风帆时月，则巡视海道以备不虞。摽掠则逐而去之，入贡则卫而进之。春秋则疏放归农，庶百姓无偏累之苦，而外夷有警畏之心。虽不为万全之计，亦可以救一时之弊，而纾一方之困也。其间处置通变之宜，执事固有定见矣。不知以为可不可乎？如其可行，乞速为申请，或即为具奏以为永规，则执事之恩泽与天地相为悠久矣，岂直一郡生灵之幸哉！

张公见书，欣然曰："杨公爱我至矣。"即具由允十一府均派解纳总司。

正德六年[1]，宋素卿、源永寿来贡，求祀孔子仪注，不许。鄞人宋澄告言，素卿本澄从子，原名宋缟，叛附夷人。守臣以闻，主客以素卿正使，释之。罗钦顺撰《主客郎中陆淞墓志》云："日本使者宋素卿，本华人，贿刘瑾，求数入贡。淞力言速夷来去无常，非中国利，因请执素卿以正国法。事遂寝。瑾因不悦。"

嘉靖二年五月，日本诸道争贡，大掠宁波沿海诸郡邑。盖其主源义植幼暗不能制命，群臣争贡，各强执符验。左京兆大夫内艺兴遣僧宗设，右京兆大夫高贡遣僧瑞佐及宋素卿，先后至宁波，争贡不相下。番货至市舶司，阅货及宴坐，并以先后为序。时瑞佐后，而素卿狡，贿市舶太监赖恩，先阅佐货，宴又坐设上。设不平，遂杀佐，纵火大掠，毁所寓境清寺，劫东库，杀指挥刘锦、袁琎，夺船出海

---

[1] 光绪《鄞县志》载："素卿入贡，《嘉靖志》《筹海编》在四年，《敬止录》在六年，《明史·日本传》在五年，今考《武宗实录》，也系五年四月。"

去。素卿走匿慈溪。巡按以闻素卿来朝勘合,乃孝庙时所降,其武庙时勘合,称为宗设夺去。礼部因言素卿入夷,事在幼年,已蒙武宗赦免,毋庸再问,惟谕其回国。因移咨国王,令其查明勘合,自行究治,待当贡之年奏请定夺。已而给事中熊兰等言各夷怀奸犯顺,乞明正典刑,乃系素卿及设夷党于狱。特遣给事中刘穆、御史王道鞫之。素卿伏诛,夷使俱论死。

夏给事疏云:

臣等旁考载籍,日本在东海之中,古称"倭奴"。汉魏以来,已通中国。其地度与会稽临海相望。在胜国时,许其互市,乃至四明。沿海而来,艨艟数十,戈矛森具,出其重货与中国人贸易。即不满所欲,则燔炳城郭,抄掠居民,往往为海边州郡之害。我祖宗灼见其情,故痛绝之。当开国之初,八荒向风[1],四夷宾服。虽西北劲虏,亦皆款塞;唯是倭奴,时或犯我海道。用是于山东、淮浙、闽广沿海去处多设卫所,以为备御。后复委都指挥一员统其属卫,摘发官军以备倭为名操习战船,时出海道严加堤备。近年又增设海道兵备副使一员专督,可谓防范周且密矣。是以数十年来,彼知我有备,不敢犯边。奈何迩来事久而弊、法玩而弛,前次备倭衙门官员徒拥虚名,略无实效。宁波系倭奴常年入贡之路,法制尚存,犹且败事。其诸沿海去处因袭日久,废弛尤甚。乃者宗设作乱,大肆叛逆,竟得扬帆入海而去……伏乞特敕兵部议拟,合无选差官员,领敕前去,由山东循淮扬、历浙达闽以极于广,会同巡抚官员按部备倭衙门,亲历海道地方,查点原设官军,阅视旧额墩堡,查盘现在军器。官军缺之者即与拨补,墩堡圮坏者即与修筑,兵器朽钝者即与换给,官员之不才者即时易置,法度之未备者即时区画,庶使海防严谨、中土奠安,可以防海壖不测之虞,可以壮国家全盛之势矣!

再照海外诸夷国名载在《皇明祖训》者凡十有五,而日本与焉。其下注曰:"日本虽朝贡,暗通奸臣,谋为不轨,故绝之。"及尝观本朝吏部侍郎杨守陈家藏文集,亦复惓惓以"倭夷变诈凶虐,时以刀、扇小物亵渎天朝,规牟大利,不当与之通好"。当于今日之事,则皇祖贻谋,万代如见,而儒臣论事,后世足征。其应否通贡绝约事宜,关系甚大,臣等未敢擅议。

---

[1] "向风",国图本作"同风",据李承勋《勘处倭寇事情以伸国威疏》(见《皇明经世文编》卷一百一)改。

嘉靖五年，市舶太监邓文请换敕书兼管地方，许之。后大学士费宏以人言咎其不能，力止，请仍旧，取回新敕。

嘉靖十二年五月朔日，戴鳌《答知县赵民顺书》云：

昨承以海寇时宜，猥加咨度。顾自多病，弃斥以来，过从寡鲜，知识荒陋，不足以仰塞谦虚之盛。窃伏循念，愧怩可言。然刍荛之虑，明者之所欲急闻，不敢终自鄙外，聊陈其愚焉。惟执事裁之。

吾郡东滨巨海，自汉以来[1]，寇盗屡发。近岁乃有一种漳船，窃市海外番货，如胡椒、苏木、名香、玳瑁之属，潜入岛徼。而侥幸射利者，私其什百之赢，为之根柢橐冗。其始则犹虞触法纲，畏缩掩覆，俟其来而为之市，而今则湍趋川渎，公行效尤，阑出外境，而导之入矣。夫居奇货以取厚殖者，数人之利也。延大盗以窥堂奥者，一郡之虞也。故君子睹微而知著，众人悦近而忽远。今以言其事，则亦著矣。以言其害，则亦近矣。何者？漳船之入吾海徼，才十五六年而止耳，捆载而来固未尝垂橐而返，海上劫夺至及渔樵。辛卯之秋，入我青屿，掠我子女。高檣大舶，轻肆我边围，蔑视我官军。列城之将、防哨之兵，不敢向风而谁何，此其赍货而私市则然矣。假令包藏祸心，弄兵窃发于鲸波之上，则不知将又如何也。

议者或曰不如遂通之。胡椒、苏木之属，民之所资也，我得其资，彼获其售，至而如归，可以免祸。噫嘻！是不独忽于祸变之虞，亦且戾于国家之法矣。我国家宅有四海，重译贡琛者不绝于道，然制御之方、科条之设甚明且肃也。故市舶之设以来，番夷之舶来贡者，许之互市有无。故中国之资多取之四夷，如西北之马，东南之胡椒、苏木之属是也，皆有官司提举其事，而分属诸番，如广东则占城、交趾诸番矣，福建则大小琉球，而吾郡则日本也。今使应入闽、广之夷而改入吾郡已不可矣，况使中国之民挟戎器，驾巨舶，决海防，私出外境，市奇货以图厚利哉？又况使吾郡之民为之根柢橐冗，延盗入室，启之途而借之便哉？

夫中国之民出外境，市禁物，擅驾海舟，皆律例之所深治者，而尚冒为之。若遂决其堤防，而听其所为，则异日之祸可噬脐乎？故曰私以番货市于吾境者，宜一切禁之便。若失禁之，则有道矣。彼以巨舶出没海上，而欲以一二不教之兵、世胄之子扑之，此无异使童子搏虎也。凡去祸必自其本，诛恶必先其党与。

---

[1] "自汉以来"，国图本作"自汉以外"，据浙图本改。

除恶者,必倾其所匿害,宜求其所谓根柢橐冗者,锄而窒之,则番物将无所为而来矣。故禁之则有四利:严固海防,一也;无启盗涂,二也;不以利死民,三也;善奉成法,四也。吾海上之虞,庶其可少息乎!又海上诸城防守之策,卤莽玩愒,无可言者,独有各巡司之兵尚须有所更张耳。盖巡司弓兵大率取于鄞、慈等县徭役,而巡司则处定海,隔越沧溟。往年类为鄞城无赖包当,一人至兼数役,贿市官吏,固未尝出城也。今宜令定海之民居海外近诸司者,尽以充之。而他役之应征银与隶府省者以鄞代焉,则虽不足以御侮,而官吏与兵庶可责其分地以守矣。区区浅昧之见,无足以备采择之万一,而就正之,私有不自知其不可者,唯照亮之,幸甚!

高士《上龙山沈邑侯书》

古之制御夷狄,其道讲之素矣,大抵以不治之治治之。来则柔之,去则弗追。不恃其去来,而惟借吾有备。盖狡焉思衅,夷狄之常。是以谨陲固围、慎斥堠、丰储积、练兵旅、选将帅、明赏罚、一号令,使威惠并行,则内实无衅、外侮潜消,固前哲之深虑。然北虏、东夷,强弱有间,唯其策马控弦、朝发夕至,而中国之所以制御者周;风帆航海逾纪始至,而海堧之所以制御者略。夫防周,则强者可制;备略,则弱者难支。故北胡强,而得志之日少;倭夷弱,而浙东之被患深。岂不以卑郏莒而忽江黄,虽鲁楚之大无以御之也耶!

夫蜂虿有毒,古人善喻,困兽犹斗,矧倭夷之狙诈狼贪者乎?其为中国之疥癣,自唐宋而已著。元时,燹掠吾鄞几无噍类。国初洪武间,入贡不恪,正其罪而绝其使,著之为训。永乐壬寅,寇我象山,杀教谕蔡海,旋寇钱仓,杀千户易某。既而复许通使,益狎边鄙,遂启戎心。得间则侵,不得间则贡。侵则卷民财,贡则霈国赐。间有得不得,而利无不得。先达文懿杨公已发其狡于张主客之书矣。正统间,入我桃渚,犯我大嵩。贼杀官民,刳剔孕妇,驱妇女以为橇而运剽掠之货以登舟,缚婴儿于柱,沃之沸汤而视啼号为笑乐,其残贼若此。而近时之惨变,又杨公弗及见者也。使公见之,其慨又当何如哉!於戏,至是而知我太祖高皇帝贻谋远矣。夫夷狄豺狼,其蓄异心固其性也。而中国之待之也,当豫为弭变之具,使四散而消,其党则必无啸聚之患。而前者皆失之,又况厝注之乖方,绥怀之未尽,左右前后贪其货利而不顾公家之大体。法度既无以服彼之心而安彼之志,则其势必轻吾之备而戕吾之民。盖自侮伐而后人从之,其势然也。请陈已往之弊而及将来之备可乎？

夫曩者，夷舶之至也，有先后焉。宋素卿者，本中国朱氏子，幼为夷人挟往者，故吾鄞称为朱倭。正德间，逆瑾用事。一尝来贡，与之通谋，故逆瑾不正其叛逆之罪而假以冠带之荣，其挠法亏体已甚矣。嘉靖癸未，夷人宗设谦导等先到，舶舟江浒者逾半月，有司申请明示未下也。已而叛贼素卿舟甫入港，首询逆瑾，知正典刑，愀然变色，益知其为通谋矣。当道适命移货入库，为有司者先至先阅、后者后之，俾先后不失其序以示至公可也。顾乃轻听译人受赇反覆之诡词，先后易置，不能不起先至者之疑。况素卿狡猾，安知其无矜夸之词？熟识译人必有高下其手于其间者，遂使疑隙一开，狡谋猬发，据入库之兵持管钥之柄，卒至流血于无辜之民，缚指挥袁镇表、总督刘锦，使吾郡士民星散，老幼创残。寇客商之舟掠村落之资，锋镝四出，无敢谁何。呜呼！激宗设之变者，素卿也。误有司使不能弭其变者，译人也。夫是非久而后定素卿之诛，王法无赦矣。失今不诛，幸而自毙，是法终不伸而谋叛者无罪也。通逆之辜不讨也，非惟无以示远夷且无以警中国也，而可乎哉？或曰使素卿先诛，则异日无以质证，示曲直，谂来使。

夫君子谋事先观大体，政使须辩，亦必以背中国为首恶，得罪于夷在所轻矣，直当断以大义，示以至公，而谕以当诛，将彼心服之不暇。又况余丑犹存，亦不待一叛逆而后明也。今舍其大诘其细，其于国是何如？大体何如？夫兵所以卫民也，将所以驭军也，食所以守国也，器所以御敌也。今也，卒不素练，将不择精，食无夙储。向者，夷舶之入，武卫之司抽兵以守堞，沿江以聚屯，拔一刀于夷前，挽以数人始脱一鞘，夷人粲然而笑。夫器之不利若此，岂不来夷情之轻，而欲陆剚犀兕，水截蛟鼍，搴旗斩将，敌忾成功难矣。至其变起仓卒，坐视吾民之斩艾而为之将者，恐失官军以获罪戾，未尝一战。夫兵以卫民，食民膏血而不为之救，恶用养兵为哉。然非兵之罪也，将之者非其人也。夫世禄之家，宜闲弓马、习韬略、临难忘身。今也，夷人时至，漫不知防，变故倏生，仓皇失措。闻鼙音而胆碎，见锋镝以遁藏，虽或巡城，首鼠前却，狸牲之喻由来尚矣。故择将之道在乎慎选，假以礼貌，宽以岁月，驭以纪律。假以礼貌，则下情得以上通，而士卒畏其威；宽以岁月，则才否得详察，而匪才不容以倖任；驭以纪律，则无意外之患。而近时之择之也，便捷趋承，工于媚悦，苟中一箭，则能事毕矣。上视之也甚轻，则下待之也不肃，欲其威之扬、卒之服也难矣。矧智、仁、勇、信、严之道,未尝有一于此,指世弁而概以将目之,宜乎变生而民受其毙也。夫塞下徙粟,虑久持也。倭夷越海而来,虽非久持之势,而公私之蓄,初无厚藏,倘变生须臾,关城一闭,公私吾见其日急。而今之有司未尝留意,视仓厫为虚具,虽或赃罚输粟备民亦徒焉耳矣,则仓禀之寒心方殷也。

夫国之大事在戎,而食尤戎之要务。有食则器可精,国可守,将卒可勇。是故器不利也,将之匪人也,食储之未丰也,皆今日所当讲者也。至于措注之方,如可得之于上,罢此夷贡,则他方长久之福也。否则,窃以为彼既诡名进贡,夷情叵测,势不容于不防。宜令定海泊舟,阅其方物。官具小舟数十艘,先收兵器分寓各府,然后礼接其使俾处宾馆,籍其余货分散各邑,与其夷商随货以居。俟移文至日,许其进京。则一时抽聚,以兵护送,而所在之货,务使公平,俾下无乾没、渔猎之患。苟有犯法,绳以中国典刑,毋姑息也。

抑尝闻前守张公之待夷也,官阅其货。系进奉者,役夫供劳。挟带私货,夷商自运。少有犯法,痛加绳治。其出入接见有度,必先己而后夷,使所以尊中国也,而又待之以诚,慰之以礼。夷人畏之若神,毋敢违者。盖恩威并行,宜其心服也[1]。近者,纵夷人于弗检,弊吾赤子而奉叛逆,势愈忽而诚不著,则彼之肆志,我招之也。是故绥怀之道,恩与威而已矣。其番舶俟货毕卸,驾之幽远。俾之阁浅,拨人守之。还期既卜,礼使亟遣。货或未尽,官偿其直,而犹不尽者,俾返货可也。盖欲速驱出境以免患,非贪利以济私也。至于平时,虽寸铁不许佩身。起程之际,量给器械可也。夫如是则党散而谋消,左右无侵渔而公家之大体不失,是亦不治之治而狡焉思衅之心庶其少释乎!嗟夫,海内洊丰仍泰,百度渐以玩弛,而兵备为尤甚。天子轸念东南,遴选吾儒文武兼资者,以当一方长城之寄。恭惟执事以人望攸归、帝心简在,其为重审矣。方今海堧,时月风汛,安知其不诡名进贡如昔人所谓乘间谋利者?虽至与不至在彼,而备之当预者在此。夫天下之事有备无患,害未形而备之固,保邦之长策,亦兵家以逸待劳之胜算也。患方及而谋之,譬犹渴而凿井,斗而铸兵,不亦晚哉!虽然内治修,然后远人服,今远人旦夕之忧,尚为四支之患。

夫民者,国之元气也。鞭朴日加,赋敛日急;由是不已,必至欺妄;欺妄不已,至于盗贼;盗贼不已,至于杀害。夫盗贼、杀害,萧墙之变也。故谭子曰:

---

[1] "宜其心服也",浙图本冯批补一"口"字,作"宜其心口服也",不知其所据。

"欺妄非民爱,而哀敛者教之;杀害非民愿,而鞭挞者训之。"方今字民之职,知守谭子之诫者,寡矣。一旦有急,欲如古者子弟卫父兄,难矣。故今日深可虑者,恺悌之风日微,万姓生意日索。执事居得制之地,将必有祍席之道,以福斯民。夫既修内治,远人自安,坐镇海堧,潜消夷裔之变,使百年无东顾之忧,有非区区草茅之士所窥者,然日月虽明,萤爝不废;河海固大,沟涧趋之。抱微诚而伏谒,安知非大君子之所乐闻也。

谨以旧文联缀为贽以献,伏惟矜愚宥罪而赐览焉,不胜幸甚。在嘉靖十七年。

嘉靖十八年闰七月,日本国王源义复遣使来贡。自二年宗设之乱,不通贡者十七年,至是复修贡。浙江抚按以闻。上曰:"夷性多谲,不可轻信。所在巡按御史督同三司官[1]严加译审。果系效顺,如例起送。仍严禁所在居民,无私与交通,以滋祸乱。"

嘉靖二十八年,日本国王源义请[2]差正使周良等来朝贡方物,宴赉有差,以白金、锦币报赐其王及妃。初,日本入贡率以十年为期,载在《会典》。嘉靖二年,宗设、宋素卿争贡相仇杀,因闭关不与通。十八年,复来求贡,纳之。因与约:以后入贡,舟无过三艘,夷使无过百人,送五十人京师。至是,良等不及贡期,以六百人至,凡驾四艘。部议:非正额者,皆罢遣之;浙抚朱纨力陈不便。礼部欲赏其百人如例,非正额者勿赏。良因自陈:"贡舟高大,势须五百人。中国商舶入夷中,往往岁匿海岛为寇;故增一艘者,护贡舟也,非敢故违明制。"礼部不得已,请百人之外,各量加赏犒;百人之制,彼国势难遵行,请相其贡舟斟酌。又,日本故有弘治、正德入贡勘合,几二百道。夷使前入贡时奏乞嘉靖勘合,朝廷令以故勘合纳还,始予新者。至是,良等持弘治勘合十五道,言其余七十五道为素卿子宋一所盗,捕之不得。正德勘合留五十道为信以待新者,而以四十道来还。礼部核:"其簿籍脱落,故勘合多未徼缴,请勿予新者。令异时入贡,持所留正德勘合四十道,但存十道为信,始以新者予之。而宋一所盗,责令捕索以献。"报可。

---

[1] "督同三司官",国图本脱"同"字,据浙图本及明王士骐《皇明驭倭录》(明万历刻本)补。
[2] "源义请",《明实录》作"源义晴"。

嘉靖三十五年，倭寇大掠福、浙，南直总制胡宗宪遣生员蒋洲、陈可愿二人俱鄞县人。使倭宣谕，还报倭夷志欲通贡市。兵部力议不可，乃止。

初，奸商汪直、徐海等尝阑出中国财物，与番客互市，皆主余姚谢氏。久之，谢氏颇抑勒其直，诸奸索之急。谢氏度负多不能偿，则以言恐之曰："吾将首汝于官。"诸奸既恨且惧，乃纠合徒党番客，夜劫谢氏，火其居，杀男女数人，大掠而去。县官仓皇申闻上司，云倭贼入寇。巡抚朱纨下令捕贼甚急，又令并海居民素与番人通者，皆得自首。人心汹汹，或诬善良，而诸奸畏官兵搜捕，亦遂勾引岛夷及海中巨盗，所在劫掠，动以倭贼为名，其实真倭无几。蔓延四省，调狼兵川卒，海内骚动，至于竭东南之力仅乃胜之，盖患之所从起微矣。

胡宗宪为总督，因谋抚之。人言汪直以威信扬海上，苟得诱而使或可阴携其党。而宗宪与直同乡，亦习知其人。乃迎直母并其子入杭，厚抚之。遣宁波生员蒋洲、陈可愿往谕直。直如约遣其养子鄞人毛海峰款定海关。时徐海正围巡抚阮鹗于桐乡甚亟[1]，亦往谕之。海亦遣酋谢罪，约解围去。然海颇黠，反覆不可信，使凡数复，而与海共围桐乡者陈东及海书记叶麻狡捍难下。麻近与海争一女子，有微隙，于是遣谍讽海，缚麻以出。麻出而诸酋俱不自安矣。又数遣谍持簪珥、玑翠赂海两侍女，一名翠翘，一名绿姝，皆歌伎也。日夜说海缚东。东为萨摩王弟故帐下书记，酋海未能杀之。宗宪令麻诈为书于东，令其杀海报己仇，故泄其书于海。海于是日夜谋杀东，出所掠货物千余金赂王弟，诈请东代署书记，因得缚东以献，东党恨之刻骨。时赵文华视师至浙东，宗宪探知海日夕[2]忧东党图己，乃借文华以恐胁之，云文华以海罪重，必欲擒海，不许其款。因约以我舣数十舟海上，令其诱诸贼散逐之。我预伏兵猝出，俾不得还斗，可俘斩千余级，以为赵功，而海因得以自完。海许之，如约行之于乍浦城外海中，杀数百人，没海者无算。于是海自[3]以有功于我，愿与部下诸酋长[4]入款具庭谒。期八月二日，海犹恐阴设甲士劫之，先期一日拥酋数百人阵平湖城外，自帅酋长百余人胄而入，厚犒之而出。文华、宗宪等怒其狡，必欲诛之，佯令海自择便地居之，

---

[1] "甚亟"，浙图本作"甚急"。
[2] "日夕"，浙图本作"日夜"。
[3] "自"，浙图本作"日"。
[4] "诸酋长"，国图本作"清酋长"，据明胡宗宪、薛应旂《浙江通志》（嘉靖四十年刊本）改。

乃自择沈家庄。其部下无所得食，稍稍出外卤掠，遂执之，以为辞。后使陈东作书，恐激其党。其党因急图海，勒兵过海所骂之，相与斗，而我官军四面合进，人各持炬，纵火焚之。海遂沉河死。俘两侍女，问海尸，指所沉河处，遂获尸斩之。

《世庙实录》云：先是，浙直总督胡宗宪为巡抚时，奏差生员陈可愿、蒋洲往谕日本，至五岛，遇王直、毛海峰。先送可愿还。洲留，遍谕各岛。可愿还言："初自定海开洋，为飓风飘至日本国五岛，遇直、海峰等，言日本国乱，王与其相俱死，诸岛夷不相统摄，须遍晓谕之，乃可杜其入犯。有萨摩洲贼舟未奉谕，先已过洋入寇矣。我辈昔坐通番禁严，以穷自绝，实非本心。诚令中国贳其前罪，得通贡互市，愿杀贼自效。遂留洲传谕各岛，而以兵船护可愿先还。"洲至丰后阻留，转令使僧前往山口等岛，宣谕禁戢。于是，山口都督源义长具咨送回被掳人口，咨乃用国王印。丰后太守源义镇遣僧德阳等具方物，奉表谢罪，请颁勘合修贡，护送洲还。及前总督杨宜所遣郑舜功出海哨探夷情者，亦行至丰后，丰后岛遣僧清授附舟前来谢罪，言前后侵犯皆中国奸商潜引小岛夷众，义镇等初不知也。于是宗宪疏陈其事，言："洲奉使宣谕日本已历二年，乃所宣谕止及丰后、山口。丰后虽有进贡使物，而实无印信、勘合。山口虽有金印、回文而又非国王名称，是洲不谙国体，罪无所逭。但义长等既以进贡为名，又送还被掳人口，真有畏威乞恩之意，宜量犒其使，以礼遣回，令其传谕义镇、义长，转谕日本国王，将倡乱各倭立法钤制，勾引内寇一并缚献，使见忠款，方许请贡。"疏下，礼部言："来使宜优赉遣回，如宗宪议。其宣谕一节，事关国体，未可轻议。"诏仍详议具奏。部臣乃请令浙江布政司以有司之意移咨风示义镇等，转谕其王。报可。

又《实录》：源义镇等装巨舟遣夷目善妙等四十余人随直等来贡市，以十月初至舟山之岑港。时浙东伤于倭，闻倭船大至则甚恐，竞言其不便。巡按王本固奏："直等意未可测。"于是朝议哄然，谓宗宪且酿东南大祸，浙中文武将吏亦阴持两可。直至，觉情状有异，乃先遣滶（滶，原姓王，后改姓名，即毛海峰，鄞人。见宗宪，问曰："吾等奉招而来，将以息兵安邦，谓宜信使远迓而宴犒交至也。今兵陈俨然，即贩蔬小舟无一近岛者。公其诒我乎？"宗宪委曲谕以国宪乃尔，誓必无他。滶以为信。善妙等见副总兵卢镗于舟山，镗诱便缚直等。直大疑畏。宗宪百凡说之，直终不信，曰："果不欺，可遣滶出。吾当入见。"仍要中国一贵官来质。于是以指挥夏正与滶往。直与叶宗满、王汝贤来见，宗宪好言慰之，令系按察司狱，具以状闻，请戮直等正国法，准义长等贡市；或曲贷直等死，充沿海成卒，用系番夷心，俾经营自赎。本固力以为未可，而江南人汹汹，言宗宪入直、妙善等金银数十万，为求通市贷死。宗宪大惧，疏既遣追还，尽易其词，言直罪不赦。而直党知直下狱，遂支解夏正云。后随直至岑港诸倭及谢和毛海峰扬帆出海，至福建浯屿，宗宪实阴纵之。福建人大噪，谓宗宪嫁祸。经年始通。海峰复移众南奥建屋居之。

四十四年九月，巡抚浙江刘畿议言，宁波故设市舶以通贸迁，属以近海奸民规利起衅，议裁革。今人情狃于近利，辄欲议复，不知沿海港多兵少，防范为艰。此衅一开，岛夷啸聚，祸不可测。市舶之议遂寝。

万历辛卯[1]岁，石星为兵部尚书，议东封复通市贡。辽东总制宋应昌主之，以书通政府，言其利。时沈文恭初入阁，力沮之，事得寝。

应昌书曰：应昌启首，春闻东封已定，社稷之福。东封既定，必言贡市。昨疏中稍稍及之，乃昌素画也。往岁拟于降表，至后为请。不意表几到而昌罢去。昌每念倭虏之市判若天渊，盖虏以疲弱之马，易吾有用之财。得其马不得以供驱策，分给军士相继而毙，乃以月饷扣偿。虏势日强，边备日弱，以有限填无穷，坐困之道也。若倭所市金居强半，海外之货皆中国所贵。吾民得之利且十倍，而吾民易去之货利又数倍。以故市舶之税，岁几百万，自国初以迄弘正间皆然。总镇之官特陈兵以威之，未闻有乱者。王值、明山等，俱中国甿隶，其势穷迫，勾引海中亡命为扰，彼国不知也。迩来沿海之民尚思市舶，而长虑却顾之士切齿互市，何者？北虏之市在官，害亦归于官；东夷之市在民，利则官民共之。北虏岁市数百万，我宜以一岁之需，养兵数十万以壮边声，机有可乘，一大创之。况今民力日疲，年来虏已生心乎？倭则不然，越海而贡，我能制其死命；市税无算，我可取以养兵。与其弛私通之禁而利归于民，孰若统之重臣使市舶之利亦归于官？昌老矣，无能为用矣，匹夫受恩且犹思报，故不惮出妇之诮白之台下，异日人言及此，惟台慈主持。

春初，教及东事，对未详。兹再承枉语，益加勤。门下东征，渠率四方，奉之

---

[1] "辛卯"两字，国图本、天一阁朱本皆缺，唯浙图本有之，因补。

进止，而为说乃尔，恐人遂和，敢布腹心。东事起时，言封、言贡、言市。既举，朝谓贡不可，则罢贡与市，而专言封，今门下复言市。夫市，贡之别名也。市如可，何贡而不可？然而必不可，仆请析之。来教言："倭虏之市若天渊，虏市无利倭市利，宜许。"夫中国之与虏市，非欲之也，诚畏之而以此羁也。令欲与倭市者，得已乎，不得已乎？谓倭强于虏乎？仆以为倭不能及虏之百一，无畏也。中国之利，利在偃兵，何患乎无货？而况海外货，非衣食所急，不足为吾重。荡荡寰中，何物不有？讵资于一小岛，彼算及秋毫，安肯以利输我？彼则利吾，货耳。吾何利于彼而与之市？

来教又言："市舶之税，岁几百万，自国初迄弘正间皆然。"此语未真也。市舶宁波事，而仆宁波人，未尝闻向有百万之利。利至百万巨矣，充何输将，作何费用，或入内帑，或留外库，而寂寂未有闻也。但闻倭来，百姓有供给之苦，有送迎之苦；有司有防闲之苦，有调停之苦。市舶太监之徒病民而与有司角，则有苦。倭来馆之城中，与民互易，任其出入而民不得高枕，官于此者常不乐思避去。尚幸其时国家威灵赫然，倭有犯即一尉一候得挞之，然犹有嘉靖二年之变，杀一都指挥，缚一指挥以去。地方残破，室庐焚燹，扶老携幼，逃于山壑，一月而后定。先此，杨文懿尝著书谓倭贡不可不绝，家诵之为名言。时不能从，而致此祸，又复不戒，有嘉靖末之祸。今人即不见嘉靖初事，然见嘉靖末时。向使倭不数贡，则彼不知海路之夷险，中国之虚实，武备之修弛，吏治之勤窳。彼不能收吾人为向导，不见吾扼塞要害繁富充牣之所，安能凿空犯涛而为祸？故历考往牒，自开辟来，未有倭乱中国二三十年若嘉靖末之亟者，正以从前无贡，即贡未有如此之数，而独数于今，故祸独惨于今也。安危所系，岂惟东南，奈何复言市乎？

来教言："王直、明山，俱中国甿隶，勾引海中亡命为扰，而彼国不知。"公尚谓曩之乱，特中国甿隶，而非倭耶？谁则信之？当是时，王直、明山勾引海中亡命及群倭之不逞者为乱，胡制府遣人责其君臣，而彼君臣谢不能制其国人，非不知也。夫不能制其国人，虽善之何益？然则不必市明矣。来教又谓："沿海之民尚思市舶，而长虑却顾切齿于北之互市。"夫北市利害自当别论，今且言市舶。公言："倭越海而贡，我能制其死命；市税无算，我可取以养兵。与其弛私通之禁而利归于民，孰若统之重臣使市舶之利归于官？"则所谈市舶之利止此矣。仆请竭吻无让焉。夫欲制倭之死命，当于其未来，不当于其来。引之来而始制之，曷若禁其来而无待于制之为逸？公之意，本畏之而以为我能制其死命，虚言也。畏之而许，则他日之畏当愈甚，而吾之死命制于彼，持太阿予人而祈其不割难矣。仆以为倭越海而来不足畏也，即畏之，尤不当引其来而乞其无为害。畏虎狼者，必拒之，毋引之，此易喻喻也。且吾所以养兵，为备倭也，倭不来兵庶乎可减。市倭则兵无减，而且增市倭之费矣。市倭必设市舶，必置重臣，费更无算矣。且公所谓重臣者为谁？文官耶，武官耶，中官耶？何为无故而添此一漏卮耶？凡此皆敝乡之所甚苦。嘉靖前苦重臣，嘉靖后苦倭。故禁海三四十年，而莫言市。执事独谓沿海之民尚思市舶之利，此又虚言。仆海民也，未之前闻，而闻之自执事始，不亦怪乎？公昔在军中，真赝互收，经权并用，战亦可，和亦可，不必以一途取捷。即有误失，人犹相谅。若为国家定万年之画，必不可毫厘误失。仆又请终言之。谈于公者，必曰倭贡市二百年，何今而不可？此不知时者也。国家所以致嘉靖之祸，正为许倭贡市二百年故也。仆前已陈矣，而今之时又异于昔。曩倭贡来海上，卫所言之府道，府道言之抚按，展转文移逾一二月而后登涯。比遣酋入京还寒暑易矣，而后东归，故常一年在吾土。北边之市，不过一二日去矣。倭之去非若虏之易也。又曩时法行，文皇帝尝获倭，为铜甑烹之，就令倭酋烹者死，酋者继，尽百余倭，而纵其后一人归言之。其威如此。自倭为难，刈吾人如草，有轻中国心。曩时，倭不为乱，吾民亦不疑倭。自倭为难，吾民仇之次骨[1]，有疑倭心。曩时，倭来有司得加法，倭亦帖帖服。自倭为难，吾有司不陈兵不见，有不敢轻彼心。此数事不能如旧，则市不行。倭扬扬从海上来，吾之吏卒将信其为贡市纵之入乎？抑奋击乎？既入将馆之城中，如故事乎？抑置之野外乎？将设兵陈卫、击柝以守之，盘诘其出入而勿之纵乎？抑慢弛其防如旧时乎？有犯，有司能箠之、楚之如故乎？抑恐激怒启衅，姑宽假乎？夫必期年然后去，数年之中，必有一年来而不能行吾法，宽假之，纵弛之，势不能无为乱。即彼不为乱，而吾之民能无疑其为乱？以吾之疑，召彼之疑，疑复生疑，不乱不止。由此言之，无论诈来，即诚来，不可受。无论常来，即暂来，不可受。时也。如有不信，则仆有一言献于公。公能从仆，仆不敢复言。必欲许倭市者，请毋市于宁波而于杭州。有船数艘，众数千，留一岁所，宾之以礼不以兵，居之以城不

---

[1] "次骨"，浙图本作"刺骨"。

以野。日供之不足[1]，而有司毋以法制，听之市，意满乃去。方是时，即公能推诚待物，坦然高卧北窗下，啸傲自若，恐公之兄弟子侄、亲戚朋友、邻里乡党未必能一一坦然如公也，又恐部院司道下至于府卫州县未必一一坦然如公也。借欲令倭不以船数艘、众数千，市不以岁月计而以日，地不必腹里而以海，则有双屿港覆辙在，不可行也。强而行之，当有兵卫之防是群，有司将吏日夜焦劳。得罢去，乃相庆无事。此孰与陈兵而杀之便？故凡言市者，未尝深思其本末耳。向时倭五十三人横行勾吴楚越间，至薄南都，莫敢谁何。旬月而后歼之。今纵数千倭入内地而不设备，此辈皆孝子顺孙乎？海上兵邀而击之易耳，舍此不击，揖而登之堂皇闱闼，而兵则守于封鄙之外，仓卒有变，贼为主，兵为宾，譬之饮鸩于腹而索医于远，能及乎？策国者毋以侥幸，以侥幸者假息游魂无复之之计也。焉有全盛之朝而以侥幸为长算？圣王制御夷狄，自有常法。倭来以兵相见耳，奈何舍此不言，而言可已不已之语。仆素拙，不好辩，以国家安危不敢不言，幸谛思而慎发，岂直国家之福，亦执事无疆之福。

余发家日，石本兵定计封倭矣。余度封倭亦何害？而唯贡与市甚不可，未到京先以书言之。在途闻小西飞已至，驱而入，即复言之，皆曰无许者。明年春，宋经略忽于辞恩疏中请贡市，以书通余，无何，复极言。余曰："再来非漫语也。今不言，后将噬脐。"乃作此笺。笺止答宋，未尝泄。而顷之，石尚书来谢不敏矣。然议亦竟从此止。后宋哀其"朝鲜书疏"为《经略复国要编》，计八册，遍遗三阁而不及余。盖憾云余谓其所亲，曰："吾为宋公造福而犹外我耶！"

附：张文定《西亭饯别诗序》

甬东为海岸孤绝处，蛟门、虎蹲，古称天险。高丽、日本、暹罗诸番航海朝贡者，皆抵此登陆。水陆之间，异服上下，防守固宜加慎。而海乡之民以沧溟为菑畬，每岁孟夏以后，大舶数百艘乘风挂帆蔽大洋而下；而台、温、汀、漳诸处海贾，往往相追逐出入蛟门中。国初以翁山险绝，内徙其民而空之，以绝寇源，虑患不为不深。并海要害置卫若所，又设巡海宪臣专领其事，制法不为不备。然当成化间，倭夷掠大嵩，霸衢如覆无人之境，虏财物、子女，掉臂哈笑而去。况方今武备非曩昔比，而异方海贾瞷眈日熟。其可虞者又不止倭夷尔矣。

---

[1] "不足"，浙图本作"不乏"。

市舶之设，专司贡献，而近复兼与海道，则提举之司于海隅休戚，亦不得以非己所职，遂默默而已也。夫岛夷以朝贡为名，其来也，理不可得而距，海隅之民恃海而食；其出也，势不可得而围，必使巡海宪臣恒驻蛟门之内，督率武弁，慎封守而讥非常，则可以无患。不然遥居数百里外，平时蠹弊既莫省刷，而卒然有警又不能以相及。至于兔去而嗾犬，羊亡而补牢，斯亦晚矣。

陈君克宽，以潜山著姓，卒业太学，官四明之提司。三载考绩将之京，明之缙绅士夋之郡西之亭，各为诗歌，以嘉陈君。夫以君敦敏之资，加之以廉慎，以是见察于监司，书其考曰才，曰无过，而上之铨曹，固足以循资而进。然君子居其土，则虑其民，况职业有相关者乎！其以吾所闻者告之当道，闻之天子，为明州曲突徙薪，则岂特三载之绩云尔哉！明天子方荜新政令，凡海内休戚利弊，正所乐闻，迈云龙之会，被非常之恩，将不在斯行乎？书以为西亭夋别诗序。

敬止录卷之二十二

武卫考上

皇明洪武元年，立明州卫指挥使，命指挥驸马王恭镇守，辖五千户所。二年，指挥陆龄收集方氏亡卒及并金华、衢州等处官兵，增为十所。七年，调前所守定海。十一年，调中右所守昌国。时舟山为昌国县。十四年，改明州卫为宁波卫。十七年，调中前所、右前所、左后所，置昌国卫。此昌国为今卫治。十八年，又调右所守定海。二十年，调左、前二所，立定海卫。存者唯中、后二所，乃料民丁以补左、右、前三所，后徙海岛居民为水军五所，仍为十千户所。二十五年，调水军于直隶龙江右卫。二十七年，以左、右、前三所兑调温州卫，仍五千户所。后以功臣世袭于宁波卫，为指挥使同知佥事。五所正副千百户、卫所镇抚，凡□□□家。指挥使，正三品。指挥同知，从三品。指挥佥事，正四品。卫镇抚，正五品。所正千户，正五品。副千户，从五品。百户、所镇抚，并正六品。吏部选卫经历、知事[1]。二员为其守令。卫所有旗军，亦父死子继，世世替袭。每旗军十人，别设一人为什长。每五十人，别设一人为总旗。合二总旗军，共一百一十二人，什长、总旗数在内。一百户统之。合十百户军，共一千一百二十人，一千户统之，为一所合。合五所千户军，共五千六百名，则卫指挥统之。嘉靖末，见在者止一千一百五十七人。指挥之制，一人掌印，一人佥书，一人掌操，一人管屯，一人管军器，其余或运粮或分汛，后设总兵，分汛废。更番轮值掌印，后大率即运粮以为常，初不拘于使与同知佥事也。每岁霜降前一日，掌印指挥合五所千户盛陈兵器迎之。凡嫡子孙应袭者，生即报名于官，以达部，给半俸养之，为之优给。年十六，停给，许其袭职；不愿者听。其俊秀向学者，指挥则径赴武会举，免其乡试。千户而下，则径赴武乡

---

[1] "知事"，浙图本、天一阁朱本作"主事"。

举,免其入武学试。中者就其本职升用焉。其愿就文者,督学按临卫指挥掌印者先试之,而定其高下,移于郡守。郡守复试之,定其高下,上于督学。督学拔其尤,送于府学。自此而乡、会试皆无阻焉。其愿袭祖职者,听之。

军职共一百七员,印章共五十八纽。

《永乐志》载,额设指挥使一员,同知二员,佥事二员,额外佥事三员,共八员。卫镇抚二员,额设正千户五员,副千户十员,额外正千户一员,副千户八员,共二十四员。额设所镇抚十员,额外四员,共十四员。额设百户五十员,额外六十员,共一百十员。是此时之制如此,后则唯指挥使止一员,而余则渐增矣。《永乐志》又载,官宅三十三处,在府城内四隅之地,皆元末方氏麾下所居之屋。设卫以来,军职相沿居住,兹不复录。

吏户礼令史一名,典吏二名,兵刑工令史一名,典吏二名,架阁库吏一名,镇抚司吏一名,千户所司吏各一名,百户所军吏五十名,选识字军人轮充之。

旗军五千六百名。

此原额也。总旗一百名,小旗五百名,军人五千名。《永乐志》载,军营房每总旗一名三间,小旗二间,军人一间,计六千三百间,共四十七处,散列城内四隅之地。

达旗军九十八名。

总旗五名,小旗九名,军人八十四名,外达二名,回回三名,皆带管安插者。见《永乐志》。

宁波卫指挥使司 在府治之西直,谯楼之北,即明州旧治址。

正厅五间。匾曰"武镇",旧曰"帅正"。

前轩五间。

西厢小堂三间。匾"思无邪"。

中轩堂三间,翼以两厢。

后堂五间。匾曰"安远",旧曰"敬简",翼以两厢。

后堂后为八面堂。

厅前两旁庑,东十间,西十二间。皆为吏胥理案牍之所。

厅后两旁庑,各十间。

井亭二。以覆井在甬道两旁。

中仪门五间，翼以两厢。

外门三间。

旁屋二十六披，列于卫门前之两旁。

旗纛庙 卫后堂东，庙宇三间，斋宿房三间，宰牲所三间，神厨三间，库房三间，外门一座。详《坛庙考》。

土祠二间 在厅前东南陬。

经历司 在正厅东。正厅三间，前轩三间，东厢屋二间，厨屋三间。

镇抚司 在卫治西南，旧永济坊明远楼之西，系元之蕲县翼上万户府。轩厅三间，后堂三间，旧匾"宣威"。东西厢二间，囹圄三间在厅西，卷库三间，中仪门三间，外门三间，土祠一间。

五千户所 在中仪门前两旁。东中、前二所，西左、右、后三所。每所厅屋三间，后堂三间，侧屋五间，卷库三间，门屋一座。

军器局 在卫西，系鄞县治故址。厅屋三间，两旁作屋十六间。外门屋三间，管局指挥一员，岁造解京军器三千二百件副。洪武二十八年置，督军人习学匠艺。漆铁、皮丝，有司关支；竹木、灰炭、麂皮，军人采办。

架阁库三间 在卫之西北陬。洪武二十九年置，以贮案牍。

按：卫址，唐自小溪徙明州，治此。宋建隆二年，为奉国军节度使镇。太平兴国三年，仍为明州治。建炎三年十二月，高宗车驾驻跸。绍兴间，兼沿海制置使司。绍熙五年，升庆元府。元改庆元路，署曰总管府，徙开明桥县治于其西，今军器局址。大德六年，迁总管府于东，改建为浙东道宣慰使司都元帅府。至大二年正月，毁于倭寇。四年，宣慰使都元帅廉希哲鼎建，教授卓玘为记。至正十八年，方国珍入据为浙东行省，归附后开设明州卫，后改宁波卫。万历丁亥重修，屠隆为记。记曰：

世恒言，"时清右文，世乱右武"。升平之朝，兜鍪颐指俯仰，荐绅握管兰台者好苛其文墨，议论以持韬钤长短。若束湿事变猝起，文士负囊幪被羁旅行[1]间。建牙开府、鸷犷伦父之徒往往蹂躏之不啻毂雏。斯所谓两失者也。天生五材，谁能去兵。天下虽安，忘战必危，自古记之。坐而策事，翊赞二仪，埏埴万灵，斧藻铺张，骏烈鸿茂，则文士擅长。白猿黄石，矢疾飙迅，军戎亦有英雄

---

[1] "旅行"，浙图本作"行李"。

焉。垂绅秉简，操三寸不律，智周天壤，思超块圠，平居骂颇牧老兵。一旦烽火亘天，钲鼙弥野，蒙犯矢石，对垒犄角，将属之谁乎？夫无事贱之如泥沙，而有事倚之如手足，此非所以收士心而安疆土也。今国家承平久，武之颓窳不振甚矣！将门子多椎鄙粗屑，目不识丁，手不任矛，饮博偷惰，决裂名检，下同市闲负担，而文士亦遂草菅之不为礼。彼见人草菅不为礼，益甘心洼下焉，而不自爱。嗟乎！若曹甘心洼下者无论，其间宁讵无沉毅倜傥、有大志略者邪？亦猥同下劣武夫视之，而无从自振拔，即志气乌得不挫，而缓急何所倚办乎？将帅不尊，则无以统驭军旅；军旅失驭，则无以防御疆隅。今行伍处处老疲，军政在在堕废。脱有变故，马箠可笞，靴尖可踢，得不危乎？履霜坚冰，此当事者之失计也。故余以为武事轻，大非国家之福也。

余顷观今观察刘公、郡守张公最留心武事。去岁饥，诸所朝夕鞍铠，佐黔首之急者，毛发不爱而复垂神戎伍，恤其疾苦，时其粮饷，遇介冑之士恩礼兼渥。即如力为擘画帑钱[1]、重修宁波卫署，斯非大公一体、巨人洪度乎？若二公者，可谓知务而虑深远矣！宁波卫署先后建置，沿革不一。至万历丁亥秋七月，飓风从海上来，拔木发屋，卫署倾圮。卫侯马君斯臧请之观察刘公，刘公下其议于郡。郡侯张公往视废址，叹曰："文武兼资，卫署颓圮至此，军容曷繇壮乎？役何可缓？"乃稽册籍，得先任蔡侯节缩钱粮羡余等若干。张公曰："得此事济矣！"尽斥以佐役，上其议观察刘公。报可，属卫侯周君翱督其事。无何，张公以入觐，周侯以督饷并北，卫侯万君邦孚视卫事，乃竟兹役。经始于万历戊子年某月，落成于己丑年某月。正厅五间，及露台、两廊庑、庖湢、堦砌，咸葺犁然。于是二百余年之故，一旦鼎新，即三卫侯相继勤渠，而实观察刘公、郡侯张公主持，卵翼之力也。二公秉公任事，右武恤军，戒豫之衻，几先曲突，故曰知务而虑深远矣。抑卫自开创以来，无片石一字可考，武之不好文若是。张公乃属卫侯征文，不佞记之。不佞谓廨署兴废犹小，乃论其大者，以俟后之允文允武君子鉴焉。

制书 《大明洪武礼制》《大明律》《大诰》《武臣宣谕》《武臣敕谕》《武臣武士训诫录》《军人护身敕》《祖训条章》《御制申明五常》《表笺式》《繁文鉴

---

[1] "帑钱"，浙图本冯批作"帑藏"。

戒》《礼仪定式》《减繁体式》《古今列女传》《仁孝皇后劝善书》《为善阴骘》《诫谕武臣铁榜》。

铜牌二十面 以"天下太平年，须知中国先，万邦来贡日，文武客三千"二十字编号，本卫正官收掌，巡夜官军持此为号。

海船五十只 四百料船十四只，三百五十料船一只，三百料船十只，二百料船二十五只。

每百户造驾一艘，各带脚船。如遇修造，油、铁、棕、麻、藤，计料有司关支，竹、木、灰、炭，军人采办，以备捕倭、海运调用。

运粮船二百八十九只 运军余三千一百七十八名。起运粮储，每岁存留起运不同，每岁轮指挥一员掌运。

战船五只 巡哨船原设五十只。

屯田地十二顷，屯军一百名，屯粮三百八十七石六斗

屯所一处 虽非鄞地，于卫事须备，故录之。

奉化县二十一等都，永乐三年，奉红牌事例，会官踏勘，定拨旗军开垦海涂田，百户一员领之。每总旗一名，岁纳正粮稻谷四十五石，小旗三十六石，军人三十石，就屯盖仓收贮以给屯军之粮饷。总旗一名，小旗三名，军人二十四名，水牛七头。于有司拨领耕种。

演武场 在府治东五里，甬东隅。宋时在子城西北，元初以地窄移置此，周围二百七十九丈五尺，内演武厅三间，中军台、关庙每岁轮指挥一员掌操。嘉靖三十四年，知府丘玭[1]复辟小教场于城中天宁寺东，宋时故址在子城西北者。《宝庆志》云："为地四十亩一角四十步，官厅、射亭在其北。"

永积西仓 在府治西南一里半。洪武二十八年，建于旧废观音寺址。仓厫九座，以"仁、义、道、德、文、行、忠、信、准"九字为号。

永积南仓 在府治东南三里半。洪武二十九年建于旧废五台开元址。仓厫七座，以"方、员、平、直、天、地、人"为号。

二仓俱废，官军俸粮储本府广盈西仓。

关三 西渡关、桃花渡关、东津关，其地俱系鄞县。今革。

---

[1] "丘玭"，浙图本、天一阁朱本作"邱玭"。查《天一阁藏明代科举录选刊·乡试录》，有"嘉靖十三年应天府乡试录第一百九名丘玭，六安州学生"，"丘玭"当无误。

寨二 湖头寨、竹头寨，俱在奉化。关寨皆轮拨旗军守把盘诘。国初流官指挥。"世职"另作一卷在后。

王恭，□□人，丁未年十一月，以驸马都尉指挥使镇守本卫。洪武元年三月，昌国县今舟山。兰、秀山贼叶希载等驾船二百余艘，突入府港攻城。恭力战，获其巨魁，贼溃走。四月，德庆侯廖永忠率兵剿其余寇平之。

张亿，汝宁信阳人，本卫指挥佥事。洪武五年五月，驾军船出逻至温州际骊洋遇倭百余艘，仗风追之，获其四艘，生擒二百七十八人，解之京，亿中流矢，创甚而终。上遣使祭之，加赏官军有差。

傅爵，本卫指挥佥事。洪武十四年十一月，率军从总兵延安侯唐胜宗讨青田木溪洞贼叶丁香等有功。次年六月，全军回卫。

大嵩千户所 隶定海卫，以在鄞地之去县东九十里，十一都。

洪武二十年开设军一千人守御。《宝庆志》：大嵩寨土军二百人。

正千户一员，副千户二员，额外二员。镇抚二员，额外一员。百户十员，额外三员。每百户下军一百名、总旗二名、小旗十名。

军器局　在所治西南，作屋五间。

仓廒四　在所治西北。文、行、忠、信四廒，每廒三间。洪武二十一年，奚文建。

铜牌五面。自肃字一百九十二号至一百九十六号，本所官掌给巡夜。

巡哨原设海船十只。

演武场在城外东南一里。周围一百六十丈，厅屋三间。

城周环三里，高一丈七尺，广二丈二尺，雉堞七百七十五，旱门四，水门一，城楼四，敌楼二十，窝铺二十五，月城四，钓桥四。濠东南至北三百三十二丈，深一丈二尺，广四丈，东至北石山无池，计二百三十九丈。洪武二十年，信国公汤和委昌国卫千户万忠筑凿。

千户所治　洪武二十一年，千户奚文建。厅屋三间、狭厅二间、侧屋左右二间、廊庑东西二十间。百户、镇抚治事之所。仪门三间、卷库二间、榜房一十八披于所前两旁。

土祠一间　所东南。

旗纛庙　所东北。

城隍庙　所西南。

圣妃宫 城外东南二里。

晏公庙 城外东南二里。

按自秦置郡县，典武职甲卒者，曰郡尉，汉曰都尉。汉武帝灭东越，以其地立东部都尉治勾章、鄞、鄮。时鄞属奉化，初治章安。奉化、宁海交界处。成帝阳朔元年，徙治鄞，或有寇害，复徙章安。见《会稽典录》载《三国志·吴书·虞翻传》注。

明州自唐天宝间始建，时有都督府。又乾符景福间，镇遏使刘巨容、镇东行军司马黄晟，皆有造于此州者也。钱镠为镇东节度使，立静海军于海口。即定海时尚属鄞。宋初建隆元年立奉国军，以钱亿为节度使，授之节钺，犹子惟治袭其职。太平兴国间，徙惟治于华州镇国军。改奉国军仍为明州，以文臣知军州，而置总管钤辖司，掌总治军旅屯戍、营防守御之政令。凡将兵隶属者，训练、教阅、赏罚之事皆掌焉。一州即为兵马总管，一路即为马步军总管。路分都监，掌本路禁旅屯戍、边防、训练之政。州府以下都监，皆掌其本城屯驻、兵甲、训练、差使之事。资浅者为监押。要郡又有驻泊兵马都监，州总管中罢。建炎元年改诸路，路分钤辖为副总管，路分都监为副钤辖，请给人从、序位一依旧例。三年，复旧。五年，诏诸州各分置路分总管。文臣以安抚使为都总管，兼领兵民。武臣为副，则主兵而已。绍兴三年，依中书舍人赵思诚言，祖宗朝兵马都监、监押，大州不过三员，小州止一员。今一州至有六七人，类多骚扰。今后唯忠勋之后特加优恤者许添差外，余更不添差。盖旧制路分钤辖、都监驻泊、添差都监等专用武艺出身、屡立战功，或随龙或行门出职人。而添差都监、监押，除宗室外，不泛与也。副总管原驻绍兴府，隆兴元年添差副总管郭吉驻明州。乾道中，除武臣提刑与副总管争坐位不协，副总管遂移驻明州。

浙东路副总管 厅事子城西门外，制干厅之前。

路分 初僦民居。淳熙戊申，刘继忠请没官旧屋辟为厅事，在永济桥侧，久圮。嘉定二年，郑端礼白于州，得钱五万，益以俸茸之，匾其西偏曰"西斋"。

驻泊兵马都监	添差兵马都监
兵马都监	添差兵马监押
兵马监押	押队
准备差使	指使 五员。

此皆禁军、厢军官也。

北宋初，收天下劲卒，列营京坼，征伐率从中遣，故惟三司卒称禁军，州郡止有厢军镇守。厢乃藩镇旧名，如曰左右厢、第几厢，盖部分之别也。三边屯戍卒或升禁军，重之也。嘉祐四年，诏置就粮禁军两指挥，各四百人，以威果为名，排次自荆南，至明州为威果第三十指挥，额五百一十人，今三百七十七人。凡言今者，据《宝庆志》也。除捕盗，不许他役；营在西南厢顺城坊北。为威果第五十五指挥，额四百人，今二百十二人。不隶将。旧营以居养坊为之，在子城东南。嘉定十二年火，移于忠顺官寨内，新县学乃其旧址。自后大郡有禁军矣。先是，庆历二年，诏诸州置澄海兵士，大郡两指挥，各五百人。四年，又诏上州添置土军二千人，为宣毅指挥，多于澄海拣拨，乃废澄海并归宣毅，继多选入京、填补近上禁军。至是，既置威果，以本州就粮步军拨入，宣毅亦废。熙宁元年，诏州郡厢军，即前代本处镇守之兵，理合教阅，宜令诸路军州，料拣强壮，团结教阅，以教阅崇节指挥为名。六年，除"教阅"二字，改为雄节指挥，其不教阅崇节依旧。明州雄节指挥额五百十人。今四百八十七人，营教场东北。二军初皆更戍江、广等处，欲其习险阻，忘顾恋也。禁军惰怯，则降为厢军。厢军得力，则升为禁军，遴选尤精。缺额，虽州郡自募，京师实分遣壮卒为募士之准，谓之兵样。其后易以木挺、木架，而兵样不至。熙宁初，诏江淮、荆湖、浙福等路州军，料拣强壮，团结教阅，常留在州，备御盗贼。于是罢更戍，创额招置渐多。元丰三年，升雄节为下禁军，隶侍卫步军司。大观元年，诏承平日久，兵寡势弱，非持久之道。除兵额外，帅府别屯兵二千人，望郡一千人，比诸军加数教阅。每二年，令更互出戍。帅府五百料钱，名为威捷指挥，望郡四百料钱，名为威胜指挥。帅府、望郡三百料钱，名为全捷指挥，并充步军，隶殿前司管辖。明州威胜指挥额五百十人，今二百二十八人。每二年，吏互出戍，然终不行。营西北厢石板巷。全捷指挥额四百人，不隶将。今一百八十七人。旧营居养坊，今在小江桥侧。

绍兴六年，厢、禁军缺额住招，此明州禁军有五也。时不教阅，厢军仍称崇节者，逐路相度，州军大小排定次第，每指挥不得过五百人，排次明州为崇节第二十八指挥，额四百四十一人。今二百八十一人，营天庆观前。第二十九指挥，额三百八十人。今一百五十五人，营东寿昌寺前。今其地犹名廿九营。第三十指挥，额三百八十人。今一百二十六人，营东寿昌寺北。"三崇节"之外，尚有"六指挥"：壮城指挥，额二百人。今一百九十三人。熙宁初置，后拨并不教阅厢军，为一额。专治城壁，例不差出。营影泉坊巷口北。都作院指挥，额四百八十人，今四十六人。熙宁六年置，主营造军器。熙宁六年，诏诸路置都作院，凡四十一所。明州居其一，工匠三百人以上，置正副指挥各一员，都头五人，虞侯、承局押官各五人，后匠人多移占他役。营子城南二里。嘉定十三年火，移建威果三十指挥营侧。船场指挥，额四百人，今一百七十九人。旧有船场、采斫两指挥。元丰六年，废采斫，并入船场。材料从本州支钱和买。营城外甬东厢。清务指挥，本以榷酤而立，熙宁五年，拨并不教阅厢军，为一额。酒务三万贯以上二十人，后多拣充禁军及死亡不补，遂废。旧营在东南厢鄞江门里，后因废，亦废为民居。剩员指挥，无额。今一百五十六人。庆历以来，禁、厢军老病稍堪役者、尝有战功者，充剩员，半给衣粮终其身，充看营，不管事。熙宁十年，敕禁、厢军通计十分立一分为剩员额，听于旧营居住，著为令。营天庆观后。绍定元年火，胡榘重建。宁节指挥，无额。今五十二人。本牢城指挥，以待有罪配隶之人，如牢城先以杖罪到营，亦许拣选。绍兴十一年，诸军中老病拣汰者，下本州养老，充牢城指挥。乾道九年，以名称未当，改为宁节。营东北厢。此明州厢军有九也。

禁军五指挥，额共二千三百三十人。厢军九指挥除两指挥无额外，七指挥额二千三百七十七人。宝庆三年，守胡榘重修禁、厢军等营。

巡检[1]、巡茶盐使臣管辖缉捕盗贩者，则有土军。其在鄞浙东寨，额一百二十人。今七十七人，寨在望京门外会别亭之西。内拨隶奉化鲒埼寨五十人。有绍兴、庆元府、台州都巡检使厅事，旧志云：在望京门外浙东寨中。明州土军寨有九，鄞县止有此。大嵩寨，额二百人。今一百七十六人。复有尉司弓手八十五人。熙宁间，臣僚言获盗，县尉常多，巡检常少。盖尉司弓兵皆土人，耳目谙习，巡检下攒杂客军，又不许差出缉捕。乞巡检下依旧额，招置土军，就巡检廨宇左右置营，诸处不得抽差。元丰间，仍之。元祐二年，或言招置土兵，岁月既久，间多亲戚邻里故相遮蔽，乃敕巡检下以元额之半，轮差禁军，半年一替。崇宁二年，臣僚复言禁军所至，往往望替期，又不谙习彼处道里，乃依元丰法，一概招土兵以代之。《宝庆志》云："巡检司有沿边溪洞都巡检，或蕃汉都巡检，或数州数县管界，或一州一县巡检，掌训治甲兵、巡逻州邑、擒捕盗贼事。又有刀鱼船，战棹巡检，沿江河淮海置捉贼巡检，及巡马递铺、巡捉私茶盐……皆掌巡逻几察之事。"此北宋明州兵籍大略也。

南宋建炎间，置浙东沿海制置司，所统兵驻定海，防海州带兵马钤辖。

---

[1] "巡检"，国图本作"巡简"，据浙图本改。

三十一年，金人入寇，屯殿司水军二千于明州。隆兴元年，郡有海寇朱百五之乱。户部侍郎赵子潚复带沿海制置使知明州，即领殿司军收捕。次年，寇平。是军以次起还。子潚奏言：明州密迩行朝，水陆控扼，乞存留未起发者，并招水军一千人，升水军统领郑广为统制，听明州调遣。从之。制置司水军，南寨在城外甬东厢一里，北寨在城外甬东一里。见《永乐志》。自是明州驻兵为额三千。乾道七年，林文充统制仍将文自福州带来水手一千，拨付兵额，合计四千。后分二百人随一训练官驻州城外江东寨，其统兵之官，统制、统领各一人。统制、统领本统御前兵马。靖康之乱，有州县起发勤王兵，管押一二百人差充统制者。有诸道总管及诸司，妄称便宜差充统制者。建炎元年，以刘光世言除朝廷差充外悉罢之，其后率以御前军马出戍。此统制、统领所以分驻诸边也。制置司水军本殿司军，故有统制、统领以统之。

正将、副将、准备将各三人，共四千人，曰军义兵，曰吐浑兵，分为二十二队，总有二十名色，分隶于三将。

训练官二十人，押队四十四人，拥队四十四人，引战教头二十二人，旗头一百三十二人，牌手一百七十一人，刀手七百七十一人，枪手四百六十八人，弓箭手五百五十六人，弩手八百六十人，角匠二十二人，金手二十三人，鼓手六十一人，准备带甲旗头四十四人，梢碇旗头二十二人，队司二十二人，梢工六十六人，碇手三百三十人，押火二十二人，火头一百九十八人。此二十名色也。

不入队六百人零，不系帐五十人零，孤贫一百九十人零[1]。

不入队者俟缺填补，拣汰者为不系帐，老病而无家者为孤贫，三者皆有月给。

外有海道巡檄诸军，多系定海及平江府许浦二处水军，兹不录，备见《海防考》。

江东寨屋三百间，江东房廊八十间，专系统制司收赁钱以修军器。

宋有省马院，淳熙壬寅冬重建，在达信门里。见《宝庆志》，未知是军戍马否。

宋作院 初在圣功寺东，今湖西冲尚书桥巷内。本寺地，后屋圮。嘉定六年，寺复请其地，每制造军器，逐寺院，置局武二员主之，又添差武二员，不常置。见《宝庆志》。又《开庆志》云：宝祐六年十月，判府制使吴潜以庆元府甲伏库、帐前库应管军器，并改隶制置大使司，增缮军器院十有三作，曰大炉作，曰小炉作，曰穿联作，曰磨铓作，曰磨擦结果作，曰头魁作，曰熟皮作，曰头魁衣

---

[1] 此句三处"零"字，浙图本冯批均改作"有奇"。

子作，曰弓弩作，曰箭作，曰漆作，曰木弩椿作，曰木枪作。日役军、民匠若干人，军匠日支钱三百文、米二升、酒一升，民匠一贯五百文，诸军子弟匠五百文，米酒视军匠之数。以民匠劳逸不均，则下鄞县及定海、奉化，照籍轮差，每四十日一替。起程钱各五贯，回程十贯，由是人皆乐赴。军需物料，官给直，无取于民。院有受给库，而又有子库，以受日造之物。凡创造到诸色军器、衣装等物，总十一万九千五百件，缮修者不与焉。

铁甲、头魁、披膊一千五百单四副。

红枪三千六百三十七条。　　　皮条一千一百六十四条。

红衲袄并腿裙一千副。计二千件。　黄布衫九百领。

红布衫七百四十二领。　　　　黄布软缠五百四十五领。

头巾五百单五枚。　　　　　　吞项一百四十四个。

杂色旗帜六百八十八面。　　　朱红笠头五百四十九顶。

黑漆筋角弩一百枚。弦索全。　黑漆筋角弓二百张。丝弦一百条。

木弓一百张。并弦。　　　　　木弩三百枚。弦索全。

弓箭三千只。　　　　　　　　白皮箭靶五百九十五个。

滴油箭二万一千三百只。　　　滴油箭盏四百八十九个。

遮箭牌三十面。　　　　　　　杂色义四百二十管。

杂色枪一百七十七条。　　　　梭木捧三百四十三条。

刀鞘八百八十九个。　　　　　弩椿四百二十一口。

腰刀一千四百三十九柄。　　　斧头四百五十二柄。

杂色弓弩箭头。七万五千六百五十只。　划车弩椿五十八口。

木枪杆三百四十九条。　　　　抢钻头一百八十二管。

战鼓一十四面。　　　　　　　阵鼓二十面。

锣一十四面。　　　　　　　　皮马甲一副。

黑漆光羹桶五十副。　　　　　红油水桶五十只。

红油吊水桶二十五只。　　　　铁锅五十口。

红油饭篓五十只。　　　　　　米斗升各二十只。

饭升箧二十只。　　　　　　　笊篱三十个。

船橹一十五条。　　　　　　　雨伞一百四十五顶。

隔箭布条四片。

附：鄞县守隘船六百二十四只。一丈以上一百四十只，一丈以下四百八十四只，每船以五十人为率，每名本府月支钱五十贯、米一石二斗。

《开庆志》吴潜省札：

本司自嘉熙年间准旨，团结温、台、庆元三郡民船数千只，岁起船三百余只，前来定海把隘，及分拨前去淮东、镇江戍守。夫以百姓营生之舟，而拘之使从征役，已非人情之所乐，使行之以公，加之以不扰，则民犹未为大害。奈所在邑宰，非贪即昏，受成吏手。各县有所谓海船案者，恣行卖弄。其家地富厚、真有巨艘者，非以赂嘱胥吏隐免，则假借形势之家拘占，惟贫而无力者则被科调。其二十年前已籍之船，或以遭风而损失，或以被盗而陷没，或以无力修葺而低沉，或以全身老朽而弊坏，往往不与销籍，岁岁追呼，以致典田卖产，货妻鬻子，以应官司之命，则弃捐乡井而逃，自经沟渎而死，其无赖者则流为海寇。每岁遇夏初，则海船案已行检举，不论大船小船，有船无船，并行根括。一次文移，遍于村落，乞取竭于鸡犬，环三郡二三千里之海隅，民不堪命，日不聊生。待至起到舟只，则大抵旧弊破漏，不及丈尺，贡具则疏略，梢火则脆弱，亦姑以具文塞责而已。民被实扰，官亏实用。且天险之防，以人心为本，而先使百姓憔悴，根本动摇，脱有缓急，何恃而无恐？臣已结为义船法，如一都[1]，每岁合发三舟，而有船者五六十家，则令五六十家自以事力厚薄，办船六只，船身必坚耐，贡具必齐整，梢火必强壮。岁发三舟，而以三舟在家营生，一岁所得之息，则以充次年修船、办贡具、招梢火之用。每岁如期[2]驾发，以至军港听候调遣。于是有船者无幸免之理，无船者无科抑之患，永绝奸胥猾吏卖弄乞觅之苦，永销边海居民破家荡产之忧。人心固，则天险亦固矣。

庆元六县，共管船七千九百一十六只。
温州四县，共管船五千八十三只。
台州三县，共管船六千二百八十八只。

元立浙东道宣慰司使都元帅府于绍兴，后徙处，又徙婺。至元十六年，以正

---

[1] "如一都"，开庆《四明续志》作"谓如一都"。
[2] "每岁如期"，开庆《四明续志》作"立以程限，守以信必，每岁遇当把隘之日，则如期"。

使赵孟传、副使刘良分治庆元,寻并于婺。大德六年,岛夷庞杂,宜用重治,镇服海口,遂徙于庆元,即旧府治为之,凡军翼戍于东浙者,咸隶焉。

况逵《题名记》:

至元十二年,岁在乙亥,天兵南下宋都,以其地置江浙行省,省视浙东,为东南藩屏。因前代观察制置故治,立宣慰使司以镇之。治于越、于处,继迁婺。大德六年十月四日,中书奏升为都元帅府。七郡兵民之政,悉隶总裁。命重臣浑忽图佩金虎符,开都元帅府事。明年命徙治[1]于四明。明据沿海要害,扼制日本诸番,列圣重光,声教渐被,岛夷效宾。今上皇帝御极之三年,大振皇威,讨削奸宄,更化改元,治具一新。历选台谏侍从,廉明刚正,材兼文武者,出秉帅麾以壮国容。故特命陕西诸道行御史台侍御史帖木哥,御史台治书侍御史、大都督、奎章阁学士院同知经筵事锁南班,并为浙东道宣慰司都元帅、兵部尚书枣哈同知使事副帅职。下车月余,威令俨肃,边垂晏清,海波不扬,民物康阜,时则有若。副使佥帅府事黄头、王猷,老成硕望,练达政机。幕府元僚,俱由清要辟居华选。风云盛集,振后光前。既而首帅寻膺台檄,改擢西宪治书。公念阃寄之重,寝不安席,阅武于招宝山下,申励边防,式遏寇冲。属群不逞,依凭城社,肆为民毒,以惑众听。即命有司罗捕,械晓通衢,惩断[2]斥逐,廛氓按堵,号称神明。同寅协恭,庶务修举,椽属彬彬,是则是效。明之父老歌诵而不能忘也。谓自建帅治迄今逾三十载,中更郁攸,壁未有记,咸愿纪载爵氏、迁次岁月于石,昭示永久,俾逵文以记之。若稽古昔,茂简材良,腹心干城,唯上所命。汉魏以降,重内轻外,在廷公卿,希宠固位为得计,出国门跬步,则却顾迟回。而睱以军国政务为心,以间阎休戚为己任者,几何人哉?钦唯世祖皇帝统一天下,土宇至广。圣子神孙,深虑远猷。内外为一,股肱耳目,简在帝心。出将入相,闻命就道。殊方万里,犹之辇毂之下。泽化敷洽,宗社奠安,尧舜之风,未之有比。二三大臣,仰体渊衷,慎固藩屏,休声令闻,其亦方叔、召虎之流亚欤!宜当勒名金石,作镇遐荒。前政相承,若贤若否,路碑具存,故不复书表而续之。昉自今始,后之览者,思以继芳躅而垂光于无穷,庶乎无愧于斯记云尔。是岁复为至元之乙亥闰十二月,庐江况逵文。

---

[1] "明年命徙治",国图本作"明年徙治命",据浙图本改。
[2] "惩断",国图本脱"惩"字,据至正《四明续志》补。

宣慰司都元帅三员

同知都元帅

副使佥都元帅府事二员

经历

都事二员

照磨

令史二十四名　延祐年裁九名，止十五名。

奏差十六名　裁六名。

通事一名

译史二名

回回令史一名

知印一名

典吏四名

都元帅

忽鲁忽[1]　辅国上将军。

按滩　资德大夫遥授右丞。

兀鲁失不花　荣禄大夫遥授平章。

阿台脱因　光禄大夫。

脱帖木儿　正奉大夫。

阿里察吉儿　中奉大夫。

教化　资善大夫，至治二年闰五月。

不入沙　中奉大夫，泰定三年六月。

都元帅　二厅。

那怀　中奉大夫。

阿里　中奉大夫。

廉希哲　中奉大夫。

---

[1]　"忽鲁忽"，浙图本作"忽鲁忽都"。

马合马　不赴。[1]

哈塔孙　资德大夫遥授右丞。

哈散沙　资善大夫。

王天翼　中奉大夫。

赵慧　中奉大夫。

拜住　中奉大夫。

哈剌朵儿只　正奉大夫，泰定三年九月。

都元帅　三厅。

崔瑄　中奉大夫。

李果　中奉大夫。

郑祜　正奉大夫。

朵儿只　中奉大夫。

王柔　不赴。[2]

刘忽都鲁帖木儿　中奉大夫。

牙安的斤　通奉大夫，延祐七年六月任。

马铸　中奉大夫，至治三年八月，有威严，知大体，军民望而爱之。

李允中　中奉大夫，泰定三年八月。

以上俱《延祐志》。间注到任年月者，照《至正续志》所有者。《至正续志》都元帅不分三厅。

拜住　天历元年十月再任。

王都中　天历元年十月中奉大夫。

秃鲁迷失海牙　天历二年六月中奉大夫。

完颜定儿　天历二年四月，中奉大夫。

赫间　至顺元年四月资善大夫。

太平　至顺二年二月，资善大夫。

换住　至顺三年正月中奉大夫。

搭哈　至顺三年七月，镇国大将军。

---

[1] "马合马　不赴"，国图本或因"不赴"未予列入，浙图本、延祐《四明志》予列入，因补。

[2] "王柔　不赴"，国图本或因"不赴"未予列入，浙图本、延祐《四明志》予列入，因补。

铁木哥　至元元年八月中奉大夫。

锁南班　至元元年九月资政大夫。

安童　至元二年六月资善大夫。

也乞里不花　至元二年十月资德大夫。

索罗不花　至元六年七月荣祥大夫。

赡思丁　至元六年十一月中奉大夫。

迷只儿　至正元年九月资善大夫。

泰不花　至正十年。

丑的　至正十五年，增府学乡饮酒田卅亩。

同知副都元帅

别里哥秃　中顺大夫。

脱欢察儿　明威将军。

塔海　正议大夫。

马合马　中奉大夫，升二厅都元帅，不赴。

哈讨不花　怀远大将军，依前沿海上万户府，达鲁花赤。

准准　大中大夫。

德哥　中议大夫延祐七年九月。

暗都剌哈蛮　亚中大夫，泰定元年十二月。以上《延祐志》。

塔里牙赤　天历元年三月朝散大夫。

黑的儿　至顺二年二月亚中大夫。

忽先　元统二年二月嘉议大夫。

枣哈　至元元年十二月嘉议大夫。

忽剌忽儿　至元三年三月大中大夫。

副使佥都元帅府事

蛮子　明威将军。

爱林　奉议大夫。

虎臣　亚中大夫。

阔帖木儿　朝请大夫。

沙的　中大夫，延祐七年十月。

姜元佐　朝列大夫，泰定二年三月。

副使佥都元帅府事

刘良　朝请大夫。

袁壁　中宪大夫。

马英　少中大夫。

吉天祐　亚中大夫。

杨梓　中大夫。

赵孟林　中顺大夫。

崔敬　中宪大夫,至治二年八月。

不老　宣武将军,泰定三年二月。以上俱《延祐志》,后志有孛老。

卜礼亚徒　天历元年三月,朝列大夫。

李卜花　至顺元年十一月,朝散大夫。

廉玉居实海牙　至顺二年二月。

王献元　中顺大夫,元统元年九月,廉慎宽厚,崇尚儒冠。尝董市舶,一以清白奉行,被命审囚,平反全活甚众。庐江况逵纪其事,为《茅山志》序。

黄头　元统二年三月朝列大夫。

郭德诚　至元二年十一月,朝散大夫。

脱帖木儿　至元三年五月,朝列大夫。

王安　至元五年四月,中奉大夫。

九十　至正元年三月,朝散大夫。

附：伯颜不花的斤　字苍崖,官至浙东宣慰使。鲜于伯机之甥,介立不群,草书逼真。舅氏见《水东日记》。

卓玨撰《元帅府记》：

浙东为海右巨镇,一道七郡,职此其统,即古之方伯连率。自唐、宋以来,部使[1]名称不一。唐置观察使,绍兴年间立沿海制置使以镇之,所隶者台、温、明、越。皇元浑一宇内,置浙东道宣慰使,治于越,迁于婺。大德六年十月,旨升都元帅府,凡军翼戍于东浙者,咸隶焉。树旌秉钺,职高而权重。七年秋,移治古明州。

---

[1] "部使"两字,国图本脱,据延祐《四明志》与浙图本冯批补。

明三垂际海，扶桑在其东，瓯粤在其南，且控扼日本诸蕃，厥维喉衿之地。圣天子临轩策命，常选用重臣，非御史耳目之官，则宰执股肱之寄，重其地则重其人也。视事之所，军民具瞻，率仍总府旧廨，历年多栋挠屋腐，将撤其旧而新之属。至大二年正月，郡城火，延燎更楼，由廨[1]及序，俱为瓦砾，因陋就简，尚维草创是循。四年十月，帝命中奉大夫廉希哲为宣慰使都元帅，公家世将相材也。至之日，旗帜精明，官府整肃，慨然锐意有所兴作，乃率僚佐谓之曰："东浙为今北门，牙幢茸纛植焉，万马貔貅立焉，非壮丽则无以崇体势而肃仪型也。"金曰："然。"命吏拖绎旧棼，官为给料起盖。乃手画口授，盈尺而尽其制，征材鸠工，百堵交作。十二月，正奉大夫、宣慰使都元帅郑祐，中奉大夫、同知元帅马合谋，符节相望而至。爰始爰谋，爰契我龟，同寅和协，是谓大同。由是梓人偩功，圬者展力，群工具举，邦人咸辅其劳，而不省其为役，可谓使民以时矣。计屋凡若干楹，崇栋高闳，华榱藻棁，翼以廊庑，缭以垣墉。听事有厅，匾曰"帅正"；退食有堂，匾曰"敬简"；有幕有馆，吏事有舍。大其门闾，巍其墙仞，非但朱甍翚飞，碧瓦鳞次，其宏大靓深，气象雄特，可超越畴昔十倍，而玉帐森严之居，于是乎称焉。经始于至大四年二月，越明年，皇庆改元七月，荣禄大夫、宣慰使都元帅阿塔脱因来镇是邦，用集厥成，是年讫工，命文学掾卓玖记之。

　　愚窃谓公卿大夫出而为天下用，宇宙间事即吾己分内事，扶颠持危，兴堕补弊，随其职守，皆足以究勋业。明自建大府以来，毋虑数政，坐阅十稔，殆类筑室于道，视不过邮传，是以不朽之功留以俟今日，若有数然。乘可为之时，持竟成之志，一时肇新，千古作镇，不其伟欤？虽然，明公皆社稷臣也，今之同心治是室，异时同心治天下，是或一道也。用是以识[2]。

上万户府

　　至元十三年，置沿海招讨司，后为沿海左副都元帅府，寻改沿海上万户府。皇庆二年，那移军马镇婺。延祐元年，为蕲县翼上万户府，自绍兴路移驻庆元，又设镇抚所在城，隶万户府。《至正续志》为开县翼上万户所。

　　达鲁花赤一员，上万户，副万户。

---

[1] "廨"，浙图本、延祐《四明志》作"厅"。
[2] "用是以识"，浙图本冯批依据延祐《四明志》改作"谨书以识"。

府在西北隅永济坊明远楼西，旧为宋金判厅，半入今察院行署内。至大四年，延毁重建。

都镇抚所
达鲁花赤一员，镇抚一员。

千户所　计十六翼，每翼各设。
千户□员，弹压一员，百户□员。

达鲁花赤
哈剌鲟仕鄞久，德政甚著，有显武将军赵兴纪德政碑。

完者都定远大将军，通习兵书，须长过腹，拳勇有威。在职凡二十年，戎营镇静，岛夷慑服。江浙儒学提举陈旅、昌国州判官许广大为政绩碑。天历间，赐金织[1]文对衣一袭。

上万户
宁居仁[2]

军器岁办额总计一百七十五副。《延祐志》。
黑漆罗圈铁甲八十八副。
黑漆甲五副、朱红甲四副、绿油甲四副、雄黄甲四副，俱水牛皮。紫真皮袋全。
手刀一百十五口，黑漆木鞘靶全。
皂真皮弓袋、水牛皮箭葫芦、皂真皮杂带，各五十五副。

---

[1] "金织"，国图本作"锦织"，据浙图本所批改。
[2] 以下或有脱页，诸抄本情况一致。

敬止录卷之二十三

武卫考下

世袭卫官

以下世袭勋弁，《嘉靖志》不录。国变以后，旧籍尽毁，询之本卫老掾亦无复存。后于一处得崇祯间承袭故册，前后泯烂，失其数家。三百年故实存此一线，予因备录如左，又细访数家之失者，得一二家。开先刘兴，其一也。因彼系指挥使，录于首叶易毁没耳。

指挥使

刘兴　陕西西安人。祖德海，丙申年于缪元帅下从军随征，克扬州、高邮、湖州、苏州、济宁。洪武元年，克中原，俱从。七年，调蔚州卫后所小旗，因残疾，父弘代役。二十年征金山，二十四年征鸦寒山。靖难兵起，归顺，历功由总旗升正千户。攻克金川门，病故。兴袭升蔚州卫指挥佥事。正统元年，征麓川，积功升羽林右卫指挥使。七年，调宁波卫指挥使管事。

传鉴、玉、悦、文、炌，升福建备倭都指挥，阵亡。守主、以父阵亡升都指挥佥事，历升松藩参将。祖衡、寀、袭职回卫，中途病废。宗。替兄寀。

臧英　凤阳人，初随征鄱阳湖，杀败陈寇后，克汴梁、潼关等寨。洪武十四年，征云南；三十一年征大、小麻线，克红岩、石目等寨，于铜鼓三关与贼对敌箭场，由军旗积升宁波卫世袭指挥同知。

传善、宗、鸿，正统十三年，调随宁阳侯陈懋征邓茂七，次年又征南平县贼，次年又征沙县贼，积功升本卫指挥使。和、俊、应骧、忠、文、京、万历间历升四川掌印都司。胤昌。应袭。

指挥同知

马胜 直隶沛县人。父仕能，丙申从军，各处随征。洪武二十年，胜代役。二十九年随征驴驹河、黑扣林。三十二年从靖难，历直隶镇海卫指挥同知，调宁波卫世袭指挥同知。

传良、俊、璋、钦、瑜，娶方氏。一日，赍酒访其内兄方濒于城南别墅，因止宿。是夕自刎于寝门，致濒锢狱五年。后因坐瑜子铓，郡人冤之。盖瑜有一私事相苦，来与濒商所以解之，而不得计，无复之也。锦、韶、猷、一龙、斯臧、襄。

袁麟 北直清县人。祖江，充仪卫司校尉，从靖难功。洪武三十五年，授锦衣卫指挥佥事，随征漠北。麟以父弘先卒，袭调宁波卫指挥佥事。正统十四年，随宁阳侯陈懋征福建邓茂七。景泰元年，复征福建沙县等处寇，功升世指挥同知。

传澄、升、琎、槐、大壮、承宠、建奇。

《闲中今古录》云：永乐中，有亲军指挥三员"曰纪纲，曰刘江，曰袁刚"。上喜其名，虽各异，音则相同，因号为"三纲"，日侍左右……既而刘调官辽东，袁调官宁波，纪怙势坐事伏诛。又考弇州《锦衣志》"与纪纲比周为诬罔当死"一条，内有袁江名，或后得免死调卫欤？然是袁江，而宁波卫故籍原为"江"字。

指挥佥事

万钟 南直定远人。父斌，前充义兵万户，甲午年归附，各处从征。洪武三年，世袭永平卫正千户管事。五年，从征沙漠，阵亡。钟袭余龙骧卫中所副千户，往宁波捕倭，为信国公调定海卫守御副千户。二十八年，以年深除宁波卫世指挥佥事。靖难兵起，从大军北征，战死于北兴之花园。

传武、随黔国公征蛮阵亡。文、武弟，武无子，文袭兄职，领兵出海，夜见龙目，疑贼火，射中之，溺死。全、禧、椿表、即鹿园先生，有传。达甫、升广东参将。邦孚。官至福建总兵。

王友文 湖广衡山人。父志高，伪汉万户，甲辰归附傅友德军下，历调宁州卫后所百户，收捕柏兴府芋寨阵亡。友文袭，年深有功，历授浙江观海卫世指挥佥事。洪武末调宁波卫世指挥佥事。

传友直、英、和、随征邓茂七，功升世指挥同知。鉴、宾、继勋、应阳、承恩、降袭指挥佥事,历升昭平参将。承仁、承任、承祚、立本。

陈宗　南直合肥人。祖良,前长枪千户手,丁酉年于宣州归附。洪武元年,累功除河南右卫指挥佥事。九年,调祥符卫,以功授世袭,传子武及宗。洪武三十四年,袭调宁波卫指挥佥事。

传俊、纲、勋、助、勋弟。钺、策、箴、善政。

顾义　河南临漳县人,代外祖都友道兴州中屯卫前所充军役,随指挥吴庆北京听调,以功升燕山左护卫右所小旗,后以靖难功累升南阳卫指挥佥事,往辽东镇守。宣德二年,调宁波卫指挥佥事,世袭。

传铭、讨衢处贼阵亡。武、锦、澄、松、燿、尚尧、鼎贤、元扬。

曾珀　江西龙泉县人。父礼,初系济南卫中后所百户,洪武八年被事发辽东充军,遇纳哈赤出哨被拘到金山太子府收为义男,改名张伯颜不花。洪武二十年,于宋国公军下归附,拨蓟州卫,调通州卫左所。后以靖难功,洪武三十五年累升通州卫世袭指挥佥事,取勘异姓之人有功升授者,许令出姓归宗,复名曾礼。珀于永乐十七年袭,调宁波指挥佥事,世袭。

传仕能、镇、洪、澄、椿、武功、武臣。

潘昇　湖广汉阳县人。父霖,伪汉头目。甲辰年于本府张院判下归附从军。洪武九年,由守太仓卫石泉千户所调明州卫。久之,选充小旗,升总旗,后调温州卫瑞安千户所。三十四年,拨守镇江,遇靖难兵渡江,首附。以功调处州卫后所副千户。昇以永乐二年袭,调宁波卫中所副千户。正统十四年,征福建邓茂七。景泰元年,又征福建罗丕、廖宁八等,累功升本卫指挥佥事,世袭。

传俊、钦、亨、隆、升四川参将替。万里。

顾兴　江西奉新县人。父昇,洪武二十年代兄义乙充守彭城后所军役,以靖难功累职,于永乐十六年调宁波卫中所千户。宣德六年,兴替职。正统、景泰间,以两次征福建论功升本卫世袭指挥佥事。

传荣、政、英、邦重、升福建都司。宗文、升广东参将。宗周、以弟袭。元勋、天宠。

文勋从子。

李顺　直隶合肥人。祖双哥,初从军谢元帅下,丁酉归附,各处随征。洪武二十八年,充营州左护卫右所小旗,以靖难功改总旗,阵上伤残。顺父贵代役,亦以靖难功历升观海卫右所千户。永乐三年,子世袭,在隆庆左卫右所带俸。宣德六年,调宁波卫后所世副千户。正统三年,贵老,顺替职,以两次征福建有功,升本卫世袭指挥佥事。

传俊、一作镇。睿、泰、万实、一作曰。可久、允升。

崔志道　山西代州赵村人。父林,洪武九年充水军,隶左卫右所百户谢政下,到处随征,升小旗。洪武二十六年,以本卫指挥李俊隐藏军器事,林以忠义授本卫指挥同知,世袭。后改吉安卫指挥同知。洪武三十四年,夹河病故。永乐元年,志道以长子袭职,授世袭宁波卫指挥同知,宣德元年病故。

传源。正德十三年,从宁阳侯剿闽、浙盗,阵亡。另有传。

卫镇抚

路遵　南直虹县人。父远,伪吴院判,吴元年克复苏州,归附徐丞相军前,授广信卫所镇抚,后调铅山千户所守御。洪武三年,以征福建功授世御。二十三年,遵以父老替职,守御铅山有功,升湖广衡州卫世袭卫镇抚。二十八年,为事充军,还职调宁波卫卫镇抚。

传泰、正、全、恺、铠、深、漳、万程。

左所正千户

高斌　直隶南陵县人。父富,乙未归附,从渡江充黄旗先锋,后随征各处。洪武二十六年,历升福州左卫左所世袭百户。次年,以年深取入京升沈阳左卫右所世袭正千户。斌以三十三年父故,袭除宁波卫右所正千户。永乐十年,调本卫左所世袭正千户。

传昇、辉、厚、兴、隆、銮、山、明。

朱真　直隶灵璧县人。父朱成,丙午年归附徐丞相军,洪武四年调彭城卫右所充军。真以父老代役，随征在北，后附靖难兵有功，升沈阳右卫左所正千户。永乐十六年，调宁波卫左所世袭正千户。

传广、铭、洪、大相、应斗、廷亮。

王福　直隶合肥人。其先王三保，乙未年归附常元帅，于湖州充军役。以老，子纲代役，积功至福建镇海卫玄钟千户所百户。子喜于洪武二十七年袭除宁波卫后所贴办事支俸操练。三十二年，调补左所。永乐十六年，捕倭，溺于海。其子荣袭，即福之父也。景泰元年，调征金华武义县山贼，先登，阵亡。景泰三年，以优恤升福本卫正千户，世袭。

传和、思、镇、锦、国才、正道。

陈瑄　应天上元人。其先旺，丙午年归附曹国公下，从军随征。子荣以父老代役随征，在北归附，靖难历功，升青州左卫左所正千户，世袭。传瑞、传昱、传实，以及于瑄。时敕在京各卫所带俸官员愿出外者自陈，因调宁波卫左所世袭正千户。

传天策、尧宾、正因、国栋。

魏广　山东高唐州人。其先丑儿随母改嫁孟进。进从军年老，即令丑儿代役随征，有功选锦衣卫带刀，复姓名魏兴。洪武二十七年，除昭信校尉留守左卫通济门千户所世袭百户。三十四年，征夹河，阵亡。广以长男袭，调宁波卫左所世百户。传子安，以两次征福建升本卫世指挥佥事，传佺、传政、传岳、传世。隆部查功，降袭正千户。

传基、士铎。

副千户

孙兴　山后宜兴州人。祖教化，洪武二年，千户张斌收集充军，后以年老，兴父志代役，从靖难有功，历升处州卫世袭副千户。兴嗣，宣德六年调宁波卫左所世袭副千户。

传瑄、钘、楷、槐、濠、涧、观国。

刘贵　直隶沛人。祖元,丙午年归附徐丞相军前,洪武四年拨彭城卫左所。贵伯福,以父老代役,从靖难有功,历升台州卫本军所百户。无子,贵以嫡侄袭,调羽林前卫左所带支俸。永乐十六年,调宁波卫左所,以两次征福建功,升本卫左所副千户,世袭。

传义、通、英、献可、大立、寅、自新。

韩杰　山东武定州人。其先青,洪武元年充棣州卫总旗,二十二年升横海卫世袭试百户,传荣、传政,杰之父也。政于洪武三十五年授宁海卫左所世百户。杰袭职,正统十四年征金华贼,景泰元年征福建沙县等处,升本卫世袭正千户。

传祥、昇、纲,杀倭阵亡。以上俱正千户。国忠、降袭本卫所署副千户,实授百户。勋、查纲阵亡功,世袭副千户。城。

李顺　北直永平龙山县人。祖文,洪武二年克取永平归附,充头目。拾年,历升长沙卫副千户。十三年,升铅山守御所副千户。顺父冕,以文老替职,以伤人命事营州卫充军。因文奏乞免,调惠州卫所,又调广信所。顺袭,除泗州卫屯田所副千户。永乐六年回所□不述。世袭宁波卫左所副千户于何年,姑缺之,且述顺处亦不详。

传芳、鸿、俊、瑞、旸、沐恩、国祚。

杨起龙　本县人。父天德,初隶蓟辽戚都督标下。后各处效用。万历二十五年,随邓总兵往朝鲜征倭,委防守釜山,叙功授宁波卫署试百户。天启二年,年老,起龙袭,加授副千户,又查朝鲜功授指挥佥事,子孙止袭署试千户。

传。未。

所镇抚

陆兴　直隶兴化人。伯得伪吴军归附,积功授兴化卫管军百户,为事拨乡州卫所镇抚。卒,无子。兴父政以嫡弟袭,授水军左卫左所镇抚,为事全家发金齿卫充军,道卒。兴至云南补役。洪武二十六年,取回,授温州卫左所镇抚。次年,调宁波卫左所镇抚,世袭。

传宣、纲、鉴、楷、京、龙。

蔺把都儿　顺天府人。父打兰不花，前任北平府将作院同知。洪武二十一年，哈喇哈地面归附，授杭州前卫右所镇抚，随颖国公北征，给赐蔺姓。勘合卒，把都儿以长男调温州卫左所优给。二十七年，调宁波卫左所。三十二年，往德州操练。三十五年，于灵壁县投降靖难兵，以功授宁波卫左所镇抚，世袭。

传保、永、宪、英、茂、大用、如玉。

百户

聂兴　山后妫川州人。父成，洪武六年收充彭城卫左所军。二十四年，兴以父老代役，投靖难兵，积功授宁波卫左所百户，世袭。

传贵、政、昶、英、功、允中、世龙。

赵敬　山东历城人。祖咬先，伪吴军归附，充军，卒。敬父山受补役，更名得。洪武二十七年，授留守右卫清江门千户所世袭百户。政袭，三十四年调宁波卫左所世袭百户。永乐十五年，出海捕倭，为声息事拟斩，罪送工部石厂拖石。十九年，赦归复职。宣德四年，点随太监郑和往西洋管送番货，赴京赏表里二匹。

传威、武、镇、成、镗、鸾、元亨、可文。

彭英　本省黄岩人。父贵山，吴元年归附从军。英以父老代役，各处随征。洪武二十七年，历任调宁波卫左所世袭百户。

传义、永乐四年，调征安南，先登，被铳死。赏银币。礼、永乐十四年，出海捕倭，为声息事，发工部独树厂拖石，赦还复职。俊、璋、瓒、锦、国正、志龙。

杨真　直隶全椒人。祖胜，乙未年随汤小二万户渡江，归附随征，充总旗，卒。真伯丑儿补役。真父忠，以丑儿卒，无子，代役，拨锦衣卫带刀，升昭陵校尉府军左卫水军所世袭百户。洪武三十二年，前往东昌操练，为逃军事得罪。三十五年，取勘为事官员，授真世袭宁波卫左所百户。

传琳、海、钦、槐、顺、名世、鼎。

周原　南直无为州泉县人。父富二，丙申年归附应天府郭参政下从军，各处随征。洪武四年，调守明州卫左所，卒。原初名九儿，补役，历充总旗。二十五年，调龙江右卫左所。二十九年，为年深升宁波卫左所世袭百户，赏钞、苏木、胡椒、绫绸、衣被等物，改今名。

传珣、出海捕倭，为声息事，发独树厂拖石，赦归复职。礼、勉、韬、显、孚、一乾、世忠。

高政　直隶合肥人。祖润，甲午年滁州归附，各处随征。洪武二十六年，除昭信校尉，洪塘湖屯田所世袭百户。政父铭，以父疾替职，卒。政袭，调世袭宁波卫左所百户。永乐十五年，出海捕倭，为声息事，发独树厂做工拖石九年，复职，随驾征武定州，回卫。宣德二年，调征交趾。

传顺、昱、普、宾、梧、拱宸。

盛保　直隶滁州人。父得孙，甲午年丁万户下归附从军，乙未随驾克和州，渡江克采石，后充小旗。保以父疾代役。洪武二十九年，授宁波卫左所世袭百户。

传威、茂、聪、克文、克武、恩、时、朝爵。

徐志升　直隶寿州人。父义前，系长枪，四元帅下军，丙申年归附，到处随征。志升初名金保，以父老代役，历充总旗。洪武二十九年，以年深授宁波卫左所世袭百户，赏钞、苏木、胡椒、衣被等物。

传礼、鉴、宁、旗、文、珮、国光、应奎、明佐。

郭真　河南息县人。父得，辛卯年归附，甲辰年渡江，随常国公。吴元年，随杨大夫克明州。真选充旗手卫军，历充总旗。二十九年，取勘年深授宁波卫左所世袭百户。永乐七年、十七年，两次随往日本公干。

传荣、和、鉴、泽、世勋、遇例纳授卫镇抚。体仁。

试百户

曹烈　直隶武进人。父平，伪吴下头目，丙午归附。吴元年，克明州，设明州卫,充小旗,奉调各处剿捕。十五年,回守宁波卫。烈以父老代役,年深充总旗。正统二年,差往淮安,因识认手擒强劫大盗张智因,升宁波卫左所试百户,世袭。

传通、随征邓茂七,升本卫左所世袭副千户。谦、俊、查功革千户,仍袭试百户。锦、明山、大绥、士瑜。

正千户右所

毛达齐 湖广桃源人。祖彬,吴元年于澶川三江口归附,充头目,以功授荆州卫前所副千户,世袭。十八年,毛仁以长男袭,升龙骧卫中左所世千户。无子,仁弟琬袭,除温州卫海安所世正千户。达齐袭,随军兑调宁波卫右所世袭正千户。

传福、清、润、瀚、鹏、文德、武功、泰山、平海、德乾。

李贵 北直昌黎人。父大,原系军役,贵代。洪武三十二年归附,靖难,历升宽河卫左所世袭正千户。洪熙元年,调宁波卫右所世正千户。

传宏、义、通、进、继祖、元勋、茂英。

刘海 北直大兴人。父中燕山左卫左所军。海以父残疾代,附靖难兵,积升大同卫前所副千户世袭,随征沙漠,升本卫世正千户。宣德二年,调宁波卫右所世袭正千户。

传广、恺、佶、朴、应龙、祖与。

副千户

徐弼 南直舒城人。父隆,双刀赵下军,庚子年龙江归附,各处随征,克明州,征广东阵亡,授昭信校尉、流官百户。弼袭,除威武卫后所镇抚,积功历授昭信校尉、宁波卫前所流官百户。洪武二十二年,兑调温州卫瑞安所千户。起取年深官员升宁波卫右所世副千户。

传立、俊、琬、一作琥。正、洪、显功、懋昭。天启三年,优给中清进士。

刘忠 初名丑驴,南直定远人。父名回子。铁门陈下义兵。甲午年归附,随征克徐州,渡江克太平、采石,充小旗。洪武十二年,征河南大罗山阵亡。忠代役,历授温州卫海安所试百户,更今名。二十七年,兑调宁波卫右所世袭百户。永乐间,往日本公干,征安南,差西洋二次,升本所副千户。

传瑀、福、魁、祚、隆、钦、世臣、弘猷。

宋茂　浙江平阳人。先系周同参下义兵千户。癸卯年,于处州胡参军下归附,次年授守青田百户。洪武二十六年,历升神策卫水军所副千户,为前任兖州护卫前所百户以缺军妄勾民人补役降百户,调宁波卫右所。

传得拳、隆、果、宁、华、韬、以上俱袭百户。应澜、中式武举,升署正千户,御倭斩级多,后阵亡,升世袭副千户,立祠。文焕、曾锡。

朱斌　湖广慈利人。父政,吴元年归附,充小旗。以随征功,历升府军左卫中所世百户。斌袭职,洪武二十七年兑调宁波卫右所百户。

传昱、瑛、镛、福、以上百户。仁、武举中式,升本所署正千户。剿倭徐海等,历升直隶盐城参将,后以倭寇经犯汛地,充终身军大同卫,以斩达贼首级复还祖职,又以斩级升本所实授世副千户。隆庆二年,又升神机营参将。庄、体乾、良辅。

尚忠　初名保儿,直隶吴县人。父三儿,丙申年克应天府归附充军,历充总旗。洪武二十三年,征宣慰司贺山关阵亡。忠代役,取勘年深,除宁波卫右所世袭百户,改今名。

传礼、虎、正统十四年景泰元年,两次征福建升授本所世袭副千户。福、达、茂元、文、合火药,五台寺石臼泄火焚死。章。降百户后革职。

百户

王贵　南直临淮人,原系军役。己亥年应天府归附,从征。洪武二十七年,历授宁波卫右所世袭百户。

传忠、礼、俊、镒[1]、铭、荣、臣、斌。

---

[1] "镒",浙图本作"鉴"。

王定　原名佛住，南直无为州人。庚子年归附，从军。洪武二十年，除温州卫海安所试百户。二十五年，取勘年深授世袭百户，更今名，兑调宁波卫右所。

传真、瑢、韬、镇、恩、武卿、尚文、鼎新。

蒋忠　广西临桂县人。祖寿，伪汉千户，辛丑年江州归附，丙午年历授羽林卫百户，以征四川奉差回京，道故。忠父亨，洪武十年袭龙骧卫百户，十六年调怀远卫前所，为诬告本所千户充金齿卫军，以功复职，授玉林卫右所百户。忠袭调宁波卫右所世百户。

传纶、凤、达、鳌、木、历升浙江都司。梦熊、尚宝。

陈义　南直全椒人。祖兴旺，先系陈也先勇士，丙申年归附。洪武十三年，充兴武卫中所小旗。十五年，征云南阵亡。取勘录用子弟，将男杰，充河南隶州卫总旗，取勘年深授虎贲右卫中所世百户，为事罚职，领军赴铜鼓卫砍蛮子头。三十二年，改革男义，调宁波卫袭职。

传隆、璘、槐、瀚、勋。

萧英　南直江都人。祖成，乙未年于和州从军，随克采石、太平。洪武二十四年，历升山东宁海卫前所世百户，赏钞、段。英父旺替职。英于正统三年袭调宁波卫右所世百户，剿金华贼阵亡。

传广、宏、俊、锦、堂、经、仪、拱宸。

张全　初名驴驴，陕西河西卫人。父朵只牙，元岷州、元州府同知，洪武二年归附，除武靖卫官军百户，改河州右卫左所。全袭，改今名。洪武二十七年，调宁波卫右所世百户。

传诰、宁、永、泽、国祯、斗垣、儒钛。

中所正千户

施忠　南直定远人。父戡，丙午年归附，随征。洪武十七年，历调宁波卫中所百户。忠袭，以戡节次有功升辽海卫正千户。三十五年，准令宁波卫中所管事，世袭。

传宏、泰、铭、鉴、镇、恩、文、承宪、承茂、宗斌。

潘铎　山东肥城县人。父成，洪武四年，垛集充济宁卫军；十四年，调山海卫。铎代役，二十五年兑换燕山右卫后所，随靖难军，历升镇江卫前所副千户。永乐八年，升本卫所世正千户。宣德六年，调宁波卫中所。

传祥、勇、辅、爵、京、三屯、承勋。

副千户

曹通　南直扬州府人。祖成，先系淮安府千户。丁酉，于滁州随何元帅渡江，仍充千户随征。洪武元年，调守明州卫，收捕秀兰山海贼，除明州卫左所百户。十一年，授世袭。二十年，调守大宁，取赴京调绍兴卫后所百户。通父顺，替职，各处征剿，历调临山卫余姚千户所。通袭，调宁波卫中所世副千户。

传达、真、惠、璿、瑢、华、尚武、朝宰、尚仁、元辅。

李晏　南直定远[1]人。祖贵，濠州郭元帅下从军。次年克和州，渡江克采石、太平。癸卯年，鄱阳湖剿陈寇，历升陕州卫副千户，历调临安卫中所。洪武二十八年，英父祯袭瞿塘卫副千户，世袭。晏于永乐十三年袭，调宁波卫中所世副千户。

传昇、斌、俊、浩、纲、向荣。

周成　山后妫川州人。父周三，母舅董石头儿。洪武六年，收充彭城卫后所军，成以父老疾代役。三十二年，从靖难兵。永乐二年，授彭城卫后所百户。十六年，历调宁波卫中所世百户。

传广、正统十四年、景泰元年两次福建以功升本卫所世副千户。荣、铨、恺、世贤、宗儒、应相、应奇。

安胜　南直滁州人。祖兴，丙午年归附徐丞相军前，充徐州卫军。洪武四年，调彭城卫。十三年，胜父政以父老代役，各处随征。后从靖难兵定京师应天

---

[1] "定远"，国图本作"定达"，据浙图本改。

府。永乐元年，历升处州卫后所世副千户。胜以十一年替职，十五年调宁波卫中所世袭副千户。

传祥、全、源、龙、邦、如山，升广东参将。国臣。

百户

张鉴　湖广江陵人。其先友系伪汉管军千户，守御韶州。甲辰大军克赣州，于常平章军下归附，发回韶州守御。丙午，授韶州管军百户。子茂以友卒，保送授怀远所镇抚。洪武二十七年，升南阳卫镇抚。茂子佛保，于三十一年以取勘茂年深，袭除开平中屯卫前所世袭百户。佛保弟斌，斌子荣，荣弟贵，但相沿袭。贵即鉴父也。鉴以弘治十三年替贵老，嘉靖五年为考选军政官员事，调补宁波卫中所百户。

传澄、森、彬。

高贵　南直全椒人。甲午年于濠州归附，南北随征。洪武十五年，历升龙江左卫左所百户。十七年，往宁波捕倭，调宁波卫中所世袭实授百户。

传信、斌、恂、湜、章、仕乾、成山。

张兴　初名盖儿，山东掖县人。兄界儿，洪武三年垛集充莱州前卫军，有功升小旗。九年，奉天门扛抬大木打伤右腿回乡。十六年，取盖儿补役，拨府军左卫充军，有功，升总旗。二十三年，送锦衣卫带刀，改今名。到建昌岭杀贼有功，升宁波卫中所世实授百户。

传智、俊、纲、寅、宁、武亨、民法、星、翼箕。

胡安　直隶仪真人，初名二。丙申年归附，从军南北随征。洪武二十一年历调羽林卫总旗，二十九年为年深升宁波卫中所世百户。

传正、广、俊、玉、潮、宗明。

曹胜　南直昆山人。父祥，伪吴头目，丙午年太仓俞平章下归附，洪武元年淮安卫充总旗。胜以二十三年代役，二十四年选用年深总旗，升宁波卫中所世百户。

传得、永乐六年，为事发交趾充军，以功复职。忠、征邓茂七功，升本卫所副千户。让、镇、鹏、山部、查忠征剿功次欠明，仍袭百户。芳。

胡显忠　江西奉新县人。父名，伪汉元帅，壬寅年归附，充百户。后以兵散充军。义子志三替役，调济阳卫。洪武十二年查取嫡男显忠替役，发豹韬左卫充军，历调府军后卫前所百户。十七年，调宁波卫中所世袭百户。

传昶、景泰元年，随都督李信剿温州寇有功，升本卫所世袭副千户。澄、文富、应辅、查昶功仍袭百户。国庄、来臣。

王友　山东汶上县人。洪武四年，收充济宁左卫军役。五年，选充总旗调龙虎卫，南北随征。十七年，除宁波卫中所世百户。

传得、景泰元年，以征福建功，升本卫所世副千户。真、恺、辅朝、佐、查得功，仍袭百户。又以巡按考，调台州卫前所。尧臣、仍复宁波卫中所。国用。

试百户

张旺　直隶江都人。其先山甫，丙申年镇江归附充军。洪武二十七年，由温州海安所小旗兑调宁波卫右所。三十年，取勘年深，充总旗。二世、三世斌、四世旺，俱相沿补。正统十四年，旺随宁阳侯陈懋征福建邓茂七。景泰元年，又随都指挥萧华征福建，升本卫中所世试百户。成化十一年，查系多余百户，照原职补署本所，原额未铨所镇抚。

传钺、瑛、鉴、镇、铨注本卫中所绝百户朱凤缺实授。武元、毓阳。

前所正千户

孙兴　北直唐尚人。父成，洪武六年收充彭城卫右所军役，兴代。三十二年从靖难，历升宁波卫前所世正千户。宣德二年征交趾阵亡。

传俊、珏、纶、承勋、继祖、裕祖、大奇。

副千户

葛兴　南直兴化人。祖能，丙午年徐丞相下归附，拨羽林卫，南北随征。十四年，征云南大理阵亡。兴父居敬补役，历升锦衣卫亲军所世副千户，兴袭调宁波卫前所世副千户。

传镛、茂、俊、信、世用、世昌、应元、士麟。

许寿　原名德，北直和中县人。元世袭管军千户。洪武二十年，率领原管军士于宋国公处归附，各处随征，历升宁波卫后所百户，世袭。

传谦，授本卫后所镇抚，因随军征德州功升副千户，于灵壁县从靖难有功升正千户。旺、袭授本卫所副千户。诚、陞、锦、天爵、实山、天祐、承光、承尧。

百户

黄真　山东东平州人。祖寿童，辛丑年处州胡参军收充军役。洪武二十七年调宁波卫前所充总旗。真父虎儿及真俱代役。真于正统十四年、景泰元年两次征福建有功，升宁波卫前所世百户。

传鉴、瓒、韬、鳌、鼎、金甲。

卢全　湖广浏阳人。祖寿，旧系伪汉元帅，壬寅年南昌归附。洪武十三年，历授庐州卫中所百户。全父德，袭授泗州中所。全袭调宁波卫前所世百户。

传茂、恺、定、昂、世子、望龙。

钟铭　江西宜春人。兄信。信吴元年收充军役，后调密云彭城卫中所。铭补役，从靖难功实授[1]宁波卫前所世百户。

传谅、政、鼎、瑝、承龙、鸿勋。

许缙　南直临淮人。父英，伪吴小军。丙午，于淮安归附徐国公军前，历调随征。洪武十四年征云南，拨守临安卫。十九年授临安卫百户。缙袭除宁波卫前所世百户。

传安、宁、锦、成、瑞龙、应奎。

潘彦深　浙江青田人。祖谷九，乙巳年于处州胡参军下归附，历调温州金

---

[1] "实授"，浙图本作"袭授"。

乡卫总旗。父文达代役，后实授龙江左卫后所百户。彦深袭调宁波卫前所世百户。

传全、正统十四年调征处州，景泰元年调征福建，升世袭本卫副千户。湧、祥、政，仍袭百户。忠、昇。

试百户

夏晟　浙江仙居人。祖茂卿，方氏头目。洪武八年录用。十七年历调宁波卫左所镇抚，又历调庆远卫左所镇抚。晟父得，于三十一年因茂卿卒，着做总旗，调宁波卫前所。晟代役，正统十四年、景泰元年两次随征福建功，袭授世袭宁波卫前所试百户。

传斌、清、奎、太、沄、尚文。

许胜　浙江宁海人。祖高，洪武二年收充明州卫军，历调别卫。二十七年调充宁波卫前所小旗。胜父或代役，年深升总旗，宣德二年征安南阵亡。胜代，正统十四年随宁阳侯陈懋征福建邓茂七，景泰元年又征福建沙县等处，授前所世百户。

传福、钦、栋、涞、伟、恺。

李玉　湖广应山人。祖兴二，吴元年归附从军，调守明州卫。洪武十三年，调守昌国卫。玉父赵儿代，年深调温州卫小旗。二十七年，调宁波卫前所。玉以年深升总旗，正统、景泰间，两次随征福建，升本卫所试百户，照实[1]授支俸。

传贵、铧、凤、辅、查祖功降署试百户，事寇带总旗。经、云龙。

后所正千户

王用　山后兴州人。父德洪，洪武五年收充彭城卫右所军，从靖难，攻直定患病。用代，平定南京，以功升金乡卫后所世正千户，永乐十五年调宁波卫后所世正千户。

传昇、杰、镇、瑞、泰、敷忠，隆庆二年荐充备倭把总，升浙江都司。家栋。

---

[1] "照实"，浙图本作"始袭"。

徐陞　鄞县人。父杭，内黄县丞。陞初随福建周总兵。万历二十年，剿漳州南呑寇，军前听用。二十三年，陈总兵选补水兵把总，带往天津，率领兵船一百二十号，往朝鲜征倭夷，以功世袭宁波卫试百户。卒，无子。以兄晖之子文恩承袭。晖初充蓟辽戚都督标下哨官。万历十一年，征孤山曹子谷、抚顺古勒寨，有斩级功，应补千户，案在部，因得并袭宁波卫后所正千户，三十八年任。

副千户

冯五　南直霍邱人。甲午年从军，次年克和州，渡江克太平，各处随征。选充杭州前卫中所总旗，除平原卫左所百户。洪武二十三年，年深升宁波卫后所世副千户。

传贵、祥、兴、佐、麟、钦、清、材，隆庆二年遇例纳级，本卫带衔指挥佥事。科、如斗。

杨兴　北直密云县人。父大，洪武三十四年，代大宁前卫总旗张得二姓名，随百户李剪儿从靖难有功，升大宁实授百户，取得二[1]任事。永乐二年，查得二不系原征人数，取大授此职。兴兄荣，以长男袭。荣无子，永乐十六年，兴以弟袭调宁波卫后所百户。

传贵三、正统十四年，调处州剿寇。景泰元年，调剿福建延平、沙尤等县贼，勘功升本所世副千户。玉、成、薰、斌，中武举第一，授江西都司指挥佥事。学时、天麒、天麟。

叶驴儿　南直潜山人。初代父正充伪汉军，甲辰年于安庆归附，各处随征。洪武三十一年历升宁波卫后所世百户。

传贵、茂、森、昇、盛、绅，嘉靖三十四年战倭阵亡。世奇，以父阵亡升世副千户。应凤。

所镇抚

张麟　本府慈溪县人。父右佥都御史张楷。正统十四年，麟随楷征福建邓茂七，值钦募义勇，赴武清侯石亨处，试中军前效用，战敌也先达虏。景泰元年以战大同功授试所镇抚，送留守右卫三山门千户所带俸。后调宁波卫后千户所支俸。成化十一年，例补本所原额所镇抚管事。

---

[1] "得二"，国图本作"得得"，据浙图本改。后一处"得得"也同改。

传莲、父即张曷御史。承宗、贤、体立、世臣,升四川游击。绍勋。

百户

史神　南直合肥人。甲午年归附,从军渡江,克采石、鄱阳,败伪汉苏州,败伪吴,克闽广蜀。洪武十五年,历授昭信校尉、羽林军右卫流官百户。十七年,调宁波卫后所百户,世袭。

传斌、武、胜、能、和、铛、经、自宰、开勋、孝贤。

管邕　南直昆山人。先以伪吴头目,丙午年归附。吴元年拨大阿卫总旗,选调淮安,历年递运陈桥、孟津、北平等处粮储。洪武二十四年连年海运辽东粮储,因年深除宁波卫后所世百户。

传礼、瑛、清、能、钦、鸣凤、爵、承勋。

姬兴　浙江钱塘人。洪武四年,渔户起取穆都督下操练,拨付凤阳长淮卫右所小旗。十年充总旗,十四年随征云南,十七年回,除宁波卫后所世百户。

传翾、昶、昷、琦、懋、文贵、恩、光宠。

魏杰　北直界安县人。父胜,洪武元年魏国公下归附,调守处州卫。洪武三年随征云南,历调各卫所。十八年固守监江有功,历调镇江卫左所世百户,为事诛。二十八年以杰袭授泗州卫中所世百户,三十四年调宁波卫后所世百户,捕倭阵亡。

传永、强、华、鸾、国贤、光裕、明臣。

贾宣　北直平山人。父真,洪武四年充前仪卫司校尉,从靖难,历升常山中护卫中所百户。宣袭调宁波卫后所世百户。

传贤、英、锭、文雄、岐山、汉臣、待问。

张受　北直大兴人。祖家驴,洪武二年收充军役,历调留守右卫。受父贵代役,历升广阳卫署百户事,二十八年实授,连年出海运粮。受初拨锦衣卫中所,优给除宁波卫后所世百户。

传雄、清、镇、才、承恩、藩、屏。

张泰　福建长乐人。父荼弟,洪武五年收充军役,调彭城卫。泰补役,从靖难,功升彭城卫前所世百户。永乐十六年,历调宁波卫右所世实授百户。

传敬、祥、镒、佶、奉文注后所。偁、国助。查五辈不袭,降试百户。

试百户

李守志　北直宛平人。其先旺,洪武二年选充总旗,拨凤阳卫。子成、孙善才俱以疾不堪役,以义子代,曾孙英补役。正统十四年,随宁阳侯陈懋征福建邓茂七。景泰元年,又随指挥萧华征福建罗丕等贼,功升本卫所世试百户。隆、昇、瑞、承勋,四世父子相继袭,守志以从弟继承勋袭,授宁波卫后所世百户。

传启明。

尹庆　北直大兴人。祖马儿,洪武五年收充明州卫军,庆父僧保代。永乐七年,随郑太监往西洋公干。十年,复往西洋。十五年,征剌撒等国有功,历升试百户。庆袭宁波卫后所试百户。正统十四年、景泰元年,两次征福建,升世百户。

传玘、琏、祥、权、查庆功,降授世袭试百户。觉殷、光绪。

敬止录卷之二十四

遗事考

昔孙恩寇浃口,入余姚,破上虞,则道由鄞县矣。刘牢之率众东讨,进拜前将军,提督吴郡诸军事。今城西之筱墙弄,云是其屯兵之垒。刘裕属其下。刘牢之曾遣裕戍勾章,此在未建郡之前。

唐祖庸使元载以吴、越虽兵荒后,民产犹给,乃辟召豪吏分宰列邑,以重敛之。其州县赋调,积有逋违。乃稽诸版籍,通较大数八年之赋,举空名以敛之。其科率之例,不约户品之上下,但家有粟帛者,则以人徒围袭,如擒捕盗贼,然后簿录其产而分中之,甚者七八九。时人谓之"白著"[1],言其敛厚[2]无名,其所著者,皆公然明白,无所嫌避。一云世人谓酒酣为"白著",人不堪其困弊,则必颠连酩酊,如饮者之著也。时有歌云:"上元官吏务剥削,江淮之人多白著。"由是,人皆重足以待命。台州人袁晁因民心愁怨,乘之以起众二十余万,僭号二:曰"升国",曰"宝胜"。乾元二年,遂陷明州。逾二年,李光弼遣其将张伯仪讨平之。"白著",见宋敏求《退朝录》。

唐大中十四年,浙东贼裘甫作乱,观察使郑祗德不能讨。至咸通元年,陷象山。官军屡败,以安南经略使王式为浙东观察使以讨之。时吐蕃、回鹘配江淮者,其人习险阻、便鞍马,举籍管内,得数百人。式皆赒其家,又犒饮之。众皆愿效死,悉为骑卒,使骑将石宗本将之。又奏得龙陂监马二百匹,于是阅诸营卒及

---

[1] "白著",宋宋敏求《春明退朝录》作"白箸"。
[2] "敛厚",浙图本作"厚敛"。

土团子弟,得四千人,使导诸军分路讨之,凡十九战,擒甫送京师斩之。按崔琪《心镜大师碑》言:剡寇裘甫卒徒二千,入栖心寺,则鄞亦被兵。琪守明作碑,在咸通末,距甫乱十年许。《城隍考》所云"民闭子城门"者,即此乱也。《容斋续笔》云:裘甫之乱,其党刘暀劝甫引兵取越,凭城郭,据府库,循浙江筑垒以拒之,得间则长驱进取浙西,过大江,略扬州,还修石头城而守之,宣歙、江西必有响应者。别以万人循海而南,袭取福建,则国家贡赋之地尽入于我矣。甫不能用。

唐贞元十四年,明州镇将栗锽杀其刺吏卢云,诱山贼作乱,攻破浙东州郡。浙东观察使裴肃擒锽于台州,送京师斩之。时郡城犹在小溪也。

僖宗乾符三年,浙西狼山镇遏使王郢作乱,陷苏、常州,泛海入闽,及二浙。镇海节度使裴璩严兵不战,密招其党降之。散去者将及万人,输器械二十余万。郢又收余众攻陷望海镇,即舟山,时地属鄞。掠明州,至甬水桥,一云陷明州。王深宁《七观》云"盗覆此城",指郢也。镇遏使刘巨容以筒箭杀之,余众悉平。《通鉴》:浙西节度使裴璩败王郢,在乾符四年闰二月。《纪》乃谓三年七月,当从《通鉴》。璩,字挺秀,见《世系表》。(《困学纪闻》)

僖宗中和元年,鄞盗钟季文陷明州,自立为刺史。昭宗景福元年,季文率其将黄晟自称刺史。《宝庆志》云:"僖昭之间,盗贼蜂起。晟结群豪拒外盗。郡守羊僎授以鄞塘镇遏使,寻迁奉化都护防遏兼饮飞兵马使。羊殁,钟季文继之。钟殁,众乃戴晟摄守,讨平邻寇,保护乡井。"王深宁《七观》云"彼钟、黄之窃据,郡乘几于曲笔",即指此也。然晟究未可以寇乱目之也。《困学纪闻》云:"明州开元二十六年置,迄于唐末,凡五乱:宝应元年,袁晁陷明州,一也;贞元十四年,明州将栗锽杀其刺史卢云以反,二也;乾符四年,王郢陷明州,三也;中和元年,鄞贼钟季文陷明州,四也;景福元年,明州将黄晟自称刺史,五也。不及裘甫者,意以其未陷城也。

建炎三年十一月乙巳朔,二十五日己巳,高宗车驾发越州,次钱清堰。吕颐浩奏:"虏人以骑兵取胜,今若车驾乘海舟以避狄,虏骑必不能袭。江浙地热,虏亦不能久留。俟其退去,复还二浙。彼入我出,彼出我入,此兵家之奇也。"

上沉思久之，曰："此事可行。卿等熟议。来日召侍从台谏至都堂参议可否。"庚午，颐浩晚朝奏事。上曰："航海之事，朕昨夕熟思之，断在必行。卿等速寻船。"遂决策，趋四明。

十二月己卯，车驾幸四明，驻跸州治。提领海船张公裕奏，已得千舟。上甚喜。壬午，定议航海，执政请每舟载六十卫士，人不得过两口。卫士皆曰："我有父母，有妻子，不知两者如何去留？"诉于主管禁卫入内内侍省都知陈宥。宥不能决。宰相吕颐浩入朝，卫士张宝等百余人遮道，问以欲乘海舟何往。因出语不逊，颐浩诘之曰："班直平日教阅，何尝有两箭上贴。今日之事，谁为国家死战者？"众欲杀颐浩，参知政事范宗尹曰："此岂可以口舌争？"引其裾入殿门。门闭，众不得入。上以御笔抚谕，人情稍定，遂山呼于殿门外。上密谕宰执曰："此辈欲沮大事。朕今夕伏中军甲士五百人于后苑，卿等翼日率中军入，捕为首者诛之。"颐浩退，密谕中军统制辛企宗及亲军将姚端，令阴为之备。癸未，执政早朝，命御营使司参议官刘洪道部兵宫门防变，而中军及姚端已整掤于行军门外。二府引中军入，遇直宿兵卫，皆擒之。其徒惊溃，或升屋，或逾墙遁走。上自便殿御介胄，引伏兵出，弯弓手发二矢，中二人，坠于屋下。其众骇惧，悉就擒。上命吕颐浩至都堂，诘为首者以奏，其余皆囚之。甲申，诛张宝等十七人于明州市，陈宥责[1]汝州团练副使，潭州安置。除行门外，其众降隶诸军。戊子，朝奉郎、知明州张汝舟为中书门下省检正诸房公事，宜州观察使张思正为浙东马步军副总管，屯明州；徽猷阁侍制、御营使司参议官刘洪道知明州。己丑夜，谍报虏逼临安，知越州李邺奏至。旦大雨，群臣入朝，至殿门，有旨放朝，唯执政[2]入对，上于袍袖中出邺奏示之。既退，上自明州治[3]乘马出东渡门，登楼船，宰执皆从，诏止亲兵三千人自随，百官有司随便寓浙东诸郡。时上既废诸班直，独神武中军辛永宗有众数千，而御营使吕颐浩之亲兵将姚端众最盛，上皆优遇之。晚朝，二府登舟奏事。参知政事范宗尹曰："虏骑虽百万，必不能追袭，可以免祸矣。"上曰："惟断乃成，此事是也。"庚寅，从官以次行。吏部侍郎郑望之以疾辞不至。给事中兼权直学士院汪藻以不便海舶，请陆行以从，许之。于是扈从泛海者，宰执外，惟御史中丞赵鼎，右谏议大夫富直柔，权户部侍郎叶份，中

---

[1] "责"，宝庆《四明志》、浙图本作"谪"。

[2] "执政"，国图本作"执事"，据浙图本冯批改。

[3] "明州治"，国图本脱"明"字，据浙图本冯批补。

书舍人李正民、綦崇礼,太常少卿陈戬六人,而昕夕密卫于舟中者,御营都统辛企宗兄弟而已。留者有兵火之虞,去者有风涛之患,皆面无人色。

辛卯,御舟次定海县,有传虏使至者,上不欲令朝行在,即遣参知政事范宗尹还明州俟之,留御史中丞赵鼎、给事中兼直学士院汪藻参议军事,且令宗尹尽护诸将。壬辰,宗尹等至明州,乃卢伸等自和州来,所携国书,语极不逊,宗尹遂不奏。癸巳,御舟近昌国县。范宗尹闻临安陷,复还,见上于舟中。丙申,浙东制置使张俊自越州引兵至明州,已无舟可载,奏乞海舟。上赐俊手书,许捍贼成功,当封王爵。俊纳侠士刘相如之策,遂留,揭榜通衢,劝谕迎敌,士皆思奋。俊军士颇事卤掠,城中居民少,遂出城,以清野为名,环城三十里皆遭焚劫。戊戌,金人陷越州。己亥,奏至行在,乃议移舟至台、温以避之。庚子,御舟发昌国县。先是,虏分兵犯余姚,知县事李颖士募乡兵数千,列旗帜以捍虏,把隘官陈彦助之。虏既不知地势又不测兵之多寡,旁皇不敢进者一昼夜,由是上得登舟航海。辛丑,御舟舣白峰寺。癸卯,张俊与金人战,败之。先是,虏遣兵追袭乘舆,至城下,俊遣统制官刘宝与战,兵少却,其将党用、丘横死之。统制官杨沂中、田师中,统领官赵密,皆殊死战。主管殿前司公事李质率所部以舟师来助。知州事刘洪道率州兵射其旁,大破之,杀数千人[1]。

四年正月甲辰朔,大风,御舟碇海中。乙巳,御舟次台州港口。是日午,西风忽起,虏乘之,犯明州,张俊与刘洪道坐城楼上,遣兵掩击,杀伤大当,虏奔北,堕田间,或坠水。俊急令收兵。夜,虏拔寨去,屯余姚,且请济师于兀颜宗弼[2]。丙午,御舟次章安镇。张俊令明州西城外民居尽爇之,其意欲赴行在也。庚戌,虏酋兀术引众再犯明州,张俊御之于高桥,战数合,虑其济师,遂诿以上旨扈从。辛亥,尽将其众入台州城中,居民去者十七八,有士人率众扣刘洪道马首,愿留以御贼。洪道曰:"予数克敌,若等毋虑。"丙辰夜,洪道悉府实微服而遁,与副总管张思正,引所部奔天童山,所过尽撤其桥,民不得济,死者数千人,哀号震天。城中惟崇节马军与恶少仅千人,以酒官李木将之。己未,金人破明州。先是,虏益兵而来,驻广德湖旧寨前,遣老弱妇女运瓦砾填堑。次夕,植砲架十余,对西门。是日,以数砲碎城楼,守者奔散而出,城遂陷,虏引兵入。显谟阁直学

---

[1] "数千人",宝庆《四明志》作"四千人"。
[2] "兀颜宗弼",宝庆《四明志》作"完颜宗弼",下同。

士、提举建隆观郑亿年避寇山间，为所执。

甲子，御舟次温州港口。丙寅，移次馆头。先是，金人自明州引兵攻定海县，破之，遂以舟师绝洋，犯昌国县，欲袭御舟。至碕头，风雨大作，和州防御使、枢密院提领海舟张公裕引大舶击散之。虏乃去。上引舟而南，与虏人才隔一日。辛未，汪藻言："金人为患，今已五年。陛下以万乘之尊，而依然未知税驾之所者，由将帅无人，而御之未得其术也。如刘光世、韩世忠、张俊、王𤫊之徒，身为大将，论其官则兼两镇之重，视执政之班，有韩琦、文彦博所不敢当者。论其家，则金帛充盈，锦衣肉食，舆台厮养皆得以功赏补官。平时飞扬跋扈，不循朝廷法度，所至驱虏，甚于夷狄。陛下不得而问，正以防秋之时，责其死力尔。张俊明州仅能少抗，奈何敌未退数里间而引兵先遁，是捐明州一城生灵，而陛下再有馆头之行者，张俊为之也。"

二月乙亥，车驾幸温州江心寺驻跸。丙子，虏自明州引兵还临安。初，虏既破明州，遣人听命于元颜宗弼，且云搜山检海已毕。宗弼曰："如扬州例。"虏遂焚其城，惟东南角数佛寺与僻巷居民偶有存者。城之始破也，守者奔凑东南，缒城而出，或浮木渡江，生死相半。而逃村落者，与贼遇，由是遍州之境，深山穷谷，平时人迹不到者，虏皆搜剔杀掠，不可胜数。既去，以修职郎蒋安义知明州，进武校尉张大任同知明州事。安义，本越州剡县人，大观三年冒明州贯登第，以赃败。虏酋至，辄投拜，尽籍土著、寄居姓名以告，故虏酋喜之，且授以两浙转运司印一纽。甲申，慈溪县令林叔豹引乡兵入明州，执蒋安义，夺其印。虏人十余在开元寺，皆病不能前者，叔豹并诛之。丙戌，刘洪道自台州还屯奉化县，其麾下精卒暴横市肆，邑人蒋珒夜集数千人之岳林寺，围洪道，将杀之。县丞白彦奎劝洪道流其殴人之卒，众乃定。洪道复入城，剾民家窖藏之物，得四万缗以献，州人怨之。是日，金人自临安退兵。庚寅，车驾幸温州，驻跸州治。

三月辛酉，车驾发温州。辛未，御舟次定海县。县为金虏所焚，上恻然曰："朕为民父母，不能保民，使至如此！"四月，知明州刘洪道罢，贬秩二等，依旧充御营使司参赞军事。以降授宣教郎、直秘阁向子忞知明州。甲戌，御舟至明州城外。乙亥，发明州。癸未，车驾驻跸越州。戊戌，出米七千斛，赐明州民居为虏所焚者。五月癸卯，中书门下省检正诸房公事张汝舟特迁一官。初，上过明州，汝舟应奉简俭，粗能给足。至台州，而守臣晁汝为储峙丰备，论者以为扰民。上曰："第以简俭褒汝舟，则好恶自明。"故有是命。

元方国珍，台之黄岩人，身长七尺，貌魁梧，走及奔马。父伯奇，素柔良，每为乡人所侵蚀，辄笑曰："吾子当有兴者，无久苦我。"既乃生子五人，皆粗豪有膂力。黄岩风俗，贵贱等分甚严。佃户见田主，不敢施揖。伯奇亦恭事田主。国珍谓父曰："田主亦人耳，何恭如此？"父曰："我养汝等田，田主之田也。何可不恭？"国珍不悦。父卒，兄弟戮力，家道渐裕，耻不礼于田主，酿酒以俟田主之至，醉其主仆，醢其尸于酒瓮。主家诉于官，州遣巡检来捕。国珍左执几捍兵，右执巨梃格斗，遂杀巡检，入海为乱。州县无以塞责，妄械齐民以为国珍党，由是海上益骇。亡之国珍所者，旬日得数千人。

至正九年十一月，元主命朵儿只班讨之。国珍引而东，元兵追至福州五虎门。国珍势危，将焚舟遁，而元兵忽自惊扰。国珍乘而蹙之，执朵儿只班，因迫其上招安之状。元主从之，用为定海尉，使散其众。国珍虽受命，然终不自安。是岁，永嘉大风涛，海水吹上平陆三十里，人死者以千数。已而国珍乱，人以为兆云。十年三月，奉化州山石裂，有山川草木禽兽之形。冬，国珍复入于海。江浙行省调兵捕之。十二月，国珍寇温州。城中守备甚严，出兵接战。国珍乃焚掠城外而去。十一年三月，浙东副元帅董抟霄率舟师至温，与国珍兵遇。元兵惊乱，争赴水死，抟霄号令不能施，仅以身免。元舟为所夺者数百艘。六月，国珍攻黄岩，元沿海翼百户尹宗泽战死。江浙左丞字罗帖木儿率兵讨之，次于庆元，遣元帅泰不华赴温，以图夹攻。既至，值国珍方攻温，泰不华以火筏御之，乃引退。初，字罗密与泰不华约以六月乙未进兵，字罗先期至大闾洋，国珍夜率劲卒纵火鼓噪。元兵不战而溃，赴海死者过半。字罗及郝万户皆被执，囚之舟中，使求招安。郝故出元主高丽奇皇后位下，请讬得行，元主亦虑其为海道梗，复遣大司农达识帖木儿等至黄岩招之。国珍兄弟皆登岸罗拜，退止民间。泰不华欲使壮士袭杀之，达识帖木儿曰："我受诏招安，公欲擅命邪？"乃散其徒众，收其海舟、兵器，授国珍万户及其兄弟官爵有差。是岁，明台山中竹箭生米特盛，村民争采之。人日得米一斗，食之味殊美。

十二年春，元人方征、徐士募舟师，北守大江。国珍疑为图己，复入于海。泰不华遣兵扼黄岩之澄江，仍遣使谕之。国珍益疑，以小舸二百复突入海门，犯马鞍诸山寨。泰不华迎战，死之。三月，元主复遣江浙左丞答纳失里率兵讨之。濒海大姓赵士正、陈子游、杨恕卿、戴甲皆倾家募士，为元收捕。五月，国珍攻台州，自中津桥乘楼。临城，楼忽崩，攻者尽坠死。国珍气沮，焚城外庐舍而退。

元帅也忒迷失击走之。

十三年春，元遣左丞帖里帖木儿复招谕国珍。参军刘基议以国珍首乱当诛，余党当招安。帖里帖木儿上基议，省院入方氏贿，驳基以伤朝廷好生之德，且擅作威福，于是编管基于越。既而，报国珍已降，令授以五品流官，遂授国珍徽州路治中、国瑛信州路治中、国璋广德路治中，国珍犹疑惧，拥舟千艘阻漕运。元乃复遣江浙右丞阿儿温沙击之。国珍之道黄岩也，虏州人大使陈文先妻萧菊奴，欲污之，菊奴赴海死。

十四年，元设浙江元帅于庆元，以纳麟哈喇为元帅以备之。庆元密迩，国珍日夜治铠仗，理舟楫，运粮饷，项领相望，以给军用。又树栅捍江，浚隍筑城，列弩石楯戟，严警以防寇至。阿儿温沙命诸县令以军资入海而不与之兵，遇国珍，兵皆溃而归，失亡不可胜计。元人无如之何，寻复招安之，授国珍海道巡防万户、国璋为衢州总管兼防海道。先是，赵士正诸家每与方氏战，子姓多歼于盗，不沾元一命，而方氏一再招，辄进高官。于是上下解体，甘心从乱，而方氏益横矣。国珍以海内大乱，知元国力不支。九月，以兵突入台州路，执元帅也忒迷失、黄岩州达鲁花赤宋伯颜不花、知州赵宜浩，以俟元命，遂据有台州。台人潘省中，元进士也，为国珍所劫。屡以大义折之，国珍不从。其党郭仁本潜之，乃使盗杀诸隘。是月，前御史喜山起兵袭黄岩，不克而遁。国珍兵出黄岩，丁氏妇王不从寇，赴江死。入宁海，梅霍女、陈小元二女皆骂寇死。先是，庆元路蒙古字学录王刚甫被檄守东门。方氏兵惮之，不敢登陆者数年。刚甫解官去，十五年春，台既破，庆元民已震恐。至是，国珍以舟师奄至，纳麟不能御，城中开门纳之。国珍入城谒纳麟，阳尊事之，独慈溪令陈文昭不附。执文昭欲沉之于海，已乃囚之岱山。又攻昌国州，达鲁花赤高昌帖木儿屡击破之。方氏兵来益众，或劝之遁，帖木儿曰："是我效死之日也。"城破，力战而死。国珍乘胜取余姚州，同知秃坚见而责之曰："君甫就招安，复以兵入台、庆，背德忘信，何以令人？及今悔罪敛兵，庶免后咎，不然祸且不测。"国珍不答，心甚衔之，竟构秃坚以罪死。国珍乃居庆元，斥地至上虞，与张士诚接境。先是，温城守兵每出战多捷，戍将骄不为备。七月，国珍使其将李德孙袭温州，破之。用其侄明善为镇抚以守温，屯兵千佛寺。温之岷冈有王子清者，不附方氏，寻被执，磔之。柟溪刘公宽者，积御盗功，官至都事，亦不附方氏。闻子清死，不胜愤。九月，夜率众袭镇海门，入千佛寺。明善脱身走，公宽退。明善复入城，筑砦天宁寺以居。国璋闻变至温,使方文举立砦于净居寺,以助防守。十月,元院判迈里古思出兵曹娥江,以图庆元,为国珍所败而还。

十六年春,方明善等攻刘公宽。公宽壁险拒之。七月,元经略使李国凤至温,拜明善为院判。明善胁留之,悉官其党,然后得去。冬,刘公宽兵势益蹙,明善部下陈珙旧与公宽善,因使珙图公宽。珙一夕与公宽酣饮,密令公宽仆金兴杀之,取其首以献。其妻侯氏自经死。明善以金兴叛主不忠,斩之以殉。

十七年春,国珍造舟益多。或问之曰:"公舟已足用,今更造何为?"国珍曰:"倘有兵来,吾即乘舟浮海去耳。"于是闻者叹曰:"若但为走计,非英雄也。"以故豪杰往往去之。

十八年春,黄岩章子善好纵横术,说国珍曰:"夷狄无百年之运,元数将终,人皆知之。今豪杰并起,四海分崩。公若奋臂一呼,战舰数千艘,数十万众可立至也。泝江而上,则南北中绝。擅漕舟之粟,舟师四出,则青徐闽广辽海皆唯公所欲。审能行此,则人心有所系属,而伯业成矣。"国珍曰:"君言远矣,智者不为祸始。朝廷虽无道,尚可以迁延岁月。今豪杰争雄,莫适为主。吾乃安兵保境,以待其定耳。"子善谢去。元进国珍为江浙行省参政,寻令击张士诚。士诚遣史文炳、吕珍统十将军以数万众御国珍于昆山海滨,步骑夹岸为垒。国珍策之曰:"海滨非平土而参用步骑,吾知其无能为也。"乃以舟师五万攻之,自率壮士数百趋奤子桥。十将军薄战矢石雨下,国珍夺击杀其两将军,余皆败去。复前,与史、吕接战。其步骑讫不得成列而散,遂杀其七将军。死者数千人。明日,七战皆捷。士诚请和,乃引还。元主嘉其功,听以节钺镇浙东,开治于鄞,复数加爵赏,俄进太尉江浙左丞,赐以衢国公印章。昆弟子侄宾客,皆至大官,虽奴仆亦滥名器,每遇朝金紫杂沓。永嘉丞达海及乡进士赵惟恒皆不与方氏,国珍恶之,并沉之于江,由是人皆侧目。士有誉功德以媚之者,辄跻显贵。溪山啸聚之徒,荷戈来从,授以州县佐者甚众。又,时以粟至燕,交通权要。凡宣敕封赠,恣其所欲。三路士民忘其为盗,惟知有方氏,更翕然附之。十二月,我太祖下婺州,明年衢、处相继款附,因遣儒士陈显道往招国珍。国珍亦惧兵南来,即遣子完为质,使其属张本上书曰:"国珍鱼盐负贩,生长海滨。向者因怨家构诬,逃死海岛,遂有三郡。非敢称乱,迫于自救而已。唯公起义濠梁,东渡江左,奋扬威武,以制四方。国珍向风慕义,欲归命之日久矣。道路壅遏,不能自通。今闻亲下婺城,抚安浙左,威德所被,人心景从。不弃犷愚,猥加训谕,开其昏蒙，俾见天日，此国珍所素愿也。谨遣使奉书上陈恳款，或有指挥，愿效奔走。因请以三郡内附，如钱镠故事。岁贡白金，以给军资。"太祖许之，还其质子，遣博士夏煜往授国珍江南行省平章、国璋福建行省右丞、国瑛福建行省参政、国珉江西行枢密院佥院，畀以印章。国珍受而不用，惟令国珉称佥院，而通贡北方如故。

苗军刘震、蒋瑛杀婺州守将胡大海以叛，持其首赴之。众皆喜，国珍曰："吾昔遣使款附，今纳其叛人，是见利而忘信也。且人叛主而归我，即他日叛我矣。"遂率师击之。苗军悍甚，国璋中流矢殁。太祖遣使临其丧，抚其遗孤。国珍自国璋之殁，知其兵不可用，唯北通察罕父子，南通陈友定，以观成败。

二十二年，国珍使其检校燕敬，以金鞍玉辔献。时方克江西，太祖语敬曰："我取天下，所用者马，奚用此为？"国珍又遣使献大马四，太祖班赐诸将。始，察罕帖平定山东，江南震动。太祖遣千户王华挟三千金，附国珍海舟至燕通好，元主遣尚书张昶等来谕。俄而察罕死，太祖遂欲与元绝。国珍以昶等闻，而太祖不答。国珍惧见让，令昶等至闽。已而，太祖悉召元使诛之。太祖又遣郎中杨宪谕国珍，使奉正朔。国珍对曰："昔献三郡为保民计也，未至遽奉正朔，张士诚、陈友定倘来见攻，若援兵不及，则国珍危矣。姑以至正为号，彼则无辞以罪我。况我元之首乱，不得已而授我兄弟以官，使我稍不振，彼安能容我耶？必欲我从命，须多发兵来守三郡，即当以三郡付上国。国珍率弟侄听命于京，止乞国珍一身不仕，以报元恩足矣。"宪还以告。太祖曰："姑置之，俟我克姑苏，虽欲奉正朔亦晚矣。"时国珍方睦于士诚，倚以为唇齿，故不即降。

二十三年，方明善以舟师攻平阳，执元守臣周兴嗣，幽之于鄞。明善入平阳恣淫虐月余，周氏旧卒童环逐明善，以平阳附于处州将胡深。深引兵略瑞安。二十四年春，深攻温州。国珍惧，修贡于太祖，且约以大兵取杭即献土。二十六年八月，金陵兵围姑苏。国珍屡假贡献来觇，太祖恶其反覆，数之曰："昔天下承平，尔独倡乱海隅；及天下既乱，尔复窃据三郡。二十年间，朝南暮北，送款无常。尔过一也。吾下婺城，介于强敌，岂暇图尔？尔自怀疑惧[1]，遣子纳降。吾以诚待尔，尔复迭生兵衅。尔过二也。吾近取钱塘，阴畜异志，不即归附，觇我虚实。尔过三也。无衅而生忌。尔过四也。易交而轻侮。尔过五也。扩廓

---

[1] "怀疑惧"，国图本作"怀疑俱"，据浙图本改。

帖木儿、李思齐、张思道连兵构难，尔不能料中原事势，泛海纳好，扬言击我，以张虚声。尔过六也。元都与尔都隔绝兴亡，岂得由尔？尔自谓远能应援。尔过七也。尔兄弟无功于朝，无德于民，盗据海隅，坐邀名爵，跋扈万状。今归于我，又不能善保富贵，而欲驱民于锋镝。尔过八也。尔数扰我滨海之民，上天好生，下民思治。尔违天虐民。尔过九也。尔果有大志，宜尽三郡之民与我一决胜负，庶几大丈夫之事。今不能此，而徒遣数舟鼠偷盗窃。尔过十也。吾遣兵入浙，已捣姑苏。尔乃诱我海上土豪，令其作乱，既乃平定，尔又匿其首恶。尔过十一也。陈友定奸谋恶念[1]，以致阮德柔自相屠戮。尔乃阴扇潜结，冀为声援。吾以诚待尔，尔更为诈罔。尔尝谓前言为信，今日安在？尔过十二也。吾为尔计，但当坚守前好，则所全必多，自求多福，惟尔图之。"国珍不报。未几，绍兴降于太祖。太祖责其贡粮三十万，仍谕以当早效顺。国珍亦不听，自度兵且至遂为泛海计。是岁，元太子遣使赐御酒、龙衣于国珍。

二十七年，是为吴元年。姑苏既下，九月，太祖遣大将汤和将兵，渡浙江，夜入曹娥，夷坝通道，直抵车厩，将逼庆元。国珍既封府库，具民数，使城守者出迎王师，自挈妻孥以大舶走海中。副将朱亮祖入新昌，破天台进趋台州。方国瑛弃城拒战，亮祖攻之急，国瑛亦以大舶载妻孥走黄岩。亮祖遂下诸属邑。十月丙午，兵至黄岩。国瑛复焚廨宇入于海。时有詹氏妇郑，兵至，欲污之，不从，被戮。己未，亮祖兵至温州，破方明善于城南，明善遁去。十一月癸酉，复败明善于盘屿。

始，国珍登大舶欲扬帆远引，以避兵锋，而辄不利，窘迫不知所为。植和亮祖各遣人谕使早降。国珍遂率其宗党来降，且上表曰："臣闻天无所不覆，地无所不载。王者体天法地，于人无所不容。臣荷陛下覆载生成之德久矣，安敢自绝于天地。切念臣本庸才，处于季世，保境安民，非有黄屋、左纛之念。曩者，陛下霆轰雷击至于婺州，臣愚以为天命有在，遣子入侍，于时固知陛下有今日矣。日月中天，幸依末造，而陛下开诚布公，赐以手书，归其质子，俾守郡县，如钱镠故事。十年之间，与中吴角立，皆陛下之赐也。逮天兵下临吴会，臣尝上书，谓朝定杭越，暮归田里。不意今年以来，老病交攻，顿成昏昧，而兄弟子侄，志虑不齐，致烦陛下兴问罪之师。方怀忧惧，未能自明，而大军已至台、温，令臣计无所

---

[1] "恶念"，浙图本作"稔恶"。

出。虽遣使再三，而承诏之师势不容已，是以封府库、开城郭，以俟王师之至，然犹未免为泛海计者。昔孝子之于亲也，小杖则受，大杖则走。今臣之事，适与相类，虽然臣一介草莽，安敢自绝于天地？故每欲面缚待罪阙廷，复恐陛下万一震怒，天下后世不谓臣得罪之深，将谓陛下不能容臣，岂不累天地之大德哉？臣谨昧死奉表，伏俟严诛。"表文，国珍幕官詹鼎之词也。上览表曰："孰谓方氏无人哉？是可以活其命矣。"因趣其入觐。至京师，上大喜，且让之曰："若来何晚也？"国珍顿首谢罪。上待之特厚，每赐宴享与功臣并列。方氏既平，其伪官、悍将二百余人，素为民巨害者皆徙江淮，台、温、庆之民始奠枕焉。未几，授国珍广西左丞，仍奉朝请。一日侍燕，坐不能兴，舆至家，已成末疾矣。上数遣中使存问，官其子礼为广洋卫指挥佥事、完为虎贲所镇抚，侄明谦为太仓卫指挥佥事。上又遣人问所欲言。国珍曰："臣荷厚恩，无尺寸之功，而子孙稚鲁不知人间事，臣所忧者独此耳。幸陛下以臣故，曲加保全，则臣感恩九泉而犬马以报陛下矣。"遂卒。年五十六。上为文祭之。皇太子、亲王及中书省、大都督、御史台皆奉旨奠祭。国珍且死，求葬于京城东之玉山。上特许之。

洪武十一年，令明谦籍其始从戎者为兵，谓之方氏军哨，凡数万人。而明谦骄不法，事觉。上怒，加以剥肤之刑，举宗受戮。其犀象、珠玉、金缯之属，多匿于姻家，索之以亿万计，皆归于有司。先是，黄岩童谣曰："杨屿青，出贼精。"杨屿素童，忽生草木，而国珍出，竟如谣言。

按郎瑛《七修类稿》云："至正八年，蔡乱头剽劫海商，方乃为国宣力剿贼，而总管焦鼎纳蔡之贿，反黜其功。方忿曰：'蔡能乱，我不能耶？'遂与弟国璋等叛。"学士姚涞作传亦同，盖无杀田主事。

嘉靖三十二年闰三月，海贼汪直纠漳、广群盗，勾集各岛倭夷，大举入寇，连舰百余，蔽海而至。象山被陷，慈溪、昌国乡镇焚荡略尽。郡城震恐，朝夕登陴，惴惴不保。嘉湖苏松至于淮北，滨海数千里同时告警。至六月始出境。其所自起，详《贡市考》。

三十四年五月，倭九十三人自钱仓白沙湾入奉化仇村，经金峨，流入横石桥。宁波卫百户叶绅御之。至七里店，绅挺身夺桥，应者不继，遂为所杀。复折而趋鄞江桥，历小溪、樟村。宁卫府千户韩纲猝与贼遇，从兵皆散走，纲奋力独战,又死之。走通明,渡曹娥而去。九月,复有由奉化走鄞江桥,往据绍兴凫山。十一月,又有福建流倭,由温州抵奉化枫岭,杀慈溪领兵主簿毕清、义士杜文明,与象山流倭合,突过四明山[1],犯上虞。是年,鄞邑之民无安枕之夕矣。

　　三十五年四月,夷船二十余只登劫鸣鹤场。又夷船八只,众千余,登劫临山三江,俄而合攻观海、龙山,突入慈溪县治,焚劫惨毒。知县负印而走,乡绅副使王镕、知府钱焕被杀。贼出丈亭港,欲窥郡城。参将卢镗乘轻舠沿江上下,以鸟嘴铳击贼。贼退屯海口,后至者则拾其遗货。慈人至今于当时破县之日,祭其先世[2]之死于倭者,谓之倭忌□。是年,贼一支据定海丘家洋,俞大猷、卢镗合兵围守,贼甚窘,而我兵不戒,遂夜溃围,逾桃花岭,渡李溪,掠鄞之西乡,由元贞桥走奉化、宁海,与官兵战于两头门,范指挥死之。自三十二年[3]至三十五年,倭寇相寻,而鄞邑为其要冲。贼每逼过[4]近乡,而城闉无失,亦已倖矣[5]。

---

[1] "四明山",浙图本冯批:"四明它山。"
[2] "先世",浙图本作"先祖"。
[3] "三十二年",浙图本作"三十三年"。
[4] "逼过",浙图本冯批:"过逼。"
[5] 浙图本冯批:"下接'建炎三年高宗车驾发越州'条",系浙图本分卷,不同于国图本。

敬止录卷之二十五

坛庙考

纯德庙

府治南六十步,祀东汉孝子董黯。汉安帝延光三年六月初六诏:导民以善,则天下顺,此治道之隆也。夫母子之情,天性也。勾章董黯,承颜顺志,蒙难不渝,诚孝子仁人之用心,为人所不能为,岂不休哉!先帝擢谏议郎,累征不起,寿终牖下。朕甚悼焉。今特敕封孝子,立祠故居,表崇异伦之士,宇内庶几成风,布告臣民,使知朕意。则知汉已祠矣,兹为唐大历十二年立。刺史崔殷记。记曰:

后汉至行董君,讳黯,字叔达,句章人也。依乎中庸,率性纯白。少孤独立,事亲不匮,啜菽以尽其欢,柔色以温其省。高堂登寿,慈颜褒如[1],和以肥家,安不择地。其徙居也,庭出寒泉;其执丧也,林集祥乌。明诚必感,庸德唯懋[2],施及千载,横于四海,其大孝也欤!

夫大道未隐,不独亲亲,逮德下衰,乃有慈孝。行以名扬,情以礼饰。季武矫而服缞,子春强而过礼,此离道以善,非天性之孝也。子云无违,参则直养,素冠有讽,和琴不成,此礼经之孝也。文举弃子,士游出妻,动非先意,何以观式?虽曰可纪,或近沽名,此非教之孝也。

夫子一与之质,道与之和,生于东溟,介居岛夷,俗远诗礼,性复著存。无贻一日之忧,终报共天之怨。负土成垄,枕干不言,卒斩东邻,祭于中野。所谓生知而上,成心以随,欲盖而彰,强名曰孝,加于古之君子数等矣。和帝闻其异行,

---

[1] "褒如",国图本、浙图本均作"褒如",据乾道《四明图经》改。
[2] "庸德唯懋",乾道《四明图经》作"厥德惟懋"。

特舍专杀之罪,召拜郎中。不起,竟以寿终。

夫受命令[1]于时,惟松柏也,冬夏青青;禀灵于天,惟夫子也,能全正性。六代祖仲舒,汉太中大夫。嗣孙宇春,领卢江太守。世为郡中名族,故以董孝名乡,慈溪署县,鄮江之俗,薰然遗风。皇唐大历八载,余分竹兹郡,讯古钦贤,环堵已芜,遗记将落。徘徊故邑,尚想余范,则夫子之行,可以化于人[2]。葺宇崇祠,昭铭垂代,岂不务矣。

铭曰:白刃可蹈,仁鲜能存。黄金可铄,德无间言。道丧千季[3],贤生复古。知礼近夷,变风于鲁。岂曰无衣,寒燠以宁。岂曰无鱼,泉流在庭。黄鸟哀音,下感棘心。哭无常声,洒血盈襟。江水汤汤,东注穷越。夫子德音,与之不绝。

祠即其故宅,先是其母像在南郊草堂中,宋钱亿迎归孝子庙,请于朝,敕赐纯德征君之额,元至大二年毁。

延祐二年重建。国朝洪武四年封为董孝子之神,载在祀典,岁久庙圮。正统二年,知府郑珞撤而新之。国子祭酒陈敬宗有记。记曰:

宁波郡治南不百步,有董孝子庙,逼于阛阓,中楹以十计,门不再复。岁久蠹挠,倾废不治,祀事具修,神厌不歆。太守郑公珞重念国家以孝理天下,而孝子有庙若此,何以劝励风俗?乃即鸠工度材,撤而新之。彩绘增焕,庙貌若生。郡人具瞻,愈敬愈钦,呜呼盛矣。按孝子,讳黯,字叔达,鄮人也。汉董仲舒六世孙,幼丧父,养其母笃孝且敬。母疾,思饮大隐之水,远莫能致。黯筑室溪旁,汲以进饮。母疾遂愈。

东邻有王寄者,甚富。王母以其纵酒无行,恒有忧色。董母谓曰:"吾虽贫,赖黯之孝而恒有欢心。"王母以喻其子,冀其有所感悟,而寄乃怀怨,殴死董母。黯号泣,负土既葬,痛念母仇不共戴天。庐于母墓,俟王母卒,毕葬事,乃操戈往斩寄头,祭于母墓。事闻和帝,遣考功郎邱霖赍诏以释其罪,且旌异之,召拜郎,不就而卒。事再闻,特封董孝子纯德征君,即其故宅立庙以祀。

唐大历十二年,郡刺史崔殷尝葺其祠。我圣朝洪武四年,封为汉董孝子之神,每岁六月六日,有司用刚鬣致祭,隆孝道也。夫孝,天之经,地之义,人道之

---

[1] "命令",乾道《四明图经》无"令"字,或衍。

[2] "化于人",乾道《四明图经》作"德类于人"。

[3] "千季",乾道《四明图经》作"于季"。

至重者,是故舜与武王、周公皆大圣人,万善咸备,无得而称,然尤必以大孝、达孝赞之,所以立极垂训,使万世而下咸知所重。若征君之孝,可以动天地,感鬼神,贯金石,永慰母心于不死矣,宜乎?锡封加号,历世祀之,以彰其孝行也。

郑公事神治民,百废具举,而于此尤加意焉。盖欲使郡之凡为人子者,咸知慕黯之孝,疾寄之逆,以养其亲,其所以劝励风俗、笃厚彝伦之道,至矣!夫因事施教,此太守之善政也。用书以纪休美于无极,系之以诗曰:"烈烈孝子,翼翼其庙。濯濯厥灵,赫赫有耀。孝子奉母,既欢且安。逆者犯之,号泣旻天。不与共戴,斩头祭墓。气夺千军,义冠千古。旌德表行,历世祀之。袍笏煌煌,神实显思。国典钦崇,郡守励翼。聿新轮奂,孰不敬德?孝子之孝,彻地通天。我作铭诗,于万千年。"

嘉靖九年,知府沈恺谒庙,为之文曰:

凤峰沈子恺吏兹土,为嘉靖庚子,越三月,拜董孝子祠,见其丰仪伟貌,棘棘有气雄万夫状。恺退,叹曰:"勇哉!征之像矣。不然,何其行孝毅然不挠也。"及取其传读之,乃见其遭母之变,不亟不迫,徐以应之,竟歼仇首以酹母志,又若驯雅君子,似不专于勇者。余益怆然怅慕,若想见其为人矣。夫董母与王寄之母素相善,董言寄之恶,寄闻而衔之,竟殴其母死。夫寄固无良,而二母故相善也。不待其母之死而先杀其子,子死母不能以独存,不惟并杀其母,且自伤其母之心,不仁。寄母死矣,而吾犹依违,不忍一决,是忘亲之仇,不义。斩首祭母,吾事毕矣。当其时,闻召即起,居然就聘,前日之为母者,庸非自为耶?义而非贞。乃见斯举也,仁以全人,义以雪耻,贞以洁己,一举而三善集。君子谓董孝子之孝,于是乎全矣。赞曰:"太朴既漓,上无全人。仁者必勇,勇者未必仁。杀人之子,全人之亲。陈凶报耻,大义以伸。三聘不就,终始维贞。姓以孝著,邑以慈名。于千百祀,于赫厥灵。瞻者起敬,庙貌若生。

三十八年,知府周希哲重修。万历间,郡县合议修之。沈文恭为记。记曰:

宁波府治南六十步,有汉董孝子庙。孝子讳黯,字叔达,江都相六世孙,鄞人也。少孤,独与母俱,百顺咸聚。邻人王寄者,富而无行。董母与王母相见,各言其子。而寄病之,殴董母。孝子归,而母方蒙被卧。孝子跪请罪,母曰:"无他,我失言,致寄辱也。"因不起。孝子哀毁毕葬,终不言。王母卒且葬,手刃寄以祭，而自诣官请死。事闻和帝，释弗诛，加旌焉。又辟为郎中，不就，卒。

初，孝子母嗜大隐溪水，孝子以远不能致，徙居之。后人以慈名溪，以溪名县。而在鄞者，即故居，祠之。唐大历间，刺史崔殿修，自为记。其母像在南郊草堂中，宋祥符间，钱亿迎归于庙，而请于朝，赐孝子号纯德征君。建炎初令林叔豹、庆元间令朱堂，咸修其庙。我洪武初，敕封为董孝子之神，命有司岁以六月六日致祭，用特牲。正统二年，守郑珞修其庙，国子祭酒陈敬宗为记。今万历间守蔡公贵易谓神母处殿偏非礼，谋于鄞令周君之基，斥锱买邻地，而节推张君似渠捐俸任之。其后，海宪丁公此吕、吴公鸿洙，守吴公安国，倅黄君钟会[1]，别驾施君朝恩，令华君士标、翁君宪祥，相继成焉。一贯为记。记曰：

昔之祀典尝滥矣。明兴，高皇帝秩正百神，于吾郡独祀孝子。夫孝，常德也。循陔恋闱，无他异，则莫骇而传。孝子之传，以杀寄异也。曷异焉？伟孝子之处寄母，善也。吾有母，人亦有母。快吾母而不顾人之母，锡类推恩，道不如是，隐忍以葬人之母而甘心焉。然则寄母固孝子养而孝子葬，此所为孝子重者也，然未足以既孝子报仇之说。礼著之，节侠名之，而王者不载于令。急私忿而蔑其公则下无王，曲邻人而置不问则上无王，皆瑕德也。殴人至死，法应死[2]。寄之当辟也久矣，第不检不可坐，而检非吾忍。于是有司必以疑轻，而吾终有不报之冤。宁以身易寄死[3]，毋烦有司，非轻其上[4]，以为不能为吾报，不可以报祈之上[5]也。然则孝子何独善处寄母，尤善处法。其赦我也，可生。其祀我也，可飨。盖予少而艳孝子事，索之《汉史》无有，时则妄以为汉如孝子者多，而史不暇收。既读《张敏传》，而悟其由。当是时，有人侮辱人父者，其子杀之。朝廷贳其死，因定其议以为《轻侮法》，而敏驳之，以为开私杀路，除其令，必以是格。孝子不传，不知寄有死罪，不止于侮辱。孝子杀死罪人与杀侮辱者异，非不愿听之有司，而势不可不为私杀。孝不忘君，正足传也。和帝方用敏议[6]而于孝子

---

[1] "钟会"，浙图本作"钟铠"。
[2] "法应死"，浙图本作"法当应死"，天一阁朱本同国图本。
[3] "易寄死"，浙图本作"为寄死"。
[4] "非轻其上"，浙图本、天一阁朱本均作"非轻吾上"。
[5] "祈之上"，浙图本、天一阁朱本均作"诉之上"。
[6] "议"，浙图本作"仪"。

宥且征，无颇刑，无滥赏矣。予恐后之人有孝子之心而失其中行，轻杀人以快其私，而卒不免于吏议，则谓孝子事不可法，否则为后世无汉吏之厚，而不咎其讲之不精也。故阐之。

岁以六月六日祭，豕一爵三帛一，府承谕典。祭文云：维神孝本天性，子职孔虔。汲水养母，沉疴顿痊。邻母之子，誓不共天。待时斩首，祀母雪冤。累征不起，守志维坚。锡类之孝，愈远愈宣。某等来官兹郡，风化宜先。恭承祀典，罔敢或愆。今逢华诞，敬洁几筵[1]。洋洋神爽，百世弗谖。

万历三十二年，推官何士晋申请增设孝子父母之祭，取鄞县裁减桃符门神无碍银两以为之费，其移文略云：

天伦之惨，如董孝子。所遭至不幸矣，想其饮血枕戈，无天可戴；望云庐墓，有地莫容。虽斩仇人之头，难解终天之恨。不就生前之召，忍留身后之名，而况乎庙食无穷也哉。故祀孝子，非孝子所安也。祀其子而遗其母，尤非孝子所安也。夫经垂不共之义，律严擅杀之条。当孝子自囚请死，计惟得从母地下，可以无憾于亲，有辞于法。而不意君之我赦也，君赦胡敢不生？又不意后之我祀也，君祀胡敢不享？若孝子者，其志烈，其思沉，其行无瑕，其精英不可磨灭，盖庶乎[2]无遗议焉。顾孝因为母，祭独缺焉而不伸，彼食必思亲，神能享焉而不吐？在孝子，痛己之亲以及人之亲，犹然锡类。在今日，因子之祀以及亲之祀，何惮推恩？矧建祠置像，母子相依，论前官之创举，原欲使其俎豆之同歆，而节浮抵数，品物[3]易办。据该县之条陈，又不患于钱粮之无处。欲维风教，孝慈宜极尊崇。新奉诏书祭祀并行申饬，应从末议，永作成规。

岁以祀孝子日，先用羊一豕一、鸡鲤酒果祭之。

何士晋祭文云：

絜东溟之渺渺，挹明岭之苍苍。溯纯孝之自出，掩千载而弥光。唯贤淑同德而齐茂，遂挺生英哲于乡邦。宜并祂封于九阊，今何匮祀乎一方。想令子愀然而不乐，即国人奔走其徬徨。忆予计偕而北首，非神母孰翾翾而降祥。蝴蝶

---

[1] "敬洁几筵"，浙图本、天一阁朱本均作"敬陈几筵"。

[2] "庶乎"，浙图本、天一阁朱本均作"庶几"。

[3] "品物"，浙图本、天一阁朱本均作"物品"。

三更而入梦,云龙一箑以留香。已而滥竽于兹土,我署实错壤于祠旁。每低回以周览,殊饮痛而感伤。觌前工之未竟,动凤昔之微肠。爰庀材而拓宇,令绮阁其辉煌。子不先乎父食,并肖祀而正三纲。叩霜台而上请,乃着令而备蒸尝。意神灵后先于玉砌,恍戏彩透迤于北堂,仍置田以供伏腊,更勒珉以杜沧桑,吊古昔以劝孝,虽丰昵其亦何妨,告成事以蠲吉,与天地而共久长,乃为迎神之歌,曰:鲑赤鲤兮荐血胥,笙镛息兮止云璈。素乌集兮白蜺[1]朝,望神明兮恍虹桥。疑陟降兮水之中,清澜涌兮潜鱼龙。旗掩映兮声铿鍧,灵风来兮甬之东。迓鱼轩兮海潆南,聆虎侧兮声江阗。玉玲珑兮彩翠钿,历层堦兮佩珊珊。双旌来兮伏道侧,解陆离兮趋几席。苊羞羹兮倚松柏,退前除兮湛清涤。仙韶振兮杂午漏,飞琼唱兮云和奏。亲颜悦兮三上寿,满堂宴笑兮锡尔单厚。

府岁祭文:

维神笃启贤胤,纯孝格天。仁以锡类,勇以雪冤。光明俊伟,今昔并传。追厥所自,严父淑媛。某等叨守兹土,景仰最先。特体孝思,以溯渊泉。徼神之贶,绥万屡年[2]。

余寅记:

汉董孝子,名黯,字叔达。江都相仲舒六世孙,古明之勾章人也。孝子质行具郡乘中。唐大历间,刺史崔殷即其故居立祠作铭,与吴虞翻之赞称并隽。迨宋建炎初,邑令林叔豹载戢之。庆元二年,令朱堂始倡为祀。我明洪武初敕封董孝子之神,著令以神之诞辰六月六日,命郡太守率其属修祀事焉。

当是时,孝子祠在郡治南,而母像在郡郭南,暌离非孝子意也。于是宋节度使钱亿迎其像,处之西偏。万历甲午,司理张公似渠顾瞻神宇,谓孝子当尊而母偏隅,殆于非所。于是谂诸当事者,设两特座,正其父母。南面之宫,于时祀礼,犹阙未讲。岁庚子,今司理毗陵何公莅任,即肩其事。往,公戌戌上春官,梦老媪翻然来下,若将报谢者,殊不识所以。及为理,随太守瞻拜,母俨然梦中妪也。喟曰:"吾职在风厉一方,而乏神匦祀,其何以率导邦人士耶?且吾能知孝子之

---

[1] "白蜺",浙图本、天一阁朱本均作"血蜺"。
[2] "绥万屡年",浙图本、天一阁朱本均作"岁万屡年"。

微,国家许以不死至足矣,安敢望征,又安敢望祀?况乃者又忍独享耶?孝子之志,明于日星,而其隐衷去之千数百载,犹若懵焉。谓何者?盖祀有专秩、有追溯,若孝子两尊人大宜溯也。"于是谋之其属,裁省浮费,得二十九铢。不及一铢之半而牲醴具,遂白之当路,请于正祀之日,先命校官荐献后祠,以附于古者虽齐圣不先尝食之义,岁用为常。

前是庙模颇巨,岁久损旧于观,张公营未毕,公以俸先不给,继以赎,又许决者以力抵,凡费十镪有奇而告竣事。公又谓此仅卒初图耳,宜为祠计其远,非积储不可。于是召买乡民田二十亩有奇,租每亩二十为率,廪之祠,为岁供。置籍属之鄞,稽其出,纳其值,公斥赎镪一镒有奇埤助,则鄞邑二镒有奇。慈溪、奉化、定海、象山四邑总一镒。其凡具诸碑阴。剡里[1]里人曰:"余于是知何公之克务大也。"公,司刑者也。简核五词,岂不钦若?而弼成之义,或不是在。惟昭假皇祇之灵咫,辨章峤薮之阜毓,扬诩旧老之播遗,疏晢典章之伦纬,用以蕃百昌集万若。洋洋乎赖福如海,荒馑灾祲莫或逢之。此之谓大也,所笃厚,孰与刑多?公敦恺祥雅,外温而内栗,不为则潜思,为则迅发。不言而人士信,言而人士服。是日也,典益光,志乃大,得式礼而教之孝。观听聿兴,谓公以吉德行美政,非耶?公名士晋,戊戌进士,啜东海之水盖已五年。所祠事凡三大举,胥请之当路,具报曰允。盖当路綦重公久矣。

徐时进记:

孝子祠,始东汉延光三年。志云即其故居,则今之郡城南祠耳。唐大历间,宋祥符、建炎间,递有葺庀,而钟簴幸无改。入明,洪武四年,守陆公又祠之于郡治南六十步,用侈新,褒闾族,瞻向得常谛兹云尔。万历甲申,守蔡公又以神母附偏隅非礼,为拓后阁居之。未遑竣理,何公来,则为竟前役,肖二像阁中,设俎豆以祭。孝子之日前致祭,业得请当路,以岁所需牢醴费属邑赋矣。又计坛宇渐以圮,责尸而祝之者以供扫除,奉香火,必有为之资。时复圮坠,以储胥俟之,乃克举。于是首捐俸如干两,合五邑所酿,与租所赢,总百金。得亩二十有九,岁所登赋百斛有奇,而祠所倚办即不时足需焉已。或曰公自上第时,梦有媪展谢,已得理署簿祠右,恍恍此境,故亶力于此。予惟汉延光迨今千五百六十有余

---

[1] "剡里",《农丈人文集》卷三作"剡曲",见沈乃文主编《明别集丛刊》第3辑,黄山书社2015年版。

年，当祥符时，而节度公自草堂迎母像以归神之西偏，已获我心，特引而未始也。明皇帝万历十二年，守君以谋于诸在事，位之后阁，则获我心，时举而未备也。理公竟且备之，其自为孝，出之因心，讵必寐交是践。又以弼教为明刑辅，其剸画足及之焉。尔事[1]有依，至质当人心，久乃弥彰，毕而喻巨，若为有待者。然于孝子之祠，事可睹矣。公为理，敦而无苛，简而精，恢而得度。又尝为泽宫赡亩，他惠贻未易缕指。千载而下，讵无从厥好者起乎？公名士晋，戊戌进士。孝子复仇始末暨祀田区里额甽，具详他籍，不复载。今城中之祠，即其故居。建祠之初尚未有城邑，所谓甬水村也。城南祠，乃其墓耳，故钱亿迁城南之母像于城中之祠。徐记所云未知何据。

别庙三：一在县南郭外五里，崇法寺西北。董母墓所。一在城西三里，大卿桥南。一在城东南四里，补陀寺西，名征君庙。国朝嘉靖元年，里人张琰、周瑛重修。参政张琦为之记。记略曰：

按旧志，董孝子黯，字叔达，后汉和帝时人。世居鄞邑。幼丧父，独与母居，笃孝养母。邻有恶子王寄之母以黯能孝讽寄。寄疾之，伺黯外出，殴辱其母死。黯悲痛，怀隐恨不发，既葬母及俟寄母没亦葬，乃操刃入寄室，斩其首，祭母墓，自陈于官。奏闻和帝，诏释其罪，旌赏异行，召拜郎中，不就。后没，封纯德征君，即其故宅立祠以祀之。岁久祠坏，唐大历中刺史崔殷一尝修之。至皇朝洪武初加封，命有司每岁六月六日用特牲致祭焉。夫杀仇报母，义也。葬而后举，礼也。又俟仇之母死而后举，仁也。自陈于官请死，勇也。封拜而不就职，介也。一孝立而五德尽焉。在大贤君子所难，况求之凡民哉！甬东里旧有征君行祠，湫隘湿陋，日就圮。乃从旧宇之前，创为穿堂。又衡为屋三楹，又南筑甬路，直抵通衢。立柱石为门，又南跨水为桥，皆巩壮可久。兴事于正德元年，毕事于嘉靖元年。予里人也，方喜庙事之日新，故乐道之。

黄公庙

西南三十里□□乡□□都，沈岐汇南，祀汉黄公，俗误黄姑林。《延祐志》

---

[1] "尔事"，浙图本、天一阁朱本均作"尔时"。

云：楫按《会稽典录》虞翻云："鄞大里黄公，洁己暴秦之世，汉高祖[1]即祚，不能一致，惠帝恭让，出则济难。"晋夏统言会稽土地风俗，"其人循循，犹有黄公之高节"。王黄州元之在汝州，有诗："未必颈如樗里子，也应头似夏黄公。"毕文简讥之，以为[2]不当云"夏黄公"。杜子美诗云"黄绮终辞汉"，逸少有"高尚想黄绮"帖，陶诗云"黄绮之商山"，《南史》阮孝绪云"汉道方盛，黄、绮无间山林"，是"黄"为姓明矣。独《王贡传》序，四皓名字当读为"绮、里、季、夏"，而后人误读为"夏黄公"者，亦犹乐正裘牧仲之误耳。颜师古言："后代皇甫谧、圈称之徒，及诸地里图说，竞为四人施安姓字，自相错互，语又不经。班氏不载于书，诸家臆说，今并弃略，一无取焉。"是则当以右军、陶、杜为证。黄长睿言，近岁得圈公神坐，绮里季、甪里先生神坐[3]，谓为汉刻，前史所不载，独不言夏黄公，则当如师古之言，无以议为。袁正献之父作《瓮牖闲评》，言黄墓旧传为秦世黄公。又曰："黄姑林，即黄公林。"《典录》之言，当取以为证。

杨栖云诗云：

郡志黄公墓，乡谈河鼓林。名成汉羽翼，像设女冠簪。老杜十姨庙，少姑千丈岑。淫祠多类此，谁辨是讹音。

附：予诗：

明山弥弥出甬水，秦时乃是黄公里。遗庙犹存野水边，不识何年化女子。我来睹此笑欲狂，原来旧史欠精详。当年绮甪商山上，萧萧白发倚红妆。谁题天汉黄姑额，不久又将变牛郎。天汉黄姑，一名河鼓。郡乘犹传古延祐，清容编纂深宁授。大书原是黄公林，后人改纂何其谬。何年一整庙貌新，衣冠甚伟重瞻旧。吁嗟乎！谚俗沿讹何代无？苦难遍洗粉脂污。十姨新妆何日卸，江上小姑已嫁夫。

初，俗传尚云为黄公之女。《嘉靖志》乃注为桂林俞氏之女。相传当日土人戴姓以重贿乞注是语，以为其家庙也。迄今戴、俞二姓祭赛特盛，一何诬乎？

---

[1] "汉高祖"，国图本作"汉高帝"，据延祐《四明志》改。
[2] "以为"，国图本作"以云"，据延祐《四明志》改。
[3] "坐"，延祐《四明志》作"胙几"。

贺秘监祠

按《乾道图经》，逸老堂、众乐亭相对，为唐秘书监贺公作也。祠堂在其西。

莫将《逸老堂记》：

士有负高世独见之明，介然自守以表于世者，必不俟招而来，麾而去。能此者，非学也，气也；非气也，识也。故识，非学之所可致，亦非气之所能使。其始禀之于天，渟涵静默，烛万物之理，而不昧平居。固已凌厉清浮，俯仰宇宙，视世[1]之富贵显融[2]若将浼我。凡随所遭而暂寓者，岂复以丝发许留方寸哉！

予尝论疏广、受偕傅皇太子，一日俱上疏乞骸骨，挥金乐身于宣帝之时；而龚胜、薛方乃以哀鸣就死，欲全节于新室摄君之世。管宁抱道怀宝，投迹海表，终身不见曹氏父子；而张翰、顾荣乃以秋风莼羹，酣饮谢事，欲求免于太安四王用事之日。其识相去辽邈矣。盖自汉、晋以来至唐，得二人，曰贺季真、李太白。世唯以至博之学、迈往之气知之，而不知其识之绝人远甚。太白，天宝初召见金銮殿，供奉翰林，尝醉赋诗，无留思。帝爱其才，忤高力士，摘其诗激杨贵人，不得官，恳求还山，帝赐金许之，益放骛江湖间，终其身。季真，开元十三年为礼部侍郎、集贤院学士，宰相源乾曜、张说夸其两命之荣。明皇自为赞赐之。肃宗为太子，迁宾客，授秘书监。天宝初，一病遂请为道士还乡里，诏赐剡川以居。初，二子为帝所知，时李林甫方相，罗钳吉网，毒满天下。以太白之风标清粹，顾不减卢绚；季真风流文章，岂在李峘、裴敦复之下？几何不遭其诛锄乎？凤皇翔于千仞，览德辉而下之。云鹏已游乎寥廓，罗者犹视乎薮泽。二子之识，所以绝人远甚者也。季真于长安一见太白，呼为谪仙人。而太白在金陵送权昭夷，亦曰："吾希风广成，荡漾浮世，素受宝诀[3]，为三十六帝之外臣，即四明逸老贺知章呼予为谪仙人，盖实录尔。"则二子之相与，当有神交于窈冥者矣。世称中州清淑之气所穷，则盛而不过，必蜿蟺扶舆，磅礴积郁，其间当生魁奇才识之民。

四明，按《东汉地里志》，乃越之鄮县地，有勾章城及古鄞城，皆汉废城也。唐武德初，鄮复为州，与嵊、姚、严、婺并总于越。八年，废鄮为鄮县。开元二十六年，析会稽之鄮置明州，取四明山为名，实并东海。真淑气蜿蟺扶舆、磅礴积郁之地，宜有魁奇才识之士，必季真乃当之。而四明之人，初不以季真为乡

---

[1] "视世"，国图本脱"世"字，据延祐《四明志》补。

[2] "显融"，浙图本、延祐《四明志》均作"显荣"。

[3] "素受宝诀"，国图本脱"素"字，据《李白全集》（上海古籍出版社1996年版）补。

人。予为明州一年,得湖上莆地为堂,以太白所称季真之名榜之,曰逸老,并绘季真之像于堂上。尚友千载,凤藻需觞[1]而想遗风焉。昔通和先生祖贯子元,元和己亥年尝遇季真,授以至诀,言季真得摄生之妙,近数百岁不死,负笈货药,如韩伯康,近于天台上升,遍于人听。则季真果仙去无疑。予闻仙人左元放、许宣平,每往来九仙城阳山中。蔡经仙去,亦十二年一至其家。得道者或未能忘其乡里,安知季真不时来还此间耶?绍兴十四年八月□日谨记。

宋宝庆三年,守胡榘修逸老堂,乃绘黄公之像,合祠其中,更名"隐德"。奉化丞诸葛兴为之记。

吴潜记:
逸老堂者,绍兴十四年郡守莫侯将所创,并为文以记之者也。其义盖摘李太白所云"四明逸老贺知章"之语。按:贺公,字季真,唐开元十三年为礼部侍郎、集贤院学士。肃宗升储副,授秘书监、太子宾客。天宝初,移疾请为道士还乡里,诏赐剡川居焉。剡隶越,鄞故越封部。公亦自号四明狂客,故侯缔堂妥灵于是邦之月湖,且合太白而祀之,谓二公皆抱气、识之全者也。然以予观之,太白初见明皇,倨傲鲜腆,待高力士辈若奴仆,其气真可以挥斥八极,驱役群动。而其末也,乃陷于永王璘之党,毋亦气有余而识未足耳?季真遭时遇主,弹指可都显位,忽飘然引去。人知其为高而不知其所以高也。于是肃宗之人品已瞭然于季真胸中矣,使相与终始,则灵武之事犯父子之大伦,季真亦将不能逃万世之责。《易》曰:"知几,其神乎?"季真有焉。又岂止于蛾蠓富贵,涕唾卿相而已哉。此之谓其识,而非徒气之所能为也。是堂之建,殆今一百十五年矣。屋老圮坏,屡葺屡颓。片瓦尺椽,几无存者。予领郡之三年,始克鼎新之。规模宏敞,视昔稍异。乃求季真之像于越,绘而龛之,且谀以词,述以赞,用诏永久,俾邦之人士景清风而企芳躅,或少裨于夔教云尔。

呜呼!自有天地以来,上下数千百年,其间据权位、擅势利、呼吸祸福、顾盼荣辱,以狂走盲趋乎世之人者,不知其几矣。未几,声销迹灭,影响无闻,甚者流腥遗臭,有孝子慈孙百世莫之能改。乃若高节之士,身没而名愈彰,千载之下,

---

[1] "需觞",浙图本、延祐《四明志》均作"鸾觞"。

虽渔人、樵子亦为之兴起，不以时迁世换而二其思[1]也。为士者宜知所择矣。堂既成，面对涵虚馆，表里及东西两桥，并缮治之。轮奂丹膜，皆灿然华美，要不可无以叙岁月，于是乎书。宋开庆元年秋七月[2]观文殿大学士、银青光禄大夫、江浙[3]制置大使、判庆元军府事兼管内劝农使、金陵郡开国公、食邑五千九百户、食实封一千七百户吴潜记，中散大夫、直秘阁致仕、历阳县开国[4]男、食邑三百户、赐紫金鱼袋张即之书。

刘仁本记：

唐秘监贺公，字季真，世居四明小溪湖上。性旷达，无俗韵，嗜酒，善隶草书。晚年尤诞放，逍遥夷犹，自号四明狂客。尝擢科，累官太常博士。开元间，以礼部兼集贤迁太子宾客，授秘书监。天宝初，一旦弃官，去若敝屣，著黄冠道士服，请易居宅为千秋观。诏许之，仍赐鉴湖剡川一曲。盖其抱高世绝俗之姿，潇洒出尘之表，仪型丰度，鸾翔鹄峙[5]，蝉蜕污浊之中，神游八极，泥涂轩裳，浮云富贵，翩然高举，介然远引而不顾者也。知污世之不可为也。故寄迹老子，以游方之外。知元宗好诞，将必哂其请也，故托为梦帝之所之说以歆动其听。不能终远其乡也，故又请镜湖、剡川以居之。清风高节，千载而下，闻斯兴起。迨宋绍兴间，郡守莫将访其读书故地，辟逸老堂于城西隅月湖之曲，与李太白同祀。盖取白称其为逸老也。宝庆中，守胡榘又更为隐德堂，以汉四皓黄公并祀之，儗其同郡同德也。既而毁废，寻属其址为驿传。至元更化，因之弗改。至正十九年，江浙行中书省理问官丘楠[6]奉省命缮修馆舍。得碣像于芜秽中，爬挲剖涤，衣冠俨如，即驿东偏别作祠堂三楹，以专祀。撤黄公、李白位，诏椒醑奠之，昭崇敬焉。于是吞吐湖光以据十洲岛屿之胜，而云烟月露徘徊于斗牛之间者，尚想先生之风可陟也。彼车尘辙迹，宦途鞅掌，过祠下趋馆谷，宁无一二悚

---

[1] "其思"，开庆《四明续志》作"其心"。

[2] "宋开庆元年秋七月"，开庆《四明续志》作"宋开庆元年秋七月癸卯朔"。

[3] "江浙"，开庆《四明续志》作"沿海"。

[4] "县开国"三字，诸抄本均缺，据张即之《李伯嘉墓志铭》中所书官职补。详见《天一阁明州碑林集录》。

[5] "鸾翔鹄峙"，浙图本作"鸾停鹄峙"。

[6] "丘楠"，浙图本、天一阁朱本均作"邱楠"。

息者乎？而丘君能表而出之，其志为可尚也。征文于予，辞不获而为之书。元至正二十年七月，刘仁本撰。

沈恺记：

余尝乘舟泛月湖，南望四明诸山，隐隐如画，北顾石虹襟带，碧流如染。至含岚浴晖，顷刻殊状，殆不可揽结。恺乃见而叹曰：意必有异人官焉。不然何其山清水丽，一至此也。问之，乃唐秘监旧宅。相传三十里曰贺家湾，披草莱，得断碑，往往遗迹尚在。高标清芬，彷彿于烟云水石间。贺监，本鄞人。唐进士，历官至太子宾客、秘书监。天宝初，梦游帝居数日，寤请为道士，还故里。诏许之，以宅为千秋观，又求周官湖数顷，为放生池。诏赐剡川一曲，归且放浪诗酒，自号四明狂客及秘书外监。夫人孰不欲富贵？秘监，华阶也，黄冠者流，吾儒所未与也。顾辞荣耽寂、逃儒归老，岂其情哉？夫出不忘隐者，适也。入不害存者，定也。适则处之泰，定则无不足，所望于外者轻。昔胡华子居楚，梦渔四十年，不知有城市。叔敖闻其贤，言于庄王。召之，王与语数日，请归。归又梦为楚官，入与王图议政事，出治其民，服舆食饮甚适。觉而叹曰："叔敖其败予哉！"未几，王召为执珪，以不能事王左右，恶于王。王召责之，华免冠谢。则复叹曰："敖真败予矣！"遂舍其官去。王使人追之，返其位。叔敖曰："弗可追已，弗可追已。"王使人视其庐，则不知所往也。夫贺监之梦游帝居，与胡华子之梦渔，事揆而情一也。独胡华子之梦渔则寤，其梦为楚官则弗寤，至为执珪不善事左右，然后去，则晚矣。乃若贺监，位金马与清华之选，甚适矣。至一梦游帝居即寤，即托焉以归，即不复返。其贤于胡华子亦既多矣。世有徇物以招悔，怙宠而罔终，竟莫之省者，岂惟贺监之所不取，抑亦贻訾于胡华子矣。大明嘉靖二十二年春，中顺大夫、知宁波府事沈恺记。

附：宇泰记：

唐贺公知章，鄞人也。昔公自号"四明狂客"，李太白称为"四明逸老""稽山贺老"。明皇序云"将归会稽"，《唐书》载公越州人，乾元赠诏亦称越州，而或有疑公非鄞人者。按汉为会稽郡，合明、越皆其地。唐开元间，鄞尚为鄮，原隶于越州，旋因四明山分置明州，然则言会稽，言越州，言明州，可通称也。至若《旧唐书》原多舛误，其言永兴，未足为据。

公实生鄞小溪之响岩，今名高尚宅。旧有公读书楼，其地马湖有洗马池，传公读书处。公本洗马贺德仁之族孙，池名或因是。相距三里，曰贺家湾，迄今贺姓尚多。城之月湖，亦公读书故地。惟所赐鉴湖与墓及所舍宅为千秋观者，俱在会稽。《文献录》谓后徙剡川，盖为寓居而卒葬于此。考《会稽志》，固列于寓贤，而以所舍宅为行宅也。

鄞城先无是祠。宋绍兴十四年，明州守莫公将以公为四明先贤，建逸老堂于月湖中，在古涵虚馆之南，祀公及李白。自为之记。乾道五年，守张公津葺之。宝庆三年，守胡公榘更新之，改为隐德堂，入黄公而为三。岁久而圮。开庆元年，制置使吴公潜重建，觅公黄冠真像于越，勒之石，记于碑阴，以垂永久。元至元十三年，此地改为水马站，分为南、北二馆，而祠遂废，碑像亦沦没七八十年。马栈间夜尝有光，人莫敢发。至正十九年，江浙分省理问丘楠奉省委来修驿舍，得断碣于南馆芜秽中。剜藓涤垢，衣冠俨然，乃故像也，为别构三楹于驿东祠之。皇明洪武初，并南、北二馆为一驿，遂迁祠于今地，俗称湖亭庙，然碑像犹在驿东。永乐十六年，户部主政刘公诏奉使至驿，以祠、像异处，属郡侯汪公馗迁于祠中。嘉靖癸卯，守沈公恺立石记之。天启丙寅，守王公念祖创为岁祀，载之祀典。俎豆之费，取之河棚地税，至今遂为例。又考宣德间里人宋恢志云："至正间，有唐继宗者，任鄞簿，卒于官。其子不能归，遂售月湖中殷仲明之家居焉。洪武间迁祠驿西，得唐地以广之，仍令居之，以奉祝。"又云："祠建于洪武戊午至庚申之春，静轩唐处士手植双柏于庭，经今五十载，而双柏昂伟森翠，方之鄞城，诚罕见者，其将来又不知参挺干霄几寻丈也。"

今双柏又已二百五十年，柯铜根石，正当如少陵所咏孔明庙中物，而所谓静轩处士者，意即鄞簿子孙也。莫、吴与沈，尚有其文，多溯论公畴昔，而不详于祠，故予撮荟祠之始末而书之。而怀公之意，则系之以诗。诗曰：

八十始乞身，难为后世谅。白发刺黄冠，讵免衰暮状。予谓古至人，境遇非能障。溯论公平昔，曲蘖惟自放。身处青蒲间，何异烟波傍？眼花水中眠，宁有荣禄相？况值君臣际，任怀一无妨。避世金马门，远同曼倩行。入道亦假托，兴至即高扬。去住同太虚，从何著高尚。真诀即此得，茅氏更何觊？当时有二老，与公先后望。除奸汉阳殒，使贼[1]鲁公丧。番番俱老耋，气烈一何壮。谊臣与

---

[1] "使贼"，浙图本作"值贼"。

旷士,殉荣非所谤。风流永故国,海田几沦涨。盈盈秋水祠,长对凫鹥[1]漾。

岁以二月十五日祭,用羊豕、酒果。天启六年,知府王念祖肇祀,其费取鄞县河棚无碍税银。

王念祖祭文云:
繄公四明逸老,狂客自题。风流文采,卓识沉机。制科早捷,金马差池。洎迁官尹,龙楼委蛇。迨入天宝,玉环眷迷。黄冠漫托,金门饯归。舍宅为观,悠悠故居。鉴湖风月,一曲栖迟。曾不十年,渔阳鼓鼙。公所痛心,公所预知。冥鸿遐举,世网莫羁。诗称明哲,易赞知几。左相僇辱,北海就诛。谪仙被放,少陵弃遗。翘企我公,奚啻云泥。高风逸韵,百世所师。祖也后进,夙钦羽仪。仙乡叨殿,薄奠椒醑。几筵榱桷,清芬蔼如。谁谓世邈,遂阻心期。

府修岁祭文:
德无久近,垂范斯馨。品无隐显,标表是程。猗欤先生,际时之盛,履世之平。炳几先哲,照物含灵。鸿遐凤举,飘然帝京。帝嘉贤达,士咏幽贞。鉴湖台沼,高尚可旌。脱尘羁网,免俗撄宁。黄冠入道,岂曰冥冥。神游八极,配彼长庚。符梦游以直上,蹑紫府而遐升。饯青门而还碧落,称逸老以返蓬瀛。仙峤浮空,揽秀瑶台。含雾吹笙,气归天上,影在湖汀。千秋清韵,一曲芳名。慨然吊古,忾尔若生。采蘋荐敬,永藉仪型。神之降只,格我微情。

灵桥门外演武场南,有贺丞庙。按碑记,谓贺祠本在城中湖干里,人不便瞻拜,故别祀之。初在林郎堰傍,洪武初,王道源捐地迁此。其碑详述王氏捐地之由,而兼记其建祖祠之事。盖杨给事言撰也。今名贺丞,署曰唐贺秘监丞庙。考唐秘书丞属秘书少监之下,其职勾稽省署抄目。按公初授任城令,授国子四门博士,又迁太常博士,转太常少卿,迁礼部侍郎加集贤院学士,又充皇太子侍读,改授工部侍郎,迁秘书监同正员,依旧充集贤院学士,迁太子宾客、银青光禄大夫兼正授秘书监,诏赠礼部尚书。公未尝为秘书丞也,盖里人妄标之耳。

---

[1] "凫鹥",浙图本作"凫鹭"。

正学祠

县西南二里许镇明岭,匾曰"象山正脉"。国朝嘉靖辛亥,提学副使薛应旂、知府孙宏轼建。祀文元杨简、正宪袁燮、端宪[1]沈焕、文靖舒璘四先生。薛应旂为之记。记略曰:

秦汉晋唐,上下千百余年,出没于申韩老佛、训诂词章之间,而豪杰之士亦不免沦胥以溺于是。正学失传,而纷纷之论莫知所适从矣。宋百有余年,诸儒继出,立言著论,固皆足以为圣贤之羽翼,至于真窥堂奥、上溯本真而独得夫传心之学者,象山陆氏,盖不可诬也。当时游其门者,若慈溪杨敬仲、鄞袁叔和、定海沈叔晦、奉化舒元质,皆高第弟子,以道义相切磨而深有契夫陆氏之学,特以其师之学与晦庵朱氏入门路径微有不同,所以是朱非陆之说卒蔓延于天下,后世而不可以一二开导也。杨、袁、沈、舒之学得其宗,夫孰从而知之[2]?夫天下之大,千百年之远,得一人焉,斯亦难者。今以一明州之地,萃兹四贤而久无专祀,不得与婺之何、王、金、许并列者,无亦朱、陆之故也乎?有识者不能不为之慨叹矣。嘉靖辛亥,余视学两浙,遂与宁波守成都孙君宏轼议,合四公而祠祀焉。因即郡城镇明庵废址建堂立主,题四公之谥,妥安如礼。夫朱、陆之学,异同者众,然溺因袭之见,而主先入之说者,至今未尽决也。噫,是岂可以口舌争也哉?唯是祠成,庶几拜瞻者以心会心,其将有启发矣乎?余故乐为之记。岁以春秋仲月,祭以羊豕酒果。

袁忠臣祠

祀宋咸淳进士忠节袁镛,在城西水仙湾。宋袁子诚二女买田三百四十亩于湖心寺为广生田及创行堂等屋。寺僧因于殿后立祠祀子诚,每岁忌辰,集袁氏子孙祀之,以为常。详《寺考》。嘉靖间,尚书张时彻废寺以为己书院。袁氏势衰,争之不可得。后时为构讼,直至天启间,垂六十余年矣。袁氏讼于御史田惟嘉,不言祀子诚,言祀忠臣镛,以耸其听。乃断以偿价若干,另造祠宇,遂置于此。而守王念祖因肇祀焉。岁以 月 日,祭用羊豕酒果。取费同贺监祠。

---

[1] "端宪",国图本作"瑞宪",据浙图本改。
[2] "知之",浙图本作"和之"。

维天启四年岁次甲子八月癸未朔越二十九日辛亥,钦差巡按浙江等处,监察御史田惟嘉谨以刚鬣柔毛之仪,致祭于宋进士德祐忠臣天与袁公之灵,曰:天储灏气,岳贡元祯。生为时冠,归曜列星。才兼文武,早奋天衢。禄位未膺,万死不移。挺身国难,为张为许。烈烈孤忠,仁成义取。全家赴水,尤世所希。举公家训,忠孝济济。今嘉按临珂里,景仰高风,薄荐明水,幸鉴我衷。尚享。

维天启六年岁次丙寅三月甲辰朔越初十日癸丑,宁波府知府王念祖,同知胡宾,通判林士雅、赵璧,推官汪秉忠,鄞县知县冯云[1]起,谨以刚鬣柔毛之奠,致祭于宋进士德祐忠臣天与袁公之神曰:

维公贞忠矫若,大节凛然。为民卫国,文修武全。忍伊戎虏,侵我陬埏。赤衷义胆,执锐披坚。挺身冒矢,阖户沈渊。命捐十七,功垂万年。幸天报德,孤孩独传。迄今氏族,奕叶延绵。矧吾守土,宁没名贤。宜修岁祀,用荐牲牷。英魂犹赫,鉴此微虔。尚享。

张文定公祠

嘉靖二十五年,巡按御史裴绅,因乡后学之请,疏请祀太保、南京兵部尚书文定张公邦奇。奉旨,岁以春秋仲月,祭以羊豕。期定于丁后二日,载全书,每岁二祭,定银七两五钱二分,并守祠门役,永为定例。祭文:

维公性行温醇,学术精粹。提躬孝弟,迈志圣贤。阐绎六经,摈排邪说。致严屋漏,正色朝堂。懿范孔昭,开我后造。钦承上命,祀典永崇。兹惟仲春(秋),式遵明荐。尚享。

惠民祠

县西南十五里。里中都御史周相记。

惠民祠,祀太保石塘闻公也。太保惠乡民,民惠之深,及太保生祠之云。按,鄞清道乡有官田七百九顷,宋楼异典乡郡,请于朝,废广德湖田之,三等入租,以备应奉及迎送高丽使臣之费。初,民无直受田,输租不言病,且竞利之。日久稍稍流转,即稍稍有直,于今增至或有与民田等直者,即病租,不与民田等税,大不平矣。虽有司稍调停之,卒未得等民田税十之一。正德初,湖民胡德奉

---

[1] "冯云",浙图本作"马云"。

乞折银,报罢。儒士杨钦再疏再寝,三疏而太保以天官大夫在朝,乃首尾力陈,当议处覆允之,详于关管大僚。大僚重大夫才行颖脱,素不妄言,言必关天下休戚,矧其乡隐重,以为然。时莆阳林省吾公富守郡,闻而是之。被牒核实,力主之,定议租一石,折输银二钱五分,列于观风,要以必信。如议上请,卒得俞旨,行且为例,故后虽有灶民桑锦、朱铭等往往各持议挠夺,得卒不摇。民追惠之,为建祠,岁时报祭,祔以杨钦。太保柄用,民不敢举,即心则拳拳也。官田得全折银,民方幸更生。故事官折银输京帑不贷灾,民折银存府得贷灾。官田得折银后若干年间,每遇灾,民复皇皇,三纪于兹矣。岁己酉,太保蒙恩圣天子重优大老,暂许悬车。其明年,适遇灾,放贷当故事,无关官。以恳太保,太保为开设其故于有司,用得与民折通融,定一切之法。

又近海上多故,兵不继费。督府定议,暂取盈于丁粮。徒粮以石计,科银即不及计,民粮与官粮异额也。此民之隐,即有司亦不易悉。太保复为陈之,卒得与民田粮上下其议而损益之,虽不尽同,不至如前太悬绝也。夫官田得全折银轻矣,拘于故事不得贷灾,犹夫折也。得贷灾,不负于轻矣。拘于重,则科费,犹夫折与贷也。太保言之,太守能听之,曲为计度,减官之半,增民之半。官本重,半减虽未尽等,于民得之望外,自足为恩。民素轻,半增虽不尽甘,于官加之毫末,未为大害。况今之官田流转,概县之民,莫不有官田,莫不有民田,其增之减之,固民增之而民减之,犹人失之而人得之也。神化便宜,可由[1]不知之道乎?所以上从下悦,裕国安民,事有终而惠言成,虽百世可知矣。吁嗟!政和迄今四百有余岁,事不谋始,善终其难乃尔。废湖是不是,成事不必论。租而不税,试可失之远哉。微太和,百世其如租何?百世之惠,自当百世感之报之,非祠之不可。百世之下且然,况于身亲其惠者哉?非生祠之不可。虽太保固辞之,断知其不可。乃不日,乡民胡钦辈以祠成来告,且乞言为记事之颠末。祠拟太守同祀,格于现任太守西蜀周迪斋公希哲。太保名渊,字静中,石塘其别号。立朝事业,列之旂常,掌于太史,不复详。祠在县治西二十里十字港,坐所称清道乡云。

崇德祠

县西南十五里十字港,祀国朝致仕副使陈槐。槐尝力主湖民奏减租议,周

---

[1] "可由",浙图本作"可犹"。

旋以济，有德于乡。嘉靖甲辰，槐卒。乡人思之，请于郡太守魏良贵，立祠祀焉。兵部尚书张时彻为之记。记曰：

崇德祠者，祀江西按察司副使、半湖陈公也。公故广德湖人。云广德湖废而田之者，宋楼异。异守乡郡，会时多故，诏有司能增租万石者，进阶二级。异上《废湖议》，量湖广袤，周而度之，计田七百余顷，租四万六百余石。湖中有望春、白鹤二山，河渠墩堑不可田者概在算中，故租浮于田。田又以上、中、下三则则之，上田亩租八斗，下田亩亦不下五六斗，故佃田者胥病焉。官责之弗得，辄逋去。时虽有议复湖者，竟不果。逮明兴，名其田曰官田，佃田者如故例，然租而不庸。至宣德间，巡抚周文襄公忱奏减天下官租三分之一，湖田租额概得减率，而正统间，民又以轻差均役告病矣。至天顺中，得从全折京库银例，而太守张公瓒以湖田四十亩准民田十亩为丁，湖民始苏。嗣后，常法浸改折银，稍稍均之他田。

正德初，征敛倍起，民困日亟。老稚绳绳委沟壑，流亡者十且八九，野突白昼不烟。行者指湖为阱，而居者视田为狱。时有胡福，首尝疏吁于朝，辄报闻罢。乃儒士杨钦者起而破产走京师，凡三上书，丐乞复全折例。时半湖陈公为郎司寇，又湖产也，知湖赋害为悉，乃与天子近御之臣陈说首尾，开设其可否，而怂恿之，始得俞旨。而外又与太守林公富暨诸当事者策画剂之。林乃力主斯议，核上其事，罔所逊避，而杨之说竟行。每湖米石折输银二钱五分，岁以为常。湖民乃获更生，如蹶者起而骨者肉也。继而灶民桑锦等，又继而宋铭等，各奏告陈说，欲毁初议。陈公则又备述民瘼，力为抗持，乃巡按谢公兰始以奏，上下藩臬会议，卒如钦请。敕官司，妄有纷更，若奸民诡诉者，听司道按治之，其事始定。

夫钦以一布衣跟跄走万里，上干天子阙廷，使无有力者居左右关说，乃草泽间闾之隐痛，讵遽得收恤哉！今徒以咫尺之书，使上下同心，中外弗异持，而卒活疲癃之民，将孰为之耶？及锦铭以偏词摇上听，缉缉不宁，非公为之先后抵排，又何以寝群哗而流王泽乎？乃湖民为祠，祀林与杨以报，称功德欲并祀陈公者数矣，而公力谢不可。比公既没，郡父老则匍匐抵郡庭，顿首请曰："微杨生不白群氓之情，微陈公不成杨生之志，某等得以长子孙而康粒食畴之赐乎？此而不报，非人也。惟明府财怜之。"于时，郡守魏公良贵退而谂之其信，辄允其请，即故申明旌善二亭废址堂，而肖像其中。岁正月十有九日，酿金而祭之。公子良言又复以己地偿焉。

余尝慨缨绥之士率秦越,里中人瘠肥不相恤也,甚者鹰攫豺噬,抱其膏脂而啖之快矣。庸有仁心恻怛,视氓黎[1]患苦若己沟壑之哉?不惮引掖之劳,以剪千百年之害。古称乡先生,没而可祭于社,如陈公者,非其人耶?公勋业行谊,昭播士林,与诸父老请祀之祠,兹不复详,而独详湖事。公名槐,字公辅。半湖其别号云。诸父老谓余盖雅知公者,而请为之碑,系之诗曰:

维兹莺脰,甬江上游。明山东麓,与海并浮。鄞西七乡,以灌以溉。潴清禺卤,民命攸赖。历祀千古,堤防弗改。有宋末造,国计日亏。守臣倖利,废湖为资。山泽胥赋,荒芜弗除。惟爵之崇,民恫罔知。百千斯年,黔白阽危。谁其疏之?矫矫允恭。谁其成之?陈侯之功。课有常额,民有常供。昔也逋播,今斯聚处。昔也沟渎,今斯乳哺。维此陈侯,是鞠是抚。何以报之?我稷我黍。何以乐之?我钟我鼓。有堂巍巍,有门翼翼。蒸斯尝斯,世世无斁。

惠民祠

县西南十五里。祀国朝吏部尚书闻渊。渊[2]见乡人利害,每言于官司,多所惠济。如湖田官租折银事,亦有力焉。乡人德而祠之。

---

[1] "氓黎",国图本作"萌黎",据浙图本改。
[2] "渊",国图本脱,据浙图本补。

敬止录卷之二十六

寺观考一

城中

天宁寺

县治西，寺门直惠政桥。《宝庆志》作报恩光孝寺，在唐为国宁寺，大中五年建。宋崇宁二年，诏改崇宁万寿禅寺，遇天宁节，赐紫衣、度牒各一道。政和元年八月七日，敕改天宁万寿。建炎间毁于兵。绍兴七年，改报恩广孝，额随又改"广"为"光"。专一充追崇徽宗道场。有铁塔，建隆间钱亿建。元至元十九年毁，僧可举重建。至大二年毁于倭。至治元年，僧善德重建大佛殿，郡人许明奎为记。皇明洪武二十年，殿圮于风雨，住持嗣昙重建。永乐五年，住持汝庆重建山门，塑四天王像。宣德十年，守郑珞命道人余行伦重建钟楼，慈溪张楷记。正统六年，重建藏殿。十年，道人谢务本建千佛阁。景泰二年，住持惟劲重建方丈。成化元年，住持汝锽同道人魏普真建罗汉殿，塑五百罗汉像，殿屋作田字式以安之。宋时西廊有深沙神，初自奉化岳林寺编舟载至太平兴国寺，继徙于此。工人王百艺[1]所雕刻，极精巧，常见光明，鼠雀莫敢近。建炎间寺毁于兵，而深沙神之屋独存。

张楷钟楼记：

宁波之天宁寺，旧有钟楼，历岁弥久，将就倾仆。学西教者余行伦遵郡太守三山郑公珞命，以新作之。

先是，公见是楼倾圮，亟欲新之。以材巨费广，恐烦扰民力，未果。至是闻行伦长于诱善，为乡人所取信，遂以其责委之。公首出己廪一百石，谓之曰：

---

[1] "王百艺"，宝庆《四明志》作"黄百艺"。

"用不足则济以白吾。"已而，已旌之家、衣冠之族，施财者蜂涌鳞集，用以度材于吴越，水浮陆走，择工师以谋虑之，经始于宣德九年四月十二日，落成于十年十一月初四日。楼高九十有三尺，其广称之。匠工力役数计以千，费用之浩至于巨万。又乘其剩财，借其余力，凡佛殿山门之损坏颠摧者悉修治如故，其绩至伟矣。

行伦奉公命走书币至金陵，征言以记其成。按轩辕命倕作钟，圣人之声教肇资于此。孟子曰：禹之声尚文王之声，是三代不能无也。今自朝廷以达郡县，莫不有钟，所以警昏旦、扬政教，取则古人制作之意，其来有由矣。然钟为警众而设，其体必巨，苟不以高处之，则声无由而远，众无由而闻。此是楼之不可不作，而作之不可不固也。今郡守公视栋宇之就倾，悯鲸音之将咽，恐昏旦无警、政教罔扬，于是捐己财委正人，不劳于民，不费于官，建昂霄之八柱，竦观视于万民，使大声振远，洪音启齿，日月焕其辉光，云霞灿其文彩，学士大夫之放怀游目，骚人墨客之抽思骋词，又足为睇盼翱翔之一助也。因为记其事，俾后之典斯郡者，知郑公兴废举坠之心，思则效而不忘。后之学西教者，知行伦诱善遵命之意，思效视而不怠。诚非细故也，遂不辞而为之书。

李栉《阐法师塔铭》：

师讳祖阐，字仲猷，慈水人。俗姓陈氏，祝发于邑之永明寺。年十六，机锋峭峻，夐出流辈。洪武四年，主郡天宁席。时诏取天下高僧，师获与焉。一日，高皇帝谓刘基曰："东夷固非北胡心腹之患，犹蚊虻警悟，自觉不宁。问其俗尚禅教，宜选高僧之道行卓越者，出使彼国，启其善念，作其归顺，顾王者无外之意。"遂命师暨南京瓦棺寺僧无逸同往。

于其行也，天戒住持宗泐赋诗赠送，持献于上。上览诗俯和。学士宋濂恭跋，为之勒石。复赐缁器、禅衣之属，令大官进享洪武楼上，一时宠遇非常。于是师等自瀹洲启棹，五日至其国境。又逾月，入王都，馆于洛阳西山精舍。一遵圣谕，敷衍正法，申著德威。首言圣化无遐迩仁一视，虽越在外服，勿忘君臣大义；次言佛教弘广不倦泮梁，皈依向善，总是西来祖意。听者咸为耸愕。国王敬信，请主天龙禅寺。寺系梦窗国师道场，彼国名蓝也。师以非上命使之意，坚辞归阙。国王乃命卜（原注："缺五字。"）溪宣同僧等奉献方物，且表臣服，岁时致贡，深协上旨，赐师等白金文绮，赍锡甚隆，旋请归山息影，仍住永明郡。僧恕中恭访问道，临别，师笑曰："可迟一日，送我。"明日果吉祥而逝。时洪武二十年十二月二十日也。徒众奉其遗骸葬于柳亭，建塔识焉。惜当时未有以疏闻于上，为乞称号者。迄今三百余载，崇祀不替而独乏铭塔之语。兹值法嗣圆慧重建禅院，胜地复兴，家弟桐为辑志略，裒集今昔诗文，共成三卷。法喜禅藻，焕然大备，于以垂示来兹，景仰古德，曷其有极耶。炁不敏，乃撼其遗事而为之铭。铭曰：

神道设教，教本无垠。治世出世，若或异门。合而为一，其道孔尊。华夷异域，圣定狂奔。大猷至理，不论而存。佛日中天，大明普照。凡属覆帱，悉知顺效。遂矣倭奴，伏此东徼。非天人师，畴克化导。乃诏尊宿，消其狙骜。王威有赫，道行凤虩。摄受异类，似烹小鲜。超生死海，上大愿船。嗤彼嬴秦，徐福乞仙。山若被驱，石亦遭鞭。何如我师，承流宣化。大威神力，从天而下。等百战勋，同金土价。礼绝儒臣，西归法驾。产慈瘗鄞，千秋不夜。

明太祖时，寺有朱道人，善幻术，能分形神。每当早朝，神往南京朝见，迨辰归寺。上问所从来，对曰：居宁波天宁寺。五更来朝，辰时回寺。上疑其妖幻，遣内侍与俱。事迹多异，惟不食狗肉，因以奏报。乃俟其朝，以狗血溅其身，不能去，即拥出斩之。寺僧见其日晚不启扉，入视，其卧榻死矣。上遣人至寺，验得其实，斩其首；捕寺主僧，容蓄奸人，坐以戍。今天宁寺为军籍，由朱道人之事也。陈半湖《闻见录》、王溥《闲中今古录》皆载之。

万寿寺

县治南大梁街。《宝庆志》作万寿院。在唐为慧灯院，咸通十三年，史君周景遇舍廨宇以建，仍舍田以充常住，闻诸朝而赐额。宋开宝八年重建。太平兴国七年，改崇寿。政和八年，改广慧，专充启建祝圣道场。建炎四年毁于兵。嘉定十三年再火，俱重建。或谓"慧"字从彗、从心，于星皆火，谶也，为寺额不利。郡为闻于朝，绍定元年正月十三日有旨赐今额。是日，东北厢火，环寺皆延燎而寺独存，人咸异之。元至元十九年、至大元年，两毁，住持子文复建。皇明洪武末，殿圮。永乐三年，住持子颙重建方丈。二十年，复建大雄殿并山门、廊庑，视昔有加，迄今尚存。

延庆寺

县治东南,日湖中。广顺三年建,曰报恩院。宋至道中,僧知礼行学俱高,传天台止观法,闻于朝。真宗遣使加礼。大中祥符三年,改院名"延庆",赐"南湖福地"额,称"天下讲宗五山"之第二山。天禧元年,以翰林杨亿奏,赐紫衣。又以驸马太子李逊勖奏,赐号"法智大师"。天圣中,曾会守郡。礼梦伽蓝神语之曰:"翌日,丞相来。"已而,会之子公亮至,礼以告。洎公亮为相,请于朝,置田辟舍,大启法席。僧图其像祠焉。碑碣具存,《乾道图经》列之祠庙。元丰中,比丘介然建十六室为禅观。陈瓘记之。绍兴十四年,赐教额。寺之大悲阁,有辟支佛牙、普贤像,并大师五色舍利。嘉定十三年,僧以像小欲修之,剖其赃,书云:"动此者,水火为灾。"未几,寺火像灭。史鲁公重建,元泰定元年毁。住持普洽建方丈。元统元年,本无建起信阁,复菜园。至正六年,子思重建大殿,额题"大雄最吉祥殿"。大殿自至正六年子思重建,历有修者,至今犹存故物。皇明洪武四年,起信阁并山门两圮。十二年,原旻复建山门。二十年,必彰建罗云堂。郡人洪贯为记。永乐六年,有言重修净土殿,即观堂。塑涌岩观音等像。宣德三年,大囧建涌岩前殿,又建禅悦堂及东廊十八间。四年,建塔院于大雄殿东,永遗子孙供奉香灯之计。正统八年,大振同道人李存诚建钟楼、经阁。景泰三年,净智重建大悲殿。七年,恩溶甃月台,塑五十三参像。成化三年,于罗云堂西南建能仁堂。崇祯甲戌观堂灾,尚是介然旧物,历代修之,至此毁。

石待问《报恩院记》:

若夫有生之生,肇自无始之始。因缘妄想,汩没真如。往来于地水火风,合散[1]于梦幻泡影。爱河浩浩,贯三界以周流;尘网恢恢,弥大千而洪覆。厥或渐修祇劫,顿悟刹那。杰出此涂,径到彼岸。变三十二具足相,化千百亿妙色身。普为一切心,广陈[2]一切法。荫慈云于火宅尽遣炎凉、揭慧日于昏衢咸令夜晓者,其惟大雄氏乎?在昔周、鲁二庄之时,我教已显;爰逮汉、晋两明之后,吾道弥尊。莫不法法相传,心心相继。世无惭德,代有能仁。由是观之,则像教之兴,其来久矣。梵宇之设,庸可缺乎?明州报恩院者,即沙门知礼座主舍旧谋

---

[1] "合散",国图本作"合教",据宋释宗晓辑《四明尊者教行录》(国图"中华古籍资源库"明刻本)改。

[2] "广陈",国图本作"广为",据《四明尊者教行录》改。

新之所作也。

座主俗姓金氏,世居鄞江,七岁出家于州之兴国寺。洎进具,从宝云通法师受天台智者教。是教也,广大悉被,微妙甚深。全兼六度之功,尽得五时之味。义无幽而不显,理无隐而不彰。修之止而念念不差,斯之谓定力成矣,然后烦恼可断也;习之观而空空不滞,斯之谓慧解发矣,然后菩提可证焉。是以勤而行之,应堕恶道者,罪孽即为消灭;守而勿失,种诸善根者,功德不可思量。座主二纪之余,一志于此。探赜索隐,穷理尽性,可不谓勇猛精进者欤?用能博极三乘,周知四谛,六尘不染,五蕴皆空。甫乃吹大法螺以警群迷,击大法鼓而祛众惑。故缁流蚁慕,信主骏奔,有若鳞宗龙而羽宗凤也。先是此院缔构年深,颓毁日甚,思得能者从而兴之。众议所归,得请为幸。粤以至道三祀,乃与余杭素所同志,息心异闻,乘召而至,戮力而居。一之二之岁,姑务经营,供其乏困。三之四之岁,肇兴法会,要结檀那。五之六之岁,亲制疏文,训释精义,加以靡昼靡夜,或讲或忏。是以必葺之事,未暇矢谋,以日系时,方议改作。适值丹丘寿昌肄业[1]苾刍觉圆,亦欲发心,愿言陈力。座主乃口传方略,指授规模。谈树提伽,以过去之因;说伊蒲塞,以未来之果。卒使悭贪易虑,结良缘而尽欲居前;喜舍励精,施净财而唯恐在后。一方响应,千里悦随。玉帛珠金,无胫而能至;梗楠杞梓,不召而自来。公输之削墨靡停,匠石之运斤勿辍。如是焉者三载,工乃讫役。观其基宇宏邈,土木瑰丽,金碧交映,玉毫[2]增辉。先师殿而后僧堂,昭其序也;右藏教而左方丈,便于事焉。节梲并施,楹桷咸刻。梁蝘蜒而双亘,瓦鸳鸯而并飞。复道连甍,洪分蔽日。长廊广庑,窅窱来风。游之者误在于化城,住之者疑居于幻馆。轮奂之盛,莫之与京,而又此邦异乎他郡。列千峰于城上,止在檐前;走一水于廛中,才流槛外。地居形胜,天助幽奇。门开而紫陌相连,路僻而红尘不到。庭除冉冉坐对闲云,亭榭时时卧闻幽鸟。夫如是,亦何必乘杯访道,振锡游方,登涉于耆阇崛山,揭厉于阿耨达水者哉!

待问通守竹符,函亲松柄。会兹胜概,告厥成功。承列疏以见贻,遂抽毫而为识。非敢广征释部沽取文声,第庶几他日为莲社张本焉耳。

时大中祥符二年,岁在己酉四月六日立。将仕郎守太常博士通判军州兼同

---

[1] "肄业",《四明尊者教行录》作"隶业"。
[2] "玉毫"两字,国图本缺,据《四明尊者教行录》补。

监市舶管内劝农事骑都尉借绯石待问撰。

昔有通法师,负大才识,远自三韩来依中国,求佛法大要,于是尽得天台止观之义。得法弟子四明法智尊者与天竺慈云法师,二子青蓝冰水,能广其师之道,大兴天台一宗,直与智者并驾争驰。一时名士如杨文公、王冀公、曾鲁公,相为师友,可为盛矣。惟法智主明之保恩院,其后锡名为"延庆",乃请于朝,永为天台教肆。所被敕文与《保恩院记》,旧有石刻,昨更兵火,扫地不存。今住持觉云连公,道行高卓,希踪往轨,力访遗本,得之。俾学徒戒夫再刊诸石。工讫来丐数语,取信后世。余嘉其能不没前人之迹也,乃遂其请。

绍兴丙子二月初吉,真隐居士史浩跋。

附:晁待制序:

今天台教观之徒,称四明尊者追配古人,其言为国中之法也。可谓盛矣。说之自北方来,闻而异之。究其名氏,是为法智礼公。于是乎矍然[1]加叹曰:"此我高祖文元公与杨文公之所称者欤?"我虽昧乎天台之学,未读法智所著之书,而固已得其人矣。既而法智三世孙明智立公,视以高僧简长等纪赠诗二十三首,曰:"吾祖法智得名凛然至今者,盖有所自矣。当是时,翰林主人[2]晁公、杨公所贻之文既已流传矣,其辈行中声名人篇章之美又何如哉!然是诗,吾祖法智初不自有之,乃落于杭州式公。不知其历几岁,凡传几何人,而复归于法智之旧室,亦可叹也已。将镵于石,愿得以序之。"说之窃以为,法智远处身于东海之陂,而名声振燿京师,既久而弥隆。其颂德词翰,虽散而复合,亦可以为修德之劝也。后有览者,其所感可胜言哉!呜呼,景德、祥符之风,此亦非其躅欤?

政和元年十一月庚申十三日,朝请郎监明州船场飞骑尉赐绯鱼袋晁说之序。

陈瓘《净土院记》:

明州延庆寺住持比丘,世有讲席,以天台观行为宗。自法智大师知礼,行学俱高,听徒心向。继其后者又皆得人,今百余年矣。间有苦行精修之士,来依道场。

---

[1] "于是乎矍然",国图本作"于是瞿然",据宋晁说之《景迂生集》(四库全书本)改。
[2] "翰林主人",国图本脱"林"字,据《景迂生集》补。

元丰中,比丘介然修西方净土之法,坐而不卧,以三年为期。期满,谓其同行比丘慧观、仲章、宗悦曰:"我等各据一室,成此胜缘。后之来者加众,而室不增多。今寺之西隅尚有隙地,若得钱二千余万,构屋六十余间,中建宝阁,立丈六弥陀之身,夹以观音、势至,环为十有六室。室各两间,外列三圣之像,内为禅观之所。殿临池水,水生莲花,不离尘染之中,豁开世外之境。念处俱寂,了无异缘,以坚决定之心,以显安乐之土,所以顺佛慈而报国恩者,岂独我四人而已哉。所欲如是,其可成乎?"慧观等同辞以答之曰:"以无作任运之心,作有为利益之事。四明多檀信,何患乎不成!"自是日营月积,更七寒暑。凡介然之所欲为,无一不如其志者。

初,介然燃手二指,誓必成此。元符二年三月落成之日,设千佛之供。复燃三指,以增净誓。既成所难成,又舍所难舍,而原其用心,无私己之意。于是见者、闻者,莫不随喜。净习之士,踊跃欣庆。而十有六室,常无虚位。期满者去,发志者来。依胜境而获善利者,不知其几何人也。

夫净土之教,古佛所说,诚心之士,谛受不疑。如来之叙九品,以至诚为上上。智者之造十临[1],破疑心之具缚。缚解情忘,识散智现,则弥陀净境,何假他求。若临明镜,自见面像。得者不由于识受,昧者何可以情晓。超识习而不惑、度情尘而独造者,其惟诚乎?故曰:诚者,成也。成自成他,唯此而已。譬犹清净满月,普现诸水,影像非一,月体无二。摄流散而等所归,会十方而总于一,亦如十镜环绕,中燃一灯,光体交参,东西莫辨。然而方有定位,非无西境,名随相立,西不自西。智与礼融,境将谁执?安可以在缠执方之见,而测度如来无碍之境乎?慈恩有言曰:凡夫业重,处处生贪,若不定指一方,何以系心专注?此善知识随方扶教,专护相宗。然临[2]安养知足之胜劣,则以遍劝往生为最胜。乃知通人无吝,吝则多私。境强习重,盖由观浅心浮,易往无人,良以疑深障重。若欲尽除障垢,当以决定为心。湿薪如山,豆火能爇。千年暗室,日照顿明。释迦佛方便至深,无量寿说法无间,观世音如母念子,大势至如子忆母。古圣样辙,安可不遵?幻境虚无,有何可舍?解脱长者不往安乐土,普贤大士亲睹无量光。亲睹者,初无动移;不往者,如是而往。普融无碍,然后空假,俱中分别未

---

[1] "十临",《大藏经》、乾道《四明图经》、至正《四明续志》均作"十论"。
[2] "临",乾道《四明图经》作"论"。

忘，宁免权实互诤。若此，则心安无日，得忍何期？乃知念念现前，然后决不退转。故曰：若不决定成等正觉者，我誓不取菩提；于菩提心有退转者，我誓不取正觉。此乃法藏比丘之本愿，而诸上善人之所随学也。发如是心，行如是行。起如是愿，趣如是果，而不违法藏之大誓，则寓迹于兹刹，栖心于此室者，皆阿鞞跋致之士也。其为胜利，岂有穷哉！

比丘介然唱一善念，四明信士答应如响。而所以利益一方者，其广若是，可以不记其事乎？今教主[1]明智大师中立，法智之曾孙也。行业完实，人所信服，能以诚心修净土观，于介然之事有助为多，故并书之。大观元年八月初一日。延平陈瓘记。

刘筠《放生池碑记》：

粤若庖牺氏之王天下也，始作罔罟，以佃以渔。取之有时，用之有节，盖所以顺杀伐而育人民也。是故四灵为畜，禽鱼无猎浴之悲；万物由庚，草树遂抽零之性。及乎大道既隐，淳风不还。人欲无厌，天物斯暴。蚔蝝尽取，潜蛰咸伤。圣人所嗟，君子用悯。历代而下，申禁非一。所贵乎率天下以仁，而登夫寿域者也。

圣宋奄有万国，真宗嗣致太平。既纵雉以升中，复育穀而报本，然犹储精垂思，修堕起废。天禧纪元之初，诏淮南、江浙、荆湖之地，有放生池者，俾缮完而增新之。

惟四明之奥区，乃扬州之旧域。水居者众，鳞族甚繁。茕茕之氓，惟利是视；蠢蠢之类，曾不聊生。滥彼洿池，陈诸数罟。鲲鲕亦及，鳍鳝难逃。幸增无艺之贪，孰救可欺之失？

有法智大师知礼者，道风孤峻，行业纯悫。传天台止观之宗，修普贤忏涤之法。申旦不寐[2]，三岁是期。每念是身，可恶如贼；志当舍离，乐在寂灭。固以比行厕之极厌，垂将效焚躯之真供。而大善知识恳劝住世，官曹府檄督责保全。实徇众之皈依，思利他之为广。矧遭圣神之运，宜恢方便之慈。式警群迷，聿形悲济。顾此净刹，旁有积流，窅若神渊，达于巨浸。极愿力以爱度，获再命之亟

---

[1] "教主"，《四明尊者教行录》作"住持延庆"。
[2] "申旦不寐"，国图本作"申旦不昧"，据《四明尊者教行录》改。

下。公私率协,终始罔愆。蠢然巨防,环兹汪注[1],由是普化廛里之俗,博市鳞介之品。脱豫且之网,朝有千许;返西江之使,春盈万数。又每岁以佛生之旦,众大和会[2],浮泛彩鹢,演畅竺文。瘖流水之胜缘,识衔珠之善报。莫不竞持诡类,咸造埼浔。纵之于波,快哉共叹。赪尾者戏荷而逝,呴沫者依蒲而游;固以乐甚濠梁,望逾斗水。敝筍以之咸屏,枯肆为之一空,至有断罟折竿、悔过而易业者矣。

呜呼!淳古之俗,前志有云:"杂人兽之居,靡相为害;食草木之实,各遂所养。"圣哲继作,播种是教,以前民用,蔑闻馁者。是故二仪䜣合,百嘉茂畅。龟龙在宫沼,胎卵不殰殈,虽火化浸变,而血祀有经。故曰:"獭祭鱼,然后虞人入泽梁。"又曰:"钓而不网,田则不渔。"皆所以昭上之德而塞下之违也。

自古致治之君,皆以好生为本。每严戒令,务抑末游。其如利人之所诱,荡而忘返。害既为甚,法不胜奸。继以天灾,遂废菑事。家乏兼晨之爨,野无遗秉之利。乃至旱干水溢,山童泽涸,昆虫为孽,道殣相望。强暴之徒,藋蒲是聚,椎牛屠狗,鬻盐盗酤。岂唯弃失本业,率多抵冒刑戮。得非敛饫腥味,夭残物性,犯道家之明忌,事必好还;背《春秋》之美谈,政之所败者乎?不有慈悲之士,孰臻觉悟之本?且曰:"凡有血气,同一觕体;尽诸沙界,共一真性。"庸讵恣口腹之欲,结轮回之业?其理不昧,缘心可观,则《金光明经》论之详矣。况复吴越之区,膏腴兼倍,漠漠粳稻,油油麻苧。陆则有苞笋、姜汇,水则有海苔、菰首,固足以旅践嘉珍,丰溢兼豆[3],亦何必剖豢豹之胎,嚼鱼子之脑?滋味煎其脏腑,香芳腐其骨髓?食气既胜,腊毒增厚,而殃病短折者,亦未必不由兹也。

夫先圣立法,本以驭众。大小贵贱,不相逾越。惟辟玉食,顺时以视膳;惟郊特牲,因礼以贵臭。岂料后世,有冒干宠利,罔知纪极。管氏设镂簋,季氏旅泰山,乃至养食客之三千,探牛心之一割。骋嗜奔欲,穷奢极侈。豪杰胥效,风俗益讹。固虽罄川陆之毛,殚渔猎之力,驱以就役,莫充其求。是知其源至深,其来有渐。机权不足以为御,铁钺不足以用威,故曰:"善人为邦百年,然后可以胜残去杀。"

洪惟我朝,在宥而治。以圣继圣,垂六十年。率上仁而绥群品,用柔道而怀

---

[1] "汪注",《四明尊者教行录》作"注注"。
[2] "众大和会",国图本作"大众和会",据《四明尊者教行录》改。
[3] "丰溢兼豆",国图本脱"豆"字,据《四明尊者教行录》补。

犷俗。尊老氏之三宝，为大雄之外护。大师所以顾逢盛旦，集此妙果，介其秘祉，仰佑慈宸。表洪施之无疆，实含灵之允赖。谓是于益[1]，宜有铺昭。

予，病夫也。曩在禁林，寻隮职业。旋承官乏，待罪中司。自时辱书[2]，猥讬叙事，而不知中乾已甚，轧思无堪。避让有初，阻修罔懋。今遂偃藩之适，方存喉息之微。而又广印大师智环叠寓讯函，督兹铭述。强攀逸驾，仅成累句。绎颜公之妙作，嗤鄙自彰；讽周沼之灵篇，揄扬曷既？辞不迨意，取愧群英。其铭曰：

天地之文，仁圣是则。巍巍居尊，生生为德。顺考古道，祇受民时。兆人允殖，万物由仪。《易》有《中孚》，《书》称《咸若》。恩信所加，飞潜自乐。末俗浸巧，暴殄滋多。麟凤去椷，鲸鲵骇波。惟天聪明，聿求元圣。邦家大同，幅员底靖。皇哉有宋，叠雄重明。泽均敦苇，惠及跂行。乃眷南服，鲜食为盛。缮治旧防，昭苏物命。爱有开士，化兹一方。就其宝刹，疏厥金塘。壁立大堤，练澄百丈。泚泚风光，昭昭景象。日募檀施，岁举忏仪。鱼鸟声取，刷荡澜漪。憴恒忠利，国教胥洎。怵惕隐恻，人瑞斯至。自古及今，惟善可钦。惭非吉颂，聊代虞箴。

天圣三年岁次乙丑，七月十五日，枢密直学士、中大夫、尚书礼部侍郎、知颍州军州兼管内劝农使、护军、彭城郡开国侯，食邑一千七百户、实封二百户、赐紫金鱼袋刘筠撰文。朝奉大夫、尚书刑部郎中、充集贤院修撰、知明州军州兼市舶管内劝农事、柱国、赐紫金鱼袋曾会立石。

昙噩《佛殿记》：

皇元以仁覆义载统一区宇，而慈悲之化尤所敦尚。帝师之尊、戒法之盛，罔弗敬礼诚服，以感召和气，由是而年谷屡登，物无疵疠[3]。厚生利用之实靡所短乏，士慕进修乐施予者，推其绪余以崇饰塔庙。禅林律苑遍天下，壮丽环伟之观，陋鄙前代。且今制以教首三宗，谓其人之习于义理也。夫习于义理而略于事功，惑矣。殿之役可后乎？

宋至道间，法智大师礼公以天台佛陇之学中兴浙左，乃辟报恩旧院为延庆寺，以来户屦，其完美之迹，具见石待问所作记。

---

[1] "谓是于益"，国图本作"谓是利益"，据《四明尊者教行录》改。
[2] "自时辱书"，国图本作"是时辱书"，据《四明尊者教行录》改。
[3] "物无疵疠"，国图本作"初无疵疠"，据杨寔《四明郡志》改。

建炎初，寺悉烬于金兵。寻虽一切兴复，而殿犹未暇及，第寓佛像于法堂上，以祝国釐。已而灾变荐更，岁月迁谢，基址苐秽。无知者流俗，谩以为祖师之时则固然，因玩莫复恤。至正壬午，今住持智印法师方居上竺，众欲挽之归主兹席，投牒宣院而适中其选。或顾以为屈，而师则自若。既领事，戒其徒曰："寺而无殿，其何以致趋向？以予早岁之游息于斯，而有志于斯也。汝尚相予以底厥绩，则予汝怿。"曰："善惠，汝其偕正惟、子云、妙□、琰[1]以出内资币、程工庸匠，惟廉谨、和谅、允济。"曰："行先于沼，汝敏断，其为予走吴会，求柱材，必得柟檗，无靳重价，航海而归，惟汝谐！"命取梁栋、楥桷以奉化鸡鹎山中，绳墨举职，斧斤奏功，群艺咸集。毕试锻者、炼者、琢者、磨者，仰而涂者，俯而甃者，丹青而绘者，土木而塈者，莫不输精效神，争出善巧，而规模、制度罔怼于素。是以望之则郁然而云垂，就之则嶷然而山立，入于其中则廓然而容二仪位也。蔼然而和，六气备也。於戏，其亦可谓至矣。屋以楹计十有八，以其楹之数而尺计之则百二十有三，以为其广。减广之二十有五，以为其深。加深之十有五，以为其崇。经始于丙戌之春，落成于丁亥之夏。其用人之力以工计，则四万而缩；用财以缗计，十有一万五千一百而赢。檀越则郡之史君嘉卿，天台之赵君孟贯，南阳之周君坤厚，雪之沈君野先、叶君森寺，沙门如玉等。其余名氏之众，悉以列之碑阴，为善类劝，而概略去其所捐多寡之目者，则尤以见其发心之弘，受福之伙，而于常住实相摄入云。故常住之所捐，并计其盐米菽麦、饮食之费，视檀越当倍蓰。而学众之晨粲昼饔与他令节之膳羞，迄未尝少缺。讲肆蛰蛰如常时。初，有以久废未易骤复谏师者。师挥退，谏者匿笑去。至是而果成就，则师之道其又可以浅近窥哉？

师名子思，字贤叟，号四窗。智印则又其受赐于上者。生陈氏，奉化望族。系之诗曰：

稽首觉雄，福德斯盛。泰然无为，爱处深定。十方天人，来觐来聘。与宫殿俱，特致尊敬。宫殿伊何，微妙殊胜。涌光明云，花绽珠莹。匪业力成，繄尔修证。觉雄受之，默而常应。眷兹道场，教以中兴。佛子戾止，有赫厥灵。猗欤智印，唯权舆是承。尚图厥旧，诞作庙廷。乃瞻梵相，乃振呗声。亶其华美，天间日晶。庙廷言言，孔邃且敞。阿注周宏，面势虚爽。创匪自今，日由昔曩。

---

[1] "子云、妙□、琰"，光绪《鄞县志》作"子云、妙琰"。

垂三百年,嘅终裸壤。俄复厥初,孰弗欢仰?且今未尝来,且昔未尝往。三世一时,非立非荡。而我庙廷,如国安养。帝寿无量,万方来享。

赐号佛真文懿大师前开寿普光禅寺住持沙门昙噩撰文。

韩性《起信阁记》：

元统改元之明年八月初吉,四明延庆起信阁成,住山匡道大师我庵无公疏阁之所以名,若其建造本末,驰书山阴,俾记其事。其言曰:能仁氏之道,授其大弟子,十二传而为马鸣,又再传而为龙树。世之传书,尽马鸣、龙树道也。去龙树数百年,而南岳天台得其旨,由天台十二传,而四明法智继其宗。

法智读马鸣《起信》之论,有所悟入,以之印衡台之说,征书合志,而圆顿之旨益明。天下之言教者,必以法智为指南焉。延庆寺为法智之道场,故本其所得之道以表之,此阁之所以名也。延庆,故报恩院,宋大中祥符改今名,毁于建炎。圆辩琛公复建,始为起信之阁。复毁于嘉定,古云粹公复建,乃即其处为起信堂,而建大悲阁于其后。再毁于至元己丑,泰定甲子,其故址委于瓦砾者垂五十年,而起信不为重屋者,盖一百二十年矣。至顺壬申,本无以教府之命,来住此山。讲授之余,不敢以修营为惮,独兹阁之建,度工浩繁,未知所出。郡人王元明首为之倡,委资程力,不呼而应。越三年,阁成。参政鲁公大署其颜曰"元统起信宝阁"。"起信"者,因其旧名;而"元统"者,以识其成之年。此其建造之本末也。

初,延庆有所营造,清献赵公、忠肃陈公皆有记述。其后重创,无有为之记者。今阁之成,愿叙其详,刻之贞石,以垂久远。性闻之作而言曰:"大哉,起信之为义也。夫有疑则有信,信而弗疑,其惟己之所有者乎?心性人所固有,何有于疑,而信心有待于起发哉?舍生依妄,迷失本真,是以圣人显示真乘,还其本有,其义深广,非浅见者所能窥也。大士继作,乃总法要,直指心源,翻疑成信,信根不退,成究竟觉。是知大乘正信,不在言诠,而文字诠表,所以起其信也。妙音善字,重译而东,其传已久。法智抽关启钥,以辅止观之旨。所坐道场,人所爱敬。阁之立名,诸师所表。今我庵重建于废坏数十年之余,栋宇高明,丹青炳焕。见者闻者,发正信心,信根不退,成究竟觉。是知大乘正信,不属庄严,而宫室严饰,所以起其信也。"

法智有言:法藉人宣,人必依处。夫因处知人,因人知法。法体平等,无处

不真。然则斯阁之建,佛祖寿命同一永久,大乘法印同一流通,岂其他因缘所能及哉!既纪其事,继以铭曰:

我闻马鸣,传佛正印。总修多罗,成此起信。所信伊何,一真心源。我闻三大[1],修列五门。斯文东来,阅几百岁。卓哉四明,朗然融会。宴坐海隅,教被四方。衡台妙旨,有沃其光。即其道场,杰阁斯建。大海东渐,悉于中见。群生具瞻,若佛见在。由正信心,入佛性海。永绝百非,包含万汇。像种种现,德种种备。如海甚广,如海甚深。又如大海,现影纳珍。我观佛法,无量无边。显佛正宗,此阁岿然。

本无,天台人,又建会善归真塔院,况逵为记。存敬堂,应奎翁为记。复菜园,陈子羣记。又镌《四明尊者戒誓词》、赵清献公《法智行业碑》、陈忠肃《净土院记》、石待问《保恩院记》,皆登于石。观上《保恩院记》史浩跋语,乃是觉云重刻,岂迄元世复须重镌耶!

黄溍《观堂后记》:

四明延庆寺,故保恩院也。宋至道丙申,拓以为大丛林。大中祥符己酉,乃易今号。顾其规制未备,有讲舍而无观室,定慧尊者然公始辟其隙地创弥陀忏院,庀工以元祐乙巳,讫事以元符己卯。忠肃陈公记焉。

建炎庚戌,金人拥大兵至城下,城陷寺焚,而院屋岿然烈焰中。金人异之,因挟然公以北。嘉定庚辰,寺以灾毁,院竟莫能独存。宝庆丁亥,乃复于旧。莅教者,古云粹公,实主其役。入国朝以来,荐厄于至元己丑,重构于元贞乙未。而守者不戒于火,又以泰定甲子秋九月废为瓦砾之区。乙丑春二月,石泉洽公嗣领教事,令僧庆寿合缁素之士,分募民钱谋以建西方殿,未及视其成而去。至顺壬申夏四月,殿成。秋九月,今住持我庵无公实来。郡人邹某首捐私橐,俾僧普光出其意匠,凝土铄金,肖三圣晬容于殿上。普光亦悉己力倡众功,即殿后作海水岩壁,像观自在大士、佛、菩萨、僧、天神、龙、鬼涌现其间。无公寻以元统癸酉冬十月建大悲殿,而禅观之室、护法之祠以次落成。其徒伐石请为之记,以示永久。无公以为定慧之宏愿,忠肃之微言,不可使没而弗传,命重勒旧记,且属缙书其废兴之岁月于下方。他施者之氏名,则见诸别刻云。

---

[1] "我闻三大",至正《四明续志》作"乂阐三大"。

袁清容《送洽师归吴序》：

四明学行于浙东西，而南湖延庆寺实尊者阐绎之遗址。陈忠肃公原观想而为之记，甲于东南。至嘉定中，史忠献倾意营缮，庄严妙密，学子林立。运逢怀空，不四十年两遭毁厄。寺缺主者，佥以为石泉洽公宜主是席。至之日，除榛削砾，一以己任。而四明罹旱疫之灾，信者靡替，施者莫能。乃慨然曰："吾故吴产也，吴多信士。凡颓垣废址，吾徒一诣其门，辄金帛踵至。高者蠹云霄，朴者绚丹碧，崇信生于心。斥其余财以贻浮屠氏，非有所利益也。"尝闻洽公化行吴中，所至倾接，盖以能静止息之道，广为譬释。夫安于给足，而哀乐喜怒为其营役，则闻洽公之说者，孰不开朗，故其欣然以输，肃然以接。夫岂声音笑貌之倾动？嗟夫！露台百金，十家之产，而大雄氏以侧布为末足，化其吝心非大言不足以警。若是，则是行也，见其捆载以归，不日以就。罔俾忠献专美于前，而忠肃之学愿窃有取焉。按：此建观堂募跋也。

昙噩《净发局记》：

此身无虑，烦恼聚也。揽业识以生，受血气以长，为之披服佩以自蔽。乃若富贵有力者且过欲，以酰脂轻暖瑰丽相夸诩。彼又安知如来圣人方以是为戒厉也哉？圣人以仁慈设教，而中国从，虽裂冠冕、刊头发，无所爱。夫裂冠冕、刊头发，非遽足以尽其道也。然而求以尽其道，必始此。躯之既伤，则嗜欲乎斯忘；容之既毁，则礼文乎斯弛。持瓦钵丐乞，以饱日中，衣粪扫割截坏染，以御寒暑。治嬉戏睡瞑，以辟昏散。至刳情黜伪、抵排结蕴，以合灵妙，抑亦固有端绪云？其大指要不出于空寂而已也。顾今之或富产业、盛积蓄，犹得以形貌肖似，类免徭役，乌乎伟矣！

德圣师，字无心，寺之大耆旧也。慨曰："吾先和尚雪岑公可负耶，奈何以贪黩鄙吝败成训？"乃稍归其所置田常住，而请裁其岁之入以资事费，则浴薪之给、斋馔之丰也，然卒不过十亩、三十亩，顾能于刀镊氏骤捐田百七十亩有奇，一何达于理而勇于义欤？盖台衡之学盛东南，瓶锡所趋，螺旋犀伏，凡圣云会，净人巾帻待命，罔坠慢，疏赡视，勉进修，内外交致，功德可量哉。复因以其敛收、赋予之政，畀之东西两序，而委其余于后仓敛收。公则计常裕赋予，当则人无怨咨，而后仓又喉襟所在，是宜其措置焉如此矣。及示寂，属诸方结夏。论者以为后日追远之祭，遂得于所助斋，并将永久弗废堕，尤师志。推此言之，则感应因果之说愈益信。

至元已卯冬,余西游归,住持我庵巨道法师尝为予举其概,且欲得文以记。法师名本无,台之黄岩人。行周学充,材具德美,屡更席,所至有声称,绩效可敬伏。故不敢以疏陋辞。明年五月望,勾余除僅男旹噩撰。

沈一贯《重修延庆寺记》:

四明人好佛,多寺院,而延庆最大。延庆居城东南偏,四周环水而外食。金峨、它山,蜿蜒七八十里之水[1]。始于郭周为保恩院。宋兴,法智师者创之。师,奇人也。鄞金氏,名知礼,七岁度于兴国寺保云师,受天台智者止观法。止则念念息缘,观者真真中的。积年累慧,探微穷性,吹大法螺,击大法鼓,以宏其教于江南。真宗闻之,遣使者致问而赐紫,号为"法智",敕建延庆讲寺。师以其徒慢弛而不精进也,结十僧礼忏,期三年竟,焚其身以作人之勤。维时杨内翰亿、李都尉遵勖,贻书劝止,复令李太守夷庚密护之,不获遂。盖胁不沾席者四十余年,于天圣六年正月五日跏趺化去,焚之得舍利无算。身所授席者,凡若干人,散于四方。赵清献公为之碑。

初,师之营此寺也,有僧异闻、觉圆为左右而作诚誓,具载《教行录》中。曾太守会来令,其子公亮修谒。师梦相公来,而后为鲁国宣靖公。乃大置田圃,安集其徒,此寺所为盛也。涉元兵燹,唯观堂肖然在,而四窗无择,两僧为之兴复。至我正德、嘉靖间,僧泰侈甚,爱处深定。公私交通,产废物散。庭宇有圮坏而诸像为倾者。自予之居日湖也,与寺为邻,戒不得扰一物。及之京师,隆胜、圆复来请募修。盖予子泰鸿导其徒断荤茹素,兴禅礼忏,如大师之初,而佛教始振。积数年而出诸,施以经营,焕然巍然,庶几克备,费且逾六百金矣。绍居士汪士晔以记请,而二僧尚有余于心,不能已已。予谓之曰:"人以营道心营事,奚而非?道以营事心营道,奚而非?事舍道,则无事,无事则无道。岂有虚至之功哉!今能精心止观,诠义修忏,捐身策众,感圣孚儒,四十年不胁席,如大师者乎,内心定而鬼神服矣。经营糠粃土苴之难,且吾闻之,以假修真,无假非真,吁嗟乎,是在踵至真人之所为耳。"记之以俟方来。

---

[1] "七八十里之水",国图本缺"水"字,据明沈一贯《喙鸣文集》(明刻本)补。

赵抃《法智大师行业碑》：

　　法智大师名知礼，字约言，金姓，世为明人。梵相奇伟，性恬而器闳。初，其父母祷佛求息，夜梦神僧携一童遗之，曰："此佛子罗睺罗也。"既生，以名焉。毁齿出家，十五落发受具戒[1]，二十从本郡宝云义通法师传天台教观。始三日，首座僧谓曰："法界自有次第，若当奉持。"师曰："何谓法界？"僧曰："大总法相，圆融无碍者是也。"师曰："既圆融无碍矣，何得有次第耶？"是僧无语。几一月，自讲《心经》。人皆属听而惊传之，谓教法有赖矣。居三年，常代通师讲。入文销义，益阐其所学。后住承天，遂徙[2]延庆。德望寖隆，道法大炽，所至为学徒渊薮。日本国师尝遣徒持二十问，询求法要。师答之，咸臻其妙。天台之教莫盛此时。

　　真宗皇帝知师名[3]，遣中贵人至其居，命修忏法，厚有赐予。偶岁大旱，师与遵式、异闻二法师[4]同修金光明忏，用以祷雨。三日雨未降，于是彻席伏地，自誓于天，曰："兹会[5]佛事，倘未降雨，当各燃一手以供佛。"佛事未竟，雨已大浃。

　　尝与钱塘奉先清源、梵天庆沼、孤山智圆数人为书设问，往复辨析，虽数而不屈。又遣门人神照大师本如，与之讲论其说，卒能取胜。尝制《指要》《妙宗》二钞，《大悲忏仪别行疏记》暨《光明二记》之类，后悉流传。尝偕十僧修妙忏三年，且约以忏罢共焚其躯，庶以激怠惰而报精进。翰林学士杨公亿、驸马都尉李遵勖尝荐师服号者，其心尤所爱重，知有自焚意，致书劝止，弗从。又致书天竺慈云式师[6]，俾自杭至明面阻其义，亦不听。郡守直史馆李公夷庚密戒邻社常察之，毋容遁以焚。师愿既莫遂，复集十僧，修大悲忏三年。又以光明忏中七日为顺寂期。方五日，结跏趺坐而逝，实天圣六年正月五日也。享年六十有九，为僧五十有四期。其亡经月，发龛以视，颜肤如生，爪发俱长。既就荼毗，舌

---

[1] "具戒"，国图本作"戒具"，据天一阁藏原碑拓片改，见章国庆编著《宁波历代碑碣墓志汇编（唐、五代、宋、元）》，上海古籍出版社2012年版。

[2] "遂徙"，国图本作"遂从"，据天一阁藏原碑拓片改。

[3] "师名"，国图本脱"师"字，据天一阁藏原碑拓片补。

[4] "法师"，国图本脱"法"字，据天一阁藏原碑拓片补。

[5] "兹会"，国图本作"花会"，据天一阁藏原碑拓片改。

[6] "式师"，国图本作"戒师"，据天一阁藏原碑拓片改。

根不坏,舍利至不可胜数。

凡三主法会,唯事讲忏。四十余年,胁未尝至席。当事之人,从而化者以千计,受其教而倡道于时者三十余席,如则全、觉琮、本如、崇矩、尚贤、仁岳、慧才、梵臻之徒,皆为时之闻人。今江浙之间讲席盛者,靡不传师之教。其于开人之功,亦已博矣。

元丰三年冬十月,余谢事经岁,自衢抵温。有法明院忠讲师其行解俱高者,顷尝游衢,乃予未第时与之接者也。一日,敛袱而前曰:"继忠于法智师徒为法孙,惜其示寂六十有三年,其所造峻特[1],而所学为来者师,固释门之木铎哉。自昔达官文士,其言可信于后世者。乃无述焉,其徒窃羞之。"既而状其行,请予作碑,以为无穷之传。予乃叹曰:"人生之初,虚一而静,本无凡圣之别。逮交战于事物之境,而莫之能返。此诸佛不得已而来震旦,烦其名相以化之,岂苟而已哉!设之以法而可行,示之以戒而不可犯;如目之有花,他人莫得见;如耳之有磬,他人莫得闻。欲其自降乃心,而求复初地。其后导师继继而兴,骋智慧辩才,谈真实妙义,使人不离当念超圆顿一乘,不离文字示解脱诸相。要其究竟,则无一法之可说,无一字以与人。法智师既达乎此,则何假于言而后传哉?"虽然,重违勤恳,姑阅其所纪,皆众所共闻者,因为撷梗概而实录之。仍赞之以文曰:

大雄觉世垂微言,磅礴日月周乾坤。智者才辩穷化元,时为演说开迷昏。八万总结河沙尘,俱入天台止观门。法智远出扬清芬,游戏三昧真轶群。志坚气直貌且温,少而敏悟老益勤。遗旨从衡深讨论,消文释义虽缤纷。辞淳理妙简不烦,或忏或讲忘晡昕。迩退学徒日骏奔,成等正觉[2]消波旬。俾诸佛祖道弥尊,如流已清浚其源。如叶已茂培其根,行高名重上国闻。天子遣使来中阍,贤豪勋戚固所忻。命服锡号回天恩,知身变灭如浮云。誓勇弃舍甘趋[3]焚,素愿莫适仍修熏。众生嗜好随贪瞋,三涂转徙如膏轮。有能顿悟报施因,罪福苦乐歧以分。说本无说谁其人?师心了了所凤敦。言能破妄宁非真?身虽云亡今常存。江浙蕃蕃其子孙,诏亿万世观斯文。

---

[1] "峻特",国图本为"峙特",据天一阁藏原碑拓片改。
[2] "成等正觉",国图本为"成正等觉",据天一阁藏原碑拓片改。
[3] "誓勇弃舍甘趋"之后,国图本缺页,据天一阁藏原碑拓片补齐。

曾鲁国宣靖公祠堂记[1]：

天圣中,高祖楚公为四明守,曾大父曾宣靖公毓德侍下,人未知之也。尝欲至延庆寺,前一夕,主僧知礼梦神告之曰:"相国来,宜迎待之。"旦以戒阍者,有顷而鲁公至。礼耸然惊异,以梦告,且曰:"后贵,愿无忘也。"太夫人闻而喜曰:"信尔,吾当悉奁具以报。"及大拜,乃践初言。既买田辟屋,又请诸朝,岁度其徒。于是延庆遂为望刹,图鲁公像而祠之惟谨。呜呼,亦已异矣。

憘闻之,王公大人,得时行道,利泽及于天下,勋名表乎后世,是皆超诣真乘,证登果位,以愿力故,来应世间宰官之身,随赴而见。鲁公之载诞也,太夫人梦老僧被帗而入寝,而子生。庆历八年,以知制诰衔恤而归乡。僧元达附舟至钱唐,闻天竺之胜,往瞻礼之。始至路口,望见有素衣自寺门来者,渐近问曰:"上座从曾舍人来耶?舍人五十七岁入中书,上座其年亦受师号。"才分袂,已复不见。后如其言。端明蔡公襄守钱唐时,以其灵异表闻于朝,赐号"灵感观音"。徽猷阁直学士李公弥逊尝为之记。

盖天之生贤,必以其道德纯备、出类拔萃,而后付之。圣主相与谋谟都俞,以植宗社无疆之福。真所谓有相之道者,神而告之,理自应尔。然则历相三朝,决策定计,底于成绩,为一代宗工,而光明硕大,不可跂及,岂偶然也哉?前志所传,如纱笼等事,殆不足道矣。憘愚不克肖,凭借世德,兹以舶事祇拜祠下,周旋登降,肃然有闻。而旧无纪叙,大惧湮没。敢摭其实,列之于石,以告来裔。

绍兴三十二年四月二十六日。曾孙右朝散郎、提举两浙路市舶、赐绯鱼袋憘谨书。

曾相公府置延庆寺庄田帖:

曾相公府契勘本府明州延庆寺法智大师知礼夜梦神者报云:"来日相公入院,出门将迎。"次日,门首伺候,乃余之来,因语其梦。归闻家母,次同谒见法智大师:"相接从款,果应此梦,当为檀信送供于此院。"自蒙圣朝御用宰执,家母不爽此愿,置买庄田于明州鄞县清道乡,存则为保庆平安,化则为追远讳日。永永羞设,年年不废。家母遗言:"所置不多,贻远子孙,次第置买,添归常住,

---

[1] 此文国图本仅剩末段"列之于石,以告来裔。绍兴三十二年四月二十六日。曾孙右朝散郎、提举两浙路市舶、赐绯鱼袋憘谨书",并径接上文之"誓勇弃舍甘趋"后。浙图本、天一阁朱本与孙本均缺本卷,无从比勘补入。今据《四明尊者教行录》补录此文。

永远供僧。乃存亡获益,俾令根深条茂,源远流长者也。"今复思之,立身之本,莫大于孝。孝莫大于养生送死,谨终追远。故凭延庆院主首体此元意,羞设不令有违。所有二税作本府送纳,仰依限送纳官司,不许少欠尺寸升合。贵得此田此供,利无穷者。右给付延庆院主首执照,仍付子孙通知。天圣三年三月日押给。

政和戊戌岁,先大夫倅四明,沇时为儿童。一日,随侍过今之延庆,见其法席之严、听徒之多,展钵铺单,堂中几数千指。是时,沇心窃语曰:"此非内有大导师以传持教观,外得大檀施以延供十方,恐未易崇盛如此。"退见主僧,方知法智尊者,有神人感梦之异。因出大丞相宣靖曾鲁公舍庄田帖文,伏读惊叹。此所以见延庆讲寺为二浙之冠也。自后,寺经虏火,焚毁几尽。前后更三住持,未能兴起,讲席亦从而废阙。最后,有圆辩尊者,专以法智宗旨开导后学于永嘉之资福。先大夫因其徒之有请,遂力赞其事于州,以挽将来[1]。未几,讲堂洞开,杰阁雄峙,修廊绀宇焕然一新。四方学徒抠衣于函丈者,若云蒸雾集。讲席遂复改观如曩时。至此,不特知法智愿力之深,抑亦见鲁公植福之深厚也。今延庆亲公讲主,实圆辩之嫡嗣,观行兼修,宗说俱到。一日见过,且言本寺舍庄田帖旧有碑刻,今不复存,欲以旧所得本再砻诸石,以传不朽。且欲沇书其后。若夫"立身之本,莫大于孝",此鲁国公之付嘱也。"二税所输,毋令失时",此鲁国公之垂训也。凡我缁徒,宜守毋怠。至于庆均存殁、徽福西乾,乃知今判部尚书以忠诚受圣知,以勋业致褒显,班联八座,宠冠一时,则知"根深条茂,源远流长",大丞相鲁国公之遗训。至是若合符云。是可书也已。

右朝散郎新权知舒州军州事陆沇跋。

居实闻"如来或现宰官身说法","佛法付嘱国王、大臣",此二句本即一事。苟非其人,道不虚行。使国王、大臣夙根非佛,谁肯出力主张?大丞相宣靖鲁公因法智师夜梦有验,舍田入寺,植无穷之利,此大事因缘。居实窃以为:"唯佛知佛,以心印心。大丞相与法智即非两人,故是梦是觉,如镜照形,初非妄想。此田此供,如人赡家,不自为功。"今判部尚书,乃大丞相之孙,膺国重任为计相,凡所以裕民足用调度得宜,一本之慈祥仁厚。有毫发不便乎人,必极力经

---

[1] "遂力赞其事于州,以挽将来",《四明尊者教行录》作"遂力赞其事于州将,以挽其来"。

济。在佛法为方便利它三昧,乃得大丞相心传家法,不日大用。识者必谓鲁公复生,而法智具在。今延庆讲主亲公,宜自承当。庶几大臣与导师相表里,繇此灯灯相继云。

右承议郎新差权发遣兴化军主管学事薛居实敬题。

乞圣旨本州申礼部公据：

明州准行在尚书礼部符,准都省批送下敷文阁学士、左朝请郎、知明州军州事、提举学事莫将状：

窃见本州延庆寺,系传天台教法。至道二年,创为十方住持。寺宇宏壮,学徒奔凑,传演不绝。真宗皇帝尝遣使至寺,命僧知礼修治忏法。太子少保赵抃《知礼行业记》,具载其事。

昨经兵火之后,此寺幸存。数年以来,尽为见任官及寄居官拘占指射,作住止处,便为己物,转相贸易,不容僧徒居止。佛像毁坏,杂秽侵扰,不成福田。及在州广慧院、报恩寺,旧系禅林。在州城下,唯有禅刹两处,系熏修、祝圣之所。从来开启祷散圣节道场,并在广慧院。自经兵火焚毁,后来虽得数间小屋,亦被拘占,僧徒不敢营造。将自到任,擘画屋宇,尽将两寺寄居之家迁出,责令本寺修葺殿宇,鸠工聚材。凭藉众力,渐已成就。僧徒日兴禅教,仰赞皇图,祝延圣寿。除报恩寺已有圣旨指挥不许拘占外,所有延庆寺、广慧院,伏望钧慈特为敷奏,专降指挥,不许诸人指占、居住。庶几古迹名蓝不致隳坏,永为福田。谨具申尚书省,伏望钧旨。

后批：三月二十四日,送礼部行下本州一面措置施行。明州主者一依都省批状,指挥施行。须至行遣。

右出给公据付延庆寺,仰收执,永为照会。

绍兴十四年四月日给。

左文林郎观察推官刘　押

右儒林郎节度推官刘　押

右朝奉郎签书节度判官厅公事贾　押

右朝请大夫通判军州主管学事钱　押

右中散大夫通判军州主管学事冯　押

敷文阁学士左朝请郎知军州事提举学事莫　押

三省同奉圣旨

行在尚书礼部准绍兴十四年三月二十四日敕中书门下省、尚书省,送到知明州莫将札子:

窃见本州延庆寺,昨经兵火之后,此寺幸存。数年以来,尽为见任及寄居官拘占指射,作住止处,不容僧徒居止。佛像毁坏,杂秽侵扰。及本州广慧院,旧系禅林熏修、祝圣之地,从来开启祷散圣节道场,亦被拘占。所有延庆寺、广慧院伏望特降指挥,不许诸人指占居住。庶几古迹名蓝,不致隳坏,永为福田。

候指挥。

三月二十四日,奉圣旨依奉敕如右,牒到奉行。

前批:三月辰时,付礼部施行。仍关合属去处,已符本州施行去讫。切虑前符未到,须至再行符下明州主者,候到详此及已符事理一切敕命指挥施行。仍关合属去处,符到奉行。

绍兴十四年四月日下。

守当官吕亨,令史阎守通,主事赵永坚,监尚书六部门兼权 押。

祠部郎中 阙。

圣旨本州出给公据:

准行在尚书礼部符,准绍兴十四年三月二十四日敕中书门下省、尚书省送到知明州莫将札子:

窃见本州延庆寺,昨经兵火之后,此寺幸存。数年以来,尽为见任及寄居官拘占指射,作住止处,不容僧徒安止。佛像毁坏,杂秽侵扰。及本州广慧院,旧系禅林熏修、祝圣之地,从来开启祷散圣节道场,亦被拘占。所有延庆寺、广慧院,伏望特降指挥,不许诸人指占居住。庶几古迹名蓝不致隳坏,永为福田。候指挥。

三月二十四日,奉圣旨依奉敕如右,牒到奉行。

前批:三月二十六日辰时,付礼部施行。仍关合属去处,明州主者一依敕命指挥施行。仍关合属去处,须至行遣。

右出给公据付延庆寺,仰收执,永为照会。

绍兴十四年四月日给。

右文林郎观察推官刘 押

右儒林郎节度推官刘　押

右朝奉郎签书节度判官厅公事贾　押

右朝请大夫通判军州主管学事钱　押

右中散大夫通判军州主管学事冯　押

敷文阁学士左朝请郎知军州事提举学事莫　押

使帖延庆寺：

据本院住持传天台教沙门知礼、异闻著状称：先去至道二年七月内，前两次院主僧居朗、通显舍此院与知礼、异闻，永作十方住持，传演天台智者教法，安僧修道。自此，相次主持院事，聚诸学徒，讲习天台教法，经今一十六年。昨为舍宇颓毁，稍妨安众，遂请天台山金文藏院僧觉圆募缘重新修盖，今已圆就。见管系帐，屋宇一百二十余间，已蒙颁赐敕额、旌显院门；僧众五十来人，讲习焚修，上酬国泽。切缘此院元舍与知礼等，永作十方住持[1]。即非徒弟继续之限，常须名德僧继代讲演不废，安众焚修，欲依准江南、湖南道山门体式，永作十方住持。知礼、异闻或终身后，任在院僧众并檀越于本院学众中，请明解智者教乘、能聚四远学徒、有德行僧，继续传教住持。或本院全无此德人，即于他寺及他郡请的传天台教法备解行僧传教住持，并常选请到院听学僧充主事，所冀永远安僧，焚修讲演，祝延圣寿。

伏虑将来徒弟不悉元舍院宇住持因依，妄有干接[2]，并恐将来本院及外处僧讲业不精，但以传天台教为名，因嘱托权势，求觅住持，乞行止绝。代代须得素业天台智者教乘、实有戒行、学众咸愿者住持此院，继续讲演。所冀常有德人流通妙法，上资国祚，广福蒸民，遂于大中祥符三年七月内，经使衙陈状，乞备录因依，奏闻天听，乞降敕旨，许永作十方住持，长演天台教法。蒙使衙申奏。

况本院徒弟僧立诚、又玄、本慈、本常、尚闲、德才等著状称：伏睹师主知礼、异闻经州陈状，将本院永作十方住持，长演天台教法，即非徒弟继续之限。立诚等亦愿将此院永作十方住持，代代请明解智者教乘、能聚四远学徒、有德行僧传教住持，常选请到院听学僧充主事。立诚等各有咸愿，更无干执。伏虑将

---

[1] "住持"，国图本脱"持"字，据《四明尊者教行录》补。
[2] "干接"，《四明尊者教行录》作"干执"。

来必有[1]徒弟不知元舍院宇住持因依，妄有执僭，乞备录情状，一处申奏者。蒙使衙具缘由体量申奏。

当年十月内准中书札子：奉圣旨，宜令本院依久例指挥。寻蒙使帖下僧正司，仰详中书札子[2]【内圣旨，速疾分析久例，具结缆供申。

据僧司申称：勘会本州天童山景德寺、大梅山仙居院两处，亦是十方住持，即依得上项江南湖南道山门体式，如勘会天童、大梅两处不是十方住持，甘伏深罪者。

蒙使帖下本院，仰依中书札子内圣旨，并僧司分析，到天童、大梅等处体例施行者。今欲传写圣旨并前后使帖，镌上石碑，永作十方传教住持程式。申乞下司指挥者，右具如前。

今捡昨据延庆院住持、传天台教沙门知礼、异闻陈状，乞依准江南湖南道山门体式，将此院永作十方住持。及据徒弟僧立诚等六人著状，亦乞将此院永作十方住持。代代常须明解天台智者教乘、有德行僧，继续传教住持。州司寻于大中祥符三年八月十一日，具状申奏，乞降敕命指挥。至当年十月十八日，准中书札子，奉圣旨，宜令本州依久例指挥者，遂具录帖延庆院，仰一准中书札子内圣旨指挥去讫。

续于大中祥符四年三月内，又据经知礼等经州著状称：虑将来别有徒弟不悉事由，谓依别院徒弟继续体例，妄生干执，有妨名行僧传教住持，乞再录因依。闻奏明降敕旨下本院，永作十方住持，长演天台教法者。州司缘已曾申奏明准圣旨指挥讫，遂具备状帖僧正司，仰详中书札子内圣旨，疾速分析久例，具结缆文状供申。

续据僧司申：今捡本州天童山景德寺、大梅山仙居院两处，亦是十方住持，即依得上项江南湖南道山门体例。如勘会天童、大梅两处不是十方住持，即甘深罪者。已于今月二十四日帖本院，仰详昨来所降圣旨，并此来僧正司分析，到天童、大梅两处，体例】施行去讫。今所再据沙门知礼、异闻著状，称欲备写圣旨并前后使帖镌上石碑，永作十方传教住持程式，乞降指挥等事，事须帖延庆院。仰详圣旨及前后使帖指挥，备到僧正司，分析体例，任便施行，勿至有遗。

---

[1] "必有"，《四明尊者教行录》作"别有"。
[2] 核《四明尊者教行录》，以下括弧内几段文字缺失，或许系高宇泰所删，且补以存之。

大中祥符四年七月十七日观察推官邵　给帖。
太常博士通判军州事成　押
太常博士知军州事康　押
绍兴二十六年十二月住持觉云大师智连重立石。

本如，鄞勾章人。学于法智，问经五义。智曰："事我三年，当语汝。"越三年后，复问。智喝曰："本如！"遂有悟，为偈曰："处处逢路头，头头是故乡。本来现成事，何必更思量。"智肯之。讲说教论，从者如归。庆历二年，驸马都尉李遵勖请于朝，赐号神照。尝居台之白岩寺，遇虎睡，以杖击之，曰："非汝所居。"虎俯首去。

介然法师，四明人。值明智居湖南，师从其学，遂悟镜观之旨，建十六观堂，修念佛三昧。建炎四年正月，金人犯明州，屠城尽毁，独观堂水涌不坏。金人异之，欲请师归北地。师曰："吾一生愿力建此堂，今老矣，不敢舍去。"金人曰："大师慈悲，随方化度。吾归，当作一观堂似此规制。"遂逼师以往。后人悲思以去日为之忌，尊为定慧尊者，塑像于寺侧。

智连，字文秀，姓杜氏，鄞之龙山人，赐号觉云法师。年十八受戒具，时目为僧中凤雏。从圆照受天台教义，后从智涌，顿悟圆宗[1]。年三十，为延庆第一座，始开讲席，辨才宏放，落落风生，四众耸服。更主五刹，类皆碎于兵燹之余，卒化瓦砾为宝所。在延庆十年，施利山积，一毫不以自奉。其所创立云栋雪脊，杰然城隅，望之如帝释天宫，然每曰："此有为功德耳，要当宏宣祖道，张大法门。"故虽事兴建而讲贯不休，一时名胜多乐与游，丞相史越忠定王尝与剧谈，见其贯穿禅律，缅缅不倦，惊曰："师禅律并通若是。"连曰："冰泮雪消，同一水耳。"又问："《华严》《般若》似过于繁。"答曰："支离所以为简易也。"于是肃然敬异之，相与往来尤厚。丞相沈公该来镇，谓可表正一方纪纲。诸刹遂处以僧职，革易宿弊，徐而不暴。沙弥受戒，费省什九，至今德之。隆兴癸未十二月十八日示寂，葬城南祖塔之侧。参政楼公钥时为永嘉学官，评之曰："师之所存，心大而行密，体卑而道尊，恭而不劳，博而不杂，寂用之涯，不可测也。"《宝庆志》全

---

[1] "从圆照受天台教义，后从智涌，顿悟圆宗"，国图本作"从员照授天台教义，徙从智涌，顿悟玄宗"，据宝庆《四明志》改。

文。后觉云转世为史弥远,详《荟蕞》。

善月,字光远,号柏庭,定海人。母梦月入怀而生。后出家,因名善月,盖古佛名也。居南湖,问如来不断性恶言论有省。史太师以月波处之,学者云集。居南湖凡十三年,后居上竺。岁旱,车驾亲幸,月以祷雨应补[1]。左街僧录。史忠献问月曰:"欲何能断?"答曰:"日远月忘。"或问以安心,曰:"心本不动。"著有《楞严玄览》《金刚会解》《圆觉略说》《楞伽通义》等书,天台之学,月为冠焉。

明州延庆寺传天台教观故法智大师塔铭:

天欲久其道,世必生其人。若帝德去,微姬公、孔子,则无以垂百世常行之典;佛道衰,非思师、智者,则无以洞五时所说之文。孔子后,为儒席宗匠者,曷尝无人?智者没,作法门师表者,故必生德。

大师讳知礼,字约言,俗姓金氏,代四明人也。初,其父以枝嗣未生,诚志颇切。母李氏乃相与祈佛,因而有妊。及师之生也,乃以佛子罗睺罗而名之。而神情湛寂,骨状英粹。及在童龀,绝非众伦。七岁属母丧,谓劬劳非易报,且号泣而不绝。由兹厌俗,急于出家。其父抚而异之,遂不夺其志。始事太平兴国寺洪选为师。十五受具戒,而专探律部。二十学天台教法于宝云义通法师之席。而护珠之心,坚如锻金;泻瓶之解,了若观画。由是勤大精进,具大智慧。安然露地,焕若弥天。接一徒,人必谓之登龙;析一义,众必谓之伏鹿。故道不求扬,而四方尽闻;众不待召,而千里自至。

至道丙申秋七月,由承天道场归延庆法席。而一心讲忏,几四十余载,故未尝有离香火之供,亦未尝居一夕知茵褥之温。其勤也,百川竞注而不息;其利也,大日居中而遍照。上则真宗皇帝遣使就加礼异,远则日本国师命徒来询法要。则其余向慕,故可知矣。

天禧纪元之初,年及耳顺,乃谓其徒曰:"半偈亡躯,一句投火。圣人之心,为法如是。矧其去佛滋久,慢道者众。吾不能捐舍寿命以警发懈怠,则勇猛精进胡足言矣。"于是结十僧而入忏[2],期三载以共焚。是时,翰林学士杨公亿、驸

---

[1] "应补",国图本脱"补"字,据延祐《四明志》补。
[2] "入忏",国图本脱"忏"字,据《四明尊者教行录》补。

马都尉李公遵勖[1],皆绝世文雄、当朝勋盛,每向师通悟,必望风推挹。其年诏赐紫袈裟,寻敕赐"法智"号,皆[2]二公论荐之所授也。及闻师誓真法之供,怀安养之国,而杨公专勤置邮,确请住世。复以忻厌之意而兴疑难之词。故师答曰:"终日破相,而诸法皆成;终日立法,而纤尘必尽。"杨公知不可以义屈,亦不可以言留,乃专委州将洎诸曹吏,俾其遍家安护,长慕保存。于时,太守主客员外郎史馆李公夷庚,与郡邑僚属,皆信重弥笃,恳请共勤。又钱塘有遵式法师者,名重当世,道绝众流,素与师交游,最以法相契。杨公亦寓书于式,俾共请于师。书见《蓬山集》。式乃亲涉大江,躬趋丈室,由是大师之行愿始不得已而止焉。及大师之殁,式尝作诗以悼之。其句曰:"天上无双月,人间只一僧。"议者不以式之言过,而谓师之道然矣。则大师之道德、大师之诚信,其为时贤同道爱慕、推重也如此。

天圣五年冬,忽示身有疾,而行道愈勤。门人请少息,而师体辄复康。六年正月五日,跏趺之次,泰定而绝。涉日既久,而开龛若生。报年六十九,经夏五十四。其月二十有四日,阇维于本郡南门之外,对旃檀之积,将致于焚然;而薝葡之香,先闻其馥郁。得舍利五色者,故不知其数。而缁俗求取者,又不知其几千。明道二年七月二十有九日,奉灵骨葬于崇法院之左,本教法也。

大师天禀圆照,神赋精力,故其遍发大经,增进三昧。古师所未谕、今学所未详者,师必炳然而记释之;往哲所难履、来裔所难继者,师必确然而进趣之。犹万仞独起,人可仰其峻而不可跻其高也;百谷皆下,众可目其广而不可量其深也。故传大师之笔者,凡四十余轴;升大师之堂者,逾一千余人。其间睹奥特深、领徒继盛者,若当州开元寺则全、越州圆智寺觉琮、台州东掖山本如、衢州浮石院崇矩、见嗣住大师之院尚贤等。又二十二人皆卓尔具体,超然悟心,坚摧众峰,利及群汇。所谓上中下性普润,由乎一云;数百千辉散照,元于一矩[3]。则大师之道,盛乎世、利于众,昭昭然不可穷而纪也,又可得而知焉。事备今师所著《实录》,此得而略。

贤公教主,将以大师之道勒铭于塔,而损书索言见纪。呜呼!大师之出世也,岂无谓乎?得不以祇园之法属于浇季,而师扶树之乎?台山之教,当于流布,

---

[1] "李公遵勖",国图本脱"勖"字,据《四明尊者教行录》补。
[2] "皆",国图本无"皆"字,据《四明尊者教行录》补。
[3] "辉散照,元于一矩",国图本作"辉散散照于一矩",据《四明尊者教行录》改。

而师光大之乎？门外有车，诸子不复乘，而师使乘之乎？衣中有珠，醉人不复悟，而师使悟之乎？化化城于险道乎，浮浮囊于大海乎？报诸佛之恩乎，为如来之使乎？不然何精心向道，亡身为众也若是之甚哉！昔梁补阙谓："天台，等觉欤，妙觉欤？不可得而知。"裴相国谓："圭峰，其四依之人乎，其十地之人乎？"则今之谈大师者，又焉得不以梁、裴之言而作于称叹乎？昉故不敏，敢拒来诲？焚香稽首，谨作铭曰：

道行于世，久之其天；教敷于圣，翊知其贤。皇矣真觉，始垂化缘；开显一性，周流大千。异人间出，宗风迭宣；洪惟智者，妙达金仙。真乘显扬，法炬光筵；鄞江嗣矣，四海昭然。紫宸加异，外域申虔；三观独照，万行弥坚。玉性本洁，珠形自圆；安步觉地，亡躯讲筵。法不我悟，善期众迁，汝曹尚怠，吾躯可捐。冀人警悟，奉诲周旋；朝贤眷眷，道友拳拳。咸怀恋慕，不许焚然；其利日广，其心益专。化无不至，教无不诠；报灵藉世，慧日沉渊。师之道机，靡得而言；师之化迹，可得而镌。铭之于塔，芳香永传。

温州军事判官将仕郎试秘书省校书郎前监昌国东监胡昉撰。

大冏，号竺庵，兼本府僧纲司都纲。时永乐初，文皇诏求天下诗僧诣京师，师亦应诏。适上元节，应诏者百余。召见，传旨命咏鳌山。师诗云："箫鼓喧阗庆太平，灯山万仞六鳌擎。云端一佛朝金阙，天上群仙会玉京。锦树有花春不老，银河无浪月长明。圣恩特与民同乐，玩赏通宵不禁更。"上喜其"银河无浪"句，选居第一，命坐。留入文渊阁纂修《永乐大典》，厚赐还乡。又南京报恩寺敕令讲法，学徒甚众。后隐延庆，建塔院。时同寺被召者，又有大振、弘论。大振字妙宗，弘论字贯如。

皇帝敕谕延庆讲寺僧大冏、大振、弘论，及天下赴会僧众：

朕惟佛氏之道，清净慈仁，弘深广大，包含万有，贯彻微妙，利益幽明，功德无量。比者仁孝皇后崩逝，举荐扬之科启无遮之会，广集僧伽，讽扬经典。百日之间，嘉祯翕集。慧灯降于金刹，法云覆于绀园。绣绚五纹，辉灿诸品。毫光累现，众彩毕呈。天花雨空，满祇林之宝树；缟鹤飞舞，绕碧落之幡幢。佛之舍利，或流辉于梵宫，或腾耀于宝塔，开照空之菡萏，烂涌地之摩尼。动若洒珠，炳焕午夜；晃如虹彩，烛影丹霄。宝殿之前，圆结金梅之果；长干之境，秀产琼芝之祥。若斯显灵,难以悉举,皆由尔众毗尼,克谨梵行清修。澜翻八藏之文,悟解三乘之旨。秉至诚以奉朕命,摅精意以扣佛慈。其中亦有至人,道化高妙,飞行变化,隐显莫测,感朕诚心,来临法会,证明善功,朕德薄,未有能知,藉兹众善,遂致感通,睹瑞应之蕃臻,想神灵之济度,超游极乐,信有明征。朕实欢愉,特加褒奖。夫观百川之流者,必至海乃止;亏一篑之功者,则为山不成。尔等益勤精进,庶永谢于尘缘,究竟真空,期早登于觉地,利生助化,翼我皇家。钦哉故谕。永乐五年十月十五日。

宝云寺

《成化志》尚列在行春坊,鄞学东。宋开宝元年,高丽僧义通,字唯远,自其国来,名振中国。有异相,顶有肉髻,眉宛转伸,长五六寸,呼人为乡人。问其故,则曰:"吾以净土为故乡,诸人皆当往生,皆吾乡之人也。"漕使顾承徽[1]舍宅为其传道所,名传教院。义通逾二纪而没,既荼毗,弟子将骨葬于阿育王之阳,有塔记,王伯庠书,刻于石。

太平兴国七年,赐今额,昭其祥也。建炎毁,重建为史越王府功德寺。嘉定十三年火,重建。元至元二十六年、至大二年两火,后至元元年,住持子文重建。明洪武二十四年,名善建方丈;永嘉十四年,宝玑建山门;正统十年,福轮重建佛殿及廊庑;皆住持也。弘治十三年,徙寺于竹湖坊戒香尼寺址,住持如璋创建,张邦奇为之记,而旧址入鄞学。详鄞学。

子文,字宗周,明天台学,尝讲《法华经》于旃檀像殿。一日,即座说观心观佛义,有问者,伸答敏发,遂书偈坐逝。阇维获五色舍利,年七十六。

张文定公诗二首:次半湖韵

静观身世本无缘,僧阁楞严当枕眠。久在村墟犹混俗,暂来城市得逃禅。教传鲸海三韩法,经术龙宫列祖编。雪竹霜筠幽绝处,每思投老寄余年。

偶向幽虚得此身,此身前度属谁人?浮生尽被空华误,慧照常矜水月新。树色远开蓬岛曙,潮音新动补陀春。东楼睡起寒无梦,高坐蒲团看海云。

---

[1] "顾承徽",杨寔《四明郡志》作"顾承徵"。

白衣寺

旧在县治西北隅广仁坊，今府治之内，号净居报仁院，唐长兴元年建。清泰二年为净居院，因祈祷灵应[1]，加以"报仁"。宋治平元年，赐"白衣广仁"额。初，节度使钱亿廨宇，梁见白光，纹脉有观音相，乃易其木，刻观音置于寺，俗因呼白衣观音寺。有青莲阁，守周邦彦捐费命住持子元建。建炎四年毁于金虏，周记刻不存，后重建。元至正十九年毁，复建。皇明洪武三年圮，改创本府廨宇，移建府治西北普宁、奉圣二尼寺废址。永乐五年，殿圮，住持可择重建。九年，祖英建方丈方、廊庑；十四年，昙种重建山门；天顺五年，余龄重修佛殿、山门、方丈；皆住持也。嘉靖十九年圮。二十一年，住持清玻重修大殿、山门、方丈，增置禅堂。

西墙寺

县治西，望京门北。《宝庆志》列于教院，云：子城西四里，旧号墙西院。唐咸通十年建。宋大中祥符八年赐额"兴圣"，本尼寺也。建炎兵火后，未能复旧，今为男僧房，屋十余间。予按：其地当是今西墙寺，且原号墙西院也。今俗呼为"西长"，丐户居之。《宝庆志》："教院四，今俱存。"

崇教寺

县治西南，在宋衮绣坊。唐乾符元年建，宋大中祥符元年赐今额。建炎间毁于兵。绍兴二年重建，元至元二十五年、至大二年连毁。延祐元年，住持景新重建。大明永乐二年，佛殿圮。十三年，住持景稠重建。嘉靖间，复建方丈。

噩梦堂记云：

鄞治西南有丛林，曰崇教寺，左厢有伽蓝，弓足，穿两耳，若妇人，而冠服则男子，有髭鬚。见之大诧，不解所以。询之，杨其姓，德顺其字，乳名曰杨奴。缘寺基乃其所舍宅，遂奉为本寺伽蓝云。而其事则甚异。

厥父杨宁业商，娶妇卢氏，有姿貌，其伴侣孙得言心甚艳之，欲图为己室。一日，偕宁商游，过太湖，伺便故挤之落水，诡用竹竿援之，而实排之，竟没以死。得言归，白其妇卢氏，而伪作酸痛状，具归其本息，且为经纪其丧事，助以赀，祭

---

[1] "灵应"，国图本作"灵隐应"，"隐"字衍。宝庆《四明志》："因祈祷灵应，复加'报仁'二字。"

莫尽哀。妇哭谢，无以为报，即乡邻莫不啧啧称叹焉。未几，厚赂其邻人，谋聘为室。卢曰："吾有遗孕在，倘得一子，当苦守以延夫嗣。奈何死者未寒而辄嫁乎？"邻妇俞娘者说曰："孕男女未卜，即生男，汝寡，何所依？且得言与汝夫为肝胆友，嫁得言犹对汝夫。得言亦当视汝子犹己子也。"卢然而嫁之。月余，得言复出为商，嘱卢曰："汝产女也，收之；男必无留。"刺刺丁宁去，卢怪而心疑，曰："孕非彼所生，然人情岂有弃男而女是求者？抑素所称肝胆交，而竟欲绝其后耶？"私甚颔之，卒禁不言。比就蓐，得男，心喜甚，密嘱曰："汝未出我腹，先损尔父。今为父后，必报父恩。"嘱罢，痛哭绝。邻媪扶摄得苏，讶之曰："人得男而喜，汝反悲，谓何？"曰："此非汝所知也。"因密赂邻媪，佯言得一女。以女为遗腹，或不利其继父，宜寄育之外家，穿其耳，并缚其双足，呼曰杨奴。且戒勿往来，恐为得言觉也。

已而得言亦生一子。年可数岁，值秋八月大霖，雨积水成渠，有蛙泛水中欲就岸，其子用竹竿排之。得言倚窗而视，逌尔而笑。卢问曰："何笑？"得言久与之昵，且谓业有子，料无他变，即应曰："汝故夫溺水时，宛如是。"卢始知其谋，而前所生子年十六矣。卢令讼其父冤，有司受赇不为理，乃直抵控行营大元帅朱全忠，拷掠具服，斩于市。全忠弑逆淫暴，狗鼠不食其余，然能杀得言，正犹公子围之诛庆封，虽云怀恶而讨，亦古今一快事也。于是母子取首祭宁，沉冤稍伸。卢谓其子曰："父仇幸已报，第我失身以事仇人，复何颜立于人世哉。"遂潜自缢。其子觉而惊，救之，气绝矣，抱尸而哭，亦几绝，复苏。有司为给祭葬，且曰："是妇误失身而卒雪夫冤，子报父仇，而竟成母志。"旌其庐曰"孝义之门"。德顺因内自伤，以为吾未生而以母故丧父，迨长而又以父故丧母，俱不得其死，抱终天痛，庸非宿业所缚？且吾从万死获一生，幸得报父仇，此身皆幻泡余息，矧身外长物乎？遂尽舍其室宅为招提，请额于朝，敕为崇教报恩院。年七十有六，无疾终。僧众绘其像，列为伽蓝，至今供奉不绝。而寺侧有水仙庙、水仙井、福聚庵，亦皆杨氏宅。其寺建于唐乾符间，后三百年而有流寓普庵大师祝发于寺，因以成道焉。

师讳印肃，号普庵，江右袁州宜春太平里人也。俗姓余，甫七岁，梦一僧指其胸曰："汝他日当自醒。"遍游名山，至四明，住崇教寺，祝发焚修。寻出访道，门外有一池，即取石投之曰："出山入山，不得宝胡还，石浮，吾其归来乎！"一日，石浮水面，观者莫不诧异，而师果归。众皆嗟叹，知其有道，即建小浮屠于寺左,号"浮石文笔小塔",其池号"浮石池"云。至所传普庵神咒,于法无所不摄,其用遍天下,而浮石塔与其池之在崇教者,迄今犹存。寺之西偏列诸祖师高僧像,而普庵独踞其中。

昙噩曰:"予观卢氏子,颇与春秋时息妫相类,第息妫之失节出于不得已,且蔡侯假手于楚则仇不在楚王。至卢氏孕遗腹而堕孙术中,后又心疑其为仇而以身事之者十余年,似豫让所云怀贰心以事人者,君子不无遗议焉。至其匿男为女,使事不宣露,卒能延夫后而复夫仇,则其智与功反出息妫上,此真千古一奇也。德顺又能舍宅为寺,以忏其宿业,俾名迹传于不朽,更大有足多者。自佛教入震旦,高僧名宿众矣,而普庵独著,稚妇野叟皆知之,乃其发迹则在崇教,岂非释迦之雪山,六祖之黄梅欤?至浮石一事,儒者或疑为诞妄。夫佛教神道微妙,虎丘之石尚能点头,况浮石乎?孔子不语怪,非语其无怪也。予故采摭其事而为之记。"

法忠,万龄乡姚氏子。生时,母梦神僧托宿于家,生而两足有文,若篆书木字。生不茹荤七年,依崇教院道英和尚出家,博识强记,诸部经论,默究其义。或笑其憨,而试之以隐奥,辨博澜翻,旨趣卓越,咸以忠虎子名之。将历访诸方,先参天童交和尚。交见而喜曰:"子吾宗之法器也。"俾往谒雪峰需,后抵舒州佛眼。眼称之曰:"将知他日,盖天盖地,老朽之所不及。"忠掩耳而去。自是语句大播丛林。游南岳,卜筑于妙高峰下。庵左有石,如卧牛,名其居曰"牧庵",述《宗教正心论》十卷,补《寒山诗》三百篇。《元谈》《渔父》并行于世,藩师争邀致之,复住南木、雪盖、公安、二圣、大沩、黄龙,凡六处,最后在黄龙书颂曰:"六十有六年,游梦幻中,浩歌归去,撒手长空。"咄跏趺而逝,葬寺东香源洞。平日接人,尝执二木斧,于是同瘗焉,号"联光之塔"。

广福寺

县治西南握兰桥西,旧号罗汉院,汉乾祐二年建。宋太平兴国九年[1],赐今额。嘉定十三年火,重建。元至大二年火,皇明宣德间又重建。

---

[1] "九年",杨寔《四明郡志》作"八年"。

西寿昌寺

县治南,旧名西寿昌甲乙住持院,东寿昌之子院也,乾道五年建。嘉定十三年,同东寿昌俱火。东寿昌重建,而子院废为民居,故《宝庆志》列于废寺。淳祐元年,僧慧通结庵于西城外,以寿昌院额揭之。详郡西寿昌寺。元至元二十五年,诏天下废寺复旧。时东寿昌亦废,无僧,不能请复,而慧通嗣志坚,重建西寿昌于故址,归其遗额。大德元年,僧志西增建净土殿、忏殿、山门。陈著记。皇明洪武二十九年,住持一原重修。二十五年,定为教寺,定成丛林。宣德四年,又重建诸殿,山门、廊庑一新。陈敬宗记。弘治十二年毁,住持原济重建殿堂,创华严楼;居士张孟惠舍建山门。嘉靖三十八年,延毁净土诸殿及左右禅寮。隆庆五年,东堂盛宁重建殿宇,甃甬道。万历三十六年,住持觉文东堂因怀同海会僧大真重建法堂。越十余年,住持慧贤同大真性圆重建佛殿、禅堂、方丈诸寮。泰昌改元,铸中尊铜佛及大铁鼎。崇祯九年四月,华严楼火。

陈著[1]太学博士,奉川人。记云:

郡乘子城南一里而遥,有甲乙住持院,曰"西寿昌",宋嘉定间废于火,而民家其址近六十年。淳祐初,僧慧通于筱墙北隅结庵,名"西来",而揭以"寿昌"遗额,意则有在。今至元己丑,凡废刹皆复,此其一也。于是民徙之去,址如旧。嗣慧通者志坚,领庵之僧志西、如鉴、汝舟、善诚,分庵之田半资以办事,乃薙乃涤,筑垣以正限界,度地以定规模,首建库堂,次法堂。阅八年,志坚殁而志西承之力。佛有殿,僧有堂,忏有所,门高而敞,廊深而静,庖帤湢溷皆具,而庵以其额复于院,初意得矣。状其本末求记。吁!天下事创之非难,守之为难,复之尤为难。世之人,连云栋宇,厥先祖父之所经营,所付托,天变人事之不测,不幸而瓦砾,而萧艾,至有委之不顾,况于复乎?

慧通,越人也,于寿昌非巾钵旧游之恋,而恻其久废,属其意于将来[2],甚于[3]天伦宗嫡之传,受继志,安问艰难劳苦,必复而后已。然则学佛而如此用心,岂徒空也哉!王荆公谓,失之此而得之彼,亦有感于斯云。

---

[1] "陈著",国图本原有眉批:"著,字子微,鄞人,晚岁隐居奉化,不应为奉川人。"
[2] "将来",杨寔《四明郡志》作"方来"。
[3] "甚于",国图本作"其于",据杨寔《四明郡志》改。

陈敬宗祭酒,慈溪。记云:

宁波郡治南,有寺曰西寿昌者,创始于赵宋,毁于嘉定间,重建于元至元己丑,凡八年而始成。成之者当时寺僧志坚、志西也。迄今又百余年矣。若佛殿、若罗汉殿、若净土殿、若山门廊庑,其栋楹梁桷之属,蠹腐挠折,倾坠弗支。沙门名衲恢公复宗慨神栖之弗宁,念先业之当继,乃鸠工度材,悉易而新之,轮奂雄丽,像设尊严,益宏前规,克壮后观,阐事于宣德己酉,凡七岁而讫工,金费以千计,不资常住,集自檀越。恢公冥心释教,儒术兼资,简静淡泊,法行清介,属承召命,训注释典,学问精博,识见超卓。同事者莫不推敬其能。厥今崇梵宇远近乐从,宜其成功之速,屹然为诸刹之伟观也,诚可谓缁流中之杰然者矣。凡天下兴建事业,贵得其人而尤贵逢其时。不得其人可乎?得其人不逢其时亦不可也。今西竺之教,众所崇信。四方之人挟金怀宝[1]而乐施者,肩相摩也。阐其教者,尤况得如恢公足以起人之敬慕哉。夫寿昌之居一新,则焚修之众有归,而恢公之名可与坚、西二公始终而不泯矣。是为记。

行恢,字复宗,隆项修鼻,戒行高严,住持寿昌。永乐四年,召诣京,奏对称旨,赐宴赏,命同修《文献大成》。书成,锡赉有加,驰驿南还。十六年,复召较勘大藏经典于海印寺。赐纻衣一袭。经完将赐归,又诏与修《永乐大典》,时十九年,辛丑也。逾年告竣,宴劳赐衣与座,赐职左觉义,坚辞不受,给驿归,因建昭恩阁于寺。黄南山谓其学行超迈,人称为恢菩萨,寂后塔于归津。在南门外。著述甚富。

天封院

县治南一里半。唐通天登封年间,建僧伽塔以镇郡城,高十有八丈。汉乾祐三年,始建天封塔院。宋大中祥符三年改赐天封院。建炎兵毁,绍兴十四年重建。宏智禅师有记。

嘉定十三年毁,废为民居。《宝庆志》列于废寺。元至元二十三年,复建。泰定三年,塔圮。至顺元年,僧妙寿等重建,无梦记。后方国珍重修,梁间尚有其弟方国珉及妻姓名。皇明永乐八年,住持子晉重修。十年,风雨骤作,雷火毁

---

[1] "怀宝",杨寔《四明郡志》作"怀璧"。

塔三层。子耆复修。嘉靖三十六年七月初八日，飓风大作，塔顶飞坠。三十八年，知府周希哲重修。崇祯辛未又修。旧传每修塔，则郡出解元。《成化志》为讲寺，旧为甲乙院。左有僧堂，近塑旧令王忠烈公章像，祠于中。

宏智禅师正觉重建塔碑：[1]

四明之城翠环于山，百川之水浚导于海。气秀萃乎地纪，风流成乎天文。鱼跃于龙雷，虎变乎豹雾。东南之美，独擅其名。市郭之南，鄞江之上，有窣堵波，六面七层，高一十八丈。建炎己酉冬，虏骑寇城，郡之堂寝、官之仓廪、民之屋庐、佛之塔庙，纵火燔之，连延俱尽。尔后市井人烟十复七八，塔塔基址，颓砖败垣，日益芜秽。见者咨吁豪右之家，乐施之者隐然于怀，愿言再新，未有其人以董其事。

一日，众推山阳德华上人，历试其能，是任可委。华欢喜从事，初无难色，且自庆曰："如何眇躬获斯胜利，苦身劳形，坚忍负荷，誓与檀越美成此缘。"已而，比屋相呼，输财而集，施之厚薄，各殚其力，受之平等，随满其心。日复一日，原原不绝。观其邦人，赞其资用，是事可举也。佣者之篑土，陶家之市甓，良冶之范金，大匠之治木，百工之献技，翕然而起，自降而隆，从规而矩，嶓崪突兀之形高而出云，婆娑轮囷之状盘而据地。光琉璃之薨瓦覆于上，赤珊瑚之栏干缭于外。丹漆金碧，涂饰之备，翼翼翔翔，鳞鳞跃跃，望之有飞动之势。六面七层相轮，高下一十八丈。梯横其中，以便登览。一身双目，四方千里。十洲三岛海上之春，千岩万壑山阴之秋：东西之佳处也。烟霞薨桷王谢之家，风月轩窗顾陆之第，梨枣丘园孙生之高隐，金丹井[2]灶梅仙之深居：左右之杰人也。天童之伴怀明月之媚渊，雪窦之俦跃桃花而烧电[3]，阿育王选胜之地，弥勒佛放憨[4]之区：南东[5]之良邻也。趋塞之雁字断于层檐，□潮之鲲惊奔于倒影，翔而不高，潜而不深：上下之默警也。苍苍黄黄九霄八荒，俯仰之乐旷达无际，天容清而张幕，雨脚白而散丝，摇吹之铃铎铓铓，破夜之灯毲级级：晴阴朝夕之美也。烟

---

[1] 光绪《鄞县志》收录此碑文，只是略过漶漫字而缩写了。
[2] "金丹井"，国图本脱 "井" 字，据光绪《鄞县志》补。
[3] "烧电"，光绪《鄞县志》作 "烧霓"。
[4] "放憨"，光绪《鄞县志》作 "效憨"。
[5] "南东"，光绪《鄞县志》作 "南北"。

岚翠腻而花气温,薰风调畅而槐阴繁,长河澄彻而璧月上,同云结密而瑞雪零:暄凉寒暑之宜也。

郡邑家家,芗镫整整,遥瞻伏拜,心肃貌恭,萌发见根。熏深[1]信习悔,诸善进诸善。余垢洗于冰雪,新茅长于春阳,又不知几千万亿人,其于弹压山川消□水旱,怪雨寝,痴风调,禾麦登,菽粟稔,妖气退舍,庆事集境,士庶门户,男女子孙,英敏孝贤,仁惠谦睦,静笃守性,清白世家,休□之宜,吉履之兆,天□以之赞□,神祇以之护持,魔鬼以之遁逃,疾疠以之殄殚,斯窣堵波高广殊胜、净妙光严建立之益也。住其处,据其位,俨容跏趺,坐享其供,我僧伽大圣之像欤?一真□乎根源,万化成乎智用。妙触出碍,幻住对机。东西南北之光舟,载月而相随;□□前后之□□,□□□□□。□□□,寔其照,□其度,现其形,随类而彰,成功不处。涅不缁,磨不磷,满不溢,高不危[2],至道有常,圣人无已。齐阴阳之造化,等天地之成平。生而无生,住而无住。□□□□,□□世间。今天下雄杰峻丽之塔,十之三四居僧伽像。盖夫与佛同德,与人有缘,非法身大士不能及此。兽炉蛮香,象篆犀烛。玻璃之瓶而植花,玳瑁之盘而献果。明月之幢、夜光之网,互相映射,交彻融通,罗列围绕,供养之具也。淮泗之濒,旧有塔寺,昌黎诗云:"起楼架阁切星汉,夸雄斗丽止者谁[3]?僧伽复出淮泗上,势到众佛尤魁奇。"又云:"火烧水转扫地空,突兀便高三百尺。"此唐澄观师之所建也。今城中天封之塔,德华上人所造,经营于某年某月,告毕于某年某月,总费九千百万钱。兹乞记于玲珑岩下。坚不得辞,漫拾其事而书之,甚愧于不文也。

右宋故天童宏智禅师所撰塔记:

文肆宏丽,理造幽微,真足以镇江山之胜也。建炎年间,石刻毁于兵燹,文故不传。兹住山子忞,天历年间,旧塔重建,新碑已勒。忽一日,得前墨本尚无恙,肖然若鲁灵光之犹存也,惧其沦没于世,欲镌之碑阴以寿斯文。会□山如梓,□人欣然敬书,而天童住持怀信、湖西普门住持善付赞助,亟成之。天宁住山士操而志其末云。时至正戊子十一月良日,比丘□□等立石。

---

[1] "熏深",光绪《鄞县志》作"熏苔"。

[2] "满不溢,高不危",光绪《鄞县志》作"湍不遂,高不范"。

[3] "止者谁",国图本脱,据光绪《鄞县志》补。

梦堂昙噩重修塔碑[1]：

上即位之三年，天封塔既饬，高凡一百八十尺，为七成。其下二成因其旧，其上则撤而新焉。成六面，面面辟户，以规眺览。置梯其内，且属之灯，以待曛夜。中干巨木，上冠相轮，朱阑碧甍，旁映蔽空，宝铎四垂，声流景激。五采焕发，严显宏丽加于旧，□□疑犹地涌。初，塔再毁于宋嘉定间，颓颠坏层，杌立苍莽。郡之形胜，面势几索。风摧雨击，灵祇弗格。和淑之气，消靡□□。□疢如是，迄百余年，卒无有能议完复者。虽有，辄阻以其资用之伙而重于发之也。泰定丙寅秋，忽大圮，寺住持子脊曰："□我职守也，奈何？"独念以为海会妙寿师方以功业信重当世，宜能就，因相率请□□□始难之。已而，上人妙侔哀□士，厉氏宗寿、杨氏妙瑞亟役。东山王氏之子贵和司计会，周氏永茂尤悉心究力以总其凡。当是时淮山范□□议再守兹土，正奉哈剌朵儿赤公、中奉李公允中职莅帅阃，万户定远完者都公驻其师，藩服寮寀咸在实□□禄赐以倡。于是弗走高门，弗谒巨室，而民知劝，日行市井，家敛杯饭，以济馈馏。膻腥荤浓，物鸣嚣聚散群艺□会□万，费以贯计三十万，粟以石计千，范铜铁三万斤有奇，甓四十万片，瓦减甓一十万，材木、灰垩类多至无算。作于□□年四月二日甲午，逮今兹六月十八日，大合众以落之。妙寿师则矢于众曰："梵语塔婆译方坟，所以瘗佛菩萨舍利□像，诸奇瑞物，为人天福利也。然而或谓吾鄞习陋而势下，不有夫塔以镇重之，则民生日艰，潮汐之害浸以无艺，岂有以系此乎？吾鄞由春秋、汉以降，历唐而始列于州，衣冠文物，随以稍振。塔则建于万岁通天、万岁登封间，斯□□□。宋升府，钟鸣鼎食比屋，位通显者踵接于朝，弦诵声被阡陌，则建炎、绍兴之后，庆元之初。德华开士茸治之秋，□乃建牙树羽，以宣慰七路，贡毛生齿雄浙右。俊彦济济，风俗益庞粹。意其所以致之者，庸讵他哉？虽然，犹未足以及唐开元之治，距武后之世无几。而南渡以还，奠枕江左、号称乂安如孝宗又奚议？方今重熙累洽，统绪丕正。声教所暨，轶于禹迹。敦友尚让，追踪尧舜。溥海内外，涵仁泳义，以蹈至和。顾塔之兴而适当其际，其亦庶几于天下也，非欤？"

瘗之日，云气弥布，远近光景且娄见[2]，嘻！异矣，盍诗之以侈其绩乎？遂来

---

[1] 光绪《鄞县志》收录此碑文，只是略过漶漫字而缩写了。
[2] "娄见"，国图本缺"娄"字，据康熙《鄞县志》补。

请。申以诗曰:"屹屹浮图,诞起于鄞。维鄞岩邑,邑海之湑。我田我食,我桑我衣。俾海率职,具浮屠是依。相彼海矣,静涵日星。物□□之,波涛怒惊。而人之良心,犹海之初有。万匪彝荡,汩汩无余。浮图孔修,峨丹肖金,既表东海,亦憬我心,爰作瞻企,□□染汙,永锡罔匮,伊后人之图,式康而国,式淑而躬,抑浮图有相,尚克令终。肆地安厥载,肆海安厥润。皇帝万年,亶其引之。

至顺元年岁次庚午八月日,化缘勾当比丘正已永敬立石。

张文定公《天封塔诗》:

水郭飞梯百仞强,乘风一举入青苍。东溟乍觉成杯沼,平地何缘履太行。正忆仙游凌浩渺,忽惊鹏运起冥茫。不妨孤顶留高宿,红日看临海上桑。

玉笋棱层矗画图,兴来轻步倩谁扶?东窥溟渤唯青霭,西接昆仑有紫衢。星月一天人啸独,风烟万里鹤飞孤。凌虚不减金茎表,携取方平十二壶。

旧废寺

景德寺

子城东南二里,旧号鄞江院。唐清泰元年建。宋大中祥符元年,赐额"景德寺",有教院,在西偏。嘉定十三年火,废为民居。

按《至正续志》,有"官讲所在东隅景德弥陀寺。讲主一员,僧五十员,岁收诸寺讲粮一千六百石",则此寺在元尝兴复矣。《延祐志》:元贞元年,有司例复,僧判吕辇真重建。

大中祥符寺

东南隅天封塔北,旧号崇福寺。周广顺元年建。宋端拱中,僧从信以精琴至京师。太宗召见,赐食,赍金帛,赐号"三惠大师"。信奉藏所得御书、御批于寺。大中祥符元年,赐今额。寺有教院、轮藏。嘉定十三年火,废为民居。

药师院

东南隅新桥东,在太平兴国寺之右。嘉定十三年火,废为民居。元至元间,复为官讲所。延祐六年,创殿以奉帝师,命僧守之。后迁蒙古字学其中。大明洪武初，改创为城隍庙。

按：此一带右有古药师寺、太平兴国寺、经藏新寺，左有景福寺。元西域胡僧八思麻知纬候佐忽必烈定天下，制蒙古字书，以七音为本，特定一代之文，封为帝师。既卒，令天下郡国皆立帝师殿，其制一同文庙。

能仁观音院

旧号报慈院，濒月湖。西门有十洲旧址之一。宋建隆间，节度使钱亿舍宅为之，成于宋太平兴国间。《院记》谓面枕平湖，门横绿野，为四明望蓝。观音像以诸香众宝庄严。初赐"承天院"额，宣和时改"能仁"。建炎之变，观音先期现梦，寺僧亟移郊外净严院，获免兵火。后复迎归，凡有祈求辄应。嘉定中，以其地赐史弥远，移其额于大慈山。《延祐志》云：景定间，史氏归地，复寺。皇明洪武十四年，以其址为广盈仓，门西有桥，名观音桥，即今之虹桥也。

《宝庆志》废寺六，此其四也。外二：一为西寿昌院，一为天封院，在皇明已重兴。

太平兴国寺

《延祐志》：在西南隅，木兰桥之西。《宝庆志》列于"十方律院"。唐为太平兴庆寺，开元二十八年建。宋太平兴国八年，以年号赐额，有子院三：曰浴院，曰经藏院，曰教院。唯浴院为十方山主，余皆甲乙住持。先是福明桥侧，即今之石柱桥，在今城隍庙左。水中有泗州像，时见景光，好事者没水求之，长尺许，因加严饰，崇奉于寺。嘉定十三年火，民多占居。教院重建，为十方住持。《宝庆志》："常住田五十亩，山无。"元至道二年火。按：木兰桥西既有广福矣，又有此寺，岂二刹相并耶？

经藏院

东南隅，即太平兴国子院。嘉定十三年火，徙建于旧寺东，谓之经藏新寺。本甲乙住持，后为十方常住。元至元十九年、至大二年，连毁。今新街，旧名新寺后巷。《宝庆志》："常住田一百八十亩，山无。"

景福院

县治南二里半。《宝庆志》列于"十方律院"，旧名水陆莲花院。宋建隆二年建，大中祥符三年改赐"景福"。此今城隍庙街一带寺也。常住田五十亩，山无。

能仁罗汉院

《宝庆志》："鄞县西半里。"时县治开明。《延祐志》云："西北隅富荣坊北。"列于"十方律院"。唐为乾符寺，寻废。咸通八年复建，名药师院，后又为承天寺。宋政和七年赐"能仁"额。初，法智尊者修教观于此。子院二：曰法华教院，曰罗汉律院。后能仁、法华废为民居。唯罗汉院存，徙东南隅寿昌废址上。元至元十九年火。二十一年，有司例复旧址，僧道全重建。

《宝庆志》"十方律院六"，自太平兴国寺以下为四，皇明以前废。外二：为湖心，为五台，废于皇明。

圣功院

县治西南四里半，在圣功巷，今湖西尚书桥巷。《宝庆志》列于"甲乙律院"之首，本崇教院也，周显德元年建。宋真宗诏内侍裴愈访名山圣迹，寺院藏太宗石刻御书，本院奉赐五十卷轴。次年，因愈奏改赐"圣功"。《宝庆志》："田二十五亩，山无。"

东寿昌院

在今廿九营。《宝庆志》列于"甲乙律院"。唐清泰二年，禅师子麟往高丽、日本、百济诸国传持天台教法。高丽王遣使李仁旭等送还明州，钱文穆王元瓘因赎徐蕴卿园地建院，以安其众。晋天福七年，钱忠献王佐命为"保安院"。宋英宗治平元年，赐名"永安院"。大观二年，以犯宣祖陵名，赐"寿昌"额。嘉定十三年火，次年重建。绍定元年再毁，自此不复兴建，废为民居。今冲虚观东有桥，俗呼"钉打桥"。石栏刻"寿昌"二字，即寺故迹。而近此处有天王庙，即寺中天王（殿）也。《宝庆志》："常住（田）十六亩，山无。"按：嘉定火后，曾移建罗汉院于其废址，见上能仁罗汉院。

保安院

《宝庆志》列于"甲乙律院"，不著地所。《延祐志》云"西北隅"。绍兴间，有僧师韵卓庵修道于此，继或讦其私置，庵毁，地夺于有力者。淳熙中，史忠定请东湖上水废寺额界之。韵之弟曰师灿，募缘赎地重建。元至元十四年，复废。二十一年,有司例复重建。《宝庆志》"甲乙律院六":圣功、东寿昌、保安三寺后废,境清废于皇明,崇教、广福现存。

吉祥院

县治东南,新排桥东。晋天福五年建,名释天院。宋太平兴国八年改赐"吉祥"额。嘉定十三年火,重建。元至元十九年、二十六年,至大二年,经三火。《宝庆志》"禅院三":天宁、万寿之外,此寺废。常住田、山并无。以上俱《宝庆志》所载。

礼拜寺

县治东南,狮子桥北。元至元间建。旧名回回堂,《至正续志》云:二所,其一在东北隅海运所西。

天寿白云寺

在西北隅。元至元二十一年,僧无二建庵,匾曰"白云精舍"。大德二年,官司改今名,为天台教寺。

灵济寺

县治东二里。宋嘉定十二年,史弥远建,久废。其址筑为灵桥门月城。佛殿右有张帝庙,库陋。淳祐六年,守颜颐仲重建于院南偏。二寺,《成化志》载。

皇明废寺

湖心寺

县治西南,月湖中。《宝庆志》列于"十方律院"之首,旧号"水陆冥道院"。宋治平中建,熙宁改寿圣院。绍兴末,以犯太上皇尊号改赐"广福水陆院",系十方传律讲所,充祝圣寿放生池道场。乾道初,守赵伯圭建广生堂,待制朱塑记。尚书袁子诚二女置田三百四十亩为广生田及创行堂等屋。寺僧于殿后立祠,每岁忌辰祭之,会集袁氏子孙。至元间毁。皇明洪武初,如琬重建殿宇,后守瑞复建广生堂,皆住持也。永乐初毁,宣德元年住持子昚重建。正统中,住持昙愈建法堂。嘉靖□年,尚书张时彻毁之,改建书院,而肖己像于中。旧常住田三百五十二亩,山无。

朱翌记云：

敷文阁直学士赵公伯圭守四明,仁质慈厚,术智通练,府不生事,野不见吏,不外取,不费出。菽麦既登,秋稼倍常。飓风骇浪不作,海行碇宿,席展寝安。稚耋诵公抚我似召父杜母,乃复放生池于西湖,仰祝无涯圣寿,以广福院奉香火。众寓客月七日,帅郡人,挈水族,合诵经咒,梵呗、铙鼓纵之湖,脱砧几鼎镬,其乐宜如何! 衔怀恩施,口不能言耳。又刻朝廷条禁,列石湖四旁。命住持处真度沧洲阁后为堂,供佛作证。真戒律精修,檀施效力。堂成,乞名于桐乡朱翌,名之曰"广生"。且告之曰："天地大德曰生,皇帝好生之德天高地厚。太和陶育,物物熙熙,遂性乐生,长无夭折。承流之吏仰体圣主大惠,布之天下,是其职也,亦公之本志也。人君深居九重,未尝不欲薄刑轻敛,养视元元,惟恐伤之。然洽于民心,使四海被实德,必良刺史能之。推广其泽,故有大者焉。倘一饭之设,临庖下箸,见其生有憯怛至诚不忍之心,则于赤子其有伤之者哉？公悉乃心,道上德意,又留意于渊潜之微,使有夏之德见于咸若,文王之德见于于牣,守臣之义毕矣。川泳鳞游,皆为寿祝。施者有常,而报者无穷。岳呼川增,又岂有既乎？乾道元年九月记。

曾巩《游寿圣院》诗：一峰潇洒背城阴,碧瓦新堂布地金。花落禅衣松砌冷,日临经帙纸窗深。幽栖鸟得林中乐,燕坐人存世外心。应似白莲香火社,不妨篮舆客追寻。

陈瑾《次韵袁朝请陪太守游湖心寺》诗：

尘境纷纷俗累增,故寻幽径访南能。湖波浩渺无穷绿,寺屋高低不计层。诗老新吟工恼客,使君余暇得陪僧。棋中得失何时了,一局输赢未可凭。

黄溍《湖心夜坐行》：

萧萧凉月满池台,水槛风棂四面开。一柱残灯何熠煜,半檐衰柳故崔嵬。谬持微禄知无补,未谢余缘得再来。尘土马蹄何日了,可容良夜废衔杯。舒亶有诗二首,其人难与三公并,不录。

昙噩言,寺昔有名僧二人。曰处真,鄞人。粹律学,主湖心二十年。史忠定与之善,迎以结解。其逝也,为文祭之。始,大智兴而得祖鉴。处真,鉴之嗣也。曰妙莲,慈溪人,再住湖心。其学见于行事,不为空言。史忠宪、曹泰宇皆尊事之。宋理宗时,钱塘潮悍横不可遏,诏起莲治之。莲趺坐咒施,潮遂循故道。

五台寺

县治东南,采莲桥东。《宝庆志》列"十方律院"之二。唐开元二十八年建,以纪年名开元寺,会昌五年废。大中初,刺史李敬方[1]奏复之,乃即国宁寺旧址建焉。寺西南高原有棠阴亭,郡守殷僧辨废之,以其址增建千佛殿。寺之山门,亮阇黎建。亮号月山,能文善谈论,道行高洁,邦人敬之。日阅藏经,积施利为之殿,有维摩问疾相。东庑有梵王、帝释、四天门王行道变相,天神、天男、天女歌乐形相,皆协音律。以画艺极精妙,吴越画中宝也。其乐盖《霓裳羽衣》曲调,尝有广利大师䇞即辩字。光者,住此寺,词辩过人,工草书及画。昭宗闻其名,召至阙讲论,俾之画龙,面赐紫衣。尝画墨龙于寺壁,亦奇观也。《延祐志》于"僧传古"云:五代时,本郡人。善画龙,尝于明州国宁寺画龙于壁,观者奇之。兹《延祐志》亦载䇞光事于此。今五台寺,即国宁旧址,未知䇞光即传古否?寺有二碑:一李蘋文,一陶祥校书文,韩择木书。又有不肯去观音,唐大中十三年,日本僧惠谔礼五台山,至中台精舍,睹观音像端雅,愿迎归其国。寺众许之。昇至此登舟,重不可举,率同行贾客尽力昇之,乃克胜。及过昌国之梅岑山,风涛大作,舟人甚恐。谔夜梦一胡僧谓之曰:"汝但安吾此山,必令便风相送。"谔以告众,咸惊异,相与诛茅缚室,置其像而去。即今之普陀。因呼为不肯去观音。其后,开元僧道载复梦观音欲归此寺,乃建殿迎而奉之。邦人祈祷辄应,亦号"瑞应观音"。唐长史韦绚尝纪其事。宋太平兴国中,重饰旧殿,名曰"五台观音院",以其来自五台也。骆登、吴矜皆有记。寺之天王堂前有乔桧,尤奇怪,钱康宪亿为之赋诗。子院六:曰经院,曰白莲院,曰法华院,曰戒坛院,曰三学院、曰摩诃院。嘉定十三年火,不肯去观音并碑记悉毁,唯寺与戒坛院重建,五院俱废。元至元二十六年,复毁,重建。皇明洪武十八年圮于风雨。永乐十一年,僧守约于旧址结庐以存香火。成化元年,僧智潚重修旧庐,及建弥陀佛殿三间。嘉靖三十八年七月十一

---

[1] "李敬方",国图本作"方敬方",据延祐《四明志》改。

日,千户尚文督造火药于其中,碾药石臼泄火遂燔灼。一时为变甚怪异,而寺遂废。死者或胶尸墙壁,或飞舞空中陨于城外,或越街渡河骑人屋脊而毙,或赤体无从觅其衣履。石臼重数百斤腾举如盆,越数十丈始坠。典史江昊亦以救火死。

陈忠肃《开元寺观音记》：

明州开元寺大悲院千手千眼观世音像,木工孔仁谦所造也。仁谦巧由梦授,艺绝一时,杭、明二像,皆出其手。在武林者,檀供之盛与天竺等。开元之像,寂无供事。崇宁中,住持比丘法中始集众缘,以黄金涂饰,易故为新。而比丘法臣继主斯刹,汲引同行,修大悲忏,讽玄通门,以为佛事。道场严净,四众随喜。睹相者生敬,闻偈者起信。远游之士未还家者明了归途,必由此矣。乃知但弄音文,功不虚弃,况了名句之味而入不思议首楞严之境乎？首楞严三昧之主,观世音圆通之最,不证此定,流转不止,不入此门,不超余学。未有无因而得、不闻而成者也。

观世音闻道之初,因入流相,闻复翳除,尘销觉净,净极必达,寂照含空,非文可证,而不离文字。世相常住,相不自显。一向多闻,则阿难遭先梵之况；一向无闻,则天荫堕后有之苦。然则无闻多闻,其病一也。病在乎人,非闻之咎。闻闻于未声之前,思修于既闻之后。一处休复,群用皆息。往古光觉,斯门已成。今入圆明,古犹今也。未来学人,当依是法。从中证者,岂唯观音法臣。以律为师,兼学台教,而能讽习了义,叩击斯门,盖天台四教以质多为宗,南山三部以木义为本。木义立,而定慧自足；虑智正,而止观俱安。旋倒闻之机,息循声之妄,非涅槃一路,不得其门而入矣。智者以涅槃闻闻之义,演为生生四句。诃智良临终之问,回平生兜率之习,其所取者闻闻而已。南山常念观音委质净土,二教遍行于吴越,十念尤盛于四明。厌有者方诣化城,真离者既达宝所。浅深同说,不出此门。无量寿,寿齐虚空；常寂光,光融彼此。权实异说,究竟同归。方便多门,其归一也。仁谦造化胜像,岁月久矣。像之新故,亦同一时。闻闻而思修者,当自得焉。大观二年二月初八日记。

灵芝律师有戒行,造五台戒坛成,忽一老人献三珠来贺。

袁清容《书戒坛仪后》云："予居邻开元寺。"清容居在南门,而五台亦在南门,则知寺虽改名五台,而当时尚呼为开元寺。又考《宝庆志》于采莲桥注云"南寺前",又有南寺后桥注云"戚家桥南",当是此寺,而当时呼为南寺。

境清寺

县治东南,江心里。《宝庆志》列于"甲乙律院"。唐咸通二年,本郡刺史柳韬建,原名"境清院"。宋大中祥符元年,赐"兴法院"额,而《成化志》则云:唐天复元年,僧鸿绍始于南门外水陆院址建为柳亭院。梁开平四年迁此,改名"境清"。宋大中祥符元年赐"兴法"。嘉定十三年毁,重建。元至元二十六年延毁,复建,以南门外旧址为本寺塔头庵。以《宝庆志》作"咸通二年建"为误。云有记,考而不存。其文《延祐志》亦同,然亦少异。皇明洪武二十四年,山门圮于风,住持道琛重建。永乐元年,僧思展重建佛殿,后圮。嘉靖二年,日本入贡寓寺,因朱、徐二种相杀,毁寺。六年,知府高第以其址建嘉宾堂。详《贡市考》。天启间,海道洪承畴又改建君子营。

尼寺

戒香寺

县治西南二里半,竹湖坊,旧号白檀寺。唐大中元年建,宋大中祥符元年赐"戒香"额,寺有维卫佛铜像。嘉定十三年毁,重建。至大二年、后至元元年,两毁。皇明天顺八年,李存诚重修。弘治十三年,以宝云寺移建其址,见《县学考》。

哑女传云:哑女者,世莫详其氏族,然亦不知何许人也。宋熙宁中,见于明州之戒香寺,年可十七八,状媸蠢,口吻[1]流涎液,作伊吾声,似不能言者。双鬟垂耳后,身服粗布未尝带,曳手跣足,行市井间。所至见惨容,则其家有凶祸;见喜色,则其家有福祥。人得候之,为趋避计,皆效寺于时,俗以白檀戒香名之。女于常住无他役,惟日持帚遍扫寺地而已。晨粥午饭,则取其余残,随多寡杂羹潘菜渌食之而去,所游无常处,或微察其往,则见其没于寺之殿后云。

中大夫周公谔[2]方读书治举子业,屡至其家,虽默讷,犹能诗。公叹其非常,至必延以素馔。有老尼,年八十余,尝与女赴斋。公家未及食,忽起书偈于

---
[1] "口吻",国图本作"口沕",据明李桐辑《柳亭庵志》(明刻本)改。
[2] "谔",《柳亭庵志》作"锷"。

壁曰："三界火宅，众苦俱备。报汝诸人，早求出离。"掷笔不食去。老尼因谓公曰："昔偶于天台识之，天台之人已传其为维卫佛矣。抵今且四十年，而颜貌不少变，可怪也。"一日，造公家。公方趣装，将应举京师。女辄大笑不止。公疑焉，再三问所以然。遂索纸笔作长短句饯行，云："风波未息，虚名浮利终无益，不如早去寻簑笠。高卧烟霞，千古企难及。君今既已装行色，定应雁塔题名籍。他年若到南雄驿。玉石休分，徒累卞和泣。"公得而袭藏之惟谨。寻露卧镇明岭下，或诃以不检[1]，遽起归寺，长吁而逝。时三月三日也。公为具棺椁，瘗之柳亭。公后见之京师，惊问曰："汝哑女耶？"挥手不答，骤步去。逮公归乡而发其瘗，则空棺存焉。旧有诗百余篇，其指趣、兴寄大略似寒山子，而谶记之语，往往尤应。

乡士卫开，邂逅一道人于洛阳旅邸，曰李士宁。谓开曰："君乡里戒香寺哑女者，过去维卫佛也。若归，可往礼拜。"问其状，曰："缩臂扫地者是也。"归而访之戒香。一尼曰："圣姑坐化年余矣。"示其画像，如士宁指。炷香作礼，以不及见其生为恨。明年，过钱塘，寓书吏陈式家，见小儿数十，拥一尼童入门，哗传曰"哑女哑女"。开惊顾，女索纸笔，留偈曰："大地山河是阿谁？了无一法可思惟。夜来处处鸣钟鼓，敲破髑髅人不知。"复于偈后书"无去来"三字。开于是趋前再拜，述戒香获睹遗像之意。乃复书曰："须弥山上摆铎，大洋海底摇铃。若问哑女姓氏，只此便是真名。"出门径去。开复追问小儿："哑女何人？"曰："维卫佛也。"又问："儿等何人？"曰："问取哑女。"忽俱不见。

吾乡古号"三佛地"，"三佛"者，育王之释迦舍利、岳林之布袋弥勒、补陀之观音也。或谓补陀，菩萨耳。概以为佛似不类，顾岂戒香之哑女欤？哑女，维卫佛也，以之而三，孰曰不可？然考之郡乘诸书，无所著见。虽尝于大石盘公《统纪》中略言之，而未甚悉，故论者犹断简然，莫之定。无著上人无染，世居鄞，其族氏实邻戒香，儿时嬉戏，一老尼出此传，使习读而录得之。戒香既再毁，染亦出家，从师别源公于永嘉之寿昌，因燕语及乡里事，念欲举之以对而遗忘，殆不能启口，乃复归而求之故箧中，幸无恙。是非神物所呵护哉！

至正丙申冬，予获专一榻玉几之东庵，染方养道普同塔下。予每造之，则出以见示，且俾刊正其词，复将图像于其上以勒之石，为戒香常住。庶几与染护法

---

[1] "诃以不检"，《柳亭庵志》作"诃以不简"。

之意同一不朽也。明年丁酉春本尊涅槃日,四明无梦比丘昙噩焚香拜书。至正丁酉十一月吉,住持良玉等立石。

铜像缘记：

戒香寺铜佛像者,不知何代有也。唯本寺老尼法智传言,此像乃先师历代供奉。祖述遗语,昔有一人率五百余人迎置寺,云：某是广东人,举家茹素事佛。一日,天将晚,忽有总角女子,负铜一包到家,言："欲铸铜佛一尊,貌欲似我,送去浙东明州府戒香寺供养。"言讫而去。家人闻是铸佛净铜,乃置于堂中桌上。次晚,但见此铜化作佛像在桌,貌似寄铜女子无异,因觉是佛神力,自行现化。于是如其言,载至黑水洋。值天阴雾,风涛汹涌,舟楫失次。众人惊惧,遽祷像曰："是佛耶？是魔耶？是佛耶,扶助我等护送至彼。是魔耶,同尔漂淹。"祷毕,天开雾卷,浪息风恬,顺帆直入定海港内。询送至此,即考钟伐鼓,奉延瞻礼,颜貌俨似向日本寺哑女也。信知是维卫佛自行设化无疑矣。其哑女事迹,载四明志及本传,旧碑刻详矣。奈何自宋以来,经毁者凡四,唯有铜像于煨烬中不坏。呜呼！佛德有如是者,岂虚谬哉！兹因里人陈以通等来言戒香寺维卫佛铜像之出处,恐愈久而失其真,故述其概,书之传后云。明宣德四年己酉岁三月三日,宝云讲寺住山法弘撰。

普照院

县治西南二里半,旧号福明院,唐咸通三年建。宋大中祥符元年赐"普照"额。嘉定十三年火,重建。元至元二十六年火,重建。嘉靖间,地归都御史戴鳌置宅。万历间,其宅又售于都御史丁继嗣。

兴教院

《延祐志》云,在东南隅丘家桥南,旧号新居禅院。梁正明二年建,宋大中祥符元年赐"兴教"额。嘉定十三年火,元至元二十六年火,大明正统年重建。

奉圣院

《延祐志》云,在西北隅衍庆坊,旧号净居禅院。唐天祐二年建,宋大中祥符元年赐"奉圣"额。嘉定十三年火,重建。至元十九年火,重建。

普宁院

《延祐志》云，在西北隅，旧为庵舍。嘉定十三年赐"普宁"额，即毁。元至元十九年复火。按《成化志》云：洪武三年，将旧白衣寺改创本府廨宇，寺移建府治西北普宁、奉圣二废尼寺，则普宁、奉圣同一处。《延祐志》俱注西北隅为确，而《宝庆志》言奉圣为"子城东南二里"，误矣。

善应院

东北隅，土民杨秀建。至大二年赐额，载《至正续志》。

庵 《成化志》载。

福聚庵

县治西南，社坛桥南。元泰定二年，僧别源建，后圮。皇明永乐间，僧普月重建经阁。有经阁桥，今河断塞。

东林庵

县治西北，白衣寺后。元至顺三年，僧如日建。皇明永乐五年，僧如瑜重修。景泰六年，僧文珅建方丈、法堂、铸钟。以上二庵今存。

镇明庵

镇明岭，宋天禧间，守李夷庚以土培岭为佛亭。嘉定十三年火，次年市民重建。绍定元年，守胡榘书"圜通道场"以表之。颜颐仲感大士梦，拨田拓旧。元至元十六年、至大二年火，随复。

直指庵

县治东南。一名"善应"。元至正间，僧明哲建。

白塔庵

县治东南。宋建炎间，法智尊者建，寻圮。元至正十一年僧怀远重建。以上三庵俱废。

普门经堂

西北隅虹桥巷。元至元二十六年,系没官房屋建。

竹林精舍

西北隅朝士坊。元至大二年,土民胡源建。俱见《延祐志》,今废。

敬止录卷之二十七

寺观考二

东乡

天童禅寺

晋永康中，僧义兴结屋山中，感太白为侍童。寺因以名。唐开元十年，僧法璇复故迹，建精舍于山麓东。至德中，宗弼昙总之徒乃徙太白峰下。自后，自宋迄元，兴建悉备下诸记。

明宣德三年，毁。八年，圆恺重建。殿高十三丈。甃路者甃其长式于中涂，迄今尚存。万历十五年，山下龙兴水涨，飘流殿室成荒址者三十余年。崇祯四年，密云圆悟重建一新。山有佛迹、玲珑二岩，响石冈，虎跑泉。寺前万工池二，可数十亩，今外池涸。旧古松夹道二十里，名万松关，大中祥符间僧子凝所植。《永乐志》有植松记。岁久无存，圆悟补植杉木里许，其徒僜又接植松木半里。有古锅，底有小穴。人传漏沙不漏米，为寒山拾得灵迹，自天台国清飞来。万历十五年为洪水所坏，旧铁尚存。有狮子柏，相传晋义兴所植，云"此柏垂地，吾当再来"。树老，形似狮，故名。寺毁柏老，今复郁然。

宏智禅师《僧堂记》：

夫灵山之笑温，少林之坐寒。东西绳绳，三十三传。老卢受衣钵而逃，厥事显著。开阖翕张，波澜光焰。矢口而说，肆心而应。道传器受，源深流长。南岳青原，代以得人。或默有所宗，幽潜远遁。扫迹世外，研究生死。松食荷衣，巢栖草座。晦而不曜，持养老成。有慕其风，师而亲之。锄植春炊，采汲烹瀹。溪毛原粟，枯槁自甘。来远集繁，乃建僧堂而统受焉。斋之萃师友同事，刳情刲智，摈学黜思，妙尽心空。宗通眼活，发越于设施，果其能而备也。建炎之末，人病乱离。湘汉江淮,兵火燔燎。尊宿丛林,没芜八九。毳衣瓶锡,投栖于东南[1]。四明禅席,素号小庐山。郡东六十里,天童道场。山纡盘而气幽,松偃蹇而皮皴。苍壁附萝,烟晞而翠腻;孤虹枕涧,埃濯而清扬。予住山之四年,十方来学,云趋水赴,屋不能容。比丘行深,遽来白事。曰:"柏庭有子露坐檐宿,殆无寻赤与受单钵,欲募净信增大其堂,得乎?"予领之。已而,匠搜于林,斧鸣于谷。一年余,础布楹列,梁横桷攒。棼橑翼张,甍瓦鳞覆。前后十四间、二十架、三过廊、两天井,下庑[2]墙堵,经二百尺,广十六丈。窗牖床榻,深明严洁。万指食息[3],超摇容与。谋始于绍兴壬子之冬,工毕于甲寅之春。总费缗钱万五千有奇。冬温夏凉,昼香夜灯。开钵而饭,洗足而坐。耕牧其间,警导以寂。秋涵石井,春入化机。渊兮默成,粲兮用光。水盈科而流,石随呼而响。理契平等,智应自然。动静威仪,针砭相益。检责渗漏,磨莹瘢痕。淬砺光芒,错砻圭角。高标远到,追武古人。丐心施力等不负其意,器劣学弊希易曷欲速。以机械为蹊,放荡为径。耕于空言,馁无所获。战于强辨,胜无所归。见闻流习,知解汩心。佛祖之所诃,魔外之得便。其疣疠萌孽,治不可缓也。登崐仑之丘,决河源之水,濯肝胆之污,荡心目之翳。生灭迹亡而妙存,有无辙泯而过量。大夜之梦破,永劫之疑拔。出家之志偿,行脚之事办。相从俦侣,殆庶几焉。绍兴十二年七月十五日记。

楼钥《千佛阁记》:

淳熙五年,孝宗皇帝亲洒宸翰,大书"太白名山",以赐天童山景德禅寺。寺之门甚雄敞,刻云章,尊阁其上。又于方丈专建一阁,以藏真迹。实为禅林盛事,前所未有也。

初,西晋永康中,沙门义兴卓庵此山,有童子手给薪水,后既有众,遂辞去,曰:"吾太白一辰,上帝以师笃于道行,遣侍左右。"因忽不见。自是,始有"太白天童"之名。山在郡东南六十里所。太白一峰,高压千岭,雄尊深秀,为一郡之望。绍兴初,宏智禅师正觉欲撤其寺而新之,谋于众。有蜀僧以阴阳家言自献

---

[1] "东南",国图本、浙图本均作"东西",据杨寔《四明郡志》与《嘉兴大藏经·明州天童景德禅寺宏智禅师语录》改。
[2] "下庑",杨寔《四明郡志》作"下无"。
[3] "万指食息",国图本缺"息"字,据杨寔《四明郡志》补。

曰："此寺所以未大显者，山川宏大而栋宇未称。师能为层楼杰阁，以发越淑灵之气，则此山之名且将震耀于时矣。"觉深然之，乃拓旧址，谋兴作，内外鼎新，以次就成。智匠高妙，务极崇侈。门为高阁，延袤两庑。铸千佛列其上。前为二大池，中立七塔，交映澄澈。游是山者，初入万松关，则青松夹道，凡二十里。云栋雪脊，层见林表，而倒景池中。未入宝阁，已非人间世矣。中建卢舍那阁，尤为壮丽。住山三十年，其为久远之计，皆绝人远甚。后有慈航了朴，一住亦二十年，起超诸有阁于卢舍那阁之前，复道联属，至今嵬然相望。又大筑海涂，增益岁入。由是天童不独为四明甲刹，东南数千里亦皆推为第一。游观者毕至，至则忘归，归而诧于人。声闻四方，江湖衲子以不至为慊。

皇子魏惠宪王出镇，一见慈航，欢若平生。暇日来游，顾瞻山林。登玲珑，坐宿鹭，或累日不忍去，因图以进于上。会稽郡王、太师史文惠公又从容奏请，遂有四大字之赐。瑰奇特绝之观，无以加矣。

十六年，虚庵怀敞自天台万年来主是刹。百废具举，追迹二老。而千佛之阁岁久寖圮，且将弗支，犹以前人规模为未足以称上赐，欲从而振起，更出旧阁及前二阁之上。佥以为难，师之志不回也。

先是日本国僧千光法师荣西者，发愿心欲往西域，求教外别传之宗若。有告以天台万年为可依者，航海而来，以师为归。及迁天童，西亦随至。居岁余，闻师有改作之意，请曰："思报摄受之恩，糜躯所不惮。况下此者乎？吾忝国主近属，他日归国当致良材以为助。"师曰："唯。"未几遂归，越二年，果致百围之木凡若干，挟大舶泛鲸波而至焉。千夫咸集，浮江蔽河，辇致山下。师笑曰："吾事济矣。"于是鸠工度材，云委山积，列楹四十，多日本所致，余则取于境内之山。始建于绍熙四年季秋之甲申，才三载告毕。费缗钱二万有奇。是岁，海庄倍稔，赢谷三千斛。如有相之者，不求于人。见者乐施，以迄于成。凡为阁七间，高为三层。栋横十有四丈，其高十有二丈，深八十四尺。众楹举三十有五尺。外开三门，上为藻井，井而上十有四尺为虎座，大木交贯，坚致壮密，牢不可拔。上层又高七尺，举千佛居之。位置面势无不曲当。外檐三，内檐四，檐牙高啄，直如引绳。旅楹有闲，翚飞跂翼[1]。周延四阿，缭以栏楯。内为绮疏，表里明豁。自下仰望，如见昆闾。梵呗磬钟，半空振响。徜徉登览，四山下瞰。河汉星

---

[1]"翚飞跂翼"，国图本作"翼飞跂翼"，据宋楼钥《攻媿集》（清武英殿聚珍版丛书本）改。

斗,如在栏槛。御书金榜,巍乎中峙。翼以翔龙,护以绛绡,高出云霄之上,真足以弹压山川,传示千古。善财童子,大庄严藏,入见楼阁,广博无量,则不可知。若经行四方,室屋巨丽,殆未见其比也。

钥奉祠东归,尝往游焉。惊叹杰特,目眩神骇,过于耳闻。敞请记其事,老矣学落,不能形容。姑记大概,以表吾乡之胜。海内好奇之士欲游而未遂者,览此则太白之景思过半矣。虚庵道价素高,禅子向方,岛夷亦闻其名而归之,加以愿力深重,才刃恢恢。巧匠瑰材,成此胜事。观此无不钦叹。或请饰之,敞曰"殚力竭才,幸济登兹,行且谢去。若丹雘华饰,尚有赖于后之人"云。

元参政危素《朝元阁记》:

至正二十年,天童山景德禅寺新作大阁成。宣政院臣以闻,有敕赐名曰"朝元阁"。复三年,皇太子命太保、右丞相臣搠思监请于上,敕中书参知政事臣素撰述碑铭,以赐刻石,垂诸永世。

臣素按:庆元郡城东走四十里,有山盘亘,高广若抱圜珠。晋永康中,沙门义兴庐于兹山。有童子日给薪水,久而辞去,曰:"上帝以师笃于道行,故使以来。吾太白星也。"寺经兵烬。唐开元二十年,高僧法璇按故迹造精舍于山之东麓。秘书省正字万齐融建多宝塔于精舍西南隅。法璇日诵《法华经》,亦感太白星化为童子。因名其山曰"天童"云。至德中,禅师昙总来自缙云,与禅师观宗徙居太白峰下。乾元初,相国第五琦请于朝,遂赐"天童玲珑寺"额。宣宗时,禅师咸启始为十方禅刹。宋建炎中,宏智禅师正觉创建千佛宝阁。淳熙五年,孝宗书"太白名山"赠僧了朴。十四年,禅师怀敞谋重新是阁。时日本千光法师荣西依敞问道。乃请曰:"某为国主近属,归当助施材木。"越二年,果至。阁成。而宝祐四年,丞朝崇国公吴潜奏请禅师祖智主之,阁再建。景定四年,禅师居敞复作焉。岁既久,复毁。大德三年,禅师净日益加□□。闻于朝,赐额"朝元宝阁"。天历间,又毁。至正十八年,江浙行省咨宣政院奏,起台之瑞岩臣僧原良主寺事。即觑堂宇残缺,产入寡薄,于是刻心殚力,日以兴建为事。明年秋,臣左丞方国真捐己资助工物,未逾年落成。其屋中为七间;两偏四间,左鸿钟,右轮藏;下为三门,以通出入。梁栋云飞,柱石山积,榱题修敞,而阿注豢延,绮疏青琐。甬道蹑虚于阿迦尼吒之表,崇十有三丈,邃十丈,广廿有五丈。用人力以工计,则十万;用粟以石计,万有奇;用楮币以贯计,百五万。铸万铜佛置阁中，复堰海涂一十七顷于宁海牧峰，以为香灯、修造之田。至于重构旃檀林、庖湢众屋，不可殚纪。今司徒平章臣国真上其事于朝，既赐臣僧原良之号曰"善觉普光禅师"，遂有赐碑之命。

盖自兵祸且一纪，名山胜地，浮图氏之寺宇，往往摧拉焚烧，化为狐兔之穴、草莽之墟，独庆元诸刹得以无事。臣国真能于斯时保境而安民，观诸天童之事，其功有足书者。论者谓臣僧原良审以发谋，断以行志。惠以使下，则贪者劝；勤于率众，则怠者勉。此其所以成功速而树业隆也。昔怀敞师之树阁，则有宋参政楼钥实纪其绩。距今百八十年之久，而其文章烜赫，照耀千古。臣素之寡陋，安能执笔以奉明命？谨拜手稽首而为之铭曰：

峨峨太白，邓山惟高。其高伊何？下瞰海涛。
莫厥精蓝，肇于西晋。唐宋以还，宗门大振。
有肖杰阁，上摩云霄。屡废而兴，突然崇构。
攘攘域中，兵革猬起。眷兹甬东，民物完美。
缔构竣事，杭海上闻。何以名之？锡锡朝元。
灿彼众星，北拱宸极。孰曰彼邦？天威咫尺。
宝藏所储，三学之书。观诸义谛，湛彼元珠。
华钟击撞，天龙竦听。冥冥尘昏，发我深省。
政臣承诏，庸述因缘。升冲于天，天子万年。

黄毓祺《中兴记》：

晋义兴行感太白，人称"太白禅师"，因以名山。唐法璇如之，山遂亦称"太白"，亦称"天童"云。天童之有寺也，自乾元之清闲始[1]。天童之为十方禅刹也，自大中之咸启始。其称"景德禅寺"也，则自宋景德始。建炎末，宏智觉撒而新之，即山门[2]为大阁，安奉千佛。又建卢舍那阁，观者如游华藏界，而僧堂、众寮、卧具、饮食器，所以处其徒者，亦皆如宝坊化城。又即滨海之隙，障斥卤而耕之，以给僧供。天童道场翕然称中兴焉。

嗣是屡毁屡建。迨我明万历丁亥，烈风雨，龙出水涨，寺遂圮。今上崇祯辛

---

[1] "乾元之清闲始"，国图本作"乾元之清元闲始"，后一"元"字衍，据闻性道、释德介《天童寺志》改。
[2] "山门"，《天童寺志》作"三门"。

未,我密云禅师应寺僧暨乡绅请,来主兹山。龙象十千,争趋搥拂。越数载,百废俱兴。视宏智觉所谓"不起于座,变荆棘林为梵释龙天之宫"者,殆无以异。门下士谋立碑石,纪师中兴功。

或难曰:"自有天童以来,称中兴者唯宏智觉一人,他如慈航朴建超诸有阁于卢舍那阁前,复道联属,肖然相望,宋孝宗手书'太白名山'赐之;虚庵敞岛夷百围之木,挟大舶、泛鲸波而至,杰阁顿为改观,下瞰河汉星斗如在栏槛;别山智缚茅以居,岁旱祷雨辄应,人情大和,会轮奂斩新,视旧无一杀;元明良重建朝元阁,左鸿钟,右轮藏,铸万铜佛置阁中,架栋云飞,柱石山积;皆未闻有中兴名。今师所创造,修敞巨丽,不及诸老十一,其称中兴者,何也?且宏智觉时,寺中有田万三千亩,四面山皆寺中山,无他樵采者,夹道古松二十里;慈航朴大筑海涂,增益岁入;元明良复开万佛庄田于牧峰、鳖山二岛屿下,若千顷有奇。今寺僧斥卖殆尽,师既置不问,即山中祖塔,只存空穴者有之,略一修复,未免曳杖渡江矣!何中兴之足云?"

予笑曰:"此其所以为中兴也。宏智觉名彻九重,化走八埏,岂仅以天童楼阁甲于东南而已哉!然则我师之所以称中兴者,亦可例见。

师讳圆悟,宜兴蒋氏子嗣,龙池幻有传,溯曹溪为三十四世孙。其持身也孤峻,其唱道也真截,意所不可,飘飘然耻同蚖蛇恋窟,其渊源有自。谨拜手作记,系之词。词曰:

达磨西来,曹源一滴。临济宗风,杨岐正脉。
惟应庵华,暨密庵杰。是父是子,住持景德。
十七世孙,天童继席。密云弥布,荫覆一切。
手拈白棒,拦腰劈脊。直指诸人,离心意识。
石火罔通,电光莫及。须弥搥碎,崖崩石裂。
命根下刃,无诸枝叶。大用迥然,全机独脱。
办魔拣异,案据款结。一任诸方,来纳败阙。
同一虚空,天地日月。人何今古,棒何胜劣。
个中谁主,扑落无物。见堕断坑,匠非本色。
博山云门,痛遭呵斥。余子纷纷,一唾不直。
非其种草,徒劳入室。披狮子皮,喷野狐沫。
遍搜三法,以为成式。魔魅后昆,赃诬先哲。

又或于中,妄殊差别。元要自他,分疆钉橛。
韶阳三句,支离配合。世智辨聪,名运粪入。
老牛舐犊,遮丑藏拙。须知此老,家风殊绝。
每叹古人,门庭建立。铸印销印,毋固毋必。
临济自言,三句即一。皆是空名,而无有实。
六十乌藤,如蒿枝拂。匪从檗来,岂大愚力。
丈自耳聋,檗自吐舌。肯累马师,以喝为喝。
棒喝临时,犹如俊鹘。兔起草间,生禽活击。
抶破沙盆,七穿八穴。蛇头揩痒,虎口夺食。
应庵父子,顶颔着楔。尽底掀翻,和盘托出。
大冶洪炉,烹锻诸佛。三贤十圣,曝腮点额。
到处白拈,贼刀杀贼。棒头有眼,临济一只。
宗祖高明,儿孙烜赫。伟哉中兴,勒词纪石。

昙噩《万佛庄涂田记》:

水,元气之变也;元气,盖造化之本,所以运行四时而生育万汇者也。其氤氲磅礴,块圠亭毒之盛,则海与俱。故海之大,涵天浮地,淹滔日月,涝不加深,旱不加浅;而波澜涛浪之簸掀,潮汐之往来,苟非其物之刚矿、坚致,勇悍者当之,莫不摧废、湮荡,惴慄而无以自持。是以世之有治于海者,必愿力所驱驰,事机所辐辏而后可。

善觉普光禅师以抱道之姿、拔俗之韵,为祖统向缘,出世台之瑞岩,其举措之当已振声蓻社。及开化四明,尤营护教门,以隆佛法。未几而适奉朝命,董众天童。独念以为寺实五山之一,天下衲子之渊薮也,而产入素薄,奈何?南宋时,尚赖宏智、慈航二尊宿,能复旧志于艰难乱离之秋,作福林、保成、增益三庄于昌国、定海,而常住初给。兹吾辈顾怠惰自逸,昧愿力,失事机,玩视先德,宁无愧于心乎?寻得斥卤地于台之宁海牧峰、鳖山二岛屿下,遂率耆旧永全等,倒囊橐,倾箧笥,躬操畚锸,集工佣筑凿,以晞涂潦,而成原隰。乃筑堤岸之纵横者,五百七十五丈。凿斗门二,成原隰之田一十七顷有奇。起役于至正廿年之春,毕役于廿六年之冬。用镪五百万缗,用米无算。於戏!禅师之于天童,其功业可谓至矣。

朝元阁擅九垒,范铜佛万尊其上,炉薰灯明,达旦夜。穹碑巨笔,照应林壑。其规模之宏伟,其制度之严密,惟阁与庄则然。名庄以"万佛"者,盖见其志之在阁也。夫是皆驱驰[1]之力、辐辏之机已。且禅师非有夙昔之修,讵克臻尔。

按郡乘,天童山东南去郡治六十里。晋永康初,僧义兴始庵其中。日有童子给薪水,忽辞去曰:"吾,天之太白星也。上帝以师笃于道行,遣吾下侍。"或问余曰:"道行、功业异乎?"余曰:"奚为其异也!夫道行、功业,体用般若耳。"问者领焉。

禅师名原良,字元明,族周氏。世占台之宁海云。

密云悟《先觉堂记》:

设造祖堂,盖因三因:一因山僧从上来源中有天童华、天童杰二祖,故于育王来扫二祖塔。询旧住僧,竟无知者。二因天童请入院后,遍礼《传灯》所载本寺升堂、说法、利生者,不唯山属他姓,即塔已大半掘坏。三因旧住房僧,唯设递代、受度、付产者为祖,即宏智儿孙例如此。故山僧发愿,自开山来,凡开堂演法者,咸设牌位,同居此堂。遇朔望时,住持当炷香礼拜,启后学以了生死为心,不可以产业为事。即山僧设有儿孙并诸房僧,非于本寺开堂者,断不可入此堂。混杂先圣,致不尊重,获罪法门。愿护法韦驮并伽蓝神,监悟本心。初因如此,是为记。

周葵宏《智禅师妙光塔铭》:

绍兴戊寅春二月,诏谥故明州天童山景德寺僧正觉"宏智禅师",塔曰"妙光"。其徒相与侈上德意,刻之琬琰,传示永久,且使来告,求铭师塔。

予闻中国自东汉始有经像,学焉者率以有为为功德,逮梁益甚。达磨自竺乾西来,传佛心印,佛道由是大明。至唐,褒崇诸祖,有易名名塔之号,其去圆寂已百年,或二百年。今师亡未几,而蒙上四字之褒,所以宠光之至矣!非能荷佛法栋梁,得祖师命脉,摄化缁素,为天人师,出入生死如游戏事,何以得此哉?乃撷其示世之实,序而铭之:

师李姓,正觉名也,隰州隰川人。祖寂,父宗道,世学般若。母赵氏,尝梦五

---

[1] "驱驰",国图本作"驱驱",据天一阁朱本改。

台山一僧解右臂环与之,已而有娠,遂屏荤茹。及师之生,右臂隆起如环状。年甫七岁,警悟绝人,日诵数千言。十一出家,十五落发,十八游方,三十四出世。得度于净明寺本宗大师,得戒于晋州慈云寺智琼律师,得法于邓州丹霞山德淳禅师。初住泗州普照禅寺,继住舒州太平、江州圆通、能仁,真州长芦,晚乃住今天童。初,师过舒、蕲,遍礼祖塔,梦至一山寺,长松夹道,有句纪之曰:"松径森森窈窕门,到时微月正黄昏。"及至天童,宛如昔梦,故有终焉之志。岁在戊午,被旨住临安府灵隐寺。未阅月,丐归,故于天童最久。

唯祖道自达磨五传,而离为南能、北秀,其后益离而为五家宗派。今沩仰、法眼二宗中绝,而临济、云门、曹洞三家鼎盛。顾其徒未必深究其师之道,而各袭其迹,更相诋诃,未有能一之者。师尝曰:"佛祖之灯,以悟为则,惟证乃知。若执其区区之迹,则初祖见神州有大乘气象,崎岖数万里而来,使有方便,岂不显以示人?而少林九年,似专修壁观者。六祖曰:'道由心悟,岂在坐也。'大慧亦云:'坐禅岂能成佛?'学者可便以是为初祖之过耶?"盖师初以宴坐入道,淳以空劫自已示之,廓然大悟。其后诲人,专明空劫前事。惟师彻证佛祖根源,机锋峻激,非中下之流所能凑泊。而昼夜不眠,与众危坐,三轮俱寂,六用不痕,宗通说通,尽善尽美。故其持身也严,其倡道也文,其庄严佛事,接引迷途,亦唯恐不至。自初得戒,坐必跏趺,食不过午。所至,施者相踵,悉归之常住,间以与饿、疾者。而一瓶一钵,丈室萧然。诸行方厉,而一性常如,非出于矫拂也。淳作《颂古》,令师叙其首矣。芙蓉楷[1]禅师见之曰:"僧中复有此郎,吾宗不坠矣。"其退能仁,受长芦之请,适游云居,圆悟勤禅师见其提倡,以偈送之,有"一千五百老禅将"之语。然辨才三昧,自然成文,非出于思惟也。

其住天童前后几三十年,寺为一新。即三门为大阁,广三十楹,安奉千佛。又建卢舍那阁,旁设五十三善知识,灯鉴相临,光景互入,观者如游华藏界海。所以辉耀尘世,使生厌离,以发起善根。而僧堂、众寮、卧具、饮食器,所以处其徒者,亦皆精致华好,如宝坊化城。又即滨海之隙筑堤[2],障其咸卤而耕之,以给僧供。末年,至不发化人,而斋厨丰衍甲于他方,学者无一不满,得以专意于道。然师所规画,人竞趋之,不动声色,坐以告办,疑有鬼神阴为之助,而师无作

---

[1] 国图本脱"芙"字,据碑文补,详见《宁波历代碑碣墓志汇编(唐、五代、宋、元)》。
[2] "筑堤"两字据碑文补,详见《宁波历代碑碣墓志汇编(唐、五代、宋、元)》。

相也。然则，师之所在，愿一见威仪，闻謦欬、效供养、誓皈依[1]者越数百千里，襁负而至。户外之履，常逾千数。其辨道之勤、得道之多，独冠一时。而识曹溪之路者，必能牧沩山之牛，非因众力推出，不肯轻以为人。当世贤士大夫亦乐与之游者，内外进也。

丁丑秋九月壬申，师入四明，又命舟至越上，遍见常所往来者，若与之别。冬十月己亥还山，饭客笑语，无异平日。翌旦，作遗书于[2]佛日杲禅师，且为徒书四句偈，投笔而逝。自佛日住育王，与师相得欢甚，常戏曰："脱我先去，公当主后事。"及佛日得遗书，夜至天童，凡送终之礼悉主之，因举师弟子法为继席。识者方知二尊宿各传一宗，而以道相与，初无彼此之间也。龛留七日，颜色如生。初议茶毗，以收舍利。或曰："师尝薙发，有堕火中者，辄成舍利。自是遗发，人所争取，岂嫌无舍利也耶？"丙子，乃奉全身，葬山之东谷。自师之化，风雨晦冥，至葬开霁，迄事复雨。送者逾万人，弥亘山谷，无不涕慕叹仰者。寿六十七，僧腊五十三，度弟子二百八十人。嗣法者嗣宗、法智、世钊、道林、法润、信悟、法为、慧辉、了默、师秀、行从、宗荣、法聪、清华、正光、集成、道圜[3]、法济、明慧、中翌、法恭、子灵、师俨、师全、觉照、法海，皆于诸方，坐大道场。若其分化幽远，晦迹林泉，则又未易悉记也。铭曰：

师昔侍佛灵鹫山，受佛嘱累来人间。慧力慈力镌世顽，出入生死非其难。一性常如万行圜，笔端三峡为波澜。化城仍作宝所先，华藏界海生尘寰。摄化四海奔人天，学者争趋曹洞关。示以自己空劫前，得无所得非言传。弟子所至閛法筵，无尽之灯耀大千。海山秀处东谷原，我作铭诗贻永年。

钱谦益《密云禅师圆悟塔铭》：

崇祯十四年辛巳，上以天步未夷，物多疵厉，命国戚田宏遇捧御香祈福普陀大士。还，赍紫衣赐天童悟和尚。宏遇斋祓将事，请悟升座说法，祝延圣寿。还朝具奏。上大嘉悦，俞其请，诏所司议修成祖文皇帝所建南京大报恩寺，命悟为住持，领其事。宏遇衔命敦趣，以老病固辞，逾年而示寂。又二年甲申，国有大故，龙驭上宾。越十有五年戊戌，嗣法弟子道忞，具行状、年谱，申请谦益，俾为

---
[1] "誓皈依"，碑文作"示皈依"，详见《宁波历代碑碣墓志汇编（唐、五代、宋、元）》。
[2] "于"，碑文作"与"，详见《宁波历代碑碣墓志汇编（唐、五代、宋、元）》。
[3] "道圜"，国图本脱"道"字，据碑文补。上述"道林""慧辉"，碑文作"道琳""慧晖"。

塔上之铭。呜呼！我先皇帝，现身转轮，回心付嘱。惩黄头之左道，礼白足于耆年，智眼遥瞩，龙光昭回，法音信衣，如授佛记，诚末法希有盛事也。乾坤焚荡，人天两泣。佛日长新，祖灯未艾。草土旧臣，劫灰余烬，其忍不刳心雕肾，假词空门，以导扬仁皇帝之末命？谨拜手稽首，抆泪而志之曰：

师讳圆悟，号密云。嘉靖戊寅岁，生常州之宜兴，姓蒋氏。八岁知念佛，春阳游嬉，辄动世间无常想。十五能躬耕以养亲。二十六阅《坛经》，欢喜诵习，知有向上事。负薪入市，释肩立横街，竟日不知有人。三十安置妻孥，依龙门传和尚脱白，执爨赁舂，负米百里外。时以己事叩，传瞠目直视，杂以诟骂，惭闷成病。二七日，汗下乃苏。服劳四载，始纳僧服。掩关千日，矢明此事。传屡加[1]勘验，终不许可。师亦自谂，一似有物，昭昭灵灵，卒未泯怀，如是者六载。秋日，过铜棺山顶，豁然大悟，忽觉情与无情，焕然等现。大端说似人不得，正大地平沉境界，从前碍膺，涣然冰释。与其师往复纵辩，箭锋相触，如纪昌、飞卫之交射，几于辗车直过，拽倒绳床矣。

传入神京，参侍二载。归而上双径，礼天台，探禹穴。海门周公汝登唱道东南，以宗传证圣学，师与之水乳相契。祭酒陶公望龄、司空王公舜鼎，交参扣击。师之法道，盈于海东，自三公始也。传归龙池，且老，挝鼓集众，以衣拂付师。传入灭，心丧三年，始徇众请，升堂开法。秀眉稚齿，瞠目侧耳，一闻提唱，肃然改容。开创五年，百废具举。

一日告众："这里无人证明，且向别处寻讨。"下座即行，登匡庐，过衡岳，结夏后应天台通玄寺之请，幡然南归，就树缚屋，诛茅苫床。坐夏才三十辈，开发者数人。明年，移海盐之金粟。师初出龙池，旅亭下有大井，可饮千人。有伟丈夫指曰："是师住处。"金粟故有千人井，师居六年，食堂满万指矣！已复应闽人黄檗之请，有瞽男子杖而叩师，师为开示，霍然识道而去。明州司李黄君端伯餐风味道，迎主鄮山阿育寺。住三月，复迁天童，自是一住十一年。师六坐道场，于金粟、天童最久。建立恢宏，机缘歙集，此二地为最盛。始至皆灰场草地，断础败甓，既而高檐三丈，连阁四周，金田香界，随地涌出。天童宗风，洋溢海宇，轮蹄交蹴，竿牍旁午。三韩、南诏，毡车蕃舶，莫不炷香顶礼，重译问讯。盛矣哉！近古未有也。

---

[1] "屡加"，国图本作"属加"，据清钱谦益《牧斋有学集》（四部丛刊本）卷三十六改。

应缘甫毕,息机投老,曳杖入通玄,万众挽之不可。鸟道腾空,学人麇至,鳞宗翼集,蔚为僧海,而师报龄尽矣。居六月,示微疾,晨起按行工筑,亭午卧榻,少选趺坐,频申而逝。崇祯十五年壬午七月七日也,世寿七十七,僧夏四十四。明年癸未,弟子建塔天童,迎全身窆幻智庵之右陇。

余观忞公称师说法,以谓掀翻露布,洞示真源,当门踞坐,只以一捧接人。如大火聚,触着便烧;如太阿剑,血不濡缕。辨真实心,行真实行,悟真实道,说真实法,化真实众。折旋俯仰,咳唾掉臂,乃至挑砖运瓦,搬土拽石,或笑或骂,有烹有炼,无事而非[1]真实法门。大矣哉!一切众生中之平等寂灭光明幢也。忞公师之嫡子,马驹蹋蹶,其言可信不诬。而余之心服师者有三:霜雹利养,传舍殿堂,挂壁一瓢,随身两膝,仗缘偶住,撩衣即行,黄龙心、丹棱浩之芳规也;全提正令,不当人情,劈面钳锤,蓦头生按,不惜贵要之颜骍,不获饱餐之舌短,真点胸、秀铁面之孤风也;牢卫法城,坚持智刃,唱高皇之御制,攘斥岛夷,镌护法之虚词,铲除邪种,明教嵩、大慧杲之余勇也。后五百年,斗诤牢固,机缘错迕,妨难宏多。师以慈心接之,以直道御之,以正理格之,以妙辩摧之,消有无于三幡,穷玄要于四战,务使霜降水涸、智讫情枯而后已。初则摄折多门,终乃镕融大冶。事有激而相济,理有倒而相资。非铁石之钻磨,则火光不发;非峡崖之束斗,则水势不雄。天其或者假借碪锥,助扬水乳,用纵夺为正印,化同异为导师。于人何尤?于师何有?

佛无定法,禅有纲宗,无取雷同,何妨料拣。舜老诃天衣说葛藤禅,翠岩骂舜老说无事禅,各具只眼,都无死句。正用以破坏篱壁,斫伐稠林,何独以贬剥诸方为师,诟病乎五灯之谱非我作?故是则不看他面,非则误在前车。未识画里之龙,徒讼梦中之鹿。争嫡孽,则黄帝之兄同年;考祖祢,则玄元之孙后至。斯则可以听其吹万,付诸两行者也。

师剃度弟子三百余人,嗣法自大沩如学、邓尉法藏、梁山海明、径山通容、金粟通乘、宝华通忍、龙池通澂、天童道忞、雪窦通云、鹤林通门、善权通贤、天童通奇,十有二人,皆亲承炉鞲。其未及付授者,又若干人。王臣国士、参请皈依者,不可胜数。偕忞公二通辈结集语录书问,标揭眼目者,江阴黄毓祺介子也。师既没,介子裁书介鹤林门公,属余为塔铭。遭世变,不果作,而介子殉义以死,又

---

[1] "无事而非",有作"无事无非",参见钱谦益《牧斋有学集》卷三十六。

十年矣。余为此文,郑重载笔,平心直书,誓不敢党枯仇朽,欺诬法门,用以副忞公之请,且慰介子于九原也。铭曰:

有大浮屠,住浙河东,树大法幢,声光熊熊。晚提法印,坐天童山,如妙高峰,岩岩死关。帝居穆清,具天眼通,拣别斯人,以殿正宗。唯师之兴,耕稼陶渔,誓鞭识牛,以裂身车。铜棺之巅,摆脱囚窘,大地虚空,平沉消殒。踞曲盝床,雷轰电激,棒如雨点,佛祖辟易。棒头有眼,光烁天下,其如婆心,磁铁不舍。棒头有口,吼无畏音,纵彼叫嚣,终归哑喑。门庭揭揭,戈戟差差,明明天王,作证明师。天衣放光,天鼓发音,天龙人鬼,罔敢弗钦。阎浮日中,郁单夜半,龙汉不遐,楚凡孰判?太白名山,上摩斗垣,我刻铭诗,色正芒寒。石室筹满,白氎衣分,稻麻苇粟,瓶拂如云。拗折拄杖,抛掷拂子,余与老人,亲面伊始。

岁次己亥春王二月七日,海印弟子虞山蒙叟钱谦益槃谭谨造。

黄龟年《交禅师塔铭》:

黄龙南禅师受法于慈明,传临济正法眼藏。丛席之盛,冠绝诸方。一传而东林总得之,东坡先生赞之曰:"巍巍总公,僧中之龙。"再传而泐潭乾得之,无量居士赞之曰:"禅人过得香卓子,他日炉中莫负恩。"又再传而天童交得之,颍川了翁赞之曰:"拶破黄龙第四关,世人犹问生缘法。"是二三巨公遍游名社,究此一事因缘,非大善知识、深悟宗乘、确然奇特,为天人眼目,讵肯笔端推重之如此耶?予大观初寓四明招提,见了翁赞语,读之耸然。又闻四方衲子,茧足而至者,叹慕畏服,交口一词。询其宗旨所自来,则曰:"临济儿孙是真端的者。"遂携杖屦,请从师游。徐而叩之,则崇冈峻岭,壁立千仞,未足以喻堂皇之峭拔也;迅霆怒雷,不及掩耳,未足以喻机锋之敏捷也;长江浩流,洪钟巨响,未足以喻辩才之无穷也。是真所谓大善知识者欤?从游久之,因以遐想当年黄龙丛席之盛,而坐挹东林、泐潭之遗风,知师之门庭凛凛,其所由来者旧矣!

师讳普交,明州鄞县万龄乡毕氏之子。自幼颖悟,未冠从释。初往钱塘南屏山,聪[1]天台教观,因修忏悔佛事。遇道人于途中,忽问曰:"师之忏罪,为自忏耶?为忏他耶?若自忏罪,罪性何来?若忏他罪,他罪非汝,乌能忏之?"师不能对。归诘南屏,亦不能决。遂愤然辞去,寻师访道,几遍天下。逮造泐潭,泐

---

[1] "聪",乾道《四明图经》作"听"。

潭知其为法器，见入门即诃之，拟问则杖之使去。师不复敢[1]进。一日，忽呼之曰："我有古人公案，要与商量，何不自室中来？"师拟进，泐潭喝之。师豁然有省，呵呵大笑。泐潭下绳床，执师手曰："汝会佛法耶？"师以手托开，亦喝之。泐潭呵呵大笑而坐。师以偈呈曰："若人问我解何宗，一喝须教两耳聋。满杓黄齑饱吃了，生涯总在钵盂中。"自是机辩迅发，学徒争归之。士大夫数虚席以迎，师悉遁去，归隐天童山，掩关却扫者八年。偶，寺缺主僧。郡僚邀师甚力，遣介候于道。师不得遁，居之六年引退，以宣和六年三月二十日沐浴升座，留偈辞众曰："宝杖敲空触处春，光阴掣电旧曾闻。昨宵风动寒岩冷，惊起泥牛耕白云。"掷笔坐逝。俗寿七十七，僧腊五十八。后七日开龛，俨然如生。阇维获五色舍利，顶骨、牙齿不坏。以其年四月十日葬于天童寺山之西原。师修持清苦，行履孤洁，正扬祖令，洒落绝群，鲜有能凑泊其机者。凡见僧来，必诃骂之，曰："栭栗未担时，为汝说了也，且道说个什么？吹毛洗钵，招扇张弓，赵州柏子，灵云桃花，且掷放一边。山僧无恁么闲唇吻，与汝打葛藤，何不休歇去！"拈拄杖，悉逐之。泐潭闻之，笑曰："要人如此悟解，僧堂草深一丈去也。"师既得法于泐潭，犹欲遍参。一时号为尊宿者，闻师至皆倒屣出迎，必居第一座。故虽天童山主人矣，而丛林至今犹以"交首座"称之，亦足以见师之禅望畴昔霭然，不待出世而后道行也。嗣法者三十余人：云岩泰诚、香山彦文、吉祥清逢、智门行潜、茂椿圆应、太平子瑶、德圆、道场山昙俊，皆能传师之道，阐扬于时。以予知师最详，屡以铭见属，义不可辞，乃铭曰：

西来谁露真消息，教外别传要端的。黄龙佛法付儿孙，临济宗风本奇特。珍重天童老古锥，声名四海日星垂。当年一喝狮子吼，狐狸望风而避之。直捷机锋难凑泊，摘叶寻枝何太错。满堂龙象尽交参，侧耳唯聆师一诺。虚空扑落水流东，护塔松楸长旧丛。龟毛拂子三千丈，光彩流传太白峰。

黄海岸《密云语录序》：

达摩受西天般若多罗密印，六传而至曹溪。之后分为二支，而临济儿孙独盛。临济之后，又分为二支，而杨岐儿孙独盛。盖监寺受慈明遥记，如黄檗之记临济，故禅道为天下冠。今所传临济派者，则皆系出圆悟勤之子、虎邱隆者也。

---

[1] "复敢"，乾道《四明图经》作"敢复"。

虎邱之子天童华,知见高迈,大慧特作偈称之。天童华十五传而为禹门传公。禹门嫡子,是为今天童圆悟大师。大师之望前圆悟勤公,凡二十世;其望临济,则三十世;而望达摩,则四十世也。

天童居大海东,山川环拥。当年之坐道场说法者八十余员,大率临济之裔。庚午春,予见大师语录于武林僧舍,始知临济宗风至今未坠。修书致敬,请师说法太白山中,即天童华禅师故址也。棒喝交驰,学者无开口处,莫不望风而靡,以为临济再来。

大师操履严峻,有古尊宿风,行解相应,与末世之狂禅迥别。予睹其用处,纵夺自由。每吐一言,盖天盖地,其所从来者异矣。应般若多罗之谶,而中兴临济之道,于今时正令全提,坐断十方世界,至矣哉!

陆游《无用禅师语录序》:

虑羲一画,发天地之秘;迦叶一笑,尽先佛之传。净名一默,曾点一唯,丁一牛刀,扁一车轮,临济一喝,德山一棒,妙喜一竹篦子,皆同此关捩,但恨欠人承当。

天童无用禅师,盖卓尔能承当者。未见妙喜,大事已毕,岂有住山示众之语可累编简哉!放翁谓:"若不投之水火,无有是处。"唯韩退之所云"火其书",其语差似痛快。又恐退之亦止是说得耳!五百年后,此话大行,方知无用与放翁却是同参。嘉定九年[1]秋九月丙辰序。

了庵欲跋云:

百丈得大机,黄檗得大用;兼而有之,是为德山临济。观其棒喝交驰,主宾互换,莫非揭示此个宗旨,岂下劣种草所得而与哉!老妙喜于圆悟室中得此机用,应庵谓其黑漆竹篦,掀翻海岳,从头打过。虽是死马医,就中要妙,固是抓着渠痒处,扎着渠痛处。简点将来,大似普州人送贼。

天童全禅师,出妙喜之后,启迪学者用,而《无用语录》行世,未始有言也。今览陆务观所作序文,提水放火,大段可畏。至于识破韩潮州止是说得,宜其与无用同参者矣。雪间宝此遗墨,慕贤尊祖之意历历可嘉,夫岂徒为耳目之玩哉!

---

[1] "嘉定九年",宋陆游《渭南文集》(汲古阁本)卷第十五作"嘉定元年"。

黄海岸《重修天童禅寺疏》：

窃自拈花微笑之后，方便多门；累叶传心以来，津梁遍界。如是道场殊胜，究竟于茎草之余；尔乃佛土庄严，掩映夫陀林之表。睹翚飞而鸟革，苾荫诸方；举兔角与龟毛，商量个事。龙象安居兮不动，有待其人；燕雀踊跃以来朝，皆当作佛。天童寺者，隶古明州，为今化国。祖灯绵密，既往牒之稔闻；法席恢宏，尚流风其未沫。第以兴废攸关于运会，污隆一本于道真。日月代明，正属魔军败阙；烟云开瑞，恰当佛事中兴。补苴追旧以维新，宁谖祖祢；绸缪迨天于未雨，复见儿孙。兹者密云大师，鼻孔撩天，舌头拖地。拳回肋下，振济北之玄纲；眼具顶门，秉摩醯之正令。哀愍此方翘跂，芟除末法荆榛。植福德于无疆，芽生黑豆；葺伽蓝于有永，色焕丹葩。感帝释散花，值地灵献宝。片石点头纳款，得度者，似粟如麻；入门结舌忘言，赞叹者，弥天匝地。海岸道人见闻随喜而说偈言，偈曰："太白峰高，人天榜样。一朝平地起风涛，推倒黄金瑞相。如今重整旧家风，安住十方龙象。面面玲珑，全无遮障。要明者段因缘，问取堂头和尚。"

王章《天童寺志序》：

今夫一行作吏，便缚俗缘，即翻阅志林，不离藤樾。灵山非不咫尺，未遑着屐探奇；衣钵纵有源头，谁向传灯问派？茫茫簿案，几于苦海无边；碌碌风尘，窃愿色身无碍。忆昔育王寺征车暂憩，因得密云师棒喝指迷。击拂不过眼前，直令通身透汗；拈花即是了义，何但劈面金针。就此慈悲法门，都关民社正印。无何，受请天童，中兴临济，慨梵宇之屡劫，半属草烟；悯真谛之沉沦，为传薪火。放下樵担，立成龙象庄严；独坐法筵，尽作鸟鱼参听。发愿时，正如水银撒地，随到皆圆；卓锡处，又如明月落川，容光必映。太白遗胜，一稽图，而晋殿、唐宫宛尔神游；渡苇宗风，一按谱，而曹溪、临济俨然未散。猗欤盛哉！莫作瞿昙内诠，堪入古董外纪。予质惭下乘，力逊布金。原本山川，徒羡青莲仙迹；披观宝筏，聊于玉局效颦。倘曰口头禅，和盘托出；须提门外汉，息念皈依。固是密师普度宏功，亦是弟子当官忏业。时将入计，因广文请而为之序。此序与上黄疏，因其人而存之。

洪武五年春，设无遮大会，诏两浙高行僧校梵典仪表事，天童僧司聪与焉。聪字本庵，黄岩谢氏，继天童良公原明席。塔在西麓。

洪武十年冬,诏两浙高行僧入见,天童智昌与焉。令以昼讲夜禅之规。昌字寿岩,黄岩陈氏。参学归四明,与天童孚中信公相爱重,曾兴大梅保福,后至天童。入觐还,未几卒。

东谷庵　即小天童,为义兴初起地。后宏智妙光塔在此。
中峰庵
堆云庵　玲珑岩西,今废。
伏翠庵　玲珑岩南,隐盖亭西。
青塔庵　其东南为三门,废无考。
白塔庵　寺西北祖师岩下,今废。
新田庵　寺东北临活眼泉,今废。
幻智庵　对大殿为盘山庵,结其麓。
大云庵　山曰大云,故名。
西归庵　东为十娘庙。
小白庵　距小白岭。
真际庵　万松关内,关距拦路庵不百步,柱石尚存。
拦路庵　小白河滨,当天童孔道,旧为库屋二十四间,废。今建三楹,祀关圣。
下院　拦路庵前,密云建以憩天童行旅。
天花庵　距天童大岭。
西湖庄　在鄮山桥口,又名鄮国庄,今呼天童庄。昔寺有三十六庄,总田一万三千亩。
戒愿库　在浮桥东,戒愿桥边,今废。

王荆公诗:
村村桑柘绿浮空,春日莺啼谷口风。二十里松行欲尽,青山捧出梵王宫。
又《游天童溪上》诗:
溪水清涟老树苍,行穿溪树踏春阳。溪深树密无人处,唯有幽花度水香。
又《答天童瑞新十远》诗:
远水悠然碧,远山天际苍。中有山水人,寄我十远章。我时在高楼,倚徙观八荒。亦复有远意,千载不能忘。
陆务观《更幽亭》诗:

攀石扪萝到更幽,玲珑咫尺懒穷搜,旁人不会当时意,为欠门生作伴游。

黄文宪诗名潜:

名山标巨刹,楼阁在青冥。别路通禅窟,当轩列翠屏。暝禽多雪色,偃树尽龙形。负土新成塔,非才愧勒名。

戴九灵诗名良:

避嚣去尘市,遣闷在川岑。遂申独往意,行此无尽林。松篁俨映郁,苍翠邈深沉。九陇山已见,三生石可寻。列嶂围招提,杰阁俯岖嵌。池光乱塔影,涧流传磬音。龙化井已竭,虎去泉徒深。周顾信灵迹,迟留多赏心。念未委尘妄,事可息烦襟。即理苟已协,何用恋华簪。

金太仆诗名湜:

行尽青松始见山,暖风微雨路斑斑。欲寻开士栖禅处,直到中峰叠翠间。满地竹阴人迹少,四檐花气鸟声闲。清茶啜罢悠然别,不许袈裟送出关。过中峰,访无传罩和尚。

谢皋羽诗名翱:

城中家斧冰,此地绝炎蒸。天食青童捧,龙居白气升。暗灯犹宿火,寝服尚衷缯。客话从前事,书传入内僧。风流今独尽,云物老相仍。净榻搜凉卧,危栏入醉凭。雨师行下界,鸟梦识中乘。明发甬南去,他山逢智宏。雨宿太白山中。

又:垂云起嵌嵚,衣被松与桂。夜合星斗光,隐若金石气。雨来辄阻之,不得抚苍翠。下有桑门子,饮用陶匏器。盆中蓄海石,左顾如牡蛎。疑此碛上来,不知几年岁。桑门却问客,所居何姓字?回指南海峰,苍茫倘一至。雨饮玲珑岩卜。

又:客有游山衣,着久如薜荔。行行万翠庭,忽作风雨憩。仰面无所睹,梁间有题字。问此何人书,婉娩有弱气。云昔魏王妃,学书似李卫。乘云到此山,洒墨在空翠。尘风吹土花,倏忽景物异。疑此梦与仙,不类人间世。锁翠亭避雨。

陆石溪[1]诗名铨：
溪转峰回翠霭新，诸天楼阁傍星辰。深山笋熟人如市，禅室茶香客过频。麈烛能留长夜月，天花不断四时春。共来物外舒尘缚，莫厌披襟与岸巾。

黄海岸诗名端伯：
古路荒藤几百春，寒泉漱石齿磷磷。当年太白曾留记，金粟如来是后身。
石径沿溪树百重，松梢岁老欲成龙。寒涛日夜雷音吼，遍地刀锋枪不露锋。

袁文清诗名桷：
太白山高雪四围，孤峰翠织五铢衣。谁言老子寒无力，独拥红炉更下帏。寄天童岫长老。

余僧杲诗：
石关迢递锁天童，日月双回大地空。绝壁片云藏古刹，秋残高叶下长风。一时苦行头陀去，十里青山太白雄。传钵到今如大梦，莫须功德水来通。

张廷宾诗：
薰风六月自生凉，独入深山选佛场。随到便闻奇特事，蝉声竹影稻花香。
东坡玉版赵州茶，昔日天童旧作家。一自门庭萧瑟后，笋蒲隙地入官衙。初入天童。
廷宾，余姚人。初为密云弟子，后以举人署鄞教职。甲申秋，鄞邑起义师，示谕诸生，先恢复人心，即弃官去，剃发依雪窦石奇，今八十余，尚在。予为其门生，重其为人，故存其诗。

密云禅师《即景》十三首：
昔人错露个消息，惹得人传太白峰。今我直登峰顶上，那来名姓挂虚空。太白峰。
远望宛然如铁壁，近观窍穴自分明。曾无一点瞒他得，故指玲珑今古称。玲珑岩。

---
[1] "石溪"两字，国图本缺，雍正《宁波府志》陆铨名下收录本诗。陆铨（？—1542），字选之，号石溪，鄞县人，著有《石溪集》。因补"石溪"两字。

分明一段真奇特，行住坐卧无人识。偶然走到暂跏趺，错认将为坐禅石。坐禅石。

看来一块真顽石，击着响声随叩出。东西南北普皆惊，纵然熟睡也醒彻。响岩石。

太白山头一队龙，兴云致雨显神通。潭中静处非为隐，隐显当知没两容。隐龙潭。

水出高源流不绝，清虚映物照青天。日明云暗随时鉴，是故称名活眼泉。活眼泉。

西涧源从太白来，寺西流出绕东回。漫将竹接来厨下，饱饮诸人满腹回。西涧泉。

七佛尖尖七古锥，一行排列路旁堤。死生个里同模样，特使行人着眼窥。七佛塔。

桥本原无清与浊，只缘到此别人间。虽然都打桥中过，未审谁人透此关。清关桥。

个事从来遍界呈，只因人自不惺惺。故应晓示中行者，所以题他隐盖亭。隐盖亭。

铁蛇雄踞岭头峰，截断行人路不通。直下一刀全杀活，任他南北与西东。铁蛇关。

万松关不为关松，警策行人入路通。忽若有人亲撞破，方知直透万松中。万松关。

脚根未动意先行，行色匆匆不暂停。拦断路头心不走，安然步步没途程。拦路庵。

雪峤挽密云诗：

同出龙池入路长，吴兴分袂过钱塘。多年挂锡玲珑石，今已藏身寂寞乡。云面揭开红日眼，山眉愁断白云乡[1]。离离一片苦心事，且道何人在影堂。

---

[1] "白云乡"，清释自融《南宋元明禅林僧宝传》（涵芬楼影印日本排印本）作"白花香"。

敬止录卷之二十八

寺观考三

东乡

阿育王寺

晋义熙元年建。梁武帝赐"阿育王寺"额,萧子云书。崇祯甲申后,匾尚存。宋大中祥符元年,赐"广利"额,为"禅宗五山"第五山。有迦叶足迹,入石二寸。有妙喜泉,寺东二里。有无相庵,为大慧杲退归地。有苏轼、王安石二祠,胡宗愈撰《安石祠堂记》。

西塔院,去寺五十步。唐玄宗时建。

万齐融《越州都督府鄮县阿育王寺常住田记》:

我闻语寂灭者,本之以不生,而菩萨不能去资生立法;谈逍遥者,存之于无待,而神人不能亡有待为烦。吉祥之降,帝农教以耒耜;苍灵之下,后稷俾其播种。故维摩之毗耶,稽首持钵,尚诣斋于香积;释迦之给孤,洗足着衣,犹乞食于舍卫。是知夫食者不独乎人天,农者岂唯乎政本?

阿育王灵塔寺者,晋义熙元年之所置也。昔孔雀氏宿童子之因果,当圣人[1]之授记。既[2]铁轮位正,宝塔功成,计鸟道之千里,占人寰之一胜。夜叉密迹以飞行,神僧护影而围绕。虽方坛气象,已萌青石之符;而圆顶光明,未质白云之状。迨观音应现而化形[3],利宾虚求以昭发。全身涌出,悉如多宝之音;一爪圆开,宛似楼那之相。神其不灭,道在兹乎?晋安帝允厘三才,成就六度,

---

[1] "圣人",碑文作"金人",详见《宁波历代碑碣墓志汇编(唐、五代、宋、元)》,下同。

[2] "既",碑文作"暨"。

[3] "化形",碑文作"幽赞"。

聿图兰若,式印招提,景行阿育王,故以育王灵塔表[1]称首。异世徒观夫轮奂规矩,钩绳创制。珠轩翠楹,延袤中霄;玉溜金池,周罗上界。环海之下流元气,大地为衣;围山之上结太清,诸天作盖。信方广一都之会也。左赤岸而千里,右青田而一曲。霞标莽苍,幽幽迷鬼谷之祠;日刹晶明,的的识丈人之馆。天花未雨,宿传龙界之香;地籁无风,时起鱼山之梵。则知定光诸佛,悔天台之赤城;罗汉郡仙,谬昆仑之玄圃。法惟神授,道乃人宏。向使输柯王昧巴[2]连之因,初微此塔;迦叶佛晦阎浮之迹,始旷兹山。盖虚明之绝境,不可得而思议者也。

粤寺东十五里塔墅常住田者,宋元嘉二年奉命[3]之所立也。宋文帝秉箓御乾,作婆罗之外护,感阇耶子砂糗之供,制赐是田;梁武帝握枢临极,为宝应之下生,见阿育王金粟之果,敕蠲其赋。日月盈止,既有命以自天;陵凌谷[4]迭居,终不动其如地。梁普通中,沙门僧绶,兹寺之应真也,以发行为道场,以直心为净土,闻纯陀良田之喻,遂笃志焉。既载[5]既戒,载芟载柞。察地道之化成,观天道之时变,悟是身无主□□[6],始以常住名焉。次有僧济上人,虚已净心,绅兹惠业。披衣画其塍圩,持戒整其疆畔。苗而不秀,有恨何及？逮陈隋之季,丧乱荐臻,农野萧条,鞠为茂草。我皇家执大象,乘飞龙,陟丕上帝之耿命,绍复先王之大业。有山栖旷和上,道尊人杰,德贵天师。中宗孝和皇帝亲降玺书,愿同金辇,击鼓而陈其入国,造船而捧其登座。故知二乘行道,不避朱登[7],四果适时,还升紫殿。维植众德本,作南山之福田;尤种诸善根,存东皋之净业。

初湖之左右,夹壤二区,榛梗始艾,畜舍粗立。僧徒理胜,力未赡农。童牧因闲,私窃种艺。和上表蒙俗之贪垢,负冥期之幽报。乃推湖西易垄,让为闲田,攘诤归之,春税就给。唯割湖东十顷,复古赐地,穷海北渐,曾山南麓。楼子根盘以东峙,富都股引而西注。真陆水膏腴之沃壤,实神灵滋液之奥区。于是

---

[1] "塔表",碑文作"塔为"。
[2] "输柯王昧巴",国图本作"榆柯王昧已"。据碑文与明郭子章《明州阿育王山志》(明万历刻清乾隆续刻本)改。
[3] "奉命",碑文作"奉诏"。
[4] "陵谷",国图本作"凌谷",据碑文与《明州阿育王山志》改。
[5] "既载",碑文作"既种"。
[6] 此处两缺字符据碑文加。
[7] "朱登",碑文作"朱门"。

奠其畛畷,孚其版籍,农野罢侵,田畯至喜,人到于今称焉。

前寺主简、皎二法师,僧祇之龙象也。就先畴之畎亩,敦老农之底绩。威事作制,蓑笠来思者久之。岁功未成,生涯共尽。流沙忽去,荒凉紫陌之田;影壁空存,摇落青园之寺。可为长太息者矣。有惠炬阇黎,德业淳修,曾统纲领。道胜之韵,生而能言;禅悦之味,老而弥笃。用能纂其终始,高轨可追;庀其委积,长算斯远。与法言沙门,俗姓喻氏。直己密行,惠心苦节。今屈知墅任,垂将十年。先是潟卤未斥,涂洳未浚。苔稗翳荟,漫于农郊。夫其心音制度,目端曲折。荷锸畚土,堙洼铲凸。隤竹落,楗石甾。溉高凑仰,增卑培薄。分杀水怒,承达土气。填淤游荡而时至,余波宽缓而不迫。终古旱害,浸以污潢。冬不祈于积雪,夏无荣乎小雨。由是湖有千金之号焉。当其春鳸司载,田事既饬,产孚甲,毓萌芽,或薿或菶,实颖实发,上农台而课长赢,汶阳之稼如云矣。及夫寒蝉记时,农乃登谷,完积聚[1],筑场圃,孚不遗秉,赢无□□,□□庾而督收成,海陵之仓非衍矣。《诗》云:"倬彼硕田,岁取十千。"其是之谓乎?

百谷既蒸,万供既设,满以众香之钵,薰以毗耶之城。或异声闻,若化菩萨。虚高座以影集,时洪钟而云临[2]。敷座而坐,饭食经行。嗅若香风,味同甘露。遍满一切,周流十方。闻之者得未曾有,食之者咸登正位。白衣之会龙国,无掘郁金之香;缁裳之集鸡寺,不碎庵罗之末。三藏大宝,知食轮之可贵;一器沙弥,识秒扮之非重。资我饭色,师之力欤?都维那玄宗,游方观化,大弘[3]慈诱。火耕水耨,常有助于上农;飞杖浮杯,今载行乎中国。

上座释辨疑,十城之僧主也。神清气合,金杵发其休征;寺主释惠敏,九州之维那也,风骨天成,铁镇起其灵相。咸能以如来之衣衣,分如来之座坐。护育王之灵塔,愿货金钱;起育王之胜田,思模石柱。弟子早校兰书,式典麒麟之阁;晚游莲迹,每参鹦鹉之林。宾头卢之下空,亟见有能师子;舍那私之入寺,岂谓无知老人?识异博文,才非能赋。阮公不事,曾供香花;顾越有缘,遂瞻碑版。满笈多之石室,未掷其筹;对轮王之金地,且耕其笔。多罗之叶,而书偈云:

浑仪草昧,象物纷拏。或甲而拆,或萌而芽。万殊成类,百宝攸嘉。故后稷

---

[1] "完积聚",国图本缺"完"字,据碑文补。
[2] "云临",国图本脱,据碑文补。
[3] "大弘",国图本缺"弘"字,据碑文补。

播其种,神农尝其华。其一。

燧人更运,火正司职。教以鼎饪,炊其黍稷。易兹毛茹,成此粒食。是之为人天,是赋其皇极。其二。

我闻维摩,曾语舍利。如来大慈,甘露上味。又见阿难,闻是香气[1]。亦有以饭食,成之为佛事。其三。

若长者主,若声闻人。天诸居士,地虚空神。如闻饭气,而亦来臻。况生生之位,有待之为身。其四。

猗欤童子,供资砂䴷。法主大慈,冷然虚受。伊铁轮以受记,从灭度后;何宝塔之庄严,得未曾有?其五。

鸟道千许,人寰在哉。鬼神冥运,风雨潜来。白云涌出,青山半开。以千轮之莲迹,建百福之花台。其六。

宋帝下生,梁皇外护。太稷赐畴,司农蠲赋。皋壤映发,湖源灌注。既鱼鳞以左右,亦犬牙而盘互。其七。

蓄畬平秩,台笠来思。爰疏畛畷,是务锄犁。三农奕奕,万亩祁祁。自膏腴而兼倍,矧雨露与华滋。其八。

懿兹开士,赏功司过。凡以犒勤,所以肃惰[2]。东作方喜,西成是课。始象耕而鸟耘,终牛舂而马簸。其九。

千箱既积,五谷始分。味蒸甘露,爨涌香云。孰云菩萨,而谓声闻。抟须弥所不能尽,曷毗耶之足薰。其十。

藐尔赤松,犹田白玉。矧伊塔寺,神通付嘱。信矣育王,能生金粟。彼郑国之泥紫,如富都之水绿。其十一。

我来自东,经行成趣。净业斯辟,善根方树。式纪因缘,匪存章句。庶金田与石柱,永嵬嵬[3]以常住。其十二。

育王寺碑后记:

此寺碑记尝为寇盗䂮坏,久无竖立。有好事僧惠印录其旧文,藏于箧笥,又与老宿僧明秀、志诠等,寺主僧志仁、上座僧栖云、都维那僧巨嵩会议,重建其碑

---

[1] "闻是香气",国图本作"问是香气",据浙图本改。
[2] "凡以犒勤,所以肃惰",碑文作"悦以犒勤,刊以肃惰"。
[3] "嵬嵬",碑文作"巍巍"。

焉。余美其乐善。会剡越间有隐逸之士,曰范的,业文工书,未遇于时,常萍泊云水间。一日,扁舟至明。予邀以书之,添胜境游观之一事,略记端由于碑后云。太和七年二月一日明州刺史于季友记。

范处士《在育王寺书碑因以寄赠明州刺史于季友》:

墨妙复词雄,扁舟访远公。雪天书梵宇,霜月步莲宫。迹寄双林下,名留劫石中。遥知松径望,棠叶满山红。时在育王寺,中丞使书石,赠四韵。处士范的上。

于季友《奉酬用本韵》:

拙艺荷才雄,新诗起谢公。开械光佛域,望景动星官。风雪文章里,书镌琬琰[1]中。将谁比佳句?霞绮散成红。

苏轼《宸奎阁记》:

皇祐中,有诏庐山僧怀琏住京师十方净因禅院,召对化成殿,问佛法大意,奏对称旨,赐号"大觉禅师"。是时北方之为佛者,皆留于名相,囿于因果,以故士之聪明超逸者皆鄙其言,诋为蛮夷下俚之说。琏独指其妙与孔、老合者,其言文而真,其行峻而通,故一时士大夫喜从之游。遇休沐日,琏未盥漱,而户外之屦满矣。仁宗皇帝以天纵之能,不由师传,自然得道。与琏问答,亲书颂诗以赐之,凡十有七篇。至和中,上书乞归老山中。上曰:"山即如如体也。将安归乎?"不许。治平中,再乞,坚甚。英宗皇帝留之不可,赐诏许自便。琏既渡江,少留于金山、西湖,遂归老于四明之阿育王广利寺。四明之人,相与出力建大阁,藏所赐颂诗,榜之曰"宸奎"。时京师始建宝文阁,诏取其副本藏焉。且命岁度僧一人。琏归山二十有三年,年八十有三。臣出守杭州,其徒使来告曰:"宸奎阁未有铭。君逮事昭陵,而与吾师游最旧,其可以辞?"

臣谨案,古之人君号知佛者,必曰汉明、梁武,其徒盖常以借口,而绘其像于壁者。汉明以察为明,而梁武以弱为仁,皆缘名失实,去佛远甚。恭唯仁宗皇帝在位四十二年,未尝广度僧尼,崇侈寺庙。干戈斧质,未尝有所私贷。而升遐之日,天下归仁焉。此所谓得佛心法者,古今一人而已。琏虽以出世法度人,而持

---

[1] "琬琰",碑文作"琬琊",下有小注:"石有光者,曰琊,音柳。"

律严甚。上尝赐以龙脑钵盂,琏对使者焚之,曰:"吾法以坏色衣,以瓦铁食,此钵非法。"使者归奏。上嘉叹久之。铭曰:

巍巍仁皇,体合自然。神耀得道,非有师传。维道人琏,逍遥自在。禅律并行,不相留碍。于穆颂诗,我既其文。惟佛与佛,乃识其真。咨尔东南,山君海王。时节来朝,以谨其藏。

英宗赐怀琏手诏:

大觉禅师怀琏,受先帝圣眷,累锡宸章,屡贡款诚,乞归林下,今从所请,俾遂闲心。凡经过小可庵院,随性住持。或十方禅林,不得抑逼坚请。

苏轼《与怀琏书》:

要作《宸奎阁碑》,谨以撰成。衰朽废学,不知堪上石否?见参寥说,禅师出京日,英庙赐手诏,其略云"任性住持"者,不知果有否?如有,切请录示全文,欲添入此一节,切望仔细录到,即便添入。仍大字写一本付侍者赍归上石也。惟速为妙。碑上别作一碑首,如唐以前制度。刻字额十五字,仍刻二龙夹之。碑身上更不写题,自古制如此。最后方写年月、撰人衔位姓名,更不用著立石人及在位任人名衔。此乃近世俗气,极不典也。下为龟趺承之。请令知事僧依此。

《懒真子》曰:仁宗皇帝,道德如古帝王,然禅学亦自高远。仆游阿育王山,见皇祐中所赐大觉禅师怀琏御书五十三卷,而偈、颂极多。内有一颂留怀琏住京师云:"虚空本无碍,智解来作祟。山即如如体,不落偏中位。"又有一颂,后作一圆相,下注两行云:"道着丧身失命,道不着颠顶[1]佛性。"仰窥见解,实历代祖师之上。宜乎身居九重,道超万物,外则不为奸邪所蔽,内则不为声色所惑,而享永年。推其绪余,燕及天下。昆虫草木,咸受上赐。故《宸奎阁记》云:"古今通佛法者,一人而已。"至哉言乎!

又云:绍兴三年夏六月,明州阿育王山住持净昙,以宸奎阁所藏仁宗御书诣行在。所献书凡五十三轴,字体有三:一曰真书,二曰飞白,三曰梵书。且上

---

[1] "颠顶",国图本作"满肝",《懒真子》(中华书局1985年版)作"瞒盰",清钱维诚《摭拾掌故草稿》收入该文,作"颠顶"。

二书世多见之，而梵书亦自奇古，可骇愕也。又有团扇三柄，皆有御书。一长柄者三尺许，恐是打扇，用白藤缚柄。而三扇皆以青笺纸为上下承萼，制度极草草，今中产之民所耻也。大哉，仁宗之盛德也！《嬾真子》，宋广陵马永卿著，计五卷。

高宗访求祖宗宸翰，僧净昙以所藏上之。上赏其卷轴之丰，护持有道，深嘉轼记，念阁且虚，复以赐之。命置田一千二百五十亩，食其徒。时绍兴三年也。

《乾道图经》云：故内翰苏轼祠堂在广利寺内佛殿之右，乾道中，住持从廓重建。

张九成《妙喜泉铭》：

育王为浙东大道场，地高无水，僧众苦之。绍兴丙子，佛日禅师杲公受请住持，周旋其间，命僧广恭穿穴。兹地为一大池，锹锸一施，飞泉溢涌。知州事姜公秘监见而异之，名曰"妙喜"。无垢居士为之铭曰："心外无泉，泉外无心。是心即泉，是泉即心。"或者疑之，以问居士："心在妙喜，泉是育王，云何不察，合而为一？"居士曰："来，汝其听取。妙喜未来，泉在何处？妙喜来止，泉即发生。心非泉乎？泉非心乎？谓余未然，妙喜其决之。"

大慧杲偈：谓泉即心，谓心即泉，无垢居士，作一串穿。有出有入，有正有偏，居士恁么，妙喜不然。徐六檐板，为见一边。泉即是泉，难唤作心。心即是心，决定非泉。[1]是义不正，亦复不偏。泉乎？心乎？亦非弃捐。拟议思量，十万八千。

黄潜《承恩阁铭序》：

阿育王山广利禅寺住持佛日圆明普济禅师悟光，创建承恩阁成，使以状来，请书其岁月，刊之兹碑，以示永久。盖自双林唱灭，像教东流，有国家者咸知信向[2]，而无能若我朝之致其隆极者。凡九州四海，名山福聚，至于遐陬绝域，万

---

[1] "泉即是泉，难唤作心。心即是心，决定非泉"，碑文作"泉只是泉，难唤作心。心只是心，决定非泉"。原碑藏天一阁。

[2] "信向"，郭子章《明州阿育王山志》作"信问"。

里之外,灵踪异迹,靡不搜访而加礼焉。矧惟兹山,乃释迦如来真身舍利宝塔之所止,宜其蒙被帝力,尊崇侈大,非他山所得而比伦也。

舍利始出于西晋,历宋、梁、陈、隋[1]、唐、五代暨宋,其随机应感[2],发祥现瑞,殊胜希有,考诸传纪所述可见已。世祖皇帝底定南服,而兹山入于职方,首命奉迎宝塔,妥安于内苑之万岁山、上都之龙光华严、大都之圣寿万安诸大刹及诸官署置十六坛场。车驾亲临,瞻敬于圣寿万安。百宝光明从坛而起,高贯寺塔,遥烛禁庭。皇情大悦,亟命护送还山,仍赐以名香金币,敕行中书宰臣郡长吏增构殿宇,高深雄丽,视昔加倍。四众莫不忭跃[3]欣庆,得未曾有。列圣相承,逮今天子岁时函香遣使,赐予尤渥。会法席偶虚而寺几废,今太尉纳麐[4]公,时为行宣政使,求择德行[5]可任其事者,于是光由平江之开元受请来补其处,至正二年七月也。光说法之暇,既重新门庑殿堂、库庾庖湢之属,且尽复豪家所据诸庄田土园林,而资以奉养者,一无所缺。学徒云集,内外不下千人。光以为寺之所宜有幸已毕具,而天使下临祗肃无所,乃出上所赐币帛若干,白金为两二百,市材僦工,造杰阁以俨使命,列楹三十有六,架霤九,屋之以间计者七,其崇四十有九尺,广加其崇三十尺,修去其广六十尺。飞榱步檐,方枅曲槛,悉称其度,名之曰承恩之阁,上设像座,而即其下为传宗之堂,后为方丈之室。费有不给,则维以[6]经用之余资,民不知而官不与焉。庀役于九年之冬十一月,讫工于十年之春二月。前人未及为而今为之,其作始之自固不可不书也。

昔大觉禅师怀琏归老兹山,于其君之赐有所弗受,不欲以己易物也。光乃独思所以彰吾君之赐,如恐弗及,不忘以下报上也。琏之辞让、光之恭敬,同出于古者之所谓礼,则其为道宜亦无不同也。所可书者,岂直经度之勤、营缔之美而已哉!光,蜀人,族杨氏,别号雪窗,嗣法于明宗慧忍禅师德海云。铭曰:

佛之真身,遍一切处。非灭而灭,非住而住。金瓶宝箧,八万四千。兹惟其一,留镇人间。粤自先朝,逮今圣世。星轺络绎,香为佛事。椟有金具,筐有绮

---

[1] "隋"字,国图本脱,据《明州阿育王山志》补。
[2] "应感",《明州阿育王山志》作"赴感"。
[3] "忭跃",《明州阿育王山志》作"踊跃"。
[4] "纳麐",《明州阿育王山志》作"纳麟"。
[5] "德行"之后,《明州阿育王山志》多"兼美"两字,作"德行兼美"。
[6] "维以",《明州阿育王山志》作"继以"。

缯。侑以多仪,用庆德馨。因果不殊,财法交施。受用见闻,同赠福惠。大恩莫报,君赐未彰。荷负有人,不敢怠遑。乃择嘉辰,开宝楼阁,炽然建立,无作而作。花幡珠网,象座中严。龙光下贲,人天具瞻。三轮既空,莫非实相。知报佛恩,则为报上。史臣作颂,来者是征。于万斯年,弥谨其承。

明翰林承旨宋濂记:

四明阿育王山广利禅寺,在郡城东五十里。阿育王山即鄮山。昔在周厉王时,东天竺国有阿育王造宝塔八万四千,贮释迦文佛真身舍利,命耶舍尊者放光,役诸鬼神分布于四天下,而鄮山当其一,故更名之。

晋太康三年,并州猎师刘萨诃,受梵僧指授,即改行为僧,易号慧达,遍求舍利塔于洛下、齐城、丹阳,皆弗获。行至会稽之鄮山,忽闻地下钟声。慧达哀求益切。越三日,忽舍利与宝塔从地涌出。其相青色,似石非石,高一尺四寸,广七寸,五层四角,光明殊胜。慧达见已悲喜交集,而塔之出现,实肇于斯时矣。

义熙元年,安帝始构塔亭覆护,而度二七僧守之。宋元嘉中,文帝增创祠宇,且以封袭未严,斫木为浮图三层[1]函之。梁普通三年,武帝又命建殿堂、房廊奉之,赐额为阿育王寺。大同五年,帝令其孙岳阳王詧改浮图为五层,绘帝暨昭明太子二像藏焉。仍施黄金五百两,造铜佛四百躯,写经论五百卷,铸四铁鼎,以镇四角。寻蠲复其赋调,给兵三十,设营防卫。陈宣帝度僧守塔,如义熙之数。唐中宗遣使赐金,又下诏加护之。至武帝朝,并省海内佛寺塔,归越州官库。宣宗立,象教重兴,又入于开元寺,鄮山僧诉于观察判官蒯希逸而还之。懿宗咸通中,又度僧三七人守之。梁贞明二年,钱武肃王遣弟铧等迎塔作礼,明年正月回,止西陵岸,放光照江中,其明如昼。又改浮图为九层,第三层置七宝龛,用以贮塔。周显德五年,寺灾。文穆王请致武林龙华寺,新其浮图。其层如前数,而藻饰有加焉。中龛杂用百宝,范黄金为座,悬珠璎以庄严之。

宋初,寺又新。大中祥符元年,复赐以"广利"为额,拓为十方禅刹。其主僧自宣密素公始可考见。宣密五传至大觉琏公,名振天下。仁宗待以殊礼,作诗颂十七篇遗之。熙宁三年,大觉为构宸奎阁,苏文忠公轼实记其成。大觉日与九峰韶公、佛国白公、参寥潜公讲道一室,扁曰"蒙堂"。丛林取则焉。高宗即

---

[1] "三层",国图本作"三成",据《明州阿育王山志》改。下文"五层""九层"例同。

位，以寺为舍利所宅，亲洒宸翰，赐名曰"佛顶光明之塔"。大觉十五传至大慧杲公，绍兴间来领寺事。四方学徒川奔涛涌，而食或弗继。乃于奉化忠义乡堤海涂成田一千余亩，名"般若庄"。大慧四传至妙智廓公，缵承益虔。淳熙元年冬，孝宗之子魏王恺出镇其土。二年孟夏四月，瞻舍利毫光发祥，青红交绚，变幻不一，更用黄金为塔而藏宝塔于中。冬十月一日，孝宗遣内侍省西头供奉官李裕文取塔入内，妙智护之行。舍利现于塔颠，如月轮相，又现两角如水精珠，若此者三。御书"妙胜之殿"四字，俾揭于塔所。妙智再传至佛照光公，缁锡坌集不减于昔时，尽鬻赐赉之资市田四千余亩，视大慧加三倍焉，名"吉祥庄"。佛照十五传至笑翁堪公。有权贵人至寺，戏问曰："舍利何在？"笑翁指道傍松谓曰："此处即有。"已而，松枝皆放光。贵人惊异，即寺之门巷建二石塔以表之。笑翁又仿古制，累石为塔者三，列于寺右，以瘗僧之归寂者。宋季，寺又灾，宝塔附安别院。

元至正十三年春三月，世祖命使者奉塔至开平龙光华严寺，寻迁燕都圣寿万安寺，集僧尼十万于禁庭、太庙、青宫及诸官署，建置十六坛场，香灯华幡之奉，备极尊崇。世祖亲幸临之，夜有瑞光从坛发现，贯烛寺塔相轮之表，又自相轮分金色光，东射禁中，晃耀夺目。世祖大悦，命僧录怜占迦送塔南还，更赐名香金缯，诏江浙省臣郡长吏增治舍利殿宇。笑翁十二传至顽极弥公，适际良会，遂以诏书从事。曾未几何，薨栋雄丽，如天成地涌，上薄云汉，宝塔还于故处。顽极四传至横川珙公，道被华夷，禅学为之中兴。僧伽来依法轮者，至无席以容。二十三年，大建堂宇以居之。横川九传至雪窗光公，寺复新，豪家所据诸庄田土园林尽复之。以诏使之临，祗奉无所，至正二年春二月又造承恩阁七楹间。黄文献公溍为之作记。雪窗四传至扶宗宏辩禅师，约之裕公，已历六十二代矣。禅师以笑隐䜣公法子入我国朝，自庐山圆通选补其处，戒律精严，言行一致，智慧福德皆绝，出乎等夷。

从洪武初元以迄今兹，一坐十年，宗纲丕振，风雨不动，安如泰山。寺之勋旧竭其力而翼赞之，有若岳林住持象先舆公，筑黄贤塘得田三千余亩，名"报本庄"。有若云石起公市史氏之田，其数如黄贤塘，名"忠义庄"。二庄皆与般若为邻。大佛宝殿则又云石葺之，三解脱门则僧伽智华作之。修演法之堂，并撤其房庐为下蒙堂，则白云住山智珠营之。补东塔院者，沙门自悟也。造西塔院者，又象先也。西塔肇建于唐玄宗，东塔在迦叶佛迹之左，即宝塔所涌之地。下至库院杂室，则出于比邱智宁之力也。凡寺制宜有而摧败不支者，悉举而更之。禅师念缔构之艰，不可无以示来者，俾其徒师秀至浦阳山中，征文以为记。呜呼！大雄氏真身舍利，乃戒定慧薰修所成，必八吉祥六殊胜之地方妥安之。其在震旦者，一十有九。惟阿育王山显著特异。自晋逮今，历一千九十七年之多。国王大臣以及氓隶，靡不归依；金银重宝，施之弗吝。当其祥光发现，瞻之仰之，不啻婴孺之思父母。盖如来以慈悲愿力，摄受有情，神通广博，随念而应，所以启功德之信心，祛尘劳之妄念也，何其至欤？然而临师位者，多名世之士，秉法门之正令，飚旋霆奔，一入其庭，心空疑释。致使舍利之感，久而滋彰，名重五山，光昭佛日。此亦幽明两致其极者也。禅师起继芳躅，益殚志虑，当鼓鱼寂寥之时，炽然建立金碧灿烂于水光山色间。浙河西东，未见有如斯之盛者，是宜详纪之，以使后人扶植于悠久也。

寺东一里余，有圣井灵鳗在焉。相传随塔而至，呼为护塔神，折鲜花诱之，辄二红蠏导之而出，因作渊灵庙祀之，以其与塔相关也。特附见焉。铭曰：

巍巍大雄，摄受有情。持红日轮，中天而行。其一。

照烛大千，洞见毫发。靡物不照，无幽弗达。其二。

灵明入灭，有不灭存。五色神变，萃斯骨身。其三。

无忧之王，捶碎七宝。造塔收之，万佛旋绕。其四。

谁放指端，白毫相光。药义奔逐，随光瘗藏。其五。

支那之国，海东之域。钟声发祥，塔乃涌出。其六。

上自帝王，下达民萌[1]。历代崇之，精白一诚。其七。

惟其所在，天龙呵卫。有感则通，灵光显瑞。其八。

神灯晕红，烈火殒空。或射九天，烨如白虹。其九。

千佛环堵[2]，如佛出世。扳引莫能，继之以泪。其十。

依之主之，代有伟人。据莲花座，说法如云。十一。

四方骏奔，孰非龙象？一喝之余，凡情俱丧。十二。

声应气求，雾蓊云蒸。千有余岁，无废不兴。十三。

有大导师，来接遐轨。佛智之孙，广智之子。十四。

---

[1] "民萌"，《明州阿育王山志》作"民氓"。

[2] "千佛环堵"，《明州阿育王山志》作"千目环睹"。

长眉广颡,大类慈恩。其徒翼之,各展度门。十五。
涌殿飞楼,耸起无际。化海为田,有禾穟穟。十六。
像教陵夷,慨其永叹。浙河西东,似斯实难。十七。
法王能仁,覆焘无外。佛子体佛,引之勿替。十八。
昔人有言,难逢者时。优昙之现,四众来依。十九。
畴无舍利,中含法界。亦有楼阁,不涉成坏。二十。
色非青黄,其光焞焞。不假弹指,诸门洞开。二一。
苟能荷担,直入无碍。手擎摩尼,于法自在。二二。
玉几之山,其青无瑕。法雷常鸣,诸天散花。二三。
敢告来者,以缵以述。功烈嵬然,与山无极。二四。
洪武十一年岁次戊午春三月十五日。

《僧赞宁传》云：世尊入王舍城乞食,路傍有童子戏沙,即以沙为面,殷勤奉施。佛授记曰："此童子吾灭度后,于阎浮提,作铁轮王,四大洲中,悉皆臣伏。取吾八塔真身舍利,造八万四千塔于一夜,役诸鬼神往四天下。"佛灭度后,果符昔记。时耶舍尊者,于五指间放八万四千道光明,诸天夜叉众,各随光中往四天下,遇八吉祥、六殊胜地,乃安一塔,此其一也。

《会稽记》云："东晋丞相王导,初过江,有道人神采不凡,自言来从海上,告导曰：'昔与阿育王同游鄮县,安真身舍利宝塔。阿育王与真人捧塔飞行,虚空入海,诸弟子攀引不及,一时俱堕,化为乌石,石如人形。'"

《名僧传》云："昔时,神人捧塔飞行海上,弟子中有未得道者,堕地化为乌石,犹作人形,上有袈裟文。至今村名塔屿,岙名乌石。今乌石在寺前数里,为鄮县。塔屿村,相去又十五里,属定海,谓东塔院为舍利涌出之处。"今乌石岙,去寺十里而近,乌石即在其中,属定海县灵岩乡。王安石为令时,尚为鄮地。

道宣《感通传》：萨诃祝发为僧,更名惠达。东诣鄮县,入乌石岙,结茅以寓,遍访名山。忽一夜,闻土下钟声,即标识其处。越三日,见梵僧七人,行道空中,地形如涌,为方坛状,神光照映。因剧土求之,得一石函,中有舍利宝塔。

六僧腾空而去，一僧化为乌石，因以名岙焉。

宋景濂《涂田记》：

明之广利禅寺，名列五山，为浙河东一大丛林。缁衣之士执瓶锡而来者，动以千计。旧虽多土田，而沦没者过半，一遇乏食，必持钵走民间以乞食为事。寺之长老普济禅师光公，既为正其侵疆，复谋买田以助之。既赍志而殁，其弟子象先舆公恢廓而有为，乃慨然曰："先师之志，我不可不就也。"市奉化县腴田若干亩有奇，钱以缗计者十千九百有奇。俾其徒常输力于其间者，若广融、若景肃等，轮掌其事，岁收其入六百斛，荐于寺中，以补其不足。建屋三楹，间以为储偫之所。爰伐坚石，属予为之文，而勒步亩乡落之详于石阴。

予谓："象先之功侈矣，固不可以不书，然为文之体，因其事而著其理，始为得之。请借田为喻，以属夫进修之士何如？"象先曰："不亦善乎！士之进修，则不昧因果，所为窃攘质鬻之祸不作，吾田固有，永而不废矣。"予因请佛为证，结跏敷坐，为说偈曰：

大田在海滨，厥土惟涂泥。何物不可艺？艺禾乃有成。禾根入土已，当加保卫力。涵受乃粪壅，耘耔复以时，勿使恶草生。若非雨露滋，亦不能生成。数者既能备，时至自然熟。嘉穟累累然，遍及郊野中。我心有如田，诸种靡不纳。青黄[1]与白黑，随其所种生。菩提譬嘉禾，种之即有秋。持戒为保卫，忍辱为涵受。布施为粪壅，精进为耘耔。知慧为雨露，禅定道乃成。人力一不至，田虽号膏腴，蒿莱日夜长。雉兔之所藏，蛇虺共出没，化为荒秽区。欲求一粒粟，有不可得者。我心倘不治，其失亦复然。治心如治田，岂不以此故？上人最方便，市田继先志。食此缁衣众，顿免饥火煎。食者或感触，宁不思前喻？嗜道如嗜食，定知颗粒微。视如万金重，进道功或怠，亦不易消受。刻文于贞珉，读者知自励。更加护持力，常使食轮转。

李堂《重修上塔碑》：

阿育王寺九十四代住持和尚广福公，苦节清修，励志绍述。悯上塔为舍利宝藏也，风雨震凌，圬墁脱漏，柱石欹倾，岌岌颓圮之间，慨然以启承为任，罄其

---

[1] "青黄"，国图本脱"青"字，据明宋濂《宋学士文集》（明正德刊本）补。

香灯、衣钵之赢助，以劝募四方檀越，如宣义郎李公杰辈，咸施财市工相协之，不亟不徐[1]，始役于正德壬申，至丁丑始落成焉。凡七层宝塔，六围檐宇，前三门，后佛殿，左右廊庑、斋修、庖湢，莫不严整。创立禅堂连屋，饭供坐卧[2]善众。像塑三宝、诸天十八罗汉、四金刚、八菩萨、土地圣僧，彩绘金碧，为之焕然。复念大雄佛殿下塔，院宇修葺，尤所当亟。集材治甓，革腐鼎新，轮奂辉映，以新一方之望，信奇观也。合山比邱，请堂文诸石，以纪之。堂闻佛教深微，至于利济，舍身灭性[3]，其教也。世传释迦文佛以真身舍利施布寰区，阿育王造八万四千宝塔以贮之，而四明鄮峰留其一。自晋至今千二百余年，寺有兴替，舍利自如。天生福公，起废兴颓，克复三门，旧贯加宏丽焉。有功佛教大矣哉。为佛有道，定于心，成于觉，了于空耳。定而觉，明而通，质灰而光不灭，性灭而灵自存。毫窍之光，不随涅槃而俱尽，固其谓也。惟炼形以智，用智以神。神者，形之用也。《内典》云："一念善缘，胜造浮屠七级。"盖觉通神应，则目击道存。所谓舍利涌出地中，驾自海上，降以鬼物者，咸在了悟而已。福公，姓朱氏，字如海，别号东隐[4]。盖成正觉而翊教法者，不可以无铭。铭曰：

大雄真如，体诸太虚。如来无始，还归化枢。涅槃者质，幻瑞者躯。瑞遗毫窍，光烛退纡。育王造塔，留镇海隅。宝藏敛寂，象罔玄珠。巨浸靡浸，烈焰莫渝。炎荒冰海，航载陆驱。耄倪稽颡，俯阶伏除。饥呼渴噪，喘存息余。大雄感应，祥光忽舒。万夫骇瞩，百妄尽袪。七宝自别，五色夐殊。匪严供养，孰慰趾颅。福公佛子，系出吾儒。不囿形质，超彼凡愚。烦消蕴彻，痾脱恼除。品登上乘，伟矣曷瞿。再兴梵刹，翚飞厦渠。贞珉纪绩，永宏佛图。

王章《舍利殿记》：

尝旷览平原，凭临大海，望白波浸山，黄烟惨日，一切城廓坂隰、人物虫鱼、往古来今，与尘起灭者，俱忽焉幻化耳。盖五欲尘劳、六根烦火，游戏诸相，如业鬼借宅，舍身受身，宁有休歇？一旦眼光堕地，手脚忙乱，此时摧幢息机晚矣。办一日资粮，庶留一日掌果，若食橄榄，正酸涩时，勿得吐却，勿遽作不酸涩想。

---

[1] "不亟不徐"，国图本作"不然不徐"，据《明州阿育王山志》改。
[2] "坐卧"，《明州阿育王山志》作"坐悟"。
[3] "至于利济，舍身灭性"，《明州阿育王山志》作"主于利济，舍身修性"。
[4] "东隐"，《明州阿育王山志》作"容庵"。

久之,帝座非遥,浮云转低,须眉不小,六合犹隘。禅家定慧与吾儒安虑,其理一也。

予莅明州之鄞,去城四十里有阿育王寺,则住世之释迦舍利塔存焉。由晋迄我明,二千百余年矣。可使八塔造八万四千塔,而万塔一塔;可使五指放八万四千光,而无光有光。为光在塔,何以忽涌地,忽入海,又忽飞屋上,忽重登舟?塔异而光不异;为光不在塔,何以忽如石,忽入雪,又忽如月轮相,如水晶珠?光异而塔不异。后有权贵至寺,戏问舍利何在?笑翁指道傍松曰:"此处即有。"已而松枝皆放光。然则舍利之在震旦者,一十有九,惟阿育王山显著特甚。满大地山河皆松枝,则皆舍利而已;满凡夫愚妇皆松枝,则皆释迦而已。是故,勤修身而后稽效。其人诚也,光如其分量以应焉;其人尤诚也,光亦如其分量以应焉。光自心发,光自心见。语云:"不欺于火灭,而后日中不息;不怨于家人,而后明王敬之。"夫行之知之,不更难哉!我辈魔重,甚么"鹘突布衫""破驴脊背",何时打串乎?元次山有云:"我目我耳,我鼻我口,目不随视,耳不随听,鼻不随气,口不随言,则吉祥殊胜只在本地,浮屠铁鼎到处风光。"古人谓,达摩治三军,与槛弥坐胸中,景象大可参照,否则铁蛇入竹筒,虽看尽三乘十二分教,闻尽一千七百则公案,何益焉?料理末后著子,冷暖在心。余无闲事,直以参释迦未生的人可尔。是塔也,历传供养,虔祷辄现。昔称梁皇、宣宗及武肃、宋高等,莫不以慈悲愿力,摄受皈依。然而造塔者,周厉王时东天竺国之阿育王是也;求塔者,晋太康时并州猎师、后改号慧达而涌出鄮峰之刘萨诃是也。予自暨来鄞,数年于兹,从瞻礼之余,往来娑罗树下,恒美生流唱,欢动诚心。谨斋沐而为之记。记毕诵曰:"树古庭空,云消天净。灵塔在东,夕阳在西。"

宗杲赐号"佛日大师",自称"妙喜庵"。绍兴辛酉,忤秦桧勒返。初,服窜南中。桧死,被旨北归,还其僧诫,乃受请住阿育王寺。二十七年丁丑,师六十九岁,住育王,裹粮问道者万二千指。百废并举,檀度向从,冠于今昔。云岩典牛游禅师,以颂寄师云:"五浊海底辗屎猪,跃出那边三脚驴。铎声既已喧四衢,云间腾踏天马驹。谛听典牛一句子,世上有你可用余[1]。"于是增修厨

---

[1] "世上有你可用余",有作"世上有你何用余",见国图"中华古籍资源库"宋释祖咏《大慧普觉禅师年谱》(明刻本)。

屋,凿二新泉,曰妙喜,曰蒙。按《泉铭》略曰:"育王为浙东大道场,地高无水,僧众苦之。绍兴丙子,佛日受请[1],周旋其间。令僧广恭穿穴兹地为大池。锹锸一施,飞泉盆涌。知军事秘监姜公[2]见而异之,名曰妙喜。无垢居士为之铭,末句有云:'谓余未然,妙喜其决之。'"师因说偈于其后,仍作《蒙泉铭》曰:"广利东,泉曰蒙。源玲珑,万窍通。声淙淙,出无穷。良施工,不落空。铭泉者为谁?山僧妙喜翁。"

寺以众多食贫,常住伏腊不给,陈请海岸闲地仅千顷,命工开筑以为南亩,费缗钱十万余。师率八万四千人结般若胜会,人出缗钱。缗钱余竭,衣钵以成,岁入用赡斋厨。左丞相汤公思退敷奏,诏赐其庄名"般若"。

六月,吊衡阳太守石公彦和于新昌,迁佛智禅师塔,作《正堂辩禅师语录序》《广福寺钟铭》《东坡先生画像赞》《跋〈文殊道禅师偈颂〉》,答枢密楼公仲辉、节使曹公功显、侍郎曾公吉甫、侍郎荣公茂实、妙德居士黄公节夫问道书,示张晋彦运使、罗宗约参议、赵思厚观使、孙长文通判、鲍梦符教授、吕舜元机宜、郭仲堪知县、曾叔迟机宜法语,示内都知董德之入道颂,作《杨岐五世赞》《黄龙忠道者、天童觉禅师二老揖让图赞》。

时有太学上舍生杨麟冠带拜师于堂上,垂泣云:"愿从和尚出家。"语未讫,掷下巾帽,袖中出剪刀,自落其发。师疾呼左右执手,问其故,乃以实对,因摄受之。次日,上堂云:"已着槽厂,将错就错,骑却圣僧,不妨快乐。龙象蹴踏,非驴所作。堪笑诸方,妄生穿凿。祥麟只有一只角。"十二月,主天童觉禅师丧[3]。

右祖咏所编《大慧年谱》"住育王"一段。

按年谱,二十六年十月,明州阿育王山专使至,准朝命住持。十一月十三,就明州光孝寺开堂。十五,入院。二十八年正月初十日[4],则大慧住广利恰一年云。《宝庆志》云:寺东二里有无相庵,本大慧宗杲退归之地。隆兴二年,僧

---

[1] "佛日受请",碑文作"佛日禅师杲公受请住持",见马兆祥主编《碑铭撷英》(人民美术出版社2003年版)。
[2] "知军事秘监姜公",碑文作"知州事姜公秘监"。
[3] "师丧",国图本缺"丧"字,据浙图本补。
[4] "初十日"三字,国图本缺,据《大慧普觉禅师年谱》(明刻本)补。

宗靖[1]舍貂珰而披田相衣，奏请得庵额，皇子恭王为之书。云庵是大慧归退之庵，则处广利一年，何退归之有？

明宗慧忍禅师《东屿海和尚塔铭》：

人品之分，学力之至，其地位高下，毫厘有间。孝子不能有所加诸其亲，弟子不能有所增益于其师也。况乎佛氏之学，以实证实悟为则，非思虑可以计度，非补缉可以依希。践履之真确，有识者望而辨之；岐路之差，殊真知者有以折之。假借之私，无所逃于凡目，况欲无愧于作者，传信于将来者乎？达磨之宗，临济为最盛。宋之南渡，豪杰不一出。至其季年，东南诸大道场，率其支流余衰，或以势力相加尚，或以系属相因依，而诸老之遗风殆尽矣。是以执笔之士，考其颠末，揆诸古今，未尝无临文之慨焉。

集往年游吴，与今开元住山，悟光访东屿海公于净慈，恳款笃实，言不妄发，简默自处。泊无世情貌，不逾于中人，而说法之际，音吐洪畅。虽弱不胜衣，而步履整，服秀而有仪。惜乎未久而遂去，不能有以叩其渊微也。公既没之十三年，光自中吴与其门之学者结辑其行实以相寄。予观其初见石林巩公得法之机，又与横川珙公勘辨之说，巉绝奇峭，岂以意识缀缉之所能者哉？明年，光过临川，为集言曰："海公法席之盛，自其门出世者百余人。近年诸师之门，以法器相尚者之众，或未有以过之也。"又曰："师之塔在石林之左，而未有铭也。子为我书之。"

师讳德海，台州临海陈氏子，生故宋宝祐五年二月六日，稍长，常端坐[2]不与群儿戏。父母心知其不能居俗也。年十二，其母舅知益为寒山寺僧，挈与俱。十四，从蜀僧安石山[3]落发。故宋参政鹤山魏公之子、浙西安抚克愚请礼部牒度之为僧，具受大戒。天兵至浙，有卒逐之。前阻水，师默祷观音，因超跃十数丈，及岸而止，若有扶之者然，遂免。

谒石林巩公于承天。石林问师："如何是汝自己？"师拟议，林便推出。师乃有疑。一日，为病僧市药，路忘所向。及归，值林开堂。问曰："尽大地是金刚正体，何处著上座？"师拟对，林即打。师即彻证，呈颂自通。林还净慈，命师

---

[1] "宗靖"，浙图本、天一阁朱本均作"宗请"。
[2] "端坐"，国图本脱"坐"字，据碑文补，详见《宁波历代碑碣墓志汇编（唐、五代、宋、元）》。
[3] "安石山"，国图本脱"山"字，据碑文补。

为侍者。一日，林举"国师三唤侍者话"问之，师答云："不是失却猫儿，即是失却狗子。"林又云："是辜负，不是辜负？"答云："瞒人自瞒。"林以竹篦击之，曰："亢吾宗，海子也。"真觉庵在承天，请主藏。而珙横川迁育王，师舍藏而从之。川室中垂语云："南山笙笋[1]，东海乌贼。"师遽掩其口曰："请师更道。"川以手托开，云："朝看东南，暮看西北。"师拂袖便行，川犹以藏钥留之。师尝见通北院论《雪窦革辙二门》，机语峻快，师作长颂以申之。归天台，瑞岩有宝方山，因夜坐论佛法，授受之际，山骇曰："临济宗坠地久矣！其在子乎？"

至元二十七年，师出世天台寒岩寺，为石林烧香。大德乙巳，受请居姑苏枫桥寒山寺，学徒云集。郡官脱因有子骨鲠数月，医不愈。师抚之，骨即出。又有朱氏子患伽摩罗疾，疮痍被面，气息忽忽来拜。师摩顶及面，七日而愈。人甚神之，而师淡然无所为也。至大己酉，迁昆山之东禅寺。至大辛亥，武宗皇帝赐玺书、金襕衣。皇庆二年，迁杭之中天竺。病时学人惑于声色，作二偈以戒之。延祐二年，的斤丞相以净慈大刹众常万指，屈师领之。室中垂语曰："手握利刃剑，因甚胡孙子不死？"曰："咬破铁馂馅，因甚路上有饥人？"又曰："波斯去帽，蔗咬甜头。"又曰："鱼以水为命，因甚死在水中？"众答语皆不契。昔者，净慈灾，至师住山而后备。驸马沈王[2]将礼观音于补陀岩，闻师日礼观音千拜，寒暑不易，邀师偕往。及至，终日无所睹。王求师祷之，光发岩谷，划然震动，得见变相甚异。王叹曰："非假师道行，吾不能有所睹也。"泰定二年，脱欢丞相请居灵隐。师平生说法，作用自如，不假杖拂，诸方委心焉。四年丁卯九月，示微疾，手书谢丞相及所知识，召弟子付嘱书颂讫，跏趺而化。僧腊五十七，世寿七十二，赐号明宗慧忍禅师，有《六会语》传于世，此略及其一二焉。噫！达摩以直指为宗，而数百年来文字转盛，然而语默动容皆有所发明，得之者自知，悟之者不怖，然则"六会"之语行墨，足以尽见之哉！故铭其塔云：

我观东南，大清净海。高山临渊，上极空界。诸佛贤圣，游戏自在。光音回旋，含摄小大。应时出现，真寂不昧。乃作开士，秀映象外。施无畏者，亦其超迈。奋身绝流，如影历块。岂假舟筏，将迎计载。穹林千树，孤凤垂彩。一闻百悟，昭彻玄解。佛祖授受，密契真戒。六坐道场，吴越之会。杖拂不施，云兴雨

---

[1] 国图本自"笙笋"起至"二门机"计56字，误录于上文"是辜负，不是辜负"之前，现据《明州阿育王山志》予以下移。

[2] "沈王"，国图本作"潘王"，碑文作"潘王"，《明州阿育王山志》作"肃王"。

沛。贵人大官,象马珠贝。三请弥尊,丛席之最。咸劝久住,略不顾对。弟子分布,说法承派。临济道风,懔然谁待?去来何心[1],尘影何碍?悲愿胜行,犹足垂代。

前奎章阁侍书学士、翰林侍讲学士、通奉大夫、知制诰同修国史虞集撰。翰林侍讲学士、中奉大夫、知制诰同修国史、同知经筵事揭傒斯书并篆。至正辛丑四月吉日,阿育王山广利禅寺嗣法住持慧照、大海会寺住持子荣等树石。

德光,新喻彭氏子。骨相奇庞,伏犀贯脑。木平山妙应大师善相,谓此子他日空门梁栋也。绍兴辛酉,年二十一,见大慧南迁,曰:"此古佛,吾安得事之?"后二年出家,遍参诸禅。一日,见饶州天宁应庵送化主,颂曰:"此真临济种草。"亟往依之。虽箭锋相直,然碍膺未决。丙子岁,闻大慧住阿育王山,喜曰:"缘法在此矣。"已而,果大彻。慧示以偈,曰:"有德必有光,其光无间隔。名实要相称,非青黄赤白。"慧归径山,光奉之益虔。遇其说法,座下争执笔抄录。光一历耳根,终身不忘,自号"拙庵",曰:"吾平生多得拙力。"慧入寂,光分座仰山,后住台州鸿福、光孝。孝宗闻其名,淳熙元年[2]春诏开堂灵隐,遣中使赐香。冬,诏入观堂,留五昼夜,数问佛法大意。光敷奏直捷,上大悦,赐号"佛照禅师",赠以御颂。明年,再对,进《宗门直指》。以都下劳应接,乞闲山林。七年夏,上用仁宗待怀琏故事,亦以阿育王处之。逮移御重华,辄令入觐,漏下十刻,乃退。绍兴四年,改莅径山,光力辞。孝宗曰:"欲时相见耳。"庆元元年,许还育王,归老东庵。嘉定三年三月十三日示寂,赐谥普慧宗觉大禅师,塔名"圆鉴"。周益公为之铭,嗣法者遍满四方,师瑞最著。妙胜之殿孝宗书赐德光。

师瑞,九江人,姓谢氏,周岁试晬,独拈《金刚经》,族亲异之。十岁,胆气逸群,不受世羁勒,遂出家。二十一,薙发,遍参诸宿,遂入拙庵德光之室。受请住舒州兴化寺。光送以偈云:"直捷全提向上机,从教佛祖浪头低。如今已是难藏掩,三脚驴儿解弄蹄。"迁浮山投子[3],学徒云集。光自育王应径山请,难其

---

[1] "何心",浙图本作"何必"。
[2] "元年",宝庆《四明志》作"三年"。
[3] "投子",国图本、浙图本作"投午"。浙图本冯案:"此云'投午',下云'投子',是'午'是'子'待考。"宝庆《四明志》作"投子",据改。

继,被旨以瑞补其处。在育王九年,槌拂之下,常六千指。嘉泰二年[1],蜕庵居西塔,时拙庵居东塔,四方访道者交武于其父子间。拙庵顺寂,瑞复住投子者七年。又往华藏,未几,还西塔,谢绝学者,掩扉静坐。嘉定十六年八月二十二日,忽书偈曰:"大地无寸土,秀岩大事毕,大事毕。摩诃般若波罗密。"谢众而逝。秀岩,其自号也。葬乌石山妙智塔之左。楼昉铭之,且序曰:惟临济之道宏矣,六传至杨岐而始分。杨岐四传至佛日而始大,至拙庵而愈盛,而瑞继之。三百年间,杨岐正脉流通布濩,拙庵与瑞之功为多云[2]。

瑞裕,字佛智,吴越王裔,住阿育王山。慈宁太后尝召演法,赐金襕袈裟。绍兴庚午,寂。火后,目睛舌齿不烂。其地发光终日,得舍利者无计,逾月不绝。道士罗肇尝问道于师,时适远归,独无所得,深为悒怏。方与客食,咀嚼间若有物,吐之,则舍利[3]也。大如菽,色若琥珀。遂再拜于阇维所,闻香奁有声,启之,所获如前,而差红润。门人奉遗骨塔于鄮峰西华,谥大悟禅师。

宋濂《扶宗宏辨禅师育王裕公生塔碑》:
我如来设教,骋威神妙智之力,示超绝极致之理,视万劫为旦暮,刹那之顷,三际现前。是故以生灭为一,虽出入靡常,而真如之性炯然[4]长存,既无染净,亦无寡多。习其学者,往往深入禅定,后天地而不凋,不知孰谓之死,孰谓之生也。扶宗宏辨禅师,现坐玉几道场,说法度人,而绝去来之相,预建塔庐山石耳峰下,期他日为设利之藏。其上首弟子师秀,持岳林佳山良珵所聚行事,征濂为铭,勒诸塔上。

呜呼!有若师者,其殆能齐死生、昼夜之理者乎?师名崇裕,字约之,毗陵陈氏子。其母氏梦眉异僧乘肩舆直叩寝门,呼曰:"吾将假馆于斯。"母觉时有娠,十月而生。四岁,始学步。七岁,入小学,资识超群童上。十六,解通儒家言。然体素尪弱,十日而九疾,每睹佛菩萨像,辄互跪瞻礼,依恋不忍舍。父母以其应梦,冀徼灵释氏愈之,命从寿昌院东林晓公为沙弥。院有大梨木,三十年不发

---

[1] "二年",宝庆《四明志》作"六年"。
[2] 上文与宝庆《四明志》所录略异,有删改。
[3] "舍利",国图本脱"利"字,据浙图本冯批补。
[4] "炯然",国图本作"恫然",据《宋学士文集》(《四部丛刊》影印本)改。

花，及师之来，花开满枝，结实大如斝。东林知为祥征，度为大僧，俾受具足戒。

俄蓬累而出，登双径山，谒寂照端公，鞠明究曛，唯以观心为急务。阅二年，未有所证入，偶游东坡池，因操觚一偈。寂照见之，喜云："此龙象器也！"命为侍者，使其便于咨叩。师弗从，复走天目山，见佛慧义公。佛慧授以万法归一语，师淬砺益力，虽金墙铁壁，必欲拓开乃已。佛慧亦期师有立，所以警发者甚至。又二年，师急于求证，复步中天竺山，参广智䜣公，一造户庭，如胶漆相，入即决以超脱死生大事。广智举临济无位真人之言，且诘之云："尔还知否？"师不觉下拜。广智云："尔何所见而作礼耶？"师答云："拜者非是他人。"广智云："从门入者岂家珍耶？"师云："和尚慎毋欺人也。"广智首肯者久之。

越五年，元文宗诏建大龙翔集庆寺于金陵，起广智为开山第一世。师复往依焉，选充维那之职，未几，升主藏室，留广智左右者十余年，尽得其所为道。御史中丞张公起岩问广智云："选佛场中僧伽如此众多，其有弗悖般若者乎？"广智云："戒律精严，言行不相背驰，唯崇裕一人。自受度以来，胁不帖席者三十载矣！"张公深加奖叹，师之声光自是日起丛林中。朵儿只国王时以江浙行省右丞相领行宣政院事，遴选诸方住持，名既上，犹恐其未公也，投钩而定之，师始出世太平南禅报恩光孝禅寺，瓣香之祝，盖嗣广智云。

师以诚遇物，黑白翕然宗之。一日，令圬人墁壁，壁中隆然如有物，函籞扢之，已而复然。抉之，获悉达多太子像，乃佛牙所刻成。师召工傅以黄金，金进裂[1]，设利从中涌出，寺僧觉阜雕小香殿奉之。退迩施者日新月盛，数载之内，百废具举，名闻于朝。帝师大宝法王锡以金号。寻迁九江圆通崇胜禅寺。宋之初，有神僧道济德公将示寂，累青石为塔，语其徒曰："此塔若红，即吾再来。"暨圆机旻公来镇法席，塔果红色，人异之。旻公人号于古佛，及其临终，复尔悬记有三百年后大兴佛事之谶。师入院之夕，众僧梦旻公至，叩其塔，烨然有光者弥月，人尤异之。先是，寺之狮子岩大树皆枯，涧泉亦竭，至是，树则重荣，泉则再涌，识者谓是旻公至师，正逾三百之数，其能动物，盖不徒然也。寺当荐毁之后，唯佛殿法堂粗立，余皆瓦砾之区。师会岁之入，庀匠佣工，创僧堂旃檀林，以居学子；新梵音阁七间，中塑观音大士，傍列二十五圆通像；若三门、鲸音楼、经藏宝阁及上下塔院，属勤旧协心而成之。时荣国公火你赤以朝之重臣，总戎江西，

---

[1] "金进裂"，国图本作"金进制"，据《宋学士文集》（《四部丛刊》影印本）改。

慕艳师之慈行,洊请敷宣大法,申弟子之礼,受持五戒而退。

洪武元年,上即皇帝位,发号施令,雷动云合,开善说院[1]以统摄释教,命大浮屠主之。诸方以师名闻,移主四明阿育王山广利禅寺。寺居五山之一,领其事者,若大觉琏公、大慧杲公、无准范公、横川珙公,俱一时名德,风动四方,继之者颇难其人,闻师之临,少长咸悦,香花远迎者接踵于道。时当仲冬,风恬日妍,天乐四闻,万口称颂,争言见未曾有。及其接引未悟,专指单提向上之功,棒喝纵横,逢者胆落。两序之众,自庆获所凭依,相与戮力,凡宫室之倾仆者起之,缺者补之,黬昧而剥蚀者完饰之。五彩彰施赫奕,亦既美矣。而元舆、智起二师,复营田七千余亩,以资食轮,议者谓犹慈明之有杨岐,宏智之有石窗也。五年秋,上敕仪曹建广荐法会于钟山,遣使者征高行僧十人,而师居其首。师至,召至便殿,问以佛法大意,师以偈献。上览之大悦,因命师书天界寺额,赐食上前。师或假寐,鼻息微有声,邻坐引裾觉之。上叹曰:"此老人无机心,诚善知识也。"

师容貌魁梧,日用之间,服粗食粝,一出于天性,无所勉强。生于大德甲辰,今年七十有五,而康宁如六十余人。屡欲挝鼓而退,为众所拥留而止。《三会语》各有录,行之于学者。所度弟子,曰某曰某云。惟我昭觉大师,上绍临济正传,得法者固多,而虎丘大慧为最盛。虎丘四传而为破庵,为松源,二宗角立,子孙繁庶。大慧五传至佛智晦机师,大辨明慧,洞彻心源,实与二宗抗衡。而大中大夫广智全悟大禅师出承其后,师表人天,上膺帝眷,而声名愈彰矣。师以敦笃之资、凝定之学,当皇明建国之初,作镇名山,续佛慧命,历十春秋,辉光益衍,非有大福德者不能与于斯也。古佛乘愿轮而再至,意者或其然乎?是宜有以昭示方来,不当拘泥常情而弗预图之也。濂老矣!以词章为口业,有来谒者,力拒闭之。今特徇师秀所请而为之者,向真乘之善果,缔般若之正因也。铭曰:

广智人天师[2],普度有情众。天华散毫端,无非作佛事。明光覆一切,盛大莫与等。若非古佛生,定无能继者。悬记若烛照,皦皦不可诬。不然庞眉者,何以叩吾寝?庭梨久绝华,何以发祥征?历诋于诸家,气如狮子王。一声哮吼间,顿使百兽伏。出世方为人,佛牙荐灵异。脱彼泥涂内,设利自然露。俄入圆通

---

[1] "善说院",《宋学士文集》(《四部丛刊》影印本)作"善世院"。
[2] "广智人天师",国图本脱"师"字,据《宋学士文集》(《四部丛刊》影印本)补。

顶，种种示方便。俯视九江水，欲以一口吞。塔放百宝光，弥月光益炽。起行庭宇间，故物若宛然。岩树与涧泉，本是无知物。谁知枯竭余，重荣亦重涌。譬诸籥中灰，时至气斯应。不假于外求，实由因中起。言言有征验，建立大道场。所以弹指顷，宫殿而一成。移住玉几峰，非惟缁素集。鬼神若相迎，天乐半空闻。咸谓未曾有，以法作布施。有如大云兴，遍周河沙界。震雷虢虢鸣，甘雨沛然下。大根与小茎，无不赖霑润。大乘境界中，讳言神异事。我今备说之，欲警阐提者。植此窣堵波，不异青莲花。上品上生者，佗时来示现。洪武十一年云。

唐僧宗亮《舍利塔》诗：
铁轮王使鬼神功，灵塔飞来鄮岭东。有客不随流水去，磬敲疏雪细云中。

宋王安石《寄育王山长老常坦》[1]：
道人少贾海上游，海舶破散身沉浮。抱金满箧人所寄，吹籥偶得还中州。羸身归金不受报，只取斗酒相献酬。欢娱[2]慈母终一世，脱弃妻子藏岩幽。苍烟寥寥池水漫，白玉菡萏吹高秋。夜燃柏子煮山药，忆此东望无时休。塞垣春枯积雪留，砂砾盛怒黄云愁。五更匹马随雁起，想见鄮郭花今稠。百年夸夺终一邱，世上满眼真悠悠。寄声万里心绸缪，莫道异趣无相求。

《又寄育王大觉》诗二首：
山木悲鸣水怒流，百虫专夜思高秋。道人方丈应无梦，想复长吟拟复休。

单已安那示入禅，草堂难望故依然。山口岁暮终岑寂，人更天寒最静便。隐迹亦知甘自足，凭心岂吝慰相怜。所闻不到荆门耳，人老禾新又一年。

《戏赠育王虚白老》：
白云山顶病禅师，昔日公卿各赠诗。行尽四方年八十，去归荒寺有谁知[3]？

戴九灵《跋袁学士诗后》：
此六诗，袁文清公为商隐师作也。元之盛际，文清以学问、词章名震天下，而片言只字，人视之如圭璋珠贝，愿一睹之而不可得。然独于商隐无所爱吝，如

---

[1] 此诗也被收入《欧阳文忠公文集》，题为《奉使道中寄坦师》。
[2] "欢娱"，国图本脱"娱"字，据乾道《四明图经》补。
[3] "去归荒寺有谁知"，王诗多种选本均作"却归荒寺有谁知"。

此则商隐必有大过人者。按商隐乃龙山永乐寺僧。文清尝与同参横川和尚。横川时住玉几山之育王寺,云顶源师、虎邱永师亦与之同参。诗中所言玉几、云顶、虎邱者,盖指此三人也。此诗今为商隐法孙本归所蓄,间出以相示。余祝之使藏诸名山,庶十百年后,知商隐之结交文清,犹如佛印之于东坡,灵源之于山谷。其趣味相同,真是山间林下之人,与夫假士大夫之名以粉饰丛林者异矣。商隐讳予其,字商隐,尝出世里中之开寿寺。文清讳楠,字伯长,官翰林为侍讲学士,其谥文清,与商隐同里闬,四明人。

九灵《游育王》诗:

栩栩招提游,冥冥山海观。玉几峰影横,金沙水流漫。鹫岭骞暾日,雁塔峙清汉。远睇朱甍起,近睹丹宫炫。金轮事已往,舍利光犹烂。亦有巨人迹,不随尘劫换。陟降境愈繁,应接日旋晏。耆阇阇追衍,泉石宁尽玩。浮生谅多途,又动归欤叹。

僧钦题四景

迸出神光夺夜寒,光从七宝聚中看[1]。目前有见有不见[2],总是当机人自瞒。舍利塔。

一脉知从何处通,入檐寒绿浸青松。卒风暴雨犇得过,这里原来有活龙。金沙水。

怒涛翻雪晓云寒,浴出金乌太渺漫。要识全潮全足水,不妨来凭玉阑干。望海亭。

目前法法尽平沉[3],四壁寥寥藓晕深。冷淡中存千古意,须知千古只如今。无异堂。

宿育王寺度香室:

诗思清人睡不成,弹棊啜茗坐更深。洗空两耳浮华事,满座松声与水声。

---

[1] "聚中看",国图本缺"聚"字,据《明州阿育王山志》补。
[2] "有见有不见",国图本缺"见有"两字,据《明州阿育王山志》补。
[3] "目前法法尽平沉",国图本缺一"法"字,据《明州阿育王山志》补。

登玉几山东塔：

满身烟雾冷凄迷，竹树连阴接槛齐。蜡屐高跻望晴日，扶桑拂影海天低。

谢翱诗：

曳舟来山中，出郭税吾驾。独慕欣众腾，晨发乃及夜。岂无城中山，爱此是幽野。横陈玉几峰，隐护碧殿瓦。并州古男子，礼塔于兹舍。而我饮冰人，犹为内热者。拟携桃枝笙，舒卷得饷暇。明席织海草，因之一枕藉。冷风吹雪空，相与坐其下。

乌斯道诗二首：

邓岭名如鹫岭传，刹竿无恙已千年。地雄南土居三佛，山尽东溟倚半天。宸翰香浮高阁表，石泉[1]清出老松前。游人自觉虚生白，犹觅神光上客舡。

灵踪深閟压东南，楼阁丹青闪翠岚。灯影半空摇上塔，炉薰千载出西庵[2]。山看玉几无云好，泉取金沙瀹茗甘。细读长公碑刻画，黄昏万丈觅龙潭。

---

[1] "石泉"，明乌斯道《春草斋集》（四库全书本）卷四作"岩泉"。
[2] "西庵"，国图本缺"西"字，据浙图本补。

敬止录卷之二十九

寺观考四

东

补陀寺

本府昌国县东海梅岑山。宝陀寺始自唐大中年,日本僧慧谔自五台山得观音现相,返其国,舟抵新螺礁不行。谔祷之曰:"使我国众生无缘见佛,当从所向,立精蓝。"有顷,舟行竟泊于潮音洞下。居民张氏目睹斯异,舍所居双峰下卓庵奉之,俗呼为不肯去观音院。宋元丰三年,赐"宝陀寺"额。国朝洪武二十年因悬海,徙附郡城,于鄞之栖心寺内空址建之,名补陀寺。今府志云:"永乐二十二年建圆通宝殿,宣德七年建毗卢阁,天顺二年建藏经宝阁、大悲弥陀殿及廊庑,嘉靖间建十王殿。"

净众寺

县东二十五里。旧号斋堂院。宋开宝二年建,治平二年赐额。《宝庆志》作甲乙律院,常住田六十二亩,山无。《嘉靖志》不载,僧纲司寺册有之。

普光寺

县东三十五里。《嘉靖志》作"南三十五里"。按旧志,于龙山注有普光寺,此应是也,旧名普化寺。晋开运二年建,宋治平元年赐今额。后圮,朝议陈文修重建。《宝庆志》作甲乙律院,常住田二百二十亩,山二百九十六亩。《永乐志》列废寺。《嘉靖志》云:"明正统十二年重建方丈。天顺八年重建佛殿。"

慈福禅寺

县东二十里。《宝庆志》作甲乙律院，周显德二年建，旧名盛店保安院。宋天圣四年重建，治平元年赐"慈福"额，后僧并观音禅寺。今府志不载。

寺有全师，年六十余，日诵《妙法莲华经》，三十余年如一日，以部计之万五千矣，世目之为"全法华"。净照禅师臻老既诗之，士大夫从而和者甚众。最后黄涪翁一诗云："摄意持经尽劫灰，人间处处妙莲开。他时诵满三万部，去觅曹溪一句来。"其徒梵容以告大理寺簿徐耘，将尽刻诸石。耘因言：朝廷名卿、馆阁英俊，下至布衣之士，有以好学称天下，号为博极群书，未有专精如全者也。今之名进士业经而登科者，视经犹祭后刍狗，往往堆积架上，拨弃案边，泯然不复经目矣。或曰吾经已明不必读，或实不明不能读，或酣声利不暇读，此"三读"者岂不愧全哉！

大慈禅寺

县东五十里，大慈山下。又名教忠报国寺。宋嘉定十三年，丞相史弥远建为功德寺，前有万工池。皇明洪武四年毁，住持宝定重建。戴九灵有记，今名大慈寺。《嘉靖志》云："又毁，嘉靖间重建佛殿、僧房。"

戴九灵《上蒙堂记》：

洪武四年十月，大慈山教忠报国禅寺灾。住持沙门南宗定公收合余烬，结屋集徒，蚁穴蜂房，亦既遍处山间林下。然名缁奇衲来游是山者，上雨旁风，无所障盖，乃建上蒙堂以居之。为屋前后各四楹，间中为堂，而旁列四室，室列二榻焉。经始于某年某月某日，后某月某日落成。既成，驰书海上，俾予为之记。

昔宋大觉琏禅师主四明育王寺，即寺建蒙堂，以延九峰韶、佛国白、参寥潜同居以讲道。自后，诸方禅席，咸慕效而为之。蒙堂之建，盖有自来矣。至于"蒙"之为义，或者有未解也。《易》蒙之象曰："山下出泉，蒙。"说者曰："蒙，稚也。泉之始出乎山，未知所适，若童稚然。"蒙之所以命名也，若夫名缁奇衲，寻流而得源，睹物而悟意。其于道也，固已知所适矣，何乃假蒙以示训哉？予释之曰："学道无他求，至乎圣而已。人莫昧于蒙而莫明于圣，犹水之微于泉而巨乎海也。蒙虽昧，至乎圣则明；泉虽微，至乎海则巨。君子观蒙之象而果行育德，非特施于山下出泉时也，于其所自有养之而不丧也，于其所当行决之而不疑也。

此学道者所以长养圣胎于是堂,处则养之以不丧,出则行之以不疑,而大觉之有功于丛社,可谓至矣。南宗当是寺回禄之余,而首兴是役,得非君子之用心?而大觉之徒与南宗于此,亦既无愧于大觉矣。第不知居是堂者,其亦无愧于九峰韶、佛国白、参寥潜三人者否乎?予于是堂之成,固未始不为南宗喜,而又不能不为诸公忧也。忧之如何?欲其如三人而已矣。然三人之道,不可以言喻,而可以象明。诸公出入是堂,观蒙之示训而求山下之出泉也,则知自心灵源初未尝竭,始乎养正,终乎圣功,亦本诸此而已。苟或不然,非惟有愧于三人,而亦有负南宗作堂之意矣。"于是,或人豁然而解,请疏其说,以为记。

九灵《四华世界记》:

距钱湖五里许,有阿兰若,曰"大慈",竺昙瑞师居之。其居之室,名之曰"四华世界",而命予为记。余问"四华世界"之说,则知西方过十万亿佛土,有世界曰"极乐",有佛曰"阿弥陀"。其人无有"三恶""八难""十缠""九恼"。有能诚心大愿、归心是度者,苟念力具足,至尽命时,精诚不乱,则佛为现瑞光摄受,俾得随愿以往生焉。其土极严净,琉璃为地而饰以七宝行树,中有八功德池。池有华,曰"优钵昙",曰"拘佛头",曰"波斯迦",曰"芬陀利",是谓"四华"也。又云,佛之难值,犹优钵昙华之时一瑞世,故师名瑞,字竺昙,而以"四华世界"名其室云。或曰:"大雄氏悯人之溺于染著,是以赞叹极乐,劝之往生,而非实有之也。故曰惟心净土,自性弥陀。则所谓四华世界,果何在耶?今师既居以名室,而又寓夫向往之私焉,则似泥夫迹之有也,失其旨矣。"师曰:"吾佛之道,虽有之而不有,虽不有之而有,非智识所能知,非言议所能辨。子方讥我以泥夫有,而我又惧子之溺于无也。苟一切时不著于佛,不善于法,而净秽两忘,能所俱泯,超然无有之表,则启处周旋,固未尝离乎净土。而四华世界,亦岂远在十万亿佛土之外哉?或不能尔!吾见情以景迁,识以事变[1],言有则泥于有,语无则溺于无,则虽日坐四华之中,而净土之远,有不啻十万亿佛土之外而已。夫如是,则四华世界,又可以有无论之哉?"予闻而异之,且爱其言理而明,因笔受为之记,使世之求乎无生之生者,有以知夫舟筏之在是焉。

---

[1] "识以事变",《四明谈助》作"识以时变"。

戴良《跋定公藏定武禊帖》：

右《定武禊饮帖》，今为大慈寺主僧南宗禅师定公所藏。窃考此帖真迹及石刻，俱已殉葬昭陵。唐末，温韬发其所藏，但取金玉，而帖与石悉弃墓隧中。宋初，耕民入隧，见帖纸已腐，独负其石归以捣帛。定州一游士见而奇之，即以百金市去，世谓之"古定本"。王君贶守长安，取留公库，库焚而石毁。《定武》乃其别刻，历代藏之御府。石晋之末，契丹自中原辇载货宝[1]、图记，北至真定。德光死，汉兵继至，此石弃之中山。庆历中，为李学究者所有。其后，宋景文公守定武，乃取其石，匿诸郡斋。熙宁间，薛师正出牧，其子绍彭好书，因别刻一石易之，世谓"薛氏本"。大观中，绍彭之弟嗣昌，以所易本献诸朝，徽宗命龛贮宣和殿。靖康之乱，遂不知所在矣。其所摹拓古定本差肥，薛氏本稍瘦。王顺伯主肥者，尤延之则以瘦者为真。二公皆好古博雅，其论此帖不同如是，要必互有所见。是本乃类瘦者，其为薛氏本无疑。盖定武初刻，世之奇宝也，旧藏曹南吴志淳家。禅师为卖家傍良田若干亩，贸而有之。

予一日谒禅师慈云山中，禅师出以相示，而俾识诸后。尝观张彦远《法书要录》，谓右军平生所书，以《禊饮帖》最得意，故留付子孙。传七世，至僧智永，乃付弟子辩才。唐太宗遣萧翼诡辩才以得。帖既传之于僧，而第五行有僧字者，盖是时拓本已多，惟僧永所藏为真，故于行间以僧字押缝耳。嗟乎，僧永不可作矣，去之六七百年而此帖[2]复为僧家所蓄，则禅师者岂永之后身耶！且其石刻，一则曰"古定"，一则曰"定武"，皆因"定"之人士、及"定"牧守所藏而得名。今禅师名"定"而实有乎此帖，百世之下，庸讵知不称为"僧定所藏本"耶！凤有缘契，于斯见之矣。然付之弟子，颇难其人。使能知宝爱如辩才者，犹不能保其不失，况下此者乎？禅师后人，尚加慎矣哉！

王忠烈公诗：

莲社仍多竹，云峰尚见花。昔来何幻化，今到复春华。泉瀑吞危石，梅飞就绿沙。轻风更飘举[3]，不动万山斜。

---

[1] "货宝"，元戴良《九灵山房集》（四库全书本）作"宝货"。
[2] "此帖"，国图本脱，据《九灵山房集》补。
[3] "飘举"，国图本缺"举"字，据《四明谈助》补。

月波教寺

东五十里。宋淳熙五年建。越王史浩请额,建赐"慈悲普济"寺额。寺有月波楼,今名月波寺。《永乐志》列于废址,不著讲寺。《嘉靖志》著之,云"大明洪武二十年圮,正统十四年重建"。善月字光远,定海人,生时母梦月入怀,后出家遂名善月,盖古佛名也。居南湖问如来不断性恶之论,有省。史太师以月波处之,学者云集。太师曰:"廪食不足,吾为师办。"史忠献问月曰:"欲何能断?"答曰:"日远月忘。"或问以安心,曰:"心本不动。"有《楞严玄览》《金刚会解》《圆觉略说》《楞严通义》[1]等。

金原素诗:

独上高楼思渺然,月华波影净娟娟。姮娥手种天边桂,洛女神栖水上莲。醉倚朱阑歌白雪,卧听铁笛起苍烟。此中足遂追游乐,不问西湖买画船。

朱石诗:

秋来新水入湖多,数泛兰舟访月波。上下楼台含倒景,玲珑岩石响鸣珂。雨花梵呗空中起,云影天光镜里过。此去濯缨尘虑息,沧浪犹复听清歌。

胡琏诗:

水边楼阁郁嵯峨,一棹清秋看月波。南竺老禅能梵语,东州狂客解吴歌。天垂断岸明河动,云拥长松独鹤过。亦有风流如贺监,画船载酒共婆娑。

刘鼎诗:

满目湖光水镜开,上方楼阁绝尘埃。三秋风露清如洗,万叠冈峦翠作堆。结社肯容陶令醉,赋诗独羡己公才。此时情思殊萧爽,恰似蟾宫晓梦回。此四人同游唱和诗。

青山禅寺

东三十里,东钱湖上。天福三年建,初名罗汉院,宋大中祥符三年赐"青山惠安寺"额。寺有钟秀阁铭,古鼎居之,今名青山寺甲乙住持。《永乐志》列于

---

[1]《楞严通义》,据蒋维乔《中国佛教史》(上海古籍出版社 2004 年版)当作《楞伽通义》。

废址,不著"禅"字。《嘉靖志》著之,云大明洪武间圮。天顺间,僧汝钺[1]、福琛重建佛殿、方丈。《宝庆志》作惠安甲乙律院。

宋全椒县主簿卢慎微记:

四明山支万山,限郡控海,孰究其极?唯东南一峰,截天屏开,无云黛浓,别名青山焉。

山之胜,地之灵,可以图写,可以笔记。乃曰兹山有罗汉禅院,天福三年信士李降权舆也。降因感夜梦,洎达晨兴,历境荒榛,果获遗址。年代寖邈,故录不传,耆耋盲昧,厥由罔究。将以作事谋始,无乃求旧维新,遂以状告于州牧。牧伯显念休异,昭扬声形,爰听傰功,旋嘉讫役。比徒鸠众,祐邦福民。然香续灯,晦旭谁息?佛因孔明,灵应具彰。天祐元年中元日,日中有十六僧腾翔出现,萃于山颠,远近咸睹,逡巡而灭。时许王方治江左之地,闻而异之,乃锡院额,并纪实,以"罗汉"名焉。厥初以降,距五十祀,六移权执,丹楹刻桷,雕墙峻宇,蔑有完者。太平兴国八年,有宝宁上人嗣焉。上人冰雪励行,水月空性,以为真关不可以泥丸封,法轮不可以金栀止,是庄严于眼界,随制度于心机。内竭泉货,外募檀施,补葺圮落,变革晷廪,计较工用,骈罗杞梓。是经是营,不越期星,厥功告成,莫之与京。利既根矣,善亦涯矣,则尝谋曰:"夫传法则称祖,证相则为因。祖其祖,因其因。"于是率财造法堂矣。上栋下宇,以待风雨。栋宇其颓,像设畴依?于是率财修罗汉堂,重建正殿矣。井之德养而不穷也,泥而不食,穷其甚乎?于是出己财治井,并盖井亭矣。彼众员来,我居未宽,于是出己财买山拓址矣。食廪未裕,晨厨乏供,于是出己财买田立庄矣。作无不济,求无不获,于是感乡望黄仁昉、高承德及黄德进妻洪氏、男尹京,舍山并地矣。夫如是,玄风扇俗,钦崇上士之慈仁;大化摄心,胥会众生之归向。轮奂已就,瞻仰斯在。一旦,上人谓慎微曰:"有为之迹,斯言可征。愿托记述,以垂悠久。"慎微曰:"嘻,若夫如来之教横于四海也,惟皇启迪则可久,惟徒扶树则可大。可久之谓德,可大之谓业。式德以业,瞽瞆之所信念。"余不敏,又何足文之也哉,直能终始前后之由,刻于贞石,庶图不朽云尔。时景德三年十一月九日记。

---

[1] "汝钺",杨寔《四明郡志》作"汝钺"。

祖铭,古鼎其号也。生禀侏儒,唇褰缩,齿露龈,声嘶,肤腠如腊。相者谓之曰:"尔相四贱,平生不言可知。"铭因立誓祷之观音大士,日持大士号无算,夜礼像以千计。如是修之四十年,乃渐唇舒齿隐,声圆润而肤腠光腻。前相者遇之,诧曰:"师相非复昔日,当居显位,大振宗风。"后果名盛丛林,历住隆教、宝陀、中竺、径山。年七十九。

刘仁本题其所居东湖书楼诗云:

青山湖上老僧居,百尺危楼万卷书。架插牙签朝旭上,香消古鼎夜窗虚。阑栏干竹色浮蝌蚪,枕簟芸香落蠹鱼。还忆校雠人去远,雨花零乱独踌躇。

丁鹤年题其钟秀阁诗云:

槛外澄湖平不流,窗前叠嶂屹将浮。云霞五色锦屏晚,风月双清瑶镜秋。薝蔔浓香吹法席,芙蓉凉影荡仙舟。结巢拟傍松边住,回首朝簪未肯投。

羡其读书佳山水,与一时名士往来,亦可想见其风流云。危太素为其《行业碑》,宋景濂序其《四会语录》。

二灵寺

东六十里。宋宣和间,正言陈秀实舍山以建,号曰"金栏",兵火一空。绍兴间,知和尊者重建,名曰"二灵"。佛殿两圮,余屋并观音像存。《嘉靖志》云:"洪武十四年圮,成化元年重建。"

史浩创建广德张王庙,像在廊庑下,前有宋韶国师所筑塔址,后重建塔,其上有塔铭,详其事。

戴良《二灵山房记》:

鄞之名山水,不可以一二数,而东湖为最奇。东湖之名山水,不可以一二数,而二灵为最奇。二灵山房则又得夫二灵山水之最奇者也。

山有二灵寺,即寺右庑为山房。寺与山房皆因山以为名,而寺乃和禅宋师[1]讲道之处,山房则今大沙门天渊浚公之所居也。天渊自万寿退归,已逃隐此山。是时山房未成,二灵山水未见其为奇也。一日,命仆人剌筱簜[2]、剪薪

---

[1] "和禅宋师",《九灵山房集》作"宋和禅师"。
[2] "筱簜",国图本脱"筱"字,据《九灵山房集》补。

蒸,辟其屋之隘陋而加葺焉,且凿东壁为牖以通明。于是山房成而境始奇。

盖东南诸山,踊跃奋迅,北走而达于湖,若奔马之饮江,若游龙之赴壑。其旁群峰羽翼乎兹山者,亦皆效奇献巧,若翔凤之展翅,而众鸟为之后先。环之以锦屏,舒之以练带。巉然湾然,如拱如揖。凡境之最奇、所以接乎目而交乎心者,举入乎山房矣。天渊置图书、几砚、供帐诸物于其中,客至则相与倚栏而立,纵目以嬉。不知日之将入,但见泽气上腾,与林光山色相掩苒。倏兮攒青,欻兮浮白,乍合乍敛,翕忽荡漾。已而皎月微吐,横射庭隙,流水下澈,影动虚根,悄骨神,恍不类人间世。此又一奇也。山房之境信奇矣,然必得人焉而益奇。向非天渊之居此也,是山庭宇不过一废区耳。天渊至而山房之名出,然后里邑之人慕天渊之学者,皆往游矣。四方之人闻天渊之名者,又皆往游矣。后来继今,闻风而兴起者,又将若是,而山房之境[1]传之不朽。斯其为奇也,不益大矣乎?噫,此予所以庆二灵之有遭,而山房之记所为作也。

或曰:"学佛之人不三宿树下,盖惧其有累也。天渊知人间情缘之为累,故弃之而学道。知宗门负荷之为累,又弃之而闲放。今以一奇境之故,而眷眷于山房如此,庸讵知是事之非累乎?"噫,为此说者,非惟不足以知佛之为道,而亦不足以知天渊矣。天渊悟心乎空色,而超神乎幻有,其于山房之奇境,犹夫虚空之容物、明镜之鉴妍媸,而未尝有意于容与鉴也。目之所见,果足以累其心哉?且见者我也,境者物也。我为能见,物为所见,苟物我两忘,能所俱泯,则累恶乎生?山房之不为天渊累也久矣。于是或人顾予而笑曰:"愿因吾子从之游。"遂并书之。

知和,一名衣和,昆山人,抵雪窦,见妙高峰顶有藤,蜿蜒下临不测,乃蟠结成龛,为藏修之地,名栖云。尝畜二虎作侍,或跨之以游,逾二十年,移住二灵终焉,即中大夫陈禾读书处。宣和七年寂,塑其像,二虎侍焉。

知和《移住二灵偈》:

竹笕两三升野水,窗前五六片闲云。老僧活计只如此,留与人间作见闻。其一。

十方世界眼前宽,抛却云庵过别山。三事衲衣穿处补,一条藜杖伴身闲。

---

[1] "山房之境",国图本脱"之境",据《九灵山房集》补。

其二。

黄皮裹骨一常僧,坏衲蒙头万虑澄。年老懒能频对客,披萝又上一崚嶒。其三。

身从南岳来雪窦,二十余年不下山。两处住庵身已老,更寻幽谷养衰残。其四。

送天渊浚公还四明序:

文词之美者,见之于世何其鲜哉!凡文词之鲜也,作之者虽精,而知之者未必真;知之者固审,而扬之者未必至。此其每相值而不相成[1]。唐有柳仪曹,而浩初之文始著;宋无欧阳少师,而秘演之名未必能传至于今。盖理势之必然,初不待烛照龟卜而后知之也。嗟夫,浩初、秘演,何代无之?其不白于当时,卒随烟霞变灭而无余者,岂有他哉!由其不遇夫二公故然尔。此余读天渊师之所作,其有感于中矣乎!

天渊,名清浚,台之黄岩人。古鼎铭公之入室弟子。尝司内记双径,说法于四明之万寿,近归隐于清雷峰中,盖法筵之龙象也。余初未能识天渊,见其所裁《舆地图》,纵横仅尺有咫,而山川州郡彪然在列。余固已奇其为人,而未知其能诗也。已而有传之者,味冲淡而气丰腴,得昔人句外之趣。余固已知其能诗,而犹未知其能文也。今年春,偶与天渊会于建业,因相与论文。其辩博而明捷,宝藏启而琛贝焜煌也;云汉成章,而日星照焕也;长江万里,风利水驶,龙骧之舟,藉之以驰也。因征其近制数篇读之,皆珠圆玉洁而法度谨严,余愈奇其为人。传之禁林,禁林诸公多叹赏之。余窃以为,天渊之才未必下于秘演也[2]。人恒言文词之美者盖鲜,呜呼!其果鲜乎哉?方今四海会同,文治聿兴,将有如二公者出荷斯文之任,倘见天渊所作,必亟称之。浩初、秘演,当不专美于前矣。或者则曰:"天渊,浮屠氏也。浮屠之法,以天地万物为幻化,况所谓诗若文乎?"是固然矣。一性之中,无一物不该,无一事不统。其大无外,其小无内,诚不离而为二。苟如所言,则性外有余物矣。人以天渊为象为龙,此非所以言之也。

---

[1] "不相成",国图本作"不成",据《宋学士文集》(《四部丛刊》影印本)补"相"字。
[2] "余窃以为,天渊之才未必下于秘演也",此句或有删减。《宋学士文集》作"余窃以谓,天渊之才未必下于秘演、浩初,其隐伏东海之滨而未能大显者,以世无仪曹与少师也"。

天渊将东还,贤士大夫多留之。留之不得,咏歌以别之。以予与天渊相知尤深也,请序而送之。

铁佛寺

东四十里。元至正二十年,僧本真建。原名铁佛庵,《永乐志》列于庵类,云僧并育王禅寺。今有殿有僧,俗呼为寺。

资寿禅寺

东四十五里,近东吴。元至正间建。《永乐志》列废址,不著"禅"字,《嘉靖志》著之,云久废。大明天顺五年重建,嘉靖间复建佛殿、方丈。

杨伯翼诗:

何年资寿寺,门外紫溪流。草绿斋堂夕,山寒古殿秋。印香占旦暮,种竹比诸侯。难免恶年少,其如老秃鹙。

阮山教寺

东九十里,《宝庆志》作甲乙律院,常住田七十亩,山二千亩。汉乾祐二年建,旧名阮庵。宋熙宁二年赐"寿圣院"额,绍兴三十二年改"阮山广福寺"额,今名阮山寺。《永乐志》列废址,不著"教"字,《嘉靖志》著之,云大明洪武间圮,嘉靖间重修。

珠山净土教寺

东六十里,晋天福元年建,旧名珠山院,宋治平元年赐今额。《宝庆志》作甲乙律院,常住田一百二十亩,山田二千八百亩。久废。大明天顺年重建。《永乐志》列于废址,《嘉靖志》为珠山教寺。

寿国禅寺

县东四十五里,下庄。宋宝祐间,史岩之舍址,僧普门关禅师建,请赐"寿国宁亲"额,后名"寿国"。有宋弥忠祠。元至正二十五年圮。皇明洪武十一年,僧汝霖重建,今僧并育王禅寺。《永乐志》:观李堇山有诗题壁,寺重兴矣。

李堇山题寺壁：

招提藏省岙，青接堇山庄[1]。发兴云俱往，催归鸟自茫[2]。断碑瞻史相，老衲演阿王。鹤引苍松路，苔封白玉堂。磬音知晓籁，梵语出幽簧。露响铜盘滴，秋眠石兽凉。雉飞林跃锦，粳熟涧春香。陟巘抛双屐，回溪恰半航。木题齐国主，像俨宋冠裳。为想祠前月，精神可一方。

宝华教寺

东南六十里。今考尚是东路大慈山前。宋嘉定十三年，史弥远建为功德寺，后圮，僧并延庆讲寺。《嘉靖志》云："天顺元年重建佛殿、方丈，及建庄于宝华桥。"

世忠寺

东四十五里。宋咸淳间建，后圮。皇明天顺二年重建。东吴史嵩之坟畔。正德十六年有碑。

东乡废寺

栖心禅院

旧号"东津禅院"。唐大中十二年，分宁令任景求舍宅以建。景求初贯苏州，曾任明州判官，遂家于鄞。初治第甬东，后徙丰乐乡东山下，遂舍甬东居为寺，请心镜大师居之。会剡寇袭甬掠四明，兵入寺，师宴坐禅定不动，盗众叩礼而退。咸通二年，寇平，郡奏其事，请以"栖心"名寺，旌师之德。卒谥"心镜"。刺史崔琪作碑铭。宋大中祥符元年，赐"崇寿"额。政和八年，有旨以有常住庄产寺院改建神霄玉清万寿宫。州以寺充焉，后仍为栖心寺。国初洪武二年延毁。内法堂址并塔后地改创养济院。余址二十年徙昌国补陀于郡城，僧惟拳舍建补陀寺，留内东首址三分之一，复建"栖心"。永乐间，僧并补陀，栖心遂废。

刺史崔琪《心镜大师碑》：

释氏之宗也，得了悟真机，则旷劫不碍。自释迦去世，至曹溪以降，指心传

---

[1] "青接堇山庄"，国图本缺"清"字，据康熙《鄞县志》补。
[2] "催归鸟自茫"，康熙《鄞县志》作"催归鸟自忙"。

心，祖系绵续。下分万派，不坠本枝，故得之者则迥超觉路，坐越三界。大师之道契，万派之一流也。

大师讳藏奂，俗姓朱氏，苏州华亭人也。母方娠及诞，常闻异香，则知兜率降祥，来从百亿劫。幼怀贞悫，长契玄奥。松风水月，未足比其清华；仙露明珠，讵能方其朗润。故以智通无累，神恻未形，超六尘而迥出，只千古而无对。为儿时，常堕井，有神人接持而出。卅岁出家，师事道旷禅师。弱冠诣中岳，受具戒。母念其远，思之辄泣，因一目不视。及归省，母即日而明。母丧，哀毁庐墓，征瑞备显。由是名称翕然，归敬者众。因欲葺茅诛木，与御燥湿，遽感财施充积，堂庑乃崇。院侧有湖，湖有妖神。渔人祷之，必丰其获。鼍置交骜，腥膻四起。大师诣其祠而戒之，鳞介遂绝。后挈瓶屦，以历湖山。灵境异迹，游览将毕，复诣五泄山，遇虚默大师，一言辨析，旨契符会。噫！显晦之道，日月之所然也。圣教其能脱诸？故会昌、大中，衰而复盛。唯大师居之，莹不能惑，所谓焚之不热，溺之不濡者也。

洎周洛再构长寿寺，敕度大师居之。时内典焚毁，梵荚煨烬。手缉散落，实为大藏。故南海节度杨公典姑苏日，请大师归于故林，以建精舍。大中十二年，分宁宰任景求舍宅为禅院，迎大师居之。剡寇裘甫，率徒二千，执兵昼入。大师冥心宴坐，神色无挠。盗众皆悸愯叩礼，逡巡而退。寇平，郡中奏请改禅院为栖心寺，以旌大师之德。凡一动止，禅者毕集。环堂拥榻，堵立云会。大师学识泉涌，指鉴歧分。诘难排疑之众、攻坚索隐之士，皆立襄苦雾，坐泮坚冰，一言入神，永破沉惑。以咸通七年秋八月三日，现疾告终，享年七十七，僧腊五十七。先是，命香水剃发，谓弟子曰："吾七日在矣。"及期而灭，门人童弟，号擗泣血，乃权窆于天童岩。弟子培坟艺树，三载不间。忽一日，异香凝空，远近郁烈。弟子相谓曰："昔奉大师遗嘱，令'三载之后，当焚我身'。今三载矣，异香其启我心乎？"乃定厥议，揭龛发塔，再睹灵相，俨若平生。以其年八月三日，礼法茶毗于天童岩下。祥风瑞云，竟日隐现。获舍利数千颗，红翠交辉，白光上贯。十三年，弟子戒休，赍舍利、述行状，诣阙请谥，奉敕褒诔，谥曰"心镜"，塔曰"寿相"。

呜呼！菩萨之变通也，出显入幽，视现无极，其可究乎？大师自童孺距耆耋，陈言措行，皆贻感应。复以证前生行业，知示灭之日时，苟非位跻十地，根超上品，讵能造于是乎？在长寿寺时，谓众僧曰："昔四明天童山僧昙粹，乃吾之前生也，有坟塔存焉。"相去辽远，人有疑者。及追验事实，皆如其言。景求将迓大师也，人或难之。对曰："治宅之始，有异僧令大其门，二十年之后，当有圣者居之。"比大师至，止二十一年矣。初，大师将离姑苏，为徒众留拥，乃以棕拂与之，曰："吾拂在此矣，尔何疑焉？"及大师潜行，众方喻其深意。又令寺之西北隅，可为五百墩以镇之。众曰："力何可及？"大师曰："不然作一墩，种柏五株，即五柏墩也。"凡微言奥旨，皆此类也。至若辟元关，喻生死，宏敷至泽，不可备论。咸通十三年，琪祗命四明郡，戒休以其迹征予之文，遂直书其事，以旌厥德。铭曰：

空王设喻，烦恼无涯。惟大师心，照尽尘沙。大师降灵，吴之华亭。方娠载诞，厥闻惟馨。童蒙堕井，神扶以宁。母思眇目，归省而明。渔人祷神，其获丰盈。一戒祠宇，施罟莫婴。象教中亏，贝叶斯堕。手集三乘，遗文可披。识羊祜环，知仲尼命。正色兵威，寄词谭柄。我来作牧，空企音尘。琢兹贞石，庶乎不泯。

慈济讲寺

东三里，乾符寺僧普容开山。至大二年赐额。延祐七年普容示寂，塔于寺东南，金华黄文宪为其碑铭。《永乐志》云：僧并宝云讲寺。

黄文宪碑铭：

四明乾符寺观主大师，讳普容，字太虚，俗姓茅氏，世为余姚县人。年十有四，出家于里之屿山。又十有三年，祝发于杭之昭庆。明年，受具戒于明之开元，依碧溪闻公于明之延庆、杭之集庆者。久之，从石林介公归延庆，得止观法门于桐溪济公。既历四行，雪岑海公为升座说偈，因以主观事。亡何，返屿山。于[1]乾符寺久废新复，半岩全公、北溪濂公咸委以兴造，师为募施者，建寺如其旧，买田一百[2]亩有奇，兴寺别籍，作九品观室居焉。法席偶虚，江湖道俗皆冀得师补其处，避不就。福清州判官杨君，为构精舍城东三里所，白有司以闻于朝，有旨赐寺额曰"慈济"，且加法师号，俾之开山。师黾勉受命，为买田三百亩有奇，赡其众，而仍居乾符。俄一日举净业会于慈济，与众别。明日，遂别士大夫、常所往还者。又明日，趺坐示寂于所居之观室，春秋七十，夏四十四，时延祐七年二月一日也。其月七日，奉全身塔于慈济寺东南十步[3]。所度弟子惟允、法言、

---

[1] "于"，《金华黄先生文集》(清景元抄本) 作 "于是"。
[2] "一百"，《金华黄先生文集》作 "六百"。
[3] "十步"，《金华黄先生文集》作 "若干步"。

可贵等一十有六人[1]。法言既嗣住慈济,始状其行事,愿刊之兹碑,以著永久。

潪谨为之叙曰:师家故业儒,诗礼之学,厥有端绪,今不言,遵其教也。粤自大雄唱灭,殊师异旨,莫适统一。惟天台之传,为得其宗,而学者或梏于章句,有教无行。师盖病之,是故一年修常坐,二年修常行,余时则修半行坐、非行坐。凡然其顶者三,爇其臂者百,阅七年而四三昧以具。既又集同行修大悲期一年、净土期七年。寓公处士慕而与之游,辄为举东林故事。四众从之为四十八愿会者,座下恒数十百人。所著书惟《圆修要义》一卷,而未尝示有证入,故人无得而称焉。岁大饥且疫,为粥活不能自食者,阇维法敛送其死无所归者。今行中书左丞李公,时为绍兴路总管,师为建普度会十昼夜,竣事,若有歌谣声。同知庆元路总管府事张侯以旱告,师为合同修六十人,诣白衣观世音像前,肉香祈哀,感瑞光如璎珞,雨三日乃止。驸马都尉、丞相沈王谒补袒洛迦山,道出四明,膜拜执弟子礼,请主如意轮,期三七日,寻获异梦,益申敬事。此皆世之所共称者也。昔安定梁氏,盖入天台之室矣,然而犹曰:"等觉欤?不可得而知也。"矧以潪之蒙陋,未始一登师之堂,其有以异夫世之知师者乎?撰次其略,赞扬万一云。铭曰:

八教所诠,曰一大事。孰昧其依?得语失义。有伟大师,元珠密契。爰即身心,而指定慧。法网可裂,行海无际。一云在空,润泽旁施。世出世乐,平等不二。侯王顺风,天龙效瑞。徒窥应迹,莫表阶位。勒文焯焯,实告来裔[2]。

明觉寺

东六十里,旧号明堂院,唐宝历二年建。宋治平元年赐额。寺有在在堂[3],舒亶为记。今亡。《永乐志》既列之废寺,今府志又不载,但至今大殿尚存,后必有兴造之者。又《嘉靖志》于"白云山"下注云:"宋建宝庆显忠寺,以赐赵希言,废址尚存。"不知与明觉是一是二。

宋濂碑记:

四明有伽蓝曰"明觉"者,其地在太白山阴。唐天复初,沙门居纳始缚庵庐,修习禅观。至宋某年,比丘某斥而大之。殿堂门庑,一如它浮屠之制。郡守

---

[1] "可贵等一十有六人",《金华黄先生文集》作"等若干人"。
[2] "勒文焯焯,实告来裔",《金华黄先生文集》作"勒文焯实,式告来裔"。
[3] "在在堂",宝庆《四明志》作"住在堂"。

张某为请于朝,而畀以今额。元泰定间,寺僧厄于科繇之烦,悉以土田质于民间,寺事日废。

至正[1]戊戌,僧子琦籍其步亩围落之数,往告阿育王山象先舆公[2]曰:"琦不敏,不足敬承先训,使塔庙一一委诸草莽。人其谓我何?然而非神力[3]不可以掷象,非定见不能以移山,古莫不然,今岂弗类?惟公俭以持己,诚以格人,格人易以集事,持己率以动物。合是二者,何废之不兴?何坏之不补?今敢以图籍进,公其受之。"言毕,胡跪作礼而退。当是时,败屋数楹,颓然荒菅丛棘中。饥鼪穷鼯,后先啸呼,白草凉烟,举目凄断。象先初颇难之,已而曰:"人患志弗坚耳,苟坚矣,事岂有不可为者邪?"于是悉发其储蓄,市材僦工,剔彼秽荒,土复燥刚,位仍面阳。自戊戌至于丙午,不十年间,咸如旧贯。土田质于民者既赎归之,而新置之数又倍于昔,仍令寺僧甲乙世主之。噫,何其能也!世之营建塔庙者,未必无其人,苟不售奇炫巧以病夫民,则借豪氓大贾出力而任之,所以事不难成而功绪易见也。今象先不资众因,不动声气,成此胜域,伟特庄严。四辈之士,如登耆阇崛山,亲睹如来五色相光。非其力之宏、见之凝,不足以与于斯也。此无他由,能信其所有,故能成其所无。是则信者入佛之门,建善之本也。勒诸贞石以告后之人,尚知以信为勖,相与嗣葺之,俾勿坏。

象先,台之临海人,俗姓王氏。得度于雪窗光禅师,深通内学。其来请文者,则用晦熙上人也。系之以偈,曰:

如来设教亦多种,建立塔庙乃其一。塔庙皆属于有为,于真实际无相涉。不知何以济群迷?耆阇崛山及诸处。重阁讲堂无不具,俨然如来在会时。众生贪著于五欲,纷纭胶葛不暂停。有如飞鸟投网中,其心在在难比喻。我佛重以慈悯故,建兹庄严妙胜域。所以夺妄欲趋真,太白山阴降支陇,山川郁蟠护灵气。有一尊者飞锡至,结茅跌坐缚禅寂。后来继者翕然聚,化为宝坊矗天起。金碧晃辉映林谷,钟鱼互答朝夕间。何期鞠为狐兔区,远近睨者增太息。阿育王山善知识,殷勤赴我桑门请。弹指顿开楼阁门,无有一物不现前。我闻成坏世间相,毕竟中有不坏者。旷大劫来至于今,无生无灭无增减。此为毗卢法性门,佛与众生同此入。光明照彻大千界,不分内外及中边。我因造记说伽陀,以

---

[1] "至正",国图本脱"正"字,据《宋文宪公全集》(嘉庆十五年严氏校刊本)补。
[2] "象先舆公",国图本作"象山舆公",据下文改。
[3] "非神力",国图本脱"非"字,据《宋文宪公全集》补。

言语观即非是。

保安寺

东四十五里。宋庆元五年建,有石塔一座。《宝庆志》作甲乙律院,田山俱无。

胜像寺

东四十五里。宋淳熙五年建。越王史浩功德寺。《宝庆志》:甲乙律院。

教忠报国寺

东五十里。宋绍兴二十年建,淳熙六年赐额。《宝庆志》:常住田五十亩,山一百亩。按大慈寺亦名"教忠报国",不应县东五十里有同名两寺。然据所纪赐额在淳熙六年,则先大慈嘉定十三年始建,有四十余年矣。《延祐志》亦载。

《宝庆志》所载:一教忠报国院,不著所在,此是也。一大慈寺,名教忠报国。又另一报国院,不著其地,止云常住田二十亩,山无,兴建亦不著。

悟空律寺

东六十里,大慈山前。史弥远于嘉定间建为功德寺。《宝庆志》作十方律院。明洪武三十年毁。

乌春草诗:层楼杰阁护慈云,暮鼓晨钟咫尺闻。峰削芙蓉天际好,径随薝卜涧边分。清风玉佩来仙侣,静夜篝灯检律文。大海一鸥吾未解,何当从此谢尘氛。

辩利教寺

东六十里。宋端拱二年建。旧系上水保安院,丞相史弥远功德寺,赐名"辩利"。《宝庆志》:常住田八十亩,山三百五亩。

妙智禅寺

东六十里,大慈山。宋嘉定间,史弥远建为功德寺。

灵济寺

县东二里。嘉定十二年,史卫王建,俗呼灵济庵。元至元十六年火,重建[1]。

张端义《论史弥远疏》中有云：营治丘陇，人情之常也。大慈名山之役特异前闻，佛老之宫，至于十数，缁黄之谒，动以千万。犁人之墓，童人之山，冤声愤气，填塞里巷。潜侈贻害，有山陵之所不为；惊雷破柱，天盖有以彰其恶矣。

崇报寺
东五十里。宋咸淳间，提刑史弥正建，旧甲乙院。

寿宁寺
东六十里，宋咸淳间，大理卿史宜之建。《成化志》云"宋乾德间造"。

崇果禅寺
东五十里，跸跨山下。晋开运二年建，宋大中祥符三年赐额，在太白山之南。《宝庆志》：常住田一百八十六亩，山一千一百二十亩。

江下寺
灵桥门外下番滩头，又名"寺湾"。《嘉靖志》云：为晁景迂监船税时造，今废为屯种。市舶船厂即其故地。予谓景迂卑职，力岂能造寺？

兰若禅寺
东三十里。宋绍熙五年建。学士陈居仁功德院，元圮。洪武三年改为盐仓。

盘山禅寺
县东六十里。唐咸通十三年建。明永乐间佛殿圮，尚存余屋。僧并保庆禅寺。今址为黄绶墓。

---

[1] 灵济寺已列入本书卷二十六《寺观考一》城中"旧废寺"。

普恩禅寺

东五十里。元皇庆二年,儒人陈泳施财以建,并割田赡之。延祐元年,其子廷藻于帅府请额。今僧并保庆禅寺。《永乐志》。

广修律寺

东六十里。晋天福五年建,宋大中祥符元年赐额,元延祐间毁。僧德真重建。《宝庆志》作十方律院,载常住田一百三十亩,山一千二百亩。

多福讲寺

县东五里。宋乾德三年建,治平元年赐额,熙宁元年重新。《宝庆志》作十方律院,常住田三十二亩,山无。《永乐志》云:元至正间圮,僧持律师重建,今圮。僧并湖心讲寺。

宋袁毂记

予自昭武归故乡。视其间巷非故也,昔之榛棘者皆连甍而骈栋矣;昔之雕峻者皆萧然而不屋矣。见其父老非故也,昔之孩提者皆顾然而长矣;昔之少壮者皆皤然而老矣,且死者十有八九矣。访其居民非故也,昔之农者今转而为工者矣;商者今流而为隶,贫者富而贱者贵,皆交相而盛衰矣。呜呼!世态之变如此。所不变者,嵬然而高者,吾知其为刹矣;俨然而尊者,吾知其为佛矣;钟于朝,鼓于暮[1],环然而食者,吾知其为僧矣。岁虽水旱,天不能以饥;宅虽不毛,地不能以寒;势虽王公,人不能以贱。求之于迹,盛多而衰少;推之于心,背寡而向众。信乎,非有常者,孰能如此?

甬东有多福院者,乾德三年,州民赵轩舍园作室,主者德全以施无碍之浴。开宝七年,州刺史钱亿易号"兴福"。治平元年,始赐今号焉。熙宁元年,有圆莹者兴其所废,而人乐输其财;新其所故,而工乐竭其力。未信者信,人乐从其化;未悟者悟,众乐入其室。元丰七年春二月,燕然坐终。继者清雅,亦其人也。夫万事之理,勤于未就而怠于已成,佚于有余而劳于不足。师能勤其所怠而劳其所佚,则继师者虽百世,吾知其如今日矣。元祐二年二月望记。

---

[1] "鼓于暮",国图本作"暮于鼓",据延祐《四明志》改。

佛陇禅寺

县东六十里。唐咸通十三年建，初名保安，庆元六年赐名"积庆显亲寺"，充恭淑皇后宅，齐王府功德院。《永乐志》：殿圮，僧并天童寺。《宝庆志》：常住田二百八十亩，山一千二十七亩。

宋濂《兴修记》：

沙门行原，不远千里，逾大江而来京师，谒予而言曰："鄞之天童山，岑锐绵郁，上接空际，其支陇蜿蜒南下，争奇竞秀，苍翠相摎，信为灵僧化士之所窟宅。后唐庄宗时，人见有红光烛天，谓为浮屠氏祥征，因名其地为'佛陇'焉。大比丘咸启乐其幽邃，可以缚禅关，自天童分其徒，结庐以居，已而开拓如他伽蓝。宋治平元年，赐额曰'保安'，然犹以甲乙为居守。至熙宁五年，始厘为十方禅刹。主者照珏，乃大觉琏公[1]之法嗣，黑白瞻依，如水赴壑，于是悉撤弊陋而更新之。夫以有形之物，终归于坏，日就月将，渐致颓圮。元至正□年，住持文舜重构释迦宝殿，未及完而去。二十四年，江浙行省丞相康里公时领宣政院事，选天童内记大基丕禅师主之。禅师既至，升座说法已，环顾而叹，且曰：'起废，吾之责也，四辈其无忧。'居久之，岁丰人和，储积渐充。禅师曰：'可矣。'亟召匠氏补未完之殿，坚致有加；若丈室，若演法之堂，则因旧而葺之；若三解脱门，则新作之；以至庖库庖湢之属，靡不修治如法。复集众，因抟土设像。如来居中，二弟子旁侍，曼殊师利及普贤大士或骑狮子，或乘白象王，东西而从。护法大神各执其物。梵容生动，如欲语者。经始于二十五年之某月，落成于国朝洪武二年之某月。惟禅师早得法于左庵良公，通外内典，梵行清白，荐绅之流皆爱敬之，故能于干戈俶扰之中成此胜缘，了无难者。今虽迁住补陀洛迦山，而犹寤寐不离于佛陇。禅师之功，我众安敢忘？莫坚匪石，愿图文归而镌诸。"

予闻我佛如来[2]为一大事因缘，出现于世。盖以众生汩没妄尘，念念迁谢，起灭不停，过去者始息，现前者纷拏，未来者已续，二六时中，不知暂舍。以此缠缚沉痼，出彼入此，犹如车轮回旋，无有休止。于是兴大悲心，为说三乘十二分教，谆谆膴挴[3]，盖欲众生舍妄趋真，以成正觉。像教东渐，日新月盛。凡方州

---

[1] "大觉琏公"，国图本作"大觉理公"，据《宋学士文集》（《四部丛刊》影印本）改。
[2] "我佛如来"，国图本脱"佛"字，据《宋学士文集》补。
[3] "膴挴"，《宋学士文集》作"膴诱"。

列邑,名区奥壤,莫不有梵宇禅居[1],以安处其徒众;亦欲解佛之言,行佛之行,以究夫妙湛圆明之性而已。俗习下衰,或借此为利养,而不知先佛忘形为道之计。曷不思之香积之供,五味[2]丰美,视日中一食者为何如? 穹居华寝,方床邃筵,视树下一宿者为何如? 是宜精进策励,如上水舟单篙直进,如磨铁杵必欲成针,不至于成功不止可也。禅师之缔构艰勤[3],其意诚出于此。圆顶方袍之士于于而来、熙熙而处者,尚无负禅师之所望哉? 虽然,如来出红莲舌轮,遍覆大千界中,至今演说妙法,大地众生,无不得见,无不得闻。况日照而月临,风驰而雨驶,山峙而川流,真常之机时时发现,无一刻止息。有能于此证入,世间名相一时顿忘,其与如来清净法身,非同非别。回视是刹,飞楼涌殿,虽居尘世,亦与香水海中、华藏世界,等无有异。予也不敏,尽阅三藏,灼见佛言不虚,誓以文词为佛事。今因行原之请,略为宣说,以记寺之成,使其徒知所自励。若曰专纪岁月,以告来者嗣葺之,则其意末矣。

广严教寺

东四里,旧号华严院。晋开运元年建。治平二年赐额。明永乐间并宝云讲寺。《宝庆志》: 常住田一百二十亩,山无。

广寿教寺

东五里,周广顺元年建,旧号崇庆院。宋庆历七年赐额,今并宝云寺。《宝庆志》: 常住田八十亩,山无。

法因住四明广寿三十年,冥心净业。偶在疾,集众讽《观经》,称佛号者三夕,曰吾将行矣。或请留偈,为之书曰:"我与弥陀本无二,二与不二并皆离。我今如此见弥陀,感应道交难思议。"端坐结印而逝。

法云律寺

东七里。宋乾德五年建,旧号甬东浴院。治平二年赐额。《宝庆志》作十方律院,载常住田一百八十亩,山无。今址改建盐仓。

---

[1] "禅居",《宋学士文集》作"禅庐"。
[2] "五味",国图本作"五美",据《宋学士文集》改。
[3] "艰勤",《宋学士文集》作"维勤"。

大悲寺

东十五里,旧名金莲庵,西上桥林氏所建,存留院也。院有千手眼大悲观音。宋绍兴间改今寺名。《宝庆志》作甲乙律院,载常住田六十七亩,山无。

天寿保国接待寺

东二十里。元至元二十三年,僧大逵建。元贞二年赐额。今址改创盛店急递铺。

溥济庵

东一里,桃花渡侧。元泰定初,僧可贵[1]建。开县翼万户完哲图赞成之。

净明庵

东五里。元泰四年,僧善实建。永乐,僧并城内境清禅寺。

无相庵

东六里。宋淳熙三年,僧古鉴建。嘉定间废。元至正二十年,僧了性重建。永乐时,僧并补陀禅寺。

杨树桥庵

东十五里。宋德祐二年,僧了因建。僧并城内天宁禅寺。

以下凡言僧并者,俱永乐时,不赘书。

真际庵

东十五里。元致和元年,僧净昶建。僧并补陀禅寺。

常寂庵

东二十里。元至正四年,僧枯木建。僧并育王禅寺。

---

[1] "可贵",至正《四明续志》作"可遗"。

化城庵

东十五里。宋吴僧德安携二侣道锡、自固,礼育王塔至此,讶其孤迥,创数椽为缁,结憩止。宝祐元年圮于风,时安与锡皆亡,自固欲复之而未遂。郡人以道殣相望,从浮屠法聚遗骸募资,固尸其事。事竣有余赀,众与固鬻牒了身事,固悉以兴土木,茸成旧绪,筑海塗为良田,名化城院,后名化城庵。

金轮庵

东四十里。元至正间,僧妙契建。

大田庵

东四十五里。元至正间,僧大云建。

五塔庵

东六十里。元至正间,僧元禀建。

大林庵

东五里。元至正间,僧本源建。

佛路庵

东五十里,福泉山麓。其地旧名"半路",有庵主古镜,俗系大嵩倪氏,道德远闻,皈依甚众。人称为倪古佛庵,因名佛路。今其裔繁衍,旧志不载。系寿昌普同塔庵。

堂

宝所经堂

东四十五里。元至正间,僧圆机建。

妙心经堂

东八十里。元至正间,僧思齐建。

福德堂

东六十里。元至正间,僧至善建。

邓峰草堂

《成化志》"草"误"景"。县东四十里。元至正五年,崄崖谢居士建。予按:即阿育王寺东。"邓峰草堂"四字为泰不花篆。

尼寺

广智寺

东五里。元大德十年建,今圮,址为民居。见《延祐志》。

善严庵

东五里。元至正四年,僧德慧建。

觉城庵

地名佛陇。古佛陇寺旧址,在其前一里许。崇祯甲申国难后,高中丞夫人徐淑人避兵于母家,建焉。地买之徐唯叔,即淑人弟也。天童和尚道忞书"觉城"额。壬子夏,淑人没,即葬于后山。徒女僧玄朗、玄□、玄嗣主庵事。

敬止录卷之三十

寺观考五

东南

保福禅寺

东南七十里,大梅山下。唐贞元间,法常禅师悟道地。初建号"北兰院",大中元年改"报国仙居院",宋大中祥符三年赐"大梅山保福院"额。淳熙十六年,僧行源重建,适斋汪大猷有记。元至正间,寺毁记焚。元末,知昌于寺开堂,修建一新。《宝庆志》:常住田七百二十五亩,山二万五千四十二亩。

寺志略常师传云:

师嗣马祖,襄阳人,姓郑氏。幼岁于荆州玉泉寺脱白,及壮,行脚至江西。初参马祖,遂问:"如何是佛?"祖曰:"即心是佛。"师即大悟。后讯祖居处,祖记以谶曰:"逢梅即止。"师乃复自襄阳东游海上,之梅子真旧隐,喜应祖谶,遂缚茅山之北麓,燕处二十余年,衣荷食松,人罕知者。

唐贞元中,盐官会下有僧,因采拄杖迷路,至庵所,见师坐藓石上,遂问:"和尚在此多少时?"师曰:"但见四山青又黄。"又问:"出山路向甚么处去?"师曰:"随流去。"僧归,举似盐官。盐官曰:"我在江西时,曾见一人,自后不知消息,莫是此人否?"乃令僧来招之。师答以偈曰:"摧残枯木倚寒林,几度逢春不变心。樵客遇之犹不顾,郢人那得苦追寻。"又曰:"一池荷叶衣无尽,数树松花食有余。刚被世人知住处,又移茅舍入深居。"

马祖闻师住山,乃令僧问:"和尚见马大师得个甚,便住此山?"师曰:"大师向我道:'即心是佛',我便向者里住。"僧曰:"大师近日佛法又别。"师曰:"作么生?"僧曰:"又道'非心非佛'。"师曰:"者老汉惑乱人,未有了日。任他'非心非佛',我但'即心即佛'。"其僧回,举似马祖。祖曰:"梅子熟也!"

襄州庞蕴居士闻之欲验师，特来相访，才相见，便问："久向大梅，未审梅子熟也未？"师曰："熟也。你向甚么处下口？"士曰："百杂碎。"师伸手曰："还我核子来。"士无语。

自此学者渐臻，道声弥著，众满半万指，乃就北麓之阳创构禅宇，即今保福寺址。忽一日，谓其徒曰："来莫可抑，往莫可追。"从容间，闻鼯鼠声，乃曰："即此物非他物，汝等诸人善自护持，吾今逝矣。"言讫示灭。阇维得五色舍利，塔于山之西冈。方土阜时，有一虎于海边，衔乌石如球者垒而嵩高。塔成，虎亦毙，因瘗之，至今塔侧有土冢存焉。虎盖素伏师左右者也。师住世九十年，坐六十三夏。法嗣三人：杭州天龙、新罗伽智、新罗忠彦。

护圣禅寺

东南七十里，大梅山下。唐贞元间，法常禅师悟道之地，诛茅结庵。开成元年建寺，名曰"上禅定"。会昌间废，大中间复建，名观音禅院。柳诚悬书额。宋大中祥符元年，赐"大梅山护圣"额。其山，汉梅子隐旧隐也。寺有梅熟堂、荷衣沼，岁久堂圮，惟佛殿存焉。皇明嘉靖间重建方丈。《宝庆志》: 常住田一百七十二亩，山二万五千四十亩。

戴九灵《常禅师语录序》：

学佛之人谓一切语言皆壅蔽自心光明[1]。又谓语言，道之标帜也。盖道之妙，不可以语言传而可以语言见。予观常禅师初见马祖，问："如何是佛？"马祖曰："即心是佛。"后有一僧问云："师见马祖得个甚么？"师曰："马祖向我道：'即心是佛。'"僧曰："马祖近日佛法又别，又道'非心非佛'。"师曰："任汝'非心非佛'，我只管'即心即佛'。"马祖闻之，为之叹许。大哉言乎！非道之所由以见者乎！故自是而后，师之道行日著，而学徒之至如归，以至临殁示众"物非他物"一语，洞见生死庭户，无少留情，信其为一代之伟人矣！

鄞大梅山之护圣寺，盖师讲道之处。寺旧有《语录》，常锓梓以传，后毁于火，不存者久之。复言憗公主是寺之日，为请文海郁公，朝勘夕照，裒集成帙，而并采唐宋以来诸硕德拈提、颂古、诗偈等篇，及凡名人巨公所为碑碣、题咏之类，附之《语录》之左。复言方重入于梓，未及成而退席矣。本宗生公实补其处，乃

---

[1] "自心光明"，国图本作"自己光明"，据康熙《鄞县志》改。

急唱衣钵,命工完之,仍介文海求予序其首。

夫道以心而传,以言而显。言固不得与道抗,而道实不离乎言。粤自达磨西来,有所谓"教外别传,不立文字"之说,学者遂至摈弃语言,绝口而不及,曰吾师达磨尝云尔。彼独不思马鸣、龙树、百丈、断际诸师皆前后达磨而兴者也,或兼契经以造论,或借龙宫之书以泛观,或精入乎三藏,或该练乎诸宗,语言之显夫是道者,其可尽弃之哉?

师为马祖的嗣,而是《录》也,一皆开辟正信,直明一心,以归合佛祖之所示。非世之应机酬诘,以枝词蔓说为辨博,勾章棘句为迅机,岐道而二之者,所可同日语也。学者于此,苟能借言以显其无言,以求所谓道者而躬行之,庶几大法全体离语言相,用以证夫达磨氏之说,而于教外之传亦何同而何别乎?夫如是,则文海之所集不为徒是,复言本宗之汲汲于刊布者不为虚行矣。虽然,学者其勉之。

师,襄阳人,俗姓郑氏。世系、入道之详,具见传灯,兹不赘述也。

大梅山旁有石库,相传神仙置药之所。一夕,常禅师梦神人告之曰:"师非凡夫,石库中有圣书,受之者为地下主,不然亦为帝王师。"师于梦中答曰:"昔僧稠不顾仙经,其卷自亡。吾以涅槃为乐,厌寿何啻与天偕老耶?"神曰:"此地灵府,俗人居此,立致变怪。"师曰:"吾寓迹梅尉之乡耳,非久据也。"

《宝庆志》云:旧志云法常初领千众住持,每云一日不作,一日不食。日惟啗白墡饼子,不同众僧之餐。山间患无水,乃感象眠为池[1],虎跑为泉。今象齿犹存。据此说,寺乃法常所建,与《传灯录》所谓"入山惟恐不深"者不同,且旧志云"开成元年建"。上距诛茅建庵之时,已三十余载矣,岂始虽避人而来者日众,乃建寺以容之耶?

袁桷诗:独秀峰前倚槛看,翠飞楼阁出巉岏,荒坟虎葬唐僧骨,古井龙窥汉尉丹。荷沼秋枯霜镜净,松林风撼夜涛寒。年年四月黄梅熟,犹忆调羹齿颊酸。

---

[1] "象眠为池",国图本作"象眠为地",据宝庆《四明志》改。

朱右诗：西辞马祖入深居，大坐荆榛得自舒。嚼碎黄梅还旧核，归同白虎瘞荒墟。千年塔影神光动，独秀峰岚佳气余。松食荷衣今尚在，老庞踪迹未应疏。

保庆禅寺

县东南八十里，象峰山前。《宝庆志》作甲乙律院，"保"作"宝"。常住田三百五十亩，山三千八百亩。《嘉靖志》作教寺，旧号"保庆院"。唐乾宁元年建，宋大中祥符元年赐"法庆寺"额，明洪武初改"保庆"。永乐间，佛宇圮，惟东首观音殿存。

金峨禅寺

东南六十里，金峨山下在梅溪里。唐大历元年建，旧号"罗汉院"。宋治平元年赐"金峨山真相院"额。《宝庆志》：常住田三百三十二亩，山四千二百二十亩。明永乐时已圮。《嘉靖志》：宣德间重建，成化间废，正德二年复建法堂，后圮。嘉靖二年改建，升于山麓。

万表诗：

逢人每道金峨胜，况与山僧隔岁盟。霜叶未零秋色在，冻云犹合暮烟生。禅宫遥向层峦上，竹径迂从曲涧行。夜静堂深同对酒，故园朋旧有余情。

沈一贯诗：

城头南望最高山，几度登楼拟一攀。落日独摇藜杖至，春风偏向草堂闲。降龙老衲留衣在，化鹤先生弃羽还。茗碗香炉宾主寂，不须牵闭薜萝关。

屠隆诗：

台殿苍茫外，高低万树屯。鸟将云气合，风带水声喧。细路盘霄汉，青山落寺门。空堂夜闻虎，萧瑟起林昏。

宝地联沧海，禅房隐法轮。山深长作雨，地远不逢人。日月空三界，烟霞是四邻。晓来望峰顶，争出碧鳞岣。

僧信贤诗：

碧溪流水半含苔，烟锁峨眉不放开。败屋数层朝磬断，疏林一片夕鸦来。

香厨有釜谁供爨,霜月无云独照台。留偈仙翁何处去,疑同飞锡上天台。

金文禅寺

东南七十里。唐乾宁二年建。旧号"金文忏院"。宋治平元年,赐"金文山惠照寺"额,后圮。僧并保福禅寺。《嘉靖志》:嘉靖二年毁,三十年重建法堂、方丈。

白云禅寺

东南八十里,宋乾德五年建。大中祥符三年赐"白云延祥"额,今名白云寺。《永乐志》列于废址,不著"禅"字。今《嘉靖志》著之,云大明洪武间圮,正统间僧宗光重建佛殿、山门。《成化志》云:宗光于县东南四十里黄麻岙又建塔院,为退隐地。《宝庆志》:常住田六十亩,山四千四百四亩。

五峰禅寺

东南五十里,旧号"五峰院"。晋天福六年建。宋大中祥符三年赐"五峰山崇福院"额。《永乐志》列废寺,《嘉靖志》不载。今此寺颇有殿宇,近又有修饰之者。世宗后当有重兴者,容访之。《宝庆志》:常住田二百七十亩,山六百八十亩。

王应鹏诗:

一别兹山久,重来鬓已丝。雨苗分旧药,风箨露新枝。西岭云归暝,东峰月上迟。旻公向何处,惆怅独移时。

隐学教寺

东南四十里,隐学山下。唐建中二年建,名隐学。宋大中祥符元年赐"栖真"额,后乃名隐学。元至正二十五年圮,皇明洪武十年僧自永重建,后又圮。今僧并延庆讲寺。宣德八年重建。《宝庆志》:田二百一亩,山六百八十一亩。

宋沈辽《复放生池记》:

隐学山之栖真寺,有放生池焉,在钱湖之阴。其流西出而南汇,其为浸五百亩。唐大历时,宏教诠师于此修行,垂三十年,有徒万指。方天下凿放生池,而此寺最为胜者。以钱湖之广弥亘数百里,而虫鱼龟鳖蠢蚌之属,咸集于幢下[1]。洋洋然,围围然,使有生之命,享无穷之乐者,于是为圣人之泽。其至乎诠师入灭,其徒散去。五代焚扰,寺与池且废,而其故址余波几不可辨。较大历之世方袍圆顶者,百无一在,而居离离若将旦之星,或在或亡,尚谁统律哉?

熙宁元年,太常博士张侯峋为令,乃复改作,使聚十方传僧,以宝云正公领之。未逾时而正公去,以修公至主之。县为召山旁耆耋,画其疆界,于是地仿正矣。后三年,黄侯颂时,民或治其地,益辨正之,四隅为立石表焉。盖池与湖相通,而不相犯也。迨今光禄丞虞侯大宁,乃始白于州。州为出檄以诏来者,然后毕复大历之胜矣。

予以为放生池者,以好生之德被及群物,尧舜之事也。为政者以尧舜之事事于上,其可不谓贤于人乎?今教主修公,乃昭庆法师之高弟,本天台之学,为时所依。向以予备官于州,往来数相从,请予纪其因缘之绪。予方得惠施之乐,而识流水之义,于是喜为书之而不拒焉。

熙宁七年十一月辛亥,承奉郎行太常寺[2]奉礼郎监市舶司钱塘沈辽记。

薛敬诗:
薄言山寺去,两度出东郊。湖水添新绿[3],山禽改旧巢。烟霞野衲径,鹿豕故人交。钟磬云深处,来听几夜敲。

延寿王教寺

东南六十里。《宝庆志》作甲乙律院,载常住田二百六十二亩,山三千一百二十一亩。晋天福二年建,旧名延寿王院,宋熙宁元年增"寿圣"二字。绍兴三十二年改"延寿王广福寺"额,今名"延寿王"。僧并资福教寺。《嘉靖志》云:"大明宣德间重建佛殿、观音殿,及甃福泉、锁翠、万岁、宝珠四桥。"

霞屿讲寺

东南六十里。东钱湖心有小屿,兀然其中。宋嘉定间,大资史岩之凿山为

---

[1] "幢下",国图本脱"幢"字,据《宁波历代碑碣墓志汇编(唐、五代、宋、元)》所录碑文补。
[2] "太常寺",国图本作"太常事",据《宁波历代碑碣墓志汇编(唐、五代、宋、元)》所录碑文改。
[3] "湖水添新绿",清朱彝尊《明诗综》作"湖草添新涨"。

观音洞,仿宝陀山以建。《永乐志》列于废址,不著"讲"字。《嘉靖志》著之云:"大明洪武十九年废,永乐二十年修复。宣德八年,江心杨孟辉重建。"

戴表元诗:
霞屿岚烟接渺溟,老仙万锸敞林扃。峰前雁起湖云净,池面龙来海雨腥。阅世僧闲头黑白,游山客爽句丹青。何缘飞去清凉国,雨夜翛翛著翅翎。

李锷诗:
孤墅晴霞映竹关,梵王宫殿水云间。微茫迥与人相绝,幽寂只宜僧自闲。最爱灵岩如赤壁,误题形胜作金山。平生素有烟波癖,到此悠然忽忘还。

胡琏诗:
水中孤屿若浮螺,来往争传小补陀。碧洞涵虚开白石,朱甍倒影入苍波。老僧衣钵千灯后,客子舟航一叶过。此日登临抚遗迹,满湖秋色暮霞多。

择阳讲寺

东南五十里。汉乾祐二年建,原名择阳寺。宋治平元年赐"悟真"额,今复旧名。《永乐(志)》列于废址,不著"讲"字。《嘉靖志》著之。《宝庆志》:常住田二百二十二亩,山四百四亩。

明心教寺

东南三十五里,厉山下。唐元和二年始建,寻圮。晋天福五年复建,名厉山院。宋治平二年赐"明心寺"额。元祐间,僧明显建碧玉流任三纶于寺,读书,造袈衣庵,建炎兵毁。绍兴三十年,吴孟春重建。嘉定四年,建僧堂。绍定六年,僧妙绪建鲸吼楼。元至元二十年,风雨圮,僧秉中重建。延祐五年建致爽阁。天历二年,僧宏普造方丈与入山亭,岁久圮。明万历末,重建大殿。

延福寺

东南二十里。《嘉靖志》作教寺,唐大中十三年建。旧名天王院,有天王像。堂前有灵鳗井,祈雨辄应。宋治平元年赐额。《永乐志》列在废址内。《宝庆志》作甲乙律院,常住田三百八十三亩,山无。元至正间圮。大明景泰三年,住持永能重建佛殿、方丈。成化间毁。嘉靖二十七年，僧纲福殷重建。万历间，寿昌住持觉文建楼廊及慧日堂，其孙承裔重修寺宇。当湖倪长玗题其退居曰"最后"。其跋云："最后者，天王寺之后宇也。天王，古延福也。仰如裔禅师既老，退寿昌而居后宇，密修净业，于人于境，于事于理，咸有之。故题云然。"

多宝教寺

东南八十五里，旧名管江院。宋开宝元年建，治平二年赐今额。《宝庆志》作甲乙律院，常住田八十五亩，山六十八亩。

僧则交，慈溪方氏子。始生，遇相者曰："此儿出家则成道。"长，入多宝院，师若旻大智照公。照公讲于钱塘祥符东院，师与其徒六人服勤左右，学益通，号"六罗汉"。凡有咨承，大智可之，遂传其要。归，住多宝，忠肃陈公瓘与相好，超然心契。晚辟谷不食，趺坐而逝。天大暑，数日不掩龛，色不变。建塔院于西山，敷文阁待制朱翌为铭。

祥符教寺

东南八十六里。晋天福三年建，名西溪[1]。宋治平三年赐名"法宝"。嘉定中，尚书史弥坚请为功德寺。十七年，改今额。《宝庆志》作甲乙律院，常住田一百七十亩，山三十亩。《嘉靖志》云："久废，大明天顺间重建。"

东南废寺

东山禅寺

东南四十里。旧号东山安国院。唐大顺二年建，宋政和元年赐"东山福昌"额。淳祐七年，丞相郑清之增田重建，为功德寺，请赐"东山慧福"额。今为东山禅寺，有郑相祠堂。《宝庆志》：常住田四百三十五亩，山一千一百二十亩。永乐间，僧并金峨禅寺。《嘉靖志》不载。

郑清之诗《题东山上方》：

谢公雅志在东山，一入黄扉不复还。公去我来山属我，为公偿却半生闲。

---

[1] "西溪"，国图本作"西汉"，据宝庆《四明志》改。

僧大圭《送陆天然往东山》诗：

白门柳色青垂烟，春风晓送龙江船。四明南望二千里，十日卸帆鄞水边。丞相祠堂在何处？花发东山今几度？谢傅高风尚可攀，振锡玲珑入山去。金峨峰前启祥云，巨鳌夜戴三山出。晨钟吼彻寒溪霜，粥鱼催上沧溟日。此行何以报君恩？天花吹雨来缤纷。登临稽首望金阙，晴空霭霭江东云。

刘鼎诗：

路入东山景更佳，岩居深处寂无哗。前朝相冢今荒草，后代衣冠能几家？林鸟下偷香积饭，山僧留吃赵州茶。漫将诗句题青竹，却忆重来岁月赊。

尊教禅寺

东南四十里。晋天福三年建，始名"慧日"，宋治平元年赐今额。元至正间，旧损重修。今僧并保福禅寺。《宝庆志》作甲乙律院，常住田八十八亩，山三百八亩。《永乐志》：宣德间废。正统十四年，道人谢务本重建，为甲乙住持。

福林禅寺

东南六十里。《延祐志》：元至正三十年，僧圆珏建，赐额"大明"。永乐二年，风圮。五年，僧清隐重建。后僧并海会禅寺。《嘉靖志》不载。

禅寂讲寺

东南三十五里。宋雍熙二年建，治平元年赐寺额，今圮。僧并延庆讲寺。正统十二年重修。《宝庆志》作甲乙律院。

王来诗：

门对青山翠插天，数声啼鸟隔苍烟。参差楼阁东湖上，时有诗人棹酒船。

邓桥广福教寺

东南二十五里。宋天圣四年建，赐名"寿圣"。绍兴三十二年改今额。《宝庆志》：常住田一百二亩，山无。

慧灯教寺

东南二十里,旧号朱村院。宋建隆二年建,治平二年改今额。《宝庆志》:常住田一百十三亩,山无。

云龙寺

东南二十五里。宋嘉定间建,赐额。《宝庆志》作甲乙律院,常住田一十亩,山无。

福圣教寺

东南四十里,旧号东山塔院。宋乾德四年建,治平元年赐今额。《宝庆志》:常住田七十九亩,山二百三十四亩。

普光教寺

东南六十里。宋宝庆间建,赐额。天顺八年重建。有两普光,一为甲乙律院。

菩提广福寺

东南八十五里。唐乾符六年间建。宋大中祥符三年赐额。《宝庆志》作十方律院,常住田四十六亩,山三千亩。

庵

南坡庵

东南十里。元至元五年,僧慧足建。僧并城内宝云讲寺。

四港庵

东南十五里。元至元五年,僧不昧建。僧并金峨禅寺。

积庆庵

东南一里。元至正十年,毒海禅师建。僧并保福禅寺。

懿方庵

东南五十里,象坎山下普庵祖师塔所。明正统八年,崇教嗣僧文諲重修。

自在庵

东南三十五里,观音寺庄也。寺废,庵归城中西寿昌,因寿昌无用全公曾主观音故也。旧志俱不载。

东皋精舍

东南二十里。永乐二十二年,境清寺僧文泓捐资建。后即筑塔于中,置田一顷为香灯费。宣德、正统间,嗣汝镡,徒孙志坚、志培等增置房屋。

南

常乐讲寺

南二十里,栎社。宋治平间,僧宗晓建。建炎间废。元至元二十二年,住持惠隐重建。山门外有石塔一座,井一口,名曰法华泉。《嘉靖志》云:"大明正统六年重修,十一年鼎建塔庵,今尽废,仅存法殿。"

嘉靖四十八年,吏部尚书闻渊敕葬于其侧,在禁步之内禁其修辑,不许兴造。官府为之立案。

宗晓,姓王,号石芝。初在延庆,凿井于此,以饮行者,名法华泉。作亭其上,缚屋数楹。得魏文节公"常乐"旧额,创为"接待"。此寺所由始也。

东林教寺

南三十五里,茅山东九里。唐天祐十年建,始名东林寺。宋治平二年赐额"圆通教院"。后复今名。《宝庆志》:"常住田一百八十三亩,山无。"《永乐志》载圆通寺,名列于废址。

南剑陈瑾与复州张徽,尝游此。《四明耆旧传》云:"结彼世外交,遇之于邂逅。"政和六年,僧智仁建问月、松石二轩。建炎兵毁。绍兴二十一年,侍郎张宣重建。淳熙元年,僧圆净建钟楼。元延祐三年,太子詹事张伯熙建藏殿。洪武三年毁。宣德七年重建法堂,正统九年重建大殿。

盛次仲咏松石轩诗:一松偃蹇苍龙蟠,一石巉岩老虎踞。漫来题作龙虎轩,只恐风云卷将去。

西林律寺

南三十五里,茅山东。原名报国西林院。唐乾宁二年建,晋开运三年修[1]。宋治平元年赐额"宝林"。僧宗泽建琼阁黎房,丰稷读书其中。德祐二年,兵毁。元大德二年,里宦康大成重建。寺西有净土池。《宝庆志》作甲乙律院,载"常住田八十八亩,山无"。

南林教寺

南三十五里,茅山东七里。宋治平元年,宝林僧大德建,名"思敬庵"。建炎元年,普安僧宗伦重建。咸熙六年,陈骑生太师致仕,建法华堂、释迦殿。元至元间,僧知圆建修德斋。元贞元年毁。泰定四年,陈长卿建,请今额。至正二年,陈应璘重建。永乐间,僧并寿昌教寺。

北林寺

地名周韩。明万历四十八年建。

治平教寺 南三十里。后唐清泰二年建,始名"保丰"。宋治平元年,赐今额,后圮。明永乐年,僧并延庆寺。《嘉靖志》云"天顺间重建"。嘉靖三十四年重修。在元袁桷有记。《宝庆志》:"常住田二百九十亩,山无。"记曰:

治平寺主者以建寺本末谒予为记。其状曰:寺在城南门外,渡江曰铜盆浦,乡曰鄞塘。平畴郁密,松竹环植,望之竦然其间者,即治平也。寺建于后唐清泰。僧曰道隆,以《法华》劝民习诵,持善果,刱是地三十亩有奇,始居之。复得别业,为亩六十。其初曰"东李浦院"。钱忠懿王傲给符牒,俾永远,又改为"保丰院"。宋英宗更元治平,祀明堂,始易今名。法智大师以教乘闻东南,习学皆其徒,故号为天台宗。宋元丰间,有性法师讲《法华》,别立机要,从者云集,而田租渐广。居民染滞下疾,师咒水饮之。饮者日益众,师咒于池,悉愈。寺旧有东西池,今咒水池尤甘冽可鉴。师号山堂,卒葬于是寺。

---

[1] "晋开运三年修",宝庆《四明志》作"晋开运三年建",或许《敬止录》做了更改。

嘉熙三年寺毁,于时[1]上师实主是寺,遂新三门、法堂、廊庑等若干,乃谢去。淳祐六年,尧师始成殿宇、居室。所宜有者,悉备。咸淳八年,子直良法师至,曰:"吾不可不私淑后学。"户屦日接,简约畅隐,《法华》之说大备,而治平名益著。率由是升于南湖者,凡数人。南湖,四明之祖庭也。复曰:一荪守是山,今十有五年,綮前修是承。昔之营构,皆腐折倾漏不可支。今幸完复粗备,惟创建昔人缺轶,靡有纪,愿登其事于石。

桷以为,今之为牧守者,苟度岁月,堤防、津梁、田野之不治,尚何能望究其本始?为世胄者,日鹥其先,祖父名讳近在数十年间,有不能答[2],未有如浮屠氏,泝源推根,若是之详者。道散于九流百家,各自奋植。吾儒之教,末俗以空言为高,卒不能胜。甚者去其旧籍,郡县养士之田皆漫漶不可考。如荪师所为,宁不有愧?庸因其状以纪,亦以励吾徒之为师长者云。

天寿寺

姜山。俗名斜桥寺。后唐清泰元年建。宋治平元年赐今额。元至正间,僧永纶,明宗召赐"至德大师"。崇祯间,有神栖之,恒空中掷瓦,有诗示人。

屠幽叟有诗:向晚入斜桥,碧天江路遥。佛香飘竹院,僧磬出松寮。野迥山孤峙,窗虚叶乱敲。谈元过夜半,鸣鹤起东皋。

普安教寺

南五十里。梁乾化二年建,始名茅山院。宋治平元年,赐今额。《永乐志》列于废址,不著"教"字。《嘉靖志》著之,云元至元十七年圮,大明永乐初重修,正德十一年毁,十五年重建。嘉靖三十五年,慈溪建城,毁东皋寺。住持清玻迎佛像于本寺,整佛殿,新建禅堂、廊庑、山门。万历中,僧端然重修,建宝华堂于殿后,邬鸣雷题。崇祯初,僧福宁建楼于殿西南。

西延庆禅寺

茅山北八里。旧号永福院。唐中和六年建。宋大中祥符元年赐今额。或

---

[1] "于时",国图本作"于是",据元袁桷《清容居士集》(宜稼堂丛书本)改。
[2] "有不能答",《清容居士集》作"问有不能答"。

云晋法师竺延庆所居，故名。宋元祐三年，僧德宣建齐云楼。建炎兵毁。绍熙三年，兵部尚书姜光重建，为功德院。嘉泰三年，推官张埙重建齐云楼。景定五年，僧灵寿建千佛阁。元大德十年重修，明宗赐"宝文大殿"额。明弘正间毁。万历年建正殿、法堂。

魏杞诗：

开山何日事，断碣卧荒榛。食尽僧行脚，兵来佛舍身。烧痕侵殿址，租额累山邻。可是天魔盛，谁能问六钧。

四明讲寺

南二十里，鄞塘乡。《宝庆志》作禅院，旧号鄞水院。唐天复元年建。宋大中祥符元年赐今额。《嘉靖志》云："初建以奉刺史黄晟香火，后废。大明宣德间重建。"《宝庆志》云："常住田二百八十九亩，山无。"

南废寺

慈云律寺

南三十里。汉乾祐二年建，始名李浦。宋治平二年赐额。《宝庆志》作十方律院，载"常住田六十六亩，山无"，后毁。元至正间，僧昙苑重建。现存。

海惠教寺

南三十里。旧号广利，以院之祖师广利大师得名。宋治平二年赐额。《宝庆志》作教院，"常住田一百五十六亩，山无"。

杨栖云《广利断碑诗》：

□林曾刻石，一见可悲凄。不是雷轰破，何如泪到垂。文章埋草莽，事迹混尘泥。无复黄金地，空遗绘藻词。

赤堇寺

崇法寺西，今李堇山、董□□二墓，皆其址也。初，住僧将售之于董山，会董山与□□相宴会。董山频欲别去，□□问故，董山答以与僧约成契买此地，以堪舆家言，为佳兆，可葬也。□□亦素慕之，乃坚留董山，遣人即晚倍价购之。次日,堇山知,与之争,因分之。而寺之源流不可考矣。[1]

宝寿寺

南五十里。初为华药岩龙湫庵。宋淳熙间,僧明哲创。景定三年,移请杭州长生桥东废寺"宝寿"额为寺。

崇法讲寺

县南五里。宋乾德五年建,属延庆寺。旧名焚化院。大中祥符三年,赐今额。《宝庆志》作甲乙律院,载"常住田一百二十九亩"。《永乐志》云:"僧并延庆讲寺。"今号祖关者,即此寺。前有撒骨净土池,王荆公鄞女墓在其侧。

宋进士萧寘结界记:

夫行仁政者,必始于经界。经界既正,分田制禄可坐而定。自昔帝王疆理天下,莫此为急,得非本不立则末无以自正,源不浚则流无以及远,此古人端本澄源之道,殆不过是。法王应世,以剡浮区域之广、徒侣之众,法化有所不及,遂听名方,随处局结,俾一时受业之徒,无奔驰殒道之愆,然后律范仪规,可得而施。此浮图之制,与吾儒并行于天下,亘古今而无穷,历万世而不泯者,亦由本之立、源之浚也。

庆元路南有招提曰"崇法",去城无数里之遥,兹鄞水之上游也。是遇明师筑庵之所,为邦人焚化之地。旧号"焚化院",逮治平间,例以"焚化"改赐今额,为一方植福之地。一时贤士大夫多游其间,至今有舒王留题墨迹。至建炎间,经房火所焚,皆为煨烬。自回禄后,尊宿辈出,领法席者代不乏人。继继承承,迭相起废,遂至堂宇聿新,廊庑毕备,缁徒稍集,佛事增修。独大界未举,有僧行机与众筹议,谓释氏之学非戒律无以齐身口,非定慧无以祛心惑,必欲沿流以及源,自凡自跻圣,则戒律不可后。戒律之行,必然结界。始由结界,则划分方隅,绳准物类,然后彝章羯磨之法可得而举矣。遂率同志,命律师法荣主法于辛酉嘉泰元年四月二十九夜,三反三结。举开创之所未及者,一旦举而行之,可谓纽既绝之宏纲,立已颠之大表,自后清众一和,精诚三业,宣羯磨之秘言,演毗尼之

---

[1] 此段文字中四处"□□",各抄本均阙如。《四明谈助》所引则有"君谟"两字,然李堇山、董君谟两人相距百年之上,断不能"相宴会"。

大教,结大界则摄僧以属处,结净地则摄食以障僧,故得僧纲维持,佛法久住,获天龙之所护卫,虽灾劫不能漂焚。若是则结界之利岂小补哉!予适寓于院之僧舍,众勉予以为记,仍直书始末,以纪于界相之首。

乌斯道诗:

城南风景旧时闻,近日长来倚夕曛。断碣有诗王相国,自注:寺壁有荆公诗。古祠无主董征君。野桥一望皆春水,老树千年独暮云。呫呫与谁论往事,白头村叟自耕耘。

卢沄诗:

林风醒醉客,朝日静鸣鸦。松老犹余子,梅寒未著花。青苔荒古道,深竹自僧家。共忆山堂雪,相违几岁华。沄号月渔。

庵

敬心庵

南三十里。元至正四年,僧信中建。九年,张良辅建明月轩、浮图塔。明圮,僧并城内崇教寺。

真相庵

南四里,沈店桥左。宋宝祐六年,僧道锡建。元至大间重建。永乐间,僧并天宁寺。

归津庵

长春门外,甬水桥西,寿昌寺塔院,镌字者共十九座。旧志俱不载。余工部长宏《香灯田记》云:"郡城南,去甬水桥数武,有庵曰'归津',盖寿昌寺塔院也。寺肇于宋,□毁。迨元暨皇明,屡兴复焉。兴于元者,曰坚公西公;兴于明者,曰恢菩萨西恢。两塔实卓于斯,则知庵始建在元。嗣衬环立,庵亦隆替靡常。迄今殿垣多圮,庵主释凡师振敝扶衰,仪观一新。天童海云师嘉其绩,欣然佐以香灯之费。释师曰:'安得戒香常爇、慧炬时明乎?盍图诸永远。'合己资贸田若干亩,岁收其直,用充厥需。呜呼!浊流尘界,谁开智海之旃檀;暗室迷途,幸续中天之日月。可谓高不染而传无尽矣,犹惧烟飞电熠,沧浅桑移,乃乞石言因,乐而为记。"释凡名受法,海云名正庆。南十里沈店桥西,有芳庵,亦系寿昌塔院,有塔十座。

柳亭庵

甬水门外里许。唐天复间,僧鸿绍创建柳亭。有王公,建庵栖之。本郡柳刺史,见白光一道,因寻见僧,又建柳亭塔院,至梁迁入城,为境清寺甲乙住持院也。止存鸿绍塔。后大方和尚重建塔院,改为崇禅庵,今为柳亭庵,不忘初也。宋周锷瘗哑女于此,后又见之京师,归发而视之,则空棺存焉。有目讲僧埋发处,名发塔。初,庵为境清寺别院,而天宁、延庆、护圣、金峨、保福、资寿、延寿王七寺香火存焉,号七寺,祖塔皆接境清之绪。盖嘉靖初,日本入贡,寓境清,因相争杀,毁境清,僧众散处七寺故也。崇祯间,僧大超重修。

周昌晋《重建柳亭庵碑铭》:

盖尘沙难尽,忉利之圆功不徂;世界无垠,驮娑之北观长炳。彼夫其生不生,道有行藏;其灭不灭,教无成毁。故香盖悬宝缕之幢,天花散金绳之路。白琉璃之瓦,何减吾儒阙里;紫珊瑚之林,独尊释氏龙门。园以鸡而获全,寺缘马而得救。揆过去之因,略亦可印将来之果矣。三空四忍,净土不烧;一叶五花,法轮常转。何哉?忘那跋摩,自贻二梵之福;造弥戾车,罔恤三会之场。地利普四生,坚宝坊之垒堑;因缘开十善,壮佛国之金汤。事如有待,道岂当捐?吾鄞城南之柳亭庵,盖维卫塔在焉。考其杯渡南土,在晋建兴之初。其显化西归,则宋熙宁之季也。自戒香早成圣果,迨钱塘重现禅机。舌自广长,大悲乳说法于妆聋作哑之际;身原清净,芬陀利浑迹于垂臂跣足之间。其周大夫之预言祸福,则智炬昭知来之神也;其李士宁之指示名字,则慧光现藏往之法也。范铜自铸,泛海若浮。既已显化空棺,欻尔宣名宝。

盖我世尊以大方便言甘露灭。灭者,示寂之身无住;甘露者,不死之药长存。空色空而取真空,林微尼共尊金粟之仪;超生灭而还寂灭,窣堵波永奉仁祠之供。则其现在之法乘自高,又何诧夫过去之神通弥广哉?国初,有目讲僧者,诀传龙泪,术谂牛眠,亦复苫依双树,木拱八平,以披徘徊化城,流览禅渚,使后日者果有苦海倒流,业风横厉。师肯自障慧眼,轻戢法身且也。万堞屏在林端,三江匝于檐下。乔柯灌木,森耸涧瀍,则檐卜之香不散;瑶卉琪葩,被绵岩䆳，则贝多之叶长春。斯又选佛无上道场，兼称栖采第一胜地矣。乃者虾蟇蚀月，径有禽踪；魑魅啸梁，阶通兽迹。而佛菩萨骋自在之力制八慢，纵无碍之威驱九邪。用是演法、护法者，不表景从；财施、法施者，不呼响集。灌莽刊而凌云构迥，菱舍庀而不日成功。波斯之阜聿新，乌斯飞而翚斯革；舍那之城永奠，龙听偈而鸽听经。拭目三明，慈容示笑于莞尔；洗心八解，佛意恍形于善哉。是畴为无为功德，指不退轮以修东林之行；又畴为有为功德，建无畏鼓用复西竺之规哉！斯役也，披哲那环者，乘五衍而弥尊唪呗；现宰官身者，广六度而雅切皈依。宝铎宵开智慧果，煌煌垂无漏之林；金铺旦映妙净花，灿灿发总持之苑。在天在人，宏愿递传于衣钵；人间世间，大道不疲于津梁。将使盖恶沈洗妄之泉，枝茎擢植性之囿。迓乾符坤箓以寿君亲，祝岁德年祥以福邦国。縶独侈光华于云绕肆莹，饰壮丽于螭挐六扇已耶！某夙依兰若，曾假蓉窗，维兹八水；池清世外，独绝四围。枝翠林中最幽，释宁安办事于破院荒村，是处之红尘自远；僧智觉得意于夜灯岩月，此地之白云更深。哑女之事，昔曾于大石磐公之统记得其厓略，后稍于山心许公之志传溯厥渊源。住家离家，吾所愿也；依僧依佛，何日忘之？正届鸠僝，每疲怀于须达；共成圆满，喜假力于檀那。解袄不二之门则五精延觋，跪履大千之界而七觉垂仁。惭无简栖之文，用纪头陀之石。于是焚香泚笔而为之铭曰：

稽大藏典，聿载维卫。是过去佛，虽去不逝。偕彼迦叶，浮海而济。幻身周流，普救一切。戒香取林，原号白檀。有无一贯，权实多般。以哑说法，拥篲拾残。示现多所，吉凶不瞒。薪传香界，舍茸敬田。迷水中月，悟天中天。金刚不坏，孰撼其坚。是游戏身，实庄严相。五分然香，一声喝棒。默稗沙门，礼大和尚。篦拨智愚，脊踦无上。旃檀气馥，优钵花开。归命如市，说偈若雷。皇仁溥博，佛化昭回。道之将行，永护香台。大云勒铭，龙兴纪石。慈棹可航，彼岸不隔。用阐元黄，丽于金碧。得一而贞，历劫无坼。

崇祯戊寅岁孟冬月之吉。此文为杨德周笔。

杨德周《碑阴纪略》：
柳亭兴废颠末，略具周晋然侍御所撰碑记中。而僧大超以父子披水田衣成波罗奈，其事尤未经见，为拈笔载诸阴。初，僧大超出家有年，修苦行弥虔，多所参访。万历之季，值庵中衰，雁堂鹿苑几化作狐冢兔窟者。无几时，郡丞商大夫力为护持,众议延大超伫锡兹地。超公上于佛乞法,而下于施主乞食,以揩之无已,则尽斥其衣食之产,为法施嚆矢。并为二子祝发,昕夕于木樨军持,精进勿懈也。昔梁武营建遍宇内,大和尚唾为绝无功德。如超之勤苦铢累,结愿中兴,其功德当复不赀。即无敢比须达多长者之圆通广大,或亦王珣、周顗之化身再造道场耶。二子一名圆慧,苾刍之行,馨香远闻,更能起诱善信,共成胜果,而中殿岿然,庄严诸相。瞻礼者,仰为一大丛林。超公僧腊逾八十有六乃示寂。得此法嗣,令初地无复缺陷。释门不言父子,此之传灯何异肯构?而有情之属,似割似联,登于龙象。此又不必如婆罗门杖鞭绕树之男女矣。慧其益精进,以凭五衍之轼,开八正之门,誓无退转,以有光[1]宗风及无坠而父之最正觉。崇祯乙卯冬日。

陆世科《复兴柳亭庵大超法师碑记》:

法师姚姓,家鄞东之姚浦。自其年少时,辄喜佞如来、参三宝,依心慧地,舍愿福田。其根器入净所由来也。鄞有柳亭庵,为南郭胜区。诸天宁、延庆、金峨、护圣、保福、资寿、延寿王七寺香火栖焉。或瞰为灵瑞,分塍各踞,莫可支控。二三罢衲弃业而逃,而青青柳荫,践为马牛之粪壤,即诸天宝相,狼籍草土矣。里人讦其事于巡海蔡公台。巡海公即[2]属郡丞商公按图清核,郡丞公有雄裁,为驱鲸剪鸥,斩荆伐棘,得址如干,属邻护树藩焉。仍觅名僧有法行者,开道场,兴废著,无爽众,圆首事,圆德奉。侍御周公、护法檀施首唱,遂合举大超,精心焚修,猛力虔果,如建大桥,砌长街,补金塔,葺琳宫,诸功德种种可按。宪台公即批大超为本庵住持,诸地方善信合助兴创。案存,大超乃捧案入庵,萧然一旷土耳,无片宇可支,亦无完像可礼,亟为设十方斋供,召诸佛归幢,并无香案可借,第摊席于荒烟断芜中,空首致膜咒尔已。计所费鸠工、创规,无寸资可藉手。里中人群然向师乞灵,兹窃念家有食田十二亩,栖屋六间,鬻为资斧,得八十金。仍割田六亩,为禅那香供,超产尽矣。并挈其二子圆志、圆慧同弃家入庵,编茅葺茨,风雨为劳,超力亦窘矣。超有如是殚念皈空[3]、纤尘断扫、增严佛乘、转界为灵者乎?只今台殿日新,庄严日丽,擎刹有飞翚之象,听经有狮凤之音。柳荫

---

[1] "以有光",浙图本作"持以尤光"。
[2] "即",国图本作"郡",据明李桐《柳亭庵志》(明弘光刻本)改。
[3] "殚念皈空",国图本作"殚念皈依回",据《柳亭庵志》改。

春翻,亭青锦濯,则皆师启宇缮局功也。而师今逝矣,禅修可八十有六,营鹫可三十三年,结胜果于长生,显毫光于不灭。爰于西龛塑像,令志慧捧香;爰于亭右勒碑,俾弥陀现筏。众生观其自在,诸喜绘其同欢,乃为偈以赞曰:

维彼西土,旃檀是因。提为震旦,普为灵津。莲华洗品,般若皈身。三乘不涅,四大常轮。舍愿皈宗,饮钵娱真。珠珞满珥,金粟藏珍。亦有[1]智海,如如启镜。亦有慧参,徐徐入定。示彼包声,么麽何竟。触彼香味,烦恼溪竟。神割其魔,衲收其净。凡劫镕销,舍利回订。乐极解豰,情圆无证。金轮日转,玉宇增辉。云披画栋,雨溜珠扉。嵯峨宝幻,馥郁香肥。柳条烟嫩,花气晴霏。朱旛龙护,丹空锡飞。僧圆揭谛,帝谱传衣。西来有约,一衲依依。

巡海蔡公,名献臣,己丑进士,闽同安人。郡丞商公名文昭,乙未进士,闽漳浦人。大超号道岸,圆慧字妙心,见役徐学仕。崇祯壬午中之吉,乡耆张天成、陈广春、徐国祯、楼易之,地方徐国隆同立石。赐进士第通议大夫南京大理寺卿前河南道监察御史邑人陆世科撰。

钱文荐《柳亭庵复田记》:

甬东多古刹,柳亭庵其一云。庵始于唐天复二年,隶境清寺。而寺故为柳使君所创,犹吾慈之有阚太傅舍宅为普济寺是也。柳亭亦使君别业改为庵。林壑幽清,寺僧鸿绍领之。绍没,葬此地;而绍所授记十三徒,皆累累聚骨其中。

至国初,有目讲僧者,得大龟养之十年,行住坐卧与龟不相离也。其主僧恶之。一日,乘师他宿,椎杀龟。龟夜见梦曰:"吾龙种也,左右目能知天文、地理,今已矣。顾与师相处久,无以为别。别当有泪,师第取泪涂目。涂左则能知天文,涂右则能知地理矣。"已,师哭龟,见龟目果有泪。师以灵龟之预告我也,亟取泪涂目。涂其右,遗其左,而师但能洞识堪舆。凡里中所传奇形怪穴,多出师指点。虽曾、赖,莫及也。师没,亦附葬绍旁。而甬东旧称"三佛地",志传戒香寺哑尼为维卫佛,先亦曾葬此,非踪迹杳茫不可得而考者。

嘉靖初,岛夷入贡,假境清为居停。既而,朱、徐二种互相格杀,寺毁。有司即其址建嘉宾堂,师徒因而散处,为天宁,为延庆,为护圣、金峨、保福、资寿、延寿王等寺,而柳亭庵之岿然灵光自若也。庵故有赡田三十六亩,地六亩,年久湮

---

[1] 本文"亦有"以下,诸抄本均阙如,据《柳亭庵志》补。

没。会万历癸酉，诏天下所在丈量。天宁僧慧存清之，额如旧。事载中隐山客碑中。而近为无行酒肉僧所坏，鬻其田，并鬻其荫木，斧斤轰耳。僧慧存孙圆德，闻而鸣之官。郡大夫商公赫然震怒，立挞逐之，诸寺观望者交相庆也。而王中丞公子曾读书于此地，不忍净业子遗，又推广大夫意，令补田十亩、地六亩，还之庵。凡柳亭香火绝而未尽绝者，秋毫皆宰官赐矣。第前此僧所清籍典守者，业已耗废。即中隐山客碑不知堕落何处，而是区区复田又非常住故物。窃恐无征不信，后之狡焉，启疆者安所防也，敢为一言以记。亦有以吾慈普济事闻于四明者乎？阚太傅舍宅为寺，塑像伽蓝，至昭灼也。而一学士误听术人言，谓盖若堂，覆若室，可以庇世。亟思撤寺而为茔。甫卜兆，伽蓝现像，学士遂立死荆棘中。果报之可畏若此。矧柳亭庵为佛祖葬地，又非普济比也。

昔余文敏拜相，卜兆者谓此地有王气，奕世后长发非常。文敏以为非臣子分，呼术者诃之。议遂寝。犹恐后之垂涎者心未息也，乃命梓人颜"城南古刹"于庵，以示不朽，意深远矣。噫！以此为训，而缙绅士庶犹有利古刹所有，如近时陋习者，乌知奕世后不更有视若堂室，踵学士之所为者哉！虽佛祖慈悲，谅不以此介意，而柳使君赫赫当有如阚太傅。监兹在兹者有之，知荆棘之厄亦无所逃于天地间矣！时万历丙辰秋八月之望。

圆明庵

即古白衣庵，或云僧名圆明者所建，故名。旧有古铜云板一片，上有"圆明庵"三字，后在本府传事。

庆源庵

县南五里。宋绍兴间，高宪敏公因祖墓建。见《成化志》。

湛明庵

普安寺西北。宋庆元四年，庵前清风塔下夜有金光，次日掘之，得数大珠，供佛前。明废。

古诗：

老木森森古殿西，满山秋色隔窗低。碑沉字灭遗风远，谷鸟犹闻夕照啼。

福善庵

俗名茑苡庵。宋大中祥符二年建。靖康元年，魏安道建明月楼。开庆元年，因靖康兵毁，郑士洪重建。咸淳二年，请旨书"福善"。元至元二十三年，郑孟尚、魏肃、僧礼和建经堂。

圆通庵

茅山北五里。旧名金粟，宋大中祥符元年建。建炎兵毁。景定元年，任严重建。元天历元年，建尊经阁。明废。

白云庵

茅山北九里。宋康定元年建。崇宁五年建藏经阁。建炎兵毁。元至治元年，魏天祐重建，祀魏峻于奉先堂。明废。

黄庶诗：

白云无种满地生，有时出山为雨露。老僧惆怅望云归，尽日庵前自来去。

养真庵

俗名五港庵。宋嘉祐元年，张合建。建炎兵毁。绍兴二十年，僧本诚、天锡同趋朝，请"养真"额重建。乾道二年，张邦彦修，孝宗御书"尊圣"。绍定元年，张嗣良建尊经阁。元至顺四年毁。至正二年，张维新重建。明万历初废。

昇元堂

茅山北五里。唐睿宗时建。宋元祐间，王兴叔、僧慎矜建浴堂。绍定四年，赵瑊夫建慈悲阁、土地祠。咸淳四年，赵若祺建义井、风月轩。元至顺二年，徐筠、赵国梁建松筠轩。泰定五年，僧福诚重建慈悲阁。明嘉靖二十五年重修，碑存。初名石观音堂，以有石观音像也。

广目堂

茅山南五里。宋陈埙建。云广目天王见光于此。建炎兵毁。嘉定三年，陈符建藏经阁、栖云轩，陈应祥建方丈。德祐二年毁。元至正二年，陈寿卿重建。十年，僧觉明建鹤鸣轩、扬月堂。明废。

昙噩咏鹤鸣轩诗：

谁家元鹤驭风行，缥缈还吹白玉笙。华表秋高天四际，阑干夜静月三更。曾经蕙帐幽栖梦，似诉芝田久别情。会说人间是非事，一来听彻九皋声。

敬止录卷之三十一

寺观考六

西南

翠山禅寺

县西南六十里。《宝庆志》旧号"翠岩境明院"。唐乾宁元年建,宋大中祥符元年赐名"宝积禅院"。嘉泰四年,参政张孝伯请为功德寺,赐"翠岩山移忠资福寺"额,寺前桥,大石跨溪高,亦孝伯所建。嘉靖三十五年,寺毁。《宝庆志》:"常住田一千一百二十九亩,山二千二百九十六亩。"

宋冯温舒《兴建记》:

四明郡之南山,雄气胜概。盖与夫雁宕、天台之连属也。出郭六十里,林岩秀润,溪流清远,由桃源乡岁输赋于鄞溪,驾长虹以通兰若。唐乾宁初,僧思明踵其处而乐之,得地于邵氏以庵焉。昭宗光化二年,请长老令参。参[1]嗣雪峰存,道馨四闻,来众云集,开席其所,以纳龙象。山骨癯然,出于林杪,翠色岩岩,远在人目,院因以名。云门偃、长庆棱、保福展皆来客居,从兄之游也。龙册兴、佛奥默嗣出其间,以述师之范也。而翠岩之声落天下耳,由老参秉佛事柄而然也。钱氏之有二浙,天福初,文穆王移参主杭之千春[2]龙册寺,赐号[3]"慧日永明大师"。开平五年,改"翠岩"名"境明"。巨宋混一区宇,凤寒荡于炎德,和气吹嘘,趺行喙息,同戴春也。吴越既献土地,大中祥符初,敕赐今额。自参之去,其徒希宝继之,凡七传至义海,始正十方丛林故事。海嗣云居斋,天禧间太守李公之所请也。元祐末得亨主之,嗣报本元,太守刘公之所请也。院旧面山背溪,局不得伸。亨相其面势,

---

[1] "参",浙图本将"参"字改为"居之",即"……请长老令参居之,嗣雪峰存……"
[2] "千春",国图本缺"春"字,据浙图本补。
[3] "赐号",国图本作"之号",据光绪《鄞县志》改。

易为东向,山后旋而屏峙,溪左下而绅垂,深明爽垲,集四顾而丽,亨之力也。累代相承,事无增损。云衲投栖,□受百数。建炎四年,太守吴公请宗公补处宗事。今天童觉公入门升堂,问法之宾倍前日之数者再。屋不足,合小而大之,易旧而新之。食不足,克勤于耕,克勉于丐,均令湛明。身前单已无兼之妙,回途应变手眼千千。烹锻之功,神不可传,于是萃食指几四千。宗公形槁而气温,语淡而味真,道人去就,飘飘如也。吴公出私财三十万,为买田于寺旁。比丘圆证大师智谦、比丘行因,各施所有田。比丘法润募缘垦凿,成半千亩。俾夫主人严坐局床,静豁机前,以训迪多士;来其宾友,嘿守圆蒲,超诣象外,以穷通万汇。佛佛灯灯之传,祖祖绳绳之事,其在斯乎?宾主之安,施受之利,其在斯欤!原始迫今,垂三百年,其建立更易如此,不可无传也,故并次而纪之。绍兴八年四月记。

《轮藏记》:
有大宝珠,藏于无朕。辩如吃诟,无所措言。明若离朱,莫能寄因。众生积业,堕在无明。我佛如来,慈悲哀悯。以身圆应,俯视群机。于无相中,发露光影。重重接引,遂有多门。结集流传,即经律论。护持开示,世不乏人。鄞岭翠岩,院名宝积。有长老者,曰知才师。于佛事门,不拾一法。广募檀信,鸠集众工。缮写奉安,建为轮藏。自丙辰岁,讫戊子年。凡阅三冬,能事告毕。有一居士,施不及财。目睹胜缘,五体投地。恭敬作礼,而发愿言。愿诸众生,睹相生想。令一善念,念念不停。如是轮藏,无暂休歇。以至八部,一切诸天。在家出家,善知识等。若闻若见,发大道心。亦如是轮,永不退转。则是藏也,无量功德。天上人间,穷劫赞叹,岂能尽之。

刘仁本诗:
古寺桃源上,参公第一禅。鸟啼深竹里,花落翠岩前。去郭六十里,开山四百年。溪声流不尽,鱼鼓永相传。

杨康简公与门人汪君用尝读书此寺,有诗云:
深山野寺旧烟霞,楼阁高低释子家。百尺危桥听堕叶,千层洞壑看流花。苍松汉树风霜古,翠碣秦封岁月赊。更有葛玄传秘术,紫泥不复计年华。

李堂诗：

久渴招提胜，芒鞋试一登。钟声遥应谷，山势曲盘藤。罗列群峰峻，包含万汇兴。断碑张秘阁，遗墨翠层层。

张邦奇与汪汝器宿翠山寺次韵纪事：

梵门清对碧溪回，更有风流地主陪。携酒松庭看月上，烹茶石鼎引泉来。家声共缵猷徽绪，堂匾仍看秘阁裁。一宿山中心境别，梦随威凤入瑶台。早夜梦修竹一枝出云霄之上，题诗有"凤起云霄切太清"之句，次日得报，起复四川。

方丈侧有轩，匾"杂华世界"。袁桷有诗。

彰圣禅寺

西南七十里。旧号峒山院，唐光启二年建。宋大中祥符元年赐名"彰圣"。本甲乙徒弟院，乾道四年改充十方禅院。寺踞峒山东南，众峰环合，状若芙蓉。《永乐志》云："大中祥符元年，赐名'彰圣'。"嘉定二年，加赐前额。是年，参政楼钥请为功德院，赐"报忠福善"额。元时复名"彰圣"。泰定四年，住持柔禅师重盖殿宇、僧堂。至正二十五年圮，住持中罔重建。明永乐元年修，后僧并仗锡寺。宣德三年，住持宏怿建方丈，又创一庵，名"霞上室"。正统四年建入山亭，揭"四明山"额。万历间十月八日，有虎食佛。沈明臣有诗，不佳，故不录。《宝庆志》："常住田三百四十二亩，山九千八百亩。"

元隆教住持祖铭记：

深林邃谷，奇峰秀岭，岿立旁魄于天地之间者，造化胚结之本，岂偶然而无故耶？盖非常之地，必有非常之人，辟祇园、树胜幢，为之焕赫。《传》曰："深山大泽，必生龙蛇。"《经》曰："旷野深林，圣道场地，皆阿罗汉所住持故。"世间粗人则不能见，惟修证同者不外。然胚结之本果偶然而无故欤？天地待圣待贤之设，圣贤成圣成贤之功大矣。四明彰圣禅寺，唐光启二年朗公得峒山院旧址建焉，院兴废莫究。宋开宝间，韶国师弟子庆光主之，禅律互席，帖以一法，不为首鼠。大中祥符元年，赐额"彰圣"，名始大闻。至乾道中，为禅始固。今榜"报忠"，后所请也。历年数百，居者循常，不希大造。延祐己未，仲刚柔禅师莅寺，以峰峦壮镇屋，庳窄弗称，曰："吾兹拓大，莫先之殿[1]。"已而曰："殿中兴于寺，将有嗣兴者。"泰定丁卯合、匠合，三门架焉。丰柱巨栋，与大方适，僧堂、库院、藏殿、钟楼、浴室、蒙堂、两庑诸屋，不十五年而俱展构。门闼轩豁，□□献露。峰若增而高，天若望而近。又创银山、湖后二庄。师先作三门，虑寺广僧多，淡泊不继，分工昌国[2]海堤为田亩计若干为补羡。多窃笑之："役重力劣，如掘燥待水，渴能及乎？"师不顾，曰："禹凿龙门，决大河放之海。天下之水平，实亦难于溃冒冲突，知难而后功，予兹亦然。"师财不谋施，策不假人，气以辅志，卒宏于成。向笑者咸贺曰："吾流懵识，宁解事功？"师曰："顷予死矣。"临化，召众抚谓："殿材已熟计，某等患难耶？"众曰："师去也，敢不策驽钝化之。"二年成，乞记。师日系土木，不废禅诵。年近老耆，益以自强，故业隆事著。□世所谓豪杰之士，诚地位中人也，其可辞？记而诗之：

大山长谷势委蛇，众峰盘绕芙蓉披，造化造此非偶遗。天与皇阁兴仁祠，硕德朗公古倔奇。始唐光启创古基，历祀数百具体微。惟师仲刚拓大之，列栋角立争峨嵬。压山欲破山力支，筑田沧洲以海围。凿厓累石雷火飞，涛山浪屋不敢威。道大信有神灵持，上方香饭异所炊。午钵天人同宴嬉，钟鼓考伐日二时。作立礼乐新清规，俾永存者存警思。

至正二年壬午十一月建。

仗锡禅寺

西南一百二十里。唐龙纪元年，天童山纪禅师飞锡至此建。宋宝元二年，赐"仗锡山延胜院"额。寺前有石岩，高丈余，上刻"四明山心"四字，乃汉隶也。明永乐三年，延毁，惟塔屋存。《嘉靖志》云："正德间废，复修。"《宝庆志》："田五百五十六亩，山三万二千亩。"

乌春草《纪绩碑记》：

古之逃空虚者，必灵境、奥区择而居焉。至山水之气闭而弗泄，神呵鬼禁、人不能迹而见者，尤为佛氏所专，若仗锡禅寺是已。其地南去郡治可二百里，山深入万壑中，蛇盘斗折而上，重峦叠巘，峭峻际天，胜概绝世。至峰顶，顶圬而爽

---

[1] "莫先之殿"，浙图本冯批："'莫先之殿'或是'莫先于殿'，待考。"
[2] "分工昌国"，浙图本冯批："'分工昌国'，'工'字疑有误。"

垲,可庐。清流散飞,灌木层翠,晴必沾润,暑必挟纩,虽樵者靡常至。四际又有峰二百八十有一,回合起伏,云霞蔽亏。内七峰尤瑰异,郡诸山咸莫之抗。

唐龙纪元年,有石霜、长政二尊宿在藤湖,肇基于此,寺建徒集。天祐三年,吴王钱氏赐金额,十传迨宋之天圣四年,太白已禅师由天童飞锡而至。上栗荐羞,猛虎驯伏,学者景从,寺以增观。后其徒以师德隆名重,足以开先裕后,又尊之为第一代祖。宝元二年,额加"延胜"。继兹席者,类多硕德。云栖雾食,灯传香衍,东南之望刹也。历岁滋久,寺或毁或复,传五十二代。遭时孔艰,窘于徭役,费如丘山,赀产垂罄。僧日窜匿,寺日摧毁。至仁让公负荷法任,痛念诸祖创业之艰,倡道不匮,苟不撰本,枝叶以亡。虽有智力者出求复兴如故,恶可得哉?于是殚心瘁容,躬走官府,招亡植坏,保守先业于纪纲糜烂之后。甫七岁,珠还璧合,俾圆顶方袍之士不复觊望。

今住山起予公又力缵遗绪,笃扬前休,托章瞻书,走永新,请于予。曰:"寺旧有颠末,载诸乐石,以灾而不存。兹不纪述,则建创之绩、图存之功,咸泯没无传。敢辱先生之文,明始显今,以贻厥后。"予谓昔诸祖必处夫高深静僻地者,盖以明心缮性,非远纷去华,一耳目之官不可也。若兹山者岂易致,基业岂易图耶?自佛法入中国,法有阻行,寺有兴废,莫有常者。元运既圮,天下大弗靖,寺悉废于兵燹。吾郡幸无恙,而废于艰难者又十九焉。兹仗锡禅寺将绝而复振,虽诸祖之愿力深重,亦让、予二公之力也。以世间相论之,寺有兴有废;以正法眼观之,寺未尝有兴废也。然不有世间相,何以明正法眼哉!自兹以往,凡主是山者,鉴往惩来,使是寺益以永久,得以考钟伐鼓,大宏讲席,以正群妄。则其功德又岂忝于诸祖也耶?寺之栋宇、土田,与夫山所入之利,具刻诸碑阴,系以铭曰:

东南之山,惟明为盛;维明之山,仗锡为胜。高设于天,闭司于神。其在玄古,豫俟哲人。哲人伊谁?张于佛氏。藤湖之长,太白之已,有廓其址,有峭其庐。建业之始,倡道之初,名闻雷厉,学徒云集。继诸席者,代逾五十。匪山之灵,胡底于成?匪祖之圣,胡底于宁?元运之末,根柢几绝。让予者出,式茂其蘖。以隆于淑,斯永其传。克懋于后,斯昭于先。伐鼓考钟,环居列食。心祖之心,庶几朝夕。有章有程,有声有辉。俾四方士,于焉有归。

僧传慧《四明山心》诗：

寂历游仙处，尘寰涌断霞。九溪流雪水，八月绽桃花。茅栗圆于弹，霜梨大似瓜。云南与云北，依旧作邻家。

沈明臣诗：

蹑屟度青峦，千盘复万盘。嶂回藏寺小，地迥见天宽。水自云中落，峰常雪里看。境于人境[1]绝，六月陡增寒。

戴表元诗：

仙草漫漫路不分，钟鱼那许外间闻。凉天九月已飞雪，晴日西山犹带云。火后客夸新屋样，兵前僧识旧碑文。藤湖只去招提顶，见说潋田可种耘。

法平，字元衡，嘉禾人。初受度，即参妙喜为书记。后居天童，时号"平书记"。工文能诗。孙尚书觌、朱郎中希真皆许可之。受请住象山延寿院，复自庐山[2]移仗锡，号"怡云野人"。尝以偈呈史忠定。忠定酬之，有云：

白鹭栖烟一点明，皎然压倒语全清。莫言后代无人继，仗锡行将擅此名。

山阴陆放翁尤重之，寄诗云：

放翁久矣无此客，闾户儿童皆动色。寒泉不食人暍死，素绠银瓶我心恻。千金易得一士难，晚途淹泊眼愈寒。岂知一旦乃见子，杰语豪笔无僧酸。门前清溪天作底，细细风吹縠纹起。倚阑一笑谁得知，爱此数诗如此水。江湖安得常相从，浩歌相蹋卧短篷。功名渠自有人了，留我镜中双颊红。

又《寄怡云》诗云：

东华软尘飞扑帽，黄金络马人看好。渠侬胸中谁得知？畏祸忧谗鬓先老。举世输与平元衡，青山白云过一生。出门曳杖便千里，白云不约常同行。长安归来雪没屦，剧谈未竟还东去。到山分我一片云，并遣春风吹好句。

有《语录集稿》二卷，留山中。

---

[1] "人境"，明沈明臣《丰对楼诗选》（明万历刻本）作"人世"。
[2] "庐山"，疑为"芦山"。宝庆《四明志》载："受请住象山延寿院，复自芦山移杖。""芦山"，即慈溪县石台乡孝顺里十六都芦山北麓的芦山寺，今属余姚市河姆渡镇。

宝昙,字少云,蜀嘉定人,许氏。幼从乡先生受五经、习章句,已而弃家舍、须发,从一时经论老师游。南从大惠于育王、径山,又从东林寺卍庵、蒋山应庵,后住四明仗锡山。归蜀葬亲,又往无为寺,复来明。史忠定深敬之,筑橘洲使居焉。有《橘洲集》十卷行丛林。始为蜀士时慕东坡,后游东南敬山谷,故文章简古高妙,有前辈风。又仿迁史,著《大光明藏》,以西方七佛为纪,达摩以降则传之。未竟业,故不传。每自谓于第一义谛心有得,人谓我以文词名,是未知我者。庆元三年四月二十日辞世。临行颂曰:平生洒洒落落,末后哆哆啝啝。殷勤觅一把火,莫教辜负澄波。

妙智讲寺

西南七十里,旧名观音庵,汉乾祐二年建。《宝庆志》作甲乙律院,常住田一百亩,山无。皇明永乐时,僧并宝云讲寺。《嘉靖志》云:"宋治平元年,尚书丰稷请为功德院,赐今额,后圮。大明正统十年重建。"

宋吴县主簿郭受记:

钱氏之有吴越日,凡二浙之间山水奇秀者,皆许建刹摩,以安僧焉。兹地始得僧师贤,不知何许人。一日束钵,竭然庋止,目其峰峦峭拔,涧壑清激,翛然可爱,乃诛茅建庵而居之。未几,倏然而化去。复有天台僧行昭,而似续之。昭即天台国师之门人也,以其久参得旨,大为时辈之所钦。一日,有邑民梁阶等请献地以广其址,即太平兴国七年也。栋宇日渐隆构,乃以古观音像而名之。仁宗享位,以天圣改元。至十年,有诏许以存留。治平元年十有一月,国家将有事于明堂,复诏天下有未系锡名者,皆例赐其额。兹院始革为"妙智"。然上栋下宇皆鼎新其制,此主院子和戮力之绩。和师以无私为洁己,以无党而董众,故缁俗无远近,斑白皆悉心而归之。虽一院粗完,而中所阙者,惟大殿耳。夫释氏之宫,苟宝殿不立,亦犹国家七庙不设,则祖宗之茂绩、昭穆之景烁,无得而讲焉。讵可而不立乎?乃竭志于早夜而力图之。哀众获财,计一千缗。起熙宁四年春,市材召工,建成大殿。使来瞻其宝构,则圆觉伽蓝之说,炳然目前,不烦概举。岂比夫高甍大楹、崇址广厦,然后谓之壮观哉!则知和师自利兼人之功德,不可聊尔而论。呜呼!和师之往有年矣。今少师宝生欲其师之名不坠,故命予以纪其迹,庶乎来者之观,可以见其心之所存焉。元祐六年五月望日记。

宝积讲寺

西南七十里。旧名总持院。《宝庆志》：乾道三年重建，赐"翠岩山宝积"额，常住田九十九亩，山无。

宋僧洞真《新修总持院记》：

州之南行，越三舍，有山曰"四明"，名于天下旧矣。山控三州，曰越，曰台，而明占其中。峰峦涧壑，重复悍激。借使群山之雄无足拟之，而仁祠灵宇充牣乎其间，总持亦其一也。院之肇始，即晚唐清泰年。迨我朝艺祖，凡二十七年，而栋宇堕毂、尸者无闻焉。

章圣皇帝御天下之十一载，改元大中祥符。春正月，有文政上人，本隶郡之开元，即今华公之师也。以年腊高迈，厌闉阓之嚣烦，慕林泉之清旷，束敛巾屦，归老于此。华公以侍几之隙，首图易旧。至三年，得信人造法堂五间，巍然大构不日而成。天禧初，以主是院者多败厥事，众徒与檀越辟公代之。公于是观其殿堂廊庑，栋挠址圮，上无完瓴，下无爽垲，乃嗜之曰："夫从释氏，岂斳遒徭役而苟休逸哉！是将葺众园而续先佛之龄尔。今世主真纯，像法布濩，匪桑而衣，匪稼而食，果不事事而勇于植福，是曰惰民，非所谓出家者也。"至五年，创泗州殿。今上即位，天圣元年，凿大山，架方丈泊阅经阁，仍雕卢舍那像并文殊、普贤二大士。工集，有谛信女丁氏舍财构《华严大经》八十篇以施之。历明道岁，相次建罗汉十王等堂。寻以大殿未立，乃曰："譬犹众星，微北辰，安所拱哉！"即庆历六年也，殿成，下及厨库、僧寮，都凡计七十余楹。圬墁彩饰，焕然告备。凡费财一百五十万，凡役工二千八百。顾其财不为不多，顾其工不为不久。丁酉春三月，公造予居，因道前事，曰："某居是院，凡五十二载，主是院已四十三年。"迹其缔构，以祥符三年言之，总四十八稔。虽历岁滋久，而一院粗完，是知公之外护蔑闻巨豪。盖公之所为举皆徇公，使民无大小咸乐输其资，故能成乎休绩焉。且公畴昔之志，所续先佛之龄耳，至是岂给言也欤？而又求文，刻其岁月，因询其徒凡如干人，曰某之弟子，曰尹熙、曰尹斌，前主者守隆弟子曰遇成，成弟子曰用和。今笔其事次，敢附于文末。嘻！然皆不施劳于身者，沛然居是大厦，异日当效善继，无迟其毁败颠顿，以速世人之讥云。是岁嘉祐二年秋八月乙巳日。

周锷记：

四明山与天台并高，东接沧溟，西连禹穴，穹窿磅礴，几数百里。尝有云气蒙覆其顶，仙书以为洞天，殆不妄。其间崇冈秀岭，深林穹谷，多昔人结茅之地。岁月浸久，易以层构，往往金碧相望于烟云杳霭之间。前年，予卜先人之藏于银山。既居其麓，与所谓空相院者并，望其北，曰锡山，又有刹焉，即此院也。钱氏时，邻翁郑仁潮舍其址，中间辄废。乾宁中，郑遇复构之，号为"总持"。庆历丁亥岁，僧可华主其事，始为像殿与讲堂。而尹熙又继葺之，稍稍完具。治平中得明堂[1]，所锡额曰"宝积"，而院遂兴焉。宗莹上人，熙嗣也。既新前人之构，又穴堂之右，为行人[2]修行之室，且患山之西阜不丰，乃益培土以自辅。植木森然，将于上方之上建经行轩，以为行道驻足之所。又于山之前为披风亭，使度岭者得憩焉。乡人父老咸以"能干"名之，而予于是知莹可嘉。将刊其敕额于石，以为之志，而过予求文，故为之书云。元祐四年三月望日。

灌顶讲寺

西南七十里。《宝庆志》：禅院"常住田二百九亩，山二千四百十亩"，旧号顶峰庵。宋建隆二年建，大中祥符三年赐"普净寺"额，今名灌顶寺，毁。永乐间，僧并湖心讲寺。《嘉靖志》云："大明正统五年，住持宏愊重建佛殿、方丈。"

圣寿教寺

西南六十里。百梁桥左侧，寺门参差相对。唐咸通五年建，宋太平兴国三年赐寺额。《宝庆志》作甲乙律院，"常住田三百六十七亩，山无"。

宋僧希颜《重建记》：

绍兴五年乙卯，寓居小溪镇圣寿寺三数里朱氏庵园，朝夕暇豫，往来寺中。于是初经建炎兵火之后，寺宇焚荡，瓦砾填委，蒿艾萧条，春禽昼呼，鼪鼯夜啼，已为榛莽之墟。僧徒无休足之地，皆编茅以蔽风雨。三年癸丑，剔朽锄荒，惟法堂首事经营，以为焚诵二时粥饭之地。自后上下同心协力，营干大佛殿，塑造像设，洎法轮宝藏三门，库司庖湢，忏殿鸿钟，下至厕溷，咸克有成。迨方丈寝堂、

---

[1] "得明堂"，国图本原注："'得'字，疑是'祀'字。"《四明谈助》收入此文，"得"改作"有事"。
[2] "行人"，国图本原注："行人，疑是行者。"

廊庑混室，众莫能举。遂于二十有二年，僧徒檀越再请圆明讲师觉遠住持。公亦以寺宇营缮未备，即翻然喜从。众役乃以平生缩衣节口、铢积寸累之资，有事斧斤。于是积年之废，一旦而举。凡四十余间，不丰不陋，回环表里，不加藻饰，已焕然矣。非公之力莫能有成也。已而功成不居，退归先人之垄。杜门却扫秋霜，律身妙愿居质，经行晏坐，惟以净土一门为之轨导，昼夜专注，老而不衰。

盖公传终南书于芝园大智律师，以故其源有自来矣。然公虽闲居，常以维持佛法不忘自任，每慨法堂者，乃讲说布荫之场，非所以会食之地。于是毅然有建僧堂志。小师行弥知师志确于此，亦悉力辅备成[1]。由是毕集瑰材，命匠运成风之斤，落成于己卯二十有九年。厥功大备，栋宇宏壮，榱桷雄伟，有以见其用也。于是众举欣然，以为起坐有序，不失先后，巾钵有列，仪轨可观。其在此也。於戏！佛真法身不堕，诸数既曰住世，亦有时而坏。今之再成，圆明之力居多。尝试论之，吾佛大圣人下生，迦维灭没千有余年。至汉明帝感梦，教始东渐。洎于晋宋，贝多之书，络绎不绝于时。世主嗟三代之法不可复行于今日，此教之来，必有补于教化，可使与天下之民更始。于是大建祠宇，显严像设，度僧尼，置常产以尊崇之，以故天下之人，无贤不肖，皆翕然知所向方，如水之赴壑，莫之能御矣。如晋之王茂宏、谢安石、王逸少，洎唐裴休、梁肃，皇朝王文真、杨亿、沈文通、张商英、陈瓘之流，皆古今选也。靡不心醉其道，深入奥域，若不自知身在庙堂之上。以故千百年间，真乘法印与姬孔之教，方驾于中国，直道而行，岂韩墨申商怪僻险狠者可同年而道哉！圆明尝三杖见顾，以寺成命书。窃自媿法门樗栎、问学浅陋，而素于属文，才非所长，而又载记焚灭、经始之迹无考，抑又为难。既不得让，遂摭佛教之来十一于千百中著之于篇。庚辰三十年七月晦日。溪痴老叟希颜撰。

天王教寺

西南五十里。小溪鱼贯桥西。《宝庆志》作"甲乙律院，常住田一百亩，山无"。旧号天王院，唐咸通十三年建。宋大中祥符三年赐"普宁寺"额，今名天王寺。旧有鉴堂，永乐间僧并圣寿教寺。《嘉靖志》云："大明宣德八年重建山门。天顺七年建两廊，塑四天王像。宋乾道间，里人将仕郎朱世则施藏经一函，

---

[1] "悉力辅备成"，浙图本冯批："'悉力辅备成'句似衍一字。"

建夕阳阁藏之。

杨伯翼诗：

寺废僧犹在，山寒雨复深。岩风吹古木，霜叶正萧森。龙象何年废，狐狸莽至今。空留南涧水，烟日绿沈沈。

方广教寺

西南五十里。《宝庆志》作"甲乙律院，常住田一百七亩，山无"。旧名泗州院。唐咸通十一年建。宋治平二年赐今寺额。明永乐间，佛殿两圮，惟伽蓝殿存。僧并资福教寺。《嘉靖志》："元至元十五年，日湖处士周塾与僧嗣苩善舍田四百五十二亩零，乃于殿西建祠祀之，立石纪其事。后寺圮。大明正统间，塾孙周濂重建。"

天井教寺

西南六十里。宋建隆元年建，号天井院。治平元年赐"天寿"额。《宝庆志》作"甲乙律院，常住田二百三十亩，山一千亩"。皇明洪武初复名"天井"。正统十年重建方丈。景泰元年建山门。万历间僧传慧重修。屠隆有募疏。

宋宣教郎周铢记：

四明山盘亘千里，隐如叠浪，而西南诸峰，唯灌顶、定光为最高，旁有瀑布，泻于两山万叠之间。峭壁参云，足不可到。其下有三井焉，泓然澄深，清澈见底，是为天井。岁时大旱，郡邑之人不远百里来祷于井，随求而应，变见俄顷。有金线蜥蜴之状出而赴，感作为云雷，沛为膏泽，为一方千里之惠，而岁每用丰。以故，此邦之人咸生信仰。建隆初，有僧道凝自福唐来，爱其峰林深秀，遂卓庵于麓，扪萝而上，危磴嵌崎，行三里余始至其井。旱时灵响浸闻，缁徒日众。殿堂重复，长廊广庑，几至百楹。乡人遂以"天井院"名之。咸通中，刺史李伉以祈祷累验，乃即崇寿宫建五龙堂以答休，俾郡人咸便香火，有石刻在焉。治平中，郊祀大飨，得请于朝，始以"天寿"赐额。宣和三年春，予游定光，爱其山水胜绝，盘桓累月，见所谓天井瀑布不绝如线，而佛刹殿宇俯视于烟云晻霭间，欲一到未果也。一日，住持僧净高自天井来访。予语及院之所以兴与所以得名之因。异日数过予于水西，辄求记于予，以纪岁月，且将刻赐额、敕黄于石。其请勤，予因以山川游览之胜，三井灵异之感，并净高之言，叙次以书。宣和四年九月。致仕宣教郎周铢记。

定光教寺

西南六十里。《宝庆志》作禅院，常住田二百亩，山二千一百亩。唐咸通元年建，旧名"定光院"。宋治平二年赐"法忍"额。旧为甲乙院，佛殿毁，余屋存。永乐时，僧并圣寿教寺。《嘉靖志》云："宋开府仪同高文虎请为功德院。大明正统间重建。"

杨承鲲诗：

古寺千山里，山高石气阴。松杉秋殿迥，云雨夕坛深。坐想无为境，方知不染心。向来依慧日，寂寞照寒林。

空相教寺

西南七十里。《宝庆志》作甲乙律院。常住田七十亩，山无。《永乐志》："僧并圣寿教寺。"

宋慧觉大师义真《重建佛殿记》：

四明之山，峰峦合沓，东西广袤，央于[1]天台沃洲之胜。古之所谓支遁买山、兴公掷地，有所称焉。既山水清远，人物富庶，故方外之宾浮杯振锡、艾草诛茅，步幽野之丘墟，建岑寂之兰若。于是佛刹相望，缁侣骈臻，钟梵之音，周环响答。其讲忏之风，香灯之炽，昼夜熏蒸于天地之间。居于左右者，但见日月晦冥，烟霞卷舒，云泉杳霭，气象空蒙，而不知释氏栖心之境，以戒定慧修入佛知见，殊形异相，隐显变化，至于此哉。上可以赞国家升平之运，祝吾君万寿之长者，有所自矣。

兹乃石晋开运中，檀越刘氏施隙地，为当时行道之人庇风雨尔。始曰"保安"，英宗皇帝治平之初，改赐今额。师徒继世，甲乙相承。本朝太平兴国年，有僧仁聚住持。祥符之世，建大殿以安佛像，智聪、清海从而洒扫。迄于元祐，佥议道成。主师法虎锐意兴葺，斤斧不休。岁月浸远，大殿隳颓，土木凋弊。檀越中大夫周公每谕之曰："先立晬容之炜烨，为四众之瞻依；次营畎亩之丰登，为二时之饱足。经藏轮转，大界精明，则身心安居平等，性智之道不远后焉。"绍

---

[1]"央于"，浙图本作"夹于"。

圣四年十月，命知律宗师孜公严奉毗尼，秉行羯磨。僧食两界之区别矣，真俗之谛理焕然。三灾不坏金刚之场，跬步常行坚密之地，故承议周公初平之记存焉。普印大师灵一，始学天台三观于延庆之门，言行克勤，端静简洁，遂与观兴、观明，用心经典，乃结会以礼慈悲宝忏，供佛斋僧，普施法食，种种薰修，皆为化导。机缘辐辏，退迩云奔，于难舍中各施金帛，以时继日，选匠择材。绍兴十一年辛酉三月十三日壬子，大殿落成。上栋下宇，讫无故弊。适会幽邃堂圆证[1]大师知谦勇施囊长，塑造本尊释迦文佛。

越二年，有僧广尧募信士叶超造普贤像，后劝众信造文殊像，妆饰圆满，灿然一新。遂谒北庵老人曰："深山穷谷中，艰难几载，成此胜缘，可得一言，以纪始末？"予曰："像法住世，所敬者唯在形仪，且三身亘广，万德庄严，经中以须弥为之高，以河沙为之数。色见声求而邈不可得，心思口议而了不可知。故曰：若见诸相非相，则见如来。以此言之，普光明殿、大觉城东，皆虚语也。是知如来于无量劫，弃头目而何殊涕唾，困济度而不惜形躯。狼虎绝食而投崖，鹰鸽供庖而代肉。翘一足于底沙，佛所口舌称扬；求大法于阿私，仙人身为床座。积其功而累其德，经几劫而度几生。报化之迹有殊，真应之功绝异。示三十二种之妙相，开八万四千之奇踪。口角有泉，梵音远而目连莫晓；顶轮无见，肉髻近而应持不窥。因既多门，果还不一。或睹旃檀楼阁，或观白象处胎，八相开遮，五时互遍，岂在他哉？今既泥龛塑像，立宇宙中，辉腾白玉之毫，晃耀紫金之体，宛若灵山胜会，现百宝之光，亦如兜率陀天居千华之座。一瞻一礼，列主伴之交参；一香一花，为道场之已具。彼无说说，我不闻闻。华藏未离，王宫已降。虽教中有偏真中道之说、太虚明镜之谈，亦但存其仿佛，又焉能尽其无名无相寂灭之理哉！"属予有幽忧之疾，久废笔砚，而普印往来于百里之外，垦求敝文[2]，故为之耳。宋乙丑绍兴十五年二月十五日记。

看经教寺

西南七里。旧号"明福院"。宋乾德二年建，治平二年赐"普照"寺额。《永乐志》："僧并宝云讲寺。"《嘉靖志》："国朝改今名，久废，成化元年，封中书舍

---

[1] "圆证"，国图本作"园证"，浙图本冯批："'园证'疑是'圆证'。"因改。
[2] "垦求敝文"，国图本作"垦求弊文"，浙图本冯批："原本'垦求弊文'疑是'垦求敝文'。"因改。

人金寅重建。正德间,宝云住持如璋重修。"

资福教寺

西南六十里。《宝庆志》作"甲乙律院",常住田三百十亩,山无。唐光启二年,僧志回建。光化四年,赐名"广学"。同光四年,改名"隐学"。宋咸平三年,改名"资福"。大中祥符元年,改名"资寿",后为宣参政缯功德院,赐"教慈资福"额。楼钥有记。元泰定间毁,住持宗本重建,今名"资福"。《嘉靖志》云:明洪武二十六年,住持汶侃重修佛殿及环翠楼。

丰坊《梦至资福寺壁间刻渊明桃花源》:
独访桃源路,溪光欲染衣。停桡山犬吠,入寺午鸡啼。轩敞晴云度,杯传白日辉。陶公谐我趣,千载愿同归。

金镒《夜投资福寺》:
舍舟登近陆,夜色莽云松。山开忽见寺,林静不闻钟。宿鸟翻高树,明星动远空。入门僧未起,禅室一灯红。

松岩禅寺

西南九十里,旧号"小溪松岩院"。晋天福九年间建,原甲乙院。宋治平二年,赐"慈恩寺"额。今名"松岩"。后圮,僧并杖锡。天顺六年,僧永泰重建,又废。启、祯间重建。《宝庆志》作甲乙律院。常住田十四亩,山七十亩。

置经室记:

佛教之来始于东晋,厥后则愈远而愈繁,有不可胜言矣。使无室以藏之,几不免虫鼠所伤,风雨所坏。其于佛也,奚在哉!小溪将仕郎朱世则同妻何氏八娘,广行信施,请方册藏经二大函以供传诵,一施天王寺,置夕阳阁;兹一施大皎山松岩寺,庄饰大殿之后特精辟一室以藏之,可保不朽。是盖朱氏有崇尚佛教之诚,故喜舍而不吝也。敬镌于石以纪将来之庆云,复于寺傍置田十亩,以为修习之需。具见家乘。宋乾道六年庚寅一阳月吉旦谨识。

禅岩律寺

西南八十里，唐贞元元年建。寺东有岩穴，可坐百余人。旧有僧言法师修道之处，因岩名寺，曰"禅岩"。宋建炎间毁，元至顺间重建，至正间复毁，僧行勤重建。《宝庆志》作十方律院，载常住田五十四亩，山无。今俗称泉岩。

西南废寺

雷峰讲寺

西南七十里。宋乾德七年建，旧名"雷峰传善"，为参政宣缯功德寺，今名"雷峰"。僧并湖心讲寺。《宝庆志》作甲乙律院，常住田一百五十亩，山一千亩。

凤山讲寺

西南七十里。唐咸通七年建，旧名"凤山院"。宋治平三年赐"法慈寺"额，今名凤山。永乐时，僧并延庆讲寺。天顺五年，僧智深重建。《宝庆志》作甲乙律院，载常住田八十亩，山无。《嘉靖志》不载，为废寺。

承天教寺

县西南十里。宋乾德中建，号"东安院"。咸平六年改"承天院"。政和七年，御笔改"能仁寺"额，俗呼为"南承天"。咸淳间毁，僧坚法师重建，今僧并资福教寺。《宝庆志》作甲乙律院，常住田二百六十七亩，山无。

惠光教寺

西南四十里。唐咸通八年建，名"小江院"。宋大中祥符三年赐额。《宝庆志》：常住田一百三十亩，山无。今僧册列此寺，"惠"作"慧"，不当入废寺。

杨栖云诗：

名刹小江上，年深殿庑倾。秋风惟黍稷，夜月独榛荆。肉髻何曾见？摩尼不复明。禅枝无处认，春鸟自悲鸣。

广恩寺

西南五十里。宋绍定间，越公袁韶为其父卫公建，请赐"广恩崇福"额，后名"广恩寺"。

宋尚书王应麟记：

浙河以东，山水名天下，四明为最。出四明西门至林村，行六七里，曰桃源，循源而入，虬腾驷奔，气势奇峭，紫岩为最。溪清谷窈，楸槚郁茂，是为太师袁卫公之阡。公笃厚好善，用昌大厥家。嗣子尹神京，贰枢廷，相攸紫岩之阳，俶建梵宇。逾承先志，奉大士像而《法华》手泽藏焉。请于朝，赐名"广恩崇福"。秀概环观，甲于诸方，奥殿穹堂，俨然宝地。林霏岚翠，献状几席，松风涧泉，与钟鱼相答。创址鸠役[1]，匠成于心，则住持僧可仁也。轮奂之嫩，田畴之辟，仁皆躬服其劳。雅人胜士来游而嘉叹之。惟古者体貌大臣，推本德善之积[2]，庙祀其祖祢，施于烝尝彝鼎。近世又即缁庐，寓《蓼莪》《寒泉》之思，于是锡命以宠灵之。盖君子谨终追远，无不用其极，而遇大臣之礼亦至矣哉！夫秉彝好德，人之良心，释氏以空寂为教，若外乎伦纪，然其书有《大报恩篇》，言孝与儒合，是故[3]致严致恳而宫室之，以荐苾芬于九原。礼可以义起也，观于斯者爱敬之心油然生矣。

予谓善必有庆，如殖斯获，非以徼福也。教子以食其报，可使为善者劝，一宜书。仰飞云而俯拱木，著存不忘，于以诏万世子孙，勿替引之，二宜书。披攘经营，用力勤，刻意专，南丰所谓称学佛者将以勉吾儒也，三宜书。寺经始于绍定庚寅之孟秋，越淳祐乙巳季夏考成。是岁之秋，可仁请识岁月，诏永久，遂书其事于右[4]。

天寿重兴寺

南五十里。元至元二十一年，僧永明与徒弟惠涓、一靖等买厉氏庵，改建为寺。

清修教寺

西南八十里，清修山下。旧号"清凉院"，宋乾德二年建。大中祥符元年赐今额。《宝庆志》：常住田八十三亩，山二十亩。

---

[1] "创址鸠役"，延祐《四明志》作"创基鸠役"。
[2] "德善之积"，国图本作"德善善积"，据延祐《四明志》改。
[3] "是故"，国图本作"最故"，据延祐《四明志》改。
[4] "于右"，延祐《四明志》《深宁先生文钞撖余编》均作"于石"。

天福寺

西南八十里。宋治平中建,赐额。《宝庆志》作甲乙律院,田、山无。

庵

福德庵

西南七里,元至元十四年,里人姚浩舍基,僧友云约禅师建,俗呼"姚家庵"。明洪武十五年,友云孙道璇徙建罨湖之东,后僧并城内观音禅寺。

净土庵

西南十五里。宋咸宁七年,僧日东建。僧并资福教寺。

十字港庵

西南二十里。元天历元年,僧圆觉建,又名"大名庵"。僧并城内天宁禅寺。

洞山庵

西南六十五里。元皇庆二年,僧复古建。大明洪武九年毁。十二年,僧大智重建。僧并翠山禅寺。

广惠庵

西南七十里。元大德元年,僧友云建。今僧并圣寿教寺。

福林庵

西南七十里。元至治二年,僧梅峰建。僧并翠山禅寺。

圆义庵

西南十七里。元至正五年,僧坚心建。僧并城内万寿禅寺。

广善庵

西南十八里。元至正四年,僧净昶建。僧并城内天宁禅寺。

一乘庵

西南三十里。元至正二十七年，僧一正建。僧并翠山禅寺。

智证庵

西南三十里。元至正四年，僧无能建。僧并城内崇教教寺。

法济庵

西南三十里。元至正二十五年，僧慧中建。僧并仗锡禅寺。

庆西庵

西南四十里。元至正二年，僧善兰建。僧并资福教寺。

锡山庵

西南五十里，锡山之上。元至正二十四年，僧应祥建。僧并城内观音禅寺。

溪隐庵

西南七十里。元至正二十七年，僧觉岸建。僧并翠山禅寺。

三僧庵

西南四十八里。元至正间建，寻圮。大明洪武五年，僧如愚重建。僧并观音禅寺。

普门庵

西南四十里。元至正二十一年，僧大立建。

桃浦庵

西南四十里，桃浦桥西。有塔，高五丈余，始自宋宣和年，建置以镇地里。元至正十九年，僧善遇因塔建庵。

普光庵

西南四十里。元至正十年,里人杨辉与僧无碍建。

杨文懿公诗序云:

先世所建以藏□主,在凤仪桥北,旧有梧、槚二木在桥旁,因呼为"梧槚桥庵"。

凤仪桥畔敞禅关,宿雨莓苔满径斑。地洁近临千丈镜,天清遥见四明山。金仙烨烨华台上,木主沉沉彩匮间。老衲焚香诵经罢,一庭松影白云间。

普名庵

西南五十里,许家桥。元大德四年,僧行满建。

寔相庵

西南二十里,白鹤桥南。元至正间,僧自勉建。

宝积庵

西南十五里,铜盆浦渡北。元至正间,僧无相建。

佛迹庵

西南六十里,它山。《成化志》载:洪武中建,西有山居。

杨承鲲诗:

嶙峋石气蒸,殿塌久无僧。仄径盘云入,荒碑覆雪崩。泉飞阴磴藓,花落佛衣藤。始悟生生理,玄心已似冰。

南市茶亭

西南八十里。元至正三年,僧一观建。僧并圣寿教寺。

尼庵

余庆庵

西南十五里。元至正五年,薛孤松舍田,僧善信建。

西乡

海会禅寺

城西三里。《至正续志》云：至正二年赐额为寺。大明洪武二十三年，重建千佛殿，三十一年复建舍利浮图并塔殿。永乐六年复建法堂。

元翰林学士袁桷记：

出城西门，皆良田白水，高下绿树翳然，鸡犬相闻，农家善于其业者也。予由京师回，舣舟驿亭，望之则朱甍碧瓦，杰然为人天居。

佛之道，以枯槁坚忍为能事。卉衣粝食，树下冢间，不求其丰足，故从之者乐然如归。二千余年，为之说者，以庄严为善果，淳者益信，薄者益怖。而梵宫、宝刹，合郡县山水之胜，悉为所据，日增月益，有不可胜言者。四明海之东绝处，为补陀岩，大士显焉；鄞之东，为育王山，释迦舍利塔焉。遵陆而南为岳林，为天台，皆游历之所。而补陀、育王，自天子至于王公、百司，乘驿奉香币，不绝于道。四方之民，终岁膜拜。至于西门，始求其渡海之路，然而触风涛烟雾，率莫悉处所。又舟人伺其危殆，时有不利，目接其事而来者益不止，岂非其教足以倾动，而为善者有以复其良心也？有僧曰"妙寿"，介于予所常游之友，曰"董复礼"，以其建庵之始末告曰："兹庵之创，专以奉补陀、育王、岳林、天台之游者也。初卜地城西，郡民任氏首，不过地十步、屋三楹。有同志僧日习、妙然、宗尚，善劝募，倾舍骈集。又有僧元安、清持，以行业振厉，信者俱至。善士翁文坚翊辅之，首建佛宫，且割田以济。未几，宣慰杨侯梓益买田以赞相。由是拓地为亩十五，屋百楹。殿堂门庑、迎宾习静，各有其地。泛海有舟，放生有池，独不设方丈，惧后人之逸乐以自恣也。不设[1]寺额，曰'海会庵'，惧其夺攘，以为兹所之凌替也。其状[2]若是，愿请记以求永久。"

予曰："博施济众，昔之圣人犹以为慊。浮屠氏日丐假于外而皆足以慰其志意。盖其说汪洋浩博，参之以报应，而为恶者惧。吾儒之说，百姓日用而不知，卒之以道政齐刑者，不得已之具也。逃空虚，绝人事，释氏本旨，而其生产作业皆取于吾教。若今有司兴缮，则民不胜怨咨。海会之成，相胥以劝，何其易也！"妙寿深湛善思，事为之防，曲为之制，其惓惓于后者，厥虑若是，虽欲勿永

---

[1] "不设"，至正《四明续志》作"不请"。
[2] "其状"，至正《四明续志》作"其说"。

久，其得勿永久乎？泰定二年乙丑四月癸未记。

明万历时，每春二月来普陀者日不下数百，谓之"朝海"。城中袁氏，设铺于北门外，以接其众，人至如归，名曰"香埠"，获利甚夥。城西范氏，以宅近其地，起与之争，亦设一埠以分之。而海会遂过而莫问矣。自甲申后，海禁立而绝响。闻外人之至者，先设愿，或朝三年、朝五年，有十年者，盖与朝楚之武当者等。

明本，别号中峰，杭州李氏，出家天目山。山有狮子岩，高峰妙禅师居之，设死关以辨参学者。中峰为其入室弟子，曾往日本传教。所至结庵，一名幻住。庆元间，至宁波海会庵说法。至治三年，募缘改庵为海会禅寺，与攸州冯海粟相善。海粟一日访师，击门。曰："何人也？"海粟答曰："天下有名冯海粟。"师亦云："世间难比老中峰。"后海粟作梅花诗一百二十首，欲以示师。海粟未至，师乃先置一火炉于方丈。海粟至而问曰："时值炎月，何故向火？"师答曰："公送腊诗，故设此耳！"后授诗，师不展嗅而焚之，海粟略有愠色。师曰："公弗嗔。当还公。"即授笔而挥，原诗一首，亦和一首，止和八十首。海粟曰："余诗四十首，不录不和，何也？"师曰："此令爱之作，故不敢和。"海粟大骇。手写华严经塔一幅，三年而成，其字细如蝇头，纵横成文。寺僧宝之，至今犹存。食钵一个可容三斗，凡食物必尽一钵，或数日不食。后复归天目山，其诗在成化间毁于火，有赵文敏画像尚存。初元仁宗聘之，不至，赐金襕袈裟，号佛慈圆照广慧禅师。及卒，文宗赐塔，名曰"智觉禅师法云之塔"，命学士虞集为塔铭。

资教教寺

县西三十里，隶于延庆。《嘉靖志》云：明洪武二年，佛殿圮。七年重建法堂、方丈。二十八年重建佛殿，后圮。景泰年重建大殿及修山门。

宋开封府仓曹陈戬记：

东吴之地，山水尤奇。寺院所居，皆占殊胜。僧徒繁盛，半于居民。减产出资，将求多福。然臂炼指，以尽至诚。谋事精专，莫偕于此。资教院乃周显德初檀越高绍文、缪行言、陈从蕴等共建也。求额于刺史钱亿，遂署"广德"，以为其号，由逼近广德湖而名之也。召僧道勋以为之主，复有清谨、从缘二比丘同营构焉。徒弟相续而至于今。先是乾德二年，檀越陈景符施田一百七十亩，给用之费，因此而盛。徒侣四来，日有所加；斋筵所设，久而不绝。山势环簇，深如凝碧；湖光鉴静，莹然照物。道途幽寂，则尘埃不到，其址高峻而云霞常聚。堂殿之宏壮、廊庑之周备，耕稼而养，众厨库以蓄物。端拱元年，院主宝通诱掖群众，以出资直复加修饰，逮于今日，视之如新。总其成数五十二间，复置水田一百五十亩，伏腊之备减于外求，所以天书初降之年秋八月，敕更"资教"。真命既临，人心所向，愈于他院。后六年，本院僧宝通亲诣阙下，闻于天听，求铸铜钟，帝俞所请。归而范金，一鼓而成，复构危楼架于高簴系之以时，警乎众也。闻于数里，声远大也。僧家器用于斯大备。

丙辰年，本院群僧与檀越曹仁杰等，以宝宁为行清洁，人多爱慕，请为首领，以总于众。干理佛事甚有能名，皆清爽等，众心协赞，以绍前徽也。求文刻石，将示来者。天禧三年己未正月十六日记。《宝庆志》：常住田三百六十五亩，山九百十六亩。

袁桷《修三门记》：

吾里法智大师，以至行约言阐扬天台，大行于浙东西。谓城南延庆为祖庭，故四明旁邑近郊，虽丈室寻地，多博辩秀出之徒，过于他郡。西山资教，其一也。西山，在郡西四十里。周显德元年，号广德院。宋治平，改曰资教。负山面湖，有菱荷凫鸥、舟楫亭桥之胜。凡郡人之游于湖者，必至是寺。湖湮为田，游者不复至，而寺渐颓圮。绍定中，月公首授徒是山，后谢事上竺，愿复领之。世言上竺第一院，西山号最卑，由月公再居，而寺益重，故讲说者争趋之。延祐□年，道师逢原以郡选主之。其徒亦曰："彼学专静，选不可易也。"予舟过先墓，必望所谓资教者焉。空岩倾敧，树木剪落，将不堪其居。比还里，则昔之颓然以兴，重簷翚飞，表表出林杪。道师曰："吾首新三门，余以次缮治。不田以食，废其教，将有愧。集徒讲肄，则庶几希前人光。三门纪修，愿以嘱焉。"考诸《礼经》，制有五门。雉门居中，故曰三门。秦汉损益，不遵于周。连门为三，唯王宫得用，官署降杀，非雉门之制久矣！释老宫室，拟于乘舆，虽仪制有令，不得禁。天台以明静为宗，敝衣[1]恶食，脱氛垢，厌荣观，汲汲以土木为急。崇信兴敬，将于是乎取。夫像设之教，首于西方，其能倾动祸福，必召募焉以兴[2]，则吾徒之为校

---

[1] "敝衣"，《清容居士集》作"弊衣"。
[2] "必召募焉以兴"，《清容居士集》作"必召募焉以集事。师谢不肯。寺久废，得人焉以兴"。

官者,窃食自嬉,宁得无愧焉?

陆景隆《八咏序》:

西山资教,今南湖旻师主是山,修坠举废,期绍前业。尝与士夫游,摘胜分题。其一曰"西山爽气"。旧有其區,取晋人"朝来有爽气"之语。其二曰"半浦秋声"。去寺五里余,渡曰"半浦"。潮汐往来,随月而上,林籁相和,故曰"秋声"。其三曰"乳泉煮茗"。有池方丈,色如白乳,煮茶清冽。其四曰"白鹤巢松"。寺前案山,昔有白鹤来栖。其五曰"罂胆波光"。即广德湖周回四十里,天光云影,上下涵碧。其六曰"蓬莱云影"。望春山仙馆曰"蓬莱",与寺相望,云影郁葱。其七曰"石塘候潮"。山石夹岸成塘,昔人筑碶障江,舟楫候潮而发。其八曰"桃源步月"。地名桃源,昔传有仙隐者,花时月夕,往来游宴。夫景不自胜,因人而胜。虎溪以惠远之会而著,龙井以参寥之游而彰,支遁之与许询,齐己之与杜甫,悉皆神交意会,彼唱此和,非特为一时之盛事,抑且为千载之美谈。旻师此举亦有继于前修,而为山水深之增重者矣。予辄叙其概,勉为之唱,以俟诸吟友同发挥焉。《永乐志》: 景隆,皇明国初人。

西寿昌禅寺

西二里,筱墙北。因在城西寿昌寺,嘉定间火,废为民居。淳祐元年,僧慧通移建于此,一名"西来庵",仍揭"寿昌"遗额。元至正二十五年,例复旧于城中原址,重建此寺留遗,因名"西寿昌寺",僧并天宁禅寺。

国宁讲寺

西十五里。宋大观二年建,赐额。元至正间,佛殿圮,余屋重修。《永乐志》: 僧并资教讲寺。正统二年重建。《宝庆志》作甲乙律院。常住田四十亩,山无。

景德讲寺

西三十里。宋宝祐元年建,甲乙院。《永乐志》列废址,不著"讲"字。《嘉靖志》著之,云大明宣德年,僧宏略重建,请大振为中兴住持。

西乡废寺

报国禅院 西十里,宋宝庆间建。

接待寺 西十六里,梁山伯庙东。旧志不载。予于记山伯庙地里见之。"国宁"又名"接待",或即此。

庵

清道庵 西五里,宋明道元年,僧云隐建,并城内宝云讲寺。

圆通庵 西二十五里,宋宣和六年,僧大得建。僧并圣寿教寺。

思修庵 西四十里,宋咸淳九年,僧一原建。僧并资福教寺。

法王庵 西一里,庆丰桥北。元至正十年,僧无相建。僧并城内宝云讲寺。

水月庵 西三里,元至正十七年,僧宗义建。僧并城内观音禅寺。

法华庵 西五里,元至正五年,僧道祥建。僧并城内崇教教寺。

善庆庵 西十五里,元至正十七年,僧善永建。僧并城内天宁禅寺。

法会庵 西二十五里,元至正间,僧智中建。僧并仗锡寺。

西资庵 西十五里,元至正间,僧德熙建。

林塘庵 西四十里,林村。宋绍兴间,侍郎林保建,为香火庵,至今有保碑位供其内。崇祯间,知县王忠烈公书"林塘古迹"匾额。

福惠堂 西八十里,元至正间,僧善胜建。《成化志》作"东八十里"。

尼 寺

云居寺 西二里,元至正十七年,僧净心建,徒起宗、自安等,甲乙住持。

真照庵 西一里,元至正六年,僧自立建。

东北寺

资圣律院

县东北一里,旧号渔浦门外院。宋太平兴国二年建,天禧四年赐今额。《宝庆志》作甲乙律院,载常住田五十亩,山无。今僧册名"江心教寺",废而复兴者也。

敬止录卷之三十二

胜迹考 附碑刻墨迹

十　洲

宋元祐,太守刘珵因月湖之旧而疏浚之,仍其积土为十洲,曰花屿,曰芳草洲,曰柳汀,曰竹屿,曰烟屿,曰芙蓉洲,曰菊花洲,曰月岛,曰雪汀,曰松岛。亭台竹木,上下相映,为士民四时游赏之地。珵复首唱十诗,群贤和之。

花　屿

浅深艳冶一枝枝,带露临风不自持。水上红云真缥缈,多才却忆退之诗。刘珵
传闻春入水边枝,懊恼行人不暇持。任是杜陵归较晚,也须排闷强裁诗。王亘
红紫商量欲满枝,探春觞豆好携持。便须载酒凌波去,底是黄堂独赋诗?陈瓘
慈溪舒亶亦和,予恶其人删之。

芳草洲

春水池塘空苒苒,长安古道倍依依。争如绿向芳洲遍,不怨王孙去未归。珵
十步中间水四围,不容红紫乱相依。春风管取青青在,莫问愁人归未归。亘
绿色映绿千古恨,至今南浦两依依。我今又出江东去,多少行人尚未归[1]。瓘

柳　汀

江渡隋堤[2]千万缕,年年折尽最长条。谁知烟雨汀洲晚,闲舞东风拂画桥。珵

---

[1] "尚未归",乾道《四明图经》作"宦未归"。
[2] "隋堤",乾道《四明图经》作"随堤"。

不是[1]长安陌上梢,只将离恨寄长条。临风系得虹蜺在[2],留作憧憧两岸桥。亘
密干参差笼月影,轻波薄漾[3]蘸烟条。暑天要此清凉地,欲往何辞度小桥。瓘

竹　屿

翠云摇曳波心起,清影扶疏月际来。结实终期丹凤至,虚心聊映小桃开。珵
凤集龙骧未是才,独惊高节出云来。此君端的吾家旧,争得柴门相向开。亘
霜姿迥出红尘外,只有鹓雏傍水来。别岸若寻栖隐处,轩窗须为此君开。瓘

烟　屿

闲伴晚云笼浅濑,半和[4]秋雨幂寒沙。溶溶曳曳[5]拖轻素,遮尽渔蓑与钓槎。珵
离朱谛视也皆花,一匹青缣盖白沙。咫尺渔舟看不见,凡夫何处觅仙槎?亘
蔼蔼纷纷缘底事,故来波上罩层沙。莫教散入沧溟去,却恐能迷上汉槎。瓘

芙蓉洲

翠幄临风[6]结绛囊,多情长伴菊花芳。谁怜冷落清秋后,能把柔枝独拒霜。珵
须信金行有智囊,会将秋色胜春芳[7]。清宵见白休相拒,多是潘郎鬓上霜。亘
红云可觅无蜂去,渺渺寒波映晚芳。未必孤根能耐雪,且看秋艳已经霜。瓘

菊花洲

金蕊寒香冒雨开,清无俗格绝尘埃。休嗟不及东篱下,也有幽人载酒来。珵
年年重九为人开,不染春风一点埃。湖上萧骚如栗里,虚尊还待白衣来。亘
光景不留人易老,恨无羽翼出尘埃。世间那有飞升药,且傍汀洲采菊来。瓘

---

[1] "不是",乾道《四明图经》作"不似"。
[2] "临风系得虹蜺在",乾道《四明图经》作"临流系得虹霓在"。
[3] "薄漾",乾道《四明图经》作"荡漾"。
[4] "半和",乾道《四明图经》作"半如"。
[5] "曳曳",乾道《四明图经》作"泄泄"。
[6] "临风",乾道《四明图经》作"临流"。
[7] "胜春芳",乾道《四明图经》作"赛春芳"。

月 岛

众乐亭前月满洲，雨余风静正中秋。桂华冷射千寻碧，千顷湖光烂不收。珵
夕阳尽处见沧洲，一片清光水国秋。应是玉真梳洗罢，菱花台上不曾收。亘
月明偏照海边洲，绿水回环漾素秋。斗转参横群动息，桂华零落遣谁收？瓘

雪 汀

六出花轻巧剪裁，瑶林玉砌映高台。冰澌四面寒光合，疑有飞仙月下来。珵
玉落风刀细细裁，梁王宫里旧亭台。逍遥此地何人可，除是冰肤驾鹤来。亘
谁把平毡水上开，坐看飞絮扑琼台。酒豪耳热笙歌沸，应怪幽人此地来。瓘

松 岛

耻随杨柳娇春色，厌近芙蕖递暗香。直干凌霜终偃蹇，愿为一柱壮明堂。珵
谁陪老碧到秋霜，赖有黄花隔水香。土浅波深难独立，可能移植向公堂。亘
影参岸柏童童绿，叶蔽汀兰澹澹香。斤斧不来人迹远，养成千尺势堂堂。瓘

近里中诗社以此为题，予亦有诗，附录于此。

花 屿

人颜难共年芳转，黄四娘家空见招。传说此中春意好，何人醉得几花朝。

芳草洲

岁岁春莎绿满汀，原来塞马未曾经。怜予不识芳洲景，一卷长扃茂叔庭。

柳 汀

想见湖漘丽景融，金丝翠幔已俱空。须知伊昔三眠日，总在春风一梦中。

竹 屿

此君原是吾家物，当日茶甘别有村。何处更寻烟蔓地，廷心空有一诗存。
先世原之居万竹，学者称为万竹先生，自号茶甘、廷心，余阙字。有竹洲诗，盖曾寓此。

烟　屿

草树浑疑纱作围[1],笑予病眼更迷离。漫将暮霭晨晖景,徒作登临吊古悲。

芙蓉洲

冷落胭脂岁久徂,芳洲竟似古仙都。当年欲采何人者?也有同予叹晚无。
苏子瞻有《芙蓉城》诗。

菊　洲

自叹重阳岁欲暮,寒香欲觅知何处?菊花从此不须开,摘取当年杜甫句。

月　岛

胜处何须访旧洲,当头不负是良谋。藤萝芦荻时频换,闲煞清光照碧流。

雪　汀

冻合湖光一望迷,渔舠远压小篷低。当年太守来舒眺,定辨晨烟处处齐。

松　岛

百年湖上老龙鳞,逸老庭前好作邻。纵使霜柯依旧在,岁寒相对是何人?
贺祠古柏,数百年物。

十洲阁

月湖西。元祐中守刘淑改寿圣寺阁为之。
王亘诗:
山川如幻阁长秋,一岛飞来伴九洲。不碍渔樵双桨过,何妨罗绮四时游。云疑泰华分张去,水忆蓬瀛散漫浮。禁苑未知湖海乐,生绡写取献中州[2]。
亘又有《谢太守刘吏部示西湖图》诗:
四明[3]太守爱西湖,想像桃源旧日图。不放尘埃生水面,为传风月到皇都。

---

[1] "纱作围",国图本作"沙作围",据天一阁朱本改。
[2] "中州",国图本作"中洲",据乾道《四明图经》改。
[3] "四明",国图本作"明州",据乾道《四明图经》改。

花开别屿千机锦,稻熟邻田万斛珠。闻说儿童骑竹马,至今昂首望通衢。

十洲之一亭

四明之所以得名者,以有日、月二湖。月湖之所以奇绝者,以其中有十洲。十洲,神仙所居也,此取象焉。以汀名者曰柳,曰雪;以洲名者,曰芳草,曰芙蓉,曰菊花;以岛屿名者,曰花,曰松,曰月,曰竹,曰烟。总而言之,凡十。

湖山之胜,宁惟当与邦人共之。虽远方之好游者,亦使至焉。今洲之大者,为寺,为观,为台馆,未免自有。其有仅存一洲,询之耆老,亦莫能识,广袤不盈丈,自安其小,以此得全。淳祐二年秋,郡守陈垲政事之暇,一日拉僚属登此洲,喟然曰:"人弃我取。"因其地势,命添倅赵体要植亭其上,与邦之人及远方好游者共之,遂名。

是岁十月既望,领客泛舟,观保丰碶、平籴仓已,乃登斯亭,爇香啜茗,同此清游。制幕林宗谕元晋有诗云:

师帅勤民众务修,挟晴领客过仙洲。不缘感召丰年好,安得从容暇日游。人在湖山皆自得,政先仓廪百无忧。老农不解君王意,却要朝䡞为少留。

竹　洲

西湖之南。政和间,守楼异领乡郡,建锦照堂,久而圮。隆兴二年,守赵子绣重建,更今名。史忠定尝读书其中,改真隐观。《成化志》云:"今改为晏公庙,废已久。"今呼为"观基"。

碧沚亭

史守之业。"碧沚"二字,理宗书。

楼钥赠史子仁碧沚诗:

相家小有四明山,更葺桃源渺莽间。四面楼台相映发,一川烟水自湾环。中洲累石势嵯峨,城上遥岑耸碧螺。旧说夕阳无限好,此中更得夕阳多。

吴潜诗:

万顷蟾光浩不收,花汀竹屿思悠悠。黄公所隐知何地?贺监宜归乞此洲。良夜最佳惟午夜,今秋偏好是中秋。举杯酒露月同吸,仰面青天可问不?

皇明以后未考谁属,正德间为丰考功坊所有。坊后售之兵部侍郎范钦,钦塑己像其中。

澄辉阁
月湖滨。

周锷诗:雄建俯空阔,下瞻霄汉浮。眼将云漠漠,心寄水悠悠。日暖乌飞镜,月凉鱼弄钩。行期分此景,家在甬西头。

众乐堂
《延祐志》作众乐亭,月湖中。

邵亢记:

嘉祐六年七月壬寅,诏以四明太守钱君入直左右史。至之日,抵书其友丹阳邵亢,曰:"我虽治明之日浅,然于明人为无恨矣。岁和谷穰,愁叹息而欢豫行。我乐与众人之乐而申之,为之亭于城西南偏之湖中,而以'众乐'名焉,吾友为我记之。"既辞,不获命矣。其词曰:

明治故鄞,濒海之都。厥初导江,源于南山。酾为漕河,以入于城。吴越肇国,兹为辅州。率常近亲,以守以谋。湖枝于河,盖数百亩。中为亭观,卉木洲屿。于今百年,下下高高。颓圮坏堕,存者一毫。维时钱君,来守此邦。此邦之人,曰惟政刑毋枉于直,曰惟教化日迁于良。山樵水耘,济之阜安。陶然太和,岁以有年。邦人怡怡,并寻于娱。君曰从事,与是同好。近而胜者,莫湖先焉。阏者辟之,洼者隆之。昔赋租吏[1],削而捐之。周为飞梁,于以往来。合为夏屋[2],鳞舒翼开。远岩近峰,烟鬟雨青。水流庭阶,激激有声。君曰从事,曷往落之?荷房芰盘,凫飞鸨翻,飘浮满前。凡州之人,月维莫春[3],联舫接舻,肴酒管弦,来游其间。环堤彷徉,风于柳杨,夕以忘还。明人之忧,惟使君是求;明人之乐,惟使君是度。乐乎乐,而不与人同乐,安在其为乐哉!它山之石,以镌以刻,以告后人,尚识其略。熙宁二年闰十一月戊戌,谨记。

---

[1] "昔赋租吏",乾道《四明图经》《浙江通志》均作"昔赋吏租"。
[2] "夏屋",乾道《四明图经》作"大屋"。
[3] "莫春",天一阁朱本作"暮春"。

钱公辅诗并序：

众乐亭[1]居南湖之中，南湖又居城之中，望之真方丈、蓬瀛焉。以其近而易至，四时胜赏得以与民共之。民之游者，环观无穷，而终日不厌。孟子曰：独乐与众乐，孰乐？不若与众。"众乐"之名于是乎书，既又为诗，以纪真景之万一云。

谁把江湖付此翁？江湖更在广城中。葺成世界三千景，占得鹏天九万风。宴豆四时喧画鼓，游人两岸跨长虹。他年若数东南胜，须作蓬丘第一宫。

势压平湖四面佳，好风明月是生涯。鲸鲵背上浮三岛，菡萏香中放两衙。屏列已疑云母净，帘垂不待水精奢。此心为笑[2]元丞相，终日楼台为一家。

司马温公诗：

横桥通废岛，华宇出荒榛。风月逢知己，湖山得主人。使君如独乐，众庶必深颦。何以知家给，笙歌满水滨。

王荆公诗：

使君幕府开东部，名高海曲人知慕。舣船谈笑政即成，洗涤山川作佳趣。平泉浩浩银河注，想见明星弄机杼。载沙筑成天上路，投虹为桥取孤屿。扫除荆棘水中央，碧瓦朱甍随指顾。春风满城金版舫，来看置酒新亭上。百女吹笙彩凤悲，一夫伐鼓灵鼍壮。安期羡门[3]相与游，方丈蓬莱不更求。酒酣忽跨鲸鱼去，陈迹空令此地留。

章望之诗：

是水为佳境，中城枕碧湖。楼台万室近，物象几州无。太守恩千里，新亭望一都。地劳吾卜筑，景与众游娱。宇色低栏外，波光上屋隅。鸳鸯宜绣幕，翡翠失深芦。九夏荷开簟，三秋芰洗盂。山林何处异，江海此情孤。夜气寒蟾媚，晴晖落日殊。画桥斜映柳，细草乱萦蒲。渔棹开浮藻，风檐散细凫[4]。野僧留旷

---

[1] "众乐亭"，国图本作"众乐堂"，据乾道《四明图经》改。
[2] "为笑"，乾道《四明图经》作"会笑"。
[3] "羡门"，天一阁朱本作"前门"。
[4] "风檐散细凫"，乾道《四明图经》作"风帘散戏凫"。

荡,行子过跼蹐。逸兴攀银汉,明眸湛玉壶。图经终焕越,歌咏已流吴。壮观嘉时叙,招来好酒徒。乐僮优好技,唱女袿名姝。闭户谁能事,宜人正丈夫。乐邦方美俗,鼓舞荷唐虞。

胡宗愈诗:
平湖拍岸海潮通,亭在平湖杳霭中。花艳含春云岛晚,波光照夜玉壶空。动摇人影两桥月,洗涤尘襟四面风。野老半酣亭下笑,渔樵今日与民同。
平芜十顷绿含烟,胜事兴衰已百年。岛树漫随[1]民意乐,溪山应喜主人贤。点装野趣滩边鹭,仿佛妖容水上莲。日日流风转谣俗,棹歌长在钓渔船。

吴中复诗:
贤侯新葺水云乡,虚阁峥嵘绿渺茫。波面长桥步明月,人家疏影带残阳。风中白鸟侵烟去,雨后红蕖拥袖香。从此郡图添故事,岁时遗爱似甘棠。
烟波空阔岸低回,草绿花红处处堆。一片湖光分岛屿,四边山色入楼台。从来未有吾民乐,此地欣逢刺史来。目断鄞江何日到,京师只得画图开。

红莲阁
碧沚后,隔岸相对,平桥西对出。大中祥符间,章郇公得象倅是州建。

涵虚馆
淳熙初年,魏王判府,建于众乐堂后,即湖栈阁,行舟登降之所也。宝庆二年,守胡榘重修。

四休堂
月湖之上。元丰进士周锷建。锷知南康,以言事忤时相,入党籍,退休湖上,作此堂,日为歌诗以自娱。史忠定赞之曰:"宦游寡偶,不如投闲。言之孔易,行则维艰。公乎勇退,双鬓未斑。藻月蘋风,谁复作攀?"

---

[1] "岛树漫随",乾道《四明图经》作"岛榭谩随"。

陈处士读书处
名"之翰",月湖之上。

甬江楼 灵桥门里。
吕祖俭记：
舶务东负郡城,乾道之元监务事杨苇仲章建楼于其上,距今二十年,而楼名未立,且芜秽弗治。通守丹阳苏公实临舶事,暇日登城而望,慨然览其山川之胜,而一新之,因命名以"甬江"。谓其属陈景庆[1]曰："甬江之名旧矣。景迂晁公为船官时,盖尝以是名其亭于江东也。其记具在,今超然遗址,意其是欤？兹楼与超然相望,以是而名,庶几表贤存旧之意,后来者犹有考焉。"谨再拜受言,叙其始末而刻诸石。

及瓜亭 旧子城西南百六十步。

喜雨楼 及瓜亭之上。

藏春园 美禄坊,今水仙桥侧。

庆丰楼 藏春园外。嘉定十六年,守赵师岩建。

时亭 平桥西。吴潜建。《成化志》云："今为惠民药局[2]。"

广生亭 西湖广福院侧。乾道五年,守赵伯圭建,放生之所也。

三江亭 城上。东渡门稍北。
潘良贵记：
四明在浙东,最为濒海,宜有瑰奇伟特之观,快登临者之心目。予到官二百

---
[1] "陈景庆",至正《四明续志》作"陈景度"。
[2] "惠民药局",国图本脱"药"字,据杨寔《四明郡志》补。

余日,所向局趣狭陋,殆未之见。一日送客至东门,循城而行。大江横其前,群山拱其外,岛屿出没,云烟有无,浪舶风帆,来自天际。又州之井屋[1],左顾右盼,尽在目下[2]。予欣然曰:"噫嘻!此明之绝景也。"于是作亭其上,以为郡人游观之所。夫天下幽岩穷谷,高人达士之所庐,固不可以一二数,若通都大邑,显显在人耳目者,不过有美堂、岳阳楼、滕王阁是数者而已。湖湘楼台[3]之盛,予固未尝登览。至有美堂,则去江湖远,竭目力而仅得之,非若此亭可以坐观而俯揖也。然予之好恶取舍,出于私见,顾未必公,当俟倦游之君子,徜徉而赋优劣焉。江之东,旧有亭名"三江",更兵火,坏不复存。此亭之成,人谓尽得三江之胜,因取其名而榜之,亦从父老之愿也。绍兴十年正月二十八日谨记。

良贵诗:
假守衰颜病日侵,湖山虽好倦追寻。登临忽睹三江水,快我平生万里心。聊筑小亭怡父老,敢承佳句灿珠金。春涛正待诸君赏,更拂诗碑看醉吟。

蒋璿诗:
安仁不放二毛侵,爽气凌虚玉万寻。谈笑薄施三昧手,登临谁念[4]五湖心。倦游方戢冲天翼,高赋难赓掷地金。怪得朝云飞画栋,夜来曾听老龙吟。

薛明龟诗:
爽气寒光四壁侵,青山千仞水千寻。远观吾里瀛洲路,怅望谁人魏阙心。春到已多鸣佩玉,酒酣应有解貂金。紫微太守经营巧,消得时贤次第吟。

陈西筠诗:
红尘一点不相侵,下瞰澄江几万寻。地接海潮分鼎足,檐分凤翼峙天心。三山有路云收幕,午夜无风月涌金。欲识龚黄报新政,满城争唱使君吟。

---

[1] "州之井屋",国图本作"井之井屋",据乾道《四明图经》改。
[2] "尽在目下",乾道《四明图经》作"尽在目中"。
[3] "湖湘楼台",乾道《四明图经》作"湖湘楼阁"。
[4] "登临谁念",乾道《四明图经》作"登临谁会"。

王伯庠诗：

使君不受二毛侵，杖屦逍遥得胜寻。拨遣簿书聊永日，登临山水一何心[1]。残梅坠雪垂垂玉，弱柳摇风淡淡金[2]。倚瞩大江供一笑，几多襦袴在讴吟。

汪思温诗：

危亭耸观与云侵，胜概何劳杖屦寻。回合江山真有意，去来鸥鹭本无心。欢声洋溢均千里，好句清新抵万金。四海倚需经济手，岂容长对白头吟。旧志和诗甚多，略录数首，存一时故实，非以其诗也，亦见当时里绅劣于诗如此。

黄润玉赋并序：

昔东晋刘牢之讨孙恩，成勾章营于三江口，后人称其遗垒曰"筱墙"。至唐末，明州刺史黄公晟用砖石甃城，乃于东城门之左，置三江亭以游眺。宋天禧间，郡守李夷庚尝登亭，以术戏番船。见《治官考》李公名下。绍兴中，潘良贵守郡，重建，作文记之。前元隳城，亭废而名尚载旧志。兹新修郡志，而名亦莫存。予慨此亭，实一郡之胜景，念前人之作有意，恐后世之远无闻，爰假托燕会，述鄙词一篇，刻石城楼，以志之。其词曰：

四明奇观，三江夺魁。两川抱城兮环带，合流趋海兮盘洄。潮汐往来，二气潜孚以升降；春秋张□，一元默运而胚胎。蛟门限波涛之汹涌，龙山列屏障而崔嵬。玉垒屯兵，晋牢之遗筱墙于平定；金汤固国，唐明远受茅土而拓开。爰设险间施谯橹，乃因高规建亭台。画栋翚飞于沆瀁，珠帘贝络夫呆罳。修棁轩豁，曲槛萦回。一览决眦于三岛，四盼驰神于八垓。宜退食以登眺，称筹边而徘徊。兹焉阃帅闲暇，乡彦追陪。纵谈笑，挥夫玉麈；姑酬酢，酌彼金罍。肴维土产，酿止家醅。炜边炉以旅进，摄宿缶而重醅。睹太平之符景象，斯真率之会星台。顾物薄而礼敦，奚乐极而生哀。少焉，澹月舒霁，清风徐来。宾主合欢以促席，伶僮张戏而侑杯。干戚兮晃耀，羽毛兮琶琶。寓折冲于尊俎，犹舞夏于庭阶。节壶兮鲁鼓，笙诗兮南陔。既行爵以交错，终安晏而和谐。江山兮有趣，风月兮无涯。扳渊明而骋驾，陋相如之类俳。佳期不易得，逸兴不易裁。聊写一

---

[1] "一何心"，乾道《四明图经》作"亦何心"。
[2] "残梅坠雪垂垂玉，弱柳摇风淡淡金"，乾道《四明图经》作"残梅坠雪垂垂白，弱柳摇春淡淡金"。

时之胜概,暂舒千古之旷怀。

附：高宇泰赋并序：

三江亭者,实吾鄞最胜之景。夷臁数百余年,纂录至此,有慨于中。因子贱侯赋优劣之言,暨南山前人有意之旨,遂趁笔稍成短赋,思以启后人之重构,未必不因此文,亦自附于高子美谈也。其词曰：

忆予趋庭南服,岁事帆樯。纷名胜之躬历,怀旧览夫崇甍。维片时之快睹,实寤寐之难忘。若夫仲宣兀峙乎南郡,黄鹤逞对夫汉阳。滕王雄踞乎洪都,岳阳全吸乎湖湘。亦既尽登眺之极致,骋心目于渺茫。悟身世之蕞寄,羡逍遥兮蒙庄。侈壮日之美游,惊倏忽夫星霜。兹者戢身世难,投老林冈。爱寻古迹,遍搜佚章。亭台非一,兴废靡常。唯是城标杰构,亭号三江。并谯橹以奠础,拔雉堞以启窗。俯千仞之冯夷,觌咫尺之扶桑。溯昔名守之规置,曾倾英俊之琳琅,亦既极倾动于一时。助大风之泱泱,乃时代之递禅。怅故址之久荒,望寒烟之缥缈,徒怀古而慨慷。将来者之无知,致纪籍之沦亡。缅维曩昔,宾从豆觞。凭栏遐瞩,浊浪汤汤。彼秋水长天之一色,晴川芳草之四望。迁客骚人之殊致,望远怀归之独伤,又何逊其旷荡,抑更少兹。望洋招安,期于几席。问徐市兮何方,此吾土之奇胜,又奚别羡夫遐邦。固将便跬步以载酒,讵烦适千里而聚粮。胡令同蜃影之幻楼,消梵法之涌幢。所幸名流出牧,绩亚龚黄。铃阁清暇,海波不扬。绍风流于前哲,缔楹桷以重光。谒巨笔以勒碣,求华文以上梁。不辞芜词为鼓舞,少裨逸兴之飘扬。庶资异日之美谈云,兹文为之先倡也。时乙卯腊日。

庆云楼 在西城第九铺。城上建楼三层,鸣钟其上,妥神其下。崇祯辛巳,海道王应华创建。以补形胜而厌灾劫。外濠即老龙湾。

王应华自记：

郡城形胜,祖四明而宗锡山。耸自隆葱,降为平土。环山之内,沃壤百里。奉川朝其南,姚江绕其北。招宝、蛟门镇于艮位；飞虹、展席旺自申庚。府县公署允为郡邑之主,两学文庙尤为人文之宗。凡兹要地,俱向癸丁。考以秘法,癸丁坐向喜得朋于西南,以鼓楼耸郡治之右。庚辰之岁,禄马聚申而鼎甲兴,其验已见。所忌惟震巽,则天封一塔实预防六百年之灾劫。乃辛巳岁煞同填,而城中火、旱兼见,此亦足以明阴阳之趋避,而灼燮理之所宜矣。

异人伍柳园先生,庚辰过予署中,因周视郡城,语予曰:"西南若建钟楼,可使城中有福无灾,以寿之亿万斯年。所谓不朽盛事,盍亟图诸?"于是躬行相度,得楼基于西城之第九铺,附城作台,叠石方广,建楼三层。中鸣巨钟,西方金位也。杨公曰:"生气方蛰,宜奋以钟,是矣。"台因于城,坐向宜属庚甲,楼下理宜安神,以司福主。而庚甲难于消纳,乃以柱角当甲庚,而用坐卯向酉之法,神位安中,前后开门。立神前而周览百雉之上,西岙诸峰,岚光如画。姚江西关之水,由吉位以朝宗。启东门而遥睇,月湖如镜,它山、桃源之水汇焉。天封一塔,乃与太白诸峰并峙神后,为催官之吉曜。城中百万户,朝晖夕阴,气象万千。神皆以吉方肩负之,永锡之福。今而后,凡此居人,蒙庥集庆,虽与天地同悠久可矣。若伍先生所谓鼎元以辅,无灾无难者,岂不然乎?

先是,庚辰六月廿四日之午,庆云现于郡城,初见五彩缤纷,环绕日边,俄而西南隅异彩益胜。于时见者,无不欢喜赞叹,谓此希有盛事。至次年辛巳六月,而钟楼兴,正应此方。兹楼成而名世辈出,端可必矣,因锡以嘉名曰"庆云"云。或曰子为地方计亿万年之福,是则然矣。顾未闻鲁灵光犹岿然至今存也,则奈何?予曰:"后之吏地方者,其爱地方,谁不如我,若一椽片瓦,随时补葺,则斯楼也,与地方福泽共相永于亿万斯年,其谁曰不然?惟是坐向之用卯酉也,门之用前后而勿用左右也。阶城之升自西北也,楼梯之宜东宜北也。神前之雉堞近南不容添设铺屋也,又楼中安神方位皆仿自秘法,而不容稍变其故,以贻祸于斯民也。此则不能不惓惓于后之君子云尔。"

蒋家花园　城西南隅,蒋家带。宋蒋晓置。

王亘诗:

采莲桥下路,皂盖拂云来。尘压随轩雨,风生避暑台。酒缘[1]佳客尽,花为使君开。忆患西溪旧,相忘此日杯。此和太守游园之作。自注:"滑州西溪,常陪尊俎。"

茹家花园　亦在蒋家带。今聚福庙,相传为茹家花园神。有传神为范少伯,俟考。

倪家花园　元倪万户园,在府治北。

---

[1] "酒缘",国图本作"后缘",天一阁朱本、延祐《四明志》均作"酒缘",因改。

来谁园 原名"福园",本杨氏业。崇祯间,御史李遵得之闻氏,盖数转业也。遵素达,名以"来谁",言非己所,得常有也。中有数池,以在北门,人家少,故颇广耳。

樗园 与"来谁"邻,为编修杨德政园内一巨楼,名"空水"。后为提学参议水佳胤所得。

萧园 在南湖滨。张大司马时彻构,子邦伊[1]辟之。原其初,则一孙秀才之业,后归于张,而分其左为拗花处。张后归太仆谢三宾,而拗花处则为一乡科陆氏所有。

余寅与翁知县饮园中诗:

司马丰标盖代稀,辟疆园好重追思。亭台此日明明在,杖履当年步步随。云树临流相映带,星河彻曙有低垂。君侯雅自怜名德,肯借高轩到水湄。

凫园 盐仓门里。礼部郎屠隆构,内有娑罗树。又名娑罗园。

屠隆自序:

弢光氏宅,西有隙地,如手掌大。土灰溷浊,堁塿扬尘。辟以为园,傍邻筑垣。垣下凿小池,窄而长,才一发,下植荷芰、茭芦,上植芙蓉、木兰、红蓼、紫葵。凉风时至,秋色飒然。跨小池,构一楼,颜曰"飞仙",曰"空明"。楼一间高而政方,仅可坐六人,八窗玲珑。东眺海门朝旭,西览崦嵫夕景。晦明不常,紫翠变幻。崇霞长住,飞鸟径度。予方燕坐楼中,鹡鸰不知,掠予双鬓而过之。冬宜万山积雪,粉堞碧瓦,一望皑皑。夏宜消暑,天风峭劲,炎蒸不入。明月之夜,澄莹明彻,浮光环抱,如空水浸琉璃,坐兜罗银界。右破屋三楹,甃地涂壁,稍加丹垩,若嫫母敦洽,假施粉泽,人忘其丑,颜曰"栖真馆"。后从阿育王舍利殿前得娑罗树一本,植之垒前,改曰"娑罗馆",而郡大夫龙伯贞氏则手书"南宫仙史"四字。堂中时而与客,婆娑树下,流连酒脯,参订老释,商略黄农。时而焚香摊书,煮茗啜粥,时而跏趺蒲团之上,尘缘外屏,真气内周,形留神往,八极一息。馆前后,杂树柽柳梧槐、梅桃李杏、芍药辛夷、山樊水仙、栀子茉莉、玉兰宝珠、玫瑰踯躅、林檎木瓜、葵榴萱槿、蒿莱蒲艾、松桂兰菊,蓊蔚交密,春夏蔽亏。推窗卧起,绿阴映入桯几;绕花散步,蜂蝶扑我衣袂。或轩车临巷,驺从排户,花树

---

[1] "邦伊",国图本缺"伊"字。《明世宗实录》载,嘉靖三十年五月丙午,"以兵部右侍郎张时彻二年秩满,荫其子邦伊为国子生",因补"伊"字。

妨盖，藤刺罥巾，贵客恒纡回佝偻而入，山人野服见之，相戒作人外语，移时而去，不恒答拜也。园成之日，适村翁见饲野凫二，遂名之曰"凫园"。栖息其中，俯仰天地，足以自老。弢光氏清心寡欲，鲜所嗜好，六尺而外，都无长物，而独有此一园。一园如掌，一池如研，一楼如拳，而竹树蒙茸，草花荫翳，众芳庞杂，莫能尽名。比于仙人，胡芦虽小，大地山河咸在焉。素位任真，乐而安之，即子桓西园、晋文华林[1]，殆无以过，何则？袁夏甫坐卧土室，焦孝然结茆河滨。尘垢被面，泥沙亲肤，而心神怡旷，度之恬愉。予居虽迫迮，而犹差有花木足以自娱，图书足以寄适。桃虫处桃，壤虫处壤，不奋足矣。昔曹孟德兴哀于铜台，李文饶眷念于平泉，一朝偶聚，妄欲据而有之。蔓草零露，今复安在？仆心诚陋之矣。夫万物皆有坏，不坏者何物？舍有坏以求不坏，是吾实也。

飞盖园　南门仓漕。余文敏之子所建，即在其宅畔。

超然亭　桃花渡头。政和间，晁说之为船场官，官署在其地。
说之诗：终日一杯终日醉，看潮初上看潮回。自疑前世陶贞白，乘兴闲游鄮县来。

太白楼　浮桥东二里，俗呼太白庄，宋守胡榘建。元程端礼、端学改为读书楼。至正间，象山教谕张元楷侨居于兹，寻废。其址归都御史李檃。近归之瑞岩和尚，重建为下院。

草香园　在山川坛北，高阜而平，俗传吴典史园。

马园　相传史弥远园，或云方国珍在此养马。

罗木堂　元时改为芳思亭。亭为袁桷建，在董孝子庙之东。
桷自序诗：
大父尚书公治圃南郊，有堂、亭凡十五，方池修廊，屈折便宜，雨甚亦无碍游事。逮今荒废逾四十年，故基陈迹不可复考。近筑一亭，杂莳花木，广不逾亩，仿其万一，名之

---

[1] "晋文华林"，明屠隆《栖真馆集》（明万历十八年吕氏栖真馆刻本）作"简文华林"。

曰"芳思",玩其英华,将以绅绎志兴,翰墨有绍,是则先公之志。作诗示瓘、瑾,并求亲友同赋。诗云:

侃侃尚书公,投绂理泉石。五台适寒暑,十亭送昕夕。琼英玄圃秀,美荫嘉树碧。修廊不受雨,来往随屦舄。红云涨方塘,丹霞耀翠席。嘉鱼黄金掌,瞥见渺莫测。辛勤三十年,深逝晦朝迹。遗训示子孙,树艺比其德。浮云变须臾,百幻倏消蚀。空余郑公庄,耕稼给衣食。缅彼行乐时,众植各有职。以兹一亩园,髣象见畴昔。幽葩与群卉,生意日不息。朝阳漱灵根,三咽妙绅绎。旷怀事幽赏,誓矣躬六籍。

予按:文清之亭,盖即罗木堂旧址也。明初,又改为万竹山房,外额名"紫薇庄"。初为丰氏业,后归张方伯渊。按罗木堂,一云即修真静院。尝览李司空堇山记景贤堂曰:"景贤堂,堇山乐丘堂名也。丘在城南三里,予时游息焉。二泉宗伯邵公记之详矣。左曰紫清观,右曰罗木堂,乡贤丰清敏、袁文清旧址也。高山仰止,虽不肖有之,第未知所以,景行先哲耳。因作《五箴》,为存心之警。"观此,则罗木堂为文清先世物,后改为芳思亭也。

余君房《万竹山房赋赠张缨泉》诗:

青天卷盖绿云疏,宛在箟簬谷口居。已分投闲真是蜕,何妨混迹并为渔。平生作事都无过,今日论贫总不如。纵使辟疆园最胜,恐难高颂似君庐。

紫清观 即今丰园。

叶文庄《水东日记》云:

丰布政文庆[1],世居鄞,宋清敏公稷之后也。考寅初,洪武中授训导,升九江德化教谕,正统间卒。庆扶柩还鄞,将合葬祖茔,访遗墓故址,无知者。有语庆者曰:"大庆桥[2]南废紫清观地,实城西之胜,盍图之?"道遇卜者,得"丰"之"革"。庆喜曰:"卦符吾姓,意者地必吾所有乎?"既而得元袁学士桷所修郡志,云"紫清观去县西三里,丰清敏故园也"。庆益喜,倾意请复。又有得观之址基旧簿于乡人,备载围地三十余亩,为其邻所侵,寻皆倍值赎之。既而先墓前石翁

---

[1] "丰布政文庆",国图本脱"文"字,据明叶盛《水东日记》(文渊阁四库全书本)补。
[2] "大庆桥",《水东日记》作"大卿桥"。

仲等皆以渐而复,今家焉。庆念自清敏公薨,迄今三百余年,其故园沦于他姓而庆始克复之,作《园居十咏》以志喜贻后。往年在科中语予极详云。

后至万历末,又属之他姓。裔孙建,举天启乙丑进士,讼于官,以复之。至今号为丰园云。

湖心亭 相传在南门外近处,不可考矣。

长春亭 杨御史美益少子少海建,在甬水之湄,隔岸即柳亭庵。
杨伯翼诗:
南塘北垞水云亭,风扫长杨日气青。借问主人何所事,案头唯有种鱼经。
种来桃李渐成蹊,白槿红萱落更齐。不是春风常在手,四时那得使人迷。
夹池修竹万琅玕,五月南风个个寒。昨夜月明清影尽,满天秋水濯冰纨。
江流如縠日初曛,白鹭青凫更几群。陌上相逢聊一醉,明朝相见本浮云。
遍插芙蓉水榭凉,水风千顷泛裳裳[1]。醉来一卧沙头石,月晓天青万户霜。
朱楼碧树影层层,竹节鱼鳞喜不胜。翻笑金华吴孺子,鹿皮深坐古虺藤。
芦叶风干酒乍醒,报来闲步白蘋汀。从他万顷鹅肫绿,不换床头雀舌青。
朔风吹海气茫茫,十月霜林橘柚黄。湖水蚀堤枫叶赤,行人不辨是江湘。

倏园 老龙湾西,杨伯翼建。
伯翼《倏园新构茅亭》诗:
茅亭属清池,朝日散澄碧。秋风一萧飒,落叶纷广陌。圆荷渐破碎,凫雁空爱惜。陂柳条尚青,塞草凄已白。寓目无留光,壮心坐摧息[2]。烟霜野林绿,端坐望疆场。

《倏园种梅已著花喜寄友人》:
手种寒梅树,开花已自多。定知江上雪,来和郢中歌。对此情空剧,相看老奈何。百年邱壑客,清影正婆娑。

《倏园观刈稻》:

---

[1] "裳裳",国图本缺,据《四明谈助》补。
[2] "摧息",国图本缺"息"字,据《四明谈助》补。

衡门蕉叶绿，寒照满空墙。竹里归人至，茅窗野饭香。望深农力竭，愁极老怀伤。哀苦君王诏，除租意甚长。

社鼓空萧瑟，田神半野蒿。古碑荒藓断，虚殿朔风号。晚世常多事，危心久郁陶。穷村颇寥落，白杵动林皋。

《冬日翛园》：

平林望不极，云日并含西。安得董公庙，而容枭鸟啼。野田荒藓出，斜径古藤迷。独客茅茨下，修眉不肯低。

《郊居寄慧上人》：

樊圃荒城外，凉风五柳斜。虫声连鹤栅，秋色老渔家。露下青荷叶，寒生白藕花[1]。金山夜渡处，相忆踏平沙。

《至翛园》：

归来三径转萋萋，竹粉藤梢刺眼低。忽有菰蒲堪进艇，不分桃李渐成蹊。青临海峤千峰合，绿尽江城万树齐。尽日卷帘流水曲，教人空诧武陵溪。

屠赤水《余君房携酒翛园酌程生屠》诗：

初月俯前楹，微阴傍古城。最怜芳草暮，莫问曲池平。短竹饶风色，高梧尽雨声。良宵宜楚客，一醉见深情。诗有伤逝之感，伯翼时已没矣。

小桃源 周家岸桥下，甬水桥西。

三层楼 与祖关斜对，余文敏公建。

云在楼 在南门蒋家带。陈侍御公建，即侍御公宅内。侍御公有《云在楼诗集》。

平楚亭 杨文懿公《小江湖十咏》有"平楚旧亭荒"之句，详《山川考》。栎社，今水中洲是也。洲当水三合，北通桃源，西接它山，东流入郡城。昔人建亭其上，扁曰"平楚观澜"，今废。

旧沈汴诗：

不见平楚亭，荒洲但流水。欲问桃源春，梦落渔舟里。

---

[1] "白藕花"，国图本缺"藕"字，据《甬上耆旧诗》补。《四明谈助》作"白豆花"。

瑞光楼 栎社。元末，东瓯高则诚避乱主于沈氏，居此楼作《琵琶剧》。既成，清夜按拍歌之。几上蜡炬二相隔，光忽交合，遂以名楼。

洞仙桥

杨文懿公诗并序：

洞仙桥，俗名王将桥。吾宗盛时，桥两岸第宅如云，列肆华丽，觞豆映花，箫管鸣月，真若洞仙之境。予少时犹及见其万一，今尽萧索，可叹也。

花竹满龙洲，虹桥跨碧流。玉泉思老氏，金碶忆王侯。雨涨西江阔，天涵北渡秋。登临思无限，回首旧风流。

君子河 茅山走马塘河。宋嘉定间，陈埧置庄，种竹，称君子河。荷芰禽鱼，出没隐映。

袁甫诗：

雨余鸥鹭满晴莎，风静花香霭芰荷。曾见牙樯牵锦缆，遥看翠浪接银河。秋光渺渺连天净，柳色依依绕岸多。好似笑谈图画里，数声芦荻和清歌。

胡世佐诗：

山水千年静，源流一派清。静涵明月影，清濯野人缨。岸竹晴犹湿，汀烟淡复明。陈家居此境，君子不虚名。

藏春园 茅山姜敏肃光之园。淳熙间，知郡范成大作记。

桃源书院 宋神宗书，赐王说，桃源先生。

汲古传忠 宋理宗书赐王扚，应麟父。

碧沚 理宗书，赐史守之。陈继儒云是宁宗，见《太平清话》。

常充达庵　理宗书,赐郑清之,为其父□□书[1]。

太白名山　孝宗书,赐僧了朴。

名山洞府　皇明神宗为大学士余有丁书。

责难陈善　神宗为大学士沈一贯书。

明伦堂　鄞学朱文公书。

安敬　元怀远将军张乐净为高明善书。明善自号"安敬",一时学者尊为安敬先生。字甚奇拔,至今犹存。

阿育王寺　飞白,梁萧子云书,甲申后毁于火。

观音禅院　护圣寺,柳公权书。

锁翠亭　宋判府,皇子魏王恺妃书。谢皋羽有诗,见《寺观考·天童寺》。

玉几松堂　育王寺,张即之书。

郹峰草堂　元泰不华书,玉箸篆文。

大鉴堂　天童寺,宋濂书,后为余文敏公所得,近又复寺中。

附碑刻墨迹[2]

唐刺史裴儆德政碑　王密撰文,李阳冰篆,宋时在厅。文载《治官考》裴儆名下。

---

[1] "为其父□□书",所缺或为"若冲"。郑清之的父亲郑若冲,杨寔《四明郡志》有传。归葬后,理宗亲书"常充达庵"四字,嘱悬之墓庄。

[2] 此标题系点校者按卷三十二大标题"胜迹考·附碑刻墨迹",于本处加设。

欧阳修跋：

右《裴公纪德碣铭》，唐越州刺史王密撰，国子监丞、集贤院学士李阳冰篆。裴公儆为明州刺史，密代之，为作此文。其文云："皇唐御神器一百四十二年，天下大康。海隅小寇，结乱瓯越。因言明州当出兵之冲，民物残弊，儆抚绥有惠爱，而人思之尔。"按唐自戊寅武德元年受命，至己亥乾元二年，乃一百四十二年。是时肃宗新起灵武，上皇自蜀初还，史思明僭号于河北。是岁，洛阳、汝、郑等州皆陷于贼，不得云"天下大康"，而"海隅小寇"也。考于史传，又不见其事。惟台州贼袁晁攻陷浙东州郡，乃宝应元年，当云一百四十五年。又据密代儆为明州刺史，至大历十四年移湖州，则儆、密相继为刺史，宜在代宗时。然密当时人，推次唐年不应有失。予友王回深父曰："唐自武德至大历八年，实一百五十六年，中间除则天称周十四年，则正得一百四十二年。是时天下初定，文人著词以为大康，理亦可通。是岁，广州哥舒晃作乱，'海隅小寇'，岂独此欤？"予以为晃之乱，唐命江西路嗣恭讨平之，不当自明州出兵。深父曰："然兵家出奇，明州海道，至广不远，亦或然也。"故并著之。此集本也，外有真迹，与此大同小异，因之裴儆名下。

唐刺史王密德政碑 李舟撰，颜真卿、李阳冰篆额。建炎兵火，断缺不全。

董孝子庙碑 唐大历刺史崔殷记，徐浩书。《乾道图经》云："今不存。签判韩嚞重刻，石在庙中。"

移城碑 唐推官韩仔材撰，宋时在金厅。

阿育王寺碑 范的行书。碑崇祯末年犹存，近碎矣。旧拓尚有藏者，八百年物矣。

宸奎阁碑 阿育王寺。苏轼书真迹，曾为项玄度所藏。

法智大师行业碑 延庆寺。赵抃撰，赵孟頫公书。数年前为山门颓压碎。

明宗慧忍禅师塔铭碑 阿育王寺。揭傒斯书。

逸老堂记碑 贺监祠。吴潜文,张即之书。

李斯小篆二 宋时,一在□厅,一在鄞山堂。

柳公权书《金刚经》 宋州宅进思堂西壁外,刻石龛之。

徐浩宝林寺诗真迹 郭祐之天锡号北山所藏。

石曼卿筹笔驿诗 宋宝元二年,书赠朱复之。康定二年,复之为明州节推,刻之石。嘉祐四年,胡宗愈作亭贮之,更兵火,亭坏碑仆。绍兴十一年,刘伟建南堂,函置仆碑壁间,且以"筹壁"名堂。厅事既移,碑亦随之。周密《云烟过眼录》云:"石曼卿大字《筹笔驿》诗甚奇,见马子卿所藏。"

石延年古松诗石刻 宋时,没平准库荒棘中。元后纪至元间,府判齐谦移置府治厅侧。其诗曰:"浩气森森耻屈盘,铁衣生涩紫云干。影摇千尺龙蛇动,声撼半天风雨寒。苍藓静缘离石上,绿萝高附入云端。报言帝室抡材者,便作明堂一柱看。"
楼钥跋云:"吾乡郡从事官舍,先有筹笔驿石刻。庆元己未,节推古汴赵思旻,字致道,又刻此以配之。

欧阳修赠胡安定七言古诗真迹 裔孙胡钰所藏,予曾亲见之。

赵孟𫖯楷书袁桷七观帖 石刻初在文清芳思亭,被道士高朴盗卖,追藏府厅。万历间,一太守携之归。

米芾帖二卷 万历太守蔡贵易刻。

吴志淳八分千文 志淳,名主一,曹南人。鄞人杨理学工镌石,主一书此赠之,即刻石以传。后附揭傒斯赠主一隶书行,亦主一八分书之。

褚摹兰亭 沈一贯子泰鸿摹勒上石。

苏轼休沐诗　沈泰鸿摹勒上石。

高宪敏公家世一卷　多宋时名公真迹，近毁于火。

袁忠彻家世一卷　多名公赠言，在王弇州家。《太平清话》。

敬止录卷之三十三

谷土考

旧志以木、果、鸟、兽之属为他郡所共有者,列为土产殊为赘矣。唯五谷不分,昔人所讥,且民生本产在焉,不可不疏而列之。

稻

粳之属

金城	乌撒	早黄早白	大仓红
光糯	冷水红	细秆	黄岩 俗名救公饥,收最早。或云二种。
矮白	大白	细撒	占城
大赤	赤撒	湖州白	红六十日
晚青	霜下白	湖州晚	雁来乌
旱稻 宜山田故名。	宜兴晚	天落稻	早珠
等西风	赶军粮	麻子乌	矮联
昆山晚	杭州白	野乌嘴	蛮稻
乌含稻	犁索辫	青净晚	刀断齐
松江稻	勒马看	湖广谷	戬八石
金裹银	大粒白	细白	早雪
早晚	沙籼	矮晚	木榔捶
茅叶齐	黄秥	白粘	缩颈早

糯之属

早糯	晚糯	黄香糯	铁秆糯

虎皮糯	黄扁糯	青秆糯	白糯
麻糯	乌撒糯	赤稉	九日稉
丁香糯	红糯	雉鸡糯	水鲜糯
玉山糯	燕嘴稉	乌箭稉	瘦田糯
冷水糯	羊须糯	火烧糯	朱口糯
矮黄糯	了畋糯	泥里变	籼糯
桂花糯	乌节糯		

李时珍曰："稻者，粳、稬之通称，本草则专指糯为稻。"陶弘景曰："道家方药，有稻米、粳米俱用者，此两物也。"氾胜之云："三月种粳稻，四月种秫稻。"即并稻也，陶谓为二，盖不可解也。《字林》云："糯，粘稻也；粳，不粘稻也。"予按：孔子曰"食夫稻，周官有稻人，汉有稻田使者"，亦岂专指稉言乎？

籼似粳而粘小，始自闽人，得种于占城。宋真宗遣使就闽取三万斛，分给诸道为种，故今各处多有之，高仰处俱可种。其熟最早六七月俱可收，品类亦多，有赤、白二色，即上占城稻也，俗呼白占者当是。

李时珍曰："粳有水、旱二稻。南方土下泥涂，多宜水稻。北方地平，宜旱稻。西南夷亦有烧山地为畲田种旱稻者，谓之火米。"当即如上之所云旱稻也。

黍

粳黍　稬黍　蜀黍 即芦穄也，《嘉靖志》不载，予补入。详稷。

《诗》云"维秬维秠，维穈维芑"，皆黍也。赤为穈，一名虋；白为芑，黑为秬，一稃二米为秠。《尚书·洛诰》秬鬯注："秬亦为一稃二米。"许氏《说文》"黍可为酒，从禾。入水"，故《洛诰》以为酒，赐周公也。时珍曰："黍乃稷之粘者，亦有赤、白、黄、黑数种，其苗色亦然。三月种者为上时，五月即熟；四月种者为中时，七月即熟；五月种者为下时，八月乃熟。"今俗俱以芦穄为黍，不知乃黍之一种耳。

陶弘景曰"黍米酿酒，用秫黍"，意即上之稬黍也。时珍曰："蜀黍宜下地，春种秋收，茎高丈许，如芦荻而内实，叶亦似芦，穗大如帚，粒大如椒，米黄赤色。有二种，粘者可和稬酿酒，不粘者可作糕、煮粥。"此亦黍稷之类。

稷

粳粟　糯粟

穄　穄粟，《嘉靖志》两载之。

《本草纲目》：稷，释名穄、䅟。"南人承北音，呼稷为穄，谓其米可供祭也。"《礼记》"稷曰明䅟"，《尔雅》云"䅟，稷也"。罗愿云："稷、穄、䅟，皆一物，语音之轻重耳。"陶弘景曰："稷米，人亦不识。书记多云黍与稷相似。又注黍米云：'穄米与黍米相似，而粒殊大。'"李时珍曰："稷黍之苗虽颇似粟，而结子不同。粟穗丛聚攒簇，稷黍之粒疏散成枝。"《孙炎正义》云稷即粟，误矣！吴瑞谓"稷苗似芦，粒亦大，南人呼为芦穄"。芦穄，即蜀黍也，其茎苗高大如芦，今不知稷即黍之不粘者，往往以芦穄为稷，故吴氏亦袭其误也。观李时珍之"正误"，则《嘉靖志》双列，俱非。然五谷中，岂不及粟欤？《嘉靖志》之言穄，直认作芦穄耳。

粟　鄞地亦种粟，而《嘉靖志》误以为稷，故特详之。北人谓之小米。

李时珍曰：粟即梁也，穗大而毛长粒粗者为梁，穗小而毛短粒细者为粟。苗俱似茅。有青、赤、黄、白、黑诸色。早则有赶麦黄、百日粮之类，中则有八月黄、老军头之类，晚则有雁头青、寒露粟之类。梁即俗所云黄粱者，亦有白粱、青梁之别，而黄粱香美为胜。《本草》曰：南人多畲田，种之极易。在古但呼为梁，后人乃专以梁之细者名粟。孟诜言人不识粟，而近世皆不识梁也。予按：人既不识粟之即梁，安知鄞所种者无梁乎？

麦

大麦　小麦　卵麦《嘉靖志》　**穬**增

大小麦，秋种冬长，春秀夏实，具四时中和之气。小麦名来，大麦名牟。大麦之苗粒皆大于小麦，故得名大。穬麦是大麦中一种皮厚而青色者，言壳厚而粗穬也，又谓之青稞。北人种麦漫撒，南人种麦撮撒。北麦皮薄，面多。南麦反此。

荞麦

李时珍曰：荞麦南北皆有，立秋前后下种，八九月收刈。苗高一二尺，性最畏霜，赤茎绿叶如乌桕树叶。开小白花，实有三棱，老则乌黑色。北人磨为面，或作汤饼，谓之河漏，滑细如粉，亚于麦面。有甜苦二种，苦者出南方，春社前后种之，茎青多枝，叶似荞麦而尖，花带绿色，结实亦似荞麦，稍尖而棱角不峭。农家磨粉，蒸使气馏，滴去黄汁，乃可作糕饵食之，色如猪肝。

菽

大豆

李时珍曰：大豆有黑、白、黄、褐、青、斑数色。黑者名乌头，可入药及充食，作豉。黄者可作腐、榨油、合酱，盛为时用，余但可作腐及炒食而已。皆以夏至前后下种，苗高三四尺，叶团有尖，秋开小白花成丛，结荚长寸余，经霜乃枯。

赤豆 《本草》云：今之赤豆、绿豆、白豆。皆小豆也。

夏至后种，苗高尺许，枝叶似豇豆，叶微圆峭而小。秋开花，亦似豇豆花而小淡，银褐色。荚长二三寸，比绿豆荚稍大，皮色微白带红，可作粥、饭、馄饨馅。

绿豆 李时珍曰：旧作菉豆，非。

三四月种，苗尺许，叶小而有毛，秋开小花，荚如赤豆。粒粗而色鲜者，为官绿，皮薄而粉多；粒小而色深者，为油绿，皮厚而粉少。早种者呼为摘绿，可频摘也；迟种者呼为拔绿，一拔而已。用之甚广，可作豆粥、豆饭、豆酒、炒食、煼食，磨而为面，澄滤取粉，可以作饵顿糕，荡皮搓索，为食中要物。以水浸湿生白芽，又为菜中佳品，真济世之良谷也。

白豆 一名饭豆。

李时珍曰：饭豆，小豆之白者也。大如绿豆而长。四五月种之。苗叶似赤豆而略尖，可食，荚亦似赤豆。

豌豆 《嘉靖志》注：产鄞。

其苗柔弱宛宛，故得豌名。嫩时青色，老则斑麻，一谓之青小豆，一谓之青斑豆。八九月种，苗柔弱如蔓，有须。叶似蒺藜叶，两两对生，嫩时可食。三四月开小花如蛾状，淡紫色。结荚长寸许，子圆如药丸，磨粉作面，白而细腻。《本草》谓之胡豆，亦名回回豆，盖产其国也。鄞人种则有之，而志云产鄞，诬矣。

蚕豆

豆荚状如老蚕，故名。或谓蚕时始熟，故名。《本草》与豌豆同谓之豆。《太平御览》云，张骞使外国，得胡豆种归，指此也。今人呼此为胡豆，而豌豆不复名胡豆矣。鄞人呼为倭豆，或即胡字之讹。八月下种，冬生嫩苗可茹。方茎中空，叶状似匙头，本圆末尖，面绿背白，柔厚，一枝三叶。二月开花如蛾状，紫白色,又如豇豆花。结角连缀如大豆,近人多以备荒歉。

豇豆

三四月种之,一种蔓长丈余,一种蔓短。叶俱本大末尖,嫩时可茹。其花有红、白二色。荚有红、白、紫、赤、斑数色,长者至二尺,嫩时充菜,老则收子。李时珍曰:此豆结荚,必两两并垂,子如人肾形,所谓豆为肾谷者,宜以此当之。

附菜 菜亦多种,故疏之,瓜茄不与。

油菜	乌叶菜	白菜	小菜
芥菜	雪里蕻	青不老	莙荙
菠薐	苋	蒿	荠
萝卜	芹	萝卜[1]	阔白

---

[1] "萝卜",有重复。原稿如此。

敬止录卷之三十四

岁时考

正月元日先夕，汛扫室堂、门庭，悬先世像，五鼓而兴，设香烛。男女礼服，拜上下神祇，陈果饵、酒馔，以祀其先，序拜尊长。男子则出拜宗族、亲戚、邻里，谓之拜岁。家各具酒食，以相延款。盛时，大家则列尊俎于别室，或二席或三四席，炽火炉于前，客至则邀入，不脱礼服，坐饮酒，七行或九行而别。后客至，俱如之，谓之排筵。至万历暮年，此礼渐废。又客至，从仆、舆夫俱赍以醉饼，多寡有差。

立春日，郡县先一日迎春，用女妓导前，至郊外。太守推犁鞭春。次日，以勾芒土牛鼓吹导送里绅家。

初五日，南湖延庆寺祭其祖师，谓之祖师忌。游人填溢其中，多以火炮相赛。此盛时新岁第一胜事也。

十三谓之上灯夜。女子请天仙女，或厕姑，谓之三娘子，以问吉凶，供以果饵。十四夜，以圆子供其先，男妇各集吃圆子，有酒馔。

元宵，自十三夜，四街多设竹棚彩障悬灯。每庙各有户子，谓之本庙。必有灯会，岁轮一家主之，俱盛张灯设祭，而小溪李君庙为最盛。主会者动费百金外，或以药火为锦树之戏，多赉缙绅家珍异之物，以供其神。至十八日乃止。时人家圃中种小菜，谓之灯下菜。

里社祈年，元宵后，各乡坊之民轮年为会，首集众，祀里祠，设醮诵经，祈福境内,名雨中会。

十七后数日,各家俱延师设酒起馆。

二月初二,俗谓之百花娘子生日。

二月十九,观音诞日。各家男女生,虑其难养,舍于大士,制幡书其男女所生年月日时于上以供,谓之上舍。每年诞日,则备香烛、寿桃、寿面往拜之,谓之暖舍。唯西北白衣寺为盛,妇女填溢。

三月清明,各家檐壁皆插柳,妇女俱簪于首,皆制青糍、黑饭、牲醴扫墓,挂纸钱于封土上。用鼓吹船,大家妇女俱盛妆,别一船同往,亦兼取踏青之意,而南郊外为盛。里中少年多集甬水门,以观其舟之入城。

十九日,国难日,一二遗老多聚哭于荒野。予有诗云"举世皆□食笋节,遗民尚哭荐樱时",伤哉!盖迄今三十余年尚不替云。

立夏,每家俱炊赤豆饭,为立夏饭。旧时,每家各乞茶于邻室,不过一撮,得七家即止,谓之讨七家茶,服之明目。

四月八日,各寺诵经浴佛。

自立夏至夏至,民家多往海中取石首鱼晒鲞,谓之"阳生"。船每进桃花渡,百艘衔尾,而至盐仓门外羊庙,祭会极盛,每日设优戏,必至再三,弥月不绝。旧时,鄞人生计全借此时,有因之起家者。四方人俱载绸缎重货而至,以贸易白鲞,又有做鱼胶,船利亦不赀。浮桥东北沿岸,民廛夹东西,谓之后塘街。殊不减苏之南濠,福之南台也。俗云:"夏至鱼头散,船不复出海矣。"

端午,取菖蒲艾叶插门户,以绢为五毒虫,蜈蚣、蛇、蝎、蝘蜓、百脚。及龙虎时果,石榴、蒜、桃、杏。大小不盈寸,结为流苏三,系之于□□,佩小儿女之背,为衣香,置之笥箧。家俱祀其先,即以饮其馆师,杂菖蒲、雄黄,和酒饮之,以辟邪、禳毒,为角黍、驼蹄糕,亲戚各相馈遗。人家俱种茄,此时鸡之出壳者,谓之"茄树下鸡"。自立夏至此,有数寒节:麦秀寒、种田寒、端午寒。至是,寒衣可藏袭矣。俗谚云:"未吃端午粽,寒衣不可送。"

六月初一,各家俱挑水贮之,谓之"六月初一水"。盖择其泉之佳者。

初六,浴猫犬于河。天童寺于是日暴藏经,例妇女搬晒,不远十里而往。

七夕,女儿陈瓜果,乞巧于月下。以线穿针,穿过者为得巧。

中元,各家俱祀其先,盖荐新也,谓之"七月半羹饭"。各寺俱作兰盆会。

中秋,俱于十六日置酒玩月,以月饼相馈遗,次夕市廛俱夜作起矣。

八月,各乡祠庙为会,祀神以龙舟竞渡,谓之"报赛"。与各家处端午竞渡不同,盖取农隙之候也,黄公林庙为最盛。各家远方亲戚皆往,酒食不可计。

重阳,士人登高燕赏,饮茱萸酒,制牡丹糕、方粽,亲戚转相馈遗。

十二三,各坊祠庙俱往参鲍王庙,紧缚其神于马背,以少年有力者,二人控马,自大门外扬鞭跑入,极其迅驶,直至大殿。如是者三,谓之"参圣"。既而,以灯火数百队,夜迎街市。鲍王亦出殿,夜迎灯火倍之。金鼓杂剧,各相竞赛,间设祭于路,列席数丈,以迎鲍王,谓之"社火"。各神先期遍历大家门首,求化香钱。两神遇于涂,其下户子多相争殴,而佽飞、白龙王二庙尤甚,俗谓之"佽飞打白龙王"。盖以鲍王为主,各神往参之,因相迎赛。鲍王于各神参毕,亦出迎也,俗称各神为"老爷父"。

十月初十,俱往它山王长官庙还盘礼。鄞俗人有疾痛者,多许王长官三牲祭,或三年,或十年,或终身。是日俱往酬愿。盛时,城中妇女借以往游。

冬至，卑幼各往其尊长处揖，大家多祀其先，有合族聚拜尊长于祖祠中，以次递降。

十二月八日，旧时大家合杂果煮粥，谓之"腊八粥"。

二十四日，各家拂尘，是夕祭灶。先是一月前，丐妇俱煎糖贸米，至是必用其糖祀灶，谓之"粽糖"，以其形似粽也。

岁除，前数日各以果饵馈遗亲友，谓之"年夜盘"。除夕以牲醴祀其先，谓之"送年羹饭"。夕聚家人而饮，谓之"分岁"。炽炭火炉置之房中，有坐以待旦者，谓之"守岁"。谚谓之"守爹娘完全"。先期预备品物，为新岁之用，蒸米为粞，新岁复炊而作饭。换桃符、写春帖、燔苍术、辟瘟丹，以辟邪。

敬止录卷之三十五

灾异考

宋绍兴十八年,明州大水。

绍兴十九年,明州大饥。

乾道元年二月,明州大寒,败百种,损蚕麦。

淳熙四年九月,明州濒海大风,海涛败鄞县堤五千一百余丈,漂没民田。

淳熙五年,明州大水。秋,飓风驾海潮害稼。

淳熙九年,明州旱,大饥。穜稑殆绝。

淳熙十一年七月壬辰,明州大风雨。山水暴出,浸市圮庐,覆舟杀人。

淳熙十四年七月,明州旱。

绍熙五年,明州大饥,人取草木食之。

嘉定八年,明州大旱。

嘉定十三年八月庚午,庆元府官舍灾,及寺观、民居甚众。

嘉定十四年,明州旱,蝨螣为害。

元大德六年六月,庆元路饥。

至大元年春,庆元路大饥,疫发。钞十万锭赈之,象山县同。

泰定元年二月,庆元路饥。

至顺元年七月,庆元路大水。

至正四年,海啸。

至正六年,庆元路旱。

至正十九年正月甲午,鄞县地震。

大明正统十二年,鄞县饥。

弘治十七年,五县大饥。朝廷遣都御史王璟赍内帑银赈之。

弘治十八年九月，鄞地震。

正德三年六月至十二月，不雨。禾黍无收，民采蕨聊生不给，至鬻男女以食。冬，大雪，河冰不解。草木痿死，民毙冻馁者甚众。

正德九年正月，民间讹言妖胜至，每夜人各持兵器，震响竹以备之。各县皆然。

正德十五年十一月，鄞县雷鸣地震。

嘉靖二十四年，诸县大荒。谷价腾踊，每银一钱易谷一斗，道殣相望。

三十年，诸县李树生王瓜。谚云："李树生王瓜，百里无人家。"已而，果为倭奴剽杀甚众。

三十六年七月初八，飓风大作。

四十一年六月三日，下雪。雪似黄色。又二十四日暮天，西北当翼轸之度，忽陨物如升子，体圆而长，上锐下大，其色黄白。下有紫赤光挟持之，炎炎而坠，瞬息大如斗如石，如数石瓮，精光四烛，明彻毫芒。将至地，作踊跃状，光影起伏者再。

万历十五年丁亥，大水。天童寺室宇皆漂没，舟行城市。

十六年戊子，五县大饥。流离遍野，民有以一子女易一餐者，甚有怀百金田券不得售而死者。瘟疫继之，道殣相望。父老至今犹言万历十六年之荒。

二十一年癸巳夜，地震。

二十二年甲午正月朔，震雷。大雪至初三日止。

二十四年丙申秋，大水伤稼，民多淹死。

三十二年十一月初九日，夜地震。

三十七年己酉秋，大水，漂没民居无算。八月，夜，天陨星如球，在灵桥门内咸塘汇陈姓家。天炎，浮桥上乘凉者共见之。次早入城，往渠家相视，见大石如盘，光色闪烁。人争碎之，各取一块以归。

三十九年辛亥六月，大水。

四十六年戊午七月，大水，坏民庐舍，溺死甚众。

天启三年癸亥十二月二日申时，地震。

崇祯元年戊辰七月，大风兼雨，拔木，圮石坊。

十一年戊寅，地震，有声。

十三年庚辰，大旱。饥民哄传，地出观音粉，五县皆有之，饥民竞取食焉。

十五年壬午,大旱,饥。

十六年癸未,旱饥连年,乡绅富户赈米施粥。

丙戌,大旱。自四月不雨至七月,斗米六钱,人谓甚于万历十六年之荒,以米涌贵逾两月,万历时止旬余也。是年,北兵破越城,监国航海,人民悉避入山,城中草长一丈。

敬止录卷之三十六

方言考 附杂谣

杨子云《释别国方言》，凡十三卷，郭璞别而解之。《容斋三笔》辨其亡，云"汉魏之际好事者为之"，然景纯"序解"则有之矣。予以鄞方言之可解，散见于诸书者录之，以见其皆有本也。后附以"杂谣"。

谓能事曰儇　《诗》："之子儇兮[1]。"

呼小厮曰乌鬟　对老苍头而言。

孩儿学语者曰阿婧　《菽园杂记》云："婧，音其緶反，谓子之幼稚者。"

呼女为愞[2]　愞，韵在十五翰。如鄞人呼女之音，取愞弱之意。或曰本"昌黎女挐"之"挐"，讹作去声。

呼犬卢卢　《诗》："卢令令"。

呼鸡䎗䎗　䎗，音祝，又音味。施肩吾[3]诗："遗却白鸡呼䎗䎗。"

不躁暴曰眠涎　音眠腆，出《列子》，言柔腻不决裂也。

抱佛脚　孟东野诗："垂老抱佛脚，教妻读《黄庭》。"

谓物件曰东西　《齐·豫章王嶷传》："止得东西一百，于事亦济。"

谓饭之狼籍者曰饭粘　殷仲堪饭粘落席间，辄拾以噉之。

赴水曰透　《王逊传》："透水死者千余人。"《羊侃传》："侯景欲透水，羊鹍抽刃斩之。"

没雕当　古有此语。鄞人呼"当"作仄声，为"当"字四声本韵。"没"作平声，近无音。

---

[1]《诗经》中没有"之子儇兮"，《诗·齐风·还》有"谓我儇兮"。

[2]"呼女为愞"，国图本有徐时栋眉批："鄞人爱惜小儿，亦呼曰愞。闻蒋庶常五岁时，其舅氏过之，呼以愞。庶常即作破题曰：'男以女名，爱我也。'后庶常似时又名此，岂亦关天性耶？"

[3]"施肩吾"，国图本作"庾肩吾"，查诗句系施肩吾作，因改。

不洁曰鏖糟　《霍去病传》"鏖皋兰"下注以"世俗谓尽杀死人为鏖糟"，盖血污狼籍之意，俗借以言污秽也。

点心　唐郑修为江淮留后，家人备夫人晨餐，夫人顾其弟曰："治装未毕，我未及餐，尔且可点心。"

温暾　白乐天诗"池水暖温暾"，王建宫词"新晴草色暖温暾"。

凑投　吴越风俗，除日互擎炒豆交纳之，且餐且祈，曰"凑头"。

俗以嚏为有人说我　《诗》："愿言则嚏。"郑氏笺："汝思我，我则嚏也。"

疟曰草病　范成大《桂海虞衡》谓寒热时疫，曰"草子"。

货脚　《解酲语》云：大贾呼极贱行商为"货脚"。

挈设　鄞人以为崇奉之词。胡语言挈设，上宾则用羊背皮、马背皮之类，其余宾用前手、后手之类。盖茶饭中之体荐也。见《草木子》。鄞人盖仍元时蒙古之语耳。

一顿　《唐书》："打汝一顿。"《世说》：罗友曰"欲乞一顿食"。

歪赖　鄞人言人放刁之语，乃乖剌（力达反）之讹。北人无入音，"剌"读如"赖"。东方朔谓人强歪剌而无当，杜钦谓陛下无乖剌之心是也。

不洁曰剌撒　剌，力达反。佛印与东坡书"佛法在屙尿剌撒处"。

大眉痴　"大"音"惰"，"眉痴"即《列子》"墨㞘"二字，"墨"音"眉"，"㞘"音"痴"，但为眉俊之义，而鄞人只作"痴"字义也[1]。

不惜器物曰作獭　南唐张崇帅庐州，贪纵。伶人戏为人死，被冥府谪判云："焦湖百里，一任作獭。"

拿鹅头　《觚不觚录》：巡按御史出巡，不许食鹅。宴会用鹅，则以鸡头饰之。此语所自起也。

名箊为快　此江湖长年语也。行船讳滞，音与"箊"相近，反呼为快。

没意头　唐李义山《杂纂》有"没意头"之目，如对屠儿说买物放生，对僧道说异端害正之类。

泪从肚里落　高宗德妃吴氏对上曰："大姐姐远处北方，妾[2]缺于定省，每遇天日清美，侍上宴集，才一思之，肚里泪下。"

以反切呼物　突围、团。鲫令、精。鲫跳、俏。窟笼、孔。勃兰、盘。鹘卢。蒲。

---

[1] 案："㞘"，或系"尻"之误。

[2] "妾"，宋叶绍翁《四朝闻见录》（四库全书本）作"臣妾"。

《容斋三笔》谓之"切脚语"。

凡工作人皆谓司务 如篦头为待诏之类,其徒则呼为"师父",非"司务"也。

十指有长短 曹植诗。

看人眉头眼下《南北史》:"看人眉睫。"

对牛弹琴 作死马医 冷灰头爆 王勉夫《野客丛谈》云:"皆禅录语也。"

日子 鄞人谓择吉日为"拣日子",出《文选·曹公檄吴将校部曲文》:"年月朔日子。"注:"发檄时也。"然则日子,日时也。

不在被中眠,安知被无边 卢仝诗:"不予衾之眠,信予衾之穿。"

婚礼传席 白乐天《娶妇》诗:"青衣转毡褥,锦绣一条斜。"

天河听谷价 鄞人谓:七夕无天河,谓听谷价去。

星月照烂土 鄞人以雨后泥未干而见星月,为雨未霁。王建《听雨》诗:"半夜思家睡里愁,雨声落落屋檐头。照泥星出依然黑,淹烂庭花不肯休。"

谓人肥白曰"白蒲沙" 鲨鱼,有一种为"白蒲沙"。

仆从桀骜为大马留 马留,猿猴也。宋人谓丁谓为说法。马留,猿猴之大者,更难约束也。

鞭鞋 《辍耕录》云:"浙人以草为履而无根,名曰'鞭鞋'。妇女非缠足者,通曳之。"鞭,悉合切,在飒字韵下,今呼要,误。

席面 《容斋五笔》云:今公私宴会,称与主人对席者,曰席面,言为客特设之席也。《懒真子》云:"古席面谓之客,列坐谓之旅。席面,言为一座所尊也。"

跷 广韵,跷跷走貌。

麸炭 白乐天诗:"日暮半炉麸炭火。"

扑漉 古词云:"数点雪花乱委,扑漉沙鸥惊起。"此二字词中多用之。

烧衙日 鄞俗开店者以每月初二十六烧纸,谓之"烧衙日"。《容斋三笔》云:"韩诗云:'如今便别官长去,直到新年衙日来。'疑是谓月二日也。"

挑灯火杖曰灯捴 捴,他念切,见《容斋随笔》。

屋山 韩退之《寄卢仝》诗有"每骑屋山下窥瞰"之句。

嚄 鄞人发语多用此声。《史记·皇后传》武帝曰:"嚄!大姊,何藏之深耶!"

顶缸 昔人有诗云:"有钱买得鬼推磨,无力却教人顶缸。"

够 陆容《菽园杂记》:方言足为勾。又《魏都赋》:"繁富伙够,不可殚究。"

天高皇帝远 鄞人常举此语。《闲中今古录》云:元末虐刑横政,台、温、处之民树旌村落,曰:"天高皇帝远,民少相公多。一日三遍打,不反待如何?"黄岩方国珍因而肇乱。

恶没样 《云间志》:方言谓羞愧曰"恶模样"。注:"模"音如"没"。

派赖 《云间志》:方言谓丑恶曰"泼赖"。注:"泼"音如"派"。

弜出头 "弜"音"强",上音。昔蜀人从汉高祖出关者谓之"弜子"。

伸两臂量物曰庹 音"托"。《菽园杂记》云:"广西有庹姓,庹与度似而又从尺,疑即量物之托也。"

鄙人堪贱者曰不郎不秀 《留青日札》云:"元时称人以郎官秀为等第。"元末富人沈万三,名富,字仲荣。万三乃行第,然人称之必曰"沈万三秀"。

缸面酒 唐太宗遣萧翼赚辨才《兰亭》,才设缸面酒待之。

屋下小巷为弄 《南史》:"萧谌接郁林王出,至延德殿西弄,弑之。"俗呼"弄唐","唐"亦路也。

骂妇人为婆娘 《辍耕录》谓南人于妇人之无行者,曰夫娘,鄙之曰"婆娘"。

笑言语弗明者曰记里鼓 《水东日记》:"永乐中,俞行之试'记里鼓'……皆不知所谓,莫能措一词。"音义相同或本诸此。

好嬉子 吾子行作一小印,曰"好嬉子"。一日,魏国夫人作《马图》,传至子行处,子行为题诗,倒用此印。观者以为误,文敏见之曰:"他道倒好嬉子。"

散诞 杨文贞满江红词:"诏归田里,长散诞,天恩弥厚。"

破天荒 荆州应举者多不成名,为天荒解。大中四年,刘蜕以是州解及第,号"破天荒"。时崔铉作镇,以"破天荒"钱七十万资蜕。东坡赠琼州士人姜公弼诗"白袍端合破天荒"。

舂米细白曰舚 在十七洽韵。

骷髅格 乃库露格之讹。玲珑空虚,故曰"库露"。今俗呼"书格",曰"库露格"是也。皮日休诗"襄阳作髹器,中有库露真"。出《潜确类书》。

阿㦬 丁采反,戴平声。《菽园杂记》:"吴俊时用美姿容而不拘小节,杭人呼为吴阿㦬。尝自云:'我死,大书一名于墓前,云大明吴阿㦬之墓,若书官位便俗矣。'"

庣 去声,呼韵。打水器也。鄞人以扬水为庣水,此其字也。

洗面盆曰沙锣 《云麓漫抄》:"国朝赐契丹、西夏使人,皆用此语。……军中不暇持洗(古谓面盆为洗),以锣代之。……正如用刁斗可以警夜,又可以炊饭。"中原人以击锣为筛锣。筛、沙,音相近,或讹耳。

骂幼年者曰杂种 《晋书·前燕载记赞》曰:"蚕兹杂种。"

胹 音职,妇人发为膏泽所黏,必沐乃解者,谓之胹。《考工记·弓人》注云:"胹,亦黏也。"

《老学庵笔记》。

饷人物曰送人事 韩文公撰《王用神道碑》，用男送马匹，鞍衔白玉腰带。朝廷令受之。集中有《谢许受王用男人事物状》。又撰《平淮西碑》，韩弘寄绢五百匹，充人事。又有《奏韩弘人事物状》。

以喏为相唤 古人揖，必相呼，谓之喏。《老学庵笔记》曰：古所谓揖，但拱手而已。今所谓喏，乃始于江左诸王。故支道林见子猷兄弟还，人问诸王何如，答曰："见一群白颈乌，但闻唤哑哑声。"即今喏也。观此，则宋人之唱喏，犹以相唤为揖也。

土气 鄞人所最避者。《后汉书》：安帝时，皇太子惊病不安，避幸乳母野王君王圣舍。太子厨监邴吉以为圣舍新缮修，犯土禁，不可久御。此土气之说也。

酒囊饭袋 本弥衡云：荀彧可与强言，余皆酒瓮饭囊耳。

铁树开花 王济《日询手镜》云：吴浙间，见事难成，则云铁树开花。予于横州殷指挥家园中，见一树，高可四尺，干叶皆紫黑色，叶小似石楠。问之，云："此铁树也，每遇丁卯年乃花。其花四瓣，紫白色，如瑞香，瓣少团，嗅之有草气。"不到此，乌知真有是物耶？

懒梳头 鄞妇人常有此语。童贯用兵燕蓟，败走。一日内宴，伶人为三婢状。一当额为髻，曰蔡太师家人；一髻偏堕，曰郑太宰家人；一满头作髻，曰童大王家人。问其故，蔡太师者云：太师日觐皇帝，此名朝天髻。郑太宰者云：太宰奉祠归第，此名懒梳头。童大王者云：大王方用兵，此三十六髻也。

打 打网、打水、打伞、打酒等类，昔人曾言之。

无袖衣曰背搭 古谓之背子，又谓之搭护，故合言之为背搭。

不还人物为赖 《左传》：郑人贪赖其田。

呼操舟为家长 盖驾长也。

营生为经纪 唐高宗赐诸王玉帛，敕"滕叔、蒋兄自能经纪"。

奴才 郭子仪禁无故走马，犯者死。南阳夫人乳母子犯禁，都虞侯杖杀之。诸子泣诉虞侯纵横状。公叱遣之，明日语客曰："不赏父之都虞侯，而惜母之阿奶儿，非奴才而何？"

千年调 古诗："人无百岁期，强作千年调。铸为铁门限，鬼见拍掌笑。"

远回送土仪与人曰撒花 宋三佛齐国遣使来朝贡，见于延和殿，其使跪于地，先撒金莲花，次以真珠龙脑布于上，前谓之"撒殿花"，或本此。见《负暄杂录》，而林方塘《归正集》亦引之。

多谢 出《赵广汉传》。

卑末 出《栾巴传》。

行头 出吴语。

长进　出《和峤传》。

功夫　出《王肃传》。

手下　出《太史慈传》。

本分　出《荀子》。

古老　出《书·无逸注》。

主人公　出《史记·范雎传》。

小家子　出《汉书·霍光传》。

不中用　出《史记·外戚世家·王尊传》。

对岸　出《乐志》。

年纪　出《光武纪》。

合少成多　出《中庸》注。

杂碎　出《仲长统传》。

十字街　出《北史·李庶传》。

见钱　出《汉书·王嘉传》

分外　出魏程晓《上疏》。

自"多谢"以下，俱《困学记闻》。

杂谣

做得寒衣成，杨柳青；做得夏衣成，水生冰。

鹭丝慌撞，饿杀青鹁，鹬鹕漫泛，自然有饭。

一夜寻思千条路，蚤起依旧磨豆腐。

算之未来钱，发迹在眼前；算之过去钱，眼泪弗曾干。

丈红花，开到脑，家家尝新稻。

杨梅铜，李子铁，虾蛇白白挈。

听之送丧鼓钹响，吃酒也是强；寻思之日子长，呷醋咬银浆。

宁可忘了三亩田稻，弗可忘之鳖鱼脑。

私下数得芝麻，当官数不得东瓜。

阿爹会做柁工，儿子弗会唤风。

出脚个打麂，穿靴个吃肉。

三日不卖一担真，一日倒卖三担假。

敬止录卷之三十七

荟蕞考上

里闬之间,俯仰今昔,所可记者,讵有量哉!昔人杂录、笔记之类,于四方之事皆然,况父母之邦乎?夫子言,从善改不善,行人有师。然则予为此考,可裨于身者亦不少矣。少陵哀郑广文诗云"荟蕞何技痒"。按《韵略》:"荟,乌外切,草多貌,如'荟兮蔚兮'之'荟'。蕞,徂外切,小也,如'蕞尔国'之'蕞'。"广文自谓其书虽多,而皆细小之事也。予于兹考亦云。

宋高宗往明州,有玉孩儿扇坠误堕水中,后见张循王俊所持,识是前堕水物。询之,张云得诸铺家,铺家言得于提篮人,提篮言于陈宅厨娘买得,娘云破黄花鱼腹中得之。高宗大悦,赏赐有差。

郑德源母胡氏,将就蓐,三日甑鸣。甫生,嫡母欲不举,丘嫂边氏愿己乳之。既贵,奉丘嫂如母,卒为服期。

袁清容《书史忠定王贷钱券后》云:
桷年十三四时,有乡先生应君文炜,年八十余,善谈论乾淳诸老旧事,为桷言外高祖忠定越王未第时,儳富民钱氏坊,以养越国夫人梁氏[1]。今天童松径东皋先生精舍,即坊故址也。当绍兴甲子岁,越国夫人寿周甲子,忠定王假坊钱为酒食,以合姻族、闾里,礼甚具。坊,故属浙东常平司。至秋七月,不胜输官之苦,留系于越,宿越卖饼汤媪家。是岁乡试期已迫,忠定王不得归里,郁郁怅望。媪微问曰:"秀才何负官逋如是?"遂具以前对。翌日,媪召儿与共约曰:"我积

---

[1] "梁氏",元《清容居士集》作"洪氏"。

钱百千以治终事，今悉与秀才输官。若中秋试，必悉偿我，毋惜也。"王归，果与计偕，实绍兴之十四年。至乾道间，王以衮衣开藩[1]，养越国夫人于越。时媪犹无恙，王命使者车迎媪坐堂上拜之，欲官其子。媪谢弗受，曰："愿丞相子孙他日官越，毋忘媪家，时赈与足矣。"后忠献为常平使者弥远。复命驾媪家，拜其像，与其子坐，且遗金帛甚厚。应君又言：枢密公嵩之。帅越，予时相从。汤媪诸孙犹在，枢密公绍先王志如初，特伺候门下旬日为异耳。今获从五世孙公升允叟伏睹手券，夷考岁月，去秋试才二月，当从此券以偿汤媪，而楢所闻于应君者，不诬谬，为可信。谨书以补家乘之缺。

杭西湖集庆山显慈集庆讲寺，宋理宗淳祐十一年，贵妃阎氏建为功德院。阎氏，鄞县人，明艳绝伦，后宫为之夺宠。寺额皆御书，巧丽冠于诸刹。内司分市材木，望青采斫，虽勋臣旧辅之墓皆不得自保。或作诗讽之曰："合抱长材卧壑深，于今唯恨不空林。谁知广厦千斤斧，斫尽人间孝子心。"其后恩数甚隆，虽御前五山亦所不逮。一日，忽于法堂鼓上得大字一联云："净慈灵隐三天竺，不及阎妃好面皮。"缉捕其人，终不得。《西湖游览志》。

许敏，明州人，景祐元年张唐卿[2]榜第一甲及第，为大理评事，知县。尝因用刑棰杀人，其后冤屡见，但相去尚远。经二十年，敏以太常博士通判苏州，其冤渐近，稍如榻与敏夫妇同寝。其始，敏夫妇在外，冤卧于内，既而间隔卧于夫妇之间，知其为鬼，无如之何也。上青阳驿，其冤迫之，敏死驿中。孔毅夫《说苑》[3]。

史弥远死已久。一夕，其家闻叩门声，曰"丞相归"。举家骇匿。比入内，灯轿纷纷，升堂即席，子孙皆出罗拜。讯慰平生，历历嘱家事，索纸笔题诗云："冥路茫茫万里云，妻孥无复旧为群。早知泡影须臾事，悔把恩仇抵死分。"见《草木子》。杨升庵诗有"老死牖下犹未艾，生魂归来称鬼雄"之句。弥远表里杨后，有三思之宠。有作乐府《咏云》以讥之云："往来与月为邻，舒卷和天也蔽。"

---

[1] "开藩"，《清容居士集》作"偃藩"。
[2] "张唐卿"，国图本作"张唐乡"，据乾道《四明图经》改。
[3] 孔毅夫有《谈苑》，"说苑"或有误。

邹志完《悼陈生》诗有序

鄞川进士陈生者,失其名字。顷赴举开封后时,于是寄海舟径通、泰而西焉。同行十舟,一一前舟,逆遇暴风,覆溺殆尽,独陈生所寄舟回帆转柁,随风以往。已而,陈生乃获游古天宫院、蓬莱峰,浸久思归就试,天宫人固留之,莫能夺。比归,则妻孥之墓木拱矣。皇皇里闾间,追维昨者所接,始悟其风尘表也,复欲从之而不可得,遂病狂以死。唐城令建安章潜显父语其事,故作此诗,备他日寓目云:

豪商破浪随东风,舳舻相继沧溟中。回环极目渺无际,万石之载裁飘蓬。一朝六鹢不得进,十舟八九成虚空。一舟邂逅脱鱼腹,开帆岂暇论西东。大明出没夜复旦,何许清越鸣晨钟。舟人侧耳正惊喜,忽瞻水际排奇峰。落帆沉碇泊古岸,介然荒径云间通。鄞川书生托舟尾,见之踊跃追猿狨。扶疏怪木进十里,突兀古院题天宫。入门长廊转寂寂,堂上高拱庞眉翁。左右侍立满三百,谈元演义声玲珑。相逢问劳悯流落,旋启虚室栖行踪。纷纷布袍欺腊雪,独此锦帐朝霞红。黄金白玉荐丰馔,药苗蔬甲青茸茸。主翁自言避巢寇,揭来不与中原同。于今天子果谁氏?语罢嘿嘿如盲聋。日遣二子共游处,因得细诘开冥蒙。皆云我辈号处士,名字排列神仙宗。三等三百奉一主,上等第一裴休公。提携峻陟几千丈,笑秦亭上聊从容。秦王可笑笑不已,声撼亭角摧穹窿。徐福曼倩亦何在?前后石壁犹房栊。举头指是蓬莱岛,霜雪直上摩苍穹。波涛作势撞山脚,曾有神圣躬磨砻?欲令异物知所畏,周遭水面盘蛟龙。书生名利浃肌骨,尘念日久生心胸。老翁照见辄微笑,血盆再入宁易攻。蓬莱有路尔常睹,此别旷劫无由逢。吾今舟楫助尔往,尔其登览如何穷。日轮迎晓傍山出,水声先沸惊丰窿。赤光合散动天地,顷刻气候分春冬。高低殿阁屹相向,一一镌凿非人工。穷晨不复值仙子,卿云瑞雾空曚昽。询之处士盖有谓,近世人迹几相重。鸾骖鹤驭厌凡肉,矫然远举归鸿蒙。先生吕翁独于此,一眠三四眠松风。书生尘念竟不断,主翁但问何所供。人参如人更长大,愿乞数本扶疲癃。翁言此物有神护,持经海道须攉凶。良金美玉亦为宝,尔诚欲之吾当从。殷勤教告岂一事,尤诫卧语详初终。楞严秘密偈四句,奉以周旋宜恪恭。书生再拜起沉碇,转盼已入鄞川封。还家妻子久黄壤,单形只影反匆匆。却思投翁事清净,天南天北惟飞鸿。茫然进退直捕影,一生颠倒终狂童。君不见秦皇汉武操利势,自许神仙能力致。海边方士日纵横,毕竟千非无一是。书生径步蓬莱颠,况乃天人勤指示。若为名利苦死坚，失脚青云坠平地。仙兮仙兮一何异？求不求兮两莫遂。我虽忘情亦欷歔，仲尼之门非所议。率然作诗纪其事。宋张邦基《墨庄漫录》载此事更详，云是元祐。

淳熙五年二月初一日，孝宗过德寿宫至石桥亭中观古梅，命内侍宣史浩至，赐坐。太上以黄玉紫心大葵花盏宣劝，浩捧觞为两宫寿。君臣皆沾醉，小内侍密语[1]史相公少酌。上闻之，谓浩曰："满酌不妨，当为老先生一醉。"喜，赐玉带一条，片脑一金盒，紫尼罗二十匹，御书四幅。浩谢而退。

臧梦解以宋景定间上舍释褐赐进士出身，后仕元，至湖南宣慰副使，年已老矣。尝著座右铭曰："净洗眼睛，紧缚肚皮，硬竖脊梁，牢立脚跟。"所至官署，即大书此十六字以自警。予按：事二君者，其脊梁、脚根谓何？

乙亥冬，临安降元，谢太后诏谕东浙诸郡皆如命降。时入南军道上虞、余姚，焚掠以行，声言留军庆元备御。及至，纵火焚浮桥、劫江浒。城以有备不得入，舟出定海以行。人心危疑，奸民逞志于衣冠，争上变旧家。陈允平素与王姓仇，因言新从福州航海来，见允平贻书苏都统，约以九月乘帆下庆元，当出兵以迎。又言礼部尚书高衡孙而下三十余人[2]，皆联署劝进。时张元帅督师将征南，命招讨使王世强围捕、鞫实。袁桷父袁洪与赵孟傅时孟傅守郡降元。善，为宣抚司参议，时改制置司为宣抚司。力为解之。且言安反侧、定新国，当先绝告讦、罗织，事得解。时又有告者，言奉化、昌国某大家以故王为名，一从台州黄岩来，一从海上来，亦得不行。

丞相陈宜中、承宣使张世杰，挟二王浮海奔浙东，泊明州定海，索朝廷先所分寄四明金银纲，沿海制置赵孟傅不肯发其金银以应付行朝军需。世杰亲入明州责骂孟傅，仅还金银三百箧，纵孟傅叛，以庆元降。

---

[1] "密语"，国图本作"密诏"，据浙图本冯批改。
[2] "三十余人"，国图本作"三人余人"，据《清容居士集》改。

蒋安义,越人,冒籍于鄞,登第,以赃败。建炎四年,金人至明州,辄投拜,尽籍土著寓居姓名以告虏。虏喜,既去,授以两浙转运司印,且知明州。慈溪令林叔豹引乡兵入州,杖杀之。

明初,两京乡试,例许待选官泪幕职办事吏、明经者咸得与试。天顺壬午,北闱考官将入院。陈翰林缉熙[1]坐寐外次,恍忽见冠带二人谒拜,自称吏部官。即白诸同事,莫知为何兆。及试毕,将署榜,议必欲置学校所养士居首,自榜尾对卷。署名始桂廷珪,慈人。次第署至榜首第一卷为郑宏,鄞人。俱从辟举入官待选铨曹。众愕然,已不可易。于是首尾二举人,不注乡贯,但曰"吏部听选官",始知梦兆之不妄。见黄南山《赠京闱解元郑元之即宏字归省序》。

吾子行《学古编》云:"高衍孙《五书韵总》五卷,此书篆、隶、真、行、草一字五体,别体皆作小字,随体分注,可备初学者用。间有差处,宜自斟酌。"注云:衍孙,四明人。予按:衍孙,宪敏孙,行宋嘉定时,分昆山海堧地为县,即名嘉定。衍孙首知县事,遂家焉。今子孙为嘉定人。

周师厚,为河北路提举[2],常平人。或呼为"梦见公",盖以其姓周也。蒲宗孟,为河北察访,因奏师厚昏不晓事,致吏民呼为"梦公"。

单仲友至象山,止僧舍。有僧名法衡者,有声丛林间。单问:"如何是芥子纳须弥?"衡曰:"先生读五车书,今安在何处?"单甚骇敬。

觉庆,鄞毛氏子,号寿堂,弱岁礼寿梅峰落发,甃衢、凿井、行针药,凡利物者靡不为。至正辛巳,至云间陈源家,观普照佛会隆盛,遂作《别四明道友书》,并偈云:"无量劫来原有我,无有有我我亦无。无我无人无觅处,荡荡光明曜太虚。"复示众云:"兴来立到五更后,彻骨寒来有几人?"已而寂,越三日,送至茶毗,遍体汗下。复迎归,是夕红光烛天。停龛十日,颜貌如生,须发自长,人皆叹

---

[1] "林缉熙",国图本脱"熙"字,据天一阁朱本补。
[2] "河北路提举",宋魏泰《东轩笔录》(四库全书本)作"湖北路提举"。

异。源改创所居为兰若,漆其肉身祠之。

元张悌,字信甫,居象山,有别业在鄞城。扁舟往来,傲兀烟浪,自视如鸱夷子皮。所居大瀛海间,多陶隐居、司马炼师遗迹。早从方士,习闻长生久视之说,自号无为子。后出游,南粤北燕,回薄万里。爱武当神明之奥,炼形服气莫此为宜。常语妻子欲往隐之,妻子初不信。一日,大会亲旧,引刀截发,被布衲携囊,出门径去。师事武当紫霄宫主张真人,昼则服劳薪水,夜则危坐一室,胁不至席者三年。忽晨起别众,众方怪之,则既化矣。

悌极孝。父尝以门户微罪,当逮诣吏。悌请于吏,愿以身代父,借以免。奉父备极孝养,身与妻、子粝蔬自甘,此其本行也。

元丰间,有俞充者,谄事中官王中正,中正极口称之。一日,充死,中正侍仁庙言:"充非特吏事过人远甚,参禅亦超然悟。今谈笑而终,略无疾恙。"上亦称叹,以语中官李舜举。舜举素敢言,对曰:"以臣观之,止是猝死耳。"人重其直。《老学庵笔记》。

郑千之《读张端义奏札》云:右宋《张端义奏札》,论故相史弥远,凡数百端,皆可考证。至其甚者,谓文移施行,讳史诏之"诏"而易"照",以为证;军器舟楫避史浩之"浩"而易"号",以为记。及考之《宋史》嘉定癸未,云"发德音,下明制",夫事孰有大于诏令,犹以宰相家讳而改之?则不特易"照"、易"号"而已,盖逢迎取悦者为之,当时之畏宰相如此。端义不言于作相之时,而言于身亡之后,其亦有所畏哉?

晁以道为明州船场,日日平旦,具衣冠焚香,占一卦。一日,有士人访之,坐间小雨。以道语之曰:"某今日占卦,有折足之象,然非某也。客至者当之,必验无疑。君宜戒之。"士人辞去,至港口,践滑而仆,胫几折,疗治累月乃愈。《老学庵笔记》。

张晋彦才器过人,然急于进取。子孝祥在西掖时,晋彦未老,每见汤岐公自荐。岐公戏之曰:"太师、尚书令兼中书令,是公合作底官职。余何足道?"所称之官,盖辅臣赠父官意也,谓安国且大用耳。晋彦终身以为憾。同上。

丞相浩与觉长老道契,握手入堂奥,问之曰:"和尚好,我好?"觉见帘幕绮罗、粉黛环列,答曰:"丞相富贵好,老僧何好之有?"既而曰:"此念头一差,积年蒲团功夫尽废,未免堕落。"一日,浩坐厅上,俨然有觉长老揖,突入堂奥,使人于寺中,请相见。云:"觉长老坐化法堂上。"顷间,弥远生,浩嘿然,因以觉为弥远小名。觉即智连,赐号觉灵,详延庆寺,见《三朝野史》。

刘东生,名旭世,为鄞人。善为文,出于人表,尤工于书。家饶于资。洪武初,为田赋长,以故谪役于京,复戍于辽,因号"医无闾樵"。辽王馆之,曾棨最重其才。间过市,戏书所鬻扇,人争倍直售之。暮年,鬻马买妾,姓范。王孟端嘲之云:"千金袅娜换妖娆,强把羁愁度吕箫。只恐羁愁消不得,此身羸得似芭蕉。"寻遣弃市,妻妾被收。范氏不辱,自缢。人谓王词乃谶也。

任宗尧者,字子高,名家子。多艺能,洞晓天文、律吕。大观末,从尚书王宁、中书舍人张邦昌使高丽,至四明放洋而去。不十日,四明忽传副使舶坏,人为痛之。始,宗尧将登舟,则寄所赏玩好琴书于相识故人家而迈,及是传也,其故人者嗟恻。一旦,有女奴忽暴病不省,遂为宗尧音,诉其故人曰:"某所以涉鲸波万里,本希尺寸赏,不谓遽持千金之躯,而葬于鱼腹。故人念乎?某所寓三琴,实平生爱赏。甲可归之我家,乙亦奇古,当奉故人,下者可与某。"凡所寓箧笥中百物,历历分区,不遗毫发。其故人大骇,为奠哭。久之,女奴始苏。翌日,则四明一郡皆传,谓使者舟坏信矣。其后,使人自高丽归,上下一无恙。故人见宗尧,欢喜窃笑,独异于常。宗尧疑而询焉,方道其事,乃知为黠鬼所侮。蔡絛《铁围山丛谈》。

延庆寺一僧,自顶至踵,平分寒热,医无识者。有一道人曰:"此生偏肠毒也。药之,一夕而愈。[宋]赵溍《养疴漫笔》。

高抑崇,绍兴中为礼部侍郎,忤秦桧,以本官奉祠。疾笃丐休致,且为书诉于桧,冀复职名,庶几禄及后人。盖时制,虽侍从未复原职,格其赏延,故述其家困苦之状。桧览书怜之，呼持书之仆，询其生计。仆强解事，妄增其产业以白桧。桧怒云"高抑崇死犹诳人"，竟寝其请。桧死，始获恤典。此《玉照新志》所载。予按：宪敏岂干乞恩泽之人？况始忤桧而终以乞怜乎？野史之诬，往往如此。

　　杨文懿为学士日，所居杨家巘新第初成。一日，偶出门外，见一老者负耒而过，拱手谓文懿曰："子识我乎？"文懿迟疑未及对。老者微哂曰："子固不识乎！"文懿揖之。进坐，徐云："借纸笔，赠子新第一诗可乎？"既具，疾书曰："当年曾向此中过，门巷幽栖长薜萝。令祖先生方振铎，贤孙学士未登科。将军曹氏坟连垅，卖酒王婆店隔河。今日重看新第宅，烟波缓棹听弦歌。"

　　方氏之据浙东也，每岁元夕，于明州张灯。倾城士女，皆得纵观。至正庚子岁，有乔生者，居镇明岭。初丧偶，不复出游，但倚门伫立而已。十五夜，游人渐稀。见一丫环捧双头牡丹灯前导，一美人投西而去。生乃尾之，女忽回顾微哂曰："初无桑中之期，乃有月下之遇。"生即趋前揖之，问其姓名、居址。曰："姓符，字丽卿，名淑芳，奉化州判女也。先人既没，家事凌替，止妾一身，与金莲侨居湖西。"生留之宿。将明辞别而去，及暮则至，如是者半月。邻翁疑焉，穴壁窥之，见一粉粉骷髅与生并坐。明旦诘之，秘不肯言。邻翁曰："嘻，子祸矣。与幽阴之魅同处而不知。"生始惊惧，备述厥由，径投月湖之西，访于居人，并言无有，乃入湖心寺少憩。西廊有旅榇，题曰"符州判女丽卿之柩"。柩前悬一双头牡丹灯，灯下立一明器，有"金莲"字。生见之，奔走出寺，借宿邻翁之家。翁云："玄妙观魏法师，故开府王真人弟子，符箓为当今第一，汝宜急往求焉。"明日，生诣观内。法师望见其至，曰："妖气甚浓，何为来此？"生拜于座下，具述其事。法师以朱书符二道授之，令一置于门，一悬于榻，仍戒不得再往湖心。生受符归，如法安捱，自此果绝。

　　一月有余，往衮绣桥访友，留饮至醉，却忘法师之戒，径取湖心寺路以回，遂摄入于柩中。邻翁怪生不归，远近寻问，及至寺中停柩之室，见生之衣裾微露于柩外。发之，死已久矣。遂以尸柩及生，殡于西门之外。是后云阴之昼、月黑之宵，往往见生与女子携手同行，遇之者辄得重疾。居人大惧，谒魏法师而诉焉。法师曰："吾之符箓，止能治其未然。今祟成矣，非吾之所知也。闻有铁冠道人者，居四明山，考劾鬼神，法术灵验。"众遂扳援藤葛，蓦越溪涧，直上绝顶，果有草庵一所。道人凭几而坐，方看道童调合[1]，众罗拜庵下，告以来故。道人拒之甚岸。众曰："某本不知，盖玄妙观魏法师所指教。"道人曰："小子[2]饶舌。烦吾一行。"至西门外，结方丈之坛，端坐书符，遣将驱之，即令镇以白塔，妖不复见。

元祐初，苏子由为户部侍郎，建言："都水监本三司之河渠案，将作监本三司之修造案，军器监本三司之甲胄[3]案。三司，今户部也[4]，而三监乃属工部。请三监皆兼隶户部。凡有所为，户部定其事之可否，裁其费之多寡，而工部任其工之良楛，程其作之迟速。"朝廷从其言，为立法[5]。及绍圣中，以为害元丰官制，罢之。建中靖国中，或欲复从元祐，已施行矣。时丰相之为工部尚书，独持不可，曰："设如都水监塞河，军器监造军器，而户部以为不可则已矣，若以为可，则并任其事可也。今若户部吝其费裁损之，乃令工部任河之决塞，器之利钝，为工部者不亦难乎？"议遂寝。相之本主元祐政事者，然其言公正不阿如此，可谓贤矣。此陆务观《老学庵[6]笔记》之语也。

江东包氏妇黄氏，婺居四十年。家有一雏鹅，方脱卵，遂失其母。黄氏自刌葵屑、粟粥哺饲之。夜则笼于寝侧，逾数月，而鹅能解主意，遂不忍杀。一夕，黄氏疾作，鹅即哀鸣绕床下，家人异之。黄氏卒，复啄棺鸣绕，昼夜不息，绝食饮三日，竟死柩下。黄氏子松哀之，置竹器坎地瘗之，封土名义鹅冢。《梓里漫记》。

明州有僧佯狂，颇言人灾福，时号"颠僧"。睦州王君仪，年弱冠，寓陆农师佃。门下，力学工文，锐意应举，至忘寝食。一日，颠僧来托宿。陆曰："王秀才虽设榻，不曾睡，可就歇息。"明日，僧夙兴，见君仪犹挟策窗下，一灯荧然，睥睨而言："若要官，须四十九岁。"君仪闻之，颇不怿。其后累应举不偶。直至

---

[1] "调合"，瞿佑《双头牡丹灯记》（《香艳丛书》第八集，人民文学出版社1994年版）作"调鹤"。
[2] "小子"，国图本作"老子"，据《双头牡丹灯记》改。
[3] "甲胄"，国图本脱"甲"字，据宋陆游《老学庵笔记》补。
[4] "户部也"，国图本脱"也"字，据《老学庵笔记》补。
[5] "立法"，国图本脱"立"字，据《老学庵笔记》补。
[6] "老学庵"，国图本脱"庵"字，据《老学庵笔记》补。

四十八岁,又梦颠僧笑而谓曰:"明年做官矣。"是则颠僧迁化已久,而来年又非唱第之年,君仪叵测。明年,农师入与大政。既对,首荐君仪,遂除湖州教授。君仪屡欲游四明,求僧遗事,为作传以报之。[宋]方勺《泊宅编》。

僧本如,明州人,姓林,住台州白莲院,号神照大师。卒时,体闻异香,人见云端有一衲子。比葬,发函如生,爪发俱长。塔近地,一日生莲花。赵清献抃为作《行业记》:"如初学于法智,有悟,为颂曰:'处处逢路头,头头是故乡。本来现成事,何必更思量。'"

圆信,号语风,又称雪峤,鄞朱氏子。与圆悟同师龙池幻有。二十九岁始祝发,行脚常冻馁,赤体草宿,乞食。后结茅于武康之双髻峰,万山壁立,遇虎不为害。凡四坐道场,南岳、开先、径山、云门,道风震于一时。见圆悟多付拂其徒,深嗤之,仅付一拂与黄海岸。性好为诗,其警句有"青山个个伸头看,看我庵中吃苦茶",又"老兔园中偷菜吃,几回嚼嚼又看看",殊有佳趣,作字亦老秀。圆悟即密云。

古人一歌一咏,每惓惓有天下之虑。杜子美《茅屋歌》曰:"安得广厦千万间,大庇天下寒士俱欢颜,风雨不动安如山。"卢仝《茶歌》曰:"安知百万亿苍生,命堕颠崖受辛苦。便从谏议问苍生,到头合得苏息否?"此皆非徒探奇撷英,但以为工焉而已者。

景泰间,编修杨公守陈赋《银豆谣》曰:"尚方承诏出九重,冶银为豆驱良工。颗颗匀圆夺天巧,朱函进入蓬莱宫。御手亲将十余把,琅琅乱洒金阶下。万颗珠玑走玉盘,一天雨雹敲鸳瓦。中官跪拾多盈袖,金珰半堕罗衣绉。安得天颜一笑欢,拜赐归来坐清昼。闻知昨夜六宫中,翠蛾红袖承春风。黄金作豆竞拾得,羊车不至愁烟空[1]。别有银壶薄如叶,并刀剪碎盈丹匣。也随金豆洒金阶,满地春风飞玉蝶。君不见民餐木皮和草根,梦想豆食如八珍。官仓有米无钱籴,操瓢尽作沟中尘。明主由来爱一颦,安邦只有恤穷民。愿将银豆三千斛,活取枯骸百万人。"

---

[1] "愁烟空",国图本脱,据明刘仕义《新知录》补。

诵此,而公轸念苍生之心亦可想见矣。刘仕义《新知录》。

祝枝山《志怪录》云:"袁廷玉相术独步天下,几如天纲,而其子尚宝忠彻,亦精绝无伦。先祖妣淑人钱氏伯父孟书先生绅,正统初尝掌教于鄞。先公已领乡荐,往省之。时袁家居,先公令遍视庠序诸生以及先公,袁一一决之,而于先公独无一语,叩之亦不答,于时未测其意。越数日,袁来特访先公,手赠私印二枚,其文一曰'给事中章',一曰'参政之章'。后先公竟拜二官。先公又说:'袁在京时,与朝士同集一士人家,将合宴,诸公就袁叩升沉,俞司寇亦在,问之尤切。袁特告俞曰:"公且请归家治忙事,却复来问。"俞已驰回,其庐舍已被火几烬矣。'"

袁忠彻于岁暮偶出,归见地上靴迹有异,问之,乃一送新历吏也。有顷,吏复至。忠彻留之坐,吏不敢。忠彻曰:"君不欲相耶?"乃告之曰:"君异日四品官也。君行色已动,当北行,必有荐引者。可授部属,后当迁知府。其他祸福,吾入京为君罄之。"后果以考满入京,得荐为工部主事。闻忠彻至,来谒,因戒之曰:"君必作南方太守,然命遭女祸。君于色慎之。"后迁郎中,出守广西一郡。来别,告忠彻曰:"先生言某有女厄,今不携妻子,匹马之官耳。"忠彻曰:"善。"及之任年余,女土官反,因遇害。

咸通中,有客自剡溪金庭路由林岭间抵明州,行三十里许,薄暮,忽迷路,无栖息处。遇一荷锄道士问焉。道士曰:"此去人家稍远,不嫌弊陋,宿于吾庐可也。"引及其家,林径幽邃,烹野蔬药苗[1]食之。顷有叩其门者,童子报云:"隐云观请来日斋。"泊晓,道士去,语童子曰:"善奉客。"客因问:"观去此远近?"答曰:"去此五百里,常隐云中,世人不见,故名。"客诧曰:"五百里甚远,尊师何时当还?"答曰:"师往返亦顷刻耳。"俄而,道士归,欲留客久住。客念其家,辞之。乃遣童子示其旧路,如向所入,二三里忽失所在,抵家逾三年矣。寻复往迹之,无可复得其处。语见《云笈七签》。

万历间,周天觉,字振鳌,以乡科官止云南邓州知州。未第时,尝祈梦于清

---

[1] "野蔬药苗",国图本脱"药"字,据宋张君房《云笈七签》(涵芬楼影印四部丛刊本)补。

道观,梦神授以"天外使星"四字,后仕滇,至其郡大理一公馆,见榜额乃此四字也,即知其官终于此。随得考察休官信。

谢简,字敬可,崇祯辛未进士,授池州府推官。抵任,见其后堂匾为"敬可堂",怆然不悦,后即卒于此。

陈太仆侃以给事使琉球,舟迷海道。公向天拜祝。有黄蝶忽飞桅前,随之去,竟得道。又少时祈梦于神,神指梁间牌额"数峰青"示之。及后致政归,过吕梁戴水部饮,入门举首,见梁间"数峰青"三字,大惊。归即卒。意谓禄寿俱尽此也。

徐槐,字艾堂,茅山后东堡人。至元间,以经学魁乡荐,随卒。学士许衡以诗题其墓云:"之子纯纯气质良,早年拔帜冠词场。攀龙得意徒追慕,化鹤无音竟渺茫。将步青云扬姓字,忍看黄土盖文章。往来樵牧秋风里,凄惨悲歌对夕阳。"《茅山志》。

许元祥,字国忠,家黄燕山,才华宕越。嘉靖戊戌进士,授松江通判。相传民家娶妇冲元祥道,元祥即于途间取新妇杖之。妇归缢死,民间汹汹。元祥不自安,弃职归。闻民将俟其出殴之,元祥坐卷箱中脱出。时为之语曰:"许元祥,坐卷箱。"及观《茅山续志》,则云:"元祥负才自恣,时官箴正严密,因弃职。"观此,则相传之言似非诬也。

宋咸淳进士吴化龙,字伯鱼,家厉山。度宗知其才能,授名郡上。尝曰:"人仕虽须才,亦须命。每官缺,朕先怀吴化龙。"好与之棋,使中使召之,曰:"金沟清泚,铜池摇扬。既饶佳境,当复剧棋。"见元丰灼所撰《茅山志》。噫!此何时也?君臣尚逸乐如此?

国初,槎湖张氏以赀豪里中。有宁一者,多私怨。一日[1],有四老人捃摭僭逾事,击登闻鼓,讼于朝。适高帝不豫,皇太子监国,召诸老人问曰:"尔所奏张

---

[1] "一日",国图本作"一人",据天一阁朱本改。

氏前后濠河，有如我城濠否？击铜锣号令里中，有如亲军禁锣否？架违式房屋有如我殿门高大否？"皆对曰："无之。"太孙曰："南方多火患，故掘濠；厌多虎狼，故出入鸣锣；多生男女，故多架房屋。是足行诛乎？"抵奏于地，逐诸老人。东沙公所撰家谱。

万历间，里人薛冈以山人著称公卿间。冈初治举子业，为太守蔡贵易所知。其母多秽行，彰闻一时。冈羞恨，谋之太守，力止之。冈请不已，乃治其母与所私一僧，同荷枷于市。冈因弃其家出游，二十余年不归。

学为古文词，为考庶吉士者代笔，多中式。所积逾数千金。时冠进贤者，目不识文章正格。冈以最劣之笔为一时所宗，著有《天爵堂集》。自序其父年三十不举子，及母有孕，父梦一织屦者，须发幡然，揖曰："吾苦行数十年，今将为君之子，但编草屦，施千人，数足则至矣。"诘其期，曰："千屦约二十日可就。"父寤而喜，因计老人能为吾子，盍焚屦以分其劳。诘旦，遍觅草屦市肆，得五百，祝于所居傍之三官庙，焚之。越十日而生冈。

初，父觅屦时，或曰"近里某道人多余屦"，使人往，则道人已病。手屦曰："吾欲满千以施于人，无售者。"人还报，父异其事与梦中语合，走侦之，即所见梦中人也，大惊，遗之饭。道人虽病，犹能强饭。及冈生，道人于是日死矣。

张即之，别号樗寮。完颜有国时，每重购其迹。史称即之博学有义行，修洁，喜校书，经、史皆手定善本，史官书葳其名。

安国，名孝祥，仕终显谟阁学士，所谓于湖先生，孝伯之兄，即之之伯父也，其书师颜鲁公，曾为高宗所称。即之稍变而刻急，遂自名家。然安国仅年三十有八，而即之八十余，咸淳间犹存，故世称樗寮书，而于湖书罕称之者。眉公《妮古录》。

屠襄惠公造甲第，颜其堂曰"慕云"，后为管慕云光禄所售。孙一之《剡溪漫笔》。

郑若冲，字季真，宋相清之父。一夕，梦践梅桥，入深坞，景趣胜绝，金碧排空，见一扁，金书四大字，曰"常充达庵"，后识曰"某真人书"。觉而题于册。年六十，营一山墅，旁为寿藏，手植松桧。视之，俨然梦中境也。即以所见字扁其墅，赋诗纪其事，复字其溪曰"梦溪"，以自号"若冲"。卒，清之后为相。理宗询其家世,因对及梦事。上嗟异之,命以《纪梦》诗进览,遂御书"常充达庵"以赐之,因以金饰匾于墅。若冲所梦真人之书,于此验矣。诗曰:

包括乾坤一环堵,拍手千门辉藻黼。编茅何事傍云根,川观岩居天固予。忆昔卧病岁壬午,梦行涧石憩衡宇。常充达庵表其门,大楷金书爱仰睹。吉符应已分行藏,二纪唐捐惜无补。我生六年哀怙恃,三殇相继泣同乳。只影危踪巢在幕,孽子孤臣气如缕。千金不忽坐垂堂,十稔讵能酬鞠抚。六张五角具孤虚,万死一生逃险阻。矛头淅米剑头炊,耕常得晴刈常雨。菲末蒟根[1]有荆棘,鼠牙雀舌皆强御。意行足下起关山,夕计朝谋成龃龉。先时败事后失机,转喉触讳默招侮。贫来富往见交情,行信言忠贻罪罟。一本难令亲者亲,四海何由兄弟普。数奇常愧李将军,五穷未嗟韩吏部。人生美恶半乘除,我常一味无甘苦。五十知非意已迟,见几而作今犹愈[2]。结庐兹境了前缘,端居漫作溪山主。列壑攒峰无耸峭,叠颖飞柯不瞋距。一室凝尘号全拙,茶铛酒壶编简聚。草亭临流倚梦溪,观罢鱼游呼鹤舞。地饶松竹秀而腴,林生[3]兰蕙香频吐。泉清洗耳何妨枕,晴轩炙背还堪俯。采药寻梅度岭去,空翠非烟迎步武。乘坚策肥彼何人,杖藜枝节自撑拄。人家灯火照篱落,山头月色窥松户。随云归逐度溪风,自喜身世轻一羽。意安不厌饭藜蔬,睡美[4]那能候钟鼓。少壮颜从镜里非,利名心向樽前腐。长因横逆反忠仁,讵向艰深探城府。事变起灭真浮沤,身世行藏俱逆旅[5]。玉堂茅舍一蘧庐,鹢起鹏抟各飞举。蛮触战争两蜗角,鸡虫得失了无补。兴废编编汗马牛,贤愚泯泯埋尘土。长笑[6]弗碍天地郭,游思还从竹素圃。安知岁晏日斜时,此心只与虚空侣。一觞一咏姑自娱,断不伤今更思古。力命悠悠讵足论,漫述平生记轩庑。

宋文宪《传法正宗记序》:

表大法之真传,起群生之正信,宜莫如书。然而真丹、身毒,相去绝沅。梵

---

[1] "蒟根",国图本脱"根"字,据至正《四明续志》补。
[2] "五十知非意已迟,见几而作今犹愈",至正《四明续志》作"五十知非计已迟,见机而作今犹愈"。
[3] "林生",国图本作"村生",据至正《四明续志》改。
[4] "睡美",国图本作"美睡",据至正《四明续志》改。
[5] "俱逆旅",国图本作"真逆旅",据至正《四明续志》改。
[6] "长笑",至正《四明续志》作"长啸"。

语、华言,重译或殊。况屡遭灭斥之祸,生平其后者,必搜罗坠逸,遍观会通,然后能定是非之真。谀闻之士,苟获窥其一偏,遂执为确然之论,斯亦过矣。呜呼!辟邪说之谬固,伸正议于千载之下,不有先觉学者,将何所从哉?

昔者,濂读《涅槃经》及《智度论》,颇知释迦文佛以正法授迦叶,世世相传,具有明证。故自前魏支强梁楼至洛邑,译《续法传》,自七佛至二十五祖婆舍斯多而止。东晋佛驮跋陀罗至庐山,所译《禅经》,自迦叶至二十八祖达摩多罗而止。逮夫后魏之时,崇道屏释,而沙门昙曜苍皇逃窜,单录诸祖之名,匿岩穴间,仅及二十四祖师子尊者而止。佛运重启,昙曜进为僧统,吉迦夜等遂因之为《付法藏传》。其去前魏已一百九十余年,东晋亦六十二年矣。东魏那连耶舍至邺,复备译西域诸所传授事迹。其次第与《禅经》不差毫发,则全阙之分,有不待辨而自明矣。

唐兴,曹溪大明[1]达摩之道,传布益众。义学者忌之,而神清为甚。乃据《法藏传》所列,谓师子遭难,绝嗣不传,犹以为未足,诬迦叶为小智,不足承佛心印;指《禅经》实后来傅会,难以取征。而好议论之徒纷纷而起矣。

宋明教大师契嵩,读而病之,博采《出三藏记》洎诸家记载,释迦为表,三十三祖为传,持法一千三百四人为分家略传,而旁出宗证继焉,名曰《传法正宗记》。复画佛祖相承之像,明其世系,名曰《定祖图》。申述《禅经》及西域诸师为证,以辟义学者之妄,名曰《正宗论》,共十二卷。其卫道之严,凛凛乎不可犯也。

濂窃闻之,太平真君之七年,魏太武用崔浩言,宣告征镇,佛像、胡书皆击破焚烧。当是时,诸种经论,多煨烬之末。屋壁之深藏,盖至于久而后出。以此观之,昙曜之流,固未必能见《禅经》,至于诸师之论,义学者亦未必得尽闻之。顾执一时单录不全之文,而相为垢病,犹将十指而掩日月之光,一口而吸沧溟之水,多见其不知量也。太师之辨析,夫岂得已者哉。

甬东祖杲禅师以诚笃契道,汲汲焉,唯恐法轮不运,合众缘重刻以传。呜呼!书不流通,与无书等。太师固有功于宗乘,而杲公之为则又有功于太师者也。皆不可以不记,因追序其作者之意于首简云。文宪《翰苑续集》。

---

[1] "大明",明宋濂《翰苑续集》(涵芬楼影印四部丛刊本)作"大宏"。

绍兴十八年,史越王以余姚尉摄昌国监。三月望,偕鄱阳程休甫,由沈家门泛舟至洛伽山。诘旦,诣潮音洞。洞乃观音大士化现之地,初无所睹,一僧指岩顶有窦,可以下瞰。公攀援而上,忽见金色身,照燿洞府,眉目瞭然,双齿如玉。程所睹亦同。

天将暮,有一长僧来访,云:"公是一好结果的文潞公,他时作宰相,官家要用兵,切须力谏。后二十年,当与公相会于越。"遂告去。送之出门,不知所在。乾道戊子,以故相镇越。一日典客,报有道人,称养素先生,言旧与丞相接熟,不肯与通刺,疾呼欲入。亟命延之,貌瘁神清,辨论锋起[1],索纸大书云:"黑头潞相,重添万里之风光;碧眼胡僧,曾共一宵之清话。"遽掷笔不揖而行。公大骇,遣兵吏遍觅,不可得。淳熙己酉,公正位太师,自道本末云。见《补陀壁记》,《延祐志》载之。

刘过,字改之,自号龙洲,能诗词,有亲笔词一卷,云:"去年秋,予求牒四明,尝赋《贺新郎》与一老娼,至今天下与禁中皆歌之。江西人素以为邓南秀词,非也。"

老去相如倦,向文君说似,而今如何消遣?衣袂京尘曾染处,空有香红尚软。料彼此,魂消肠断。一枕新凉眠客舍,听梧桐疏雨秋风战。灯晕冷,记重见。

楼低不放珠帘卷。晚妆残,翠红狼藉,泪痕留脸。人道愁来须殢酒,无奈愁多酒浅。但托意,焦桐纨扇。莫教琵琶江上曲,怕荻花枫叶皆凄怨。云万叠,寸心远。[2]张世南《游宦记闻》。

元丰中,高丽使朴寅亮至明州,象山尉张中以诗送之。寅亮答诗序,有"花面艳吹,愧邻妇青唇之动;桑间陋曲,续郢人白雪之音"之语。有司劾中小官不当外交夷狄,奏上。神宗顾左右:"'青唇'何事?"皆不能对。乃问赵元考[3]。元考奏:"不经之语,不敢以闻。"神宗再谕之,元考诵《太平广记》云:"有睹邻夫见妇吹火,赠诗云:'吹火朱唇动,添薪玉腕斜。遥看烟里面,恰似雾中花。'其

---
[1] "貌瘁神清,辨论锋起",《会稽续志》卷第七,作"貌粹神清,谭吐风起"。
[2] 核对四库全书本《游宦纪闻》,"翠红"作"翠蛾","莫教"作"莫鼓","皆凄怨"作"俱凄怨"。
[3] 所见诸本均作"赵元老",系《渑水燕谈录》刊刻讹误。今人查考宋人笔记,改作"赵元考"。

妻告夫曰：'君岂不能学也？'夫曰：'君当吹火，吾亦效之。'夫乃为诗云：'吹火青唇动，添薪墨腕斜。遥看烟里面，恰似鸠盘荼。'"[宋]王辟之《渑水燕谈》。

太宰屠襄惠公滽，部堂燕居，令办事官捧砚。公新衣白绫甚泽，其人误倾砚汁，狼籍公衣，惶惧慑息，顿颡请罪。公曰："去去，汝何为者？吾方恶其太白而易污也。"此与韩魏公不责碎盏吏同襟度矣。乡有柴姓者，假称屠公子，沿涂骚动。人以闻于公，意公必大加谴责，诘发其奸。公但呼而戒之，曰："汝为吾子，亦不辱，但难为若翁耳。律有明禁，自今慎无复为此。"其人顿首而退。《献征录》。

万历间六月十六日，有狂子挟优王子长饮天封塔顶一层，醉溺从檐溜而下。时天无片云，忽霹雳一声，将狂子出从半空击堕。子长得免。一人预饮者伤其目，突出如瘤，目在瘤上。此人住捧花桥，予弱冠时犹见之。

万历丙辰，某侍御以病乞归，有馈之鳖者。庖人将烹之，鳖作人语曰："毋伤我。"庖人惧，不敢动手。人有恶其怪者，亟纳之汤。既沸，犹云："尚可活。否则为祸不解。"侍御闻而往视之，鳖已死矣。剖之，腹中函一人，长寸有半，具体无缺。侍御大骇，不旬日而卒。《啜墨亭集》。

崇祯庚辰大旱，饥民哄传，地出粉可食，所出不一其处。一民家床下地亦有，传至外，人竞取之，至毁其室。粉色比土稍白而腻，多和面而食，俗谓观音产此以救人，谓之"观音粉"。

赵昊守琼州，极其廉洁。后家居，衣食不充，意似稍悔。同年孙裕置酒邀之，供张极其盛，酒器尽金玉之美。昊大怒，倾翻其席，相詈而出。归过范东明家，见厅事前列酒瓮数十，取木棍击碎殆尽。及至家，已死轿中矣。

副使陆偁夫人，杨碧川女也。生三子，俱进士，登朊仕。侧室生一子，人以其处三昆之间，无忧无辱，称为仙人。一日，遇家庆。三子俱冠服奉觞。偁戏语夫人曰："汝须谢我，生此三子与若。"夫人曰："汝须谢我，胡反言也？"偁曰：

"何也？"夫人曰："此由吾杨氏骨气，三尚书同一脉，否则仙人胡不贵乎？"俨大笑。仙人一支，迄今陆氏称为仙人房。

宁波郡庠生王录临贡，其次为李循模。李素乏行检而多智术，乃百计攘得之。王朴实人，不与校也。李入京就选，遍于乡贵夤缘，得谒严相之门，久而亲昵，遂求顺天府学司训。严为喻意铨曹，许之。于是志得意满，未挂榜前，扬扬入顺天府学，登其堂，窥其衙，徘徊良久。斋夫异其举止，呵之。乃大声詈曰："吾不日当坐于此，鼠辈敢无状耶？"斋夫辈群哗。语闻文选，大骇，遂易以广东一僻县学。李怏怏去。又适值旧日郡庠司训为僚长，乃素相睚眦者，日寻事争殴。李遂忿恚卒，并一子一仆俱死。明年，王应贡入京需次，乃得江西余干县学训导，颇致饶裕。盖造物故予夺于其间，以彰善恶之报如此，可畏也已。陈良谟《见闻纪训》。补：《迪吉录》言"王恰得顺天府学训"，恐未必然。

李文达公初荐布政陆瑜为刑部尚书，石亨以私潜之。久不召见，众为公危。及瑜当拟旨到任，同事者谓宜拟侍郎。文达曰："吾以尚书荐，而改拟侍郎，则自为不信矣。"竟拟尚书，从之。后瑜颇称旨，乃复召对如初。尹直《琐缀录》。

李景瓒占命闻京师，至山东，谓陆布政瑜曰："刑部刘尚书休矣，公宜促装代之。"已而果然。《水东日记》。

泉州洛阳桥，故宋太守蔡端明所建。永乐间，桥圮，发故石，有刻文云："石头腐烂，蔡公再换。"而鄞蔡锡适以守至，遂大鸠工修治。桥故跨海，施工实难。锡为文[1]檄海神。忽有醉卒趋而前曰："某能赍文以往。"乃饮酒大醉，自投于海。若有神掖之出，文已易，止书一"醋"字。锡曰："得非八月二十一日耶？"遂以是日经始，潮不至者旬日，遂讫工。更其名为"万安"云。民神之，因以锡与端明并祀，即今戏剧以为端明事者也。《闽书》。

史越王罢相归里，慈溪令蒋鹗出迎。邑吏参拜庭下，王皆答拜。鹗局脊，请

---

[1] "为文"，国图本脱"文"字，据明何侨远《闽书》补。

免。王曰："门下与之有名分，某与之为乡曲，自是不同。"

俞充，字公达，俞伟从子，以著作郎迁校正集贤修撰。于时，丞相王珪独相日久，神宗厌之，将罢。会珪弟江东运判琬有违法事，上以语珪。珪泄其语于充。充以语琬，琬上章自辨，上怒珪益甚。珪与充议，谓当俱受罪。今西夏秉常国内乱，上意欲复灵武。子能言可伐，上必喜，吾与子俱免矣。充从之，遂出知庆州。充稍有才，至郡大振兵政，夏人忿之，未几暴卒。后高遵裕出师败衄，充实启之。

敬止录卷之三十八

荟蕞考中

贺知章善隶草，尝与张旭游于人间，凡人家厅馆墙壁及屏障，忽兴发，落笔数行，如虫篆飞走，虽古之张、索不如也。好事者供其笺翰，共传宝之。《书赋》云："湖山降祉，狂客风流。落笔精绝，芳词寡俦。如春林之绚彩，实一望而写忧。"今存草书一帖，前后有米元章小楷题识，礼部尚书尤延之刻置天台郡斋。政和间，秘书郎黄长睿尝见张长史帖十字，云"贺八清鉴风流，千载人也。"长睿跋云："沉吟此语，恍若季真在目。长史此帖，不独草圣可赏也。"

予高祖封国子博士志斋府君，博学工文，不事科举业。余奉常寿其七十文云："若石乡、炎丘两侯，传轨则可诵，盖深工岐黄之学，故有此论著也。"谨录其文于此。石乡侯辛津、炎丘侯竺液传。

辛津者，蜀人也，其先与楚竺液俱出垕土氏，历世既远。辛徙平原[1]，竺居楚泽，不相知也。当炎帝、神农时，津远祖始为供正，以其德通神明，行绝秽恶，侯诸蜀而食邑于马湖之阴。液远祖为工正，帝亦以其秉节无他肠，且能随材器使，侯诸楚而食邑于潇湘之阳，始复相聚去相得也[2]。既殁，子孙世守其官。至轩后黄帝氏作，风气日开，土德始衰。壅滞湫底，上下隔越；阴阳之官，各失厥职。于是风后[3]郯子弗靖，攻陷太和之都。五官失守，道路弗通。帝乃震怒，喟曰："安得圣者，而与之共事哉！"岐伯对曰："臣闻'赏罚勿忒，是曰天常；诛伐过当，名曰天殃'。今将军林立，大戟森列，颐指目使之卒，足以牵牛服犀，固可

---

[1] "平原"，天一阁朱本作"平康"。
[2] "始复相聚去相得也"，天一阁朱本作"始复相聚意相得也"。
[3] "风后"，天一阁朱本作"风侯"。

王不留行，而预知二子者，续随风殒折矣。然戡定祸乱，帝王之师弗得之人，窃恐诛伐太过，损国元气。臣闻蜀侯裔孙辛乾、楚侯裔孙竺茹，才德俱良，柄而任之，事必大昌。"帝曰："俞哉！"往视厥师。尔君尔臣，尔佐尔使。参以国老，驭以陆吉。祝融引导，文武骏发。电闪雷击，倏忽而达。大战甘泉，倾其巢穴。声销势灭，风毙郊殪。阴阳顺序，五官忻悦。于是伯高奏曰："曩者风郊作乱，陛下劳心焦思，食不下咽，寝不安席。臣乾臣茹，以天之灵，宗社之福，鞠旅剿乱，不半夏而奏功。臣愚，以为保合太和，比之神圣，是宜策勋旂常，垂名青史。则二臣者，糜躯膏脂之日，犹生之年也。"帝乃命雷公按绩，伯高捧敕，酹功[1]报德。于是乾、茹辞邑请老，曰："易戒知几而不知退。功成身退，天之道也。且遗孽犹存，安知他日不乘虚作乱乎？愿陛下图乱未形，保邦未危，则天下幸甚。臣等死且不朽。"帝不得已，乃益封乾子津为石乡侯，茹子液为炎丘侯，乾、茹遂老于故封。

乾将终，遗命曰："吾死三年，将化其魄于中黄之宫，天下其同朱书乎？"已而果然。茹之卒也，曰："吾尝仅出肤发以济世，而世之不足以尽吾才也。且吾世受国恩，愧无以报。吾子若孙，当碎丝缕不避炮烙，泣血报上可也。惟风、郊二氏，吾之世仇，他日报复，必请助于辛氏，则无不克矣。"遂卒。方二侯之殁毁也，风、郊氏闻之，果谋乱。液就津而谋曰："吾与若承先志而嗣王事，今讨有罪，誓将鼎镬之勿避。子其助我乎？"津曰："此吾日夜切齿、碎身糜躯而无怨者也。"因相泣。津、液泪竭，进师攻之，遂获胜焉。捷闻，帝顾岐伯，叹其世济忠贞，且益分封支庶于江淮、闽越之间，然皆指蜀、楚为宗国云。

津为人丰肌挛手，好以蒨染指，妇女辈时时效之。性外凉内温，嗜醋恶肉，雅好洁。尝与宾州桂生、山东五味子、明州白菱先生游，尤与萧山陆吉相得，未尝离也。广溪、豪巽二者好侮人，闻四人所在，则失声远遁。老幼男妇贫乏者辄济之，苟益人灰身弗顾也。性畏寒，冬处窟室附兽炭，而士夫之饮者必欲致之，多遣子弟往焉。至则众欢曰："辛生风味，温然可爱。"唯陈州白生仲夏、南生星，恃其悍性，为众所恶，惟辛氏为能制之。二生所在，世必邀与同席，则帖然而服，或荐其美爵之糟。

丘在鲁，有闻者不彻，侍孔子食必召焉。在秦者处囊，当荆轲逐始皇时，时

---

[1] "酹功"，天一阁朱本作"酬功"。

与夏无且共提之。厥后董生与司马谈无且,而不及处囊者,惜哉。液性恬淡,多蕴藉,颀巍玉立,亭亭然,简默也。然迫而谈之,珠霏玉唾,汪洋溢出。每为木光子焰,迫致之则亹亹不倦,少缓之则悬河之泻。寂矣,嗜学不息,凡六经、子史、释老、天文图书悉通之,故能为人随才使器。有白简者,游□□□难合。孔子赞《易》将启以一贯之旨,简弗能契,于是析一三叹焉。齐崔氏之乱有与南史同往而弗慑者,简之后也。其别居[1]巇谷者,曰"律辅伶伦",有功寒谷。居柯亭者蔡邕叹有余韵焉。王子猷尝谒之,尊其前辈为此君而不名。与僧赞宁同研席者,则其儿曹也。或出嗣为楮先生后,往往与苏、黄辈为文章交。而津、液之功,自仲景、弘景、藏器,咸记之,而朱震亨状之为尤悉。津终石乡,液终炎丘,至今人诵其烈云。

太史公曰:辛、竺有二族,夏后封支庶于莘。后世去草而为辛,所为姒辛也。惟马湖之辛,系出姜炎。今石乡侯,其世嫡也。中山之裔绝,而天竺之派兴,惟炎丘为能续潇湘之勋也。盛德者必有后,讵不信然?世泽之遥与时代兴微彼二侯,则风、郯之罪,吾不知其谁戮而讐也。呜呼休哉!《艺文》一考,皆有关品行、功烈之作,诸小品俱不得入。故予录此文于此。

柴浩,字养吾,鄞人。女嫁邑庠生任礼。试高等,渡钱塘溺死,年十九。现梦其父母,为设灵座。每入暮,闻其抚几太息声。人或谓其父母曰:"魂眷其妻,故作妖,遣之必息。"父母如其言,召媒氏。浩至,厉声曰:"任礼,吾以汝志希古人,烈烈为圣贤事,故遣弱息事汝。汝死,命也,何至为怪?汝父母惑于邪说。汝鬼有灵,独不能使吾女全节耶?"是夕,其妻无疾而卒,影响遂绝。

参政赵政,居小溪,名赵家衕。与商文毅同会试。时贡院火起,政救商危于厄,负之而出。及商入阁,委所亲,即其祖居建第以报之。

开元时,高太素隐商山,起六逍遥馆,各制一铭。其三为"冬日初出",铭曰:"折胶堕指,梦想负背。金锣[2]腾空,映檐白醉。"见《清异录》。楼攻媿尝取"白

---

[1] "别居",天一阁朱本作"别在"。
[2] "金锣",国图本"锣"字仅有偏旁"钅",非整字,据陶穀《清异录》补。

醉"二字以名阁。《辍耕录》。

《嘉靖志》于元进士涅古柏,系之鄞县。《至正续志》注:哈鲁氏,盖色目人也,亦有时名。《南村辍耕录》载汪怜怜事:"怜怜,湖州角妓也。涅古柏经历尝属意焉。汪曰:'君若不弃寒微,当以侧室处妾。鼠窃狗偷,妾决不为此态。'涅乃遣媒妁,备财礼,娶之。经三载,死。汪髡发尼寺。公卿大夫有往访之者,汪故毁其身形,以绝狂念,卒老于尼。"此如金谷园绿珠,燕子楼盼盼,韩香之于叶氏,爱爱之于张逞者,真绝无而仅有也。

遂初先生,四明王叔载,名厚孙[1],戒子升、鹫曰:"承家不在名位而在不失身,敬身不在外貌表暴而在毋自欺。读书当贯古今,处世必审进退其身。同流合污以为通,矫时干誉以为高,患得患失以终其身者,吾所深恶,非所望于汝也。"《灼艾续集》。

宋乾道七年,丞相魏公杞出守姑苏,请僧可观主北禅院。入院之辰,适值重九,指座云:"胸中一寸灰已冷,头上千茎雪未消。老步只宜平地去,不知何事又登高。"魏公击节不已。吁!使老而贪得,升高历险而不知戒,其闻此诗也,亦有所悚动其中乎?《蓉塘诗话》。

嘉靖四十一年六月三日,天晴丽,忽空中降白物,大小如雪片,晶光映日。以手扑之,随灭。自午至申而止。鄞及定海皆然。《奇闻类记》及《留青日札》。

嘉靖三十七年春,浙东有马道人为孽,于嘉湖剪楮为兵咒,即持刀杖作阵,焚劫地方。官兵追捕之,已而流入杭州为幻。已,复由绍过宁。民间竞言马道人分徒党遍扰村郭,或以人物器皿投地,人得之以归,即举家扰乱,不可殴逐;或升屋破壁而入,无问男女深睡时,为所压不能展转,寤则气索,索不苏,有因而竟毙者。远近大哄,每向夜则具刀杖、震响竹追逐之,竟夕不息。各户[2]多悬

---

[1] "厚孙",诸抄本均脱"孙"字。按:王厚孙(1300—1376),鄞县人,字叔载,系王应麟孙。因补。
[2] "各户",国图本作"如户",据天一阁朱本改。

"箆籲簸籖"四字以厌胜之。当道奏闻，勒限追捕，竟不可得。民讹逾三四月乃息。《留青日札》亦载其事。

赵履常崇宪所刊四说堂山谷《范滂传》，予前记之矣。后见跋卷，乃太府丞余伯山禹绩之六世祖若著倅宜州日，因山谷谪居是邦，慨然为之经理舍馆，遂遣二子滋、浒从之游。时党禁甚严，士大夫例削札扫迹，惟若著敬遇不怠，率以夜遣二子奉几杖，执诸生礼。一日，携纸求书，山谷问以所欲。拱而对曰："先生今日举动，无愧东都党锢诸贤，愿写范孟博一传。"许之，遂默诵大书，尽卷仅有二三字疑误。二子相顾愕，复服。山谷顾曰："《汉书》固非能尽记也，如此等传，岂可不熟。"闻者惊叹。若著满秩，持归上饶，家居宝藏之。再世散逸，归东武周氏，又归忠定家。赵忠定也。伯山仅传摹本，其子于寿铸为四明制属，携之箧中之官。楼攻媿见之，为作诗曰：

宜州初谓宜于人，菜肚老人竟不振。《承天院记》顾何罪，一斥致死南海滨。贤哉别驾眷迁客，不恤罪罟深相亲。哀哀不容处城闉，夜遣二子从夫君。一日携纸丐奇画，引笔行墨生烟云。南方无书可寻问，默写此传终全文。补亡三箧比安世，偶熟此卷非张巡。岩岩汝南范孟博，清裁千载无比伦。坡翁侍母曾启问，百诵[1]九死气自伸。别驾去官公亦已，身虽既衰笔有神。我闻此书久欲见，摹本尚尔况其真。辍君清俸登坚珉，可立懦夫羞佞臣。

及履常登朝，以真迹呈似，攻媿乃复题其后。岳亦斋《桯史》。

《日录》一书，本熙宁间荆公奏对之词，私所录记。绍圣以后，稍尊其说，以窜定元祐史牒。蔡元度卞。又其婿，方烜赫用事，书始益章。建中靖国初，曾文肃布。主绍述，垂意《实录》，大以据依。陈了翁瓘为右司员外郎，以书抵文肃，谓薄神考而厚安石，尊私史而厌宗庙，不可。文肃大怒，罢为外郡，寻谪合浦。了翁始著《合浦尊尧集》，为十论，亶辨其所记载，犹未敢以荆公为非。及北归，又著《四明尊尧集》，为八门，曰圣训，曰论道，曰献替，曰理财，曰边机，曰论兵，曰处己，曰寓言，始条分而件析之，无婉词矣。政和元年，徽祖闻有此章，下政典局宣取。时了翁坐其子正汇。狱，徙通州，郡移文索之，了翁遂以表进，乞于御前

---

[1] "百诵"，宋岳珂《桯史》作"百谪"。

开拆。《桯史》。予于"了翁通判明州"下摘录《宋史》，而史于《明州尊尧集》反无此详核，故又录《桯史》所录于此，而摘去其后段，以非明州事也。

速鲁麻者，西域人也。父熟㮈牟与媪曲木氏[1]私遇于瓮吉氏而生速鲁麻。鲁麻生而父灭姓，母育之，仍养于瓮氏。少生硬，不循理法。母力变其气质，瓮氏亦护之谨，时其寒暄[2]而温良之。既久，隽永出流辈，人交口誉之。

予家居时，虽数千里外，同闻其名。洎迁临洮，比入境，舍于石井驿。驿长廖某请曰："此有速鲁麻者，颇慕圣贤而为其道，闻先生优入圣贤之域，渴心愿见。先生幸尝试之。"予闻曰："人希圣贤，即圣贤之徒矣。"命之见。时天寒冱，瓮氏抱之附火，久乃至，则坐之两楹之间，凝重不语。予亦莫知其中之美恶淳漓也。廖乃命白水执杓起请，又俾渭川祝童子导引之。寻勃勃若欲有所言者，廖起揖，予即之，口谈源然泉涌出，其风味沉浸酝郁，视督邮从事辈，皆风斯下者，诚企圣贤而有得者也。予甚爱之，因询之所自生。予以其父特饮食之徒耳，况难于明言之者，戏撮其母之事，目为曲生，从予至临洮。予所居曰乐轩，轩未尝一日无宾。宾至辄留，留必设席，必召生俾应宾，生不在宾即不欢，宾或雅爱生，生亦不为之尽。有忤令者，生必往浮之，人有速予饮者，亦必先召生焉。或嘲生曰："吾与尔交，昔何酽，至今淡泊若是耶？"生曰："吾闻人之论交，君子若水，小人若醴，公等欲终小人乎？"又有嘲生曰："尔特糟粕之余耳。"生曰："公等皓首穷古人之糟粕，曾不得咔其粒许，曷若[3]吾之糟粕有余味而心醉者耶？"其辨给皆此类。生风流酝藉，能助人兴。予每制文词，挥翰墨，必先召生资之起予，生则尽出底蕴，与壶公、商公辈俱来。予欢然与之倾倒，然后肆意命笔，类有神助。予以是益喜生。生或值予有不怿，必殷勤慰藉，至屡拒不肯去，俟复故乃已。从予八年，盖未始朝夕离也。一日，生倾倒太甚，致予发狂，而为人所尤，予则以尤生，绝弗与交。生蹐门谢曰："仆厚于先生，先生弗能大受，以致尤，是则先生之罪仆薄乎云尔？顾以尤，仆不亦过乎！"予无以诘，遂弗绝，曰："然。"自是亦知其非益友，稍稍疏之，而生来益勤，予[4]亦不得不为之竭忠尽欢云。至于

---

[1] "曲木氏"，《水东日记》作"曲术氏"。
[2] "寒暄"，国图本或衍"寒"字，《水东日记》作"时其暄而温良之"。
[3] "曷若"，国图本作"□者"，《水东日记》作"局者"，现据《四明文征》改。
[4] "予"字，国图本等均无，《四明文征》《水东日记》均有，因补。

承祀事,谒大宾,必豫饬馆人严止。虽生求见,亦不与接也。今予当朝京师,生远送予于会宁,盖距临洮已三百里矣。将别,白予曰:"乡仆求见先生,先生不鄙夷之,而酷嗜仆,至欲同死生,若太白之于舒州力士,虽一致之先生于尤,先生类躬自厚而薄责于仆,诚知己者已。今先生将入中州,与圣贤者游,仆岂不愿以厕迹其间? 念风土各宜适孽,沽衒之徒冒圣贤之名以欺人,先生慎勿与交,以耗其神。仆之族有阿剌吉者,备坎离之术,炼形敛精,能以远人,先生尤勿与交,以损其真。"予应曰:"诺。"因留生复饮,尽欢而别。是日洪武己巳夏四月二十有一日也。《水东日记》。鄞人谢友规遗文二:一《口毒答》;一《与速鲁麻序别》,即此文也,叶文庄公录之《水东日记》。予既为友规补传,又入《口毒答》于《艺文考》,此文以琐著不入。然文庄以外郡人,尚为录之以传。予为梓里备文献,乌得不存之? 故录于此。

始予读先汉等史,见诸循吏事,有政通神明、精感天地者,未尝不太息钦想,以为后世所未有也,乃今于慈溪张公后迁于鄞。而复见之。公名昺,字仲明,都御史楷之子也。楷孙。成化中,始以进士知铅山县。初,县有卖薪者,嗜食鳝,得薪值以其半市鳝,命妻烹而食之。一日,自市归,乘饥恣啖,少时腹痛而死。邻保疑妻毒杀之,执送官,考讯无他状,狱不能具,系狱逾年。

公初莅任,尝白昼登堂,忽睹门外有绿袍乌巾者冉冉而入,左右悉不觉也。及行案前长揖,公款之坐。乃曰:"公毋惧,吾非人,实邑中某乡之土神也。乡有冤狱未白,知公精明果断,与神明通,必能雪之。"公问其事,神曰:"吾乡民某甲之妻,以杀夫系狱。此人本中鳝毒而殂,非妇罪也。公欲验之,但置鳝水瓮中,有昂头出水二三寸者必杀之,试烹以啖他囚而死,则其事白矣。"言讫不见。公异之。诘旦,召阖境渔者命捕鳝,得数百斤。如神言试之,得昂首者凡七。设釜于堂,召此妇,面烹之。出死囚于庭与食,才下咽便称腹痛,俄仆地死。公谓妇曰:"汝冤白矣。"遂释之。访其乡,果有神祠。视其像,正所见也。

又甲嫁女于乙,抵乙门,揭幕视之,则空舆而已。乙谓甲欺己,诉于县。甲又以戒其女,互相争执。前令逮媒从诸人鞫之,皆云:"女实升舆,不知何以失去。"令不能决。公至,偶以勘田均税出郊,行至邑界,有树大数十抱,阴占二十余亩,其下不堪禾麦。公欲伐之以广田,从者咸谏,以为此树乃神所栖,百姓稍失瞻敬,便至死病,明府不可易视也。公不听,移文邻邑,约共伐之。其令惧祸不从,父老吏卒复交口谏阻,而公执愈坚。明日,率数十夫,戎服鼓吹而往。未至数百步，有衣冠者三人拜谒道左曰："我等树神也，栖息于此有年矣。幸公垂仁相舍。"公叱之，忽不见。命夫运斧，树多血出，众惧欲止。公乃手自斧之以为倡，凡三百，方断其树。树颠有巨巢，巢中有三妇人堕地，冥然欲绝。命左右掖而灌之以汤，良久始苏。问何以在是，妇曰："昔年为狂风吹至此，身在高树与三少年欢宴，所食皆美馔。时时俯瞰楼下，城市历历在目，而无阶可下。少年往来率自空中飞腾，不知乃居树巢也。"公悉访其家人还之，中一人正甲所失女，自言在舆中为妖所摄去，其讼遂解。公以其木修公廨数地[1]，而所荫地复为良田。由是悉毁诸淫祠在境内者无遗，独邻落一祠，民秘之，获存。他日，公以事经其地，梦神恳曰："公姑恕我。"翌日，召乡民，责令毁之。神忽降于邻邑小民曰："吾被张公毁庙，无可寓寄。公正人，吾不敢犯，愿借片地暂居。公去，祠可复也。汝不吾从，五日内必及祸。"民初不信，未三日，果烦懑吐逆，神乃降，家人罗拜，为之立庙。

有道士善隐形术，多淫人妇女。公擒至，痛鞭之，了无所苦，已而并其形不见。公托以他出，径驰诣其居缚归，用印于背，然后鞭之，乃随声呼噪，竟死杖下。

邑寡妇，唯一子，采薪于山，为虎所陷[2]。邻居恶少欲以难事窘公，代妇书牒，使投之县，称欲得虎抵罪。公视牒叹曰："奸民欲窘我乎？"与妇期五日来。乃斋戒作文，祭城隍，大略言："神为一邑主，不能御灾捍患而纵虎食人，今与神约，五日内必驱虎伏辜，否则撤其室[3]而更置之。"后五日，天未明，梦神告曰："虎至矣。"公惊起，佩弓矢升堂，命启门。有二虎入伏庭下，若有人守之者。公厉声叱曰："吾良民之子而汝食之，法当抵死。二虎有非伤人者退。"一虎起，绕伏虎一匝，抵尾而去，其一不动。公素善射，拔所佩箭，三发而三中其首，因命隶卒乱鞭杀之。召妇人，归以虎尸。自是所在喧传，目为神人。三年以政最擢监察御史。今致事[4]家居，杜门谢事，足不入公府，隐然为乡邦重望，君子惜其位不满德云。予闻得公事于其乡人，因此为记，后之传循吏者或将有考焉。陆粲《庚巳编》。

---

[1] "数地"，陆粲《庚巳编》之《张御史神政记》作"数处"。
[2] "为虎所陷"，陆粲《庚巳编》之《张御史神政记》作"为虎所啖"。
[3] "驱虎伏辜，否则撤其室"，国图本作"驱伏虎辜，否则撤其宝"，据天一阁朱本改。
[4] "致事"，陆粲《庚巳编》之《张御史神政记》作"致仕"。

吾乡万竹诗种发芽于高公端叔。端叔本中原将家右族,扈从南来,以邱垄在万竹察廉冈,爱而居之,学者因尊称之为"万竹先生"。其诗纯醇委宛,出于《离骚》,号《荼甘集》。然端叔实未尝得久居万竹。久者唯王氏,而不为端叔之学。非薄其学不为,大抵异时江南士大夫发身亢宗,必须由明经、词赋进士业,而端叔虽名高道尊,往往不得志于科举。予闻之舅祖郑公善父乡贡,尝假馆王氏秀发诸祖家。言端叔岁时一归上冢,必诣王氏,留连款笃如邻曲。王氏先世待之如奉贵官,及退而相与叹其无成,而惜其徒老以死。如此,何缘肯为其学?至秀发之子菹居古桐,始为诗,有《荼甘》之风。古桐君死三十年,而群从某以《棠墅稿》传,《棠墅》之视《古桐》,直肩随之,其窥《荼甘》亦可翘足及也。《传》不云乎"居必择乡,游必就士",今科举学尽衰,士得返本趋古。万竹之世家不患无《古桐》《棠墅》之好,故予于题其遗编,而为详具文献之渊源如左,以俟闻《荼甘》之风者考焉。戴表元《剡源集》。

万竹先生《荼甘集》,今不可得见。叶文庄公《水东日记》录其《变离骚》一序,予抄入《艺文考》中,兹遍觅得数诗,录于此。

雪窦寺

雪窦云深处,相携到乳泉。沙田春事晚,山寺野花妍。香饭供南烛,丹房托景天。山居应六八[1],更欲上风烟。

小晦山

大晦出小晦,过尽山峰翠。寒云抱山石,枯桄老湍濑。沿流路俇侧,当路屋破碎。却立重回首,瀑布泻云背。

小晦岭

路自崎岖心自平,云扃无锁但徐行。松风石溜含悲怨,中有樵夫度岭声。

长汀即事

杨花剩得晴光暖,榆荚其如世上贫。花向喜中看更好,分明春色解欺人。

雪窦飞雪亭

危亭上拂烟霞光,苍崖深倒蛟螭穴。天河飞来波上翠,寒入疏林风自发。翻珠错玉无时歇,岩前散作千秋雪。寒声萧萧凛毛发,白云朵朵翔空灭。飞流

---

[1] "应六八"三字,国图本缺,据黄宗羲《四明山志》(康熙四十年黄柄刻本)补。

溅沫入毫端,天然一诗为题绝。

宁波医学孙正科,读书能诗。宣德间,清军御史驻节四明驿,驿在月湖中沚。东岸陶氏女有淫行。御史闻之,与侍寝者通,夜舟渡陶女同榻。次日,诸属官入揖承事退,止留孙立堂下,问曰:"闻汝能诗,试咏驿景。"孙即口占曰:"四明仙馆绝浮埃,隔岸桃花烂熳开。春色恼人眠不得,夜深船过月湖来。"御史赧然,漫曰:"诗不佳。"孙对曰:"实景也。"遽斥之出,明日即行。《嘉靖志·遗事》

材仲禅师,尝名其室为"朽枯",而征词于韩庄节公、黄文宪公。二公既为之发挥无余蕴矣,而材仲又以濂为黄公弟子,复令说偈继之。濂也何人,而敢犯是不韪哉?!虽然,不敢辞也,为之偈曰:

鄞有开士,屡主名刹。其所住处,邃馆曲房,坚致华好。开士顾之,独名为"朽"。

我问开士:"彼所谓朽,雨风所侵,蝼蚁所蠹,栋桡檐拔。今则靓饰,如上所云,以朽为名,不亦厚诬?"

开士答言:"属世间想,无有弗坏。辟如春花,朝上秋冶,夕则零坠,何有真实?今之所居,虽号坚好。我目视之,无不朽者。楹桷壮丽,视如敝漏。丹臒绚耀,视如黮昧。超然此身,如托虚空。毕竟虚空,无有坏相。岂惟是室,观人亦然。地水火风,假合而成。迷者自恃,等于金石。四大各离,身在何处?身即是幻,世即为梦。而况是室,终归于空。若能于此,入正思维。观室无室,观身无身。庶几可入,真空观想。"

我问开士:"善学佛者,无欣无厌。如开士言,是有厌心。所谓朽者,因坚而名。有坚有朽,理之必然。木纵已朽,坚性终在。我本无坚,朽从何生?坚朽未忘,心何能一。况乐观空,是为空病。空病不除,反实所有。我说是室,非有非无。其室永存,何缘能朽?如观空者,空而非空,空有何碍?"

开士闻已,破颜微笑,扬眉而语:"子言固佳,但我门中,一义不立,立即成妄。请返尘辕,毋戏论法。"《銮坡前集》。

《记事珠》[1]载,李白自蜀至京师,贺监知章闻其名,首访之,呼为"谪仙

---

[1] "记事珠",国图本作"记事诗",据天一阁朱本改。

人"，解金龟换酒，与饮尽醉，期不间日，由是称誉光赫。《李青莲传》云："太白自蜀至京师，公闻其名，欲见之，邂逅于长安紫极宫，请观所作。白出《蜀道难歌》示公，公曰：'公非人间之人，可不是太白星精耶？'因解金龟换酒为乐，荐白供奉翰林。后见《乌夜啼曲》曰：'此诗可泣鬼神也。'尝考贺公初授任城令，白尝为公撰《任城厅壁记》。文见《艺文考》。《济宁州志》："城南有太白酒楼，白因父为任尉，曾留焉。县令贺季真觞于此，故楼以名。"然则公与白在任城时已相亲善，群书曷言京师邂逅，既奇其姿，复请观所作，如素昧平生，卒囗倾盖之欢者，不知壁记何由而预作，酒楼何日而先觞也。屠长卿《报龙君善书》云："昔李青莲罢供奉，浪游人间，客任城，依贺监。"是白之应召后，公犹作任令耶？《列传》言，白天宝初，贺知章荐于帝，召见金銮，有诏供奉翰林，则此时公已位陟宫僚矣。《贺监纪略》。青莲《对酒忆贺监诗序》云：太子宾客贺公，于长安紫极宫一见予，呼予为"谪仙人"，因解金龟换酒。诗云："长安一相见，呼我谪仙人。"则初见长安为的。

贺秘监有高名，告老归里，上加重之，每别优异焉。秘监将行，涕泣辞上。上曰："何所欲？"对曰："臣有男，未定名，幸陛下赐之，归为乡里荣。"上曰："为道之要，莫若于信。孚者信也，履信思乎顺。卿子必信顺之人也，宜名之曰'孚'。"秘监乃再拜受命。及归，久而谓人曰："上诚爱我，其谑我耶？'孚'乃爪下为子，岂非呼为'爪子'耶？"李翱《卓异记》。

鄞郑老人夜得恶梦，往卜课家占之，云"宜防己卯日，当有叵测"。乃数日内，为三月十四。是日，往避于外孙城南潘氏，临水窗中静诵《莲华经》。忽鹰逐一禽，直入窗内，坠经上，老人惊以两手重按鹰死。乃敕使欧内官使其下放鹰林野觅食，追及，见鹰死，执老人于内官所鞭之，送郡追鹰价银八两，始知横祸之及不可逃也。《郡志遗事》。

天顺辛巳五月望夜，鄞士朱绂闻霹雳甚烈，迟明启堂，垩室满地。诘宿客，云："雷震时，硫黄气触鼻，火走于堂，斗大，因惧，蒙头卧，不知其他。"绂检点数处，见栋柱劈一片，倚壁缚鎈柄为晒衣架，置檐口，各破为四，缚绳如故。旁舍斜柱枯枫，木空其中，如筒。西邻巨楮树亦裂其巨干，巷口一家取出栋柱，劈之如粉。其宄桷壁落，不动分寸，碎一檐如丝。一震雷而击三家，凡数处，神妙真不可测。明年，绂犯法罹刑狱，徙海宁病死。

宋南渡后，赐居英宗高后之族于鄞，在今县治西南一里许，清澜坊左，名为"皇亲宫"。

吾友杨伯翼，谢世三载，乃辛卯孟冬十二日，夜梦寄三十字于予，曰："承鲲无恙，近居瓯洛山中，见黑、黄二漎鸐，弟设置弋，已得其一黑矣。黄未获也。"题封宛然，字字凄楚，觉而惆怅，赋诗曰："梦里开缄泪欲潸，惊回梁月似君颜。三年书札悲今昔，一夕精灵托往还。却恨帝京为下吏，不知瓯洛在何山。凫鹥漎鸐终难辨，蝴蝶庄周栩栩间。"屠田叔《〈碣石编〉序》。

龙舌朱氏，家蓄一雌雁。家僮执雁足，招雄鹅强与之合，既而雁遽狂跳，触地而死。林方塘《归正集》。

鄞县开明桥余鹤卿家起火，延毁四街。鹤卿家闭室门，焚死抢火者八十余人。自后白日鬼号，行人畏阻。屠礼部隆于其处集僧众大行法事，夜放焰口，鬼乃绝。里人恶余家，将火后瓦砾堆其居址成高阜，至今犹存。

丰人翁，初名坊，已更名道生，字人翁。精诸家法书，世称丰考功书。以尝为考功也。自题书尾，又称"南禺外史"。

少警敏博物，对案摊书，目睛出眶外半寸，色碧，人从座右出往皆不知，览一过不忘矣。方五岁，五溪公携之谒侍御董公。问："已读何书？"答云："《大学》序。"令诵之，朗朗及终"淳五年，新安朱某序"。侍御公曰："落一字。"拱而答曰："家父讳。"盖五溪学士，名熙也。座客咸嗟咨，虽成人，礼奚加？客且别，侍御请留公子。五溪公命之留，俟公出，亦告去。不听，即涕洟澜翻也，径出，皆孩之矣。

束发谈经史，辨证舛讹凿凿，未之傲人，以其所不知也。及晚，左降休里，乃恣其洸洋，遇人多狎进。客方仕，以书法游公门，时或肖公，或以己书窃易公书。里人又以其赝书传四方，公闻而恚之，曰："仲尼恶郑乱雅，几是乎？"命俟晚归，殀之河滨,抉其眼。舍中儿诡以豕眼报。公曰:"是固当,非我虐也。"再越日,方又来。舍中儿云:"向呈豕眼甚信,今犹活,责欺奈何?"方曰:"吾自有说。"即入谒。公骇甚:"闻若被创死,今来岂其鬼耶?"方蹙然云:"是夕归路,由城堞下,暗中为贼扑地,挖吾眼,死矣。徐闻丛棺中鬼相谓:'此人死非命,适吾处,谴且及,奈何?'一鬼令取他棺眼填吾眼,沃以水[1],得苏,踉跄归,眼今犹痛。"公曰:"鬼先亦非杀汝,特以戏,揶揄汝耳。"令侍童取酒濯眵,待犹初。

岁赋比不入,司会者故软顽逃责云:"须乃公自行。"公果拟行,人诡报云:"农人多买巨扇,俟公往,令其孥尽执扇,扇公以寒死。"公曰:"农巧乃尔,寒死,故无创伤可验,若辈亦须需之,以明年六月往可矣。"

庞侍郎乞公染翰,以三十金[2]代币。公曰:"吾正须此白物。"即召黄冠,设醮事三坛:一愿殄灭东倭、北虏之蹂吾内地者;次愿阴行遣贪黩官吏,及伪禅伪学、养交借资、悬牛首而卖马戴之辈;次愿驱豺虎虺蝎,及蚤虱蚊蚋之类。其为醮坛除蚤虱,则诚有之。每以问客曰:"若家近觉蚤虱少不?是吾设醮所灭也。"一客又言:"怪此两日吾家蚤虱独多,当由去公家斥近,为所驱而遁比邻耳。"公皆大喜。黠奴又每怂公设醮事,与黄冠共侵费。醮时,黠奴又亟为乃公搜蚤虱甚勤,令得少于他时为左验。童子诧搜蚤虱有独能,报已搜过几千几百。公云:"若无伪增,吾有术占知此数。"

姜宗伯请墓志,庭旅甚充,已脱稿,作钟繇书书之,且授使人矣。令庖人将所馈豆粉作线面,试尝之。面牵喉,少逆作呕,辄大呼:"姜家计害我。"僧德祐侍侧,令张口以指压,面已下咽无他矣。起谢僧曰:"非汝救我,几丧命。"趣令毁志铭,出金币还之。僧诡与童子作毁状,匿所有,以志铭授使者去矣。

居恒叹沧桑更禅,楷书《法华》《华严》二经,缄函中,同僧浮海沉之。曰:"是不久且为平陆,杜元凯岂欺我?"不知缄时已易他本窜矣。

有人以铜蟾蜍售公,公曰:"是有底,安在?"其人云:"有之。第少损,且垢腻。"即命并来,以五百金[3]买之。或谓直大浮,曰:"此苏学士读书灯也。光从蟾蜍首孔中出,膏烟不害目。"甚宝之。不越月,不知所在矣,亦不复穷竟云。

乡绅叶先生肃卿,构小亭山中,自拟亭名,质于公。公曰:"是不载某书某

---

[1] "沃以水",明徐时进《啜墨亭集》(四明丛书本)作"渥以水"。
[2] "三十金",国图本作"三十二",据天一阁朱本改。
[3] "五百金",《啜墨亭集》作"五百文"。

卷某幅第几行者耶？"昔苏公问唐子西："近读《晋书》，曾摘得几个好亭名否？"因举其中可以名亭者几。余少时，叶以语余云："似此强记，于古谁比？"

谭观察席间征奇事，答曰："弘治五年，凤皇止正阳门楼上，飞去，脱一羽，长二丈许。"谭异之，不多信。即指此小童："时在长安，亦曾见。"童应声曰："见。"

尝纳凉僧舍，谓僧曰："我在通州取巨瓜穴之，置小杌其中，侧身入坐，仰面承甘浆，入口如多罗蜜，觉肤生粟，乃出。吾出而瓜裂，餍诸臧馋口矣。"僧大诧，恐燉煌瓜亦无此巨。亦令征之侍童，童年不过十三四，其去公倅通时且三十年矣。

郡东门皮贾王姓，家累千金，颇知书，事人翁独谨，时有饷。久之，无他请。公曰："彼何为者？"舍中儿具言："所愿似欲从公乞一号，手书题之。"公大噱，立索管[1]书"阑坡"二字，只"坡"字挑土直尖稍壮，似有横画。一书生见之云："此'东门王皮'也。"其人更喜曰："吾处此城中，犹虮虱之细者也。乃公以东门予我，广矣，大矣，且皮何害？吾方贮此五谷者，俟百里奚矣。"亟修厚赀，谒于公。舍中儿且言状，公大惊曰："此人安得此言？是有道术而匿于廛肆者也，可以为吾师矣。"延之坐上坐。其人逊谢趋出，里中人又谓公终始玩之股掌间。余记此，并王皮可异也。

间凭篮[2]出游，过祠部闻公。会天小雨，祠部云："扫榻一宿何如？"公曰："可。第须吾床乃眠。"祠部即令挐舟移床。床至，以四扁舟载。床制甚烦，必匠氏乃得构。构已，大呼腹痛，亟归，仍命亟还床，似怪闻公语次请染翰，奢也。所凭篮另一制，可坐可卧。是日归入堂中，不出篮，卧其中，数日乃出，何必亟移床为？

极厌人语及阿堵。先有锱，自上世封识，舍中儿不可着手，佯为请曰："天梅雨，锱须一曝不？"公曰："善，吾几忘之。"方曝，亡一笏。公嘿数之，阳嗔云："曷为少一笏，速还故处，赦若辈。"诸臧又窃一，公目之云："才合数。"意其第能数奇与偶，再窃一，反谓还其一也。所不尽窃，犹少留，几倖矣。黠无赖闻之，为可售欺，多来受役，又不恒伺候。公云："若等何在？"答云："天雨，乏盖屦。"命人给盖屦，凡百十件。其不恒伺候如故，竟亦不问。人始谓公可绐，欺其不能

---

[1] "索管"，国图本脱"管"字，据《啜墨亭集》补。
[2] "凭篮"，天一阁朱本作"凭篮舆"。

察也。

公自又为诞,盖公所为,皆因人绐己,还以绐人,聊相戏。而以至挫先业略尽,殊以关怀屑屑为俗子者,对巨公多谩语,或易其人,非吾所得严,一寄撩捎云尔。客或笑予:"若善为人翁解嘲,岂有投韵乎?"余笑谓客:"如兹,公又当别论。其可嘲,不必有人解。"公自在也,髫时听长老谭此公,惟恐其尽,正令人听之冰襟,一切俗事可遗矣。

公初登仕,适"大礼议"起,公同诸廷诤者偕拜杖南迁。久之,又上书请得入睿宗太庙。里中人或言,方议礼时,公心善张、桂"继统不继嗣"议,独以五溪公不附和,公不能以子异父,虽署名在此而向心在彼。晚为此说,殆其夙心然。何至乃尔!此嘲岂予所得解?里中人又或并其拜杖一大件不能举,得《明伦大典》载公名,始征信审尔。予传似亦不可少。

孔子历叙逸民,及仲雍曰:"中清、中权。"孔子阐幽,不没善如此。如人翁,其人虽放废,亦嵇、阮之俦,何至忞忞不有名千载下耶!噫,即吾撰亦岂足尽公,如郭恕先画就一角图之远山数峰而已。万历丙辰嘉平月,知白居士徐时进撰。《啜墨亭集》。

《蓬莱仙弈图》者,龙阳子湖湘冷君所作。冷,武陵人,名启敬,与故宋司户参军赵孟頫子昂于四明史卫王弥远府,睹唐李思训将军画,顷发之胸臆,遂效之。不月余,其山水、人物、窠石等,无异将军,其笔法傅彩,尤加纤细,神品幻出,由此以丹青鸣[1]……此张三丰题冷启敬《仙弈图》,原文计三百五十字,末书"时永乐壬辰孟春三日,三丰遁老书"。见王守溪《震泽长语》。予节录之其有涉吾鄞者。启敬即冷谦。

万历戊戌,予族叔佶梦阴卒持符摄人,所摄凡十人,皆吾族也。及醒一一能记之。其年,是十人者以次而卒。昨辛亥,邑人董光霁者,客于京。一日梦亡母呼之使归,其人急行至家,夜梦阴卒来摄,祈缓焉,卒限三日而去。其人知己必死,亟治后事,三日果卒。予素不语怪,此二事亲见且闻之,固知鬼神之理不虚耳。周文穆《识小编》。

---

[1] "丹青鸣",国图本作"丹心鸣",据天一阁朱本改。

五代和凝举进士第五，后为宰相，官太子太傅，封鲁国公。唐天成中，知贡举，选范质第五，后质亦为宰相，官太子太傅，封鲁国公。嘉靖戊戌，袁文荣及第一甲第三，官至少傅兼太子太傅、户部尚书、建极殿大学士，壬戌主会试取余文敏公有丁为一甲第三人，余亦官至少傅兼太子太傅、户部尚书、建极殿大学士。又年皆五十有八俱卒于外，尤奇。周文穆《识小编》载之，予谓和凝、范质皆事二姓，岂亦是衣钵欤？

黄溥南山先生孙。《简籍遗编》载《建文君还京的考》云：壬午岁五月，靖难兵至南京，建文乃先焚其宫殿。有一内侍，服黄袍，乘白马，赴于火中，若汉之纪信者，故复有阖宫自焚之诏。此得以服僧衣帽，从以数人，穿复道而出，由间道南遁至两广。越数年，渐闻其踪迹，乃遣胡濙于广中访张邋遢为名，不得而还。至正统五年间，忽出没于田州境上，因异其貌，为州兵所获。有司即具舟伴送至省中。时先大父因督学广西，巡历至柳州。事毕旋省，由江行，故得密迩其舟。闻其声言，洪亮如钟。及至藩司堂上，盘膝危坐。貌则丰颐隆颡，微麻，双瞳如电，皓发垂眉。三司环列问之，答云："我是朱某，只在田州山里过世了，不料小厮说道，如今是使长气候，诱我出来闲游，不意为尔等所得。向时胡濙曾来寻我，假说寻张邋遢，不曾寻得我着。"众闻之，皆愕然。于是，护至京。舟次金陵，望城阙，泪下如雨，乃赋诗云："流落蛮荒四十秋，冕旒曾戴老僧头。乾坤有梦家何在？江汉无情水自流。长乐宫中云影散，未央殿外雨声浮。新蒲细柳年年绿，野老吞声哭未休。"及到张家湾，报张太后，问内臣中有认得者。一老中贵承命驰赴，则俯伏叩首，相顾而哭。寻复命云："诚是无疑。"遂请筹于西杨先生。答曰："彼时诏告天下，阖宫自焚矣。兹奚复处耶？止称获得寇田州者，送锦衣卫。"乃命就于卫里造屋七间，南隔高墙，日进以膳。经数岁而卒。命即葬于居所。今此屋禁人罔入。予尝闻余姚黄太冲云"绝无此事"，然则溥所云，其大父督学时曾见之，岂赚语耶？以溥系鄞人，聊录其语以俟博学者详之。

元季，冯元明自慈溪徙于千岁坊，擅夷舶贸易之利，以高赀闻。累甓作库以居，贿同其时有库者，盖三十六家，后俱消亡。而此库犹存，人呼为冯家库。见杨碧川作《允明曾孙常墓志》。

杨文懿凡有赐赉必奉亲，及施予族众。迨亲没，而朝廷恩眷日笃，至给三俸。恒以亲不逮养为歉，乃请以少傅俸于乡邑给受，以供祭祀及周恤亲族、故旧之贫者，诏允之。《玉堂丛语》。予按：文懿公官止侍郎，恐未得给少傅俸。

杨守阯与守陈，自相师友，博极子史，为文谨严，编纂考校极精详。尝对海外使，历举其国中事，其人惊服。其文学议论与所履历略似守陈，而同为解元、学士、吏侍。一时对署两京翰林，时尤羡之[1]。同上。

杨守陈语徐少詹曰："平昔才无半斗而喜作文，饮可数合而喜与宾客燕酬，行不能里许而喜游陟，今皆不复尔。入朝班，满前皆少年新贵人，独以白发青山厕其后。虽未谋引去，宦况已索然矣。"同上。

天顺庚辰，曹钦反，连捕其党冯益损之甚急。一星士冯益谦之就逮，亦弃市。盖二人皆宁波人，且同名，故有此误。陆容《菽园杂记》。

屠公滽为御史，时直门下弹劾，有夷人来朝，偶仆跌不起。公奏云："有夷人俯伏不起，若欲奏而不能言，俟扶出具疏以闻。"人谓识大体。陈沂《畜德录》。

成化间，憸邪杂进，左道乱政，然赖有六臣焉。内阁则商公辂、刘公珝，都宪则王公恕、郑公时，府丞则杨公守随，刑部则林公俊，忠谠格君，遂得无损圣政。《双槐岁抄》。

王元美载刘瑾事云："上视朝毕，群臣东北斜一揖，为瑾立左故也。"谓瑾曰"站的皇帝"，上曰"坐的皇帝"。予谓天子在御，而瑾偃然受群臣之揖，有是理乎？及观林俊劾瑾奏，则云："上恒不视朝，瑾西南向倨立，口赐领敕官酒饭，已而鸿胪赞揖，瑾斜入受之。"此言则为不妄。今制，遇免朝日，领敕官诣会极门，御座前受敕，司礼监之，次者一人立其旁，凡应赐酒饭者，则云与他酒饭。鸿胪序班赞叩头，领敕官叩头而起，礼毕。司礼下，与捧敕官一揖，又与领敕官一揖，

---

[1] "羡之"，天一阁朱本作"善也"。

亦与序班一揖。此礼想相沿已久。第瑾旁立受揖,鸿胪赞揖,为倨恣耳,捧敕官则资深翰林也。或谓隆庆以前,司礼皆旁揖,吾邑余文敏公捧敕,呼司礼下之,乃定为今制云。《识小编·内篇》

杨椒山《劾严嵩十恶》,内有"子孙冒边功"一事,下兵部查覆。聂公豹为本兵,袖一稿,谓诸司曰:"吾意已定,此功皆实不虚。诸公勿多言。"是时,王公遴为主事,与同官某齐声曰:"此稿乃某人所为,不可用。公今日当为万世持公论,可但为一时免祸计耶?"聂艴然起,入火房,且行且诟,趣具奏[1]。杨公博、张公时彻为左右司马。杨嘿然无语,张言此事不可但已,牵杨袖随之入,谓聂曰:"如公所言,则事激,而祸且延缙绅不休,不便。愚以为第缓之可耳。公何不说严公,使自辞军赏,则兵部可无覆,而诸司意释,公论且不废矣。"聂大悟,乃从之。于是严疏入,上听其词,而更授锦衣百户。诸贤幸无摧折,张一言之力也。此事王公尝为人言之。《识小编》。

---

[1] "趣具奏",清刘献廷《广阳杂记》作"趣具稿奏"。

敬止录卷之三十九

荟蕞考下

屠长卿为青浦令,梁伯龙来谒。长卿宴之,命演《浣纱》,遇佳词,起为寿,否则罚以兕觥。眉公《太平清话》。

赵文肃公贞吉高才,负气好谈禅。时万鹿园精于禅学,以淮上阃帅如京师,文肃访之郊外,与之谈禅,议论蜂涌,鹿园不答。文肃大喜,归语人曰:"仆今日降却万鹿园,与之谈论娓娓,鹿园惟有唯诺,不能措一语。"华亭陆平泉宗伯闻而笑曰:"此是鹿园降却大洲,何言大洲降却鹿园也。"焦漪园《玉堂丛语》。

絜斋先生作楼名以"是亦",曰"直不高大耳,是亦楼也"。以至山石、花木、衣服[1]、饮食、货财、隶役,亦莫不然,至于宦情亦薄,曰"直不高显耳,是亦仕也"。凡身外之物,皆可寡求而易足。惟此身与天地并,广大高明,我固有之,朝夕磨砺,必欲追古人而与俱。若徒侪于凡庸,而曰"是亦人耳",则吾所不敢也。《困学纪闻》。

高中丞天启乙丑会试,三场毕。是夕,梦入朝,殿阙壮丽,光绚夺目,醒而喜为吉兆也。已而下第,次科戊辰方举进士。胪传日,宛然旧梦,因悟前科尚未有殿。因万历间三殿灾,乙丑春大工方兴,至丁卯浙闻,试题方是《贺三殿告成表》,功名前定如此。

---

[1]"衣服",国图本脱,据《困学纪闻》补。

楼宣献自西掖出宰永嘉，以首春饯客。甄龙文预席，谓公曰："今年春气，一何太盛？"公问其故，甄曰："以果食甘蔗知之，根在公前而末已至此。"公为罚掌吏。[宋]庞元英《谈薮》。

成化间，碧川杨公与商公弘载、姚公大章、范公道济、卢楷，同宴于文懿公京邸，皆浙省解元也，时称"六元文会酒"。见文懿《卢楷墓表》，六元独楷不第，余俱荣显。

镏绩孟熙《霏雪录》云："予外王父财赋公，尝自言十二三岁时，侨居庆元汪家府，间窃从人学泅，没川踏一物，如石状，极冷。心惕然，急登岸。俄风起作浪，有物爬沙水滨，其首肖狗，腾去，即向所踏物也。"

曹泳侍郎妻硕人厉氏，余姚大族女[1]，始嫁四明曹秀才，与夫不相得，仳离而归，乃适泳。时尚武弁，不数年，以秦桧之姻党，易文阶，骤擢至徽猷阁，守明。元夕，张灯州治，大合乐宴饮。曹秀才携家来观，见硕人服用精丽，左右供侍，备极尊严，谓其母曰："渠乃合在此中居，享如此富贵[2]，吾家岂能留？"叹息久之。泳日益显，为户部侍郎，尹京。会之殂，泳贬新州而亡，硕人领二子取丧归葬。二子复不肖，家贫荡析，至不能给朝晡。赵德老观文，亦厉氏婿，硕人从父妹也。怜其老且无聊，招置四明里第，养之终身。硕人间出访亲旧，过故夫曹秀才家，门庭整洁，花木蓊茂，顾侍婢曰："我当时能自安于此，岂有今日？"因泣下数行。二十年间，夫妻更相悔羡，世态[3]反覆不可料如此。庞元英《谈薮》。

宋僧可谆，鄞杨氏子，七岁出家，十二岁落发。风骨清耸，课读佛书，日有常度。览《大藏经》九年，薰修法华忏，行住坐卧皆在其中。一日寝疾，召其徒曰："吾大事将至，汝等当精进毋忽。吾生平精修，未尝犯戒，去期至，必有异。"数日，床足土上，产芝一本，色白，纹如莲花。曰"时至矣"，即书偈曰："无经可诵，无佛可念，今日临行，大家证验。"投笔，跏趺而逝。

---

[1] "大族女"，国图本脱"女"字，据宋庞元英《谈薮》（民国四年石印本）补。
[2] "富贵"，国图本作"富厚"，据《谈薮》、天一阁朱本改。
[3] "世态"，国图本作"世界"，据《谈薮》改。

宋，周师厚在郑獬榜及第，只压得陈传，自赋云："有眼不堪看郑獬，回头犹喜有陈传。"《宋史》。

赵德老尝戏言明州有"三贱"：烧底贱，着底贱，吃底贱。或问其故，曰："烧底是灯草，着底是草鞋，吃底是盐。"

郑思肖母楼氏，宋侍从钥之族妹，为比丘尼，名普西，受业于饮马桥南宝林尼寺。《眉公笔记》。

张即之书东禅寺《林酒仙诗》，有刻石，盖寒山子之流。朱紫阳极赏之。同上。

楼叔韶镛初入太学，与同窗友厚善。休日，友谓叔韶："寂寂不自聊，吾欲至一处求半日适。饮醇膳美，又有声色之玩，但不可言。君性轻脱，或以利名[1]败吾事，能息声则可偕往。"楼敬诺。要约数四，乃相率出城。

买小舟，沿苇行将十里，舍舟，陟小坡行，道微高下。又二里，得精舍。门径绝卑小，而松竹花草楚楚然。友款于门，即有小童应客。主人继出，乃少年僧，姿状秀美，进趋安详，殊有富贵气象。揖客曰："久别甚思款接，都不见过，何也？"揖楼为谁，友曰："吾亲也。"遂偕坐，款语。十刻[2]许，僧忽回顾日影下庭西，笑曰："日旰，二君馁乎？"便起推西边小户入，华屋三间，窗几如拭，玩具皆珍奇。唤侍童进点心，素膳三品，甘芳精好，不知何物所造。撤器，命推窗，平湖当前[3]，数十百顷。其外连山横陈，楼观森列，夕阳返照，丹碧紫翠，互相发明。渔歌菱唱，隐隐在耳。骋望久之，僧取麈尾敲阑干数声。俄时，小画舫傍湖而来。二美人径出登岸，靓妆丽色，王公家不过也。僧命具酌，指顾间，觞豆罗陈，穷极水陆。左右执事童皆姣好。杯行，美人更起歌舞。僧与友谑浪调笑，欢意无间。楼神思惝恍，正容危坐，噤不敢吐一语。伺僧暂起，挈友臂叩所以。友愠曰："子但饮食纵观，何用知如许？"而觞十余巡，夜已艾。僧复引客至小阁中，卧具皆备。曰："姑憩此。"遂去。壁外即僧榻，试穴壁窥，则径拥二姬就寝。

---

[1] "利名"，《谈薮》作"利口"。
[2] "十刻"，《谈薮》作"片刻"。
[3] "当前"，国图本作"当奇"，据天一阁朱本改。

友醉甚，大吐䶎[1]。楼独旁皇不寐，起如厕，一童执烛，密询之："此为何地？"童笑曰："官人是亲戚，何须问？"楼反室，展转通宵，时侧耳审听，但闻鼻息齁齁而已。将晓，僧已至客寝，问安否。盥栉毕，引入一院，制作尤邃巧，帘幕蔽满。庭下奇花盛开，香气蓊勃。小山丛竹，位置惬当。回思夜来境界，已迷不能忆。追具食，则器用张陈一新，食品加精，独二姬竟不复出。食罢，各去。僧送之门，郑重而别，由他径绝湖而归。楼惘惘累日，疑所到非人间。数问友，但笑不答，亦许寻旧游。而楼用他故亟归乡，其后出处参商，讫不克再谐。[宋]庞元英《谈薮》。

孙资政沔出帅环庆，宿管城。值夏州进奉使至，或曰"当避驿"，公曰："使夏国主自入朝，亦外臣也，犹当在某下，况陪臣乎？"羌使遂宿白沙。仁庙闻而嘉之。

杨文懿公以洗马乞假觐省，涂次晦敛。至一驿，丞不知公为何官，与之坐而抗礼，卒然问曰："公职洗马，日洗几马？"公漫应曰："勤则多洗，懒则少洗。"俄而报一御史且至，丞乃速公出。公曰："待其至而让之未晚。"比御史至，则公门人也，踧而起居。丞乃蒲伏阶下，百状乞贷罪。公笑曰："何庸若是。"《维风编》。

吴越王元瓘寝疾，察内都监使章德安忠厚能断大事，属以后事。卒，内衙指挥使戴恽，元瓘养子弘侑乳母之亲也，或告恽谋立弘侑，德安秘不发丧与诸将谋，伏甲士于幕下，恽入府执而杀之，废弘侑，复姓孙，幽之明州。《通鉴》。

董次公守谕，天启甲子举人，有文名。无子，以兄之子为后。未中举时请乩，降者为其族祖涵江，问以终身，书云："一生立业在滇中，凤举龙翔气吐虹。喜得庭前谢宣远，芝兰习习向春风。"既登贤，书谓仕宦必在云南，后从江北徙居城中，为云南副使。周□□宅匾于厅事曰"言重滇云"，始悟兆之先定，尚未悉谢宣远句。一日偶阅史载，宣远为叔奴所育，始知为乏嗣之语。

洪武丁卯春，汤信国发宁、绍、台、温、杭五郡民，城沿海诸镇。

---

[1] "大吐䶎"，天一阁朱本作"大吐䶎睡"。

史忠定之入相也，孝宗诏赐家庙，祀及五世。暨罢政东归，慨念始祖暨高祖俱无坟墓，乃卜地于东湖下水之原，窆为五穴，具衣冠葬焉。仍植楹其上，自著招魂文勒之石，实淳熙戊申四月四日也。又为功德疏文，有曰"道骨既销于黄壤，仙游已在于青霄。伏觊光明，下昭窀宅。潜德九原而可作，遗芳万祀以长存"等语。郑真《史氏先茔事实》。

穆陵即位，慈湖以列卿召对。上问曰："闻师相幼受教于卿。"慈湖对曰："臣之所以教弥远者，不如此。"上曰："何谓也？"对曰："弥远视其君如弈棋然。"上嘿然，罢朝以语弥远。对曰："臣师素有心疾。"

弥远侍妾黎氏死，理宗特颁御笔，赙赠银绢以千计。两宫所赉视御前半之。弥远自为作圹记云："予得以国而忘家者，黎氏与有力焉。"

杜清献范在给舍时，尝有奏略云：林氏，卫王弥远之嬖妾也，以色而媚其主，怙宠以专其家。卫王在家醖恶之声固已彰露。今舍潭潭之居，挈其痴骏之子，而寓于京城纷华之地，以身便其私。人言籍籍，闻者掩鼻。洪氏，乃宇之林氏子。妻，卫王在时所聘之妇也。家室既成，已有子女，则夫妇之情未尝暌也。一旦以其不孝而欲出其妻，使其果有不孝之迹，出之固宜，而人皆谓洪氏不能合污同秽，而林氏不得淫纵自如，陛下纵不能以王法正之，讵可遂其奸计而许之耶？宇之迫于其母之命，而夺其夫妇之情，是殆处人伦之大变。此一家之不正耳，何至上关圣听，行下都省，至形宸命。使洪氏横被诬出之罪，林氏丑声益彰彰于天下，反以累朝廷之令，亦至于不正也。陛下以林氏为卫王嬖妾，而曲徇其情，独不思洪氏为卫王之妇乎？宰臣固卫王之族也，嵩之。且不念及此，其何以宰天下。臣愚，欲乞睿断，先寝前命，访问其家，正其内外、主仆之分，戒林氏以恩抚妇，戒洪氏以顺事姑，戒宇之以义理家，使上下和睦，丑声不闻，其于王政诚非小补。《杜氏家乘》载：范素嗜书，史氏以毒药涂简册，使人以献范。范旦夕翻阅，毒气薰目，遂失明以死。

史丞相用事，选人改官，多出其门。制阃大宴，有优为衣冠者数辈，皆称为孔门弟子，相与言吾侪皆选人。一人出曰："吾宰予也。夫子曰'于予与改'，可谓侥幸。"其一曰："吾颜回也。夫子曰'回也不改',予四科之首而不改,汝何为独改?"宰予曰："吾钻遂改,汝何不钻?"回曰："吾非不钻,奈钻弥坚耳。"予曰："汝之不改宜也,何不钻弥远乎?"一座皆失色。

嘉靖时,浙江巡按路可由、督学江以达,皆以严明称,凡事无所假借。象山王梃卜居郡城之迎凤桥,宅后一小巷塞为己有;又闻秀才为里绅子,填其宅边福聚庵之经阁桥河,俱为里人所讼。时为之语曰："乡宦截公巷岂无路可由,秀才填官河自有江以达。"

僧行持,明州人,有高行而喜滑稽,尝住余姚法性,贫甚,有颂曰："大树大皮裹,小树小皮缠。庭前紫荆树,无皮也过年。"后住雪窦。雪窦在四明,与天童、育王俱号名刹。一日,同见新守。守问天童觉老："山中几僧?"对曰："千五百。"又问育王湛老,对曰："千僧。"后以问持,持拱手曰："百二十。"守曰："三刹名相亚,僧乃如此不同耶?"持复拱手曰："敝院是实数。"守为抚掌。《老学庵笔记》。

天童宏智禅师将逝世,遗书至育王大慧杲,邀主后事,别以偈曰："钝鸟先飞易,灵龟脱壳难。我无你不去,你无我不行。"杲受书,集众云："古人道,末后一句,始到牢关,把断要津,不通凡圣。"举起书云："这个是天童和尚末后把断要津全提底消息,还委悉么?如未委悉,却请维那分明说破。"宣讫,遂升座云："法幢摧,法梁折,法河干,法眼灭。虽然如是,正是天童真实说。且道说底事作么生,知音知后更谁知!"后陆放翁《宏智像赞》云："死诸葛走生仲达,死姚崇卖生张说。看渠临了一著子,诸方倒退三千里。"

张文定公曰："吾四明之士,文章德业,蔚乎炳然,如登泰岱探群峦,争奇崒秀,不可得而穷。"李堇山《文献志序》语。近今如先中丞之守鄢,过于睢阳;张苍水之死节,并于文山。陈恭愍、钱忠介、华嘿农,何减《正气歌》中人物?惜文定公未之见也。

人俱谓先中丞之守鄢,同于睢阳。不肖宇泰曰："殆有甚焉。"睢阳被困

□□□□而卒陷于贼。郧则血战五年,卒挈全城以还先帝于死社稷之后。一也。睢阳,贺兰虽坐视不救,而声势尚还;郧,四面千里悉为贼据,三里城隍之外,俱非我有。无蜉蝣蚁子之助,恐未有过于此者。二也。睢阳,元宗虽奔蜀,而肃宗旋即位灵武;郧则燕都既陷,而困守尚逾一年,始闻先帝之难,三军缟素北向恸哭,而气不少沮。三也。读先中丞《守郧录》,始知泰言之非谬也,然人只知先中丞之守郧,而前此长沙灭贼,全城之功,人莫之知。已则有贺相国逢圣[1]。《平寇序》一篇尽之。《守郧录》《平寇序》,俱载《艺文考》。

张伯谅童时以背诵《大诰》三篇,至京觐高皇帝。上人人谛视之,见伯谅方面大耳,呼立御床下,摩其顶曰:"好百姓,好百姓。"相传以为异事。张司马所撰家谱。

崔侍郎铣,饮量宏,亡可敌者。每酣辄歌"刘伶能饮几杯酒?也留名姓在人间"。陈约之束,其同年董侍郎玘婿也,少于崔三十一岁,视学河南,崔业六十余矣。约之雅知量不敌,恃其少壮,值崔病初起,即往按部安阳谒之。崔与轰饮,至夜分,约之大醉,跌宕不能支。崔谓其从者曰:"彼且乘我瑕而斗我耶!"复举十余白乃别,陈遂病至咯血不起。《玉堂丛语》。此语里中父老俱能言之,但约之视学全楚,非中州也,一云赴楚时便道谒崔。

正皎,字元昼,主南湖,讲才宏阔。楼宣献每从之问佛法大意。师号月窗,于窗间作半月。宣献为作诗云:"不要作圆月,才圆便有亏。不如作一半,却有向圆时。"后诗盛传人口。

田州土官岑猛,骄蹇不法,恃其兵力,凌轹诸土官。或言猛蓄不轨,都御史盛应期持此惴猛,冀墨其赀。猛出不逊语,应期恚,因疏其必反,请征之。未报,应期去位,慈溪姚镆代之。镆雅知猛无反心,欲勿举。镆子涞亦以书谏,请勿征。时鄞人谢汝仪为巡按,与镆有隙。故事,御史谒督府,从掖门入。汝仪直入仪门,镆昫从官却之。汝仪大怒,廉得涞书,诬涞纳猛万金。镆惧,乃再疏,请征

---

[1] 国图本于"逢圣"之后衍一"贺"字,删。

猛。诏许之,分将五道并进。猛裂帛书状,陈军门,言"虮虱小臣,非有他意"。镆不听,督兵益急。猛长子邦彦守工尧隘,都指挥使沈希仪击斩之。猛奔其妇翁,归顺州知州岑璋。而猛素屏斥其妻,不睦。璋鸩杀之,斩首归官军。猛族俱亡匿。镆陈状请流官治田州,从之。未几,田州土目卢苏,纠思恩土目王受等,挟猛季子邦相反,两江皆震。汝仪满去,代者石金[1]党汝仪,而左布政使严纮、佥事张邦信亦不为镆所喜,遂倡言:"猛实不死,归顺以肖猛者当之。"又言:"有自右江来者,闻思恩已陷,田猛纠交趾叛臣莫登庸反矣,省城旦夕不保。靖江诸宗室汹汹,流言有挈家奔避者。"金遂劾镆罔上寡谋,攘夷无策,图田州不可得,并思恩失之。镆落职,以王守仁代之。戴南江《志征》。汝仪传未致不满之意,因阅田汝成《炎徼纪闻》,聊节录之。然汝仪素亦有望,此其偶失也。

慈溪蒋季庄,当宣和间,鄙王氏之学,不事科举,闭门穷经,不妄与人接。高抑崇闲居时明州城中,率一岁四五访其庐。季庄闻其至,必倒屣出迎,相对小室,极意讲论[2],自昼竟夜,殆忘寝食。告去则送之数里,相得欢甚。或谓抑崇曰:"蒋君不多与人周旋,而独厚于公,公亦惓惓于彼,愿闻其故。"抑崇曰:"阅终岁读书,凡有疑而未判,与所阙而未知者,每积至数十,必一叩之,无不迎刃而解。"而蒋之所长,他人未必能知之。世之所谓知己其是乎?《容斋随笔》。

我朝留心经术者,有杨文懿、程篁墩、蔡虚斋、章介庵诸人。何良俊《四友斋丛说》。

东阳卢御史格,字正夫,著《荷亭辨论》,多非朱子。屠襄惠公见之,寄以诗云:"桃花开遍玉楼春,杜宇声声花外闻。啼得血流唇舌破,桃花依旧发精神。"陆延枝《说听》。

薛维,字持国,朋龟之后,敦尚古道,隐居不仕,结庐鄞之张村。当绍熙、纯熙间,八年两值回禄,四邻火烬,而薛室岿然独存,乡人异之。楼宣献题曰"瑞

---

[1] "石金",国图本作"田金",误。明田汝成《炎徼纪闻》(四库全书本):"会御史汝仪满去,御史石金代之。"

[2] "极意讲论",国图本作"极其讲论",据宋洪迈《容斋随笔》(明弘治本)改。

室"，而并识之云："南朝何子季，筑室秦望山。山发洪水，树石皆倒拔，惟子季所居岿然独存。太守衡阳王元简命钟嵘作《瑞室颂》，石以旌之。今薛君家再脱于郁攸之灾，乡人异之，事与何子季无异，故亦名'瑞室'云。"一时名公交有述作，勒诸家塾。《沧浪集》载云："薛氏瑞室自衡州使君以来不罹火者二度，君子美之，但为题'止宜记颂'[1]，然不可无律体，乃先难以属和者：赤堇山火照鄞东，郭外岿然太守宫。旧俗龙蛇原自厌，比邻燕雀竟相蒙。独飞蜀郡尚书履[2]，再返江陵大尹风。四壁遗经无恙在，诸孙往往见文雄。"

方国珍一女，年十八，患痘，祷于延庆寺关公像前。既愈，躬往奉油谢。寺僧作偈，用梵语诵于神前，曰："江南柳，嫩绿未成阴。枝小未堪攀折取，黄鹂飞上力难禁，留与待春深。"按此词，乃宋人诬欧阳文忠为甥女作者。或僧引用之耳。僧意女之莫喻，而女甚慧，闻之恚，归以语国珍。国珍怒，捕僧，以竹笼锢之，命投之浮桥急流中。且曰："我亦作一偈送汝。"曰："江南竹，巧匠作为笼。留与吾师藏法体，碧波深处伴蛟龙，方知色是空。"僧哀祈曰："死即死，乞再留一偈。"国珍颔之，僧朗吟云："江南月，如鉴亦如钩。如鉴不临红粉面，如钩不上绣帘头，空自惹场愁。"国珍笑而宥之，曰："饶汝，弄聪明的乖秃。"可见国珍虽不读书而矢口成词，又其容人如此。后此女配黔国公之子，在云南。宣德间，鄞人徐宪副训奉化，应方伯履平仕于彼，此女年已老，以乡里视之，往来如亲戚云。《闲中今古录》。亦见《留青日札》云："民家女，名柳含春，为僧所戏。其父讼之国珍。其僧姓竺名月华，故方以竹作词，僧以月答之。"

王仲光，吴县人，学贯天人。洪武中，避乱太湖中，与袁柳庄至契。柳庄至燕，遣子忠彻见于太湖，以乾象询之，曰："此数莫逃。"问兵仗，曰："虽地窖无声，闻一胜，后即多有矣。"回以告其父而如其言。同上。

郑大参阜义，二十三岁时南京会试，有丰城监生与扶鸾云："藩府声名重，家邦气象新。行年逢八九，天地一闲身。"又云："之子青年气不凡，九重深处

---

[1] "止宜记颂"，国图本作"止宜□颂"，据《沧溟集》（四库全书本）补"记"字。
[2] "尚书履"，《沧溟集》作"尚书雨"。

受恩覃。如今若问之官去，南海功名事业全。"后永乐十年，北京殿试中进士。时，上亲选方面官，问吏部尚书蹇义："小秀才写两名进来。当除郑山东参政、张鸾广东参政。"次日又问："两个秀才，哪个有学问？"蹇以郑对。即调郑广东，张山东。后郑任八九，十七年，甫[1]四十岁，卒于北京。其官职南北，死生寿夭，莫不有命存焉。同上。

五经，朱子于《春秋》《礼记》无成书。黄东发取二经，全为之集解，其义甚精，盖有志补朱子之未备者耳，且不欲显，故附于《日钞》中。其后程端学有《春秋本义》，陈澔有《礼记集说》，皆不能有以过之也。永乐初，修《五经大全》，诸儒皆未见《日钞》，故一无所取。姚福《清溪暇笔》。

洞云张翁，甬川文定公父也。公为学宪时，其厅事仅三楹。上官过访，颇不便。旁一楹乃其叔之居也。适叔以宿逋愿售，公以倍价买之。将重构焉，告于翁。翁问价几何，以若干对。翁知其倍也，甚悦。已忽潸然泪下。公讶问故，翁叹曰："吾想至日拆彼屋以竖我柱，使其夫妇何以为情，是以悲耳。"公乃恻然曰："大人宽心，儿当还之。"遽抽身取券。翁又止之曰："毋，吾计其银已随手偿人尽矣，将若之何？"公曰："第并其价不取可也。"翁乃欣然曰："若然，慰我甚矣。"此翁之孝友仁慈，载诸传志，允哉！淳德宜其笃，生文定，修身体道，卓然为一代纯臣也。岂偶然哉！此屠竹墟公所言。陈良谟《见闻纪训》。

同年叶肃卿为刑部郎中，委勘陈洸事，发其罪恶，忤时相，谪戍辽东。予服阕起复，赴京，会于苏。苏人魏维翰名应召。亦为刑部郎，谪戍还家，访予舟中。因同过肃卿舟坐中，魏曰："吾郡太守李公，君之同年也。今君远戍，似宜厚贶。"云云。肃卿艴然不悦，曰："魏君乌得有此言。吾留此，岂有觊耶？"既别，遽解缆去。李公闻之，疾趋挽留一饯，不肯止。乃遣吏持贶追至浒墅，再三陈太守恳悃意，第颔之。其所贶虽笾饵微物，皆峻却不受。夫肃卿当患难颠沛之时，而不苟其志节，可尚也已。同上。

---

[1] "年甫"，国图本缺，据明黄溥《闲中今古录》（明刻本）补。

藩府亲臣，无不受京朝官之禁。弘治十二年，诏修《问刑条例》。冢宰屠公滽与大理少卿王辅有隙，言辅系仪宾弟，不当居辇下，出为参政，遂条为例，至今遵之，不知我国初王亲多掌禁兵，为辅佐曷有是哉。《近峰记略》。予按：此例未可尽非，如寘鐇、宸濠，乌可使其亲人居要路耶？

张解元应完，久困场屋，年将及艾。万历丁酉，直指观风试卷，为太守所阅。府庠取一少年生为首，其文实张作，为生所熟读，以各庠故直录之。一日，张同之入谒守。守盛奖少年生，云今科解元必属子，词色殊不及张。张素长厚，不欲暴其事，但从旁云："龙头属老成。"守见其老，作色曰："暮气亦何能为？"张微哂而出，及秋闱榜发，张第一。及归，谒守。守愧甚，礼颇谦下。张曰："昔荷公预以解首见推，甚深知己之感。"守不解所语，问故。张以实告。守呼生问之，果然。因厚赠以赀，为计偕费。

渔俗傍海网罟，随时弗谕。每岁一大渔汛，在五月石首发时，宁人相率以巨舰捕之。其鱼发于苏州之洋山，以下子故浮水面，每岁三水，每水有期，每期鱼如山排列而至，皆有声。渔师则以篙筒下水听之，鱼声向上则下网，下则否，是鱼命司之也。柁师则夜看[1]星斗，日值盘针，平视风涛，俯察礁岛，以避冲就泊，是渔师司鱼命，柁师司人命。长年则为舟主造舟、募工。每舟二十余人，惟渔师、柁师与长年同坐，余则颐使之，犯则箠之，至死不以烦有司，谓之五十日草头天子也。舟中床榻皆绳悬。海水咸，计日困水以食，窨盐以待鱼至。其地虽联舟下网，有得鱼多反惧没溺而割网以出之者，有空网不得只鳞者。每期下三日网，有无皆回，舟回则抵明之小浃港。王系台人，不知尽从定关直抵鄞之桃花渡。每舟利者，一水可得二三百金，否则贷子母息以归。卖毕，仍去下二水网，三水亦然。获利者，钗金伐鼓，入关为乐。不获者，掩面夜归。然十年不获，间一年获，或偿十年之费。亦有数十年而不得一偿者，故海上人以此致富，亦以此破家。此鱼俗称鲞，为吴王所制字，食而思其美，故用"美"头也。王士性《广志绎》。

袁尚宝忠彻，得其父珙之传。尝道苏，过阊门沈氏。沈一子方周岁，抱求

---

[1] "夜看"，国图本作"下看"，据《广志绎》（中华书局1981年版）改。

观，尚宝笑抚其首曰："切头，切头。"更无他言。沈以为戏，后长，名洪，凶狠不肖，竟坐重辟。是岁录囚，止洪一人。吴谚至今有"沈洪出阊门独杀"之谣。又尝入南濠徐生药家，生子适三日，方浴而啼，尚宝闻之曰："是一强盗也。"徐怒，几欲捶之。后果以探丸论死。古有视熊状而知灭族，闻豺声而识丧宗，殆不多让也。居家时，友家一童子，韶秀且机警，尚宝谓不利于主，使遣之。友虽素神其术，意不忍。数言之，不得已而听之。童既去，无所归，寄食于人。一夕宿古庙中，见墙角一破衲，举之，裹黄白数百金，欲取之，因叹曰："我以命薄被主遣，今掩有此物，是不义，天益不容矣，宜守以待失主。"至旦，因留庙中不去。旋见一妇人掩涕入，四顾旁皇。问之，乃军人妻，以夫坐事应死，卖产及称贷得此以献其指挥求活，因入庙少憩，遗之。童细询其物，皆合，即举以还。妇分以谢，不受。妇之夫因得释。指挥颇闻之，令人访致，育于家。年老无子，以其秀慧，遂子之。未几，致仕，遂袭职，因拜故主告之。主叹曰："袁君之术疏矣。"留之，托事邀尚宝至，使仍故服捧茶出，尚宝见之，惊起曰："此故某人耶，何以至是？"主谬曰："因彼无归，复留之。"尚宝笑曰："君毋戏我，今非君仆，三品武阶也，形神顿异，当有善事以致此。"友始叹服。《庚巳编》。

盛琦，宁波卫人，少役于刘指挥家。尚宝过之，琦执扇在旁。尚宝曰："善视此儿，乃进士知县也。"后果习举业，登商辂榜进士，知无锡县。

东溪先生杨浩然，名集。髫时，父征士谷堂，名宗，字叔振，命早过邻家黄氏，门尚未启，从门外呼之。有一人暗中呼先生，将与语，先生惧不应，急叩而入。徐天明，黄氏子式送出门，其人犹在，注目良久，问曰："汝为谁氏子？"旁人谓曰："杨姓。"其人曰："惜哉，吾初闻其声，法当位极人臣，名满天下，故立伺之。今观其貌，与声不称。后日官亦至五品。然其声洪远，不在其身，子孙必有兴者。"又指式曰："此儿位亦当七品。"言毕去。征士闻之，遣人追访，乃袁忠彻也。东溪后举景泰五年会魁，以章纶钟同事上书言之，进一级，除安州知州。后亦下制狱去位，任国朝进士五品出守自此始。式以岁贡授知县。

顾东桥语何元朗曰："元朗晓得西玄马汝骥字。的浑名么？"元朗对以"不知"。东桥曰："翰林唤做马二姐。"一日与存老偶话及，存老曰："丁丑年，凡入翰林者，皆有一浑名。陈石亭沂。唤做陈木匠，邝某唤做邝响马，皆以其状貌相似而言也。"何良俊《四友斋丛说》。

世庙尝与夏桂洲议，欲用张文定公为相。夏退而相告，且曰："贵乡白鲞甚佳，内人构疾，久思此物。"文定语家人曰："是欲吾贿之也。吾岂为是哉！"乃致白鲞数十尾。夏不悦，遂阴沮之。

相嵩欲杀杨忠愍，授指刑部侍郎王学益。学益，嵩姻也。晋江史朝宾，以山东司员外署司事，论辨终日，曰："继盛何罪也？无已，则以奏事不以实论律止矣。"尚书何鳌[1]曰："汝执诚是，然圣怒不测，与其俱毙无益，不若姑徇上意，以待后解。"朝宾不可。学益曰："司官要徇名，姑饶我老命。"乃自为奏，按以诈传亲王令旨律绞以劾，嵩疏引"二王"也。稿成，授司令署衔。朝宾乃自署，疏尾有"杨继盛语虽诖误，心实无他。惟陛下悯其狂愚，谪发远戍，以全好生之德"等语。疏入，嵩怒。杨坐死，朝宾降三级，罚尚书侍郎俸三月。朝宾濒行，与杨书曰："遇翁之事，当以死净，宾不死者，尤冀翁之不死也。带罪出门，望翁自爱，明明者天庶几一悟。"杨复书曰："批奸人肠，誓不俱生，自分必死，翁何苦也。翁行矣，天下事尚可为。珍重珍重。"朝宾，嘉靖丁丑进士，历官至鸿胪卿。初鄞人，字应之，号观吾。元时讳祸者，避地入晋江居平易里。祸生元吉，元吉生惠，惠生鹭，鹭生时泰，时泰生宏琏，即朝宾父也。宏琏同胞宏珂，生朝宜，字直之，别号方斋，以进士历官湖广右布政。

《宋史》载："德祐元年十一月甲午，礼部尚书王应麟遁。"今考郡志云："先生因两疏劾留梦炎引用非人，不报。出关俟命，再疏，又不报，遂东归。复起为翰林学士，终不赴。及元混一，杜门不出。凡所著述止书甲子而不书年号，以示不臣于元，而《纲目》德祐元年十一月，分注云："中书舍人王应麟请为济王立后，不言其为尚书，亦不言其遁与劾留相事，与《宋史》俱不合。"且应麟尝作诗以美袁镛之死节，又尝知贡举取文天祥为状元，而批其卷曰："此论忠肝义胆，可贯金石。"倘若深宁果逃遁，何长于料人而短于律己耶？或又谓其宋亡后，尝

---

[1] "何鳌"，国图本缺"鳌"字，据清李清馥《闽中理学渊源考》（四库全书本）补。

仕元为山长。宿儒陈邕有诗曰："有宋一遗老，仪型启后生。重施季长帐，丕振翼翼名。夜雨菁莪绿，春风荇藻荣。斯文应未丧，木铎喜重鸣。"愚意《宋史》元人所修，而《纲目》我朝诸臣所定，郡志又乡评所在，知之必真。《宋史》徒见其不俟报命而遽东归，遂以为遁耳。若夫为郡山长，乃教授乡里，非仕也。夫以深宁之德学，复起为翰林学士且不赴，而顾肯仕为山长乎？呜呼，一字贬褒，万世荣辱所系，可不详哉？　林方塘《归正集》。

唐后诗人多引用贺监，然皆寻常活套语，用之最灵变出奇不穷者，唯东坡一人。试摘录之。《次李公择诗》："自笑餐毡典属国，来看换酒谪仙人。"《答满思复》："谁言载酒山无贺，记取[1]啼乌巷有颜。"《答刘景文》："但空贺监杯中物，莫示孙郎帐下儿。"《次惠循二守》："风流贺鉴尝吴语，憔悴钟仪独楚音。"《次马元宾》："握手宁知无贺监，结交谁复[2]许袁丝。"《送吕昌朝[3]》："卧看古佛凌云阁，敕赐诗人明月湖。"《跋二钱倡和》："生平贺老惯乘舟，骑马风前怕打头。"《题醉眠亭》："从教世路风波恶，贺监偏工水底眠。"《题四明狂客图》："狂客思归便归去，更求敕赐枉天真。"

攻媿先生《书桃符》云："门前莫约频来客，坐上同观未见书。"《困学纪闻》。

---

[1] "记取"，国图本作"寄取"，据《施注苏诗》（四库全书本）改。
[2] "谁复"，国图本作"谁定"，据《施注苏诗》改。
[3] "吕昌朝"，国图本作"吕朝昌"，据《施注苏诗》改。

敬止录卷之四十

历志考

郡邑之志,类详夫今而略于昔,谓前既有载籍,务重乎其续之耳。卒之旧志散落,往古莫稽。此予之书所有著也[1]。然予之为此极难矣,即如《延祐》一志,求之十余年,去腊始得见之。至人有其书,性忮不肯借人。先结交累岁,不胜卑诣,始获一睹,且穷日夕之力而毕录焉。借□□志是已,悯畴昔之经营,慰今日之卒业,后之览者尚或鉴之。庄子以《天下》一篇殿于末,予亦仿其意而为之。

嘉靖郡志序云:宁波,故会稽部[2]也,故有《会稽志》。前则有若张津《乾道图经[3]》,后则有若罗濬《宝庆志》、袁桷《延祐志》、王元恭《至正续志》、杨实《成化志》、黄润玉《简要志》,今所传则实志也。戴鲸氏总而辑之,名曰"志征"。杨德周《历代志书辨》云"鄞志不载旧序",鄞初无专志,言"鄞志",误。故里中罕睹焉。予搜得其大凡,《九域图志》创于大观元年,盖自明置州则是已四百三十二年矣。其在明州者,委郡从事李茂诚撰述。书未成,厄于兵火。历四纪至乾道五年,制置直阁张公津治郡,命委僚属因旧录更加采摭,纂为七卷。又以篇什、碑记等为五卷,曰《乾道图经》。此见于缙云县主簿、主管学事三山黄鼎序者也。王应麟谓,景德、祥符所修[4]郡志以大观为据,不诬矣。引深宁所辨未明,今载后。后则有宋宝庆《四明志》,予犹及于一故家见之。盖尚书庐陵胡公榘被命作牧,命校官方万里订之。又明年,命赣州录事参军罗濬专任斯责,成二十一卷。此

---

[1] "所有著也",浙图本作"所由著也"。
[2] "会稽部",原本作"会稽郡",浙图本冯批改"郡"为"部"。查嘉靖《宁波府志》张时彻叙,也作"会稽部",因改。
[3] "图经",国图本作"图征",据浙图本与嘉靖《宁波府志》改。
[4] "所修",国图本作"所守",据浙图本冯批改。

见于罗浚序者也。后宋季厚斋先生王尚书应麟考四明志著为典实，俾门人袁桷增修之，至今称《延祐志》。未几而明守王元恭复成续志，凡一十二卷。事在至正二年壬午。入本朝天顺间，孝感张公瓒守宁，命前安成司训杨公实重加修辑，列之为二十考，总为[1]十卷，见成化四年督学使者刘钎叙。后黄南山先生润玉复取实所修者，通考旧志，旁搜续出，为《四明简要志》。予累搜之，而故家鲜存者，不知何以漫漶若此。至嘉靖壬子，戴公鲸有《四明志征》，为例四十二，为卷二十六。一展卷而即古概今，统繁举要，庶几信史哉。惜当时未及付锓，而至壬申张司马宁波府新志出矣，新志出而旧志废。杨实志之外鲜有他本，即予所见《志征》亦非全部也。司马公序，谓旧志跅弛，恒有余慨。予谓志事与他书异，他书后出者胜而志书先成者真。盖耳目近，传习久也。夫安保跅弛者，后之视今不犹今之视昔乎？矧繁经多手，不无庞杂，旁参爱憎，则何如以耳目近、传习久者，参伍错综，犹为十得七八而必以翻案为考信也。他若国初郑解元真有《四明文献志》，后李孝谦有《四明文献志》又有《四明人物考》，李少司空、戴中丞各有《文献志》。予所谓搜其大凡者如此，览者庶知吾明图志颠末云。

予按杨公之辨，所谓大凡者，皆《嘉靖志·序》所载，非能于其外别搜之也。予试举其所未备者，宋则有《明越风物志》七卷，晁氏曰皇朝姜屿撰，以明州本越地，故曰"明越"。又以郭璞注《尔雅》多引江东，故详载其风物云。此见于《文献通考》者也。吴履斋潜有开庆《四明续志》，专以详履斋政绩，末为[2]履斋诗集也。国朝则有《永乐志》[3]，不著撰者姓氏。予于《黄南山集·张德惠墓志》言其博学好古，预修《永乐志》，惜未及刊[4]。同修者钞帙甚伟，最为详备[5]。论四明志者，当以此为首。人有鬻之于糊伞铺，友人见而赎之[6]，已失其数帙。所载鄞事者，幸尚存十之七。当时或以巨籍未经付锓，必无副本，深可惜也，皆杨公所未搜及者也。然据杨公所列者，亦有未尽。据公自言，于诸志中所得见者，惟

---

[1] "总为"，国图本缺"总"字，据浙图本补。

[2] "末为"，国图本缺"末"字，据浙图本补。

[3] 浙图本冯批："案《永乐志》为县人纪宗德、李孝谦同修，专为修《大典》而作，谢山从《大典》钞得之，体例绝佳。"

[4] "未及刊"，国图本缺"刊"字，据浙图本冯批补。

[5] "详备"，国图本缺"详"字，据浙图本补。

[6] "赎之"，国图本作"续之"，据浙图本改。

《宝庆志》。而至正辛巳,部使者真定赡思于清容[1]《延祐志》既行之后,复重刻以并行,且为之序,以比之《旧唐书》之例。又志成于宝庆四年,中间多载后淳祐守陈垲事,相去十三四年,至进士科目直终于开庆,则又何也?清容《延祐志》内命王厚孙分撰二考,后有谮于金宪苫思丁,将毁其板。厚孙以白于郡守王元恭,言袁公中朝名臣,书法高古不可毁。元恭以言于思丁,得不毁。因命与旧志并行。此见之郑千之《遂初老人传》,公俱未能言之。袁桷、王元恭二志及戴中丞《志征》,俱自为撰序。公既于各志黄鼎、罗浚、刘钰诸序皆标出,而此三志则缺焉。《志征》摭列错杂而多漏遗,且不良于书,多有难识认者,而公顾推之,殊非定论,传闻南江聘黄南原辑之。南原即南山之后也。《简要志》为卷五,帙不盈二寸,仅撮其要。其《艺文志》以乡饮酒礼、射仪为艺,少集诸兴造记及一二名公诗为文,然亦其寥寥矣。予见其书尚全而无序,或以卷首[2]损坏不存耳。南山又有《四明文献录》,公亦未之见也,今录其自序于后。公所列《四明文献志》有四,而郑解元所纂者,名"文献集",非志也。李司空者,则名"志"。予皆有其书。独李孝谦所纂者未见。外又有《文献考》五本,取王临川、叶水心、邹忠公、袁东塘、赵文敏、黄文宪、柳道传、吴渊颖、戴九灵、陈众仲、王华川诸集碑记、序传、志跋等文,凡有涉于四明文物者,各简录之,而删《乾道》《延祐》二志合焉,亦抄本也。予得借于友人闻氏,字画精楷,予尚疑其为缺帙,不止于斯。未知何人所纂,岂出于孝谦者乎?为是编者,深有功于桑梓者也,惜不著其姓名,并无序耳。予又有特为附著者。《文献通考》有《鄞江志》八卷,陈氏曰:"郡守古灵陈晔日华使昭武士人李皋为之。时庆元戊午,郡有鄞江溪,故名。"此则福建汀郡有鄞江溪,以先有鄞人徙家于此,因以名。此《汀州志》非吾邑也,陈氏不明,著汀郡,而汀之有鄞江又隐僻,人罕识者。后之览者必有惑于斯。

又《古鄞志》为五桂堂赵与茸君理著,此则为《奉化志》。奉化,故古鄞也,见于戴剡源集中。至于一乡之志,有三种:一为《桃源志》,为张樗寮[3]纂,屠幽叟常购之弗获。一为《茅山志》,元考功员外郎丰灼得崇道观道士王天仙抄本订

---

[1] "清容",国图本缺"容"字,据浙图本补。
[2] "卷首",国图本缺"卷"字,据浙图本补。
[3] "张樗寮",国图本缺"寮"字,据浙图本补。

而刊之[1]，有同时山东提刑按察使[2]、同邑任垍，浙东道宣慰司都元帅东平王献元[3]，浙江儒学提举陈耆卿三序。近时，里士何尔昌增修重刊之。其增删之际，多私意行之，非信史也。故予不存其序。一为《城南志》，为天启间里士范洪文纂辑，有其自序。或云有董守谕序，予所见本无之，亦刻本也。此外，各乡或亦有志，予未之见也。而予友余姚黄太冲著《四明志》，则兼宁绍台三郡而辑之，非吾邑之所得独有也。盖予幸而于《乾道图经》得见抄本之未全者，而《宝庆》《延祐》《至正》《正续》，迨我明《永乐》《成化》《简要》诸书俱得见之，故敢为之言，以补杨氏《历代志书辨》之缺。然以予浅陋，又岂能尽。敢俟后之博洽者正之，详之。

　　宋《乾道图经》序　　黄鼎

　　山海有经，舆地有图，郡邑有图经，此古今所共由，而一日所不可阙者也。盖天下之阨塞、户口之多寡，不有载籍以著其所以然，则所谓阨塞多寡者，虽欲具知而不可得。此博古之士所以勒成一书以昭后世而传无穷也。爰自大观元年，朝廷创置九域图志局，命所在州郡编纂图经。于是明委郡从事李茂诚等撰述。故地里之远近、户口之主客，与夫物产之异宜、贡赋之所出，上而至于人物、古迹、释氏、道流，下而至于山林、江湖、桥梁、坊陌，微而至于羽毛、鳞介、花木、果蓏、药茗、器用之类，莫不毕备。书成未几而不幸厄于兵火，遂致[4]存者亡、全者毁。前日之所成者，泯然而不见。制置直阁张公名津治明之二年，政成民和，郡以无事，乃登黄堂而叹曰："明之为郡亦久矣，在古为余姚之墟，在汉为会稽之境，逮唐武德中而即鄮置县，开元中而即县为州。山有四明，洞有梨洲[5]。有孙兴公见之于赋，有梅仙、虞喜之所庐，有任奕、董黯之人物，有王密、房琯之德政[6]，有建隆郡守康宪钱公亿之墓，有熙宁宰相荆国王文公之祠。其他山川胜

---

[1] "刊之"，国图本缺"刊"字，据浙图本补。
[2] "提刑按察使"，浙图本冯批改"提刑按察司"。
[3] "浙东道宣慰司都元帅东平王献元"，国图本作"浙江道宣慰都元帅车平王献元"，现据浙图本冯批改。
[4] "遂致"，国图本作"遂使"，据乾道《四明图经》和浙图本冯批改。
[5] "梨洲"，国图本作"梨州"，据乾道《四明图经》改。
[6] "德政"，国图本缺"德"字，据乾道《四明图经》和浙图本补。

概,章章在人耳目者,未易以缕举,而图经则缺焉。讵可不搜访遗亡,以补四明之故事也哉?"公乃分委僚属,因得旧录,更加采摭,纂为七卷,又以篇什、碑记等为五卷,附于其末。噫!年历四十余,守更数十政,其间非无锐意立事,欲作为一书垂之永远者,或因循未暇。今公启是念于黄堂之上,才六旬而编帙粲然大备,鸠工刊木,昭示将来。信乎,天下事非立志坚而用意到,畴能有成哉!

乾道五年四月初一日,右修职郎新授处州缙云县主簿主管学事三山黄鼎序。

辨《乾道四明图经》[1]　王应麟

唐卢潘作《庐江四辨》,予观《四明志》首卷有疑,则辨以俟博雅君子择焉。《志》叙云:"大观初置九域志局,令州县各编纂以进。"予考《会要》《实录》,景德四年二月庚辰,真宗因览《西京图经》有所未备,诏诸路州府、军、监以《图经》校勘,编入古迹,选文学之士[2]纂修校正,补其阙略。及诸路以《图经》献,诏知制诰孙仅,侍制戚纶,直集贤院王随,大理评事宋绶、邵焕校定。仅等以体制不一,遂重修。命翰林学士李宗谔、知制诰王曾领其事,又增张知白、晏殊,又李乘、韩熙等参其事。大中祥符三年十二月丁巳书成,凡一千三百六十六卷,上之。命宗谔为序,又诏重修大小《图经》,令职方牒诸州,谨其藏。尝见吾郡图经载宗谔序,盖景德、祥符所修。郡志以大观为据,时史学废绝,其误多矣。

宋《宝庆志》序　罗濬

四明旧有《图经》,成于乾道五年,盖直秘阁张公津守郡之三祀也。先是大观初,朝廷置九域图志局,令州郡各编纂以进。明已成书,而厄于兵火,遂逸其传。三山黄君鼎得所藏以献,张公乃俾僚属参稽,厘为七卷而锓诸梓。然自明置州,至是四百三十二年,而城治之迁徙,县邑之沿革,人未有知其的者。唐刺史韩察实移州城,石刻尚存,于时且未之见,他岂暇详甚哉!作者之难,固有俟乎述之后者也。尚书庐陵胡公,以宝庆二年被命作牧,上距锓梓之岁,甲子欲周,而竟未有述之者。越明年,政修人和,百废俱兴,爰命校官方君万里,取旧《图经》与在泮之士重订之。未几,方君造朝,事遂辍。又明年,濬调官迟次,

---

[1] 国图本原题作"王应麟辨",浙图本冯批:"据《四明文献集》改之。"采之。

[2] "文学之士",《四明文献集》作"文学之官"。

来谒铃斋，尚书俾专任斯责，因得与士友胥讲论，胥校雠，且朝夕质诸尚书。由孟夏迄仲秋，成二十一卷，图少而志繁，故独揭志名，而以图冠其首[1]。考据之未精，搜访之未博，浅学其敢辞诮。而百五十日之间，用力亦劳矣。窃尝谓：道地图以诏地事，道方志以诏观事，古人所甚重也。图志之不详，在郡国且无以自观，而何有于诏王哉。欲知政化之先后，必观学校之废兴；欲知用度之赢缩，必观财货之源流。观风俗之盛衰，则思谨身率先；观山川之流峙，则思为民兴利。事事观之，事事有益，所谓不出户而知天下者也。今有司类寠簿书期会，问以图志之事，率曰是非所急，尚得谓之知务乎？尚书召还孔迩，执六典八则之要，按九赋九式之目，以佐圣天子经纶四海，则收图书固相业之一。天下之大，一邦之推尔。注意拳拳，有以也夫！从政郎、新赣州录事参军、庐陵罗浚叙。

编类文字：府学学正袁藻，学录刘叔温，直学汪辉，学谕王埛、缪遑、蒋渊明，教谕伍子献、楼槃，斋长余梄，斋谕夏吉喆、李采。

元《延祐志》序　袁桷

成周疆理之制，审于王畿，首合同姓以夹辅。至于四履，则必假异姓焉，以控遏之。先后疏附，曲尽其制，何周且详也。四方之志，犹惧其不能以悉知也，则必以外史掌之。社亡入秦而书具在，区区刀笔吏独能收其书，据要汉中，夫岂偶然也哉！世祖皇帝圣德神武，混平寰宇，首命秘书监儒臣辑《大一统志》，沉几远略，与昔圣人意旨吻合。然而郡志缺落，其遗轶未备焉者，不复以彻于上。马侯泽润之甫固尝为中秘官，知之矣。暨守四明，乃曰：明旧有志，今为帅大府，浙东七州推明为首，阨塞、户版、物产、地利，是宜究察以待问。清风旧德与昔之高闳巨阀，属于宅里者，犹可考也。谓桷久为史官，宜有述。桷抑尝闻之，洙泗遗俗，稽之以久远者，道德之泽也。侂锱铢之利，以害于吾民[2]，昔人之所不道。空虚说增，农日益困，甚者纪其山林屋室之盛，奉书诣庭，若执符契，争莫能已，是殆昔之无知者根其祸也。管夷吾作书训子弟良厚，而内政以渔盐为急，儒者诟之。维明负山横江，岁厄于水旱，河渠是先，牧民之本。推其沿革，览其山川，知昔时得人之盛，宫室户口之无恒，释道遗文之盛衰，是皆足以增其永叹焉者

---

[1] "其首"，国图本作"其守"，据宝庆《四明志》和浙图本改。
[2] "吾民"，延祐《四明志》作"吾民者"。

矣。乃为十二考,以志其事,遂不敢以荒落而有辞也。马侯为政,恺弟恻隐,以宜于民,民以不病。郡博士吴君廷献,勤恪承令,询索州县之所宜闻者良备,因是得以成书焉。延祐七年十一月庚寅,集贤直学士袁桷序。

《延祐志》十二考

沿革考　土风考　职官考　人物考　山川考　城邑考

河渠考　赋役考　学校考　释道考　集古考　神庙考[1]

元重刻《宝庆志》序　赡思

唐世柳芳之史,烬于禄山之火,刘煦执笔以继之,遂成一代之典。逮欧、宋改作,则纪录森严,文章烜赫,于时大行,而煦之书废弛几绝。然笔削既加,损益交变,而详略互见,旁求广索者,亦或有取焉,故赖以不泯。于是《唐书》有新旧之称。四明有志久矣,而著述非一。可稽者惟宋乾道间郡守张津重缮、大观初所编,为七卷。及宝庆间,庐陵罗濬复演为二十有一,而各以图冠其首。国朝袁翰林桷命十有二考以成书,盖变体也。文富事明,气格标异,诚为奇特,乃大掩前作。然濬之书讵可全废哉？俾与《旧唐》为徒,以备参考,亦自有补。乃命□梓刻于郡学。至正改元仲夏末旬日,真定赡思序。

《四明续志》序　王元恭

道地图,道方志,先王立国之本也；辨封域,谨职守,司徒立政之要也。四明为浙东望郡,藩阃所镇,蛮徼所通,风俗所会,土地所宜,人物之所辈出,山林、川泽、邱陵、坟衍、原隰、名物之所当周知[2]。宋宝庆间,旧有志。暨入国朝,当延祐庚申,殆将百年。城邑改观,时俗因革,未有考其事而修之者。于是郡人侍讲袁公桷作为新志。又廿有二年,会部使者赡思公巡行至郡,俾重刊旧志,与新书并传,亦既序其统于篇端。予叨守是邦,思所以亘历今古,补其缺略,乃命耆髦之士,日与讨论,复成续志,凡一十二卷。庶几先后该贯,观览无遗,少裨立国立政之本要,以备太史氏之采择云。至正二年壬午三月既望,蠡吾王元恭序。

---

[1] 核延祐《四明志》,"释道考、集古考、神庙考",实为"祠祀考、释道考、集古考"。

[2] "当周知",国图本脱"当"字,据至正《四明续志》和浙图本补。

皇明《成化志》序　刘钘

宁波，古甬东地，秦汉属会稽郡，唐为明州，以境内有四明山故名。其地滨海枕山臂江，人物、财赋，自昔为列郡之冠，而宦业科第于今为尤显焉。历代所修及儒者所述，若志若记之类，虽各有所明，然得此而遗彼，或循讹而泯实，无完书以考见一郡事物之全。至宋尚书王公应麟、元学士袁公桷相继纂修，稍为详悉，然亦多散亡遗佚。而袁之后，迄今又几二百年未有续者，诚政之缺也。天顺间，孝感张公瓒来守是邦，政行民悦，百废具举，实切留意于此，询诸郡人，知前司安成训杨先生实，学博才赡，足以任笔削之寄也。乃馆之于公，授以前志，俾重加修辑。先生斟酌旧典，采摭新闻，芟繁而取要，因略以致详，自沿革至集古，列之为二十考，总之为十卷。于是郡中事物，古今巨细，纪载无遗。一检阅之[1]，顷可尽得之。张公命工锓梓，及半，而有东广[2]参藩之擢。莆田方公逵，自廷评来继其职，德以爱民而才称其德，尤以是志为当务，乃重加校正[3]而督成之。以予有同年之好，书来请为序。夫夏有《禹贡》，周有《职方》，春秋列国各有史官掌记时事。至秦郡县天下，历汉、晋、隋、唐以来，而郡邑多有志矣。然岂易为哉！盖文献不足，则采择不备。去取不精，无以取信于世。非为政得人，则信道不笃，见义不为，不能图传于后。今宁波之志，前有王、袁二公作之，后有杨先生述之，而灿然以明，惟张公克勤厥始，惟方公克成厥终，而确然以传信，所谓文献足征而人存政举也。后之人获睹一郡成书，以资其见闻，充其知识，又取前修之成宪，以为治身守官之法，则是书于政教岂少补哉！故不辞而为之序云。

成化四年戊子春正月，赐进士出身、中宪大夫、浙江等处提刑按察司副使、奉敕提调学政、安成刘钘书。

《四明文献志》序　张邦奇

《四明文献志》九卷，并补志[4]凡十卷，少司空堇山李先生所作也。凡生乎吾土与吏焉者，其言论足以励世，词章足以阐道，是之谓文；德足以润身，行足以范俗，功业足以利民生，是之谓献。志，先行实，后文词，本末之序也。四明自汉

---

[1] "一检阅之"国图本作"一简阅之"，浙图本注："避明怀宗讳。"今据杨寔《四明郡志》更正。
[2] "东广"，浙图本作"广东"。
[3] "校正"国图本作"较正"，浙图本注："亦避明帝讳。"今据杨寔《四明郡志》更正。
[4] "补志"，《张邦奇集》（明刻本）作"附志"。

以来，文献盖代不乏焉。至庆历五先生明德懿行，表仪乡邦，迨濂洛教行，而引翼之士加多乎他郡。有司亦克钦崇奖，拔以昌励风教，故明之文献于天下为盛。南山黄公尝为录以传，然举行实，略文词，载乡贤而不及名宦。堇山先生乃遍考诸书，傍质[1]父老，复断以己意而为之志，视黄公之录加详且博焉。然后见吾四明之士，文章、德业[2]蔚乎炳然，如登泰岱探群峦，争奇萃秀不可得而穷也。顾贤哲世远，风气日漓，士惟目睫是谋，而念不及于天下，徇市童之见，忘景行之心，沿是而往，吾将奚望于文献之云哉。且夫士之立身，以自寄于时也。其量百世曾其乡录而不足齿[3]焉，不亦悲乎！夫幸侥于一时者，不足言；而论定于就木者为可畏。观是志也，孰能无奋而兴反而求乎？先生立志之功，于是为重且要也。先生起家进士，历官至上卿，所至著声绩[4]。年甫及艾即谢政，复用心乎是。盖君子之道所居而理其实用固如此。正德庚辰岁春三月既望，乡后学甬川张邦奇谨撰。

《四明文献录》黄南山自序

有宋乾德丁卯，五星聚奎，群贤继出，而天下山林修德践行之士名实昭著，若吾四明"庆历五先生""淳熙四君子"允为乡邦师表，既没而祭于乡，间有用是，德政超卓。暨乡彦、乡大夫有功于学校者，后皆祠于泮宫，盖有年矣。皇朝天顺甲申，郡守湖南张公瓒询庙而询及乡贤祠，慨念秦汉以来，岂无其人？乃考郡志，得越大夫文公种而下四十五人，命工于文庙戟门西偏辟室二区，并仿崇祀像设以奉祀焉。乃谓予宜述传赞图小像刊示后学，庶隐居行义士夫俱得捧诵景仰，继续前修。斯亦补助风化之万一。予思昔襄阳耆旧有传，三王辅节士有录，庐江先贤名德有赞，因黾勉承命集成，题曰《四明文献录》，谨序公嘉猷于集端云。时成化丙戌清明也。

《四明志征》序

吾郡有志，久不见称于天下，不列于国史，以其老佛之说胜而失其体裁云

---

[1]"傍质"，《张邦奇集》（明刻本）作"旁质"。
[2]"德业"，国图本缺"德"字，据《张邦奇集》补。
[3]"不足齿"，《张邦奇集》作"不得齿"。
[4]"历官至上卿，所至著声绩"，《张邦奇集》作"历官至亚卿，所至辄著声绩"。

尔。若夫水利实吾郡之血脉，海疆[1]乃国家之大防，旧志立为义例，以诏后人。今若散漫无统，虽有社稷之臣欲惠养元元、销弭外患，将何监观以图治耶？用是观之，郡乘固当详载而旧志不可以不考也。爰自唐开元置州历宋乾道初，四明始有《图经》。尚书胡公榘刺明作牧，乃命调官罗浚取《乾道图经》而重订之，始成《四明志》二十一卷，图少而志繁。凡例类可概见，此其创作也。后得宋季文学侍从之臣、厚斋先生尚书公，博物洽闻，又以耆哲为是州之望，文献有足征者，常考明志著为典实，俾门人袁清容学士增修之，考据详核，至今称《延祐志》，以为郡史。未几而明守王元恭续志之修，大义炳然，又补其所未备。及我明朝大统，文华之盛粲然可述，暗而不章者，又八十余年于兹。天顺中，属文学杨君实为之纂修府志，识者病之。当时，黄南山[2]先生奥博精明，既不肯当是任，复取杨君所修者，删定简要，以昭公论。其事核而实，其词简而严。予以为信而可传，有就正之道焉，遂通考旧志，旁搜续书文献，庶几足征故事大氐略备，然而义利多本于旧裁，史文颇兼乎三长。使非庐陵罗浚博采于前，而袁清容增饬于后，何足以信今而传后哉？然则二子创述之功伟矣，以今考征观之，为例四十二，为卷二十六，一展卷而可毕其概，即古以该今，统繁以举要。所谓外史之凡例，明州之法书，非欤？吾深有所待，必得大人君子不以为罪而采录之，慨典章之废坠，思政教之当修，昭典作度，尚德显功，直述古之信史，而垂之无穷，岂非世道之大幸，吾郡之盛事也欤哉！予惧旧志之不传而失典章也，不然何敢望于郡侯。鲸也浅，夫景慕前修，□写兹编必有知我者。夫四明山屹然为东南之望，昔以名州，故因以名志云。嘉靖壬子五月既望。

修志议高志斋上薛畏斋名甲通判　高士[3]

先王之世，朝聘会同，有以嘉天下之会，春秋大夫士之好会者，必歌诗以见志，其见于传，列国之风可覆也。方其盛也，总以巡守，则考图敛，瑞以征淑，匿而□之，以行黜陟焉。盖职方修，则捷人诵王志道政事，故万民和悦，而正王面焉。是故道德一而风俗同也，及其衰也，教尼不行，俗亦偷弊。又况战国而

---

[1] "海疆"，国图本脱"疆"字，据浙图本补。
[2] "黄南山"，国图本作"王南山"，讹。
[3] "高士"，浙图本冯批："高士，字克学，号志斋。光绪《鄞县志》三十三第三十六叶有传。"

下,九有分而疆宇裂,防范、教养之具斩[1]焉,则职方废而修德立言、君子不幸无闻者,又可知已。夫五方风气之殊著,自古昔则外史之法其为重尤也。国乎史矣,曷为乡乎史？国巨而略,乡核而周,是故郡邑之志、乡史之合,外史者也。勾余之志尚矣,自春秋于越入吴而继以子书,则进诸中国[2]而种、蠡之谋烈炳焉。秦汉而下,东南之美固不特竹箭而已也。宁波旧志分列考类,盖仿臧氏谱例也。纪土地广论之数,而山林、川泽、原隰在焉,则土训所掌之图弗可缺也。今属邑既各为图,而郡复总焉,则凡关隘可以设险守国者,必谨载之,斯固备□之所寓也。山林丘坟、□葬礼废久矣,前贤之墓散丽焉,纪而弗遗墓,大夫之职犹存也。城池之厚薄、浅深,坚之浚之,必有当缮者；陂泽之通塞、漫□,兴之革之,亦有当建者。启□俟继宜也。若土产之有无,固不必徇之以详,斯亦拔荼之远虑也已！夫人物之志,德有厚薄,传有远近。德之大者忠孝节义,次则政绩文章,若有功道学,其贤尤也。某窃以为宜于志书概修之余,撮其立德、立言、立功,真足垂不朽者,别传天下。后世如凿齿之传耆旧于《襄阳》,凡文章之有关于世教者,附焉。其或善小而无失者,志则载之,无毁誉也。节有未纯而功足书,瑕瑜不掩,君子姑取节焉,可也。功德不甚而无失节,犹载之也。失节者,斯黜之矣。其专以爵位,而不足轩轾,削其传而书其名已矣。夫若是,则贤者益尊矣,泾渭其有不分乎？他若传异人而取无名之哑女,录怪诞之妖僧,曷若直书孝子之无名者,以劝后世之为愈哉！故某以为异人传者,可削也。若曰孝子无名难传,昔有渔人为孝子者,失其名氏。公作渔人传,上之薛公,予于《孝行考》录之。则吾郡之志尝传义马矣。唐史传孙供奉矣,宋史传白鹇矣,杂书有记孝鹅者。彼禽兽也,以其近人道,君子犹传之。百年之中,渔人之孝,仅一见焉,而复以无名泯其实,是贵畜而贱人,不崇孝子之正行,而录诡异之僧尼,夫乃非伦也乎？若夫僧名不必多载,盖世乏名僧故也。先王之制礼、乐,礼举而乐作,二者交相为用,故自郊庙、燕享无不举焉。文庙释奠、释菜之重轻,二者系乐之有无,潜溪宋公尝言之矣。今我国家厘正庙祀,实公发端于前,而推行于今日。窃以为,祭用生者之禄。天子亲祀,则备宫悬,舞八佾；太学比古诸侯,当轩悬,而舞六佾；郡庠比古卿大夫,判悬,而舞四佾；邑庠县大夫比士,特悬,二佾

---

[1] "具斩",国图本作"具斩",据浙图本改。
[2] "中国",浙图本作"国中"。

可也。今郡庠乐未正,而邑庠特释菜焉,无乃太简乎?矧列乐之图,如素王纪事与蜀志互相矛盾,则释奠、释菜之仪,乡饮、射仪之节,不可以不讲也。夫文事、武备一而已,故曰"射以观德"。凡旧志礼乐、饮射未创述者,今宜立考,补志可乎?若报德、报功之典,固有定式,如董黯、王元伟之类万世崇祀者,如刘植、石守信之类生有益于时、死能庇于民、顺民心而祀之,宜附正祀之列。其余不合祀典,谓之淫祀。今虽未能遽毁,宜别类书明,著于后,使其祠弊,则有司者弗听其修。寺观考仅俱兴废,弊亦勿许其修,俟其墟而没其地于官,此则不补官寺之余,智也,而异端之害其少沮乎?文集考,则如杨文懿之戒碧川,文章无关于世教者,虽工勿取可也。至若节妇、孝女,譬鸟中之有凤,兽中之有麐,众卉之有灵芝,嘉禾也。

旧志而数之,仅二十九人而已。后来者未之知也,则难得为已甚矣。宜尽表而出之,以劝来者。方今圣化洋溢,职方修而礼乐作,大夫士日隆正学以淑斯世,道德[1]一而风俗同,固将比隆于先王也。正一郡之志而一省正焉,自一省而推之天下,乌有不三代若乎?此今日之志,即古职方外史之任,而有关于天下后世者也。呜呼!古语有之,顺风而呼,声不加洪而闻者众;登丘而招,臂不加长而见者远。今欲公是非于百世,则爵位之通显有不言而喻者矣。草茅立德之士,乌知无身隐文晦之子推乎?苟非旁求之,潜德幽光,孰从而□。君子固不得不为之汲汲也,虽然郢人执烛之书,必燕人而后说之。善也!某言僭妄矣,执事尚恕察而裁之乎?薛公以垣中建言,谪官宁倅,以修志属志斋,故有此书。

明《宁波府志》序　范惟一

南司马东沙张公撰宁波志将成,会余行部至郡,郡长吏率其僚以序请。予诺焉。已自赤城还,长吏奉成籍至,而司马亦寓书趣予。予乃发册第观之。郡故董子国地,自春秋以来,其沿革废置者盖屡矣。我皇明洪武十四年,鄞单仲友奏明州同国号,请更名。上以郡有定海县,海定则波宁,始定今名云。嗟乎!大哉谟也,何其深识远览若是哉。夫自古王者总一四海,诸侯分治列国,其经纬万端,靡所不贯,然举其纲维,则无逾安攘二者矣。后世郡得专祀其境山川社稷,擅政令教化之权,比古诸侯王国。而宁波于浙,东偏负海,而郡接岛夷、鲸鳄之

---

[1] "道德",国图本缺"德"字,据浙图本补。

居，为吴浙门户，审势絜重又岂直他郡等哉？

　　高皇帝奠定之初，经画海上，独加详虑，徙海岛之民，严放洋之禁，而岙屿要害，悉置兵守，使相为掎角，呼吸可应，其措注诚密矣。是以齐民得务本力穑，咸以亩种之田亢其家。贫者亦有泽之萑蒲、海堰之蠃蜃以资养。而其君子辙迹遍海内，传圭接觿，类多名世丞弼，江海之间称乐土者，率先焉。夫孰非我圣祖宏谟所贻及哉！顷岁，倭夷作难，海所在皆震，而郡尤当其冲。海波不宁甚矣。总之承平久，上下恬熙，岂惟武事阔疏，即综其内政，亦多所放失者焉。昔人有言，铁钺不用，而刀锯日敝，不可以为政。此言务咫尺而遗寻丈也。今天子赫然震怒，命将兴师，复推简才略大臣总督之。四三年间，簿责文武吏，辄为易置[1]，于是吏治渐兴，武功屡奏，神谟伟烈，辉映海宇，岂非同符高皇先后一揆者哉。余闻之，御外者必内固，故侯王之治国，必先安其内而攘外系之矣。乃今观于宁志，其烂然具载籍中，可按而睹者，大都皆所为修内治之具也。我高皇帝经画于始，与主上振刷于今，岂独勤远略云尔哉。余又以为郡自更名以迄今日，垂二百年，志久未备。会今上中兴，海波复宁，规画制置多增于往昔，而郡之荐绅又有司马公者，以鸿巨之材，渊博之学，奋笔而起，勒成一郡之典。嗟乎，固所谓事有待而时有会者邪！是志也，大抵依迁、固序、纪、传、志、年表之法，创承故实，综核悉备，视旧籍盖不啻数倍详焉。观者自得之余，故勿具论。论其大者，长吏周君希哲、曾君镒[2]，当军兴之会，乃能留情斯事，可谓识先务、达远猷，有安攘之志者。余并及之，以诏后之人云。嘉靖庚申阳月朔日，浙江按察司提督学校副使吴郡范惟一撰。

又　　闻渊

夫礼征典籍，史氏载言，其所从来久矣。猎异搜微，彰瘅笔削，虽体分述作，言人人殊，其为传信一也。郡县有志，实仿古列国之史，然雄文奥义，求其方驾往哲者盖寡矣。宁波有志，肇自乾道，厥后代有作述，握管命词，要皆一时艺林之望也。而沿袭故牍，罕所振刷，即能备目前之经制，罗今昔之见闻，欲无鼠璞之讥，得乎？明兴百年，始有文学杨实《成化志》，盖直补前志之所未及，而义例

---

[1] "辄为易置"，国图本作"辙为易置"，据浙图本改。
[2] "曾君镒"，国图本作"曾君鉴"，据嘉靖《宁波府志》改。

则一皆因之。其间崇释老而略人文，顺人情而暌世教，俚儒曲士犹或议之，而况于缙绅达识哉？大司马东沙张公禀二五之灵淑，振藻词林，蜚声四国，即纳禄家居，铅椠不辍，而于乡国之故尤孳孳焉。会威远周侯守郡，遂以志事为请。乃开馆延六校文学之士，采辑编纂，而司马公则殚精绎思，正讹彰信，用成名家言，未及期而告讫事。余得而读之，语于众曰："甚哉，志之难为也。"尚典雅者多脱略，务详核者杂繁芜，工词则或背于理，论治则无当于事，徇情则美刺多眩，剿说则名实失伦，故燕郢之诮，秽史之评，非虚语也。今观斯志，经野分星，正疆定制，宰物宣化，兴学劝士，旌廉汰墨，摈枉昭良，罔不凿凿可稽，而海防河渠、兵政田赋诸书，又皆足以剪剔螟蟊，翼赞经纶，济王路之艰，而襄太平之治，谓止于记载陈编已耶？夫《史》《汉》既远，作者莫继，谓其文之难也。然文可为也，因文以昭实，因事以定制，因制以经政，斯其难者也。语曰："吾欲修其词，不如见之行事之深切著明也。"信斯言也，则司马公之畜奇抱异，而未竟于施为者，不其有征于是哉？抑余闻之，妪煦毂哺者，一时之泽也；陈彝表极者，百世之功也。斯志也，秩官常，明人纪，惠利于无疆，岂规规征逐簿书，侥倖于只尺者哉？是可以知周侯之绩矣。余故为之论述，以俟观者谂焉。

嘉靖庚申秋八月之吉，赐进士出身荣禄大夫太子太保吏部尚书致仕郡人闻渊书。

又　叶照

夫陈艺树极，镜辙昭轨，作者为圣，述者为明。《典》《谟》《训》《诰》《风》《雅》，经中之史；《春秋》，史中之经。皆所以彰彝训而植人纪也。若无关于艺极而各骋乎轨辙，君子盖无取焉。孔子曰"文胜质则史"，言乎其饰也，又曰"吾犹及史之阙文"，言乎其饰也。是故不饰则不文，不实则不信，君子所贵乎彬彬焉尔矣。《春秋》之文，史耳，而其义则游、夏不能赞一词，彼曲学肤士又恶能执其准程哉？

宁波故有志，作者盖非一矣。间或阔远于事情，或跂訾于词旨，识者恒病其不伦，况新陈代禅，俯仰迹殊，久未章于载籍，谓将于何取征乎？自昔才俊之吏，蝉联踵接，夫岂鲜少也？顾往往迫于簿书期会，率不暇诹咨，而或又以讪议自怵，迄未有一语及之者，盖恒情大抵然矣。威远周侯之来，辄锐意修辑，而司马东沙张公实司其事，甫八逾朔而书成。观于沿革、疆域而知封守之当慎固也，观于经制而知奠丽之当审图也，观于物土而知役敛之当则叙也，观于人文而知治行人才之以时升降也，观于杂志而知事变物理之不可胜纪也。人伦以正天道，以明法纪，以备美刺，以昭一郡文献，足传不朽矣。昔者孔子叹礼不足征于杞、宋，少文献也。季札叹《周礼》在鲁，多《春秋》也。夫《春秋》文献之宗，而文献者礼之鉴也。鲁虽微，犹得班于强大，以礼之故[1]，孰谓史之无益于人国哉？知乎此，则斯志也，其殆山川之灵异，疆域之琛琛乎？叶子曰："以予慈溪已事观之，丙辰之岁，岛夷蹂躏，市井为墟，人道几息，然而孑遗黎民，依栖于榛莽之中，不敢悖父母、弃坟墓者，则以教化之泽，洽于人心，而父兄之训，先于子弟也。今城戍草具，疮痍渐起，生养教训，所望于贤师帅者不浅矣。是志行而凡后之登名席宠者，尚思依戴之义焉，庶几郡人永有赖焉，是为叙。

赐进士通议大夫前奉敕提督抚治郧阳等处地方都察院右副都御史慈溪叶照序。

又　张时彻

宁波，故会稽部[2]也，故有《会稽志》颇征吾郡事。其前则有若张津《乾道图经》，后则有若罗濬《宝庆志》，有若袁桷《延祐志》，有若王元恭《至正续志》，有若杨实《成化志》，有若黄润玉《简要志》，今所传则实志也。迄今旷阙盖九十有五年矣，矧又灾于郁攸。余友戴鲸氏慨文献之无征也，乃总而辑之，名曰志征，加详核矣。威远周君之来也，谒余，请曰："希哲不佞，忝藩兹土，不察于方域之故，辄谘诸掌，固无闻焉。语曰：'不习为吏，视已成事。'夫已事之无稽也，余何以政乎？惟执事图之。"余固让不获，乃进诸文学。议曰："昔《吕览》之作，成于众彦，尚蒙庞杂之讥；《淮南》之书，采掇诸家，犹有邪诡之诮。诸君能免此乎？"佥曰："敢不力？"又曰："夫志不法迁、固，则体裁不文；不表沿革，则废置不辨；不别疆域，则奠丽不昭；不综经制，则保义无纪；不详物土[3]，则役敛无艺；不录人物，则美刺无章；不采艺文，则述作不备。诸君能辨此乎？"佥曰："不敢不力。"乃分门别类，俾各殚其见闻，猎幽微，搜放佚，正舛讹，核名实。盖自历代国史、碑铭、志状，以及稗官小说，咸摭其可征者，而又质之于长老，裁之以天理

---
[1] "以礼之故"，国图本作"礼故之以"，据嘉靖《宁波府志》改。
[2] "会稽部"，国图本作"会稽郡"，据嘉靖《宁波府志》改。
[3] "物土"，国图本作"土物"，据嘉靖《宁波府志》改。

民彝，以秩王章，以严治纪，以明物则，以正人伦。始于嘉靖己未九月十有六日，讫事于庚申五月六日，凡为类五，为目五十，为卷四十二。

余谛而观之，辄自叹曰："余为斯志而重伤政习之不古也！"盖昔之政也一，今之政也棼；昔之疆也宁，今之疆也扰；昔之役也简，今之役也繁；昔之敛也纾，今之敛也棘。此皆由乎上者也。昔也尚俭，今则尚侈；昔也尚朴，今则尚浮；昔也务本力业，今则末技冶游；昔也行有枝叶，今则言有枝叶。此皆由乎下者也。夫由乎上者，吾无如之何矣。其由乎下者也，乃又不能挽而回之，则将何以洗靡竞而返淳庞乎？语曰："障狂澜者，以千钧之石；疗奇疾者，以百金之剂。"然则欲复驺虞兔罝之盛，释鸿雁芣楚之悲，岂凡众所可庶几者哉？于乎生斯、宦斯者，观于此可以深长思矣。昔余之有知也，陟降山川，逖瞻古昔，见旧志之跖戾恒有余慨焉。及屏伏田间，数以语于当道，率见谓迂阔，漫不可问；甚者以嫌谤为解，遂置不复语。微周君政先大者，其孰能无所因而首事，垂不朽之良图哉？然予窃有愧焉。子长、孟坚，皆世史也，才雄千古，乃其为书，累岁积纪，一则发愤于腐刑，一则续终于女弟，论者犹或病之。今以予之疏陋，而成之数月之间，欲无缪戾，不可得已，览者尚相与正之。是举也，成于海道副使谭公纶，继任郡守曾君镒，而郡丞侯君国治则终始协赞为多，余故并录之。

皇明嘉靖三十九年岁次庚申夏六月既望，南京兵部尚书郡人张时彻。

沈明臣上张大司马书略云：

君子之交，上不谄、下不渎，相信以心，相维以义，相成以礼。明臣不佞，不能进熟于人人，以窃乡曲之誉，落魄自放，人皆目为狂生辱。公昭旷之识，越拘挛之见，拔于流俗之中，厕之上客之末，推毂奖借，爱忘其愚。私窃自庆，以为臣虽固陋，无所比数，不能自致青云，以显名当代，幸有缙绅先生，流耀千古如公者，□而起之剪刷拂拭，诚所谓骥尾之蝇，不患其不千里也。故今郡守以志事属公，公又不知明臣之寡昧，猥以楮墨之役，使备掇拾之后，人□荣名，用托不朽，真艺林之隽业，书生之殊遇也。敢不矢心从事，以求无负所举。但臣赋性□直，不能善事左右，兼之遍疏不柰龌龊，或事不当心，辱理悖道，便汗背赪颜，蹙蹙不自安矣。而同事者，稍或不绳，即词色俱厉，虽毁随谤伏，辄不暇顾。实乏长厚之风，徒取疏狂之诮，然自信此心无他，幸公独督，故虽屡见摈弃于同侪，而犹复岸然班行不敢自后者，此也。按嘉则此书微言显义，足见当时志局之弊，特附于司马自序后。

预修姓名附

生员宁波府学[1]：倪珣　薛晨　卢叔麟　李贤

鄞县学[2]：洪谟　沈明臣　何炯　张邦辅 俱鄞县人。[3]

三茅山志序　任垍

夫山林原泽[4]，在地成形。生序教训，在里成俗。科名勋望，文章行谊，在人成能，而方域之胜概备矣。《三茅山志》，泰定间丰茹庵先生得抄本于山之崇道观王天仙，归而订其讹舛，综核记闻，分门别类，为上下卷。近以考功员外郎致仕于家，寄予以一言弁其简。予辄掌功令，晚年肤学，不敢遽共厥命。今春又书[5]见趣，夫先生仕学无间，以著述为己任，天下读其文词想叩其风采。是志固育才化民、策勋善治之余事也。上自舆图区画、方物贡赋之详，下及山川、风俗之美，往古名实之林，所以感发乎人心者，远矣。岂直为三茅典故计哉！元至正十年秋□月，正议大夫山东提刑按察司同邑任垍书于济南黄台。

又序　王献元

元统元年秋，献元忝职浙东，初登四明山，因之奉化。又登茅山，叹君子之于天下，其博观也，其胜观也，其绪论也，其尚论也，居无何。丰先生出其所著《三茅志》，俾献元叙其略。粤自茅君流憩[6]、王荆公、真文忠公赋诗声名文物至今，有耿光游憩者低徊其间不能去。所谓旷世相感之意溢于凭吊之表耳。先生创承故籍，校录精详，因载记而示兴观，因纂述而彰博雅，宛乎《邶》《鄘》诸风，无非垂教万世之诗也。至正庚寅十月，通议大夫浙东道宣慰都元帅致仕东平王献元撰。

---

[1] "生员宁波府学"六字，据浙图本补。
[2] "鄞县学"三字，据浙图本补。
[3] 浙图本尚有："慈溪学：方诏、向敦。奉化学：孙继宗。象山学：周易、俞澜。"
[4] "原泽"，清沈德寿《抱经楼藏书志》作"川泽"，浙图本冯批也作"川泽"。
[5] "又书"，浙图本冯批改作"书又"。
[6] "茅君流憩"，国图本缺"流"字，据《抱经楼藏书志》补。

又序　陈耆卿

君子之著作，其用与政化通，所以厚人伦、美风俗，而维世道也。勒一家言而规规于猎异搜微，无深识远虑，称百世之功，诬秽两讥曷贵焉？明州三茅山，治南平原中之第一山也。茹庵丰先生解组之后，留意志林，综核成卷，梓有日，任、王二公序之详矣，复质诸予。夫三茅之志，古所未闻，岂作之者无其人，抑有而逸之，皆不可知矣。今质有其文，不诬不秽，山以志重，而名贤治行、潜德忠贞足为仪范者，与之而昭示乎来祀，盖先生文学政事于往哲无愧，而中之所虑难为昧者，道也。至正乙未仲冬，奉训大夫浙江等处儒学提举陈耆卿撰。

城南志小序　范洪文

游春者辄步城南道上，散处林丘一片花草之间，不扫松即踏青，肴尽酒空，卤莽归去，竟不寻芳、吊古，如入宝山空手回也。予从游人，践履于城南一方之古迹，所历者编集为志，但记其名，未考其实，终亦卤莽而已。兹乃录其名迹，呈教大方，或胸怀渊博能识其详，或年历弥高能言其略。将前后颠末并风景形胜、古今题咏之人，明注其下，宛如画出，亦郡志外别有一枝灯也。庶得游者不负所游，不得游者可卧游矣。甬上范洪文谨识。

参考文献

［后晋］刘昫等撰：《旧唐书》，中华书局1982年版。

［唐］李白撰，［清］李调元等编：《李太白全集》，清道光十三年（1833）刻本。

［宋］曾巩撰：《南丰先生元丰类稿》，清康熙五十六年（1717）刻本。

［宋］晁说之撰，晁子健编：《景迂生集》，文渊阁《四库全书》本。

［宋］洪迈撰：《容斋随笔》，明弘治十一年（1498）刻本。

［宋］胡榘修，［宋］罗濬纂：宝庆《四明志》，清咸丰四年（1854）刻本。

［宋］孔平仲撰：《谈苑》，文渊阁《四库全书》本。

［宋］李心传撰：《建炎以来系年要录》，中华书局1988年版。

［宋］楼钥撰：《攻媿集》，清乾隆四十五年（1780）刻本。

［宋］陆游撰，［明］毛晋辑：《渭南文集》，文渊阁《四库全书》本。

［宋］陆游撰：《老学庵笔记》，文渊阁《四库全书》本。

［宋］欧阳忞撰，［清］孙星华校勘：《舆地广记》，文渊阁《四库全书》本。

［宋］欧阳修、宋祁撰：《新唐书》，中华书局1975年版。

［宋］欧阳修撰：《新五代史》，中华书局2015年版。

［宋］庞元英撰：《谈薮》，民国十六年（1927）上海商务印书馆铅印本。

［宋］释宗晓辑：《四明尊者教行录》，明嘉靖三十九年（1560）刻本。

［宋］释祖咏撰：《大慧普觉禅师年谱》，明刻本。

［宋］司马光编著，［元］胡三省音注：《资治通鉴》，中华书局1987年版。

［宋］宋敏求撰：《春明退朝录》，文渊阁《四库全书》本。

［宋］苏轼著：《苏东坡全集》，北京燕山出版社1998年版。

［宋］苏轼撰，［宋］施元之注，［清］邵长蘅删补：《施注苏诗》，文渊阁《四库全书》本。

［宋］王明清撰：《玉照新志》，文渊阁《四库全书》本。

［宋］王辟之撰：《渑水燕谈录》，文渊阁《四库全书》本。
［宋］王应麟著，张骁飞点校：《四明文献集》，中华书局 2010 年版。
［宋］王应麟撰，［清］阎若璩等评注：《困学纪闻》，文渊阁《四库全书》本。
［宋］魏泰撰：《东轩笔录》，文渊阁《四库全书》本。
［宋］魏岘撰：《四明它山水利备览》，清咸丰四年（1854）刻本。
［宋］吴潜修，［宋］梅应发等纂：开庆《四明续志》，清咸丰四年（1854）刻本。
［宋］叶绍翁撰：《四朝闻见录》，文渊阁《四库全书》本。
［宋］岳珂撰：《桯史》，文渊阁《四库全书》本。
［宋］张津等纂修：乾道《四明图经》，清咸丰四年（1854）刻本。
［宋］张君房撰：《云笈七签》，明正统道藏本。
［宋］祝穆撰，［宋］祝洙增订，施和金点校：《方舆胜览》，中华书局 2003 年版。
［元］戴良撰：《九灵山房集》，文渊阁《四库全书》本。
［元］黄溍撰：《金华黄先生文集》，清景元抄本。
［元］脱脱等撰：《宋史》，中华书局 1977 年版。
［元］王元恭修，［元］王厚孙等纂：至正《四明续志》，清咸丰四年（1854）刻本。
［元］吴莱撰：《渊颖吴先生集》，元刻本。
［元］袁桷撰：《清容居士集》，文渊阁《四库全书》本。
［元］袁桷撰：延祐《四明志》，清咸丰四年（1854）刻本。
［明］《明实录》，上海书店出版社 2018 年版。
［明］陈子龙等辑：《皇明经世文编》，明崇祯刻本。
［明］范钦著，袁慧整理：《天一阁集》，宁波出版社 2006 年版。
［明］郭子章撰：《明州阿育王山志》，清乾隆二十年（1755）刻本。
［明］何乔远纂：《闽书》，明崇祯刻本。
［明］胡宗宪等纂修：嘉靖《浙江通志》，明嘉靖四十年（1561）刻本。
［明］胡宗宪辑：《筹海图编》，文渊阁《四库全书》本。
［明］黄溥撰：《闲中今古录》，明刻本。
［明］李桐辑：《柳亭庵志》，明弘光元年（1645）刻本。
［明］刘仕义撰：《新知录》，民国二十七年（1938）上海商务印书馆影印本。
［明］陆粲撰：《庚巳编》，民国二十七年（1938）上海商务印书馆影印本。
［明］申时行等重修：《明会典》，中华书局 1989 年版。

[明]沈明臣撰:《丰对楼诗选》,明万历二十四年(1596)刻本。

[明]沈一贯撰:《喙鸣文集》,明万历刻本。

[明]宋濂撰:《宋文宪公全集》,清嘉庆十五年(1810)刻本。

[明]宋濂撰:《宋学士文集》,明正德九年(1514)刻本。

[明]田汝成撰:《炎徼纪闻》,文渊阁《四库全书》本。

[明]屠隆撰:《栖真馆集》,明万历十八年(1590)刻本。

[明]王圻纂辑:《续文献通考》,文渊阁《四库全书》本。

[明]王士骐辑:《皇明驭倭录》,明万历刻本。

[明]王士性撰,吕景琳点校:《广志绎》,中华书局1981年版。

[明]王世贞撰:《弇州四部稿》,文渊阁《四库全书》本。

[明]乌斯道撰:《春草斋集》,文渊阁《四库全书》本。

[明]徐光启撰,石声汉校注,石定枎订补:《农政全书》,中华书局1956年版。

[明]徐时进撰:《啜墨亭集》,明万历四十七年(1619)刻本。

[明]严从简撰:《殊域周咨录》,民国十九年(1930)铅印本。

[明]杨守陈撰:《杨文懿公文集》,明弘治十二年(1499)刻本。

[明]叶盛撰:《水东日记》,文渊阁《四库全书》本。

[明]余寅撰:《农丈人文集》,明万历刻本。

[明]张邦奇撰:《张文定公集》,明刻本。

[明]张燮撰:《东西洋考》,文渊阁《四库全书》本。

[明]张萱撰:《西园闻见录》,民国二十九年(1940)铅印本。

[明]张瓚修,[明]杨寔纂:《宁波郡志》,明成化四年(1468)刻本。

[明]周希哲等修,[明]张时彻等纂:嘉靖《宁波府志》,张氏约园抄本。

[清]曹秉仁等修,[清]万经等纂:雍正《宁波府志》,清道光二十六年(1846)刻本。

[清]虫大子编:《杳艳丛书》,人民文学出版社1994年版。

[清]戴枚修,[清]董沛纂:光绪《鄞县志》,清光绪三年(1877)刻本。

[清]谷应泰撰:《明史纪事本末》,中华书局1977年版。

[清]黄宗羲辑,[清]周靖订,[清]黄炳等校:《四明山志》,清康熙四十年(1701)刻本。

[清]李清馥撰:《闽中理学渊源考》,文渊阁《四库全书》本。

［清］胡文学等辑，宁波市鄞州区政协文史资料委员会整理：《甬上耆旧诗》，宁波出版社2010年版。

［清］刘献廷撰：《广阳杂记》，清光绪五年（1879）刻本。

［清］龙文彬撰：《明会要》，中华书局1989年版。

［清］钱谦益撰：《牧斋有学集》，清康熙三年（1664）刻本。

［清］沈德寿辑：《抱经楼藏书志》，民国十三年（1924）铅印本。

［清］释自融撰：《南宋元明禅林僧宝传》，民国十二年（1923）影印本。

［清］汪源泽修，［清］闻性道纂：康熙《鄞县志》，清康熙刻本。

［清］闻性道等撰：《天童寺志》，清道光三十年（1850）刻本。

［清］徐时栋纂，［清］陈子湘补纂：《四明六志校勘记》，清咸丰四年（1854）刻本。

［清］徐兆昺著：《四明谈助》，宁波出版社2003年版。

［清］周道遵撰：《甬上水利志》，清道光二十八年（1848）刻本。

［清］朱彝尊编，［清］汪森等辑评：《明诗综》，清康熙四十四年（1705）刻本。

［民国］吴振藩辑：《金峨寺志》，民国二十三年（1934）木活字本。

陈得芝等辑点：《元代奏议集录》，浙江古籍出版社1998年版。

马蓉等点校：《永乐大典方志辑佚》，中华书局2004年版。

马兆祥主编：《碑铭撷英》，人民美术出版社2003年版。

宁波市天一阁博物馆编：《天一阁藏明代科举录选刊·登科录》，宁波出版社2006年版。

章国庆编著：《宁波历代碑碣墓志汇编（唐、五代、宋、元卷）》，上海古籍出版社2012年版。

章国庆编著：《天一阁明州碑林集录》，上海古籍出版社2008年版。

后 记

2012年，我年届半百，心无旁骛，唯好搜读吾乡前辈旧著，不求甚解。

《敬止录》一书，最初读的是杭州古旧书店1983年影印本。原稿系冯孟颛手校抄本，后归藏浙江图书馆。这部浙图本《敬止录》篇幅不长，读起来也还算顺畅。末了，便读到冯先生手录徐时栋的一段话：

> 徐柳泉曰："《敬止录》一书，网罗宋、元、明三代旧志，征文征献，绝后空前。吾家所藏尚其稿本，虽非全书，已成巨帙。剞劂不易，安得有心桑梓者共谋之耶！"

现在想起来，我大概受这段话蛊惑不轻，一时气血冲动，凭学校里仅修过两年历史文献课的古文功底，当仁不让地以"有心桑梓者"自居，提刀弄斧就进入角色了。其实，最初也曾理智地想过，应该找个合适的人来做点校——毕竟，我的本职工作是编辑。

搜罗各种《敬止录》抄本后，才知工作量蛮大。现存《敬止录》抄本都不完整，以国图藏《敬止录》烟屿楼校抄本为最全。此本被收入《北京图书馆古籍珍本丛刊》第28册，于1988年影印出版，有40卷。比对卷目可知，原先读过的浙图本《敬止录》，篇幅仅国图本的三分之一，约存19卷，有几卷还不完整。

做点校无疑得选国图本作底本，但国图本《敬止录》刊印时系四面拼一面缩小影印，大量字迹模糊，使得录入十分困难。好在天一阁还藏有三个抄本：一是烟屿楼校抄本的复本，仅首卷一册，但字迹十分清晰；二是原朱鼐卿别宥斋藏小隐山庄抄本，约存30卷；三是孙家溎蜗寄庐抄本，约存18卷。孙本有《学校考》4卷，可补朱本之缺。如此，天一阁三个抄本的内容合起来，约有35卷内容与国图本对应，用作校本，大有裨益。

2014年8月,宁波市方志办委托宁波出版社影印出版国图藏《敬止录》抄本,本人有幸担任责任编辑。2015年6月,影印本制作完成之际,点校本恰好完稿。应方志办之约,将点校稿附于影印本之后。事起一时虚荣,铸成大错。新的影印版《敬止录》由国图提供高清扫描稿,字迹之清晰远胜1988年的影印本。点校稿与之比对,差错之多,触目惊心,令人食寝不安。唯一能补救的,便是知错就改,另行出版《敬止录》点校单行本。

因有前车之鉴,书稿重新校勘再三。疑难之处,又四处请教,或借助鼎秀、古籍馆等古籍数据库平台,查寻难得一见的个人诗文集。原文核查耗时费力,校稿时断时续,年复一年,几不能完成。常因关心此书出版的朋友问起,心存愧疚,又勉力为之。古籍整理本是十分专业的工作,需要经专门训练且毅力过人者为之。我等凡夫俗子实在难以达到那高度,无奈,事至如今,且容我踮踮脚。

末了,感谢宁波市社会科学院予以本书课题立项和出版支持,感谢戴松岳、张如安、朱永宁、楼稼平诸兄的指点、解惑,感谢陈英浩兄审校全书。

沈建国
2019年10月